Materialien

zu den

Allgemeinen Deutschen Seeversicherungs-Bedingungen

Im Auftrage
der
vereinigten Handelskammern
herausgegeben
von

Dr. iur. E. Bruck
ord. Professor a. d. Universität Hamburg

Hamburg 1919
Verlag von L. Friederichsen & Co.

Ackermann & Wulff Nachflg.
Grosardi & Gowa
Hamburg 11
* *

Dem langjährigen Vorsitzenden der Assekuranz-Sektion

der Handelskammer in Hamburg

Herrn

Oscar Ruperti

in größter Ehrerbietung

zugeeignet.

Vorbemerkung.

Bei der Zusammenstellung der Materialien der Allgemeinen Deutschen Seeversicherungsbedingungen hat sich als Mangel besonders fühlbar gemacht, daß mir die Vorarbeiten der Assekuradeure nicht zur Verfügung gestanden haben. Nur insoweit diese ihren Niederschlag in der Begründung des von den Seeversicherern herausgegebenen Entwurfs gefunden haben, konnten sie berücksichtigt werden. Ferner haben auch die Akten der Hamburger Handelskammer, so umfangreich sie auch sind, keinerlei Gewähr für Vollständigkeit geboten. So ist es mir zu meinem lebhaften Bedauern nicht möglich gewesen, das Ziel vollkommen zu erreichen, das ich mir bei Übernahme des Auftrages gesetzt hatte. Trotzdem hoffe ich, daß die Materialien über manche Punkte Aufklärung geben und bei der Einarbeitung in das neue Recht weiten Kreisen von Nutzen sein werden.

Bei der Sichtung und Bearbeitung des weitschichtigen Materials hat mir mein Freund Dr. Kurt Mittelstein wertvolle Dienste geleistet. Ich möchte ihm auch an dieser Stelle herzlichen Dank sagen.

Hamburg, September 1919.

Bruck.

Erster Band.

Materialien.

Inhaltsübersicht.

Abkürzungen.

ADSVB.	= Allgemeine Deutsche Seeversicherungs-Bedingungen.
ASVB.	= Allgemeine Seeversicherungs-Bedingungen von 1867.
Allg. Vers.-Schutz-Verb.	= Allgemeiner Versicherungs-Schutz-Verband.
Begr.	= Begründung zum Entwurf Allgemeiner Deutscher Seeversicherungsbedingungen. Herausgegeben von einer von den deutschen Seeversicherern eingesetzten Kommission. 1910.
Bremer Exporteure	= Verein der Bremer Exporteure.
Bremer Reeder	= Bremer Reederverein.
BSVB.	= Versicherungsbedingungen der Bremischen See-Versicherungsgesellschaften. Revidiert 1875.
E. 10	= Entwurf Allgemeiner Deutscher Seeversicherungs-Bedingungen. Herausgegeben von einer von den deutschen Seeversicherern eingesetzten Kommission. 1910.
E. 14	= Allgemeine Deutsche Seeversicherungsbedingungen. Herausgegeben von den deutschen Seeversicherern. Entwurf vom Juli 1914.
Hamburger Einfuhrverband	= Verband des Hamburger Einfuhrhandels.
Hamburger Exporteure	= Verein Hamburger Exporteure.
Hamburger Reeder	= Verein Hamburger Reeder.
HGB.	= Handelsgesetzbuch vom 10. Mai 1897 (RGBl. S. 219) in der sich aus dem Gesetz betr. Änderung der Vorschriften des Handelsgesetzbuchs über die Seeversicherung vom 30. Mai 1908, (RGBl. S. 307), ergebenden Fassung.
HK.	= Handelskammer.
ME.	= Allgemeine Seeversicherungs-Bedingungen von 1910. Entwurf der Hamburger Assekuranzmakler nebst Sitzungsprotokollen. Hamburg 1909.
MIA.	= Marine Insurance Act 1906.
Ostasienverein	= Ostasiatischer Verein.
Verein der Getreidehändler	= Verein der Getreidehändler der Hamburger Börse.

VHA.	=	Verein Hamburger Assekuradeure.
VVG.	=	Reichsgesetz über den Versicherungsvertrag vom 30. Mai 1908 (RGBl. S. 263).
Wvb.	=	Deutscher Wirtschaftsverband für Süd- und Mittelamerika
ZE. Dez. 12	=	Allgemeine Deutsche Seeversicherungs-Bedingungen, Entwurf vom Dezember 1912.
ZE. Jan. 13	=	Allgemeine Deutsche Seeversicherungs-Bedingungen, Entwurf vom Januar 1913.
ZE. April 13	=	Allgemeine Deutsche Seeversicherungs-Bedingungen, Entwurf vom April 1913.
ZE. Dez. 13	=	Allgemeine Deutsche Seeversicherungs-Bedingungen, Entwurf vom Dezember 1913.

Zur Entstehungsgeschichte der ADSVB.

Die seit dem 1. Januar 1868 gültigen „Allgemeinen Seeversicherungsbedingungen von 1867“ (ASVB.) führen auf die Hamburger Assekuranz- und Havarei-Ordnung von 1731, den Allgemeinen Plan hamburgischer Seeversicherungen vom Jahre 1847 (revidiert 1852) und die Artikel 782—905 des Allgemeinen Deutschen Handelsgesetzbuchs zurück. Die Absicht, die ASVB. in allen deutschen Seeversicherungsplätzen einzuführen, ist gescheitert, da die Bremer Versicherungsgesellschaften besondere Versicherungsbedingungen (BSVB.), revidiert 1875, herausgegeben haben. [1])

Die Weiterentwicklung der ASVB. ist durch die Wandlungen des Seehandels stark beeinflußt worden. Außerdem haben das Handelsgesetzbuch vom 10. Mai 1897 in seinen §§ 778—900, das Reichsgesetz über den Versicherungsvertrag vom 30. Mai 1908 und schließlich das Gesetz betreffend Änderung der Vorschriften des Handelsgesetzbuchs über die Seeversicherung vom 30. Mai 1908 grundlegende Neuerungen mit sich gebracht.

Die neue Bearbeitung der ASVB. ist mit dem von einer Kommission der Hamburger Assekuranzmakler veröffentlichten Entwurf „Allgemeine Seeversicherungsbedingungen von 1910“ (M. E.), dem umfangreiche Sitzungsprotokolle beigegeben sind, eröffnet worden. Ihm ist Anfang August 1910 der von einer Kommission der Deutschen Seeversicherer ausgearbeitete „Entwurf Allgemeiner Deutscher Seeversicherungsbedingungen“ (E. 10) nebst Begründung gefolgt. Mitte August 1910 hat die Hamburger Handelskammer die Verhandlungen über die neuen Bedingungen durch ein an zahlreiche Handelsvertretungen und anderweitige Interessenten gerichtetes Rundschreiben eingeleitet, in welchem sie unter dem ausdrücklichen Hinweis, daß die neuen Bedingungen allgemeine deutsche Bedingungen werden sollten, zu gemeinsamen Beratungen aufgefordert hat. [2]) Die Bearbeitung

---

[1]) Nähere Angaben über die rechtliche Entwicklung des Seeversicherungswesens bei Kiesselbach, Die wirtschafts- und rechtsgeschichtliche Entwickelung der Seeversicherung in Hamburg. Hamburg 1901. Seite 109 ff.

[2]) Vgl. Allgemeine Deutsche Seeversicherungsbedingungen. Verhandlungen zwischen den deutschen Handelskammern und den Versicherern 1910 bis 1914, Vorbemerkung.

der Angelegenheit ist der Assekuranz-Sektion der Handelskammer in Hamburg übertragen worden, die sich durch Hinzuziehung namentlich von Vertretern der Assekuradeure, der Makler, der Reeder, der Spediteure und sonstiger kaufmännischer Verbände zu einer Kommission, zuerst unter Vorsitz des Herrn Oscar Ruperti, später unter Vorsitz des Herrn Richard C. Krogmann, ausgestaltet hat. Die Kommission hat vom November 1910 bis Juni 1911 in fünfzehn Sitzungen, über die Niederschriften vorliegen, den E. 10 durchberaten. Die Ergebnisse der Verhandlungen sind zusammen mit den Anträgen der auswärtigen Handelskammern und des Allgemeinen Versicherungsschutzverbandes am 4. und 5. Dezember 1911 beraten worden und den Assekuradeuren als „Anträge der vereinigten Handelskammern und des Allgemeinen Versicherungsschutzverbandes" (Dezember 1911) übermittelt worden. Nach Stellungnahme seitens der Assekuradeure zu diesen Anträgen in ihrem Schreiben vom 17. Mai 1912 und nochmaliger Beratung der Hamburger Handelskammer mit Hamburger und Bremer Sachverständigen, die in einer Denkschrift vom September 1912 ihren Niederschlag gefunden hat, haben die Assekuradeure den Entwurf vom Dezember 1912 (Z. E. Dez. 12) aufgestellt, dem im Januar, April und Dezember 1913 weitere Zwischenentwürfe (Z. E. Januar 13; Z. E. April 13; Z. E. Dez. 13) gefolgt sind. Mit Schreiben vom 21. April 1913 haben die Assekuradeure das Schreiben vom September 1912 beantwortet. Der Z. E. Dez. 13 ist im Dezember 1913 und Januar 1914 von der Kommission unter Hinzuziehung von Vertretern der Bremer Handelskammer und des Internationalen Transportversicherungsverbandes in fünf Sitzungen durchberaten worden. In den Vollversammlungen vom 21. März und 17. Juni 1914 ist es gelungen, eine Einigung über die noch unerledigten und neu gestellten Anträge herbeizuführen, die in dem Entwurf vom Juli 1914 (E. 14) zum Ausdruck gelangt ist. Die Ingebrauchnahme der Allgemeinen Deutschen Seeversicherungsbedingungen (ADSVB.) war zum 1. Januar 1915 in Aussicht genommen.

Die während des Krieges gesammelten Erfahrungen haben es wünschenswert erscheinen lassen, in eine Überprüfung des E. 14 einzutreten. Anfänglich hat die Hamburger Handelskammer die Nachprüfung der Bestimmungen nur über die Kriegsgefahr zulassen wollen, diesen Standpunkt aber nach der Vollversammlung vom 13. Dezember 1917 nicht mehr in vollem Umfange aufrecht erhalten. Die zahlreich gestellten neuen Anträge sind zunächst in Vorbesprechungen am 22. und 23. August 1918, und mit den Reedern am 17. und 18. September

1918 durchberaten worden. Die Schlußverhandlungen sind am 7. Oktober 1918 eröffnet worden. Eine juristische Unterkommission zur Erörterung einiger besonders wichtiger Rechtsfragen hat am 8. und 9. Oktober 1918 getagt. Die Vollversammlungen sind am 10. Oktober wiederaufgenommen und am 12. Oktober 1918 mit der Annahme der Allgemeinen Deutschen Seeversicherungsbedingungen vorbehaltlich der von der eingesetzten Redaktionskommission vorzunehmenden Änderungen geschlossen worden. Die Redaktionskommission hat sich ihrer Aufgabe in den Sitzungen vom 30. Juni, 14. Juli und 16. September 1919 erledigt.

Über den Zeitpunkt der Ingebrauchnahme der ADSVB. sind die Meinungen anfänglich auseinandergegangen, aber schließlich ist in der Vollversammlung vom 12. Oktober 1918 beschlossen worden, die Bedingungen vom 1. Januar 1920 an in Gebrauch zu nehmen.

Allgemeine Deutsche Seeversicherungs-Bedingungen.

Im Jahre 1919
herausgegeben von den deutschen Seeversicherern
nach Beratungen mit Handelskammern und Fachverbänden
unter Vorsitz der Handelskammer Hamburg.

Inhaltsübersicht.

Erster Abschnitt.

Allgemeine Bestimmungen.

Zweiter Abschnitt.

Besondere Bestimmungen über die Versicherung einzelner Gegenstände.

Dritter Abschnitt.

Vierter Abschnitt.

Inhalt der Paragraphen.

Erster Abschnitt. Allgemeine Bestimmungen.

I. Interesse.

II. Versicherungswert. Unter=, Über=, Doppelversicherung.

IV. Police. Prämie. Ristornogebühr.

V. Anzeigepflicht. Gefahränderung.

VI. Umfang und Dauer der Haftung des Versicherers.

Zweiter Titel: Güterversicherung.

Dritter Titel: Versicherung von imaginärem Gewinn und Provision.

Vierter Titel: Versicherung von Fracht, Schiffsmiete und Überfahrtsgeld.

Fünfter Titel: Versicherung von Bodmerei-, Haverei- und ähnlichen Geldern.

Dritter Abschnitt. **Besondere Vereinbarungen (Klauseln).**

Vierter Abschnitt. **Schlußbestimmungen.**

Erster Abschnitt.
Allgemeine Bestimmungen.

I. Interesse.

§ 1.
Versicherbares Interesse.

(1) Jedes in Geld schätzbare Interesse, welches jemand daran hat, daß Schiff oder Ladung die Gefahren der Seeschiffahrt besteht, kann versichert werden.

(2) Insbesondere können versichert werden:

das Schiff;
die Güter;
von der Ankunft der Güter am Bestimmungsort erwarteter Gewinn (imaginärer Gewinn);
im Falle der Ankunft des Schiffes oder der Güter am Bestimmungsorte zu verdienende Provision;
Fracht;
Schiffsmiete;
Überfahrtsgelder;
Bodmereigelder;
Havereigelder;
sonstige Forderungen, zu deren Deckung der Seegefahr ausgesetzte Gegenstände dienen;
die vom Versicherer übernommene Gefahr (Rückversicherung).

In der einen dieser Versicherungen ist die andere nicht enthalten; insbesondere gilt eine Versicherung nur dann als Rückversicherung, wenn sie bei der Schließung des Vertrags ausdrücklich als solche bezeichnet wird.

(3) Soweit das Interesse unrichtig bezeichnet wird, ist die Versicherung für den Versicherer nicht verbindlich. Der Versicherer kann sich jedoch nicht darauf berufen, daß Schiffsmiete als für bestimmte Zeit geschlossene Fracht oder daß solche Fracht als Schiffsmiete bezeichnet ist.

ASVB. §§ 1, 2, 58; BSVB. § 49; HGB. §§ 778, 779; VVG. § 53; ME. §§ 1, 14 Abs. 1, 42; E. 10 § 1; E. 14 § 1.

Abs. 1.

Bem. 1. Abs. 1 stimmt im wesentlichen mit § 1 ASVB. überein.

Bem. 2. Die Maklerkommission war der Ansicht gewesen, daß die Fassung „Interesse, welches jemand daran hat, daß Schiff oder Ladung die Gefahren der Seeschiffahrt besteht", deshalb den heutigen Bedürfnissen nicht mehr genüge, weil es im Laufe der Zeit allgemein üblich geworden sei, unter den ASVB. Risiken zu decken, die zu der Schiffahrt und ihren Gefahren nur in loser oder in gar keiner Beziehung ständen. Mit Bezug auf derartige Risiken war man sich einig gewesen, daß es einer weitgehenden Berücksichtigung kombinierter Reisen (Transporte von Haus zu Haus), und zwar namentlich im Hinblick auf die Fälle bedürfe, in denen reine Landtransporte unter den ASVB. gedeckt würden. Es war die Meinung geäußert worden, daß bereits im § 1, und zwar durch erläuternde Auslegung des Wortes „Seeschiffahrt", hierauf hingewiesen werden müsse. Im Anschluß an verschiedene Anträge war folgende Fassung vorgeschlagen worden:

„Jedes in Geld schätzbare Interesse, welches jemand daran hat, daß Schiff oder Ladung die Gefahren der Seeschiffahrt eventuell in Verbindung mit den Gefahren des Transportes oder des Aufenthaltes auf Binnengewässern oder zu Lande, besteht, kann Gegenstand der Seeversicherung sein".

Die Begr. hat hierzu keine Stellung genommen. Die HK. Leipzig und Lübeck haben sich den Bedenken und der Fassung der Maklerkommission angeschlossen.

Die Anträge sind unberücksichtigt geblieben.

Bem. 3. Der Antrag der HK. Bremen:

„hinter „„Ladung"" „„oder ein anderer beweglicher Gegenstand"" einzufügen"

ist unberücksichtigt geblieben.

Abs. 2.

Bem. 4. Das Verzeichnis stimmt mit § 2 ASVB. überein; die Reihenfolge ist geändert; Schiffsmiete ist neu aufgenommen. Vgl. Bem. 8.

Bem. 5. Die HK. Lübeck und Flensburg haben beantragt:

„den Begriff „„imaginärer Gewinn"" dahin zu bestimmen, daß er umfaßt den von der Ankunft der Güter am Bestimmungsort erwarteten Gewinn, Provisionen, etwaige Preissteigerungen der betreffenden Ware gegenüber dem Anschaffungswert, den aus der Nichtankunft der Waren eventuell entstandenen Verlust, Ersatz der Kosten der Beförderung bis an Bord, endgültig vorauszuzahlende Fracht und Versicherungskosten".

Zu diesem Antrage ist keine Stellung genommen worden.

Bem. 6. Die Worte „von der Ankunft der Güter am Bestimmungsort erwartete Provision" sind seit Z. E. Dez. 12 umgeändert in „im Falle der Ankunft des Schiffes oder der Güter am Bestimmungsorte zu verdienende Provision".

Bem. 7. E. 10 hat das Verzeichnis des § 2 ASVB. erweitert. Neben der gewöhnlichen Fracht sind ferner die „vom Verfrachter endgültig erhaltene

Fracht" und „die vom Befrachter endgültig bezahlte Fracht" als selbständige versicherbare Interessen aufgeführt.

a) Die Begr. S. 54 geht davon aus, „daß die Versicherung endgültig erhaltener Fracht allerdings eine Frachtversicherung darstellt und deshalb auch im übrigen keiner besonderen Regelung bedarf, daß aber doch mit Rücksicht auf den besonderen Kreis von Gefahren, die dieser Art von Frachtversicherung eigentümlich sind und sie von der sonstigen Frachtversicherung unterscheiden, die Versicherung endgültig erhaltener Fracht als die Versicherung eines besonderen Interesses zu behandeln ist. Ist endgültig erhaltene Fracht versichert, so versteht sich von selbst, daß keine gewöhnliche Fracht versichert ist. Aus dem Grundsatz des § 1 Abs. 2 Satz 2 würde aber auch folgen, daß im Falle einer gewöhnlichen Fracht keine endgültig erhaltene Fracht versichert sein würde".

b) Die Erwähnung der „vom Befrachter endgültig bezahlten Fracht" als selbständiges versicherbares Interesse ist im E. 10 im Gegensatz zu der ständigen Rechtsprechung des Reichsgerichts, nach der die Versicherung endgültig bezahlter Fracht als Frachtversicherung zu behandeln ist (RG. 38 S. 53; 40 S. 51) erfolgt, da die endgültig bezahlte Fracht, „die einen Teil des Empfangswertes der Güter bildet, und deshalb, wenngleich sie nicht ohne weiteres einen Teil des Versicherungswertes der Güter bildet, doch von den Parteien zur Grundlage einer anderweitigen Bestimmung des Versicherungswertes der Güter gemacht werden kann (HGB. § 799 Abs. 1)". Begr. S. 54.

Um den Wünschen verschiedener Kreise, die darauf hinausgingen, daß nicht durch eine unrichtige Bezeichnung der mehrfachen Art von Fracht Schwierigkeiten für den Versicherungsnehmer entstünden, entgegenzukommen, ist die bisherige Fassung des § 2 ASVB. seit ZE. April 13 wieder aufgenommen worden.

Bem. 8. ME. § 14 Abs. 1 Satz 2 hat vorgeschlagen: „als Fracht ist auch Schiffsmiete versicherbar (Charterfracht)". Auch die Begr. S. 55 hält die besondere Aufführung der „Schiffsmiete" neben der Fracht nicht nur aus rechtlichen, sondern auch aus wirtschaftlichen Gründen für notwendig.

Bem. 9. Entsprechend § 2 Abs. 2 Satz 1 ASVB. ist ausdrücklich hervorgehoben, daß in der einen der in der Liste aufgeführten Versicherungen die andere nicht enthalten ist. Dieser Rechtssatz ist namentlich im Hinblick auf die Rückversicherung begründet, bei der der Versicherte sein Interesse nicht nachträglich als Rückversicherungsinteresse bezeichnen darf (§ 58 ASVB.; § 49 BSVB.). Der von den Maklern gemachte Vorschlag, „daß der Versicherte im Falle der Rückversicherung den Tag des Abschlusses der ursprünglichen Versicherung angeben müsse", ist fallen gelassen worden.

Abs. 3.

Bem. 10. Der Rechtssatz, daß die richtige Bezeichnung des Interesses eine Voraussetzung für die Verbindlichkeit des Vertrages ist, ist aus § 2 Abs. 2 Satz 2 ASVB. mit der Einschränkung übernommen, daß die teilweise unrichtige Bezeichnung auch nur teilweise Unwirksamkeit des Vertrages zur Folge hat.

Bem. 11. In der Maklerkommission war beantragt worden, die Verpflichtung zur Bezeichnung des Interesses ganz zu beseitigen, da die Fälle, in denen das Interesse nicht bezeichnet werde, in der Praxis überaus häufig seien. Gegen diesen Antrag ist geltend gemacht worden, daß, wenn man den Versicherten von der Verpflichtung entbinde, das Interesse zu bezeichnen, als Folge eintreten werde, daß der Versicherte, wenn das von ihm behauptete Interesse nicht durchschlage, immerhin ein anderes Interesse nachschieben werde, bis ihm endlich bei einem derselben der erforderte Nachweis gelinge. Es würden sich alsdann dieselben unliebsamen Vorkommnisse zeigen, wie sie in England bei der Klausel „policy proof of interest" hervorgetreten sind.

Der Antrag ist unberücksichtigt geblieben.

Bem. 12. Die Makler haben beantragt:

„Wird das Interesse bezeichnet, so muß die Bezeichnung mit derjenigen Genauigkeit geschehen, die erforderlich ist, um dem Versicherer ein zutreffendes Urteil über Umfang der Gefahr und Haftung zu ermöglichen. Sind Umfang der Gefahr und Haftung tatsächlich erheblich größer, als er nach der geschehenen Bezeichnung des Interesses anzunehmen berechtigt war, so kann er die Ungültigkeit des Vertrages geltend machen"

und den Antrag in der Vollversammlung vom 15. November 1910 begründet: Auch das englische Recht verlange lediglich die Angabe des Interesses mit genügender Genauigkeit. Namentlich sei es im Binnenlande üblich, daß der Versicherungsnehmer, welcher Waren exportiere, das zu versichernde Interesse in der Weise berechne, daß er den Fakturapreis zuzüglich Kosten der Beförderung bis zur Annahme durch das Schiff und Versicherungskosten, sowie ferner die Fracht, wenn sie voraus zu bezahlen sei, und einen gewissen Prozentsatz als imaginären Gewinn zusammenrechne und diese Summe dem Versicherer als Versicherungswert aufgebe; dabei werde die Anzeige, daß Fracht und imaginärer Gewinn eingerechnet seien, regelmäßig aus Unkenntnis unterlassen. Im Binnenlande seien solche Polizen im Schadensfalle häufig angefochten worden. Für den Versicherer liege kein Interesse daran vor, darüber unterrichtet zu sein, ob Fracht und imaginärer Gewinn mit eingerechnet seien. Tatsächlich enthielten alle laufenden Policen regelmäßig die Klausel, daß es dem Versicherungsnehmer freistehe, die Fracht und imaginären Gewinn, letzteren sogar in einer nach seinem jeweiligen Belieben bemessenen Höhe, mit in die Werte, welche auf die Polize deklariert würden, einzurechnen. Selbst im Schadensfalle pflege der Assekuradeur sich nicht danach zu erkundigen, in welcher Höhe imaginärer Gewinn in den deklarierten Wert eingerechnet sei und hierüber keine Aufgabe zu erhalten. Bei weitem der größte Teil der Güterversicherungen vollziehe sich in der Form der Versicherung auf laufende Polizen. Es empfehle sich, auch für die offene Polize einen dieser Übung entsprechenden Rechtszustand zu schaffen. Von seiten der Assekuradeure ist diesen Ausführungen entgegengehalten worden, daß der Versicherer unter Umständen ein Interesse daran besitze, zu wissen, ob Fracht und imaginärer Gewinn in die Versicherungssumme eingerechnet seien oder nicht; insbesondere sei die Kenntnis dieser Umstände für den Assekuradeur von Wert in Schadensfällen, wenn es sich darum handele, ob und welche Aufwendungen der Versicherer zur Rettung der Güter und Verringerung des Schadens machen wolle oder nicht. Es sei richtig, daß an sich die Möglichkeit bestehe, an Stelle des Versicherungswertes, den die Ware im Zeitpunkt des Antritts der Reise habe, den Versicherungswert am Bestimmungsorte oder etwa einen noch anderen Versicherungswert zu Grunde zu legen. Doch liege keine Veranlassung vor, eine grundsätzliche Veränderung des bisherigen Rechtszustandes in dieser Beziehung vorzunehmen. Selbstverständlich könne durch besondere Vereinbarungen ein anderer Versicherungswert, als der im Entwurf für die Güterversicherung vorgesehene, festgelegt werden. Von anderer Seite ist darauf hingewiesen worden, daß der bestehende Rechtszustand den Vorteil mit sich bringe, daß der Exporteur in Fällen, wo die Versicherung bereits von dem Fabrikanten genommen werde, aus der Police oder dem Versicherungszertifikate, wenn dieses nicht ausdrücklich Fracht und imaginären Gewinn als mitversichert bezeichnet, ersehen könne, daß er im Schadensfalle für Fracht und imaginären Gewinn nicht gesichert sei; wolle man generell vorschreiben, daß der Versicherungswert der Güter die Fracht und einen bestimmten Prozentsatz imaginären Gewinns mit umschließe, so müsse der Exporteur in solchem Falle umgekehrt von der Annahme ausgehen, daß Fracht und imaginärer Gewinn mit gedeckt seien; in Fällen, wo der Fabrikant tatsächlich Fracht und imaginären Gewinn nicht mit eingerechnet habe, würde alsdann der Exporteur insoweit Selbstversicherer sein und somit gegen seinen Willen einen Teil des Schadens selbst tragen müssen. Die Makler haben weiter geltend gemacht, daß die Bezeichnung „imaginärer Gewinn", wenn die Ware bereits verkauft sei, nicht mehr zutreffe und alsdann nur noch von „realisiertem Gewinne" gesprochen werden könne. Nach der Vorschrift des E. 10 bestehe die Gefahr, daß auch in einem solchen Falle die Police als ungültig wegen unrichtiger Bezeichnung des Interesses angefochten werden könne. Unbillig sei es auch, daß die Versicherung ungültig sein solle, wenn der Versicherungsnehmer aus Unkenntnis der juristischen Begriffe anstelle der Schiffshypothek oder der Bodmereiforderung das Schiff selbst als den Gegenstand des Interesses bezeichnet habe. Auch die Versicherung des Interesses an der „behaltenen Fahrt", welche den etwaigen Mehrwert des Schiffes über die Kaskotaxe hinaus, die Ausrüstung des Schiffes, den Verlust des Reeders dadurch, daß ihm sein Schiff zur Verwendung entzogen sei und daß er ein neues Schiff bauen oder kaufen müsse und dabei infolge gesteigerter Herstellungskosten Aufwendungen über den wirtschaftlichen Wert des alten Schiffes hinaus machen müsse, usw. umfasse, könnte möglicherweise wegen ungenügender Bezeichnung des Interesses angefochten werden. Seitens der Assekuradeure ist demgegenüber ausgeführt worden, daß unter imaginärem Gewinn stets auch das Interesse verstanden sei, welches die Makler als realisierten Gewinn bezeichnet hätten; auch die Rechtsprechung habe in dieser Beziehung niemals Zweifel gehabt; es sei nicht die Absicht des E. 10 an diesem Rechtszustande etwas zu ändern.

Ebensowenig könnten die Versicherungen des Interesses an „behaltener Fahrt“ des Schiffes durch die Bestimmungen des § 1 E. 10 irgendwie berührt werden. Unter der Versicherung der „behaltenen Fahrt“ werde seitens der Versicherer die Versicherung jedes nur denkbaren Interesses an der Ankunft des Schiffes, mithin alle die von seiten der Assekuranzmakler erwähnten Interessen, aber auch z. B. das Interesse eines Schiffsmaklers an der erhofften Provision usw. verstanden. Von anderer Seite ist angeregt worden, eine dementsprechende Definition des Ausdrucks „behaltene Fahrt“ an geeigneter Stelle in den Entwurf aufzunehmen, da der Entwurf die Klausel nicht definiere.

Der Antrag ist unberücksichtigt geblieben.

Bem. 13. Die Makler haben beantragt:

„der Versicherer hat das Recht, im Falle der unrichtigen Bezeichnung des Interesses die Versicherung anzufechten“

und ihren Antrag in der Vollversammlung vom 15. Oktober 1910 mit dem Hinweis begründet, daß nach § 121 BGB. eine Anfechtung unverzüglich, nachdem der Anfechtungsberechtigte von dem Anfechtungsgrunde Kenntnis erlangt hat, durch Erklärung an die andere Vertragspartei auszuüben sei. Der Versicherer werde ohne Zweifel in vielen Fällen von dem Rechte der Anfechtung keinen Gebrauch machen. Für den Versicherungsnehmer bringe eine solche Regelung den großen Vorteil, daß ihm die Ungültigkeit der Versicherung oft noch so rechtzeitig zum Bewußtsein komme, daß er für die ganze Reise oder wenigstens für den Rest derselben, noch eine andere Versicherung nehmen könne. Von seiten der Assekuradeure ist dem entgegengehalten worden, daß, wenn ein anderes Versicherungsinteresse versichert sei als dasjenige, welches habe versichert werden sollen, der ganze Vertrag ohne weiteres ungültig sein würde. Der Antrag der Makler bezwecke offenbar, den Versicherer zu veranlassen, von seinem Anfechtungsrechte, um ein Odium zu vermeiden, keinen Gebrauch zu machen.

Der Antrag ist unberücksichtigt geblieben.

Bem. 14. Die vereinigten HK. und der Allg. Vers.-Schutz-Verb. haben beantragt:

„Wird das Interesse im Versicherungsvertrage angegeben, so muß dasselbe mit solcher Genauigkeit bezeichnet werden, daß durch die unrichtige Bezeichnung desselben weder die von dem Versicherer zu tragende Gefahr, noch die Haftung desselben im Versicherungsfall erheblich vergrößert wird, widrigenfalls der Versicherer die Ungültigkeit des Vertrages geltend machen kann.

Bei einer Güterversicherung kann sich der Versicherer nicht darauf berufen, daß imaginärer Gewinn in der Versicherungssumme enthalten, aber nicht ausdrücklich als Gegenstand der Versicherung aufgegeben ist, sofern der Versicherte nachweist, daß er den imaginären Gewinn mit in die Versicherung eingerechnet hat und der in die Versicherungssumme eingerechnete imaginäre Gewinn nachweislich die Höhe von 10 % nicht übersteigt“.

Die Assekuradeure haben zwar keine Bedenken erhoben, wenn endgültig bezahlte Fracht und imaginärer Gewinn allgemein in den Versicherungswert der Güter eingerechnet werden, haben es aber für unzulässig gehalten, daß der Versicherungsnehmer hierzu einseitig berechtigt sein soll, ohne bei Abschluß des Vertrages seine Absicht klar zum Ausdruck zu bringen.

Der Antrag ist hierauf nicht weiter verfolgt worden.

Bem. 15. Entsprechend dem Antrage der Assekuradeure, die Versicherung des imaginären Gewinns ohne seine ausdrückliche Bezeichnung ablehnen zu können, hat seit ZE. Dez. 13 Satz 1 die Fassung erhalten: „Soweit das Interesse ......“. Dadurch soll klar zum Ausdruck gebracht werden, daß im Falle nicht ausdrücklicher Bezeichnung des imaginären Gewinns als solchen die Versicherung im übrigen bestehen bleibt, also nur den imaginären Gewinn ungedeckt läßt.

Bem. 16. Über die seit ZE. Dez. 12 erfolgte Weglassung der Worte „oder daß endgültig erhaltene Fracht als Fracht“ vgl. Bem. 7.

Bem. 17. Die HK. Frankfurt a. M. hat zu den Schlußverhandlungen 1918 beantragt:

„zum Ausdruck zu bringen, daß jedes versicherbare Interesse auch ohne besondere Bezeichnung als mit der Ware versichert gilt, soweit die Versicherungssumme ausreichend ist“.

Der Antrag ist unberücksichtigt geblieben. Vgl. Bem. 18.

Bem. 18. Die HK. Frankfurt a. M. hat zu den Schlußverhandlungen 1918 beantragt:

„eine unrichtige Bezeichnung des versicherbaren Interesses schadet nichts, es sei denn, daß Betrug vorliegt“,

den Antrag aber nicht weiter verfolgt, als sie auf die Erörterung der Frage in der Vollversammlung vom 15. November 1910 (Bem. 12) hingewiesen worden ist.

Bem. 19. Die Anträge der HK. Stettin, statt „unrichtig“ „wissentlich unrichtig“ zu setzen, und der HK. Mannheim, eine Bestimmung aufzunehmen, daß das Interesse „absichtlich“ oder „grobfahrlässig“ unrichtig bezeichnet sein muß, sind nicht weiterverfolgt worden.

Bem. 20. Obwohl der Frachtvertrag und die gewöhnliche Schiffsmiete nicht bloß rechtlich, sondern auch wirtschaftlich im allgemeinen von einander durchaus verschieden sind, mithin auch die durch sie begründeten versicherbaren Interessen einer durchaus verschiedenen Art der Gefährdung ausgesetzt werden, hat die Begr. S. 55 erwogen, „daß eine gewisse Art des Frachtvertrages sich der Schiffsmiete so weit nähert, daß die Anwendung des bezeichneten Grundsatzes zu unbilligen Ergebnissen führt. Ist die Fracht nach Zeit bedungen (HGB. §§ 622, 637 Abs. 2, 638 Satz 2), so kann sie für eine Reise oder mehrere Reisen bedungen sein. Sie kann aber auch ohne Rücksicht auf eine Reise oder mehrere Reisen geschlossen sein (sog. Timecharter). Es ist nicht zu verkennen, daß auch Zeitfrachtverträge dieser Art sich in ihren Wirkungen von der Schiffsmiete unterscheiden. Insbesondere haben auch beim sogenannten eigentlichen Zeitfrachtvertrag Umstände, die auf die Güter Bezug haben, auf die Verpflichtung des Befrachters zur Zahlung der Fracht wesentlichen Einfluß (vgl. HGB. §§ 628 ff.), während Umstände dieser Art auf die Verpflichtung des Mieters zur Zahlung des Mietzinses grundsätzlich keinen Einfluß haben. Die Rechtsprechung hat deshalb auch daran festgehalten, daß die Versicherung, wenn ein Frachtinteresse unter Versicherung gebracht, das Interesse aber in Wirklichkeit ein Schiffsmieteinteresse ist, für den Versicherer gemäß § 2 Abs. 2 der ASVB. unverbindlich ist. (RG. 48 S. 89, OLG. Hamburg und RG. in Hans. GZ. 08 Hauptbl. S. 289 und 290). Immerhin ist der Unterschied mit Rücksicht auf die vom Versicherer zu tragende Gefahr nicht sehr erheblich und er wird daher auch im Verkehr so wenig empfunden, daß sowohl eigentliche Zeitfrachtverträge wie Schiffsmieteverträge als Timecharter, die darüber ausgestellte Urkunde als Charterpartie bezeichnet werden. Unter solchen Umständen wird zugelassen werden dürfen, daß die Bezeichnung eines Schiffsmietevertrags als eines für bestimmte Zeit geschlossenen Frachtvertrags und die Bezeichnung eines solchen Vertrags als eines Schiffsmietevertrags die Versicherung nicht zu einer für den Versicherer unverbindlichen macht".

Bem. 21. Der Wvb. hat in der Vollversammlung vom 10. Oktober 1918 beantragt, zu Absatz 3 Satz 2 der Redaktionskommission anheim zu geben, eine Fassung zu finden, nach der nicht nur ein Irrtum über Schiffsmiete und Fracht, sondern auch ein anderer Irrtum über das versicherte Interesse, beispielsweise über Mehrwert und imaginären Gewinn, dem Versicherer keinen Nachteil bringen solle. Er hat folgende Fassung empfohlen:

„Eine unrichtige Bezeichnung schadet jedoch nicht, wenn außer Zweifel ist, was der Versicherer gemeint hatte und die Unrichtigkeit für den Abschluß ohne Bedeutung war, z. B. wenn Schiffsmiete und Zeitfracht verwechselt würde".

Diesem Wunsche hat sich auch die HK. Frankfurt a. M. angeschlossen. In der Redaktionskommissionssitzung vom 30. Juni 1919 ist die Aufnahme des Begriffs „Mehrwert" abgelehnt worden. Die „Mehrwertsversicherung" sei kein eindeutiger Begriff, ferner sei sie im Allgemeinen der Güterversicherung so ähnlich, daß eine Verweisung auf diese den Anschein erwecken könnte, als ob alle Bestimmungen der Güterversicherung auf die Mehrwertsversicherung Anwendung fänden. Dieses sei aber namentlich nicht der Fall hinsichtlich des Übergangs von Rechten. Man müsse besondere Bestimmungen über die Mehrwertsversicherung schaffen, was eine unnötige Erweiterung der Bedingungen zur Folge haben würde. Infolgedessen ist den Anregungen des Wvb. und der HK. Frankfurt a. M. keine Folge gegeben worden. Vgl. auch § 97 Bem. 39 und § 99 Bem. 5.

Bem. 22. Der Wvb. hat zu den Schlußverhandlungen 1918 beantragt, als neuen Satz anzufügen:

„Unrichtige Bezeichnung des Interesses begründet nur bei Erhöhung des Risikos die Forderung einer Zuschlagsprämie".

Die HK. Hamburg hat dem Antrage entgegengehalten: Er erscheine ohne weitere Darlegungen nicht verständlich. Bei der Bestimmung des Absatzes 3 komme eine Zuschlagsprämie überhaupt nicht in Frage, er spreche vielmehr lediglich die, schon nach allgemeinen Rechtsregeln (BGB. §§ 154—55) sich ergebende Folge aus, daß bei unrichtiger Bezeichnung des Vertragsgegenstandes überhaupt kein Vertrag, mithin keine Bindung der Parteien zustande komme. Der assekuranztechnische Grund für die Bestimmung bestehe darin, daß für den Versicherer eine unbestreitbare Notwendigkeit vorliege, daß ihm das zu versichernde Interesse genau bezeichnet werde. Er werde beispielsweise eine sehr unterschiedliche Stellung einnehmen gegenüber einer Güterversicherung und einer Gewinnversicherung (Fortfall des Provenues). Daß diese Regelung nach der Absicht der Verfasser nicht in schikanöser Weise ausgenutzt werden solle — z. B. auf Grund einer sprachlich unrichtigen Bezeichnung des imaginären Gewinns als Mehrwert — ergebe sich einmal aus Satz 2 des Absatzes 3, wonach der Versicherer sich nicht auf die Haftungsbefreiung berufen kann, wenn „Schiffsmiete" als „für Zeit geschlossene Fracht" oder umgekehrt bezeichnet sei, zum anderen aus § 13 in Verbindung mit § 157 BGB. Die Aufnahme des beantragten Zusatzes würde um so gefährlicher sein, als in § 1 Absatz 2 das versicherbare Interesse gegenständlich aufgeführt werde als „Schiff", „Güter", „imaginärer Gewinn", „Provision", „Fracht" usw. Der Antrag würde also dazu führen, daß eine unrichtige Bezeichnung des versicherten Gegenstandes den Versicherer nicht befreien, ihm vielmehr nur eine Zuschlagsprämie zubilligen würde, angesichts der Autonomie des Versicherers über die Auswahl der Risiken eine ganz unmögliche Zumutung. Was den Gedanken des Abänderungsvorschlages — losgelöst von der Verbindung mit der unrichtigen Bezeichnung des Interesses — angehe, daß eine Zuschlagsprämie nur bei Erhöhung des Risikos gefordert werden dürfe, so werde auf § 20 Absatz 3 verwiesen, wo die Zuschlagsprämie definiert sei, als die „der höheren Gefahr entsprechend höhere Prämie."

Der Antrag ist hierauf nicht weiter verfolgt worden.

§ 2.

Fehlendes Interesse.

(1) Ein Vertrag, dem ein versicherbares Interesse nicht zugrunde liegt, ist unwirksam. Dies gilt insbesondere von Wettversicherungen.

(2) Dem Versicherer gebührt gleichwohl die Prämie, es sei denn, daß er bei der Schließung des Vertrags den Grund der Unwirksamkeit kannte.

ASVB. §§ 4 Abs. 4, 155; HGB. § 895; VVG. § 68 Abs. 1; ME. § 2; E. 10 § 2; E. 14 § 2.

Abs. 1.

Bem. 1. Bei mangelndem Interesse sprechen die ASVB. § 4 Abs. 4 von Ungültigkeit oder Unwirksamkeit (§ 155) der Versicherung, E. 10 von Nichtigkeit. Die ADSVB. nehmen den Ausdruck Unwirksamkeit wieder auf, um eine dem Kaufmann leichter verständliche Fassung anzuwenden.

Bem. 2. Der Antrag der HK. Flensburg, Abs. 1 folgende Fassung zu geben:

„Wettversicherungen sind nichtig, außerdem Verträge, denen ein versicherbares Interesse nicht zugrunde liegt“

ist nicht weiter verfolgt worden.

Abs. 2.

Bem. 3. Wie nach § 155 ASVB. hat der Versicherer trotz mangelndem Interesse Anspruch auf die Prämie, wenn er bei Abschluß des Vertrages den Grund der Unwirksamkeit nicht kannte.

Bem. 4. E. 10 verlangt die Kenntnis des Nichtigkeitsgrundes, während das HGB. § 785 Abs. 3 und das VVG. §§ 51 Abs. 2, 59 Abs. 3 an die Kenntnis der Nichtigkeit des Versicherungsvertrages gewisse Folgen knüpfen. „Man wird anehmen dürfen, daß in diesen Fällen nicht sowohl die Kenntnis der Nichtigkeit als solcher, als vielmehr die Kenntnis des Nichtigkeitsgrundes entscheiden soll. Immerhin sind gewisse Zweifel möglich, zumal das BGB. zwischen der Kenntnis der Nichtigkeit oder Anfechtbarkeit (vgl. BGB. §§ 142 Abs. 2, 1344, 1345, 1699, 1701, 1703, 1704) und der Kenntnis des Grundes der Nichtigkeit oder Anfechtbarkeit (vgl. BGB. §§ 121 Abs. 1, 122 Abs. 2, 318 Abs. 2) unterscheidet“. Begr. § 2.

Bem. 5. Die Makler haben beantragt:

„im Hinblick darauf, daß E. 10 für den Versicherungsnehmer dem „„Kennen““ regelmäßig das „„Kennenmüssen““ gleichsetzt, auch für den Assekuradeur das „„Kennenmüssen““ dem „„Kennen““ gleichzustellen“.

In der Vollversammlung vom 15. November 1910 ist demgegenüber darauf hingewiesen worden, daß aus dem Vertrage eine besondere Verpflichtung für den Versicherer, sich über alle Umstände auf dem Laufenden zu erhalten, aus welchem sich die etwaige Nichtigkeit der Versicherung ergebe, dem Versicherungsnehmer gegenüber nicht hergeleitet werden könne; es sei Sache des Versicherungsnehmers, sich ausreichend darüber zu unterrichten, ob ein versicherbares Interesse vorliege oder nicht. Die Makler haben ihren Antrag fallen gelassen.

Bem. 6. Der Wvb. hat zu den Schlußverhandlungen 1918 beantragt:

„die Prämie entsprechend dem Umfang der Wirksamkeit der Versicherung zu teilen“.

Der Antrag ist auf die Vorstellung der HK. Hamburg hin, daß der Versicherer ein zwingendes Interesse an der richtigen Deklaration habe, weil er nur dadurch in die Lage versetzt werde, seine Prämie richtig zu bemessen, nicht weiter verfolgt worden.

§ 3.

Prämienzahlung bei fehlendem Interesse.

(1) Der Versicherungsnehmer ist im Falle des § 2 Abs. 1 von der Verpflichtung zur Zahlung der Prämie frei, wenn er bei der Schließung des Vertrages den Grund der Unwirksamkeit weder kannte noch kennen mußte. Wird der Vertrag von einem Vertreter

geschlossen, so kommt in bezug auf die Kenntnis und das Kennenmüssen nicht nur die Person des Vertreters, sondern auch diejenige des Versicherungsnehmers in Betracht.

(2) Die Verpflichtung des Versicherungsnehmers zur Zahlung der Prämie bleibt bestehen, wenn der Versicherungsnehmer nicht, sobald er von dem Grunde der Unwirksamkeit Kenntnis erlangt, dies dem Versicherer unverzüglich mitteilt. Das Gleiche gilt, wenn seit dem Abschlusse des Vertrags ein Jahr verstrichen ist und der Versicherungsnehmer den Grund der Unwirksamkeit dem Versicherer nicht innerhalb eines Jahres mitgeteilt hat.

(3) Ist der Versicherungsnehmer von der Verpflichtung zur Zahlung der Prämie frei, so kann der Versicherer die Ristornogebühr verlangen.

ASVB. §§ 155, 156, 159; BSVB. § 67; HGB. §§ 895, 896; VVG. § 68 Abs. 1; ME. §§ 139—141; E. 10 § 3; E. 14 § 3.

Abs. 1.

Bem. 1. In der Überschrift sind die Worte „Verpflichtung zur" seit ZE. Dez. 12 weggelassen.

Bem. 2. Über die Umänderung von „Nichtigkeitsgrund" in „Grund der Unwirksamkeit" vgl. § 2, Bem. 1.

Bem. 3. Die Hamburger Reeder haben beantragt zu sagen:

„statt „„kannte"" und „„kennen mußte"" „„im guten Glauben"" und statt „„auf die Kenntnis und das Kennenmüssen"" „„auf den guten Glauben""

und diesen Antrag in der Vollversammlung vom 15. Oktober 1910 folgendermaßen begründet. Ihr Vorschlag entspreche dem bisherigen Rechtszustande, über den E. 10 hinausgehe. Der Ausdruck „Kennenmüssen" lege dem Versicherungsnehmer eine Erkundigungspflicht auf, die ihm nicht zugemutet werden könne; in gleicher Weise solle er überdies noch dafür haften, daß auch sein Vertreter dieser Erkundigungspflicht genügt habe. Seitens eines Vertreters der Assekuradeure ist ausgeführt worden, daß es nicht beabsichtigt gewesen sei, von dem bisherigen Rechtszustand erheblich abzuweichen; es sei richtig, daß die bisherigen Bedingungen nur den „guten Glauben" des Versicherungsnehmers verlangten. Indessen habe sich der Begriff des „guten Glaubens" seit der Abfassung der ASVB. wohl etwas verschoben. Unter „gutem Glauben" würde jetzt verstanden werden, daß der Versicherungsnehmer den Nichtigkeitsgrund weder kannte noch ohne grobe Fahrlässigkeit nicht kannte. Der Ausdruck „Kennenmüssen" lege dem Versicherungsnehmer eine besondere Erkundigungspflicht durchaus nicht auf, es werde von dem Versicherungsnehmer nach E. 10 nur verlangt, daß er den Nichtigkeitsgrund nicht kenne und sich auch nicht ausdrücklich dem Kennen entziehe. Von anderer Seite ist darauf hingewiesen worden, daß E. 10 jedenfalls eine Verschärfung des bestehenden Rechtszustandes in diesem Punkte bedeute, indem auch nach den Ausführungen der Vertreter der Versicherer bisher der Versicherungsnehmer nur für grobe Fahrlässigkeit in diesen Punkten gehaftet habe, während er in Zukunft für jede Fahrlässigkeit haften solle.

Über das weitere Schicksal des Antrages vgl. Bem. 4; vgl. § 57 Bem. 1 u. 2.

Bem. 4. Denselben Antrag (Bem. 3) haben die HK. Bremen, Hamburg, Lübeck und die Hamburger Reeder gestellt. Die Assekuradeure haben jedoch an ihrer ablehnenden Meinung festgehalten, daß die fahrlässige Nichtkenntnis der Kenntnis gleichgestellt wird. Sie haben geglaubt, schweren Schädigungen ausgesetzt zu sein, wenn es als Regel anerkannt werden würde, daß sich der Versicherungsnehmer darauf berufen kann, infolge von Sorglosigkeit eine für die Begründung des Versicherungsverhältnisses bedeutsame Tatsache nicht gekannt zu haben. Dies springe besonders für den Fall der „lost or not lost"-Versicherung in die Augen. Der Versicherungsnehmer müsse sich in diesem Falle vor der Beantragung der Versicherung davon überzeugen, daß nichts Verdächtiges vorliege. Und noch natürlicher erscheine, daß er bei der Erfüllung dieser Obliegenheit die im Verkehr erforderliche Sorgfalt an den Tag lege, da er nach kaufmännischem und gemeinbürgerlichem Rechte allgemein auch bei der Erfüllung viel weniger bedeutsamer Obliegenheiten das bezeichnete Maß von Sorgfalt anwenden müsse und andererseits gewohnt sei, die Anwendung eben derselben Sorgfalt von seinen Geschäftsfreunden zu verlangen. Dem Antrage ist nicht stattgegeben worden. Vgl. § 57 Bem. 1—3.

Bem. 5. Die HK. Magdeburg hat beantragt:

„die Worte „„oder kennen mußte"" und „„das Kennenmüssen"" zu streichen".

Dem Antrage ist nicht stattgegeben worden. Vgl. § 57 Bem. 3.

Bem. 6. Die HK. Magdeburg, Lübeck und die Hamburger Exporteure haben darauf hingewiesen, daß auf seiten des Versicherungsnehmers in der Regel der mit einem Rechtsnachteil verbundenen „Kenntnis" eines Umstandes das „Kennenmüssen" gleichgestellt sei. Dagegen sei auf seiten des Versicherers diese Gleichstellung meist nicht ausgesprochen (E. 10 §§ 2, 22). Diese verschiedene Behandlung der beiden Kontrahenten sei ungerecht und müsse beseitigt werden. Hiergegen hat die HK. Hamburg die Ansicht vertreten, daß mit einer schematischen Gleichstellung des Versicherten und des Versicherers in dieser Beziehung nicht ohne weiteres den Bedürfnissen des Verkehrs entsprochen sein würde. Sie hat geglaubt, daß z. B. in dem Falle des E. 10 § 3 eine Milderung zu Gunsten des Versicherten in Erwägung gezogen werden solle, und daß auf der anderen Seite z. B. in § 22 E. 10 für den Versicherer insofern eine Verschärfung werde vorgesehen werden können, als eine Bestimmung eingefügt werde, daß allgemein bekannte börsennotorische Umstände nicht angezeigt zu werden brauchten, daß somit solche der Versicherer kennen müsse.

Bem. 7. Der Wvb. hat zu den Schlußverhandlungen 1918 beantragt:

„statt „„Unwirksamkeit weder kannte noch kennen mußte"" zu sagen „„Unwirksamkeit nicht kannte""."

Auf den Hinweis der HK. Hamburg, daß der Antrag, an der Definition des § 122 Abs. 2 BGB., aus der sich ergibt, daß den Sachverhalt kennen mußte, wer den Sachverhalt infolge von Fahrlässigkeit nicht kannte, und der allgemeinen Rechtsregel des § 276 BGB., nach der der Schuldner im allgemeinen Vorsatz und Fahrlässigkeit zu vertreten hat, scheitere, ist der Antrag fallen gelassen worden.

Bem. 8. Die Worte in E. 10 von einem „Bevollmächtigten oder einem Vertreter ohne Vertretungsvollmacht" sind in den Ausdruck „von einem Vertreter" zusammengefaßt. Vgl. § 5 Bem. 9.

Bem. 9. Über die Umänderung von „Nichtigkeitsgrund" in „Grund der Unwirksamkeit" vgl. § 2 Bem. 1.

Abs. 2.

Bem. 10. In Satz 2 ist „innerhalb des Jahres" in „innerhalb eines Jahres" geändert worden.

Abs. 3.

Bem. 11. Die HK. Frankfurt a. M. hat beantragt hinzuzufügen:

„es sei denn, daß er den Nichtigkeitsgrund kannte".

Der Antrag ist unberücksichtigt geblieben.

§ 4.

Wegfall des Interesses. Künftiges Interesse.

(1) Fällt das Interesse, für das die Versicherung genommen ist, vor dem Beginne der Versicherung weg oder gelangt, falls die Versicherung für ein künftiges Interesse genommen ist, das Interesse nicht zur Entstehung, so ist der Versicherungsnehmer von der Verpflichtung zur Zahlung der Prämie frei. Die Verpflichtung bleibt bestehen, wenn seit dem Abschlusse des Vertrags ein Jahr verstrichen ist und der Versicherungsnehmer dem Versicherer nicht unverzüglich nach dem Ablaufe des Jahres mitteilt, daß das Interesse weggefallen oder nicht entstanden ist. Ist der Versicherungsnehmer von der Verpflichtung zur Zahlung der Prämie frei, so kann der Versicherer die Ristornogebühr verlangen.

(2) Die Verpflichtung des Versicherungsnehmers zur Zahlung der Prämie wird dadurch, daß das Interesse, für das die Versicherung genommen ist, nach dem Beginne der Versicherung wegfällt, nicht berührt.

ASVB. §§ 154 Abs. 1, 157, 159; BSVB. § 67; HGB. §§ 894 Abs. 1, 896; VVG. § 68; ME. § 139; E. 10 § 4; E. 14 § 4.

Abs. 1 u. 2.

Bem. 1. In der Überschrift sind die Worte „vor Beginn der Versicherung" seit ZE. Dez. 12 weggelassen.

Bem. 2. Die Maklerkommission hatte beantragt:

„die Bestimmung des § 68 VVG. aufzunehmen und in Abs. 1 desselben die Worte aus § 155 ASVB. „„und hat sich der Versicherungsnehmer

.... im guten Glauben befunden"" einzufügen; ferner in § 68 Abs. 2 VVG. dem Satz „„Fällt das Interesse .... weg"" hinzuzufügen „„und hat ein dem Versicherer zur Last kommender Schaden sich nicht ereignet"", und den Schluß des Abs. 2 zu fassen „„bei Reiseversicherungen für den gelaufenen Reiseabschnitt, bei Zeitversicherungen für die gelaufene Versicherungsperiode"".

Diesen Anträgen hat E. 10 nicht stattgegeben.

Abs. 2.

Bem. 3. Besteht das versicherte Interesse zwar bei Beginn der Versicherung, fällt aber später weg, so findet der auch in § 897 HGB. zum Ausdruck kommende Grundsatz von der Unteilbarkeit der Prämie Anwendung. Die Begr. § 4 steht auf dem Standpunkt, daß kein Anlaß vorliege, von diesem Grundsatz abzuweichen. „Auch das VVG. erkennt ihn für den Fall des § 4 Abs. 2 an, indem es dem Versicherer trotz Wegfalls des versicherten Interesses die Prämie für die laufende Versicherungsperiode beläßt (§ 68 Abs. 2). Für das Seeversicherungswesen, dem Versicherungsperioden im allgemeinen unbekannt sind, bedeutet dies nichts anderes als das, was § 897 des HGB. ausspricht. Keiner besonderen Regelung wird der Fall bedürfen, daß in Ansehung nur eines Teiles des versicherten Interesses die im § 4 Abs. 1 bezeichneten Voraussetzungen zutreffen. Die entsprechende Anwendung der im § 4 Abs. 1 enthaltenen Grundsätze wird keinem Bedenken begegnen und ohne weiteres zu angemessenen Ergebnissen führen".

Bem. 4. Die Makler haben beantragt:

„daß, auch wenn das Versicherungsinteresse erst nach dem Beginn der Versicherung fortfällt, je nach den Umständen des Falles der Versicherungsnehmer Anspruch auf Rückerstattung eines der Billigkeit entsprechenden Teiles der Prämie haben soll, sofern die Versicherung nicht von einem Schaden getroffen sei."

In der Vollversammlung vom 15. November 1910 haben die Assekuradeure dem Antrage widersprochen und darauf hingewiesen, daß E. 10 in diesem Punkte dem schon bisher bestehenden Rechtszustande entspreche. Die Makler haben erklärt, dem Antrage besondere Tragweite nicht beizumessen.

Bem. 5. Zu den Schlußverhandlungen 1918 sind eine Reihe von Abänderungsanträgen gestellt worden:

a) Die Makler haben die Aufnahme folgender Zusatzbestimmung beantragt:

„Ist jedoch frei von Kriegsgefahr versichert und das Interesse geht infolge Kriegsgefahr verloren, oder ist nur Kriegsgefahr versichert und das Interesse geht infolge nicht übernommener Gefahr verloren, so finden die Bestimmungen des § 50 Abs. 2 Anwendung".

b) Die Hamburger Reeder haben beantragt:

„Abs. 2 ist dahingehend zu mildern, daß in Fällen, in denen das Interesse zur Versicherung wegfällt, ohne daß ein Totalschaden die bezügliche Polize getroffen hat, verhältnismäßige Prämienrückgabe (pro rata temporis) erfolgt".

c) Die Bremer Reeder haben die Aufnahme folgender Zusatzbestimmung beantragt:

„Ist ein Schiff auf Zeit gegen Seegefahr und daneben für Reise gegen Kriegsgefahr versichert, und geht dieses Schiff durch Kriegsgefahr verloren, so ist die Prämie für die Zeitversicherung gegen Seegefahr nur bis zum Verlusttage zu bezahlen, der Versicherer jedoch berechtigt, 25 % der auf die Zeit nach dem Verluste entfallenden Prämie für Verwaltungskosten einzubehalten".

d) Die HK. Lübeck und Stettin haben sich dem Antrag unter c) insbesondere unter Hinweis auf die skandinavischen Seeversicherer, die schon heute den betreffenden Teil der Prämie bei Zeitversicherung zurückzahlen, angeschlossen.

Die Assekuradeure haben sich in der Vorbesprechung am 22. und 23. August 1918 gegen eine Außerachtlassung des Grundsatzes von der Unteilbarkeit der Prämie in diesem Falle ausgesprochen und mitgeteilt, daß auch die binnenländischen Versicherer denselben Standpunkt vertreten. Wenn in E. 10 § 53 Abs. 2 der Grundsatz durchbrochen sei, so liege der Fall des Verkaufs durchaus anders als die Fälle, die hier zur Erörterung ständen, insofern der Assekuradeur beim Verkauf eines Schiffes meistenteils die Aussicht habe, die Versicherung des Schiffes auch von dem neuen Eigentümer zugewiesen zu bekommen. Die Makler haben darauf hingewiesen, daß die Ablehnung der Forderung besonders dann zu großen Härten führt, wenn der Reeder den durch Kriegsgefahr entstandenen Schaden selbst zu tragen hat. Im Laufe der Verhandlungen haben die Assekuradeure die Erklärung abgegeben, für den Fall, daß maßgebende Kreise des Auslandes später sich auf den Standpunkt der vorliegenden Anträge stellen, werden auch sie bereit sein, dieser Regelung zu folgen. In der Vorbesprechung mit den Reedern am 17. und 18. September 1918 haben die Hamburger, Bremer, Flensburger und Stettiner Reeder nochmals betont, daß sie ihren Antrag in vollem Umfange aufrecht erhalten müßten, da es einem Gebot der Billigkeit entspräche, wenn der Assekuradeur für eine Police, bei der er künftighin kein Risiko mehr laufe, auch künftighin keine Prämie mehr erhalte. Aus einer Mitteilung der HK. Stettin gehe hervor, daß die skandinavischen Reeder schon im Sinne der gestellten Anträge verfahren. Demgemäß müßten sie erneut beantragen, daß die Assekuradeure entsprechend ihrer Zusage nunmehr dieser Regelung folgten. Die Assekuradeure haben im eigenen und im Namen der binnenländischen Versicherer erwidert, daß sie auch jetzt noch auf dem Standpunkt ständen, es käme darauf an, ob sich maßgebende Kreise im Auslande diesem Vorgehen anschlössen, insbesondere wie sich die englischen und holländischen Assekuradeure verhalten werden.
Über das weitere Schicksal der Anträge vgl. Bem. 7.

Bem. 6. In der Sitzung am 8. und 9. Oktober 1918 hat der Wvb. die Aufnahme folgender Bestimmungen beantragt:

a) „Bei späterem Wegfall des Interesses ist die Prämie angemessen herabzusetzen".

b) „Geht jedoch bei der Zeitversicherung nur für Seegefahr das Interesse durch Kriegsgefahr verloren, oder geht bei Zeitversicherung nur für Kriegsgefahr das Interesse durch reine Seegefahr verloren, so ermäßigt sich die Prämie für die spätere Zeit auf ein Viertel".

Über das weitere Schicksal der Anträge vgl. Bem. 7.

Bem. 7. In der Vollversammlung vom 10. Oktober 1918 hat der Wvb., nachdem er Kenntnis von der Stellungnahme der Hamburger Assekuradeure bekommen hat (vgl. Bem. 5), Bedenken gegen den Gesichtspunkt erhoben, daß die deutschen Versicherten auf das Vorangehen des Auslandes warten müßten. Der juristische Beirat der Bremer Reeder hat darauf hingewiesen, daß bloß für die Zeitversicherung eine Prämienrückgabe pro rata temporis in Betracht käme. Er hat angeregt, die Lösung dieser Frage der Redaktionskommission zu überlassen. Der juristische Beirat der Hamburger Reeder hat betont, daß die Redaktionskommission keine materiellen Fragen behandeln dürfe. Die Makler haben sich damit einverstanden erklärt, daß die Fassung des Abs. 2 bestehen bleibe, da ihre Abänderung den Assekuradeuren nicht zugemutet werden könne.

Abs. 2 ist unter dem Widerspruch der Reeder in der bisherigen Fassung angenommen worden.

§ 5.

Versicherungsbeginn vor Vertragsschließung.

(1) Die Versicherung kann auch so genommen werden, daß sie in einem vor der Schließung des Vertrags liegenden Zeitpunkte beginnt. Dem Versicherer steht in diesem Falle ein Anspruch auf die Prämie nicht zu, wenn er bei der Schließung des Vertrags wußte, daß die Möglichkeit des Eintritts des Versicherungsfalls schon ausgeschlossen war. Der Versicherer ist von der Verpflichtung zur Leistung frei, wenn der Versicherungsnehmer bei der Schließung des Vertrags wußte oder wissen mußte, daß der Versicherungsfall schon eingetreten war; dem Versicherer gebührt die Prämie, sofern er nicht bei der Schließung von dem Eintritte des Versicherungsfalls Kenntnis hatte.

(2) Wird der Vertrag von einem Vertreter geschlossen, so kommt in bezug auf die Kenntnis und das Kennenmüssen nicht nur die Person des Vertreters, sondern auch diejenige des Vertretenen in Betracht.

ASVB. § 8; HGB. § 785; VVG. § 2; ME. § 8; E. 10 § 5; E. 14 § 5.

Abs. 1.

Bem. 1. Im Anschluß an § 2 VVG. wird bloß der Fall besonders geregelt, daß die Versicherung bereits in einem früheren Zeitpunkt als in dem des Vertragsabschlusses beginnen soll. Ob ein ungültiger Versicherungsvertrag (vgl. § 785 Abs. 2 HGB.; § 8 Abs. 2 ASVB.) als ein Rechtsgeschäft anderer Art aufrecht zu erhalten ist, richtet sich nach § 140 BGB. Begr. § 5.

Bem. 2. Die HK. Kiel und Magdeburg haben beantragt:

„hinter „„wußte““ einzufügen „„oder wissen mußte““.

Der Antrag ist nicht weiter verfolgt worden.

Bem. 3. Die HK. Bremen, Hamburg, Lübeck haben beantragt:

„statt „„Versicherungsfalls““ an der ersten Stelle zu setzen „„eines zu ersetzenden Schadens““, an der zweiten Stelle „„der zu ersetzende Schaden““, an der dritten Stelle anstatt „„von dem Eintritte des Versicherungsfalls““ „„von dem Sachverhältnis““ (vgl. § 785 HGB.).“

Auf den Widerspruch der Assekuradeure hin ist der Antrag fallen gelassen worden.

Bem. 4. In der Vollversammlung vom 15. November 1910 ist die auch (vgl. § 3) in diesen Fällen von E. 10 vorgenommene Gleichstellung des „Wissens“ mit „Wissenmüssen“ bemängelt worden. Sowohl seitens der Makler wie auch seitens der Vertreter der Hamburger Reeder und der übrigen Versicherungsnehmer ist auf die großen Gefahren hingewiesen worden, welche diese Neuerung für den Versicherungsnehmer mit sich bringe, und die Aufrechterhaltung des bisherigen Rechtszustandes beantragt worden. Seitens der Assekuradeure ist demgegenüber ausgeführt worden, es liege für den Versicherungsnehmer die Versuchung sehr nahe, die Augen vor etwa auf den bereits erfolgten Eintritt eines Schadens hindeutenden Tatsachen zu verschließen; es müsse deshalb von dem Versicherungsnehmer sowohl als auch von seinem Vertreter eine besondere Sorgfalt in dieser Beziehung verlangt werden. Ein Schutz des Versicherers in diesem Punkte sei um so berechtigter, als die Gerichte erfahrungsgemäß geneigt seien, zu Gunsten des Versicherungsnehmers in solchen Fällen zu entscheiden. Seitens der Makler ist der Standpunkt vertreten worden, daß die ganze Bestimmung gestrichen werden könne; denn wenn der Versicherungsnehmer von dem Eintritte des Schadens bei Abschluß des Vertrages Kenntnis gehabt habe, so liege Betrug vor und sei der Vertrag ohne weiteres hinfällig; habe er aber keine Kenntnis von dem bereits erfolgten Eintritte des Schadens gehabt, so müsse ebenso wie nach dem bisherigen Rechtszustande auch in Zukunft der Vertrag gültig sein.

Bem. 5. Der Wvb. hat zu den Schlußverhandlungen 1918 beantragt:

„Die Gleichstellung beider Teile bezüglich des Kennenmüssens“.

Auf den Hinweis der HK. Hamburg, daß diese Gleichstellung angesichts der Tatsache nicht gerechtfertigt sei, daß der Versicherungsnehmer die Lage viel besser kenne und sachverständiger prüfen könne als der Versicherer, an den der Vertragsantrag meist unvorbereitet und auf Entscheidung drängend herantrete (Börsengeschäft), ist der Antrag nicht weiter verfolgt worden.

Bem. 6. Die Hamburger Reeder haben beantragt:

„An Stelle des Satzes „„wenn der Versicherungsnehmer wußte oder wissen mußte““ zu setzen „„wenn der Versicherungsnehmer wußte““ und an Stelle des Satzes „„so kommt in bezug auf die Kenntnis oder das Kennenmüssen nicht nur die Person des Vertreters, sondern auch diejenige des Vertretenen in Betracht"" zu sagen „„so kommt in bezug auf den guten Glauben nicht nur die Person usw.""

In der Vollversammlung vom 15. November 1910 hat ein Vertreter der Assekuradeure diesen Vorschlag als erwägenswert bezeichnet. Er ist jedoch nicht weiter verfolgt worden.

Bem. 7. In der Vollversammlung vom 15. November 1910 ist darauf hingewiesen worden, daß der dritte Satz seinem Wortlaute nach nicht erkennen lasse, ob in Fällen, in denen beide Vertragsparteien wissen, daß der Schaden bereits eingetreten sei, aber dennoch, weil die Höhe des Schadens noch nicht festgestellt sei, in Kenntnis des Eintritts des Versicherungsfalls noch eine Versicherung abschließen, eine solche Versicherung gültig sein solle. Seitens eines Vertreters der Assekuradeure ist demgegenüber die Erklärung abgegeben worden, daß es selbstverständlich nicht Absicht des E. 10 sei, die Gültigkeit eines solchen Vertrages irgendwie zu beeinträchtigen. Es ist festgestellt worden, daß es sich also nur um die Frage einer etwa anders zu gestaltenden Redaktion des Satzes handele.

Bem. 8. Die HK. Flensburg hat beantragt:

„Satz 3 zu streichen, da diese Bestimmung die Rechtslage verwirre und ein besonderer Schutz des Versicherers unnötig sei."

Dem Antrag ist nicht stattgegeben worden.

Abs. 2.

Bem. 9. Die Worte in E. 10 „einem Bevollmächtigten und einem Vertreter ohne Vertretungsmacht" sind durch „einem Vertreter" ersetzt worden. Vgl. § 3 Bem. 8.

II. Versicherungswert. Unter-, Über-, Doppelversicherung.

§ 6.

Versicherungswert.

(1) Als Wert des versicherten Interesses (Versicherungswert) gilt dessen voller Wert.

(2) Ist durch Vereinbarung der Versicherungswert auf einen bestimmten Betrag (Taxe) festgesetzt, so ist die Taxe für den Versicherungswert maßgebend. Der Versicherer kann jedoch eine Herabsetzung der Taxe verlangen, wenn die Taxe den wirklichen Versicherungswert erheblich übersteigt. Ist die Versicherungssumme niedriger als die Taxe, so haftet der Versicherer, auch wenn die Taxe herabgesetzt ist, für den Schaden nur nach dem Verhältnisse der Versicherungssumme zu der durch die Vereinbarung festgesetzten Taxe.

(3) Ist der Versicherungswert als „vorläufig taxiert" bezeichnet, so gilt er nicht als taxiert.

ASVB. §§ 9 Abs. 1, 16; BSVB. § 27 Abs. 6; HGB. §§ 786 Abs. 1, 793; VVG. § 57; ME. §§ 9 Abs. 1, 10; E. 10 § 6; E. 14 § 6.

Abs. 1.

Bem. 1. Daß als Versicherungswert der volle Wert des versicherten Interesses und nicht, wie in § 786 Abs. 1 HGB. und § 9 Abs. 1 ASVB. des versicherten „Gegenstandes“ zu gelten hat, ist bloß eine sprachliche Abweichung, denn es ist unzweifelhaft, daß nicht der Gegenstand, zu dem der Versicherte in der das Versicherungsinteresse begründenden Beziehung steht, sondern das Interesse selbst als versicherter Gegenstand anzusehen ist. „Die Bedeutung dieser Vorschrift wird daher wesentlich in dem Ausspruche zu erblicken sein, daß die Versicherung, sofern nicht ein anderes vereinbart ist, als Vollversicherung, nicht als sogenannte Versicherung au premier risque anzusehen ist.“ Begr. § 6.

Bem. 2. Eine dem § 52 VVG. entsprechende Bestimmung ist nach der Begr. § 6 unnötig, weil § 1 denselben Gedanken zum Ausdruck bringt.

Bem. 3. Die Hinzufügung von „Versicherungswert“ findet sich zuerst im ZE. Dez. 12.

Abs. 2.

Bem. 4. Lange umstritten ist die Frage gewesen, ob die Taxe gänzlich unanfechtbar und nicht herabsetzbar, oder wegen Irrtums oder Betrugs anfechtbar ist, oder ob der Versicherer eine Herabsetzung der Taxe verlangen kann, wenn die Taxe den wirklichen Versicherungswert erheblich übersteigt.

Die Maklerkommission hatte sich besonders eingehend mit diesem Problem beschäftigt. Sie hatte, um insbesondere dem Verkehrsbedürfnisse bei Güterversicherungen zu genügen, beantragt, eine Bestimmung aufzunehmen, daß eine in der Polize angegebene Versicherungssumme als Taxe angesehen werden solle, falls sich nicht aus dem Vertrage ein anderes ergebe. Ferner hatte sie beantragt, „in Anlehnung an das englische Recht (M. I. A. s. 28 Nr. 33) eine Anfechtung nicht schon wegen wesentlicher Übersetzung, sondern erst dann zuzulassen, wenn die Taxe betrügerischer Weise erheblich übersetzt ist. Betrug würde auch vorliegen, wenn der Versicherte irrtümlich eine zu hohe Taxe angibt, und nach Entdeckung des Irrtums dem Versicherer den Sachverhalt nicht angibt“.

Zur Unterstützung dieser Anträge war auf die Bremische Praxis hingewiesen worden, welche die zwischen dem Assekuradeur und dem Versicherten vereinbarten Taxen stets als unantastbar behandele; nur bei der Kaskoversicherung sei Anfechtung versucht worden, aber erfolglos, da dem Assekuradeur niemals der Beweis einer wesentlichen Übersetzung gelungen sei.

Bem. 5. a) Im Verfolg dieser Auffassung (Bem. 4) haben die Makler beantragt:
„Hinter „„der Versicherer kann““ einzuschieben „„im Falle des Betruges oder des Irrtums bei Aufmachung bezw. bei Aufgabe der Taxe““;
b) Die Hamburger Reeder und die Hamburger Exporteure haben beantragt:
„Die Taxe außer im Falle des Betruges für unanfechtbar zu erklären“.
In den Vollversammlungen vom 15. November und 1. Dezember 1910 ist zu den Anträgen ausgeführt worden: Bei der Versicherung von Ostseekaskos bestehe der Assekuradeur in den meisten Fällen darauf, daß die Taxe höher angenommen werde, als dem wirklichen Werte des Schiffes ent-

spreche; der Assekuradeur erziele auf diesem Wege eine höhere Prämie, wenngleich der Prämiensatz bei einer solchen Erhöhung der Versicherungssumme durch die Taxe regelmäßig niedriger bemessen werde, als er bei Zugrundelegung des wirklichen Wertes des Schiffes sein würde. In solchen Fällen, in denen der Versicherer selbst auf die Zugrundelegung eines höheren Versicherungswertes, als dem Versicherungsnehmer an sich richtig erscheine, durch Vereinbarung einer Taxe bestehe, widerspreche es Treu und Glauben, wenn der Versicherer sich gleichzeitig das Recht vorbehalten wolle, diese Vereinbarung über den Versicherungswert nachträglich seinerseits im Schadensfalle als zu hoch anzufechten. Auch seitens eines Vertreters des Warenhandels wurde bemerkt, daß die Anfechtbarkeit der Taxe eine große Rechtsunsicherheit für den Warenhandel mit sich bringe. Seitens der Vertreter der Assekuradeure ist demgegenüber ausgeführt worden, daß die Unanfechtbarerklärung der Taxe nach deutschem Rechte schlechthin ausgeschlossen sei, da der Absatz 3 § 786 HGB., welcher bestimme, daß, soweit die Versicherungssumme den Versicherungswert übersteige, die Versicherung keine rechtliche Geltung habe, zwingendes Recht sei. Jede entgegenstehende Vereinbarung sei deshalb ungültig. Seitens der Hamburger Reeder ist die Richtigkeit dieser Rechtsausführung bestritten und die Behauptung aufgestellt worden, daß auch in Bremen die Taxe unanfechtbar sei; über die Frage, ob es nach deutschem Recht unmöglich sei, Taxen für unanfechtbar zu erklären, würden seitens der Reeder Gutachten namhafter Rechtsgelehrter eingeholt und der Kommission vorgelegt werden. Die Assekuradeure haben bestritten, daß die BSVB. die Taxe für unanfechtbar erklärten. Eine Durchsicht der Bremer Bedingungen ergebe die Richtigkeit dieser Behauptung. Auf Befragen seitens eines Vertreters der HK. Hamburg wird sowohl seitens der Makler wie auch seitens der Assekuradeure bestätigt, daß Anfechtungen von Taxen seitens der hiesigen Assekuradeure äußerst selten vorgekommen seien. Seitens der Hamburger Reeder ist bezweifelt worden, ob die Anfechtung von Taxen bei Kaskoversicherungen tatsächlich nur selten gewesen sei, und darauf hingewiesen worden, daß in diesem Jahre bei dem Dampfer Pergamon der de Freitas-Linie jedenfalls die Taxe angefochten worden sei. Seitens eines Vertreters der HK. Hamburg ist zur Erörterung gestellt worden, ob es sich nicht empfehle, die ganze Vorschrift zu streichen; der Grundsatz, daß Wettversicherungen ungültig seien, sei bereits an anderer Stelle in dem E. 10 ausgesprochen; es sei richtig, daß eine Versicherung infolge dieses Grundsatzes ungültig sei, insoweit sie Wettversicherung sei und ihr ein versicherbares Interesse überhaupt nicht zu Grunde liege. Die ausdrückliche Hervorhebung des Rechtes des Versicherers, eine von ihm vereinbarte Taxe nachträglich wegen erheblicher Übersetzung anfechten zu können, sei aber geeignet, Anstoß zu erregen und den deutschen Versicherungsmarkt zu schädigen, zumal nach den dargelegten Tatsachen der Versicherer selbst vielfach die Übersetzung der Taxe veranlasse und die konkurrierenden englischen Assekuradeure infolge der Abweichung des englischen Rechtes von dem deutschen in diesem Punkte dem Versicherungsnehmer volle rechtliche Sicherheit gegen die Anfechtung der Taxe zu bieten vermöchte. Seitens der Assekuradeure ist diesem Vorschlage widersprochen worden, da derselbe ein Versteckspiel bedeute; das Interesse der Klarheit der Rechtsverhältnisse fordere auch für den Versicherungsnehmer vor allem die Beibehaltung der Bestimmung in E. 10. Ein Makler hat sich gleichfalls dahin ausgesprochen, daß, wenn es in der Tat rechtlich unmöglich sei, die Taxe für unanfechtbar zu erklären, die Beibehaltung der Bestimmung in E. 10 vorzuziehen sei.

In der Vollversammlung vom 1. Dezember 1910 hat ein Vertreter der HK. Hamburg erneut ausgeführt, daß, wie bereits von anderer Seite dargelegt sei, die Bestimmung des deutschen HGB., laut welcher im Falle der Überversicherung die Versicherung keine Geltung habe, soweit die Versicherungssumme den Versicherungswert übersteige, zwingendes Recht sei, und daß deshalb die Aufnahme einer Bestimmung in die Bedingungen, welche die Taxe für unanfechtbar erkläre, keine rechtliche Gültigkeit haben würde und nicht in Frage kommen könne. Sollten die Kaskoversicherungen, wenn die vereinbarte Taxe einen wesentlich höheren Betrag als den wirklichen Versicherungswert erreiche, auch insoweit rechtlich gültig werden, als die Versicherungssumme den wirklichen Versicherungswert übersteige, so sei dies nur möglich, wenn dem überschießenden Bruchteile der Versicherungssumme ein anderes Interesse zu Grunde gelegt werde; als solches komme in Frage das gesamte Interesse, welches der Reeder außer dem Werte des Kaskos selbst an der Erhaltung des Schiffes habe, also u. a. das subjektive Interesse seines Reedereibetriebes an dem Besitze des Schiffes, die Ausrüstungskosten und dergleichen mehr. Es sei zu erwägen, ob im Hinblick auf die früher geltend gemachten Gesichtspunkte, insbesondere auch auf den englischen Rechtszustand, namentlich auch aus Konkurrenzrücksichten gegen den englischen Versicherungsmarkt, eine Bestimmung in den Entwurf aufzunehmen sei des Inhalts, daß, wenn bei der Kaskoversicherung die Taxe den wirklichen Versicherungswert des Schiffes erheblich überschreitet, der überschießende Teil der Taxe als Versicherung auf das Interesse am Schiff zu gelten habe. Seitens eines Maklers ist gegen diese Anregung das Bedenken geltend gemacht worden, daß, wenn der überschießende Bruchteil der Kaskotaxe als Versicherungssumme auf das Interesse am Schiff gelte, eine volle Unanfechtbarkeit der Taxe doch nicht erreicht sei, da der Versicherungsnehmer sich alsdann etwaige Ersparnisse an Ausrüstungskosten usw. doch würde in Abzug bringen lassen müssen. Unter diesen Umständen werde, da rechtlich es nicht möglich sei, die Taxe für unanfechtbar zu erklären, nur übrig bleiben, den Versicherer in jedem einzelnen Falle zu einer in die Police aufzunehmenden Ehrenerklärung zu veranlassen, in welcher er ausdrücklich darauf verzichte, von seinem Anfechtungsrecht gegenüber der Taxe Gebrauch zu machen; wenn eine solche Erklärung auch rechtlich keine Gültigkeit habe, so binde sie doch den Versicherer moralisch. Auch die Antwerpener Polizen enthielten derartige nicht klagbare Ehrenerklärungen. Von einem anderen Makler ist gleichfalls einer Änderung des E. 10 in dem angeregten Sinne widersprochen und darauf hingewiesen worden, daß, wenn auch das englische Recht in diesem Punkte Vorzüge für den Versicherungsnehmer biete, in anderen Punkten das deutsche Recht den

Versicherungsnehmer wesentlich besser schütze, so bei der Haftung für Kollisionsschäden und ferner bei den sogenannten Versicherungen auf das Interesse, welch' letztere gerade in Deutschland klagbare Rechte für den Versicherten erzeugten, während sie nach englischem Rechte nicht klagbar seien. Seitens der Hamburger Reeder ist die Richtigkeit der Rechtsauffassung, daß der § 786 Absatz 3 HGB. zwingendes Recht enthalte, nicht weiter bestritten und die Absicht, über diese Frage Gutachten namhafter Rechtsgelehrter einzuholen, nicht aufrecht erhalten worden. Sie widersprächen ebenfalls der gegebenen Anregung, bei der Überversicherung von Kaskos den auf die Überversicherung entfallenden Bruchteil der Versicherungssumme als Versicherung auf das Interesse gelten zu lassen und wiesen darauf hin, daß, wenn neben der Kaskoversicherung eine Versicherung auf das Interesse genommen sei, insoweit andernfalls eine Doppelversicherung vorliegen würde.

Die Anträge sind unberücksichtigt geblieben; nur redaktionell ist § 6 S. 10 geändert worden, um den Wünschen der Antragsteller entgegenzukommen.

Die erwähnten Gutachten sind von drei namhaften Rechtsgelehrten übereinstimmend dahin abgegeben worden, daß die Anfechtbarkeit der Taxe nach allgemeinen Rechtsgrundsätzen aufrecht erhalten bleiben muß.

Bem. 6. a) Die HK. Frankfurt a. M. hat zu den Schlußverhandlungen 1918 beantragt:

„Daß die Taxe unter allen Umständen als unanfechtbar gelten muß, sofern nicht Betrug vorliegt, den der Versicherer zu beweisen hat."

Der Antrag ist fallen gelassen worden.

b) Dasselbe Schicksal hat der Antrag des Wvb.:

„Die Unanfechtbarkeit der Taxe abgesehen von Betrug nach Vorbild des englischen Rechtes auszusprechen"

nach dem Hinweis der HK. Hamburg auf das Ergebnis der früheren Verhandlungen (vgl. Bem. 5) gehabt.

Bem. 7. In der Vollversammlung vom 10. Oktober 1918 hat der Allg. Vers.-Schutz-Verb. erneut die Möglichkeit der Anfechtung einer Police erörtert. Auf den wiederholten Hinweis der HK. Hamburg über die eingehende Behandlung dieser Frage in den Vorverhandlungen hat sich der Antragsteller zufrieden gegeben.

Abs. 3.

Bem. 8. a) Die Makler haben folgende Fassung beantragt:

„Ist die Taxe als vorläufig bezeichnet, so gilt sie als Taxe im Sinne des Abs. 2, solange zwischen den Vertragschließenden keine neue Taxe vereinbart ist".

Das Schicksal des Antrages ergibt sich aus der Niederschrift über die Vollversammlung vom 15. November 1910: „Gegenüber diesem Vorschlage wird dargelegt, daß alsdann jede der Parteien ohne weiteres die Möglichkeit haben würde, eine vorläufige Taxe einseitig zu einer endgültigen zu machen, indem sie sich in eine neue Einigung nicht mehr einließe. Seitens der Makler wird erklärt, daß die Anfechtung von vor-

läufig taxierten Polizen kaum zu ihrer Kenntnis gekommen sei, und daß sie dem Antrage kein weiteres Gewicht beilegten".
b) Ebenso ist auch ein Antrag der HK. Lübeck auf andere Fassung unberücksichtigt geblieben.

§ 7.
Besondere Taxe.

(1) Wenn bei der Versicherung mehrerer Gegenstände im Vertrage nur eine Versicherungssumme bestimmt ist, aber einzelne Gegenstände besonders taxiert sind, so gelten diese Gegenstände zugunsten des Versicherungsnehmers als besonders versichert. Dies gilt insbesondere dann, wenn einzelne Teile eines gleichartigen Gutes besonders taxiert sind (Serien).
(2) Die Bestimmung des Abs. 1 findet keine Anwendung, wenn nicht festzustellen ist, welche Güter zu einer Serie gehören.
(3) Die Bestimmung des Abs. 1 findet auch dann keine Anwendung, wenn die Serien durch die bei ordnungsmäßiger Löschung der Güter sich ergebende Reihenfolge bestimmt werden sollen, die Reihenfolge jedoch nicht bei oder sofort nach der Löschung durch Bezeichnung der Güter mit Landungsnummern oder in ähnlicher Weise festgestellt wird. Die Serien sind durch die bei der Löschung sich ergebende Reihenfolge nur dann zu bestimmen, wenn es besonders vereinbart ist.

ASVB. § 17; BSVB. § 28; HGB. § 794; ME. § 11; E. 10 § 7; E. 14 § 7.

Abs. 1—3.

Bem. 1. Der von der HK. Lübeck gestellte Antrag auf Streichung von § 7 ist fallen gelassen worden.

Abs. 1.

Bem. 2. Die Streichung der Worte in § 7 Abs. 1 E. 10 „oder eines Inbegriffs von Gegenständen" ist auf keinen Widerspruch gestoßen.

Bem. 3. Die HK. Frankfurt a. M., Hamburg, Lübeck und der Allg. Vers.-Schutz-Verb. haben beantragt:
„Eine der englischen Klausel „„or on the whole"" entsprechende Klausel einzufügen."
Diesem Wunsche ist durch die Aufnahme der Worte „zugunsten des Versicherungsnehmers" seitens der Assekuradeure entsprochen worden.

Abs. 2.

Bem. 4. Das bisherige Recht ist nur nach einer Richtung erweitert. Die Begr. § 7 bemerkt hierzu: „Bei der Versicherung von Gütern erfolgt die besondere Taxierung regelmäßig unter Zugrundelegung sogenannter „separater Abteilungen", „Serien" oder „Taxen" (vgl. z. B. die vom Havarie-Bureau des Vereins Hamburger Assekuradeure herausgegebenen „Konditionen und Prämien von Häfen der Vereinigten Staaten Nord-

Amerikas am Golf nach Nord-Europa"). Dabei wird entweder so verfahren, daß die „Originalnummern" („Originalabzeichen", BSVB. § 28 Abs. 2: „Abschiffungsmärkte oder Nummern") oder auch die „Fakturanummern" unter Angabe eines bestimmten Wertes als maßgebend erklärt werden, oder so, daß sogenannte „Landungsnummern" oder „Landungsbezeichnungen" entscheiden sollen. In diesem letzteren Falle wird erst bei der Landung, und zwar bei der Löschung der Güter nach der Reihenfolge, die sich bei ordnungsmäßiger Entlöschung des Schiffes ergibt, durch Bezeichnung der Güter mit Landungsnummern oder in anderer Weise festgestellt, welche Güter zu einer Serie gehören. Da in diesem letzteren Falle die Gefahr unrichtiger oder gar unredlicher Handhabung besonders groß ist, pflegt bestimmt zu sein, daß die Einteilung der Serie nach Landungsnummern nur dann stattfindet, wenn es besonders vereinbart ist (vgl. BSVB. § 28 Abs. 1; Allg. Best. des Internationalen Transportversicherungs-Verbandes für die Versicherung von Gütertransporten zur See § 13 und Tabelle für die Serieneinteilung). Im allgemeinen wird in dieser Beziehung alles der besonderen Vereinbarung oder den für die Prämienfestsetzung maßgebenden Bedingungen vorbehalten bleiben können. Nur in wenigen Beziehungen erscheint eine allgemeine Regelung wünschenswert. Sind die Originalnummern nicht mehr festzustellen oder ist die alsbaldige Feststellung der Serien durch Landungsnummern unterblieben, so ist der Zweck der Nebenberedung nicht erreichbar. § 7 bestimmt deshalb, daß in diesem Falle die besonders taxierten Gegenstände nicht als besonders taxiert gelten, die Güter also „nur eine Serie" bilden sollen".

Abs. 3.

Bem. 5. Das bisherige Recht kennt keine Bestimmungen für den Fall, daß gleichartige Güter in Serien taxiert sind, die Einteilung in Serien aber erst am Entlöschungsplatze durch die bei ordnungsmäßiger Löschung der Güter sich ergebende Reihenfolge bestimmt werden soll. Im Fall einer solchen Vereinbarung sollen die Serien als nicht taxiert gelten, wenn nicht die Reihenfolge bei oder sofort nach der Löschung durch Bezeichnung der Güter mit Landungsnummern oder in ähnlicher Weise festgestellt ist und bei der Feststellung der Versicherer oder sein Havarie-Kommissar, sofern dieses möglich war, hinzugezogen ist. Die Notwendigkeit einer derartigen Bestimmung ist in der B e g r. § 7 folgendermaßen gerechtfertigt worden: „Die Fälle, daß die Feststellung wegen eines von dem einen oder dem anderen Teile zu vertretenden Umstandes unmöglich ist, werden keiner besonderen Regelung bedürfen. Hat insbesondere der Versicherungsnehmer die Feststellung, namentlich die gehörige dem Vertrag entsprechende Feststellung vorsätzlich verhindert, so kann er sich nach allgemeinen Grundsätzen nicht auf die Bestimmungen des § 7 berufen, sondern muß beweisen, inwieweit die Serien von dem Schaden betroffen sind und, wenn der Beweis mißlingt, das ungünstigste Ergebnis gegen sich gelten lassen. Hat der Versicherungsnehmer fahrlässig die Feststellung der Serien verhindert, so kann allerdings, wenn man es auch für diesen Fall bei der Bestimmung des § 7 beläßt, die Folge sein, daß der Versicherungsnehmer sich günstiger steht, als er sich im Falle sorgfältiger Feststellung gestanden haben würde. Denn der Versicherungsnehmer würde z. B. in diesem Falle Ersatz des ganzen Schadens verlangen können, wenn der Versicherer nach dem Vertrage nur für einen 3 % übersteigenden Schaden haftet und die Höhe des Schadens tatsächlich mehr als 3 % des Gesamtwerts beträgt, während in Wirklichkeit die Höhe des Schadens bei einzelnen Serien nur 3 % des Serienwerts oder weniger betragen hat. Man wird indessen für Fälle dieser Art nicht besondere Vorsorge zu treffen brauchen, da im allgemeinen der Versicherungsnehmer an der Feststellung der Serien ein erhebliches Interesse hat und insbesondere eine vertragswidrige Feststellung der Serien nach Landungsnummern regelmäßig auf Vorsatz beruhen wird. Man wird umsomehr in dieser Weise verfahren dürfen, wenn der Versicherungsnehmer verpflichtet wird, den Versicherer hinzuzuziehen, falls die Feststellung der Serien durch Landungsnummern vereinbart ist. Man wird aber auch andererseits zum Schutze des Versicherers dem Versicherungsnehmer eine solche Zuziehung zur Pflicht machen müssen, weil eine vertragswidrige Einteilung der Güter nach Landungsnummern leicht möglich und die Vertragswidrigkeit der Einteilung schwer nachzuweisen ist. Der E. 10 bestimmt deshalb, daß der Versicherungsnehmer wenn tunlich den Versicherer bei der Feststellung der Reihenfolge hinzuzuziehen verpflichtet ist, und im Anschluß an verwandte Bestimmungen (§§ 73 Abs. 10, 87 Abs. 1, 89 Abs. 2), daß es genügt, wenn der Havariekommissar des Versicherers zugezogen wird. Selbstverständlich ist der Versicherungsnehmer auch verpflichtet, den Havariekommissar hinzuzuziehen, wenn zwar nicht die Zuziehung des Versicherers selbst, wohl aber diejenige seines Havariekommissars tunlich ist. Unterbleibt die Zuziehung, obgleich sie tunlich ist, so kann sich zwar der Versicherer, nicht aber der Versicherungsnehmer auf die Feststellung der Serien berufen. Der Versicherungsnehmer kann Ansprüche nur so geltend machen, wie wenn eine besondere Taxierung nicht vereinbart wäre. Hat er außerdem die Serien vorsätzlich in einer dem Vertrage zuwiderlaufenden Weise festgestellt, so muß er das ungünstigste Ergebnis einer Serieneinteilung gegen sich gelten lassen. Der E. 10 bestimmt endlich, daß die Feststellung der Serien bei der Landung nur dann stattfindet, wenn es besonders vereinbart ist. Die Bestimmung enthält zwar nichts, was sich nicht schon aus allgemeinen Grundsätzen ergibt. Sie entspricht aber einem praktischen Bedürfnisse, da ihr Inhalt nicht überall als selbstverständlich empfunden wird."

Bem. 6. Die Makler und später auch die HK. Bremen und Hamburg haben beantragt:

„§ 7 Abs. 3 E. 10 zu streichen und die Regelung der jedesmaligen besonderen Vereinbarung zu überlassen".

In der Vollversammlung vom 1. Dezember 1910 haben die Makler zur Begründung ausgeführt: Die ganze Frage sei für die an dem hiesigen Platze zur Entlöschung kommenden Güter ohne Bedeutung, da die Kaiverwaltung sich hier auf die Bezeichnung der Güter mit Landungsnummern nach der Reihenfolge der Löschung überhaupt nicht einlasse, wohl aber komme die Bestimmung in Betracht für Güter, welche von überseeischen Plätzen nach englischen, französischen oder Mittelmeerhäfen abgeladen und in Hamburg versichert würden; bei solchen Gütern werde die Feststellung der Serien naturgemäß in der an dem betreffenden Bestimmungshafen ortsüblichen Weise vorgenommen werden; solle eine andere Form der Feststellung, z. B. diejenige, welche E. 10 vorsehe, innegehalten werden, so liege es im Interesse des Versicherungsnehmers, darauf bei dem Abschluß der Versicherung durch eine ausdrücklich in die Police aufgenommene Klausel hingewiesen zu werden; eine generelle Bestimmung, welche eine von dem in dem betreffenden Hafen ortsüblichen Verfahren abweichende Art der Feststellung vorschreibe, werde den Versicherungsnehmer, der die hiesigen Bedingungen naturgemäß nicht immer in allen Punkten beherrsche, oft nicht gegenwärtig sein und infolgedessen zum Nachteile gereichen. Seitens der Assekuradeure ist betont worden, daß der Versicherer bei der in Frage stehenden Art der Serienversicherung eines besonderen Schutzes bedürfe, da er in hohem Grade einer für ihn nachteiligen Verteilung geschädigter Teile der Sendungen auf die einzelnen Serien ausgesetzt sei. Es sei nicht beabsichtigt, den Versicherungsnehmer dadurch zu schädigen. Die Zuziehung des Vertreters des Versicherers sei im Interesse der Assekuradeure dringend geboten. Die Feststellung der Serien werde bis jetzt in den verschiedenen Häfen verschieden vorgenommen. Seitens eines Maklers ist ausgeführt worden, daß in den englischen Häfen bei der Feststellung der Serien nach Landungsnummern regelmäßig in folgender Weise verfahren werde. Die seebeschädigten Säcke würden sämtlich auf einen Stapel zusammengelegt; nach Entlöschung der Güter würden sie dann auf die verschiedenen Serien verteilt; für den Versicherer sei dieses Verfahren insofern nachteilig, als alle stark beschädigten Waren zusammengestellt würden; da aber alle diejenigen Waren, deren Beschädigung äußerlich nicht erkennbar sei, nicht mit auf den Stapel der beschädigten Waren gelegt würden, biete diese Art der Feststellung der Serien für den Versicherer auch wieder einen nicht zu unterschätzenden Vorteil. Dem Versicherer pflege für die Bewilligung der Klausel eine Verbesserungsprämie zugestanden zu werden. Einer Anregung dahin, ob es sich nicht empfehle, die Bestimmung der Serien nach der bei der Entlöschung vorgesehenen Reihenfolge nicht nur dann erfolgen zu lassen, wenn es besonders vereinbart, sondern auch dann, wenn es handelsüblich sei, ist keine weitere Folge gegeben worden. Den Anträgen ist nicht stattgegeben worden. Vgl. Bem. 8.

Bem. 7. a) Die HK. Kiel hat beantragt, Abs. 3 folgende Fassung zu geben: „Ist vereinbart, daß auf Grund am Entlöschungsplatz stattfindender Feststellung die einzelnen Gegenstände besonders taxiert sind, so hat die Feststellung der besonderen Taxe in der im Entlöschungshafen ortsüblichen Weise zu erfolgen".

b) Die Hamburger Exporteure haben als Zusatz zu dem Antrag a beantragt:

„In außerdeutschen Häfen erfolgt die Feststellung der Serien nach dortigem Ortsgebrauch."

Da die HK. Hamburg gegen diese Fassung im Hinblick auf den Widerspruch, den sie bei den Versicherern findet, Bedenken geäußert hat, sind die Anträge nicht weiter verfolgt worden.

Bem. 8. Die Assekuradeure haben anfänglich vor allem der Streichung des Satz 2 (Bem. 6) widersprochen. Der in ihm niedergelegte Grundsatz müsse bestehen bleiben, denn er sei die selbstverständliche Folge gerechter Abwägung der Interessen. Wenn in einigen ausländischen Häfen ein abweichender Gebrauch, nämlich der Gebrauch bestehe, daß die Franchise lediglich unter Zugrundelegung des beschädigten Teiles der Güter zu berechnen sei, so sei demgegenüber zu bemerken einmal, daß für das Verhältnis des Versicherers zum Versicherungsnehmer Handelsgebräuche des Bestimmungshafens überhaupt ohne Bedeutung seien und sein müssen, zweitens, daß der bezeichnete Gebrauch sich als ein durch Gründe weder der Gerechtigkeit, noch der Billigkeit, noch der Zweckmäßigkeit zu belegender, mit dem Inhalte des Versicherungsvertrags nicht zu vereinbarender Mißbrauch darstelle, und schließlich, daß Allgemeine Deutsche Seeversicherungs-Bedingungen nicht wohl auf solche in einzelnen ausländischen Häfen herrschende Mißbräuche zugeschnitten werden könnten. Später haben sie jedoch ihre Bedenken fallen gelassen.

Satz 2 ist gestrichen worden. Im Schlußsatz sind rein redaktionell die Worte „nach der" in „durch die" geändert worden.

Bem. 9. Der von den Hamburger Exporteuren gestellte Antrag, die Worte „wenn tunlich den Versicherer oder den für den Havariebezirk bestellten Havariekommissar des Versicherers hinzuzuziehen" zu streichen, hat sich erledigt. Vgl. Bem. 8.

§ 8.

Unterversicherung.

Ist die Versicherungssumme niedriger als der Versicherungswert, so gilt für den nicht gedeckten Teil des Versicherungswerts der Versicherungsnehmer als Selbstversicherer. Insbesondere hat der Versicherer den Schaden und die Aufwendungen nur nach dem Verhältnisse der Versicherungssumme zum Versicherungswerte zu ersetzen.

ASVB. §§ 15, 95, 114 Abs. 1 und 3, 121 Abs. 2, 141; HGB. §§ 792, 843, 859 Abs. 1 und 3, 866 Abs. 2, 881; VVG. §§ 56, 63 Abs. 2, 66 Abs. 3; ME. §§ 26, 73, 89 Abs. 1 und 3, 96 Abs. 2, 127; E. 10 § 8; E. 14 § 8.

Bem. 1. „Die Unterversicherung hat eine Anzahl besonderer Wirkungen. Der Versicherer haftet für einen Schaden nur im Verhältnisse der Versicherungssumme zum Versicherungswert (HGB. §§ 792, 881); ebenso für Havariebeiträge, Aufopferungen und Kosten (HGB. § 843). Im Falle eines Totalverlustes nimmt er an den geretteten Gegenständen in demselben Verhältnisse teil (HGB § 859 Abs. 1 und 2). Der Abandon findet nur in

Ansehung eines diesem Verhältnis entsprechenden Teiles des versicherten Gegenstandes statt (HGB. § 866 Abs. 2). Aller dieser Bestimmungen wird es nicht bedürfen, wenn man nach dem Vorgange des englischen Rechts (Marine Insurance Act, 1906 s. 81) den Versicherungsnehmer in Ansehung des nicht gedeckten Teiles als Selbstversicherer gelten läßt. Der Entwurf verfährt demgemäß und glaubt in dieser Beziehung umsomehr keinem Mißverständnisse zu begegnen, als den beteiligten Kreisen der Begriff des Selbstversicherers durchaus geläufig ist. Immerhin wird es zweckmäßig sein, wie dies im § 8 Satz 2 geschieht, die bedeutsamste Folge der Unterversicherung besonders auszusprechen, nämlich zu bestimmen, daß der Versicherer Schäden und Aufwendungen nur nach dem Verhältnisse der Versicherungssumme zum Versicherungswerte zu ersetzen hat." Begr. § 8.

Bem. 2. Die HK. Frankfurt a. M. hat zu den Schlußverhandlungen 1918 beantragt:

„klar zum Ausdruck zu bringen, daß durch einen Schaden bezw. bei der Abwendung oder Minderung eines solchen entstehende Kosten und Aufwendungen stets voll von den Versicherern zu tragen sind, ohne Rücksicht darauf, ob die betreffenden Bemühungen zur Abwendung oder Minderung eines Schadens von Erfolg begleitet waren oder nicht".

Der Antrag ist nicht weiter verfolgt worden. Vgl. § 123 Bem. 5.

§ 9.

Überversicherung.

(1) Soweit die Versicherungssumme den Versicherungswert übersteigt, ist der Vertrag unwirksam. Auf die Verpflichtung des Versicherungsnehmers zur Zahlung der Prämie und der Ristornogebühr finden die Bestimmungen des § 2 Abs. 2 und des § 3 entsprechende Anwendung.

(2) Schließt der Versicherungsnehmer den Vertrag in der Absicht, sich aus der Überversicherung einen rechtswidrigen Vermögensvorteil zu verschaffen, so ist der ganze Vertrag unwirksam. Dem Versicherer gebührt gleichwohl die Prämie, es sei denn, daß er bei der Schließung des Vertrages den Grund der Unwirksamkeit kannte.

ASVB. §§ 9 Abs. 2 und 3, 155, 156, 159; BSVB. § 70; HGB. §§ 786 Abs. 2 und 3, 895, 896; VVG. § 51; ME. § 9 Abs. 2 und 3; E. 10 § 9; E. 14 § 9.

Abs. 1.

Bem. 1. „Die Vorschriften des Versicherungsvertragsgesetzes weichen hiervon insofern ab, als ihnen zufolge die Versicherung auch, soweit die Versicherungssumme den Versicherungswert übersteigt, gültig ist. Die hieraus sich ergebenden Bedenken werden wesentlich durch die Vorschrift beseitigt, daß der Versicherer keinesfalls mehr als den Betrag des Schadens zu ersetzen braucht (VVG. § 51) und daß die Parteien im Falle eines erheblichen

Unterschiedes die Herabsetzung der Versicherungssumme von einander verlangen können (VVG. § 51 Abs. 1). Ob diese Art der Regelung derjenigen des geltenden Seeversicherungsrechts vorzuziehen oder ob nicht vielmehr umgekehrt die besonderen Verhältnisse der Seeversicherung diese letztere als die richtige erscheinen lassen, bedarf keiner Erwägung. Denn indem das Gesetz (HGB. § 786 Abs. 3) bestimmt, daß die Versicherung, soweit die Versicherungssumme den Versicherungswert übersteigt, keine rechtliche Geltung hat, hat es die teilweise Nichtigkeit des Versicherungsvertrages angeordnet und den Gegenstand damit der freien Vereinbarung der Parteien entzogen (vgl. Entsch. des Kammergerichts in den Veröffentlichungen des Aufsichtsamts für Privat-Versicherungen. 6. Anh. S. 66)." Begr. § 9.

Bem. 2. Die HK. Bremen und die Makler haben beantragt:

„Hinter „„Versicherungssumme"" einzuschalten „„bei einer nicht taxierten Police"".

Der Antrag ist fallen gelassen worden.

Bem. 3. Über die Ersetzung des Wortes „nichtig" durch „unwirksam" und „Nichtigkeit" durch „Unwirksamkeit" vgl. § 2 Bem. 1.

Abs. 2.

Bem. 4. a) Die Makler haben beantragt:

„Schließt der Versicherungsnehmer den Vertrag in betrügerischer Absicht, so ist der Vertrag nichtig. Dem Versicherer gebührt gleichwohl die Prämie, es sei denn, daß er bei der Schließung des Vertrages den Nichtigkeitsgrund kannte oder kennen mußte".

Der Antrag ist fallen gelassen worden, weil er den Schutz des in betrügerischer Absicht handelnden Versicherungsnehmers gegen den Verlust der Prämie bedeute (Vollversammlung vom 1. Dezember 1910).

b) Auch von der Verfolgung der gleichlautenden Abänderungsanträge der HK. Kiel und Magdeburg ist auf den Hinweis, daß § 786 Abs. 2 und 3 HGB. zwingender Natur seien, abgesehen worden.

Bem. 5. Seit ZE. Dez. 12 ist vor „Vertrag" „ganze" eingeschoben.

Bem. 6. Die HK. Frankfurt a. M. hat zu den Schlußverhandlungen 1918 beantragt:

„Der Versicherungsvertrag darf nur insofern unwirksam werden, als diese Absicht des rechtswidrigen Vermögensvorteiles die Unterlage des geschlossenen Vertrages bildet"

und ihren Antrag mit der Rücksicht auf gutgläubige Erwerber von Versicherungszertifikaten oder sonstigen Rechten an der Versicherung begründet. Auf die Vorstellung der HK. Hamburg hin, daß die Bestimmung in wörtlicher Übereinstimmung dem VVG. § 51 Abs. 2 entnommen sei, nach allgemeinen Rechtsgrundsätzen (§ 134) absolut zwingenden Charakter (Hager-Bruck, VVG. § 51 Anm. 10) trage und der Wunsch, den gutgläubigen Erwerber von Zertifikaten zu schützen, an der Tatsache scheitere, daß dem Zertifikat selbstverständlich keinerlei weitergehende Rechte eingeräumt werden können, als dem ihm zugrunde liegenden Versicherungsvertrage innewohne, ist der Antrag fallen gelassen worden.

§ 10.

Haftung der Versicherer bei Doppelversicherung.

(1) Ist ein Interesse gegen dieselbe Gefahr bei mehreren Versicherern versichert und übersteigen die Versicherungssummen zusammen den Versicherungswert, so sind die Versicherer in der Weise als Gesamtschuldner verpflichtet, daß dem Versicherungsnehmer jeder Versicherer für den Betrag haftet, dessen Zahlung ihm nach seinem Vertrag obliegt, der Versicherungsnehmer aber im ganzen nicht mehr als den Betrag des Schadens verlangen kann.

(2) Die Versicherer sind im Verhältnisse zu einander zu Anteilen nach Maßgabe der Beträge verpflichtet, deren Zahlung ihnen dem Versicherungsnehmer gegenüber vertragsmäßig obliegt. Findet auf eine der Versicherungen ausländisches Recht Anwendung, so kann der Versicherer, für den das ausländische Recht gilt, gegen den anderen Versicherer einen Anspruch auf Ausgleichung nur geltend machen, wenn er selbst nach dem für ihn maßgebenden Rechte zur Ausgleichung verpflichtet ist.

(3) Hat der Versicherungsnehmer eine Doppelversicherung in der Absicht genommen, sich dadurch einen rechtswidrigen Vermögensvorteil zu verschaffen, so ist der in dieser Absicht geschlossene Vertrag unwirksam; der Versicherer kann die ganze Prämie verlangen, es sei denn, daß er bei der Schließnug des Vertrags den Grund der Unwirksamkeit kannte.

ASVB. §§ 10—12, 14, 155—159; BSVB. § 69; HGB. § 787; VVG. § 59; ME. §§ 21, 22, 25; E. 10 § 10 E. 14 § 10.

§§ 10—11.

Bem. 1. Die Regelung der Doppelversicherung schließt sich an § 59 VVG. und an die für die Binnentransportversicherung geltenden Bestimmungen an. Hierfür ist, abgesehen von der Erwägung, daß es aus allgemeinen Gründen wünschenswert ist, in einer grundsätzlichen Frage wie derjenigen der Doppelversicherung, Übereinstimmung unter den einzelnen Versicherungszweigen herzustellen, maßgebend gewesen, „daß auch in dem für die Seeversicherung besonders wichtigen Rechtsgebiet, dem Gebiete des englischen Rechts, die Doppelversicherung wesentlich in derselben Weise geregelt ist, wie im deutschen Rechte. Auch die Erwägung ist nicht ganz von der Hand zu weisen, daß, wenngleich das durch die Doppelversicherung herbeigeführte Verhältnis auch im allgemeinen in anderer Weise, als es in den §§ 787, 788 HGB. geschehen ist, geregelt werden kann, doch nicht unzweifelhaft ist, wie weit im Falle einer Gesamthaftung mehrerer Versicherer auch die Ausgleichungspflicht durch Vertrag ausgeschlossen werden kann." Begr. §§ 10, 11.

Bem. 2. Die durch die Abänderung der bisherigen Bestimmungen über die Doppelversicherung in dem VVG. und HGB. herbeigeführten Änderungen hatten der Maklerkommission Veranlassung gegeben, sich eingehend mit der Doppelversicherung zu beschäftigen. Sie hatte sich vor allem im Hinblick auf das englische Recht für die Gültigkeit sämtlicher kollidierender Versicherungen mit entsprechender Ausgleichungspflicht der Versicherungen untereinander ausgesprochen. Ferner war man der Ansicht gewesen, daß an sich das Recht auf Herabsetzung der Prämie einem durchaus gerechtfertigten Interesse des Versicherten entspreche, aber diesem Recht engere Grenzen als im § 788 Abs. 4 HGB. gezogen werden müssen.

Abs. 1.

Bem. 3. Die ursprüngliche in Anlehnung an § 787 HGB. gewählte Fassung des E. 10 „Ist ein Gegenstand gegen dieselbe Gefahr bei mehreren Versicherern versichert" ist in „Ist ein Interesse . . . . versichert" umgeändert worden.

Bem. 4. Die Makler haben beantragt, Abs. 1 am Ende zu fassen:

„der Versicherungsnehmer im ganzen nicht mehr als den Betrag des nach den Bestimmungen des ihm günstigsten Vertrages berechneten Schadens verlangen kann".

Hiergegen haben die Assekuradeure eingewendet, daß der Abänderungsantrag nur formeller Natur sei; die Absicht des E. 10 sei, den Punkt genau in der Weise zu regeln, wie es der Vorschlag der Makler wolle; der Wortlaut des E. 10 bringe diese Absicht auch durchaus zum Ausdruck. (Vollversammlung vom 1. Dezember 1910.)

Bem. 5. Das gelegentlich der Schlußverhandlungen geäußerte Bedenken der HK. Stettin:

„§ 10 enthielte eine Lücke, weil beispielsweise der Fall nicht vorgesehen sei, daß ein Versicherungsnehmer mit 100 % bei verschiedenen Versicherern versichert ist"

ist durch den Hinweis der HK. Hamburg, daß alsdann überhaupt keine Doppelversicherung, sondern mehrfache Versicherung vorliege, beseitigt worden.

Abs. 3.

Bem. 6. Die Hamburger Exporteure haben folgenden Fall angenommen: Bei Konsignationen von Übersee kann der Empfänger bei telegraphischer Anzeige im Unklaren sein, ob die Versicherung bereits gedeckt ist oder nicht. Bevorschußt er derartige Sendungen, so liegt es in seinem Interesse, eine europäische Versicherung zu haben. Stellt sich nachher heraus, daß auch der Ablader versichert hat, so muß, wenn die überseeische Versicherung dem Empfänger zur Sicherung seines Vorschusses durch irgend welche Umstände nicht zusagt und er die europäische Versicherung vorzieht, diese Versicherung auch für den vollen Betrag gültig und haftbar bleiben. Dieser Anregung ist jedoch nicht stattgegeben worden.

Bem. 7. Die Makler haben folgende Fassung beantragt:

„Hat der Versicherungsnehmer eine Doppelversicherung in betrügerischer Absicht genommen, so ist der in dieser Absicht geschlossene Vertrag nichtig. Dem Versicherer gebührt die ganze Prämie, es sei denn, daß er bei der Schließung des Vertrages den Nichtigkeitsgrund kannte oder kennen mußte".

Der Antrag ist nicht weiter verfolgt worden.

Bem. 8. „Nichtig" ist durch „unwirksam", „Nichtigkeit" durch „Unwirksamkeit" ersetzt. Vgl. § 2 Bem. 1.

§ 11.

Beseitigung der Doppelversicherung.

(1) Hat der Versicherungsnehmer den Vertrag, durch den die Doppelversicherung entstanden ist, ohne Kenntnis von der anderen Versicherung geschlossen, so kann er, sofern die Versicherung noch nicht begonnen hat, von jedem Versicherer verlangen, daß die Versicherungssumme, unter verhältnismäßiger Minderung der Prämie, auf den Betrag des Anteils herabgesetzt wird, den der Versicherer im Verhältnisse zu dem anderen Versicherer zu tragen hat. Das Recht erlischt, wenn der Versicherungsnehmer es nicht unverzüglich geltend macht, nachdem er von der Doppelversicherung Kenntnis erlangt hat.

(2) Der Versicherer kann im Falle einer Herabsetzung der Prämie die Ristornogebühr verlangen.

ASVB. § 13; BSVB. § 69; HGB. § 788; VVG. § 60; ME. § 23; E. 10 § 11; E. 14 § 11.

Bem. 1. Die ursprüngliche Überschrift „Minderung der Prämie bei Doppelversicherung" ist in „Beseitigung der Doppelversicherung" geändert.

Abs. 1.

Bem. 2. Das nach § 788 HGB. dem Versicherungsnehmer eingeräumte Recht, ohne zeitliche Einschränkung und mit rückwirkender Kraft verlangen zu können, daß die Versicherungssumme unter verhältnismäßiger Minderung der Prämie auf den Betrag des Anteils herabgesetzt wird, den der Versicherer im Verhältnis zu dem anderen Versicherer zu tragen hat, „widerspricht dem für die Seeversicherung mit Recht maßgebenden Grundsatze der Unteilbarkeit der Prämie, der Vorschrift des § 897 des HGB., daß ein Ristorno nicht stattfindet, wenn die Gefahr für den Versicherer bereits zu laufen begonnen hat. Es würde der Billigkeit zuwiderlaufen, wenn der Seeversicherer die Prämie würde zurückgeben müssen, obgleich er die Gefahr getragen hat. Denn die Möglichkeit, im Schadensfalle von dem anderen Versicherer anteilsweisen Ersatz zu erhalten, kommt für die Seeversicherung kaum in Betracht, weil der andere Versicherer häufig ein im Ausland ansässiger Versicherer sein und die Geltendmachung des Rückgriffsrechts aus diesem Grunde meist solchen Schwierigkeiten begegnen wird, daß die Versicherer davon in der Mehrzahl der Fälle Abstand nehmen werden. § 11 Abs. 1 bestimmt deshalb, daß der Versicherungsnehmer Herabsetzung der Versicherungssumme und der Prämie nur so lange verlangen kann, als die Versicherung noch nicht begonnen hat." Begr. §§ 10, 11.

Bem. 3. Seit 3E. Dez. 12 ist richtiger statt „dem Versicherer" „jedem Versicherer" gesagt worden.

Abs. 2.

Bem. 4. Statt „Versicherungssumme" ist seit 3E. Dez. 12 „Prämie" gesetzt worden, weil es sich bei dem Anspruch des Versicherers auf die Ristornogebühr allerdings nicht um die Herabsetzung der Versicherungssumme, sondern um die Prämie handele.

§ 12.

Mitteilung von Doppelversicherungen.

Der Versicherungsnehmer hat, sobald er von der Doppelversicherung Kenntnis erlangt, dem Versicherer unverzüglich Mitteilung zu machen.

ASVB. § 57; HGB. § 789; VVG. § 58; ME. § 24; E. 10 § 12; E. 14 § 12.

Bem. 1. Durch die veränderte Fassung des § 12 ist eine Änderung in der Überschrift notwendig geworden. Während sie ursprünglich gelautet hat: „Mitteilung mehrerer Versicherungen", lautet sie jetzt: „Mitteilung von Doppelversicherungen".

Bem. 2. Die Makler haben beantragt:

„§ 12 E. 10 zu streichen und ihn unter Titel IX: „„Andienung, Nachweis, Ersatz des Schadens"" einzufügen, und zwar in folgender Fassung:

„„Wer eine Doppelversicherung abgeschlossen hat, hat demjenigen Versicherer, von welchem er Ersatz des Schadens fordert, spätestens bei der Geltendmachung des Anspruches Mitteilung von dem Bestehen der anderweitigen Versicherung zu machen. Ist die Mitteilung arglistigerweise unterblieben, so haftet der Versicherungsnehmer für den hieraus dem Versicherer entstehenden Schaden""

und zur Begründung in der Vollversammlung vom 1. Dezember 1910 ausgeführt. Die Verpflichtung zur jedesmaligen unverzüglichen Anzeige der Doppelversicherung belaste den Versicherungsnehmer in ganz unverhältnismäßiger Weise; für den Versicherer aber habe die Anzeige nur Bedeutung, wenn ein Schaden eingetreten sei; es sei deshalb zweckmäßig, die Anzeigepflicht auf diesen Fall zu beschränken. In vielen Fällen werde sich der Kaufmann gar nicht darüber klar sein, daß eine Doppelversicherung vorliege; so z. B. konkurriere sehr häufig die Versicherung gegen Feuer und ferner die Versicherung des Schutenrisikos im Hafen mit der Seeversicherung. Wer eine dauernde Versicherung des Schutenrisikos oder gegen Feuersgefahr oder dergleichen geschlossen habe, werde durch die Bestimmung des E. 10 verpflichtet, bei jeder Seeversicherung, die er abschließe, dem Seeversicherer von seiner Feuerversicherung, seiner Schutenrisikoversicherung und dergl. mehr Anzeige zu machen. Auch von Vertretern des Vereins der am Futtermittelhandel beteiligten Firmen und des Spediteurvereins wurde darauf hingewiesen, daß die verschiedenen Versicherungen, welche der

Kaufmann zu nehmen pflege, vielfach teilweise in einander übergriffen und daß dies dem Kaufmanne in vielen Fällen keineswegs klar oder immer gegenwärtig sei; seitens eines Vertreters des Vereins der am Futtermittelhandel beteiligten Firmen wurde als Beispiel ein Fall dargelegt, in welchem, ohne daß dies der Absicht des Versicherungsnehmers entsprach und ihm zum Bewußtsein gekommen war, zwei Seeversicherungspolicen, welche er genommen hatte, mit einander konkurrierten. Seitens der Hamburger Reeder wurde dargelegt, daß auch im Reedereibetriebe der Fall einer Doppelversicherung eintreten und die Bestimmung des E. 10 für den Reeder schädlich werden könnte, so z. B. wenn ein auswärts befindliches Schiff, obwohl es bereits versichert sei, in Unkenntnis dieser Tatsache noch einmal versichert werde. Seitens der Assekuradeure ist ausgeführt worden, daß § 12 E. 10 § 789 HGB. und § 58 VVG. entnommen sei. Es sei nicht richtig, daß der Versicherer nur, wenn bereits ein Schaden eingetreten sei, Interesse an der Anzeige habe; die vorgängige Anzeige sei für ihn z. B. auch dann von Wert, wenn es sich um Maßnahmen zur Abwendung eines Schadens handele und der Versicherer sich dieserhalb mit dem anderen Assekuradeur, der die zweite Versicherung abgeschlossen habe, in Verbindung setzen wolle. Wenn E. 10 sage, daß die Mitteilung „unverzüglich" zu machen sei, so bedeute das nur, daß keine schuldhafte Verzögerung auf seiten des Kaufmannes vorliegen dürfe. Eine gewisse Erschwerung könnte die Bestimmung höchstens bei der Güterversicherung für den Versicherungsnehmer mit sich bringen; bei den Kaskoversicherungen könne eine solche nicht in Frage kommen. Der angeführte Fall, daß ein Reeder in Unkenntnis der Tatsache, daß das Schiff bereits versichert sei, eine nochmalige Versicherung nehme, komme nicht in Betracht, da die Verpflichtung zur Mitteilung nur vorliege, wenn der Versicherungsnehmer von der anderen Versicherung Kenntnis habe. Eine Verpflichtung zur Nachforschung, ob eine Doppelversicherung vorliege, werde durch die Bestimmung dem Kaufmanne nicht auferlegt. Demgegenüber wird darauf hingewiesen, daß dem Kaufmann sehr häufig, wenn er eine Versicherung nehme, der Inhalt und die Tragweite der bereits von ihm genommenen sonstigen Versicherungen nicht gegenwärtig sei; auf Grund der Bestimmungen des E. 10 werde von ihm verlangt werden, daß er sich über diese seine Angelegenheiten unterrichtet halte, und aus der ungenügenden Orientierung über dieselben ein Verschulden gefolgert werde. Seitens eines Vertreters der Assekuradeure wird anerkannt, daß für die Warenversicherung vielleicht eine Änderung der Vorschrift in Erwägung gezogen werden könne. Zu bemerken ist, daß der § 12 des E. 10 seinem Wortlaute nach keineswegs nur den Fall der Doppelversicherung, sondern auch den Fall der einfachen Weiterversicherung trifft, wie denn auch der § 58 des Versicherungsvertrages ebenfalls für den Fall der einfachen Weiterversicherung gilt.

Was die Folgen der Verletzung dieser Anzeigepflicht anlangt, so haben die Assekuradeure die Erklärung abgegeben, daß der Versicherungsnehmer dem Versicherer für den Schaden hafte, der demselben durch die Unterlassung der Anzeige erwachse. Diese Folge im E. 10 selbst ausdrücklich auszusprechen, sei nicht erforderlich. Seitens der Vertreter der Hamburger Reeder ist dringend gebeten worden, in den E. 10 eine ausdrückliche Bemerkung über diese Folgen aufzunehmen; es könne nicht als genügend angesehen werden, daß die Schadensersatzpflicht aus allgemeinen Grundsätzen hergeleitet werde; im Interesse der Klarstellung sei es geboten, deutlich zum Ausdruck zu bringen, daß die Verletzung der Mitteilungspflicht nicht die Nichtigkeit des Vertrages zur Folge habe. Seitens eines Vertreters der Assekuradeure ist dargelegt worden, daß die von den Assekuranzmaklern beantragte Beschränkung der Haftung des Versicherungsnehmers auf den Fall der arglistigen Unterlassung der Anzeige der inneren Begründung entbehre; es sei nicht einzusehen, weshalb nicht die Anwendung genügender Sorgfalt von dem Kaufmanne gefordert werden könne. Von anderer Seite wurde angeregt, die Haftung des Versicherungsnehmers auf den Fall zu beschränken, daß die Anzeige infolge Vorsatzes oder grober Fahrlässigkeit nicht gemacht worden ist, und ferner eine zeitliche Beschränkung auf eine vertragsmäßig festzusetzende kurze Dauer für die Haftung einzuführen, um auf diese Weise den Versicherungsnehmer gegen Inanspruchnahme nach langer Zeit zu sichern.

Bem. 3. Die Fassung des E. 10, nach der der Versicherungsnehmer unverzüglich dem Versicherer Mitteilung zu machen hat, sobald er von der Doppelversicherung Kenntnis erlangt, hat zu Bedenken Anlaß gegeben.

Die vereinigten HK. und der Allg. Vers.-Schutz-Verb. haben beantragt:

> „daß die Anzeigepflicht nur bei echter Doppelversicherung bestehen solle, nicht aber für den Fall, daß ein Interesse Gegenstand mehrerer Versicherungen sei; daß auch bei echter Doppelversicherung die Anzeigepflicht nur beschränkt wird auf den Eintritt des Versicherungsfalles, und daß die Folgen der Verletzung der Anzeigepflicht festgelegt werden".

In ihrer Antwort haben die Assekuradeure den Wünschen der Versicherungsnehmer insofern entsprechen zu können geglaubt, als sie die im § 12 geregelte Mitteilungspflicht, abweichend von den gesetzlichen Vorschriften, die sie nach wie vor für wohl begründet halten, auf den Fall der Doppelversicherung beschränken. Bei der für die Abwicklung des Versicherungsverhältnisses erheblichen Bedeutung des Bestehens einer Doppelversicherung werde die Mitteilung ohne schuldhaftes Zögern erfolgen müssen. Für die Bestimmung einer Ausschlußfrist von zwei Jahren dürfte kein Anlaß vorliegen. Wollte man in diesem verhältnismäßig wenig bedeutsamen Falle eine solche Ausschlußfrist bestimmen, so müßte man folgerichtig in zahlreichen anderen Fällen dasselbe tun. Mit diesem Bescheide haben sich die Antragsteller nicht vollständig einverstanden erklärt. „Soweit die Anzeigepflicht und die Folgen der Unterlassung der Anzeige die von dem Versicherungsnehmer bewußtermaßen genommene Doppelversicherung treffen, würden Bedenken gegen die Bestimmung nicht zu erheben sein. Wohl aber bestehen die ernstesten Bedenken für diejenigen Fälle, in denen verschiedene Versicherungen ineinander greifen und der Versicherungsnehmer sehr oft gar nicht in der Lage ist, ohne weiteres zu übersehen, ob und inwieweit eine andere von ihm genommene Versicherung in das Risiko, gegen welches er versichert ist, übergreift. Für alle derartigen Fälle müssen die vereinigten HK. deshalb mit Entschiedenheit ihre Anträge aufrecht erhalten". Die Assekuradeure haben in ihrer Antwort den Standpunkt vertreten, daß durch das Wort „unverzüglich" in unzweideutiger Weise zum Ausdruck gebracht ist, daß die Folgen der Unterlassung der Anzeige den Versicherungsnehmer nur dann treffen, wenn er die Anzeige „schuldhafterweise" unterläßt. Die früheren Bedenken der HK. werden hiernach zurücktreten können, denn, wenn der Versicherungsnehmer „nicht in der Lage ist, ohne weiteres zu übersehen, ob und inwieweit eine andere von ihm genommene Versicherung in das Risiko, gegen welches er versichert ist, übergreift, so könne ihm die Unterlassung der Anzeige nicht als Verschulden angerechnet werden. Auf die Beschränkung der Verantwortlichkeit des Versicherungsnehmers auf den Fall grober Fahrlässigkeit werde ebensowenig zurückzukommen sein, wie auf Wunsch einer zeitlichen Beschränkung der Verantwortlichkeit auf die Dauer von zwei Jahren."

Damit ist auch die Anfrage der H. Reeder hinfällig geworden, ob etwa seitens der Verfasser des E. 10 die Folgen der Verletzung der Anzeigepflicht die in den §§ 21, 22 (= §§ 19, 20 ADSVB.) genannten seien.

Bem. 4. Unberücksichtigt ist der Antrag der HK. Leipzig geblieben:

„die Mitteilungspflicht des § 12 auch auf Mit- und Rückversicherung auszudehnen"

Bem. 5. Der zu den Schlußverhandlungen 1918 gestellte Antrag der HK. Frankfurt a. M.:

„§ 12 zu streichen. Doppelversicherungen sollten nur bei Schadensanforderungen anzeigepflichtig sein, um eine ordnungsmäßige Schadensregulierung unter den beteiligten Versicherern zu ermöglichen. Liegt keine Schadensanforderung vor, so entfällt das berechtigte Interesse der Versicherer an solcher Anzeige"

ist fallen gelassen worden, nachdem die HK. Hamburg darauf aufmerksam gemacht hatte, daß dem Bedürfnis, das diesem Antrage zugrunde liegt, durch Aufmerksamkeit des Versicherungsnehmers wohl entsprochen werden kann. Zum Beispiel enthielten die in Hamburg abgeschlossenen Kai-Feuerpolicen den Zusatz: „Alle Güter, die durch eine Transportpolice gedeckt sind, scheiden in Höhe der anderweitigen Versicherung aus dieser Versicherung aus".

III. Versicherungstreue.

§ 13.

Alle Beteiligten haben Treu und Glauben im höchsten Maße zu betätigen.

BSVB. § 41 Abs. 1; ME. § 29 Abs. 1; E. 10 § 13; E. 14 § 13.

Bem. 1. Der Antrag der HK. Kiel, Lübeck und der Makler, § 13 in den Unterabschnitt V über die Anzeigepflicht zu setzen, ist ebenso wie der Antrag der HK. Lübeck auf Streichung der ganzen Vorschrift unberücksichtigt geblieben.

IV. Police. Prämie. Ristornogebühr.

§ 14.

Police.

(1) Der Versicherer hat dem Versicherungsnehmer auf Verlangen eine von ihm unterzeichnete Urkunde über den Versicherungsvertrag (Police) auszuhändigen.

(2) Ist eine Police ausgestellt, so ist der Versicherer nur gegen Vorlegung der Police zur Zahlung verpflichtet. Durch die Zahlung an den Inhaber der Police wird er befreit.

(3) Ist die Police abhanden gekommen oder vernichtet, so ist der Versicherer zur Zahlung verpflichtet, wenn die Police für kraftlos erklärt oder Sicherheit geleistet ist; die Sicherheitsleistung durch Bürgen ist ausgeschlossen. Das Gleiche gilt von der Verpflichtung des Versicherers zur Ausstellung einer Ersatzurkunde; die Kosten der Ersatzurkunde hat der Versicherungsnehmer zu tragen.

ASVB. § 7; HGB. § 784; VVG. §§ 3, 4 Abs. 2; MC. § 7; E. 10 §§ 14, 15; E. 14 § 14.

Bem. 1. Seit 3E. Dez. 12 ist in der Überschrift statt „Aushändigung der Police" „Police" gesagt.

Abs. 1.

Bem. 2. Abs. 1 entspricht § 14 Abs. 1 E. 10.

Bem. 3. Von der Aufnahme einer dem § 4 Abs. 1 VVG. entsprechenden Bestimmung ist Abstand genommen. „Die Vorschrift des § 4 Abs. 1 VVG. hat eine weiterreichende als die bezeichnete Bedeutung. Sie verbietet die Ausstellung reiner Inhaberpolizen. Von solchem Verbot kann hier natürlich keine Rede sein. Der Entwurf könnte nur bestimmen, daß eine Police, in der dem Inhaber des Papiers die Leistung versprochen sei, nicht als Inhaberschuldverschreibung im Sinne der §§ 793 ff. des BGB., sondern als eine nur mit den Wirkungen des § 808 dieses Gesetzes ausgestattete Urkunde anzusehen sei, sofern nicht etwa der Wille des Ausstellers, ein Inhaberpapier zu schaffen, klar erhellt. Für eine solche Bestimmung aber besteht kein Bedürfnis, da, wie schon bemerkt, Policen der bezeichneten Art nirgend als reine Inhaberpapiere aufgefaßt werden. Überdies ist einer solchen Bestimmung deshalb zu widerraten, weil ihre Wirkungen gegenüber einem gutgläubigen Erwerber der Police nicht in allen Fällen frei von Zweifeln sein würden." Begr. §§ 14, 15.

Bem. 4. Die Anträge der:

a) Kaufmannschaft Stettin, genauer zu bezeichnen, wer die Police zu unterzeichnen habe,

b) HK. Kiel, Lübeck, ausdrücklich hervorzuheben, daß es der schriftlichen Vollziehung des Vertrages nicht bedürfe, um ihn rechtsverbindlich zustande zu bringen,
sind unberücksichtigt geblieben.

Abs. 2.

Bem. 5. Abs. 2 ist aus § 15 Abs. 1 E. 10 entstanden.

Bem. 6. Die Aufnahme der Bestimmung des Satz 1, „die sich übrigens bei der Order-, Inhaber- und Legitimationspolice schon aus den für diese Papiere geltenden Vorschriften ergibt, erscheint mit Rücksicht auf das Verkehrsinteresse angezeigt. Der Kreditgeber, dem die Police ausgehändigt wird, wird regelmäßig damit rechnen, daß der Versicherer nur an ihn als den Inhaber der Police leisten wird, insbesondere bei der Versicherung für fremde Rechnung, daß der Versicherer nicht an den Versicherungsnehmer oder an den Versicherten mit Zustimmung des andern Teiles (§§ 55 Abs. 2, 56 Abs. 2 E. 10) leisten wird. Ohne eine Bestimmung wie die des § 15 E. 10 würde der Versicherer verpflichtet sein, auch ohne Rückgabe der Police an den Versicherungsnehmer oder den Versicherten zu leisten." Begr. zu §§ 14, 15.

Bem. 7. Die HK. Bremen, Elberfeld, Flensburg, Hamburg, Kiel, Lübeck, Stettin und die Hamburger Reeder haben beantragt:

„statt „„Rückgabe"" „„Vorlage"" zu sagen".

Die Versicherer haben erklärt, daß eine Abänderung des bestehenden Rechtszustandes nicht beabsichtigt gewesen sei (Vollversammlung vom 1. Dezember 1910).

Dem Antrage ist stattgegeben worden.

Bem. 8. Redaktionell ist seit ZE. Dez. 12 statt „zu leisten verpflichtet" „zur Zahlung verpflichtet" gesagt; zur größeren Deutlichkeit ist Satz 2 hinzugefügt worden.

Abs. 3.

Bem. 9. Abs. 3 ist aus § 14 Abs. 2 E. 10 entstanden.

Bem. 10. Die HK. Bremen, Hamburg und die Makler haben beantragt:

„Satz 2 die Worte beizufügen, „„es sei denn, daß genügende Sicherheit gestellt werde"".

Diesem Antrage ist materiell stattgegeben worden.

Bem. 11. Die Bestimmung in § 15 Abs. 2 E. 10, nach der der Versicherer, wenn der Versicherungsnehmer behauptet, zur Rückgabe der Police außerstande zu sein, auch schon gegen ein öffentlich beglaubigtes Anerkenntnis des Versicherungsnehmers, daß die Schuld erloschen sei, zu leisten verpflichtet sein soll, ist in der Vollversammlung vom 1. Dezember 1910 erörtert worden: Seitens der Makler werden im Interesse des dritten Erwerbers der Police Bedenken gegen die Bestimmung geltend gemacht. Die Bestimmung gebe die Möglichkeit, daß der Versicherungsnehmer, wenn er die Ware weiter verkaufe und das Konossement nebst Police weitergegeben habe, im Schadensfalle sich dennoch nachher die Versicherungssumme gegen ein notariell beglaubigtes Anerkenntnis auszahlen lasse. Das Interesse des Erwerbers der Police ebenso wie das Interesse der Banken, welchen die Police verpfändet würde, erfordere, daß die Zahlung nur gegen Rückgabe der Police oder Beibringung eines Ausschlußurteils bezw. nach vorgängiger Sicherheitsleistung erfolge. Von einem Vertreter der Hamburger Reeder ist ebenfalls ausgeführt worden, daß auch für den Reedereibetrieb eine Regelung der Angelegenheit im Sinne des Vorschlages der Makler wünschenswert erscheine; der Schiffshypothekengläubiger, welchem eine Kaskopolice verpfändet sei, müsse unbedingt dagegen gesichert sein, daß die Versicherungssumme einem anderen ausgezahlt werde. Von den Assekuradeuren wird diesen Ausführungen entgegengehalten, daß eine Zession der Police dem Versicherer angezeigt werden müsse, wenn sie Gültigkeit ihm gegenüber haben solle. In der Praxis komme es nie vor, daß die Versicherungssumme einem Nichtberechtigten ausgezahlt werde, da ja die Vorlage des Konossements gefordert zu werden pflege; Konnossement und Police seien stets in einer Hand. Die ganze Bestimmung sei nur im Interesse des Versicherungsnehmers getroffen, dem sie es erleichtern solle, im Falle des Verlustes der Police zu seinem Gelde zu kommen; werde die Bestimmung in dem von den Maklern gewünschten Sinne geändert, so dürfe man sich nicht beschweren, wenn der Versicherer sich weigere, zu zahlen, außer wenn die Police vorgelegt oder ein Ausschlußurteil ergangen sei. Seitens der Makler ist darauf hingewiesen worden, daß die Zession oder Indossierung der Police dem Assekuradeur regelmäßig nicht angezeigt zu werden pflege und daß gerade deshalb ein Schutz für den dritten Erwerber oder Pfandgläubiger dringend erwünscht sei; außer gegen Vorlage der Police oder einer Kraftloserklärung derselben müsse allerdings auch gegen Sicherheitsleistung Zahlung verlangt werden können; im übrigen aber dürfe der Versicherer keine Zahlung an den Versicherungsnehmer, außer in diesen drei Fällen vorzunehmen berechtigt sein. Vgl. weiter Bem. 12.

Bem. 12. Die HK. Bremen, Hamburg und Lübeck haben beantragt:

> „eine Bestimmung aufzunehmen dahingehend, daß, wenn eine Einzelpolice ausgestellt ist, die Zahlung des Schadens nur erfolgen darf, gegen Vorlage der Einzelpolice oder gegen Sicherheitsleistung oder nach Kraftloserklärung der Police oder, sofern dieselbe nicht der Kraftloserklärung unterliegt, nach Ablauf einer Sperrfrist von einem halben Jahre",

um einer Verkehrsauffassung der Gegenwart zu entsprechen. Da Policen der Kraftloserklärung nur unterliegen, wenn sie an Order ausgestellt sind, werde es der Einführung einer Sperrfrist für die nicht der Kraftloserklärung unterliegenden Policen bedürfen, um diesen den Bedürfnissen der Gegenwart entsprechenden Rechtssatz zur Durchführung zu bringen. Die Assekuradeure haben geantwortet: Diesem Antrage werde der Hauptsache nach entsprochen werden, obgleich dabei das schwere Bedenken bestehe, daß der Versicherer im Falle der Sicherheitsleistung Gefahr laufe, zunächst zweimal leisten zu müssen. Da die Assekuradeure, einem früher ausgesprochenen Wunsche der Versicherungsnehmer folgend, die Police zu einer Urkunde auszugestalten beabsichtigten, ohne die nicht gezahlt zu werden brauche und gegen die mit befreiender Wirkung gezahlt werden könne, bedürfe es der Berücksichtigung des Falles nicht, daß die Police der Kraftloserklärung nicht unterliege. Die in der Begründung der Anträge ausgesprochene Ansicht, daß Policen der Kraftloserklärung nur unterlägen, wenn sie an Order ausgestellt seien, beruhe auf einem Irrtum. Demgegenüber haben die vereinigten HK. und der Allg. Vers.-Schutz-Verb. betont, daß § 808 Abs. 1 BGB. zwar Urkunden umfasse, bei denen der Schuldner durch die Leistung an den Inhaber befreit werde, nicht aber solche, ohne deren Vorlage nicht gezahlt werden dürfe; aus diesem Grunde dürfte der Abs. 2 des § 808 BGB. auf die hier in Frage stehenden Urkunden nicht anwendbar sein. Die Assekuradeure haben auf ihrem Standpunkt, daß alle Policen der Kraftloserklärung unterliegen würden, beharrt und die Aufnahme einer Bestimmung für den Fall, daß die Kraftloserklärung nicht statthaft sei, abgelehnt. (Schr. v. 21. April 13.)

Da nach der endgültigen Fassung der Versicherer trotz Nichtvorlegung der Police gegen Sicherheitsleistung zur Zahlung verpflichtet ist, ist die Bestimmung des § 15 Abs. 2 E. 10 über das öffentlich beglaubigte Anerkenntnis hinfällig geworden.

§ 15.

Inhalt der Police.

Der Inhalt der Police gilt als von dem Versicherungsnehmer genehmigt, wenn dieser nicht unverzüglich nach der Aushändigung widerspricht. Das Recht des Versicherungsnehmers, die Genehmigung wegen Irrtums anzufechten, bleibt unberührt.

VVG. § 5; E. 10 § 16; E. 14 § 15.

Bem. 1. Gegen die Bestimmung des § 16 E. 10, nach der der Inhalt einer Polize als genehmigt gilt, wenn der Versicherungsnehmer nicht unverzüglich nach der Aushändigung widerspricht, sind verschiedene Bedenken geäußert worden.

a) Die Makler sind der Meinung gewesen, daß die Vorschrift eine gewisse Härte für den Versicherungsnehmer enthalte. Seitens eines Vertreters der Assekuradeure ist hierzu in der Vollversammlung vom 1. Dezember 1910 ausgeführt worden, daß die Vorschrift der normalen kaufmännischen Auffassung entspreche; die Vorschrift greife Platz, wenn der Vertrag mündlich geschlossen sei und die Einzelheiten des Vertragsinhaltes der Polize vorbehalten seien; sei dagegen ausdrücklich etwas anderes vereinbart, so gelte das Vereinbarte, nicht etwa der im Widerspruch mit solchen ausdrücklichen Vereinbarungen stehende Inhalt der Polize.

Bem. 2. b) Die HK. Bremen, Elberfeld, Hamburg, Lübeck haben beantragt:

„die Bestimmung zu streichen",

weil das bisherige Recht eine derartige Vorschrift nicht kenne und die Versicherer durch die allgemeine Regelung des bürgerlichen Rechts genügend gesichert sein dürften. Die Assekuradeure haben demgegenüber die Auffassung vertreten: Der Ansicht, daß das bisherige Recht eine Vorschrift gleich der des § 16 E. 10 nicht enthalte, könnten die Assekuradeure sich nur bedingt anschließen. Das geschriebene Recht enthalte eine solche Bestimmung allerdings nicht. Wohl aber sei nach den in der Rechtsprechung ausgebildeten Grundsätzen über die Bedeutung des Stillschweigens im kaufmännischen Verkehre nicht daran zu zweifeln, daß der im § 16 E. 10 ausgesprochene Grundsatz bereits gegenwärtig für den Handelsverkehr gelte Es scheine den Assekuradeuren andererseits gerade die Aufgabe einer Kodifikation wie der vorliegenden zu sein, derartige in der Rechtsprechung ausgebildete und deshalb vielleicht nicht jedem bekannte Grundsätze ausdrücklich auszusprechen. Daß der Versicherungsverkehr auf den übrigens aus der Rücksicht auf Treu und Glauben sich ergebenden und daraus abgeleiteten Grundsatz des § 16 E. 10 verzichten könne, werde man für ebenso ausgeschlossen halten dürfen, wie daß im übrigen der Handelsverkehr auf den Grundsatz verzichten könne, daß das Stillschweigen auf Bestätigungsschreiben Zustimmung zu dem Inhalte dieser Schreiben bedeute. Die Assekuradeure würden übrigens schon erwägen, ob nicht dem früher geäußerten Bedenken, daß von der stillschweigenden Genehmigung des § 16 E. 10 auch ausdrückliche Vereinbarungen der Vertragsparteien betroffen werden könnten, durch eine andere Fassung des § 16 E. 10 Rechnung getragen werden könne. Weiterhin haben sie ausgeführt, daß die Bedenken der Handelskammern auch ohne Änderung des Wortlauts des Paragraphen zurücktreten könnten, denn die Bedeutung des Paragraphen beschränke sich in der Tat auf die Rechtsfolgen der Aushändigung der Police in Ansehung ihres Inhalts. Es sei also unbestreitbar, daß außerhalb der Polize getroffene Vereinbarungen in ihrer Rechtswirksamkeit nicht beeinträchtigt werden.

Das Ergebnis der Verhandlungen ist die Hinzufügung des zweiten Satzes gewesen.

Bem. 3. Unberücksichtigt sind die Anträge geblieben:

a) der HK. Elberfeld:
„anstelle „„unverzüglich““ „„in angemessener Frist““ zu setzen“.

b) der Hamburger Exporteure:
„die gesetzliche Einspruchsfrist nicht zu verkürzen“.

§ 16.

Fälligkeit der Prämie und der Nebenkosten. Sicherheitsleistung.

(1) Der Versicherungsnehmer hat die Prämie und die Nebenkosten sofort nach dem Abschlusse des Vertrags zu zahlen. Die Prämie und die Nebenkosten sind insbesondere auch dann sofort fällig, wenn sie nach der Verkehrssitte oder nach der im Verkehre zwischen dem Versicherer und dem Versicherungsnehmer bestehenden Übung erst später gezahlt werden.

(2) Ist im Vertrage für die Zahlung der Prämie eine Zeit bestimmt oder die Zahlung der Prämie gestundet, so kann der Versicherer die Zahlung sofort verlangen, wenn die Versicherung endigt. Der Versicherungsnehmer kann jedoch, wenn er aus demselben Versicherungsverhältnis, auf dem seine Verpflichtung zur Zahlung der Prämie beruht, eine Entschädigungsforderung gegen den Versicherer hat, diese Forderung, auch wenn sie noch nicht fällig ist, gegen die Forderung des Versicherers aufrechnen.

(3) Ist im Vertrage für die Zahlung der Prämie eine Zeit bestimmt oder die Zahlung der Prämie gestundet, so kann der Versicherer Sicherheitsleistung verlangen, wenn in den Vermögensverhältnissen des Versicherungsnehmers eine wesentliche Verschlechterung eintritt, durch die der Anspruch auf die Prämie gefährdet wird.

ASVB. § 59; BSVB. § 2 Abs. 1; HGB. § 812; VVG. § 35; ME. § 43 Abs. 1, 13; E. 10 § 17, E. 14 § 16.

Bem. 1. Seit 3E. Dez. 12 ist in der Überschrift „Sicherheitsleistung" aufgenommen worden.

Bem. 2. Die Maklerkommission hatte vor allem die Frage erörtert, wer als Prämienschuldner anzusehen sei, und hatte sie dahin beantwortet, daß stets der Versicherungsnehmer zur Zahlung der Prämie verpflichtet sein solle, vorbehaltlich des im § 151 ASVB. zu regelnden Kompensationsrechtes gegenüber dem Versicherten. Es war beschlossen worden, die Absätze 3—5 § 59 ASVB. durch die Bestimmung zu ersetzen: „Zur Zahlung ist der Versicherungsnehmer verpflichtet" und hinzuzufügen: „In allen Fällen, in welchen der Versicherer die Unverbindlichkeit des Vertrages geltend machen kann, gebührt ihm gleichwohl die volle Prämie, wenn nicht ein anderes vereinbart ist".

Die Begr. §§ 17, 18 hat die Aufnahme einer besonderen Vorschrift, daß der Versicherungsnehmer zur Zahlung der Prämie verpflichtet ist (HGB. § 812 Abs. 2), nicht für notwendig befunden. „Die Verpflichtung des Versicherungsnehmers ergibt sich aus allgemeinen Grundsätzen, insbesondere bei der Versicherung für fremde Rechnung daraus, daß der Versicherungsnehmer den Vertrag im eigenen Namen abschließt".

Abs. 1.

Bem. 3. Die Hamburger Reeder haben beantragt:

„In Satz 1 hinter die Worte „„nach dem Abschluß des Vertrags"" einzuschalten „„und wenn er eine Police verlangt gegen Aushändigung der Police""".

Die Assekuradeure haben in der Vollversammlung vom 1. Dezember 1910 erklärt, eine Änderung des bestehenden Rechtszustandes nicht zu beabsichtigen.

Der Antrag ist unberücksichtigt geblieben.

Bem. 4. Später haben auch die HK. Bremen, Hamburg, Lübeck und Magdeburg beantragt:

„In Satz 1 hinter „„Vertrags““ einzuschalten „„nach Aushändigung der Police““.

Auf den Hinweis der Assekuradeure, daß der Versicherer nicht ohne weiteres verpflichtet sei, dem Versicherungsnehmer die Police auszuhändigen, ist der Antrag fallen gelassen worden.

Bem. 5. Unberücksichtigt ist der Antrag der HK. Kiel geblieben:

„Satz 1 in Übereinstimmung mit § 59 ASVB. hinzuzufügen: „„sofern nicht ein anderes vereinbart ist““.

Abs. 2.

Bem. 6. „Bei Hinausschiebung der Fälligkeit gehen die Parteien regelmäßig davon aus, daß die Versicherung nach Maßgabe der für die Beendigung der Versicherung im allgemeinen geltenden Bestimmungen endigt. Endigt sie vor der Zeit, so fällt die Voraussetzung weg und der Versicherer muß nunmehr das Recht haben, Zahlung der rückständigen Prämie zu verlangen. Dies gilt insbesondere dann, wenn die Versicherung infolge eines Totalverlustes endigt. In solchem Falle muß der Versicherer gemäß den §§ 70, 87 die Versicherungssumme zahlen und kann die noch nicht fällige Prämie nicht abziehen, weil nach § 387 BGB. nur fällige Forderungen zur Aufrechnung geeignet sind. Dies entspricht nicht der billigen Rücksichtnahme auf das dringende Interesse des Versicherers an dem sichern Eingange der für die Übernahme erheblicher Gefahren bedungenen Gegenleistung und ebensowenig dem bei der Schließung des Vertrages bestehenden wirklichen Willen der Parteien.“ Begr. §§ 17, 18.

Bem. 7. Gegen die Aufnahme der Worte „oder die Zahlung gestundet“ sind keine Bedenken erhoben worden.

Bem. 8. Die HK. Hamburg, Lübeck haben beantragt, eine Bestimmung folgenden Inhalts hinzuzufügen:

„Endigt die Versicherung durch den Eintritt des Totalverlustes, so kann der Versicherte jedoch die noch nicht gezahlte Prämie gegen die Schadensforderung aufrechnen“.

Zur Begründung ist darauf hingewiesen worden, daß die Bestimmung des Abs. 2 Satz 1 eine Härte bedeute für den Fall, daß die Versicherung durch den Untergang der Sache endige, indem in solchem Falle der Versicherer nach E. 10 berechtigt sein würde, die Zahlung der Prämie sofort zu verlangen, während er seinerseits die Zahlung des Schadens erst nach Ablauf von 2 Monaten seit der Andienung desselben leisten müsse. Der Antrag bezwecke die Beseitigung dieser Härte. Im Falle des Abs. 2 Satz 2 werde der Anspruch des Versicherers auf Sicherheitsleistung zu beschränken sein.

Die Assekuradeure haben diesem Antrage für jeden Versicherungsfall, nicht nur für den des Totalverlustes in Satz 2 entsprochen.

Abs. 3.

Bem. 9. Absatz 3 ist aus § 17 Abs. 2 Satz 2 entstanden.

Bem. 10. Maßgebend ist die Erwägung gewesen, daß „dem einen Vertragsteile nicht zuzumuten ist, an dem Vertrage festzuhalten, wenn die unerschütterte Zahlungsfähigkeit des andern Teiles die Grundlage des Vertrages bildet und die Zahlungsfähigkeit des andern Teiles in einer die Vertragserfüllung gefährdenden Weise beeinträchtigt wird (vgl. RG. 60 S. 59). Dies gilt insbesondere auch von dem Versicherer, der nur dann sein Geschäft betreiben und den Versicherungsnehmern die erforderliche Deckung gewähren kann, wenn er nicht auch der Gefahr des Verlustes von Prämienansprüchen ausgesetzt ist." Begr. §§ 17, 18.

Bem. 11. Die Hamburger Reeder und die Makler haben beantragt:

„An Stelle „„in den Vermögensverhältnissen . . . . . . gefährdet wird""
zu sagen „„wenn der Versicherungsnehmer zahlungsunfähig wird""

und zur Begründung in der Vollversammlung vom 1. Dezmeber 1910 ausgeführt: Namentlich im Falle der Kaskoversicherung bedeute die Bestimmung für den Reeder eine große Härte; bei Kaskoversicherungen pflegten die Prämien in bestimmten Raten gezahlt zu werden; es sei unbillig, wenn der Versicherer schon bei einer nur vorübergehenden Verschlechterung der Finanzlage des Reeders berechtigt sein wolle, die Zahlung der ganzen Prämie zu fordern. Es werde ferner die Frage aufgeworfen, wie der Fall behandelt werden solle, wenn der Versicherungsnehmer eine wesentliche Verschlechterung seiner Vermögenslage, durch die der Anspruch auf die Prämie gefährdet werde, bestreite und die Entscheidung über diese Frage von einem richterlichen Urteile abhänge, das erst in sehr viel späterer Zeit gesprochen werde; in solchem Falle werde der Versicherungsnehmer die Zahlung der Prämie vor dem vereinbarten Termine verweigern, wodurch er nach § 18 Absatz 1 für den Fall, daß der Richter dennoch in dem in Frage stehenden Maße eine Verschlechterung der Vermögensverhältnisse annehme, ungedeckt sein werde, während er in dem anderen Falle als versichert gelte und eine zweite von ihm abgeschlossene Versicherung eine Doppelversicherung darstellen würde. Seitens eines Maklers ist vorgeschlagen worden, bei Zeitversicherungen dem Versicherer ein Recht zum Rücktritt vom Vertrage einzuräumen, wenn vor dem Beginn des Risikos die Verschlechterung in den Vermögensverhältnissen des Versicherungsnehmers eintrete, in anderen Fällen aber den Versicherer als an den Vertrag gebunden zu behandeln. Seitens der Assekuradeure und ihrer Vertreter ist erwidert worden, es bedeute eine außerordentliche Härte für den Versicherer, die Zahlung nicht verlangen zu können, wenn eine wesentliche Verschlechterung in den Vermögensverhältnissen des Versicherungsnehmers eintrete, sondern warten zu müssen, bis die Zahlungsunfähigkeit eingetreten sei. Auch das Bürgerliche Gesetzbuch stelle in § 321 den Rechtssatz auf, daß, wer aus einem gegenseitigen Vertrage vorzuleisten verpflichtet sei, die ihm obliegende Leistung verweigern könne, bis die Gegenleistung bewirkt oder Sicherheit für sie geleistet sei, falls nach dem Abschlusse des Vertrages in den Vermögensverhältnissen des andern Teils eine wesentliche Verschlechterung eintrete, durch die der Anspruch auf die Gegenleistung gefährdet werde. Die Sicherheit des Assekuradeurs gegen den Ausfall von Prämien fordere dringend eine derartige Vorschrift; auch in England sei ihm eine weit-

gehende Sicherheit gegeben, indem der Assekuranzmakler dort für die Zahlung der Prämien hafte.
Über das Schicksal des Antrags vgl. Bem. 12.

Die HK. Bremen und Hamburg haben folgende Fassung beantragt:

„Der Versicherer kann ferner, wenn nachträglich in den Vermögensverhältnissen des Versicherungsnehmers eine wesentliche Verschlechterung eintritt, durch die der Anspruch auf die Prämie gefährdet wird, Sicherheitsleistung für die Zahlung der Prämie verlangen, auch wenn diese gestundet ist."

Diesem Antrage ist seitens der Assekuradeure materiell entsprochen worden.

§ 17.

Nichtzahlung der Prämie. Nichtleistung der Sicherheit.

Wird auf eine nach dem Eintritte der Fälligkeit erfolgende Mahnung des Versicherers nicht binnen einer bei der Mahnung zu bestimmenden, angemessenen Frist die Prämie gezahlt oder die Sicherheit geleistet, so ist der Versicherer von der Verpflichtung zur Leistung frei, wenn der Versicherungsfall vor der Zahlung oder der Sicherheitsleistung eintritt. Der Versicherer kann auch in diesem Falle, wenn der Versicherungsnehmer mit der Zahlung oder mit der Sicherheitsleistung im Verzug ist, das Versicherungsverhältnis ohne Einhaltung einer Kündigungsfrist kündigen; wird das Versicherungsverhältnis gekündigt, so gebührt dem Versicherer bei Reiseversicherungen gleichwohl die Prämie, bei Zeitversicherungen die Ristornogebühr.

ASVB. § 160 Abs. 2; BVG. §§ 38, 39; ME. § 142 Abs. 2; E. 10 § 18; E. 14 § 17.

Die seit ZE. Dez. 12 vorgenommene Ergänzung der Überschrift durch die Worte „Nichtleistung der Sicherheit" ergibt sich aus Bem. 5

„Von verschiedenen Seiten ist darauf hingewiesen worden, daß die Bestimmungen des § 18 E. 10 von einschneidendster Bedeutung seien für die Rechte des Dritten, der eine Police erwerbe und von der Mahnung des Versichereres keine Kenntnis erhalte oder nicht rechtzeitig unterrichtet werde, um seinerseits die Zahlung leisten zu können. Seitens der Versicherer ist gebeten worden, diese Frage des Schutzes der Rechte Dritter vorläufig zurückzustellen und bei Besprechung der Rechtsfolgen der Veräußerung einer versicherten Sache zu erörtern." (Vollversammlung vom 1. Dezember 1910.)

Die Hamburger Reeder haben beantragt:

„Absatz 1 § 18 E. 10 ganz zu streichen und Absatz 2 dahin zu ändern, daß der Versicherer berechtigt sein soll, das Versicherungsverhältnis ohne Einhaltung einer Kündigungsfrist zu kündigen, wenn der Versicherungsnehmer die Prämie nicht binnen zweier Werktage, nachdem er eine nach dem Eintritt der Fälligkeit der Prämie erfolgende schriftliche Mahnung von dem Versicherer empfangen hat, bezahlt".

Die Assekuradeure haben diesem Antrage in der Vollversammlung vom 1. Dezember 1910 widersprochen.

Bem. 4. Die Makler haben beantragt:

„Stellt der Versicherungsnehmer vor Bezahlung der Prämie seine Zahlungen ein, so hat der Versicherer dem Versicherungsnehmer gegenüber das Recht:

a) entweder die betreffende Versicherung für unverbindlich zu erklären, falls ihm nicht innerhalb zweimal 24 Stunden nach schriftlicher Aufforderung die fällige Prämie bezahlt oder für dieselbe genügende Sicherheit gestellt worden ist;

b) oder die auf die betreffende Police fällige Prämie von etwaigen Schadenszahlungen in Abzug zu bringen.

Von diesen Rechten kann der Versicherer keinen Gebrauch machen, soweit Rechte aus dem Versicherungsvertrage vor der Zahlungseinstellung auf Dritte übertragen oder Dritten verpfändet sind".

Die Assekuradeure haben diesem Antrage in der Vollversammlung vom 1. Dezember 1910 widersprochen.

Bem. 5. Die HK. Berlin, Bremen, Elberfeld, Hamburg und Lübeck haben beantragt:

„Dem Paragraphen unter Streichung beider Absätze folgenden Inhalt zu geben:

„„Der Versicherer ist berechtigt, das Versicherungsverhältnis ohne Einhaltung einer Kündigungsfrist zu kündigen, wenn der Versicherungsnehmer die Zahlung oder gegebenenfalls die Sicherheitsleistung nicht binnen zweier Werktage, nachdem er eine nach dem Eintritte der Fälligkeit der Prämie oder der Sicherheitsleistung erfolgende schriftliche Mahnung empfangen hat, leistet; in der Mahnung muß auf die Rechtsfolgen derselben hingewiesen sein. Wird das Versicherungsverhältnis gekündigt, so gebührt dem Versicherer gleichwohl die Prämie, bei Zeitversicherungen die Ristornogebühr. Die Kündigung ist jedoch unwirksam gegenüber solchen Dritten, die in gutem Glauben die Police oder Rechte an derselben erworben haben""

und zur Begründung angeführt: Die Bestimmung des Abs. 1 sei dem bestehenden Recht fremd und schütze überdies nicht die Rechte gutgläubiger Erwerber der Police. Die Vorschrift des Abs. 2 gehe über das bestehende Recht hinaus. Wünschenswert erscheine, daß die Mahnung unter allen Umständen schriftlich erfolge. Die Assekuradeure haben sich einverstanden erklärt mit dem Schutze gutgläubiger Erwerber versicherter Güter gegen die Folgen, die nach § 18 E. 10 eintreten, wenn die Prämie nicht gezahlt oder Sicherheit nicht geleistet wird. Die Schriftform, die für die Mahnung gefordert werde, sei im E. 10 vorgesehen. Das besondere Erfordernis, das für den Inhalt der Mahnung gewünscht werde, sei dem Rechtsverkehr fremd; darauf, daß der Versicherer im Falle nicht rechtzeitiger Zahlung der Prämie nicht hafte, werde der Versicherungsnehmer wie im Binnenversicherungsverkehr so erst recht im Seeversicherungsverkehr gefaßt sein müssen. Die vereinigten HK. und der Allg. Vers.-Schutzverb. haben hinsichtlich des Mahnschreibens auf die Bestimmungen des VVG. und auf die entsprechende Übung im Binnenverkehr hingewiesen. Zur weiteren Bestärkung ihres Antrages zum Schutze gutgläubiger Erwerber von Policen haben sie folgendes Beispiel angeführt: Könnten bei Versicherungen, welche für überseeische Rechnung von hiesigen Konsignataren genommen werden, durch eine Kündigung, welche dem hiesigen Versicherungsnehmer gegenüber ausgesprochen wird, die Rechte des gutgläubigen überseeischen Versicherten aus dem Versicherungsvertrage vernichtet werden, so dürfte der deutsche Versicherungsmarkt durch die mit einer solchen Bestimmung verbundene Unsicherheit ernstlich gefährdet werden können, um so mehr, als das englische Recht eine solche gegen den Versicherten wirkende Kündigung gegenüber dem Versicherungsnehmer nicht kennt. Dagegen haben die Antragsteller gemeint, wesentliches Gewicht darauf legen zu müssen, daß der Versicherer nicht von der Verpflichtung zur Leistung frei ist, wenn der Versicherungsnehmer auf eine Mahnung hin nicht unverzüglich die Prämie zahlt, sofern der Versicherungsfall vor der Zahlung eintritt. Eine solche Bestimmung sei dem bisherigen Seeversicherungsrecht durchaus fremd. Es müsse daran festgehalten werden, daß das Recht des Versicherers auf eine sofortige Kündigung des Versicherungsverhältnisses beschränkt bleibe.

Die Assekuradeure haben in ihrem Schreiben vom 21. April 1913 die zweitägige Frist für zu kurz gehalten und haben gemeint, sie vielmehr auf die Umstände des einzelnen Falles stellen zu müssen, was am besten dadurch geschehe, daß, wenn der Versicherungsnehmer die Zahlung der Prämie schuldhaft verzögere, gleichfalls das Kündigungsrecht gegeben sei.

Über die Folgen der Nichtzahlung der Prämien ist eine Verständigung erzielt worden (Prot. v. 6. 12. 1913).

Das Ergebnis dieser Verhandlungen ist die jetzige Fassung des § 17 gewesen.

Bem. 6. Die HK. Frankfurt a. M. hat zu den Schlußverhandlungen 1918 beantragt:

> „zum Ausdruck zu bringen, daß diese Vorschriften keine Anwendung finden dürfen gegenüber dem Erwerber von Versicherungszertifikaten oder sonstigen rechtmäßigen Inhabern von Rechten an einer bestehenden Versicherung".

Auf den Hinweis der HK. Hamburg, daß ihrem Antrag bereits durch § 49 Abs. 1 Satz 2 E. 14 genügt sei, ist der Antrag fallen gelassen worden Vgl. § 49 Bem. 6.

Bem. 7. Auch der zu den Schlußverhandlungen 1918 von dem Wvb. gestellte Antrag:

> „Sicherungen des Versicherungsnehmers nach §§ 37 und 39 Abs. 2 VVG. aufzunehmen"

ist auf den Hinweis der HK. Hamburg, daß der Versicherungsnehmer durch die ihm von dem Versicherer zu setzende „angemessene Frist" geschützt sei, fallen gelassen worden.

Bem. 8. Unberücksichtigt sind folgende Anträge geblieben:

a) der Hamburger Exporteure:

„die gesetzliche Frist auf 3 Tage nach schriftlicher Mahnung zur Bezahlung der fälligen Prämien zu erstrecken und den Versicherer während dieser Zeit haften zu lassen“.

b) der HK. Stettin:

„zwischen die Worte „„wenn der Versicherungsfall usw. eintritt““ einzuschieben „„wenn nach Ablauf der Nachfrist““,

um zum Ausdruck zu bringen, daß der Versicherer von der Verpflichtung zur Leistung erst dann frei werde, wenn der Versicherungsfall nach Ablauf der Nachfrist eingetreten sei und der Versicherungsnehmer noch nicht bezahlt habe.

Bem. 9. Die Bestimmung des § 19 E. 10 ist seit ZE. Dez. 12 als unnötig in Wegfall gekommen. Vgl. § 127 Bem. 1.

§ 18.

Ristornogebühr.

Die Ristornogebühr beträgt die Hälfte der Prämie, jedoch höchstens $1/8$ % der Versicherungssumme.

ASVB. § 154 Abs. 2; BSVB. § 67; HGB. § 894 Abs. 2; ME. § 139 Abs. 3; E. 10 § 20; E. 14 § 18.

Bem. 1. Die Makler, die Hamburger Reeder, die Hamburger Exporteure, die HK. Berlin, Lübeck, Magdeburg haben beantragt:

„die Ristornogebühr auf ein Viertel der Prämie, höchstens auf $1/8$ % der Versicherungssumme herabzusetzen“.

Die Assekuradeure sind nur damit einverstanden gewesen, daß die Ristornogebühr auf die Hälfte der Prämie, höchstens jedoch auf $1/8$ % der Versicherungssumme bemessen wird.

Bem. 2. Der Antrag der HK. Frankfurt a. M.:

„die Ristornogebühr auf ein Drittel der Prämie, höchstens auf $1/6$% der Versicherungssumme festzusetzen“,

ist unberücksichtigt geblieben.

Bem. 3. Der Wvb. hat zu den Schlußverhandlungen 1918 beantragt:

„die Ristornogebühr auf ein Viertel der Prämie zu ermäßigen“.

Auf die Vorstellung der HK. Hamburg hin, daß eine weitere Herabsetzung angesichts der bisherigen für den Versicherungsnehmer ungünstigeren Normierung (§ 154 Abs. 2 ASVB.) nicht gerechtfertigt sei, ist der Antrag nicht weiter verfolgt worden.

V. Anzeigepflicht. Gefahränderung.

§ 19.

Anzeigepflicht.

(1) Der Versicherungsnehmer hat bei der Schließung des Vertrags alle ihm bekannten Umstände, die für die Übernahme der

Gefahr erheblich sind, dem Versicherer anzuzeigen, es sei denn, daß die Umstände allgemein bekannt sind. Er hat insbesondere Nachrichten, die ihm zugegangen und für die Übernahme der Gefahr erheblich sind, dem Versicherer mitzuteilen, und zwar auch dann, wenn er die Nachricht für unbegründet oder unzuverlässig hält.

(2) Umstände, von denen der Versicherungsnehmer vor der Annahme eines auf die Schließung des Vertrags gerichteten Antrags Kenntnis erlangt, sind so schnell, wie dies im ordnungsmäßigen Geschäftsgange tunlich ist, jedenfalls aber in derselben oder in ähnlicher Weise anzuzeigen, in welcher der Antrag übermittelt ist.

ASVB. § 29 Abs. 1; BSVB. § 42 Abs. 1; HGB. § 806 Abs. 1; VVG. § 16 Abs. 1; ME. § 29 Abs. 2; E. 10 § 21; E. 14 § 19.

Abs. 1.

Bem. 1. Auf Anregung der HK. Hamburg ist seitens der Assekuradeure in § 21 Satz 1 a. E. E. 10 hinzugefügt worden „es sei denn, daß die Umstände allgemein bekannt sind". (Protok. v. 6. 12. 1915.) Vgl. § 20 Bem. 12.

§ 20.

Verletzung der Anzeigepflicht.

(1) Ist den Bestimmungen des § 19 zuwider die Anzeige eines erheblichen Umstandes unterblieben oder ist über einen erheblichen Umstand eine unrichtige Anzeige gemacht worden, so ist der Versicherer, soweit nicht ein anderes bestimmt ist, von der Verpflichtung zur Leistung frei. Das Gleiche gilt, wenn die Anzeige eines erheblichen Umstandes deshalb unterblieben ist, weil der Versicherungsnehmer den Umstand infolge von grober Fahrlässigkeit nicht kannte.

(2) Die Verpflichtung des Versicherers bleibt bestehen, wenn der Versicherer den nicht angezeigten Umstand oder die Unrichtigkeit kannte. Das Gleiche gilt, wenn die Anzeige ohne Verschulden des Versicherungsnehmers unterblieben ist.

(3) Bleibt die Verpflichtung des Versicherers gemäß Abs. 2 Satz 2 bestehen, so gebührt dem Versicherer eine der höheren Gefahr entsprechende höhere Prämie (Zuschlagsprämie).

ASVB. §§ 31, 32, 34; BSVB. § 42 Abs. 2; HGB. §§ 808, 809, 811; VVG. §§ 16 Abs. 2 u. 3, 17, 20—22, 31, 32; ME. §§ 31, 32, 33, 43 Abs. 4; E. 10 § 22; E. 14 § 20.

Bem. 1. Die Begr. § 21—24 hält die Übernahme der Vorschriften des HGB. §§ 808 ff. für nicht angängig. „Die Formen und Fristen, von deren Innehaltung das Gesetz die Rechte des Versicherers abhängig macht, eignen sich nicht für die freieren Verhältnisse des Seeversicherungsverkehrs, in denen alle Beteiligten sich wohl gefühlt haben und fühlen, und die Vorschrift, daß der Versicherer trotz vorsätzlicher oder fahrlässiger Anzeigepflichtverletzung haftet, wenn der Unfall vor dem Rücktritte des Versicherers sich ereignet, aber mit der Anzeigepflichtverletzung nicht im Zusammenhange steht, würde auch sachlich ohne weiteres abzulehnen sein."

Abs. 1.

Bem. 2. Während HGB. § 808 Abs. 1 und VVG. § 16 Abs. 2 Satz 2 „die Unkenntnis von einem gefahrerheblichen Umstande dem Versicherungsnehmer erst dann nachteilig werden lassen, wenn die Unkenntnis die Folge arglistigen Verhaltens ist, so ist eine solche Bestimmung für den Seeversicherungsverkehr selbstverständlich unzureichend. Treu und Glauben verlangen, daß der Versicherungsnehmer nicht vor gefahrerheblichen Umständen, sei es absichtlich, sei es auch nur fahrlässig, die Augen schließt und die Folgen seiner Fahrlässigkeit nicht von dem anderen Vertragsteile tragen läßt. Dieser Grundsatz liegt denn auch bereits einzelnen Bestimmungen der ASVB. (§§ 39, 45, 46, 47, 51) zu Grunde und ist auch in die Marine Insurance Act 1906 s. 18 Abs. 1 übernommen. Daß die ASVB. keine allgemeine Bestimmung dieses Inhalts enthalten, ist lediglich „einem Übersehen beizumessen" (Voigt S. 213). Das Verhältnis der Bestimmung, daß der Versicherer frei ist, wenn der Versicherungsnehmer den Umstand fahrlässigerweise nicht kannte, zu der anderen Bestimmung, daß der Versicherer gleichwohl haftet, wenn die Anzeige ohne Verschulden des Versicherungsnehmers unterblieben ist, wird keinem Zweifel begegnen können. Hat der Versicherer bewiesen, daß der Versicherungsnehmer den Umstand, wenn auch nicht kannte, so doch bei Anwendung gehöriger Sorgfalt hätte kennen müssen, so steht nunmehr dem Versicherungsnehmer der Nachweis offen, daß, wenn der Umstand ihm bekannt gewesen und trotzdem nicht angezeigt worden wäre, die Anzeige ohne Verschulden unterblieben sein würde." Begr. §§ 21—24.

Bem. 3. a) Die Makler und die Hamburger Reeder haben beantragt:

„Die Worte: „„so ist der Versicherer von der Verpflichtung zur Leistung frei"" durch „„so kann der Versicherer die Ungültigkeit des Vertrages geltend machen"" zu ersetzen;

b) die Makler haben beantragt zu bestimmen:

„Daß der Versicherer von diesem Anfechtungsrecht nach erlangter Kenntnis der Verletzung der Anzeigepflicht unverzüglich Gebrauch machen muß, widrigenfalls das Recht der Anfechtung erlischt";

c) die Hamburger Reeder haben beantragt:

„Dem Versicherer eine Frist von einer Woche, beginnend mit dem Zeitpunkte, in welchem er von der Verletzung der Anzeigepflicht Kenntnis erlangt, zur Ausübung des Rücktrittsrechts einzuräumen".

In der Vollversammlung vom 9. Januar 1911 haben die Makler ausgeführt, daß der Assekuradeur oft von einer Verletzung der Anzeigepflicht bereits vor Ablauf des Risikos oder Eintritt eines Schadensfalles Kenntnis erhalte, ohne daß der Versicherungsnehmer diese Verletzung kenne. Der Versicherungsnehmer habe ein Interesse daran zu erfahren, daß der

Vertrag nicht zu Recht bestehe, um entweder mit dem Assekuradeur noch eine andere Vereinbarung zu treffen oder aber anderweitig Deckung zu suchen. Deswegen soll der Assekuradeur zur Abgabe einer entsprechenden Erklärung verpflichtet sein, durch welche er dem Versicherungsnehmer zum Ausdruck bringe, daß die Versicherung hinfällig geworden sei. Von Seiten der Assekuradeure ist darauf hingewiesen worden, daß eine solche Bestimmung ganz undurchführbar sei, da der Assekuradeur gar nicht übersehen könne, ob die Unterlassung schuldlos oder schuldhafterweise begangen sei; im ersteren Falle solle ihm aber ein Rücktrittsrecht gar nicht zustehen, er könne also gar nicht wissen, ob er sein Rücktrittsrecht ausüben müsse oder nicht. Übrigens würde diese Änderung auch sonst für den Versicherungsnehmer von sehr geringem Nutzen sein; der Assekuradeur erfahre von der Verletzung der Anzeigepflicht regelmäßig erst, wenn ein Schaden eingetreten sei; alsdann komme eine anderweitige Eindeckung für den Versicherungsnehmer nicht mehr in Betracht. Wenn dem Versicherer bekannt werde, daß der Versicherungsnehmer einen erheblichen Umstand nicht oder unrichtig angezeigt habe, pflege er überdies schon jetzt den Versicherungsnehmer darauf aufmerksam zu machen. Auch dürfe dem Versicherer nicht zugemutet werden, eine Gefahr, die gar nicht bei Abschluß des Vertrages vorhergesehen sei, übernehmen zu müssen, wenn er nicht unverzüglich von seinem Anfechtungsrecht Gebrauch mache. Der Versicherungsnehmer endlich werde in den seltensten Fällen feststellen können, daß der Assekuradeur Kenntnis von der Verletzung der Anzeigepflicht erhalten habe.

Die Anträge sind unberücksichtigt geblieben.

Bem. 4. Die HK. Bremen, Elberfeld, Hamburg, Lübeck haben beantragt:

> „Erhält der Versicherer während des Laufes der Versicherung davon Kenntnis, daß der Vertrag wegen Verletzung der Anzeigepflicht für ihn nicht bindend ist, so hat er dem Versicherungsnehmer unverzüglich von dieser Tatsache Mitteilung zu machen, es sei denn, daß er wußte, oder annehmen mußte, daß der Versicherungsnehmer die Befreiung des Versicherers von der Leistungspflicht kannte"

und folgendermaßen begründet: Von verschiedenen Seiten sei der Wunsch laut geworden, es möge in Übereinstimmung mit dem HGB. im Falle der Verletzung der Anzeigepflicht der Vertrag nicht ohne weiteres als unverbindlich für den Versicherer erklärt, sondern dem Versicherer nur ein Rücktrittsrecht eingeräumt werden. Von anderer Seite sei darauf hingewiesen worden, daß die Ausübung eines solchen Rücktrittsrechts gegenüber manchen Kunden für den Versicherer vielleicht Unbequemlichkeiten mit sich bringen könne. Erhebliches Gewicht sei von allen Seiten, insbesondere auch seitens derjenigen Handelskammern, welche die Einführung des Rücktrittsrechts forderten, darauf gelegt worden, daß der Versicherer, der während des Laufes der Versicherung Kenntnis davon erhalte, daß der Vertrag wegen Verletzung der Anzeigepflicht für ihn nicht bindend sei, hierauf den Versicherungsnehmer aufmerksam mache und diesen dadurch in den Stand setze, sich durch eine neue Versicherung zu decken. Auch die Handelskammern, welche die Einführung des Rücktrittsrechts wünschten, hätten sich bereiterklärt, diesen Wunsch fallen zu lassen, wenn eine Bestimmung, wie sie tatsächlich dann auch später zu § 19 aufgenommen ist, in die Bedingungen aufgenommen werde.

Die Assekuradeure haben erwidert, daß eine Verpflichtung der hier bezeichneten Art dem geltenden Rechte allerdings durchaus fremd sei. Sie könnten sie auch nicht übernehmen, da die Frage, ob ein Vertrag wegen Verletzung der Anzeigepflicht für den Versicherer nicht bindend ist, eine Rechtsfrage sei, zu deren Beantwortung der Versicherer nicht immer zuständig sei und zu deren Beantwortung er daher auch nicht auf dem in dem Antrage bezeichneten Wege gezwungen werden dürfe. Übrigens erfahre der Versicherer von dem Umstande, daß gefahrerhebliche Umstände nicht oder unrichtig angezeigt seien, wenn überhaupt, meist erst, nachdem der Versicherungsfall eingetreten sei, so daß die Einfügung einer dem Antrag entsprechenden Bestimmung schwerlich irgend einen nennenswerten Nutzen haben würde. Erneut ist in der Vollversammlung vom 10. Januar 1914 in Anregung gebracht worden, dem Versicherer die Verpflichtung aufzuerlegen, den Versicherungsnehmer davon in Kenntnis zu setzen, wenn er von seinem Rücktrittsrecht Gebrauch mache, damit der Versicherungsnehmer in der Lage sei sein Risiko anderweit zu decken. Nach eingehender Besprechung ist dieser Vorschlag zurückgestellt worden. Hierfür war vor allem die Erwägung maßgebend, daß im Falle des Rücktritts des Versicherers stets ein Verschulden des Versicherungsnehmers vorausgegangen ist. Es gehe zu weit, von dem Versicherer zu verlangen, daß er den Versicherungsnehmer auf die Folgen der eigenen Fahrlässigkeit hinweisen soll. Übrigens hat die Auffassung bestanden, daß der Versicherer schon im eigenen Interesse dazu schreiten werde, den Versicherungsnehmer von der Ausübung seines Rücktrittsrechtes zu benachrichtigen.

Der Antrag ist unberücksichtigt geblieben.

Bem. 5. Die HK. Flensburg hat beantragt, Satz 1 anzufügen:

„Wenn die Schadensersatzansprüche infolge des veränderten Risikos entstanden sind".

Dem Antrage ist nicht stattgegeben worden.

Bem. 6. a) Die Hamburger Reeder haben beantragt:

„In Satz 2 vor „„Fahrlässigkeit"" „„grober"" einzuschieben"

und in der Vollversammlung vom 9. Januar 1911 den Antrag damit begründet, daß § 22 Abs. 1 Satz 2 E. 10 allgemein nur von der Anzeigepflicht erheblicher Umstände spreche, ohne diese im einzelnen aufzuzählen. Es gehe daher zu weit, dem Versicherungsnehmer bereits gewöhnliche Fahrlässigkeit zur Last zu legen, denn dieser könne nicht immer genau wissen, was erheblich sei. Die Assekuradeure haben einen solchen Vorschlag abgelehnt. Der Kaufmann müsse dem Versicherungsnehmer gegenüber in diesem Punkte unbedingt die Sorgfalt eines ordentlichen Kaufmanns gewährleisten, zumal die Rechtsprechung dem Versicherungsnehmer gegenüber schon bisher zu übermäßiger Milde geneigt gewesen sei.

b) Die HK. Bremen, Hamburg, Stettin haben später den Antrag von neuem gestellt, weil sie eine Verschärfung darin erblicken, daß die Versicherung schon ungültig sein soll, wenn der Versicherungsnehmer die Anzeige eines Umstandes infolge Fahrlässigkeit unterlassen hat. Die Assekuradeure haben nunmehr dem Antrage entsprochen (Schreiben vom 17. Mai 1912).

Bem. 7. Unberücksichtigt sind die Anträge geblieben:

a) Der HK. Berlin:
„Vor „„unrichtig““ in Satz 1 „„wesentlich““ einzuschieben“.

b) Der HK. Elberfeld und Lübeck:
„Im Falle der Verletzung der Anzeigepflicht dem Versicherer nur ein Anfechtungsrecht zu geben“.

c) Der Hamburger Reeder:
„Im Falle der Verletzung der Anzeigepflicht dem Versicherer ein Rücktrittsrecht zu geben, das binnen einer Woche schriftlich erklärt werden muß“.

Abs. 2.

Bem. 8. In der Frage, wie grundsätzlich die Haftung des Versicherers im Falle schuldloser Anzeigepflichtverletzung zu regeln ist, hat die Begr. §§ 21—24 S. 68 ausgeführt, es sei nicht zu verkennen, daß die Begründung des VVG. zu seinen §§ 16—22 nicht geeignet sei, „die Übernahme des im Gesetz enthaltenen Grundsatzes auf den Seeversicherungsverkehr zu rechtfertigen. Andererseits dürfte es zu weit gehen, wenn in den Protokollen zum Maklerentwurf (S. 79) unter Berufung auf ein Gutachten des Hanseatischen Oberlandesgerichts die Vorschriften des Gesetzes schlechthin als unbrauchbar bezeichnet werden. Gewiß ist es im allgemeinen richtig, daß (wie es in dem Gutachten heißt) „„der Versicherte allein das Risiko ganz zu übersehen vermag, daß es ihm möglich ist, zu beurteilen, welche Umstände für die Beurteilung des Risikos erheblich sind und daß ihm deshalb mit der Verpflichtung, alle erheblichen Umstände mitzuteilen und in bezug auf dieselben keine unrichtigen Angaben zu machen, nichts Unbilliges zugemutet wird““. Dem Versicherungsnehmer würde aus allen diesen Gründen, wenn er die Anzeigepflichtverletzung nur dann zu vertreten haben würde, wenn ihn ein Verschulden trifft, der ihm obliegende Nachweis schwer werden, daß ihn ein solches Verschulden nicht trifft. Aber es lassen sich doch auch Fälle denken, in denen die Anzeigepflicht verletzt ist, ohne daß hieraus dem Versicherungsnehmer irgend ein Vorwurf gemacht werden kann. In solchen Fällen aber würde das Ergebnis, zu dem man von dem strengeren Grundsatze des früheren Gesetzesrechts gelangen müßte, als unbillig empfunden werden. Dazu kommt, daß das Gesetz selbst diesen Grundsatz in einer wesentlichen Beziehung durchbrach. Denn indem es im § 808 Abs. 2 des HGB. aussprach, daß trotz Anzeigepflichtverletzung der Vertrag für den Versicherer verbindlich sein solle, wenn der Versicherungsnehmer den nicht angezeigten Umstand als dem Versicherer bekannt habe voraussetzen dürfen, bestimmte es eben, daß eine Anzeigepflichtverletzung dem Versicherungsnehmer nicht nachteilig sein solle, wenn ihn insoweit ein Verschulden nicht treffe. Jedenfalls wird man dann dem Grundsatze des neuen Rechtes folgen dürfen, wenn man ihn, wie dies im Entwurfe geschieht, auf den Fall beschränkt, daß die Anzeige eines gefahrerheblichen Umstandes unterblieben ist und gleichzeitig in anderer Beziehung Vorsorge trifft, daß die Anzeigepflicht des Versicherungsnehmers als eine besonders schwerwiegende hervortritt. Hat der Versicherungsnehmer einen erheblichen Umstand unrichtig angegeben, also positiv dazu mitgewirkt, daß der Versicherer sich ein wesentlich unrichtiges Bild von der Tragweite der übernommenen Gefahr gemacht hat, so entspricht es der Gerechtigkeit, daß der Versicherungsnehmer in jedem Falle die Folgen trägt."

Bem. 9. Die Makler haben beantragt:

„Die Verpflichtung des Versicherers bleibt bestehen, wenn die Anzeige ohne Verschulden des Versicherungsnehmers unterblieben oder unrichtig gemacht ist"

und zur Begründung dieses Antrages in der Vollversammlung vom 9. Januar 1911 ausgeführt, daß es sachlich nicht gerechtfertigt sei, einen Unterschied zwischen unrichtiger und unterlassener Anzeige zu machen. Es sei richtig, daß in dem Entwurfe der Makler ein anderer Standpunkt vertreten worden sei. Die Änderung des damaligen Standpunktes gründe sich indessen auf eingehende Erwägungen. Für eine Gleichstellung sprächen vor allem die gleichen wirtschaftlichen und ethischen Momente bei der Unterlassung und der Unrichtigkeit der Anzeige eines erheblichen Umstandes. Seitens der Assekuradeure ist dem entgegengehalten worden, der Antrag der Makler, im Falle der unrichtigen Anzeige den Vertrag für den Versicherer verbindlich sein zu lassen, falls den Versicherungsnehmer hinsichtlich der Unrichtigkeit der Anzeige kein Verschulden treffe, gehe zu weit. Es dürfe nicht vergessen werden, daß der Entwurf gegen die bestehenden Bestimmungen eine große Verbesserung bedeute. Jedenfalls sei es ausgeschlossen, die binnenländischen Versicherer zu einem weiteren Nachgeben in diesem Punkte zu bewegen. Sei eine unrichtige Anzeige gemacht, so sei die tatsächliche Gefahr nicht identisch mit der übernommenen. Dann dürfe auch der Assekuradeur nicht haften, selbst wenn ihm eine Zuschlagsprämie zugebilligt werden sollte. Denn es dürfe nicht übersehen werden, daß es auch Fälle gäbe, wo der Assekuradeur selbst gegen eine Zuschlagsprämie nicht die Gefahr zu übernehmen bereit sei. Es sei an sich aus den gleichen Gründen schon nicht folgerichtig, daß der Assekuradeur im Falle schuldloser Unterlassung eines erheblichen Umstandes die Haftung übernehmen wolle; eine weitere Ausdehnung dieser nicht folgerichtigen Regelung auch auf den Fall der Erstattung einer unrichtigen Anzeige dürfe nicht verlangt werden. Gegenüber dem Hinweise, daß der Assekuradeur für die Erweiterung der Haftung ja eine Entschädigung durch die Zubilligung einer Zuschlagsprämie erhalten solle, ist von seiten der Vertreter der Assekuradeure darauf hingewiesen worden, es dürfe nicht vergessen werden, daß es sich meist nur im Schadensfalle herausstelle, ob die Anzeigepflicht verletzt sei, und in zahllosen Fällen dem Assekuradeur somit die Zuschlagsprämie entgehen werde. Der Antrag ist unberücksichtigt geblieben.

Bem. 10. Die HK. Frankfurt und der Allg. Vers. = Schutz = Verb. haben beantragt, dem Satz 2 folgenden Inhalt zu geben:

„Das Gleiche gilt, wenn den Versicherungsnehmer an der Unterlassung der Anzeige oder der unrichtigen Erstattung derselben kein Verschulden trifft"

und ihren Antrag begründet, es widerspreche dem Rechtsgefühl, daß der Versicherungsvertrag, wenn den Versicherungsnehmer keinerlei Verschulden an der unrichtigen Erstattung der Anzeige trifft, für den Versicherer nicht bindend sein solle, und es erscheine den vereinigten Handelskammern im Interesse der Sicherheit der Police dringend geboten, daß dieser Rechtszustand beseitigt und in Fällen, wo dem Versicherungsnehmer tatsächlich kein Verschulden zur Last falle, der Versicherer als an den Vertrag gebunden erachtet werde. Da den Versicherungsnehmer die Beweislast für seine Schuldlosigkeit treffe, könne in einer solchen Gestaltung der Bedingungen keine wesentliche Erschwerung der Lage des Versicherers gesehen werden. Die Assekuradeure haben dem Antrag entgegengehalten, daß, wenn der Versicherungsnehmer bei der Schließung des Vertrages einen gefahrerheblichen Umstand unrichtig angezeigt habe, dem Versicherer billigerweise nicht zugemutet werden könne, den auf einer tatsächlich nicht bestehenden Grundlage geschlossenen Vertrag als bindend anzuerkennen. Dem Antrage ist nicht stattgegeben worden.

Bem. 11. a) Die Makler haben beantragt:

„Die Verpflichtung des Versicherers bleibt bestehen, wenn der Versicherer den nicht angezeigten Umstand oder die Unrichtigkeit kannte oder kennen mußte"

und in der Vollversammlung vom 9. Januar 1911 hierzu ausgeführt, daß der Assekuradeur sehr weitgehende Informationsmöglichkeiten habe, und daß es in seinem eigenen wie auch im Interesse des Versicherungsnehmers liege, von allen Vorgängen nach Möglichkeit Kenntnis zu nehmen. Die Bestimmung treffe nur denjenigen Assekuradeur, der weniger sorgfältig sei, indem sie demselben die Möglichkeit nehme, sich darauf zu berufen, daß er den nicht angezeigten Umstand oder die Unrichtigkeit nicht kannte. Die Assekuradeure erklären, solche Verpflichtungen dürften dem Assekuradeur nicht auferlegt werden. Der Assekuradeur habe dem Versicherungsnehmer gegenüber keine Erkundigungspflicht, vielmehr sei es Sache des Versicherungsnehmers, ihn über alles Wissenswerte zu informieren.

b) Den gleichen Antrag hat die HK. Magdeburg gestellt.

Diesen Anträgen ist nicht stattgegeben worden.

Bem. 12. a) Die Makler und Hamburger Reeder haben entsprechend dem bisherigen Recht beantragt:

„Die Verpflichtung des Versicherers bleibt bestehen, wenn der nicht angezeigte Umstand an dem Orte des Versicherungsabschlusses allgemein bekannt oder doch so bekannt war, daß der Versicherungsnehmer annehmen konnte, daß auch dem Versicherer der Umstand bekannt sei".

In der Vollversammlung vom 9. Januar 1911 haben die Assekuradeure ausgeführt, die Aufnahme einer solchen Bestimmung erübrige sich. Früher sei sie insofern notwendig gewesen, als schlechthin eine Anzeigepflicht hinsichtlich aller bekanntgewordenen Umstände bestanden habe. Da aber jetzt nur der Standpunkt der schuldhaften Unterlassung im Entwurfe vertreten werde, sei eine Anzeige börsennotorischer Umstände nicht notwendig, denn entweder kenne der Versicherer bei Unterlassung der Anzeige über einen börsennotorischen Umstand die Unrichtigkeit, so daß die Haftung des Versicherers unberührt bleibe oder aber den Versicherungsnehmer treffe kein Verschulden. Allerdings werde der Versicherer einen Anspruch auf eine Zuschlagsprämie haben wegen Gefahrerhöhung. Der Umstand dagegen, daß beide Kontrahenten einen börsennotorischen Umstand nicht kannten, werde wohl kaum je eintreten. Sei das zufällig aber doch der Fall, dann werde der Fall als unrichtige Anzeige zu behandeln sein. Von seiten der Makler wird die Berechtigung zur Erhebung einer Zuschlagsprämie in diesen Fällen durchaus in Abrede gestellt und die Wiederaufnahme einer dem geltenden Rechte entsprechenden Bestimmung auch im Interesse der Klarheit als dringend erwünscht bezeichnet.

b) Die HK. Bremen, Hamburg und Lübeck haben die Aufnahme folgender Bestimmung beantragt:

> „Umstände, welche am Orte des Versicherungsabschlusses in den beteiligten Kreisen oder an der Börse dieses Ortes allgemein bekannt sind, brauchen nicht angezeigt zu werden".

Die Zusage der Assekuradeure, diesem Antrage zu entsprechen, hat sich durch den in § 19 Satz 1 aufgenommenen Zusatz erledigt. Vgl. § 19 Bem. 1.

Abs. 3.

Bem. 13. § 22 Abs. 3 Satz 2 E. 10 lautet:

> „Das Gleiche gilt, wenn bei der Schließung des Vertrages ein erheblicher Umstand dem Versicherer nicht angezeigt worden ist, weil es dem anderen Teil nicht bekannt war und nicht bekannt zu sein brauchte".

a) Die Makler haben beantragt:

> „Satz 2 zu streichen"

und ihren Antrag in der Vollversammlung vom 9. Januar 1911 damit begründet, daß diese Bestimmung ganz unsichere Verhältnisse für den Versicherungsnehmer schaffe; für den Kaufmann, der mit festen Beträgen bei seinen Kalkulationen rechnen müsse, sei dieselbe unerträglich. Eine nachträglich erhobene, bei seiner Kalkulation nicht in Rechnung gezogene Zuschlagsprämie könne schließlich dazu führen, daß das Geschäft für den Kaufmann überhaupt verlustbringend werde. Sollte z. B. bei einer Versicherung gegen Kriegsgefahr, wenn sich wenig Stunden nach Abschluß des Vertrages herausstelle, daß der Krieg zur Zeit des Vertragsabschlusses schon zum Ausbruche gekommen gewesen sei, der Versicherer berechtigt sein, eine Zuschlagsprämie zu verlangen? Seitens der Assekuradeure ist ausgeführt worden, es sei unbillig, daß der Assekuradeur die Folgen einer nicht übernommenen Gefahr trage; das größere Risiko rechtfertige das Verlangen einer Zuschlagsprämie. Es sei wohl nicht die Absicht der Versicherer gewesen, in einem Falle wie dem angeführten bei einer Versicherung, die nach Ausbruch des Krieges, aber vor dem Bekanntwerden desselben abgeschlossen sei, eine Zuschlagsprämie zu fordern. Seitens der Assekuradeure ist die Erklärung abgegeben worden, daß vielleicht eine Änderung der Bestimmung in Erwägung gezogen werden könne.

b) Die HK. Bremen, Elberfeld, Hamburg, Lübeck, Stettin haben später den gleichen Antrag gestellt und damit begründet, daß eine solche nachträglich zur Erhebung gelangende Zuschlagsprämie alle Kalkulationen des Kaufmanns über den Haufen werfen würde und in vielen Fällen ein Geschäft, das an sich Gewinn gebracht haben würde, verlustreich gestalten würde, da der die Versicherung nehmende Verkäufer die Zuschlagsprämie von seinem Käufer nicht nachträglich noch fordern könne. Die Assekuradeure konnten nicht anerkennen, daß die Bestimmung „dem gegenwärtigen Rechte durchaus fremd" sei. Das Gegenteil folge aus § 41 VVG., § 811 a HGB. Sie sind auch mit der Begründung des Entwurfs eines VVG. nach wie vor der Ansicht, daß die Billigkeit eine Erhöhung der Prämie verlange. Sie würden nichtsdestoweniger auf eine solche Erhöhung verzichten, um auch hierdurch ihrem Wunsche nach einer Verständigung mit den Versicherungsnehmern Ausdruck zu geben.

Den Anträgen ist durch Streichung von Satz 2 entsprochen worden

Bem. 14. Die Hamburger Reeder haben beantragt:

„Das Recht des Versicherers auf eine Zuschlagsprämie, wenn der Vertrag im Falle der schuldlosen Verletzung der Anzeigepflicht für den Versicherer bindend bleibe, zu streichen".

Der Antrag ist abgelehnt worden. (Vollversammlung vom 9. Januar 1911.)

Bem. 15. Der Antrag der Hamburger Exporteure:

„Eine Zuschlagsprämie bei Verletzung der Anzeigepflicht sei unannehmbar und würde aus jedem Versicherungsvertrag einen Scheinvertrag machen. Man würde überhaupt nicht mehr versichern können, weil der Versicherungsnehmer über die Höhe der schließlich zu zahlenden Prämie ganz und gar im Unklaren bliebe, während der Versicherer durch das unbegrenzte Recht der Erhöhung der Prämie sich gegen jeden Verlust nachträglich schützen könnte"

ist unberücksichtigt geblieben.

Bem. 16. Die HK. Frankfurt a. M. hat zu den Schlußverhandlungen 1918 beantragt:

„Die angedrohten Rechtsfolgen wegen Verletzung der Anzeigepflicht und der Gefahränderung (§§ 20—24) dürfen nur im Falle des Betruges Anwendung finden.

Es muß klar zum Ausdruck gebracht werden, daß die Versicherung unbeschadet einer billigerweise zuzugestehenden Zuschlagsprämie den Versicherten voll weiterdeckt.

§ 23 Abs. 1 ist insofern zu streichen, als er bestimmt, daß die Gefahr nicht ohne Einwilligung des Versicherers geändert werden darf, da sich eine solche vorherige Einholung der Einwilligung des Versicherers häufig gar nicht ermöglichen läßt."

In der Vorbesprechung vom 22. und 23. August 1918 haben die Assekuradeure ausgeführt, daß die erste Forderung, die Rechtsfolgen wegen Verletzung der Anzeigepflicht und der Gefahränderung nur im Falle des Betruges eintreten zu lassen, eine Umstürzung aller Versicherungsgrundsätze herbeiführen würde und außerdem im Assekuranzrecht nicht besonders ausgesprochen zu werden brauche, da die Rechtsfolgen des Betruges im allgemeinen Recht geregelt seien. Zu den beiden anderen Forderungen haben die Makler ausgeführt, daß sie eine Verkennung der Rechtslage darstellen. Die Gefahränderung schlechthin müsse den Versicherer befreien, da ihm nicht ein infolge der Änderung vielleicht völlig anders geartetes Risiko aufgezwungen werden könne. §§ 23—24 handelten nur von den Fällen, in denen der Versicherungsnehmer tätig eingreife und erfüllten durchaus die billigerweise zu stellenden Forderungen der Güterversicherten.

Der Antrag ist nicht weiter verfolgt worden.

Bem. 17. Der Wvb. hat zu den Schlußverhandlungen 1918 die Aufnahme eines Zusatzes beantragt:

„Im letzteren Falle gebührt dem Versicherer nur eine Ristornogebühr".

Der Antrag ist nicht weiter verfolgt worden.

Bem. 18. a) Die Bremer Reeder und die HK. Stettin haben zu den Schlußverhandlungen 1918 beantragt, § 20 E. 14 folgende Fassung zu geben:

„Ist den Bestimmungen des § 19 zuwider die Anzeige eines erheblichen Umstandes unterblieben, oder ist über einen erheblichen Umstand eine unrichtige Anzeige gemacht worden, so ist der Versicherer von der Verpflichtung zur Leistung frei. Die Verpflichtung bleibt bestehen, wenn der Versicherer den nicht angezeigten Umstand oder die Unrichtigkeit kannte. Das Gleiche gilt, wenn die Anzeige ohne Verschulden des Versicherungsnehmers unterblieben ist, doch gebührt dem Versicherer alsdann ein der höheren Gefahr entsprechender Zuschlag. Das Gleiche gilt, wenn die Anzeige eines erheblichen Umstandes deshalb unterblieben ist, weil der Versicherungsnehmer den Umstand infolge grober Fahrlässigkeit nicht kannte".

In der Vorbesprechung vom 22. und 23. August 1918 haben die Makler und Assekuradeure ausgeführt, daß der Antrag nicht nur zum Teil geradezu eine Verkehrung in das Gegenteil des Sinnes bringe, sondern auch die klare Gliederung des jetzigen § 20 vermissen lasse, der folgendermaßen angeordnet sei: Abs. 1 gebe an, wann der Versicherer frei sein soll, Abs. 2 wann er nicht frei sein soll, Abs. 3 regele die Frage der Zuschlagsprämie. In der Vorbesprechung mit den Reedern vom 17. und 18. September 1918 ist auf ein Schreiben des Bremer Reedervereins hingewiesen worden, durch das ein Versehen der Antragsteller richtiggestellt werde, insofern der letzte Satz der vorgeschlagenen Neufassung als zweiter Satz gelesen werden müsse. Dadurch habe die Bemerkung, daß der Antrag „zum Teil geradezu eine Verkehrung in das Gegenteil des Sinnes bringt" seine Erledigung gefunden. Der nach dieser Richtigstellung lediglich noch redaktionell verbleibende Gegenstand des Antrages müsse der Redaktionskommission überlassen bleiben

Im Anschluß hieran haben die Hamburger Reeder darauf aufmerksam gemacht, daß das HGB. in seiner Fassung vom 30. Mai 1908 im Falle des § 20 E. 10 dem Versicherer ein Rücktrittsrecht einräume (HGB. § 808 in Übereinstimmung mit VVG. § 30), während E. 10 ausspräche, daß der Versicherer in diesem Falle von der Verpflichtung zur Leistung frei wäre. Von den Maklern ist ausgeführt worden, daß die Einräumung eines Rücktrittsrechtes an den Versicherer ihrer Meinung nach den Bedürfnissen der Seeversicherung nicht genügend Rechnung trage, da das Risiko des Seeversicherers zu einem großen Teile in der Vergangenheit anfange und daher dem Versicherer mit einem Rücktrittsrecht, das nur für die Folge wirke, nicht gedient sei. Wirklich geschützt werde er nur, wenn der Versicherungsnehmer unter dem Druck stände, daß er bei Verletzung der Anzeigepflicht unversichert sei.

Es ist beschlossen worden, die Vorlage einer Neufassung der Besprechung zwischen den juristischen Beiräten der Assekuradeure und Reeder zu überlassen.

Bezüglich der Frage der Zuschlagsprämie haben die Reeder ausgeführt, daß die in Abs. 3 gegebene Definition, die die Begriffsbestimmung für alle in Frage kommenden Paragraphen des Entwurfs geben solle, den praktischen Bedürfnissen nicht genügend Rechnung trage. Von seiten der HK. Hamburg ist dargelegt worden, daß die Systematik des Entwurfs auch hierin dem Aufbau der modernen Reichsgesetze entspräche, daß die Bedingungen im übrigen kein Lehrbuch darstellen sollten, sondern den Niederschlag der Rechtsregeln für den Seeversicherungsvertrag, und daß diese Rechtsregeln bei der Kompliziertheit des Stoffes nur in straffer systematischer Form gegeben werden könnten. Den Reedern werde anheimgegeben, den Vorschlag einer Definition, die ihren praktischen Bedürfnissen besser Rechnung trage, auszuarbeiten.

b) In der juristischen Vorbesprechung vom 8. und 9. Oktober 1918 haben die Bremer Reeder beantragt:

„Daß der Versicherer für den Fall der Arglist und des groben Verschuldens hinsichtlich der Verletzung der Anzeigepflicht seitens des Versicherungsnehmers von seiner Verpflichtung befreit wird, und daß es für den Fall des einfachen Verschuldens bei den Bestimmungen des HGB. sein Bewenden haben müsse. Demgemäß müsse in § 20 Abs. 1 Zeile 4 E. 14 hinter: „„zur Leistung frei““ eingefügt werden: „„wenn den Versicherten der Vorwurf der Arglist oder grober Fahrlässigkeit trifft““. Im Falle eines einfachen Verschuldens steht dem Versicherer ein Rücktrittsrecht nach Maßgabe der Bestimmungen der §§ 808—811 HGB. zu“.

Dieser Antrag ist der Versammlung zu weit gegangen.

c) Die HK. Frankfurt a. M. hat beantragt:

„Die Wiederherstellung der Rechtslage nach Maßgabe des jetzt geltenden Handelsrechtes“.

Da die Versammlung auch zu diesem Antrage keine endgültige Stellung nehmen wollte, hat sich die Vollversammlung vom 10 Oktober 1918 erneut mit der Frage beschäftigt

d) Zunächst hat der juristische Beirat der Bremer Reeder den Antrag unter b wiederholt und weiter beantragt:

„Hinter § 25a einzufügen als selbständige Bestimmung in Anlehnung an § 29 VVG.:

„„Eine unerhebliche Erhöhung der Gefahr kommt nicht in Betracht. Eine Gefahrerhöhung kommt auch nicht in Betracht, wenn nach den Umständen des Falles als vereinbart anzusehen ist, daß das Versicherungsverhältnis durch die Gefahrerhöhung nicht berührt werden soll““

und hierzu ausgeführt, daß die Bestimmungen über die Gefahränderung bleiben könnten, nur hinsichtlich der Anzeigepflicht wünsche er Abänderungen, da die Regelung, welche diese Frage in dem HGB. und dem VVG. neuerdings gefunden habe, nicht unberücksichtigt bleiben dürfe. Der juristische Beirat der Assekuradeure hat ein Eingehen auf diesen Antrag abgelehnt, da nach dem Entwurf nur bei der Verletzung der Anzeigepflicht hinsichtlich erheblicher Umstände Leistungsfreiheit des Versicherers eintrete. Andererseits bestände auch beim Rücktrittsrecht ein Schwebezustand über das Bestehen der Versicherung wegen der rückwirkenden Kraft des erklärten Rücktritts. Nach Ausführungen eines Vertreters der HK. Hamburg über die Bestimmungen des VVG. und HGB. hat der Vertreter der HK. Frankfurt seinen früher gestellten weitgehenden Antrag unter c fallen gelassen, die in Frage kommenden Bestimmungen der ASVB. mit dem HGB. und VVG. in Einklang zu bringen. Er hat sich aber ebenso wie der Wob. und ein Hamburger Reeder dem Antrage des juristischen Beirats der Bremer Reeder angeschlossen. Die Makler haben betont, daß die Grundsätze des VVG. schon mit Rücksicht auf die Rückversicherung nicht auf die Seeversicherung ohne weiteres übertragen werden könnten. Der juristische Beirat der Bremer Reeder hat die Verschiedenheit der Anschauungen unterstrichen und angeregt, eine Kommission zur Erledigung solcher noch vorhandener Streitfragen zu schaffen. Diesem Antrag hat sich der juristische Beirat der Hamburger Reeder angeschlossen. Es ist daraufhin beschlossen worden, den § 20 zur weiteren Erörterung einer Sonderkommission zu überweisen.

In der Sitzung der Sonderkommission vom 10. Oktober 1918 sind eingehend die Unterschiede zwischen „Rücktritt“ und „Leistungsfreiheit“ erörtert worden. Es hat Übereinstimmung geherrscht, daß die erheblichen juristischen Unterschiede in der Praxis ziemlich bedeutungslos wären. Darüber sind aber die Meinungen auseinandergegangen, ob nicht die Scheu des Versicherers einen Rücktritt zu erklären, was ihm leicht als Unkulanz angerechnet werde, einen starken Schutz für den Versicherungsnehmer darstelle. Die Assekuradeure haben schwerwiegende Gründe für die Beibehaltung des vorgeschlagenen Rechtszustandes ins Feld geführt. Man ist schließlich dahin übereingekommen, allen Beteiligten zu empfehlen, den § 20 unverändert anzunehmen.

In der Vollversammlung vom 11. Oktober 1918 ist § 20 unverändert in der Fassung des E. 14 angenommen worden.

§ 21.

Gefahrerhebliche Umstände.

Als erheblich gelten insbesondere Umstände, die der Versicherungsnehmer unrichtig angegeben hat, wenn er die Richtigkeit der Anzeige zugesichert hat, und Umstände, die der Versicherungsnehmer absichtlich verschwiegen oder absichtlich unrichtig angegeben hat, sowie im Zweifel auch Umstände, nach denen der Versicherer ausdrücklich gefragt hat.

ASVB. §§ 31 Abs. 2, 32, 34, 36, 38, 41, 42 Abs. 2, 43, 44, 49, 50; BSVB. §§ 42, 43, 50 Abs. 1—5, 51; VVG. § 18; MC. §§ 31 Abs. 2, 34—41; E. 10 § 23; E. 14 § 21.

Bem. 1. Die Bedeutung der Anzeigepflicht wird dadurch betont, daß „Umstände, nach denen der Versicherer ausdrücklich gefragt oder die der Versicherungsnehmer absichtlich oder trotz Zusicherung ihrer Richtigkeit unrichtig angegeben hat, als solche zu gefahrerheblichen Umständen erhoben" werden. Begr. §§ 21—24.

Die Liste der gefahrerheblichen Umstände des § 23 E. 10, welche sich dem früheren Recht anpaßte, ist gestrichen worden. Vgl. Bem. 16.

Bem. 2. Die HK. Flensburg hat beantragt:

„den ganzen Paragraphen zu streichen".

Auf den Antrag ist nicht eingegangen worden.

Bem. 3. Unberücksichtigt ist der Antrag der Hamburger Exporteure und der HK. Frankfurt a. M. geblieben:

„daß ausdrückliche Fragen nach erheblichen Umständen schriftlich gestellt werden müssen".

Bem. 4. Die HK. Bremen, Chemnitz, Hamburg, Lübeck, Stettin haben beantragt:

„§ 23 Abs. 1 Ziffer 1 und 2 E. 10 zu streichen"

und ihren Antrag folgendermaßen begründet. Dem bestehenden Rechte seien die Vorschriften des Abs. 1 Ziffer 1 u. 2 unbekannt. Daß an sich für den Richter die Tatsache, daß der Versicherer ausdrücklich nach dem Umstand gefragt oder daß der Versicherungsnehmer die Richtigkeit der Anzeige besonders zugesichert hat, ein Anzeichen dafür sei, daß es sich um einen Punkt handele, der als erheblich anzusehen sei, ergebe sich von selbst. Die Bestimmung des E. 10 würde aber auch in Ausnahmefällen, wo der Richter nach der ganzen Sachlage der Überzeugung sei, daß der in Frage stehende Umstand durchaus unerheblich für den Vertrag sei, den Richter verpflichten, den Umstand aus formalen Gründen als erheblich zu behandeln. Es dürfe übrigens darauf hingewiesen werden, daß das Gesetz über den Versicherungsvertrag, welchem offenbar die Vorschrift des Abs. 1 Ziffer 1 nachgebildet sei, nur einen Umstand, nach welchem der Versicherer ausdrücklich und schriftlich gefragt habe, im Zweifel als erheblich erkläre. Die Assekuradeure haben erwidert, daß sie diesem Antrage nicht entsprechen könnten. Mit Recht lasse das VVG. Umstände, nach denen der Versicherer ausdrücklich und schriftlich gefragt habe, als im Zweifel erheblich gelten. Ob die Frage eine schriftliche oder mündliche war, könne im Seeversicherungsverkehr nicht entscheiden. Die Worte „im Zweifel" bedeuteten nur, daß die bezeichneten Umstände dann nicht als erheblich gelten sollten, wenn die Beteiligten hätten erkennen lassen, daß sie sie als erheblich nicht behandelt wissen wollten. Diese Worte gehörten daher nicht in die Versicherungsbedingungen. Aus dem Wesen solcher Bedingungen ergebe sich, daß sie nicht gelten, soweit die Beteiligten darüber einig seien, daß sie nicht gelten sollten. Demgegenüber haben die H K ausgeführt: Auf die Aufnahme der Worte „im Zweifel" werde seitens der vereinigten Handelskammern wesentliches Gewicht gelegt. Die juristische Auffassung, welche die Assekuradeure von der Bedeutung dieser Worte in ihren Ausführungen vertreten, weiche wesentlich von der von juristischer Seite an andern Stellen vertretenen Ansicht ab; es werde in dieser Beziehung auf die Ausführungen des Kommentars zum deutschen Reichsgesetz über den Versicherungsvertrag von Gerhard, Hagen, Knebel-Döberitz usw. § 18 Anm. 2 verwiesen, wo die Ansicht vertreten sei, daß die Worte „im Zweifel" dem Versicherungsnehmer den Nachweis offen lassen, daß der Umstand, nach welchem der Versicherer gefragt hat, objektiv nach allgemeinen Grundsätzen nicht als erheblich angesehen werden könne. Daß diese Worte, wie seitens der Assekuradeure bemerkt worden ist, nicht in die Versicherungsbedingungen hineingehörten, kann um so weniger als zutreffend anerkannt werden, als auch das VVG., welches ebenso wie die Seeversicherungsbedingungen das Rechtsverhältnis zwischen dem Versicherungsnehmer und Versicherer regeln will, diese Worte aufgenommen hat.

Dem Antrage ist stattgegeben worden. Vgl. Bem. 16.

Bem. 5. Die Makler haben beantragt:

„§ 23 Absatz 1 Nr. 1 u. 2 zwar unverändert zu lassen, indessen eine Bestimmung aufzunehmen, nach welcher die fraglichen Umstände, um als erheblich zu gelten, in der Police namhaft zu machen sind"

und zur Begründung darauf hingewiesen, daß an der Börse seitens der Assekuradeure viele Fragen gestellt zu werden pflegten, die für die Beurteilung des Risikos von unerheblicher Bedeutung seien; ihr Vorschlag bezwecke, daß nicht alle Fragen, die nur unterhaltungsweise an der Börse gestellt würden, sondern nur diejenigen, die ernstlich gemeint seien, als erheblich angesehen und durch schriftliche Aufnahme in die Police auch als erheblich gekennzeichnet würden. Es komme vielfach vor, daß der Assekuradeur an den Makler an der Börse Fragen über Punkte richte, über die der Makler nicht unterrichtet zu sein erkläre, und daß alsdann der Assekuradeur auf die Beantwortung der Frage kein weiteres Gewicht lege; es erhelle deutlich hieraus, daß nicht alle Fragen, die an der Börse gestellt würden, tatsächlich für den Assekuradeur erhebliche Umstände beträfen. Seitens der Vertreter der Assekuradeure ist erwidert worden, daß die Bestimmung des § 23 Absatz 1 Ziffer 1 E. 10 derjenigen des § 18 des Gesetzes über den Versicherungsvertrag nachgebildet sei; die letztere unterscheide sich von derjenigen des E. 10 freilich dadurch, daß nur Umstände, nach denen der Versicherer ausdrücklich schriftlich gefragt habe, als erheblich gelten und zwar auch nicht, wie im Entwurf, schlechthin, sondern nur im Zweifel als erheblich gelten sollen. Was an der Börse gesprochen werde, werde auch als ernsthaft zumeist angesehen werden können; es scheine nicht gerechtfertigt, ein so großes Gewicht auf eine Unterscheidung zwischen ernsthaften und nicht ernsthaften Fragen zu legen, wie dies seitens der Assekuranzmakler geschehe. Die Abfassung der Policen erfolge überdies selten durch die Assekuradeure, sondern meist durch die Makler; es scheine deshalb unbillig, Umstände, nach denen der Versicherer ausdrücklich gefragt oder deren Richtigkeit der Versicherungsnehmer zugesichert habe, nur dann als erheblich gelten lassen zu wollen, wenn der Makler sie in die Police ausdrücklich aufgenommen habe. Diesen Ausführungen ist seitens der Makler entgegengehalten worden, daß ihrerseits nicht so sehr Gewicht auf die Unterscheidung zwischen scherzhaften und ernsthaften Anfragen, als vielmehr darauf, ob dieselben bedeutungsvoll oder ohne Bedeutung seien, gelegt werde. In den Fällen, in denen die Police durch den Makler ausgestellt werde, sei es Sache der Assekuradeure, darauf zu achten, ob diejenigen gestellten Fragen, welche ihres Erachtens erhebliche Umstände beträfen, in die Police aufgenommen seien; sei dies nicht geschehen, so werde der Assekuradeur die Police zurückgeben und die Ergänzung derselben durch Aufnahme der betreffenden Erklärung des Versicherungsnehmers über die ausdrücklich gestellte Frage oder die ausdrücklich zugesicherte Richtigkeit der Anzeige verlangen müssen. Seitens eines Vertreters der Handelskammer ist darauf hingewiesen worden, daß eine Bestimmung, wie die im E. 10 vorgesehene, bisher nicht bestanden habe. Es sei nicht einzusehen, warum es nicht wie bisher, dem richterlichen Ermessen überlassen bleiben könne, zu beurteilen, ob ein Umstand, nach dem der Versicherer ausdrücklich gefragt habe oder dessen Richtigkeit der Versicherungsnehmer ausdrücklich zugesichert habe, als erheblich anzusehen sei oder nicht. Die Fassung des E. 10 führe dazu, auch wenn ein solcher Umstand nach Lage der Sache in dem betreffenden Falle durchaus unerheblich für das Risiko erscheine, den betreffenden Umstand lediglich aus dem formellen Grunde, weil der Versicherer nach demselben gefragt habe oder weil der Versicherte die Richtigkeit zugesichert habe, zu einem erheblichen zu machen. Von anderer Seite ist endlich betont worden, es sei für den dritten Inhaber der Police von Wert, wenn die Umstände, welche der Versicherungsnehmer auf ausdrückliches Befragen des Versicherers angegeben habe oder deren Richtigkeit der Versicherungsnehmer ausdrücklich zugesichert habe, sämtlich in die Police aufgenommen würden. Der dritte Inhaber der Police vermöge alsdann leichter aus dieser zu ersehen, ob ein Anfechtungsgrund für die Police wegen Verletzung der Anzeigepflicht vorliege. Für die Sicherheit des dritten Policeinhabers, z. B. der Banken, des Käufers usw., sei eine solche Bestimmung von erheblichem Werte. Seitens der Assekuradeure ist demgegenüber dargelegt worden, daß der Wunsch, die Police für den dritten Inhaber zu einem unanfechtbaren Wertpapiere zu machen, nicht erfüllbar sei. Auch wenn die Umstände, nach denen der Versicherer ausdrücklich gefragt habe oder deren richtige Angabe der Versicherungsnehmer ausdrücklich zugesichert habe, in die Police aufgenommen würden, sei der dritte Inhaber der Police keineswegs unbedingt geschützt. Denn in zahlreichen Fällen werde er gar nicht einmal wissen können, ob die in die Police aufgenommenen Antworten des Versicherungsnehmers tatsächlich richtig seien oder nicht; außerdem werde er nicht wissen können, welche Umstände dem Versicherungsnehmer tatsächlich bekannt gewesen seien im Zeitpunkte des Abschlusses des Vertrages und in welchen Punkten etwa der Versicherungsnehmer durch Unterlassung der Anzeige eines ihm bekannten erheblichen Umstandes die Anzeigepflicht verletzt habe.

Der Antrag ist unberücksichtigt geblieben.

Bem. 6. Die HK. Bremen, Hamburg, Lübeck, die Hamburger Reeder und die Makler haben beantragt:

„In Ziffer 4 vor dem Worte „„Verzögerung““ einzuschieben das Wort „„außergewöhnliche““.

Die Makler haben zur Begründung angeführt, daß auch in diesem Falle die Entscheidung der Frage, ob der Umstand erheblich sei oder nicht, dem richterlichen Ermessen überlassen bleiben müsse. Die Handelskammern haben ausgeführt, daß Umstände, die eine Verzögerung der Reise herbeizuführen geeignet seien, nur dann als erheblich angesehen werden könnten, wenn es sich um eine außergewöhnliche Verzögerung handele, wie sie im gewöhnlichen Verlaufe von Reisen der versicherten Art nicht vorzukommen pflegten.

Durch Streichung des Abs. 1 Nr 4 des § 23 E 10 ist der Antrag gegenstandslos geworden. Vgl. Bem. 16.

Bem. 7. Die Makler haben zu § 23 Abs. 2 E. 10 beantragt:

„Die Bestimmungen zu 1 und 2 haben generell keine Berechtigung und sollten hier gestrichen werden, damit nicht die genannten Umstände ein für alle Mal als „„erheblich““ gezeichnet sind. Unter besonderen Verhältnissen, unter denen die Versicherer ein dringendes Interesse an der Kenntnis jener Umstände haben, sind sie genügend geschützt durch die allgemeinen Bestimmungen über die Anzeigepflicht.“

Dem Antrage ist durch Streichung der Liste entsprochen worden. Vgl. Bem. 16.

Bem. 8. Die HK. Bremen, Hamburg, Lübeck haben beantragt:

„In § 23 Abs. 2 Ziffer 1 E. 10 Anfügung eines Zusatzes folgenden Inhalts:

„Es gilt jedoch als unerheblich, wenn in Fällen, wo im kaufmännischen Verkehr die Abladung aus nahe bei einander liegenden Häfen zu geschehen pflegt, das Schiff noch nicht am Abgangsorte angekommen gewesen ist, sondern in einem dieser Häfen gelegen hat oder auf der Reise zwischen denselben begriffen gewesen ist“

und sich hierbei auf § 44 ASVB. berufen.

Durch Streichung des Absatzes 2 ist der Antrag erledigt worden. Vgl Bem. 16.

Bem. 9. a) Die Makler haben beantragt:
„In § 23 Abs. 3 Nr. 1 S. 10 zu streichen“,
da sie den Bedürfnissen des Warenverkehrs nicht entspreche und für den Versicherer entbehrlich sei;
b) Die HK. Bremen, Elberfeld, Hamburg, Lübeck und die Hamburger Exporteure haben denselben Antrag gestellt und ihn damit begründet, daß der Versicherungsnehmer in den allermeisten Fällen nicht wissen werde, wo sich das Schiff in dem Zeitpunkte des Vertragsabschlusses befinde, auch für den Versicherer die in Abs. 3 Ziffer 1 bezeichneten Umstände nicht erheblich sein dürften.
Dem Antrage ist durch Streichung des Abs. 3 entsprochen worden. Vgl Bem. 16.

Bem. 10. a) Die Makler haben beantragt:
„Daß für den Fall, daß die Güter beschädigt sind, nicht schlechthin bei Unterlassung der Anzeige die Rechtsfolge der Verletzung der Anzeigepflicht eintritt, sondern in Übereinstimmung mit dem bisherigen Rechtszustande (§ 49) bei Unterlassung der Anzeige dieses Umstandes die Versicherung als „„frei von Beschädigung““ gilt.“
b) Die HK. Bremen, Hamburg, Lübeck und die Hamburger Exporteure haben beantragt:
„In § 23 Abs. 3 Ziffer 2 S. 10 hinzuzufügen: „„im Falle der Nichtanzeige dieses Umstandes gelten die Güter als frei von Beschädigung versichert““
mit der Begründung, daß keine Veranlassung vorliege, für den Fall, daß die Güter beschädigt sind, den Versicherer im Gegensatz zu dem bestehenden Rechte (§ 49 ASVB.) auch nicht für den Totalverlust haften zu lassen.
Den Anträgen ist durch § 84 entsprochen worden. Vgl. § 84 Bem. 1.

Bem. 11. a) Die Makler haben beantragt, in § 23 Abs. 3 Nr. 3 S. 10:
„anstatt der Worte „„im Anschluß an eine andere Reise““ zu sagen „„in unmittelbarem Anschluß an eine andere Seereise, ohne an das Land gebracht oder untersucht zu sein““.
b) Die HK Bremen, Hamburg, Lübeck haben beantragt, in § 23 Abs. 3 Nr. 3 S. 10:
„„Reise““ zu ersetzen durch „„Seereise““ und ferner hinzuzusetzen „„ohne vorher ans Land gebracht und untersucht zu sein; im Falle der Unterlassung der Anzeige gelten die Güter als frei von Beschädigung außer im Strandungsfalle versichert““
und damit begründet, daß die Bestimmung des Abs. 3 Ziffer 3 praktisch nicht durchführbar sei, da die Beförderung der Güter in der großen Mehrzahl der Fälle im Anschluß an eine frühere Reise, sei es an eine Eisenbahnfahrt oder Flußschiffreise, in das Seeschiff erfolge. Der § 50 ASVB. kannte eine solche Bestimmung nur für den Fall, daß die Güter im Anschluß an eine andere Seereise in das Seeschiff übergeladen würden. Im bisherigen Rechte wäre die Folge der Unterlassung der Anzeige dieses Umstandes, daß die Güter als frei von Beschädigung außer im Strandungsfalle versichert gelten. Es liege kein

berechtigter Grund vor, weshalb in solchen Fällen in Zukunft die Haftung des Versicherers über das bisherige Maß hinaus beschränkt werden sollte. Die Assekuradeure haben erklärt, daß sie beabsichtigten, den Wünschen der Versicherungsnehmer insofern zu entsprechen, als es sich um die Folge der Anzeigepflichtverletzung handele. Auch beabsichtigten sie, diese Folge nicht eintreten zu lassen, wenn die erste Reise eine Landreise sei. Die Handelskammern haben erwidert, daß es sowohl den zur Zeit geltenden Bedingungen, als auch dem Verkehrsbedürfnis entspreche, der Landreise in dieser Beziehung eine etwa vorgehende Flußreise oder Hafenreise durchaus gleichzustellen und ferner auch nur dann den Anschluß an eine andere Seereise für gefahrerheblich anzusehen, wenn die Güter nicht vorher ans Land gebracht oder untersucht seien.

Dem Antrage ist teilweise durch Aufnahme des § 83 E. 14 entsprochen worden. Vgl. § 83 Bem. 1.

Bem. 12. a) Die Makler haben zu § 23 Abs. 3 Nr. 4 E. 10 beantragt:

„Die Bestimmung auf Retourwaren zu beschränken und auch bei Unterlassung der Anzeige dieses Umstandes die Versicherung als unter der Bedingung „„Frei von Beschädigung außer im Strandungsfalle““ gelten zu lassen“

und damit begründet, daß die Güter im Laufe der Reise beim Übergange von einem Transportmittel auf das andere einer Umpackung zum Zwecke der Weiterbeförderung unterzogen werden müßten, liege z. B. vielfach in der Natur der Sache und entspreche der Regel; auch für andere Fälle stoße die Durchführung der Vorschrift des E. 10 in ihrer Allgemeinheit auf Schwierigkeiten.

b) Die HK. Bremen, Elberfeld, Hamburg, Lübeck, Stettin haben beantragt, in § 23 Abs. 3 Nr. 4 E. 10

„„Der Umstand, daß die Güter Retourwaren sind, die nach ihrer Beförderung usw.““ zu ändern und die letzten Worte „„insbesondere der Umstand, daß die Güter Retourwaren sind““ zu streichen“

und damit begründet: Die Durchführung der Vorschrift stoße auf praktische Schwierigkeiten, da es der Regel entspreche, daß die Güter im Laufe der Reise bei dem Übergang von einem Transportmittel auf das andere einer Umpackung zum Zwecke der Weiterbeförderung unterzogen werden müßten. Eine Berechtigung für die Vorschrift werde für den Fall anerkannt, daß es sich um Retourwaren handele, auch in diesem Falle werde aber billiger Weise nur die Nichthaftung für Beschädigung außer im Strandungsfalle einzutreten haben, wenn die Anzeige unterlassen worden sei. Die Zusage der Assekuradeure, dem Wunsche der Versicherungsnehmer zu entsprechen, soweit er die Folge der Anzeigepflichtverletzung betrifft, hat den HK. nicht genügt.

Über das weitere Schicksal vgl. § 83 Bem. 1.

Bem. 13. Die Makler haben beantragt:

„§ 23 Abs. 5 Nr. 2 E. 10 zu streichen“.

Trotz anfänglichen Widerspruchs der Assekuradeure ist später durch Streichung des Abs. 5 dem Antrage stattgegeben worden. Vgl. Bem. 16.

Bem. 14. Die HK. Bremen, Hamburg, Lübeck und die Hamburger Exporteure haben beantragt, in § 23 Abs. 5 Nr. 2 E. 10 zu ändern:
„Die unrichtige Angabe des Ortes, wo die versicherte Reise beginnt oder endigen soll".
Durch Streichung des Abs. 5 ist der Antrag hinfällig geworden. Vgl. Bem. 16.

Bem. 15. Die HK. Bremen, Hamburg, Lübeck, Stettin haben beantragt:
„In § 23 Abs. 5 Nr. 3 E. 10 zu streichen".
Durch Streichung des Abs. 5 ist dem Antrage entsprochen worden. Vgl. Bem. 16.

Bem. 16. Das Endresultat der Verhandlungen (vgl. Protokoll vom 6. Dezember 1913) ist folgendes gewesen: In § 21 ist aus § 23 Abs. 1 Nr. 1 E. 10 mit dem Zusatz „im Zweifel", die Nr. 2 unverändert, die Nr. 3 unter Gleichstellung absichtlicher Verschweigung mit absichtlich unrichtiger Angabe aufgenommen worden; Abs. 1 Nr. 4, Abs. 2—5 sind gestrichen worden

§ 22.

Anzeigepflicht bei Vertragsschließung durch Vertreter.

Wird der Vertrag von einem Vertreter des Versicherungsnehmers geschlossen, so kommt für die Befreiung des Versicherers von der Verpflichtung zur Leistung nicht nur die Kenntnis und das Kennenmüssen des Vertreters, sondern auch die Kenntnis und das Kennenmüssen des Versicherungsnehmers in Betracht.

ASVB. § 29 Abs. 2; BSVB. § 41 Abs. 2; HGB. § 806 Abs. 2; VVG. § 19; ME. § 29 Abs. 3; E. 10 § 24; E. 14 § 22.

Bem. 1. Auch hier ist „Vertreter" für „Bevollmächtigter oder Vertreter ohne Vertretungsmacht" gesetzt worden. Vgl. § 3 Bem. 8.

Bem. 2. Die HK. Bremen, Hamburg, Lübeck, Stettin und die Hamburger Reeder haben beantragt:
„In § 24 Abs. 1 E. 10 den Ausdruck „„die Kenntnis und das Kennenmüssen"" an beiden Stellen zu ersetzen durch den Ausdruck „„der gute Glaube""".
Der Antrag ist unberücksichtigt geblieben. Vgl. § 3 Bem. 3, 4.

Bem. 3. Der Antrag der HK. Magdeburg:
„In § 24 Abs. 1 E. 10 die Worte „„und das Kennenmüssen"" zu streichen"
ist unberücksichtigt geblieben. Vgl. § 3 Bem. 3.

Bem. 4. Die Streichung des § 24 Abs. 2 E. 10 ist im Hinblick auf die allgemeinen Vorschriften des bürgerlichen Rechts und der §§ 20 Abs. 1, 57 erfolgt.

§ 23.

Gefahränderung.

(1) Nach dem Abschlusse des Vertrags darf der Versicherungsnehmer nicht ohne Einwilligung des Versicherers die Gefahr

ändern, insbesondere erhöhen, oder die Änderung durch einen Dritten gestatten.

(2) Als eine Gefahränderung ist es insbesondere anzusehen:

1. wenn der Antritt oder die Vollendung der versicherten Reise erheblich verzögert wird;
2. wenn von dem angegebenen oder üblichen Reisewege abgewichen wird, jedoch kommt eine nur unerhebliche Abweichung nicht in Betracht;
3. wenn das Schiff andere, als die angegebenen Zwischenhäfen oder wenn es die angegebenen Häfen in anderer als der angegebenen oder üblichen Reihenfolge anläuft; die Angehung von Zwischenhäfen kommt jedoch nicht in Betracht, wenn sie zur Ordereinholung erfolgt und zu diesem Zwecke üblich ist.

(3) Als eine Gefahränderung ist es auch anzusehen, wenn die Reise nach einem anderen als dem angegebenen Bestimmungsorte gerichtet wird.

ASVB. §§ 37, 60, 61, 77 Abs. 2 u. 3, 134 Abs. 2 u. 3; BSVB. §§ 32, 42 Abs. 1 Nr. 3; HGB. §§ 813, 814; VVG. §§ 23 Abs. 1, 29, 137 Abs. 1; ME. §§ 44, 45, 46; E. 10 § 25; E. 14 § 23.

Abs. 1—3.

Bem. 1. Der Wvb. hat zu den Schlußverhandlungen 1918 beantragt:

„statt „„Gefahränderung““ „„Gefahrerhöhung““ zu sagen“.

Der Antrag ist unberücksichtigt geblieben.

Abs. 1.

Bem. 2. Die Makler haben beantragt:

„Die Unterscheidung zwischen Gefahränderung vor Abschluß des Vertrages und Gefahränderung nach Abschluß des Vertrages zu beseitigen, weil, wenn eine Änderung dem Versicherungsnehmer bei Abschluß des Vertrages bekannt war, die Rechtsfolgen durch die Bestimmungen der Anzeigepflicht geregelt sind und weil, wenn die Änderung dem Versicherungsnehmer bei Abschluß nicht bekannt war, die Bestimmungen der §§ 26—28 E. 10 Platz greifen sollten, welche u. a. auch den Versicherungsnehmer schützen“.

In der Vollversammlung vom 16. Januar 1911 haben sie hierzu ausgeführt, daß der E. 10 nur von Gefahränderung nach Abschluß des Vertrages spreche, daß aber die gleichen Rechtsfolgen, wie bei Gefahränderungen nach Abschluß des Vertrages bei Gefahränderungen vor Abschluß des Vertrages gelten müßten, wenn die Änderung dem Versicherungsnehmer bei Abschluß des Vertrages nicht bekannt war. Gegenüber dem Hinweise, daß in diesem Falle die Bestimmungen des § 22 E. 10 über die Verletzung der Anzeigepflicht Platz greifen würde, nach welchen der Vertrag unter Anspruch auf eine Zuschlagsprämie für den Versicherer in Geltung bleibt, ist seitens der Makler ausgeführt worden, daß dies zweifelhaft erscheine, da es sich nicht ohne weiteres um einen nicht angezeigten unbekannten Umstand, sondern um eine andere als die dem Vertrag zugrunde gelegte Gefahr handele, daß aber auch überdies seitens der Makler die Streichung der in Frage stehenden Bestimmungen des § 22 E. 10 beantragt sei und deshalb im Falle der Annahme dieses Antrages der § 22 überhaupt keinen Ausweg mehr bieten könne. Seitens der Vertreter der Assekuradeure ist anerkannt worden, daß, wenn die in Frage stehende Bestimmung des § 22 gestrichen werde, allerdings eine Regelung dieses Falles an dieser Stelle etwa in der von den Maklern vorgeschlagenen Weise erfolgen müsse.

Diese Anregung ist in § 23 Abs. 1, § 24 Abs. 1 Satz 2 in Berücksichtigung gezogen worden. Vgl. § 24 Bem. 6.

Bem. 3. Die HK. Bremen, Hamburg haben beantragt, in § 25 Abs. 1 E. 10 einen Satz folgenden Inhalts hinzuzufügen:

„Das Gleiche gilt, wenn die Gefahränderung vor Abschluß des Vertrages eintritt, die Änderung aber dem Versicherungsnehmer bei Abschluß des Vertrages nicht bekannt war"

und folgendermaßen begründet. Nach dem bestehenden Rechte gelten die Grundsätze über Gefahränderung auch, wenn die Änderung der Gefahr tatsächlich schon vor dem Abschlusse des Vertrages eingetreten, dem Versicherungsnehmer jedoch bei Abschluß des Vertrages nicht bekannt wäre Nach E. 10, welcher die Anwendung der für den Fall der Gefahränderung maßgebenden Grundsätze in § 25 Abs. 1 ausdrücklich auf den Fall der Änderung der Gefahr nach dem Abschlusse des Vertrages beschränke, würde eine Haftung des Versicherers überhaupt nicht bestehen, da ein anderes Risiko, als das im Vertrage versicherte, tatsächlich gelaufen sei. Der Antrag bezwecke, einer solchen Verschärfung der Rechtslage für den Versicherungsnehmer vorzubeugen.

Die Assekuradeure haben ihre Zusage, diesem Antrage zu entsprechen, durch Berücksichtigung in § 23 Abs. 1, § 24 Abs. 1 Satz 2 erfüllt. Vgl. § 24 Bem. 6.

Bem. 4. Unberücksichtigt ist der Antrag der Hamburger Reeder geblieben:

„§ 25 Abs. 1 E. 10 zu fassen: „„Wird nach dem Abschlusse des Vertrages die Gefahr verändert, so ist, wenn der Versicherungsfall nach der Änderung der Gefahr eintritt, der Versicherer von der Verpflichtung zur Leistung befreit, falls er unverzüglich nach Kenntnis der Gefahränderung die weitere Haftung ablehnt"".

Bem. 5. Die Makler haben beantragt:

„daß nicht jede Gefahränderung, sondern nur eine erhebliche Gefahrerhöhung den Inhalt des Vertrages und die Haftung des Versicherers berühre".

In der Vollversammlung vom 16. Januar 1911 ist von anderer Seite demgegenüber darauf hingewiesen worden, daß nach dem bestehenden Rechte (ASVB. § 61) nicht nur eine Gefahrerhöhung, sondern schon jede veranlaßte Gefahränderung grundsätzlich Rechtsfolgen nach sich ziehe. Der Antrag ist unberücksichtigt geblieben.

Bem. 6. Die M a k l e r haben beantragt:

„Zum Ausdruck zu bringen, daß der Entschluß zur Änderung der Gefahr ausgeführt, daß also tatsächlich eine Änderung der Gefahr eingetreten sein müsse".

In der Vollversammlung vom 16. Januar 1911 ist über diesen Antrag folgendes ausgeführt worden: Es werde anerkannt, daß dieser Grundsatz bisher schon bestehe mit Ausnahme des einen Falles, wenn die Reise nach einem anderen, als dem im Versicherungsvertrage vereinbarten Hafen gerichtet werde. E. 10 gehe in dieser Beziehung über das bestehende Recht hinaus, indem er nicht nur im Falle der Änderung des Bestimmungshafens, sondern im Falle jeder Abweichung vom Reisewege die bisherige Ausnahme von der Regel in Anwendung bringen wolle.

Der Antrag ist unberücksichtigt geblieben.

Bem. 7. a) Die M a k l e r haben beantragt:

„In den Fällen, in denen die Geltung des Versicherungsvertrages in bezug auf die Haftung des Versicherers durch die Gefahrerhöhung berührt werden soll, den Versicherer nicht schlechthin von der Haftung zu befreien, sondern ihm nur ein Rücktrittsrecht vom Vertrage einzuräumen".

b) Die H a m b u r g e r R e e d e r haben denselben Antrag mit dem Zusatz gestellt:

„Dieses Rücktrittsrecht dahin zu regeln, daß der Versicherer von demselben unverzüglich nach Kenntnis der Gefahränderung solle Gebrauch machen müssen".

Die A s s e k u r a d e u r e haben sich in der Vollversammlung vom 16. Januar 1911 gegen diesen Antrag gewandt und auf ihre Ausführungen über das Rücktrittsrecht zu § 20 Bem. 4 verwiesen.

Der Antrag ist unberücksichtigt geblieben.

Bem. 8. Die HK. B r e m e n, H a m b u r g haben beantragt:

„In § 25 Abs. 1 E. 10 hinter dem Worte „„Versicherers"" einzuschieben „„sofern nicht einer der Fälle des § 26 vorliegt""".

Dem Antrage ist nicht stattgegeben worden.

Abs. 2.

Bem. 9. Eine Gefahränderung liegt nach § 814 HGB. dann vor, wenn der Antritt oder die Vollendung der Reise ungebührlich verzögert wird. Der Begriff einer „ungebührlichen" Verzögerung ist der Gesetzessprache gegenwärtig im allgemeinen fremd. Man wird darunter im Sinne des § 814 nicht etwa eine übermäßig lange, verschuldete Verzögerung zu verstehen haben, da das Gesetz die Wirkungen der Gefahränderung nicht sowohl an ein Verschulden oder Nichtverschulden knüpft, sondern nur davon abhängig macht, daß die Gefahr tatsächlich geändert wird und daß die Änderung nicht „von dem Versicherten oder in dessen Auftrag oder mit dessen Zustimmung" vorgenommen ist. Man wird deshalb auch unter einer „ungebührlichen Verzögerung" nichts Anderes als eine tatsächliche, d. h. nach den Umständen des Falles und nach der allgemeinen Verkehrsanschauung erhebliche Verzögerung zu verstehen haben. § 25 Abs. 2 bezeichnet deshalb auch nur eine „erhebliche" Verzögerung des Antritts oder der

Vollendung der Reise als einen Beispielsfall der Gefahränderung. Selbstverständlich ist in solchem Falle der Versicherer von der Verpflichtung zur Leistung nicht frei, wenn der Versicherungsnehmer beweist, daß er die erhebliche Verzögerung nicht vorgenommen, sie auch nicht gestattet hat (§ 26 Abs. 1)". Begr. §§ 25—27.

Bem. 10. Die HK. Bremen, Hamburg, Lübeck, die Hamburger Reeder und die Makler haben beantragt, in § 125 Abs. 2 Satz 1 E. 10:

„„erheblich verzögert"" zu ersetzen durch „„ungebührlich verzögert"".

Die Assekuradeure haben erwidert, die hier beantragte Ersetzung empfehle sich nicht, weil man gegenwärtig unter einer ungebührlichen Verzögerung eine auf Verschulden des Beteiligten beruhende Verzögerung verstehe, der Begriff der Gefahränderung aber ein objektiver sei. Der Antrag ist unberücksichtigt geblieben.

Bem. 11. a) Die Makler haben beantragt:

„Als Gefahränderung nur eine erhebliche Abweichung von dem vereinbarten oder gebräuchlichen Reisewege zu behandeln".

Die Assekuradeure haben sich diesem Antrage widersetzt, der dem bestehenden und dem englischen Rechte nicht entspreche.

b) Denselben Antrag haben später die HK. Bremen, Hamburg, Lübeck gestellt.

Die Assekuradeure haben ihre spätere Zusage gegenüber den Handelskammern durch Aufnahme des zweiten Halbsatzes in Nr. 2 erfüllt.

Bem. 12. Die HK. Bremen, Hamburg, Lübeck, Stettin und die Hamburger Reeder haben beantragt, in § 25 Abs. 2 Satz 2 E. 10 zu ändern:

„Die Abweichung vom Reisewege gilt erst als eingetreten, wenn tatsächlich eine Abweichung vom Reisewege stattgefunden hat"

und begründet, die Bestimmung des Abs. 2 Satz 2 gehe über das bestehende Recht wesentlich hinaus. Der Antrag bezwecke in dieser Beziehung im Gegensatz zu E. 10 eine Milderung des bestehenden Rechtes. Die Assekuradeure haben den Antrag durch Streichung von § 25 Abs. 2 Satz 2 E. 10 erfüllt.

Bem. 13. Die HK. Berlin hat beantragt:

„§ 25 Abs. 3 E. 10 zu ersetzen durch § 813 Abs. 3 HGB.".

Der Antrag ist unberücksichtigt geblieben.

Bem. 14. Die Hamburger Reeder haben beantragt:

„§ 25 Abs. 3 Satz 1 E. 10 zu streichen",

da eine Beschleunigung der Reise in vielen Fällen nur eine Gefahrminderung bedeute und deshalb häufig gerade im Interesse der Versicherer liege; zusammenhängendes Eis komme in der Elbe und ebenso in den Ostseehäfen oft vor, der Assekuradeur müsse zu gewissen Zeiten des Jahres von vornherein damit rechnen; überdies gebe der Ausdruck „zusammenhängendes Eis" leicht zu Streitigkeiten Anlaß, indem im einzelnen Falle Meinungsverschiedenheiten darüber herrschen könnten, ob das Eis zusammenhängend gewesen sei oder nicht. In der Vollversammlung vom 16. Januar 1911 ist hierzu seitens der Assekuradeure bemerkt worden: Wenn die Beschleunigung der Reise im Interesse der Versicherer erfolge, kämen die Bestimmungen über Schadensabwendungen in Betracht und somit bleibe nach E. 10 der Eintritt der Rechtsfolge der Gefahränderung ausgeschlossen; die Bestimmung, daß die Durchbrechung zusammenhängenden Eises als Gefahränderung gelte, solle nichts weiter wiedergeben, als den schon jetzt in dem Zusatz zu § 70 ASVB. bestehenden Rechtssatz, daß der Schaden, welcher durch das Forcieren von feststehendem Eis verursacht sei, dem Versicherer nicht zur Last falle, wenn nicht solches Forcieren zur Rettung von Schiff und Ladung notwendig gewesen sein solle. Seitens der Hamburger Reeder ist in Zweifel gezogen worden, ob die Bestimmungen über Schadensabwendung tatsächlich den Versicherungsnehmer in genügender Weise für diesen Fall schützen; es könne sich hinterher herausstellen, daß die befürchtete Gefahr gar nicht vorhanden gewesen sei und daß somit tatsächlich ein Schaden gar nicht gedroht habe, daß aber der Schiffer oder Reeder begründete Annahme für die Befürchtung gehabt habe.

Über das weitere Schicksal dieses Antrages vgl. § 61 Bem. 1.

Bem. 15. Die HK. Bremen, Hamburg, Lübeck, Stettin haben beantragt:

„In § 25 Abs. 3 E. 10 die Worte „„wenn die Reise durch besondere Maßregeln beschleunigt wird““ zu streichen“

und begründet: Der Umstand, daß die Reise durch besondere Maßregeln beschleunigt werde, werde keineswegs immer als eine Änderung der Gefahr angesehen werden können; es sei z. B. nur erinnert an den Fall, daß ein Segelschiff durch einen Schleppdampfer durch den Kanal nach einem deutschen Hafen geschleppt werde und dadurch die Reise wesentlich rascher beendet werde, als wenn das Schiff lediglich die Segel zur Fortbewegung benutzt hätte. Für den Versicherer bedeute in einem solchen Falle die Beschleunigung der Reise nur eine Verminderung des Risikos.

Die Assekuradeure haben anfangs irrtümlich unter „Kanal“ in dem Beispiele der Antragsteller jeden beliebigen Kanal und nicht den englischen Kanal (La Manche) verstanden und infolgedessen widersprochen. Nach Aufklärung des Irrtums haben sie dem Antrage stattgegeben.

Bem. 16. Die HK. Bremen, Hamburg, Lübeck, Stettin haben beantragt, in § 25 Abs. 3 E. 10:

„„zusammenhängendes Eis““ zu ersetzen durch „„feststehendes Eis““.

Über das weitere Schicksal dieses Antrages vgl. § 61 Bem. 2.

Bem. 17. Die HK. Bremen, Hamburg, Lübeck haben beantragt, in § 25 Abs. 3 Satz 2 E. 10:

„hinter „„gebräuchlich ist““ einzuschieben „„oder wenn die Versicherung in Friedenszeiten auf Güter in Dampfschiffen genommen ist““.

Über dieselbe Frage ist in der Vollversammlung vom 16. Januar 1911 bemerkt worden: Der Entwurf führe als Beispiel einer Gefahränderung u. a. an den Fall, wenn das Schiff andere als die angegebenen Häfen oder diese Häfen in anderer als in angegebener oder üblicher Reihenfolge anläuft; diese Bestimmung soll jedoch keine Anwendung finden, wenn das Anlaufen zum Zwecke der Ordereinholung erforderlich oder gebräuchlich ist oder wenn die Versicherung sich auf Stückgüter bezieht und durch das

Anlaufen die Gefahr nicht erheblich erhöht wird. Diese Vorschrift habe in dem Entwurfe dadurch eine von dem geltenden Recht abweichende Bedeutung gewonnen, daß der Entwurf nicht den Dispens von der Verpflichtung zur Anzeige kennt, den die bestehenden Bedingungen bei Versicherungen, die in Friedenszeiten auf Güter in Dampfschiffen genommen werden, hinsichtlich der Anzeige des Anlaufens von Zwischenhäfen allgemein vorsehen (§ 37 Abs. 3 ASVB.). Es werde betont, daß die Aufrechterhaltung dieser Bestimmung dringend notwendig sei, da dem Versicherungsnehmer bei den bestehenden Verhältnissen der Dampfschiffreederei, insbesondere der Linienreedereien, die jedesmalige Erkundigung und Anzeige der jeweilig angelaufenen Zwischenhäfen nicht zugemutet werden könne.

Der Antrag ist durch Streichung des zweiten Halbsatzes von Satz 2 Abs. 3 § 25 E. 10 gegenstandslos geworden.

Abs. 3.

Bem. 18. Die Makler haben beantragt:

„Der Aufzählung der Fälle der Gefahränderung noch hinzuzufügen die Fälle, daß eine andere als die versicherte Reise angetreten und der Bestimmungsort des versicherten Interesses verändert ist".

In der Vollversammlung vom 16. Januar 1911 ist gegenüber dem Einwande der Versicherer, daß in diesen Fällen ein anderes Risiko, als das vereinbarte, vorliege, und der Versicherer somit nicht hafte, darauf hingewiesen worden, daß nach § 60 ASVB. beide Fälle als Gefahränderungen angesehen würden, für welche die Regeln der Gefahränderung gelten.

Das weitere Schicksal dieses Antrages ergibt sich aus Bem. 19.

Bem. 19. Die HK. Bremen, Hamburg haben beantragt, dem § 25 Abs. 3 E. 10 als dritten Satz eine Bestimmung anzufügen:

„Als eine Änderung der Gefahr gilt es auch, wenn eine andere als die versicherte Reise angetreten wird",

um das bisherige Recht (§ 60 ASVB.) aufrecht zu erhalten.

Der Antrag ist durch Einstellung des Abs. 3 berücksichtigt worden.

§ 24.

Rechtsfolgen der Gefahränderung.

(1) Verletzt der Versicherungsnehmer die Bestimmungen des § 23, so ist der Versicherer, wenn später der Versicherungsfall eintritt, von der Verpflichtung zur Leistung frei. Das Gleiche gilt, wenn vor dem Abschlusse des Vertrags die Versicherung beginnt und der Versicherungsnehmer nach dem Beginne die Gefahr geändert oder die Änderung durch einen Dritten gestattet hat; die Anzeigepflicht des Versicherungsnehmers wird hierdurch nicht berührt.

(2) Die Verpflichtung des Versicherers bleibt bestehen, wenn die Gefahränderung durch das Interesse des Versicherers veranlaßt oder durch ein Ereignis, für das der Versicherer haftet, geboten oder durch ein Gebot der Menschlichkeit veranlaßt war oder wenn

sie auf den Eintritt des Versicherungsfalls oder auf den Umfang der Leistung des Versicherers keinen Einfluß hat üben können.

ASVB. §§ 60, 61; BSVB. § 32; HGB. §§ 813, 814, 816, 828 Abs. 2; VVG. §§ 24—28, 137 Abs. 1, 142 S. 1, 143 Abs. 1 S. 1; ME. §§ 44, 45 Abs. 1, 46; E. 10 §§ 25, 26 Abs. 1; E. 14 § 24.

Bem. 1. Über das Verhältnis der Gefahrerhöhung zur Gefahränderung wird in der Begr. §§ 25—27 bemerkt: „§ 25 spricht zunächst aus, daß es als eine Änderung der Gefahr insbesondere anzusehen ist, wenn die Gefahr erhöht wird. Das möchte selbstverständlich erscheinen und ist auch bisher so erschienen. Da aber das VVG. in den §§ 23 ff. lediglich die Wirkungen einer Gefahrerhöhung ordnet und mit Rücksicht hierauf von beachtenswerter Seite die Ansicht vertreten wird, daß Gefahrerhöhung und Gefahränderung von einander verschiedene Begriffe darstellen, diese Auffassung auch in der Ausdrucksweise des § 814 HGB. („Vergrößerung oder Veränderung der Gefahr") eine gewisse Stütze finden möchte, so erscheint es zweckmäßig, außer Zweifel zu stellen, daß jede Gefahrerhöhung jedenfalls eine Gefahränderung ist".

Bem. 2. Der Wvb. hat zu den Schlußverhandlungen 1918 beantragt:

„Statt „„Änderung der Gefahr"" „„Erhöhung der Gefahr"" zu sagen,

den Antrag aber nicht weiter verfolgt.

Abs. 1.

Bem. 3. Die durch die Gefahränderung eintretenden Rechtsfolgen, welche auch in § 25 Abs. 1 E. 10 geregelt waren, sind in § 24 Abs. 1 hervorgehoben. Diejenigen Fälle, in denen trotz Gefahränderung die Verpflichtung des Versicherers bestehen bleibt, sind in § 24 Abs. 2 in einer allgemeinen Vorschrift zusammengezogen.

Bem. 4. Über die Entstehung von Satz 2 vgl. § 23 Bem. 2 und 3.

Bem. 5. Der Wvb. hat zu den Schlußverhandlungen 1918 beantragt, einen Schlußsatz anzufügen:

„Eine durch die Umstände gebotene Erhöhung der Gefahr soll dem Versicherer nicht schaden, sondern nur eine Zuschlagsprämie begründen",

den Antrag aber auf die Vorstellung der HK. Hamburg hin, daß die Folge der Gefahränderung nach § 23 Abs. 1 nur dann eintritt, wenn der Versicherungsnehmer seinerseits entweder die Gefahr ändert, oder die Änderung durch eine dritte Person gestattet, mithin handelnd eingreift — Umstände, die unabhängig von seinem Willen auf die Gestaltung des Risikos einwirken, begründen nach § 25 lediglich eine Zuschlagsprämie — nicht weiter verfolgt.

Abs. 2.

Bem. 6. a) Die Makler haben beantragt in § 26 Abs. 1 Nr. 1 E. 10:

„„nicht vorgenommen und nicht gestattet hat"" zu ersetzen durch die Worte „„nicht veranlaßt hat""

und sich hierbei auf § 61 ASVB. berufen.

In der Vollversammlung vom 16. Januar 1911 ist hierzu ausgeführt worden: Unter Umständen könne der Versicherungsnehmer von bevorstehenden Veränderungen Kenntnis erhalten, sehe aber davon ab, dagegen Einspruch zu erheben, da er wisse, daß auf seinen Einspruch keine Rücksicht genommen werde; ein solcher Fall liege z. B. für den Kaufmann, der seine Güter versichert habe, vor, wenn die Linienreederei die Gefahr verändere; die Fassung des Entwurfs bringe für den Versicherungsnehmer die Gefahr mit sich, daß sein passives Verhalten in solchem Falle als stillschweigende Genehmigung angesehen werde.

b) Denselben Antrag haben die HK. Bremen und Hamburg gestellt und folgendermaßen begründet: Der Ausdruck „nicht gestattet hat" könne zu der Auslegung führen, daß der Versicherungsnehmer, wenn er gegen die Veränderung der Gefahr keinen Widerspruch erhebt, durch sein Stillschweigen sein Einverständnis mit der Änderung zu erkennen gibt. Tatsächlich jedoch sei der Versicherungsnehmer, namentlich wenn es sich um eine Güterversicherung handelt, in den meisten Fällen gar nicht in der Lage, irgend eine Einwirkung auf die Änderung oder Nichtänderung der Gefahr auszuüben.

Die Anträge sind bei der Neufassung des § 23 Abs. 1 berücksichtigt worden; § 26 Abs. 1 Nr. 1 E. 10 ist gestrichen worden.

Bem. 7. Die Makler haben beantragt:

„Ausdrücklich anzuführen, daß die Verpflichtung des Versicherers bestehen bleibt, wenn die Veränderung infolge eines Verschuldens des Schiffes oder der Besatzung ohne Veranlassung des Versicherungsnehmers erfolgt ist".

In der Vollversammlung vom 16. Januar 1911 ist hierzu ausgeführt worden, daß nach § 69 Abs. 2 Ziffer 6 ASVB. der Versicherer für diesen Fall im allgemeinen hafte; nach der herrschenden Meinung werde unterschieden, ob der Schiffer vor Antritt der Reise das Reiseziel ändere oder später abweiche; für den letzteren Fall werde die Haftung angenommen. Die Versicherer haben die Erklärung abgegeben, daß es nicht die Absicht des Entwurfes sei, in dieser Beziehung eine Änderung herbeizuführen, sondern daß im Falle der Abweichung des Schiffers oder der Besatzung von der übernommenen Gefahr die Änderung derselben als von dem Versicherungsnehmer nicht vorgenommen und nicht gestattet gelten solle, es sei denn, daß er sie angeordnet oder genehmigt habe.

Der Antrag ist nicht weiter verfolgt worden.

Bem. 8. Die Makler haben beantragt:

„Ausdrücklich anzuführen, ob die Veränderung durch Umstände, welche sich der freien Verfügung des Schiffers oder des Reeders entziehen, verursacht ist".

In der Vollversammlung vom 16. Januar 1911 ist hierzu bemerkt worden: Die Makler dächten bei Aufstellung dieses Rechtssatzes weniger an bestimmte praktische Einzelfälle, als an die Vorschriften des englischen Rechts, dem sie sich in ihrer ganzen Stellungnahme zu der Frage der Gefahränderung möglichst anzuschließen gesucht hätten. Als einen Fall, in welchem die Bestimmung Platz greifen würde, führten sie an, daß ein Schiff einen Hafen, über welchen es seinen Weg zu nehmen habe, wegen Ausbruchs der Cholera vermeide und anstatt dessen in Abweichung von dem vereinbarten

Wege die Fahrt über einen anderen Hafen mache. Seitens der Assekuradeure ist die Ansicht ausgesprochen worden, daß in einem solchen Falle schon nach dem Entwurfe die Verpflichtung des Versicherers bestehen bleiben werde, da schon die Rücksicht auf die Mannschaft die Abweichung als ein Gebot der Menschlichkeit erscheinen lasse; es wird in Zweifel gezogen, ob für eine Bestimmung des von den Maklern vorgeschlagenen Inhalts ein Bedürfnis vorliege.

Der Antrag ist nicht weiter verfolgt worden.

Bem. 9. Die Makler, sowie die HK. Flensburg, Kiel und die Hamburger Reeder haben beantragt in § 26 Abs. 1 Nr. 2 E. 10:

„„hat üben können““ zu ersetzen durch „„ausgeübt hat““.

Der Antrag ist unter Hinweis auf § 61 ASVB. unberücksichtigt geblieben.

Bem. 10. Die Makler haben beantragt in § 26 Abs. 1 Nr. 3 E. 10:

„hinter „„haftet““ einzuschieben „„haften würde““.

In der Vollversammlung vom 16. Januar 1911 haben sie zur Veranschaulichung des Gedankens, welchen sie mit dem Antrage verfolgen, den Fall angeführt, daß die versicherte Ware auf dem Reisewege an einem Platze zurückgehalten wird, weil die Fortsetzung des Weges durch irgend ein Hindernis, z. B. durch Zusammenbruch einer Brücke nicht möglich ist; die Verzögerung der Fortsetzung der Reise bedeute eine Erhöhung des Risikos, für das der Versicherer haften müsse. Seitens der Versicherer ist die Erklärung abgegeben worden, daß es die Absicht des Entwurfes sei, daß der Versicherer in diesem Falle hafte; sie seien der Ansicht, daß dieser Fall unter die vorstehende Bestimmung des Entwurfes falle.

Der Antrag ist nicht weiter verfolgt worden.

Bem. 11 Die Makler, die HK. Bremen, Hamburg und die Hamburger Reeder haben beantragt:

„Folgende Fälle besonders aufzuführen:

a) wenn die Veränderung zur Sicherheit des Schiffes oder des versicherten Interesses mit Rücksicht auf eine Gefahr, welche der Versicherer übernommen hat, zweckmäßig erschien;

b) wenn die Änderung durch die Erfüllung einer dem Versicherungsvertrage zugrunde liegenden Verpflichtung geboten war“.

In der Vollversammlung vom 16. Januar 1911 haben die Assekuradeure die Erklärung abgegeben, daß es selbstverständlich die Absicht des Entwurfes sei, in beiden Fällen den Versicherer haften zu lassen.

Die Anträge sind bei der Neufassung des § 24 Abs. 2 mitberücksichtigt worden.

Bem. 12. a) Die Makler haben beantragt:

„Im Falle der Gefahränderung die Versicherung auch dann bestehen zu lassen, wenn die Veränderung zur Sicherheit des Schiffes oder des versicherten Interesses auf eine vom Versicherer nicht übernommene Gefahr zweckmäßig erschien.“

b) Einen im wesentlichen gleichen Antrag haben auch die Hamburger Reeder gestellt.

In der Vollversammlung vom 16. Januar 1911 haben die Makler den Fall angeführt, daß die Ware wegen im Bestimmungslande drohender Zollerhöhung in einem früheren Hafen als den vereinbarten gelandet werde, weil sie von dort aus rascher in das Bestimmungsland eingeführt werden könne. Als weiteres Beispiel haben sie angeführt, daß ein Segelschiff, anstatt der Benutzung der Segel durch Schleppkraft durch den Kanal hierher gebracht werde; seitens der Assekuradeure sei wenigstens früher der Standpunkt vertreten worden, daß für ein Segelschiff die Gefahr auf See größer sei, wenn es geschleppt werde, als wenn es segele; es werde also in einer solchen Maßnahme eine Änderung der Gefahr gesehen werden können. Die Makler haben hierbei auf den Ausweg hingewiesen, der durch die Zuschlagsprämie für den Assekuradeur eintrete und auf die Sicherung, welche die Vorschrift der Anzeige für diesen Fall dem Versicherer zu geben vermöge. Die Assekuradeure haben gegenüber diesem Antrage eine ablehnende Stellung eingenommen; die Ausdehnung der Haftung auf Veränderungen der Gefahr, die mit Rücksicht auf eine nicht übernommene Gefahr vorgenommen würde, sei für die Versicherer unabsehbar. Übrigens dürfte das Schleppen eines Segelschiffes durch den Kanal hierher an Stelle der Benutzung der Segel nach heutiger Anschauuung kaum noch als eine Erhöhung der Gefahr angesehen werden.

Der Antrag ist unberücksichtigt geblieben.

Bem. 13. Die Hamburger Reeder haben zu den Schlußverhandlungen 1918 beantragt:

> „Noch einmal die §§ 24, 25 E. 14 nachzuprüfen, u. a. dürfe in § 24 als Rechtsfolge der Verletzung des § 23 nicht die Befreiung des Versicherers überhaupt festgelegt werden, sondern nur insoweit, als der Versicherungsfall durch die Verletzung des § 23 herbeigeführt worden ist",

den Antrag aber in der Vorbesprechung vom 17. und 18. September 1918 fallen lassen.

Bem. 14. Die Makler haben zu den Schlußverhandlungen 1918 beantragt, § 24 Abs. 2 folgenden Wortlaut zu geben:

> „Die Verpflichtung des Versicherers bleibt bestehen, wenn die Änderung durch das Interesse des Versicherers oder durch eine Gefahr, für die der Versicherer haftet, oder durch ein Gebot der Menschlichkeit veranlaßt war, oder wenn sie auf den Eintritt des Versicherungsfalles oder auf den Umfang der Leistung keinen Einfluß hat üben können"

und ihren Antrag damit begründet, daß die Erfahrungen des Krieges die Richtigkeit der schon früher vertretenen Ansicht bestätigt hätten, daß bei der Seeversicherung — im Gegensatz zu den im VVG. behandelten Versicherungsarten — nicht das Ereignis, sondern die Gefahr es ist, durch welche die Änderung veranlaßt werde. Demgegenüber haben die Assekuradeure in der Vorbesprechung vom 22. und 23. August 1918 zunächst den Standpunkt vertreten, daß der Gefahr stets ein Ereignis zugrunde läge, und es deshalb bei der jetzigen Bestimmung sein Bewenden haben könne. Nachdem die Makler in derselben Versammlung darauf hingewiesen haben, daß z. B. die Mißstimmung zwischen zwei Nationen durchaus genügen könne, um eine Gefahränderung eintreten zu lassen, etwa in der Richtung, daß Kapitäne von Schiffen der betreffenden Nationen der drohenden Kriegsgefahr halber Häfen anderer Nationen anliefen, obwohl keinerlei Kriegsereignis eintritt, haben die Assekuradeure zu erkennen gegeben, daß sie diese Anregung in ernstliche Erwägung ziehen wollen.

In der Vollversammlung vom 10. Oktober 1918 stellte der juristische Beirat des W v b. zur Erörterung, ob eine Gefahränderung vorliege, wenn das Schiff infolge Kriegsgefahr einen anderen Weg nehmen müsse. Der juristische Beirat der Assekuradeure beantwortete diese Frage durch einen Hinweis auf die Kriegsbestimmungen. Daraufhin ist die Frage nicht weiter verfolgt worden.

Es ist beschlossen worden, der Redaktionskommission zur Erledigung zu überweisen: die Ersetzung des Wortes „Ereignis" durch das Wort „Gefahr" in den §§ 24, 25 und anderswo, und gemäß der Anregung des juristischen Beirates der Bremer Reeder, die Ersetzung des Wortes „Gefahränderung" durch „Gefahrerhöhung".

In der Sitzung der Redaktionskommission vom 30. Juni 1919 ist der Antrag als untunlich abgelehnt worden, da auch der Gefahr stets ein Ereignis zugrunde läge und man zum Beispiel unter der Überschrift des § 24 „Rechtsfolgen der Gefahränderung" nicht sagen könne, „die Verpflichtung des Versicherers bleibt bestehen, wenn die Gefahränderung durch eine Gefahr veranlaßt war usw." Ebenso ist auch der Anregung der Bremer Reeder keine Folge gegeben worden. In der Redaktionskommissionssitzung vom 14. Juli 1919 ist der Vertreter der Makler erneut auf die Frage zurückgekommen und hat ausgeführt, daß man sehr wohl „Gefahr" statt „Ereignis" sagen könne, wenn man den von den Maklern vorgeschlagenen Wortlaut annehme. Vgl. § 25 Bem. 10. Als Beispiel für die Wichtigkeit der Änderung des Wortes „Ereignis" in „Gefahr" könne folgende Annahme dienen: Reise Rangoon—Marseille über Suez-Kanal. Es droht die Gefahr eines Krieges zwischen Frankreich und Italien; der Kapitän geht über Kap der Guten Hoffnung und später, da die Gefahr zu keinem Ereignis geführt hat, durch die Straße von Gibraltar nach Marseille. Der Antritt oder die Fortsetzung der Reise wird nicht verzögert, ein Hafen wird nicht angelaufen, nichtsdestoweniger liegt eine Änderung der Gefahr vor durch eine Gefahr, für welche der Seeversicherer nicht haftet. Der Seeversicherer soll zulageberechtigt, der Kriegsversicherer nicht zulageberechtigt sein. Der Antragsteller hat ferner zur Unterstützung seines Antrages ausgeführt, daß der Engländer zu unterscheiden pflege zwischen risk und peril (the alteration of the risk by a peril not insured against), und daß die Schwierigkeit im Deutschen aus der Vieldeutigkeit des Wortes „Gefahr" erwüchse. Er weise auch darauf hin, daß häufig der befürchtete Wegfall einer gegebenen Sicherung (Reichswehr in Hamburg) genüge, um eine andere Bestimmung des Schiffes oder einen anderen Weg herbeizuführen. Demgegenüber haben die Juristen bemerkt, daß die Fälle, die den Antragsteller leiten, immerhin zu den Ausnahmen gehören, in der Mehrzahl der Fälle auch gewisse Ereignisse vorliegen würden, wie z. B. ein falsches Gerücht in der Presse, und daß Wort „Gefahr" in der deutschen Gesetzgebung derartig festgelegt sei, daß eine Änderung unmöglich wäre.

Es ist daher beschlossen worden, dem Antrag keine Folge zu geben. Vgl. auch § 25 Bem. 9.

§ 25.

Zuschlagsprämie bei Gefahränderungen.

Dem Versicherer gebührt eine Zuschlagsprämie, wenn die Gefahr, die er trägt, infolge einer Gefahr, die er nicht trägt, geändert und er durch die Änderung von der Verpflichtung zur Leistung nicht befreit wird.

ASVB. § 60 Abs. 4; ME. § 47 Satz 1 u. 2; E. 10 § 26 Abs. 2; E. 14 § 25.

Bem. 1. Die in § 26 Abs. 2 E. 10 nur für Ausnahmefälle vorgesehene Zuschlagsprämie ist allgemein dem Versicherer nach Maßgabe des § 25 zuerkannt, dementsprechend ist die Überschrift gewählt.

Bem. 2. Die Makler haben in der Vollversammlung vom 23. Januar 1911 darauf hingewiesen, daß die Bestimmungen über die Zuschlagsprämie für die Versicherer große Unbequemlichkeiten und wenig Nutzen mit sich brächten, da die Zuschlagsprämie in jedem Falle, in welchem sie gezahlt werde, nachträglich eine Umrechnung der Reassekuranz notwendig mache und durch die mehrfachen Rückversicherungen in so zahlreiche kleine Teile schließlich zerfalle, daß die Beträge in gar keinem Verhältnis ständen zu den Unkosten, welche die Verrechnungsarbeiten mit sich brächten.

Der Anregung ist keine Folge gegeben worden.

Bem. 3. Die Makler haben beantragt:

„Dem Versicherer überhaupt keine Zuschlagsprämie zuzubilligen, wenn die Änderung der Gefahr auf den Eintritt des Versicherungsfalles und auf den Umfang der Leistung des Versicherers keinen Einfluß ausgeübt hat"

und ihren Antrag in der Vollversammlung vom 23. Januar 1911 damit begründet, daß auch nach den bestehenden Bestimmungen (ASVB. § 61) wenigstens in dem Falle, wo die Veränderung der Gefahr auf den Unfall keinen Einfluß hat üben können, kein Recht auf Zuschlagsprämie für den Versicherer bestanden habe. Die Assekuradeure haben erklärt, diesen Antrag in Erwägung ziehen zu wollen, ihn aber schließlich nicht berücksichtigt.

Bem. 4. Die Makler haben beantragt:

„Nur in den folgenden vier Fällen dem Versicherer ein Recht auf Zuschlagsprämie zuzubilligen:

a) wenn eine andere als die versicherte Reise angetreten wird,

b) wenn der Bestimmungsort des vereinbarten Interesses geändert wird,

c) wenn erhebliche Abweichungen von dem vereinbarten oder gebräuchlichen Reisewege vorliegen,

d) wenn erhebliche Verzögerungen des Antritts oder der Vollendung der versicherten Reise vorliegen."

In der Vollversammlung vom 23. Januar 1911 ist von den Assecurabeuren erklärt worden, daß sich nicht ohne weiteres übersehen lasse, inwieweit die Anträge der Makler von dem E. 10 abwichen und welche Fälle durch dieselben ausgeschieden würden. Wie es scheine, sei materiell keine große Abweichung zwischen den Vorschlägen der Makler und dem E. 10 vorhanden. Seitens der Makler sind folgende Beispiele angeführt worden, in welchen nach dem E. 10 eine Zuschlagsprämie eintrete, nach ihren Vorschlägen eine solche nicht zu zahlen sein würde. Ein solcher Fall liege z. B. vor, wenn Stückgüter versichert seien, die Gefahr durch den Reeder hinterher verändert werde, indem er lose Kohlen einnehme, und eine Verletzung der Anzeigepflicht nicht vorliege. Ein weiterer Fall würde der sein, daß eine dem Rost unterworfene Ware versichert werde; der Assekuradeur schreibe besondere Bedingungen über die Verpackung vor; der Kapitän packe indessen die Ware ohne Wissen und Genehmigung des Versicherers aus und dieselbe gehe unverpackt weiter. Ein weiterer Fall sei gegeben, wenn bestimmte Kolligrößen versichert seien, mit Rücksicht z. B. auf einen erforderlichen Transport mit Maultieren, die Ware aber am Umladungsorte falsch umgepackt werde. Der Vorschlag der Makler lehne sich an das englische Recht an; der Anschluß an das englische Recht sei im Interesse des Geschäfts wünschenswert, weil die verschiedene Abrechnung in bezug auf die Prämien nach englischem und nach deutschem Rechte zu Mißstimmungen Anlaß gebe. Seitens der Assekuradeure ist die Erklärung abgegeben worden, daß ihrerseits überlegt werden solle, ob dem Antrage stattgegeben werden könne.

Dem Antrage ist nicht stattgegeben worden.

Bem. 5. Die Makler haben den Wunsch geäußert, auch in den vier aufgeführten Fällen (Bem. 4) dann keine Zuschlagsprämie zuzubilligen, wenn die Änderung durch ein Verschulden des Schiffers oder der Besatzung verursacht ist. Hierzu vgl. § 24 Bem. 7.

Bem. 6. Die Hamburger Reeder haben beantragt:

„Dem Versicherer in den Fällen des § 26 Abs. 1 Nr. 1 und 2 E. 10 die Zuschlagsprämie nicht schon im Falle der Gefahränderung, sondern nur im Falle der Gefahrerhöhung zuzubilligen."

Hierzu vgl. Bem. 7.

Bem. 7. Denselben Antrag wie die Makler (Bem. 4) haben die HK. Bremen, Hamburg und die Hamburger Reeder gestellt und mit dem Hinweis auf das englische Recht begründet. Die verschiedene Berechnung in bezug auf die Prämie nach englischem und deutschem Recht könne leicht zu Mißstimmungen Anlaß geben. Die Assekuradeure haben hiergegen bemerkt: Auch diesen zum Teil dem englischen Rechte entnommenen und in das System des E. 10 sich nicht einfügenden Anträgen könnten sie nicht entsprechen. Zu unbilligen Ergebnissen können die Bestimmungen des E. 10 weder im allgemeinen noch besonders in dem in der Begründung der Anträge angeführten Falle führen. Demgegenüber haben die Antragsteller ausgeführt: Auch die Versicherungsbedingungen von 1867 sähen in § 60 im wesentlichen nur in den im Antrag wiedergegebenen bestimmten Fällen die Verpflichtung zur Zahlung einer Zuschlagsprämie vor. Wenn seitens der Assekuradeure darauf hingewiesen werde, daß diese in dem bisherigen Rechte bestehenden Vorschriften sich nicht in das System des E. 10 einfügten, so müsse dringend beantragt werden, daß der E. 10 in dieser Beziehung zu dem System der bestehenden Bedingungen zurückkehre;

Die von Lloyds Underwriters Association und vom Institute of London Underwriters Association mit Geltung vom 1. August 1912 ab eingeführten Klauseln für die englische Versicherungspolice, welche ohne weiteres als stillschweigend vereinbart gelten, sofern nicht ausdrücklich etwas anderes verabredet ist, sähen nur für gewisse Fälle von „deviation“ or „change of voyage“ eine Zuschlagsprämie vor. Durch Abs. 3 des 1889 geschaffenen Zusatzes zu §§ 60, 61 ASVB. möge die Verpflichtung zur Zahlung einer Zuschlagsprämie auf die Fälle des § 61 ASVB. ausgedehnt sein; in der Praxis seien indessen nach den Mitteilungen aus Sachverständigenkreisen in den Fällen des § 61 Abs. 2 tatsächlich Zuschlagsprämien nicht erhoben worden, und es würde auch nicht der Billigkeit entsprechen, in Fällen, in denen die Gefahr eine von dem Versicherungsnehmer veranlaßte Veränderung erfahren, der Versicherer aber das durch die Veränderung herbeigeführte Risiko nicht getragen habe (§ 61 Abs. 2 Ziffer 1), eine Zuschlagsprämie zu beanspruchen. Auch das englische Recht kenne weder in diesem Falle, noch in demjenigen des § 61 Abs. 2 Ziffer 2, für welchen auch der E. 10 in Übereinstimmung mit der bestehenden Praxis eine Zuschlagsprämie nicht beanspruche, eine Zuschlagsprämie. Der in E. 10 beabsichtigten Ausdehnung der Verpflichtung zur Zahlung von Zuschlagsprämien müsse um so entschiedener widersprochen werden, als der E. 10 in § 25 Satz 1 den dem bisherigen Rechte in dieser Allgemeinheit durchaus fremden Grundsatz aufstelle, daß an sich jede Änderung der Gefahr den Versicherer freimache und damit den Kreis der unter § 26 Abs. 1 Ziffer 1 des E. 10 fallenden Fälle unabsehbar gegenüber den in § 60 ASVB. aufgezählten bestimmten Fällen erweitert habe; es komme hinzu, daß die binnenländischen Versicherungen, für welche in Ermangelung besonderer Policebestimmungen in diesem Punkte bisher nur das HGB. gelte, eine Zuschlagsprämie für den Fall der Gefahränderung überhaupt nicht vorsähen. Die Assekuradeure haben versprochen, den Wünschen der HK. entgegenzukommen. In der Kommissionssitzung vom 19. Dezember 1913 ist beanstandet worden, daß die Erhebung der Zuschlagsprämie schon an eine Änderung der Gefahr, und nicht nur an eine Erhöhung geknüpft wird. Ferner sind erneut Bedenken erhoben worden, daß die Bestimmung über die Zuschlagsprämie als Absatz 3 dem § 22 E. 10 angefügt sei. Es sollte ferner deutlicher zum Ausdruck gebracht werden, daß nur dann eine Zuschlagsprämie gefordert werden dürfe, wenn die Gefahr durch ein Ereignis erhöht werde, für das die Haftung des Assekuradeurs nach dem Vertrage ausgeschlossen sein solle. Demnach ist folgende Fassung vorgeschlagen worden:

> „Dem Versicherer gebührt eine Zuschlagsprämie, wenn die Gefahr durch ein Ereignis, für das die Haftung des Versicherers vertragsmäßig ausgeschlossen ist, im Sinne einer Erhöhung des Risikos geändert wird, ohne daß er durch die Änderung von der Verpflichtung zur Leistung befreit wird“.

Die Assekuradeure haben diese Fassung abgelehnt, aber bestätigt, daß die Zuschlagsprämie nach der ausdrücklichen Begriffsbestimmung des § 22 Abs. 3 eine der höheren Gefahr entsprechende höhere Prämie ist, also nur im Falle der Gefahrerhöhung zu entrichten ist (Schr. v. 30. 1. 14).

Ferner ist bestätigt worden, daß Gefahränderungen, die der Versicherungsnehmer weder selbst vornimmt oder gestattet, die Versicherung nicht berühren. In der Kommissionssitzung vom 10. Januar 1914 ist der Abänderungsantrag fallen gelassen worden.

Der Antrag, den Absatz 3 in einen besonderen Paragraphen zu setzen, ist aufrecht erhalten worden. Diesem Antrag ist durch die Neufassung des § 25 stattgegeben worden (vgl. Prot. v. 28. 1. 14).

Bem. 8. Die HK. Frankfurt a. M. hat zu den Schlußverhandlungen 1918 beantragt:

„Der Versicherer darf erst frei werden, wenn eine Einigung über diese Zuschlagsprämie nicht erzielt wird",

um Erfahrungen, die mit binnenländischen Versicherungsgesellschaften gemacht sind, gerecht zu werden. Nachdem die Assekuradeure und Makler in der Vorbesprechung vom 22. und 23. August 1918 klargestellt haben, daß in dieser Beziehung kein Grund zur Befürchtung für den Versicherungsnehmer vorliege, da von der Einigung über die Zuschlagsprämie niemals die Fortdauer der Versicherung abhängig sei, könne eine Einigung zwischen den Parteien nicht herbeigeführt werden, so habe das Gericht auf Grund von Sachverständigen-Vernehmungen zu entscheiden, ist der Antrag nicht weiter verfolgt worden.

Bem. 9. Die Makler haben zu den Schlußverhandlungen 1918 beantragt, § 25 S. 14 folgenden Wortlaut zu geben:

„Dem Versicherer gebührt eine Zuschlagsprämie, wenn die Änderung durch eine Gefahr, für die er nicht haftet, veranlaßt und er durch die Änderung von der Verpflichtung zur Leistung nicht befreit wird".

Gemäß dem in der Vollversammlung vom 10. Oktober 1918 gefaßten Beschluß (§ 24 Bem. 14) ist in der Sitzung der Redaktionskommission vom 30. Juni 1919 der Antrag abgelehnt worden.

In der Redaktionskommissionssitzung vom 16. September 1919 hat der juristische Beirat der Assekuradeure ausgeführt, es sei notwendig, in den Fällen des § 25, des § 35 letzter Absatz und des § 122 letzter Absatz die Worte „durch ein Ereignis" durch die Worte „infolge eines Ereignisses" zu ersetzen, damit die sonst immerhin mögliche Auffassung nicht aufkommen könne, daß Zuschlagsprämie nur zu entrichten sei, wenn das Ereignis selbst, nicht aber wenn der Versicherungsnehmer infolge des Ereignisses die Gefahr geändert habe, und, wenn man dem beistimme, zweckmäßig, der Kürze halber das Wort „Ereignis" durch das Wort „Gefahr" zu ersetzen; man werde nicht zu besorgen haben, daß die Rechtsprechung sich verleiten lassen und etwa annehmen werde, daß eine Zuschlagsprämie nicht zu entrichten sei, wenn nicht eine Gesamtgefahr, also ein ganzer Komplex möglicher schadenstiftender Ereignisse, sondern vielmehr einzelne bestimmte Ereignisse ausgeschlossen seien, weil man auch in diesen letzteren Fällen von einer Gefahr (z. B. von der Gefahr von Strandungen) reden könne und müsse.

Die Redaktionskommission hat demgemäß beschlossen, die Worte „durch ein Ereignis, für das er nicht haftet" durch die Worte „die er trägt, infolge einer Gefahr, die er nicht trägt", zu ersetzen.

Bem. 10. Der Wvb, die HK. Frankfurt a. M. und die Hamburger Reeder haben zu den Schlußverhandlungen 1918 beantragt:

„Die Zuschlagsprämie darf dem Versicherer nur im Falle einer Gefahrerhöhung, nicht schon unter allen Umständen bei Gefahränderung zustehen".

Die Assekuradeure haben in der Vorbesprechung vom 22. und 23. August 1918 erwidert: Es müsse bei der Bestimmung des Entwurfes, der sich in dieser Beziehung völlig mit dem bestehenden Recht (§ 61 ASVB.) decke, sein Bewenden haben, da allgemeine Gesichtspunkte dafür, wann in einer Gefahränderung eine Gefahrerhöhung zu erblicken sei, naturgemäß nicht gegeben werden könnten. Demgemäß müßten die Allgemeinen Bedingungen aussprechen, daß nicht nur eine Gefahrerhöhung, sondern jede veranlaßte Gefahränderung grundsätzliche Rechtsfolgen nach sich ziehe. Daß bei der Entscheidung des Einzelfalles das berechtigte Verlangen der Antragsteller erfüllt werde, ergebe sich aus § 20 Abs. 3, der für sämtliche Bestimmungen des Entwurfs, die von der Zuschlagsprämie handelten, die Begriffsfeststellung ausspräche, daß die Zuschlagsprämie „die der höheren Gefahr entsprechende höhere Prämie" sei. Die Antragsteller haben sich durch diese Ausführungen befriedigt erklärt, aber anheimgegeben, zur weiteren Klarstellung im § 25 eine Verweisung auf § 20 Abs. 3 aufzunehmen. Diesem Wunsche ist jedoch von der Redaktionskommission nicht stattgegeben worden. Vgl. § 24 Bem. 14.

§ 26.

Anzeige von Gefahrerhöhungen.

Der Versicherungsnehmer hat, sobald er von einer Gefahrerhöhung Kenntnis erlangt, dem Versicherer unverzüglich Anzeige zu machen, wenn der Versicherer nicht durch die Erhöhung von der Verpflichtung zur Leistung befreit wird.

ASVB. § 60 Abs. 4 S. 2; VVG. §§ 23 Abs. 2, 25 Abs. 2 S. 2, 27 Abs. 2, 142 Satz 2, 143 Abs. 1 S. 2; MC. § 47 S. 3; E. 10 § 27; E. 14 § 26.

Bem. 1. Die Makler haben beantragt:

„Die Verpflichtung zur Anzeige auf die Fälle, in denen die Verpflichtung zur Zahlung einer Zuschlagsprämie eintritt, zu beschränken."

Vgl. Bem. 3.

Bem. 2. Die HK. Bremen, Hamburg, Lübeck haben beantragt, in § 27 Abs. 1 E. 10:

„in den Fällen des § 26 Abs. 1 zu sagen: „„in den Fällen, in welchen dem Versicherer nach § 26 Abs. 2 eine Zuschlagsprämie zusteht""

und folgendermaßen begründet: Der Versicherer dürfe ein Interesse an der Anzeige der Gefahränderung nur in den Fällen haben, wo ihm eine Zuschlagsprämie zustehe, zumal der Versicherungsnehmer nach Möglichkeit von unnötiger Schreiblast befreit sein solle. Nach der Ansicht der Assekuradeure habe der Versicherer in allen Fällen das größte Interesse daran, über den Verlauf der auf sein Risiko gehenden Unternehmung unterrichtet zu sein, da er nur so in der Lage sei, erforderlichenfalls einzugreifen oder für gehörige Rückdeckung zu sorgen. Hiergegen haben die Handelskammern und der Allg. Vers.-Schutz-Verb. ausgeführt, daß auch in diesem Punkte E. 10 über die bestehenden Bedingungen, welche eine solche Anzeigepflicht nur in den in § 60 ASVB. aufgeführten Fällen kennen, weit hinausgehe. Die Assekuradeure haben zugesagt, den Wünschen der Handelskammern nachzukommen und sind bei der Neufassung der Bestimmung sogar über diese Wünsche weit hinausgegangen.

Bem. 3. Die Makler haben beantragt:

„§ 27 Abs. 2 E. 10 eine Bestimmung anzufügen, nach der in Übereinstimmung mit dem bestehenden Rechte (ASVB. § 60 Abs. 4) im Falle der Verletzung der Anzeigepflicht der Versicherer nur das Recht haben soll, von der Schadenssumme den Betrag zu kürzen, um den sich der Schaden bei rechtzeitig erfolgter Anzeige gemindert hätte".

In der Vollversammlung vom 23. Januar 1911 ist zu dem Antrage in Bem. 1 und zu diesem Antrage von Seiten der Assekuradeure ausgeführt worden, daß es dem Assekuradeur kaum jemals möglich sein werde, den Nachweis darüber zu führen, um welchen Betrag sich der Schaden würde haben vermindern lassen, wenn ihm rechtzeitig Anzeige erstattet wäre; die Bestimmung sei deshalb, wenn sie den von den Maklern vorgeschlagenen bisherigen Inhalt behalte, wirkungslos. Seitens der Makler ist demgegenüber betont worden, es möge richtig sein, daß die bisher bestehende Bestimmung die Gerichte kaum beschäftigt habe; dagegen sei in zahlreichen Fällen, in denen diese Anzeigepflicht verletzt gewesen sei, ein Abzug nach Billigkeit auf Grund friedlicher Vereinbarung der Parteien eingetreten und in dieser Weise habe schon die bisherige Bestimmung ganz wirksam gearbeitet. Die in E. 10 vorgesehene Neuerung sei von um so schwerwiegenderer Bedeutung, als die Gefahränderungen sich nicht dort abzuspielen pflegten, wo der Versicherungsnehmer seinen Wohnsitz habe, und deshalb auch nicht dort bekannt würden, sondern vornehmlich dort vorkämen und zur Kenntnis gelangten, wo der Empfänger seinen Sitz habe; der überseeische Empfänger aber nehme erfahrungsgemäß die Benachrichtigungspflicht nicht mit der Sorgfalt und dem Eifer wahr, wie er solle. Von anderer Seite ist darauf hingewiesen worden, daß, wenn die Ware schon weiter verkauft sei, der erste Versicherungsnehmer vielfach selbst gar kein Interesse mehr an der Wahrnehmung der Anzeigepflicht habe und somit die Sicherheit des späteren Besitzers der Police durch diese Neuerung in außerordentlich viel stärkerem Maße als bisher gefährdet werde. Auf eine Anfrage der Makler ist dargelegt worden, daß an sich der Versicherungsnehmer ein Verschulden des Empfängers in bezug auf die Verletzung der Anzeigepflicht keineswegs ohne weiteres zu vertreten habe; es komme vielmehr darauf an, in welchem Rechtsverhältnis der Versicherungsnehmer zu dem Empfänger stehe. Sei der überseeische Empfänger der Vertreter (Filiale, Agent) des Versicherungsnehmers, so werde der Versicherungsnehmer für dessen ordnungsmäßiges Verhalten haften; ebenso sei eine Verletzung der Anzeigepflicht von Erheblichkeit, wenn der hiesige Versicherungsnehmer (Kommissionär) die Versicherung für einen überseeischen

Auftraggeber (Komittenten) nehme, und der letztere die Anzeige unterlasse. Dagegen liege z. B. keine Verletzung der Anzeigepflicht vor, wenn der überseeische Empfänger lediglich der Käufer des hiesigen Versicherungsnehmers sei, es sei denn, daß der Empfänger in Gemäßheit des § 52 E. 10 in die sich aus dem Versicherungsvertrage ergebenden Rechte und Pflichten des Versicherungsnehmers als Erwerber eingetreten sei.

Der Antrag ist teilweise berücksichtigt worden. Vgl. Bem. 9.

Bem. 4. Die HK. Bremen, Elberfeld, Flensburg, Hamburg, Kiel, Lübeck haben beantragt, § 27 Abs. 2 E. 10 folgenden Inhalt zu geben:

„Wird die Anzeige nicht rechtzeitig gemacht, so ist der Versicherer berechtigt, die Schadenssumme um den Betrag zu kürzen, um den der Schaden sich bei rechtzeitig erfolgter Anzeige gemindert hätte, mindestens aber um ein Zehnteil der Schadenssumme. Dieses Recht steht dem Versicherer jedoch nicht zu, wenn ihm in diesem Zeitpunkte usw. . . wie im E. 10".

und folgendermaßen begründet: Die an die Verletzung dieser Anzeigepflicht in E. 10 geknüpften Folgen bedeuteten eine sehr eingreifende Verschärfung der Bedingungen zu Ungunsten des Versicherungsnehmers. Wenn seitens der Versicherer geltend gemacht werde, daß der bisherige Rechtszustand den Versicherer nicht genügend schütze, da ihm der Nachweis eines bestimmten Schadensbetrages regelmäßig schwer falle, so haben die vereinigten Handelskammern durch ihren Vorschlag geglaubt, in dieser Beziehung einen auch den Interessen der Versicherer gerecht werdenden Mittelweg gefunden zu haben. Die Assekuradeure haben folgende Stellung eingenommen: Wenn diesem Antrage entsprochen werden würde, würde die Bestimmung des § 27 Abs. 2 E. 10 den Charakter einer Vertragsstrafvorschrift erhalten, den ihr nicht zu geben die Assekuradeure dringenden Anlaß zu haben glauben. Hiergegen haben die HK. und der Allg. Vers.-Schutz-Verb. ausgeführt: Gegen die in diesem Punkte beabsichtigte Verschlechterung der Rechtslage des Versicherungsnehmers müßten die Handelskammern nachdrücklich Einspruch erheben; wenn es den Versicherern nicht angängig erscheine, den von den Handelskammern vorgeschlagenen Mittelweg zu gehen, müßte auch in diesem Punkte die Beibehaltung des bisherigen Rechtszustandes gefordert werden, nach welchem der Versicherer, wenn ihm nicht rechtzeitig von der Veränderung der Gefahr Kenntnis gegeben sei, von der Entschädigungssumme der Betrag abzuziehen berechtigt sei, um welchen dieselbe sich bei rechtzeitiger Anzeige gemindert hätte. Es erscheine in hohem Grade unbillig, den Versicherungsnehmer, welcher etwa durch Unkenntnis die Mitteilung von der Veränderung der Gefahr unterlasse, in der Weise zu strafen, daß er überhaupt seines Schadensersatzanspruches verlustig gehe. Die Assekuradeure haben zugesagt, den Wünschen der HK. nachzukommen.

Der Antrag ist teilweise berücksichtigt worden. Vgl. Bem. 9.

Bem. 5. Die Makler haben beantragt:

„Dem Versicherungsnehmer nicht die Verpflichtung zur unverzüglichen Anzeige aufzuerlegen, sondern ihn nur zu verpflichten, die Anzeige so schnell zu machen, wie dies im ordnungsmäßigen Geschäftsgange tunlich ist".

In der Vollversammlung vom 23. Januar 1911 ist hierzu seitens der Assekuradeure die Erklärung abgegeben worden, daß der Wortlaut des E. 10 nichts anderes bezwecke und bedeute, als was die Assekuranzmakler vorschlügen.

Bem. 6. Der Antrag der HK. Bremen, in § 27 Abs. 2 Satz 1 E. 10:

„statt „„unverzüglich"" zu sagen „„rechtzeitig"", d. h. mit der Sorgfalt eines ordentlichen Kaufmanns"

ist unberücksichtigt geblieben.

Bem. 7. Die Makler haben beantragt, in § 27 Abs. 2 Satz 2 E. 10:

„Hinter „„bekannt war"" einzufügen „„oder bekannt sein mußte"".

In der Vollversammlung vom 23. Januar 1911 haben die Assekuradeure auf ihre früheren Ausführungen verwiesen, in denen sie eine derartige Verschärfung grundsätzlich abgelehnt haben.

Bem. 8. Die Makler haben vorgeschlagen:

„daß der Versicherer unter allen Umständen von der Leistung frei sein soll, wenn die Anzeige arglistiger Weise unterblieben ist".

In der Vollversammlung vom 23. Januar 1911 ist hierzu bemerkt worden: Der Vorschlag gehe über die Bestimmung des E. 10 insofern hinaus, als nach diesem die Haftung des Versicherers auch bei arglistiger Unterlassung der Anzeige bestehen bleibt, wenn dem Versicherer die Änderung der Gefahr ohnedies bekannt war oder wenn dieselbe nicht oder nur unerheblich erhöht ist oder wenn die Änderung keinen Einfluß auf den Eintritt des Unfalls oder den Umfang der Leistung des Versicherers gehabt hat. Die Makler haben darauf hingewiesen, daß dieser Vorschlag bis zu einem gewissen Grade einen Ausgleich biete, wenn in Gemäßheit ihrer Vorschläge im Gegensatze zu dem Entwurfe in den übrigen Fällen der Versicherer bei Verletzung der Anzeigepflicht nicht schlechthin frei, sondern nur zur Kürzung der Schadenssumme um einen entsprechenden Betrag berechtigt sei. Die Versicherer haben demgegenüber bemerkt, daß Fälle, in denen dem Versicherungsnehmer Arglist bei der Unterlassung der Anzeige nachzuweisen sei, außerordentlich selten sein würden und die Bestimmung deshalb von sehr geringer Bedeutung sei und keinen Ausgleich biete.

Der Antrag ist unberücksichtigt geblieben.

Bem. 9. Das Endresultat ist gewesen, daß die frühere Überschrift „Anzeige von der Gefahränderung" jetzt „Anzeige von Gefahrerhöhungen" lautet, ferner die Streichung des Abs. 2 § 27 E. 10, wofür Abs. 1 unter Beschränkung der Anzeige auf die Fälle der Gefahrerhöhung den Zusatz erhalten hat „wenn der Versicherer nicht durch die Erhöhung von der Verpflichtung zur Leistung befreit wird".

§ 27.

Anzeigepflichtverletzung und Gefahränderung hinsichtlich eines Teiles der versicherten Gegenstände.

Liegen die Voraussetzungen, unter denen der Versicherer wegen einer Verletzung der Anzeigepflicht oder wegen einer Gefahränderung von der Verpflichtung zur Leistung frei ist, in Ansehung eines Teiles der Gegenstände vor, auf die sich die Versicherung bezieht, so ist der Versicherer in Ansehung des übrigen Teiles nur frei, wenn anzunehmen ist, daß er für diesen allein den Vertrag unter den gleichen Bestimmungen nicht geschlossen haben würde. Der Versicherungsnehmer ist in diesem Falle von der Verpflichtung zur Zahlung eines entsprechenden Teiles der Prämie frei; der Versicherer kann jedoch insoweit die Ristornogebühr verlangen.

ASVB. §§ 33, 34; HGB. §§ 810, 811; VVG. § 30; MC. § 33; C. 10 § 28; C. 14 § 27.

Bem. 1. Die Makler haben beantragt:

„dem Versicherer das Recht zum Rücktritte vom Vertrage zuzubilligen". In der Vollversammlung vom 23. Januar 1911 haben die Assekuradeure auf ihre früheren Ausführungen zu § 20 (vgl. Bem. 4.) verwiesen.

Bem. 2. Die Makler haben beantragt:

„Dem Paragraphen eine Bestimmung hinzuzufügen, daß bei einer Versicherung gegen Seegefahr und Kriegsgefahr eine Verletzung der Anzeigepflicht in betreff der Seegefahr nur den Seegefahr-Vertrag und in betreff der Kriegsgefahr nur den Kriegsgefahr-Vertrag anfechtbar mache, so daß die rechtliche Lage derjenigen gleich wäre, wenn Seegefahr unter einer Police allein und Kriegsgefahr unter einer anderen für sich versichert wäre".

In der Vollversammlung vom 23. Januar 1911 ist hierzu seitens der Vertreter der Assekuradeure ausgeführt worden, daß an sich die Verfolgung des Rechtsgedankens, im Falle der Verletzung der Anzeigepflicht oder im Falle der Gefahränderung die Rechtsfolgen auf diejenigen Gefahrsarten, für welche die betreffende Verletzung der Anzeigepflicht oder die Gefahränderung in Betracht käme, zu beschränken, denkbar sei; doch dürfte kaum ein Anlaß vorliegen, diesen Gedanken nur in bezug auf die beiden den Maklern angeführten Gefahrsarten durchzuführen. Einer Verallgemeinerung des Rechtsgrundsatzes würden aber die Versicherer auf der anderen Seite entschieden widersprechen müssen. Die Makler haben demgegenüber bemerkt, daß nur bei diesen beiden Gefahrsarten eine vollständige Trennung für den ganzen Verlauf der Reise praktisch denkbar sei; deshalb sei der Vorschlag auf diese beiden Fälle beschränkt worden. Zur Veranschaulichung werde der Fall angeführt, daß der Versicherungsnehmer dem Versicherer die Garantie gegeben habe, daß keine Konterbande an Bord sei; es stelle sich nachträglich heraus, daß sich doch Konterbande an Bord befinde; das Schiff strande, ohne daß die Kriegsgefahr irgend einen Einfluß auf die Strandung ausgeübt hätte, die Versicherung gegen Kriegsgefahr sei wegen Verletzung der Anzeigepflicht ohne Zweifel hinfällig; dagegen sei nicht einzusehen, warum nicht trotzdem der Versicherer für den lediglich durch Seegefahr entstandenen Schaden haften solle. Seitens der Hamburger Reeder ist der Antrag der Makler ebenfalls unterstützt worden. Seitens der Vertreter der Assekuradeure ist anerkannt worden, daß nach den Darlegungen der Makler dem Antrage doch vielleicht eine Berechtigung innewohne; in dieser Beziehung komme auch in Betracht, daß die Versicherung nach dem Entwurfe an sich nur für Seegefahr gelte und schon dadurch eine Trennung von der Kriegsgefahr zum Ausdruck gebracht sei; der Abänderungsvorschlag werde in Erwägung gezogen werden. Von seiten der Makler ist noch darauf hingewiesen worden, daß, wenn der Vorschlag nicht angenommen werde, der Versicherte ein Interesse daran habe, Seegefahr und Kriegsgefahr nicht auf einer und derselben Police zu versichern, sondern beide Gefahren getrennt zu halten und für jede eine besondere Police zu verlangen, was für den Geschäftsbetrieb der Assekuradeure nur unbequem sein könne. Auch sei zu beachten, daß hinsichtlich der Anzeigepflicht in bezug auf die Kriegsgefahr viel schärfere Anforderungen gestellt würden als in bezug auf die Seegefahr, und deshalb die Versicherung gegen Seegefahr durch die Verbindung derselben mit der Versicherung gegen Kriegsgefahr für den Versicherungsnehmer in sehr viel höherem Grade gefährdet sei als sonst, wenn nicht dem Vorschlage der Makler entsprechend beide Versicherungen als selbstständig nebeneinander hergehend behandelt würden, selbst wenn sie in einer und derselben Police enthalten wären.

Vgl. weiter Bem. 3.

Bem. 3. Die Handelskammern haben den gleichen Antrag (Bem. 2) gestellt und ihrerseits begründet: Die getrennte Behandlung der Versicherung gegen Seegefahr und gegen Kriegsgefahr, auch wenn sie in ein und demselben Vertrage abgeschlossen sei, erscheine zweckmäßig; es würde andernfalls der Versicherungsnehmer ein Interesse daran haben, stets über jede der beiden Versicherungen einen gesonderten Vertrag abzuschließen und die Ausstellung einer besonderen Police zu verlangen.

Diesem Antrag ist durch die Aufnahme einer entsprechenden Bestimmung in § 121 Abs. 6 (vgl. § 121 Bem. 7) Rechnung getragen worden.

Bem. 4. Eine redaktionelle Änderung stellt die Ersetzung der Worte in § 28 S. 10 „wegen einer Verletzung der Bestimmungen über die Anzeigepflicht oder über die Gefahränderung" durch „wegen einer Verletzung der Anzeigepflicht oder wegen einer Gefahränderung" dar.

VI. Umfang und Dauer der Haftung der Versicherung.

§ 28.

Umfang der Haftung im allgemeinen.

Der Versicherer trägt, soweit nicht ein anderes bestimmt ist, alle Gefahren, denen das Schiff oder die Güter während der Dauer der Versicherung ausgesetzt sind. Er haftet insbesondere für einen Schaden, der durch Eindringen von Seewasser, Schiffszusammenstoß, Strandung, Schiffbruch, Brand, Explosion, Blitzschlag, Erdbeben, Eis oder durch Diebstahl, Seeraub, Plünderung oder andere Gewalttätigkeiten verursacht wird. Er haftet jedoch für einen Schaden nur in dem durch diese Bedingungen bestimmten Umfange, insbesondere nicht für die Belastung des versicherten Gegenstandes mit Schiffsgläubigerrechten oder für den Schaden, der durch eine Verzögerung der Reise verursacht wird.

ASVB. § 69; BSVB. § 1; HGB. § 820; VVG. § 129; ME. §§ 54 Abs. 2, 55 Nr. 1 u. 4; E. 10 § 29; E. 14 § 28.

Bem. 1. Die Gefahr des Krieges ist nicht erwähnt, weil der Versicherer „nur für Seegefahr" haften soll. Begr. § 29.

Bem. 2. Die Makler haben beantragt:

„Die Haftung des Versicherers ganz allgemein wie bisher auf die Kriegsgefahr auszudehnen".

In der Vollversammlung vom 13. Februar 1911 haben sie darauf hingewiesen, daß die englische Police die Kriegsgefahr einschließe, sofern nicht ausdrücklich das Gegenteil in der Police gesagt sei. Es bestehe die Gefahr, daß der Versicherungsnehmer bei der deutschen Police von der gleichen Voraussetzung ausgehe, wenn nicht die Police ausdrücklich besage, daß die Versicherung nur für Seegefahr gelte. Seitens der Versicherer ist in Aussicht gestellt worden, daß auf die Policenformulare eine Klausel gedruckt werde, welche zum Ausdruck bringe, daß Kriegsgefahr ausgeschlossen sei. Mit dieser Zusicherung der Assekuradeure haben sich die Makler zunächst für befriedigt erklärt. Vgl. § 35 Bem. 3.

Bem. 3. a) Die Makler haben beantragt, § 29 Satz 1 E. 10 hinzuzufügen:

„Soweit nicht in den nachfolgenden Bestimmungen ausdrücklich Ausnahmen vorgesehen sind".

b) Den gleichen Antrag haben die HK. Bremen und Hamburg gestellt.

Den Anträgen ist durch die Einfügung der Worte „soweit nicht ein anderes bestimmt ist" Rechnung getragen worden.

Bem. 4. Die HK. Bremen, Flensburg, Hamburg, Kiel, Lübeck, Stettin, die Makler, die Hamburger Reeder und die Hamburger Exporteure haben beantragt:

„In Satz 2 „„Seewasser"" zu ersetzen durch „„Wasser""".

Gelegentlich der Beratungen mit den Reedetn vom 17. und 18. September 1918 ist der Antrag erneut seitens der Reeder gestellt worden. Die HK Hamburg hat demgegenüber auf die entsprechende Anwendung der Seeversicherungsbedingungen auf die Reise auf Binnengewässern gemäß § 125 hingewiesen.

Der Antrag ist unberücksichtigt geblieben.

Bem. 5. Eine dem § 820 Abs. 2 Nr. 7 HGB. (§ 69 Abs. 2 Nr. 7 ASVB.) entsprechende Vorschrift, nach der „der Versicherer auch den Schaden zu ersetzen hat, der dem Versicherungsnehmer nur mittelbar durch einen Schiffszusammenstoß entsteht, ist im § 29 E. 10 weggelassen, weil die Haftung des Versicherers für solchen Schaden weit über die der Haftung im allgemeinen gezogenen Grenzen hinausgeht, und weil außerdem in diesem Falle nur eine Haftung des Kaskoversicherers und des Frachtversicherers in Betracht kommt, der Gegenstand deshalb besser im zweiten Abschnitt des Entwurfs geregelt wird". Begr. § 29.

Bem. 6. a) Die HK. Bremen, Hamburg, Stettin haben beantragt:

„„Schiffszusammenstoß"" durch „„Zusammenstoß"" zu ersetzen".

b) Die Hamburger Reeder, die HK. Frankfurt a. M. und der Wvb. haben zu den Schlußverhandlungen 1918 unter Hinweis auf die Fassung in § 78 beantragt:

„statt „„Schiffszusammenstoß"" von „„Zusammenstoß von Schiffen"" zu sprechen."

In der Vollversammlung vom 10. Oktober 1918 ist die Erledigung des Antrages der Redaktionskommission überwiesen worden, nachdem der juristische Beirat der Assekuradeure darauf hingewiesen hatte, daß sachlich kein Unterschied bestände, weil der Versicherer grundsätzlich für jeden Schaden, also auch in dem Falle hafte, in dem drei Schiffe miteinander kollidierten. In der Redaktionskommissionssitzung vom 30. Juni 1919 ist bezüglich der Ausdrücke „Schiffszusammenstoß" und „Zusammenstoß von Schiffen" festgestellt worden, daß eine materielle Änderung nicht beabsichtigt sei, daß der Unterschied vielmehr darauf zurückzuführen sei, daß es sich in § 28 um eine Aufzählung der Gefahren in verkürzter Ausdrucksweise handele.

Bem. 7. Die HK. Flensburg, Kiel haben beantragt:

„„Brand"" zu ersetzen durch „„Feuer"".

Der Antrag ist unberücksichtigt geblieben.

Bem. 8. Die Makler haben beantragt:

„außer „„Diebstahl"" und „„Seeraub"" noch anzuführen „„Abhandenkommen""

und hierzu in der Vollversammlung vom 13. Februar 1911 erklärt, daß ihr Antrag ohne Bedeutung sei, falls die Assekuradeure zusicherten, daß ein Totalschaden als vorliegend anerkannt werde, wenn das versicherte Gut dem Versicherten ohne Aussicht auf Wiedererlangung entzogen ist. Hierauf haben die Assekurdeure in derselben Versammlung die Erklärung abgegeben, daß ihres Erachtens kein Zweifel darüber bestehen könne, daß in solchem Falle ein Totalverlust vorliege, für den der Versicherer hafte und daß der E. 10 jedenfalls von dieser Voraussetzung ausgehe.

Der Antrag ist daraufhin nicht weiter verfolgt worden.

Bem. 9. E. 10 hat es abgelehnt, entsprechend § 820 Abs. 2 Nr. 2 HGB., § 69 Abs. 2 Nr. 2 ASVB. auszusprechen, daß der Versicherer die Gefahr der Verfügungen von hoher Hand und die Gefahr des auf Antrag eines Dritten angeordneten von dem Versicherten nicht verschuldeten Arrestes (§ 820 Abs. 2 Nr. 3 HGB.; § 69 Abs. 2 Nr. 3 ASVB.) trägt. Diese Ablehnungen sind folgendermaßen begründet worden: Der E. 10 wiederholt die „Verfügungen von hoher Hand" „namentlich deshalb nicht, weil die Auffassung hintanzuhalten ist, daß der Versicherer auch für solchen aus einer Verfügung von hoher Hand entstandenen Schaden haftet, der sich als ein nur mittelbarer darstellt. Daß der Versicherer für den Verlust (vgl. insbesondere §§ 72, 87 Abs. 2) oder die Beschädigung des versicherten Gegenstandes haftet, der durch eine Verfügung von hoher Hand, etwa durch eine Quarantänemaßregel, entstanden ist, versteht sich von selbst. Aber es kann keine Rede davon sein, daß der Versicherer auch die Kosten zu ersetzen hätte, die durch eine solche Maßregel entstanden sind und mit denen der versicherte Gegenstand belastet ist, oder daß er den Nutzungsverlust zu ersetzen hätte, der durch den Aufenthalt in der Quarantäne entsteht. Die „„Gefahr des Arrestes““ wird als eine Unterart der Gefahr der Verfügungen von hoher Hand anzusehen sein. Wird durch die Vollstreckung des Arrestes der Verlust oder die Beschädigung des versicherten Gegenstandes herbeigeführt, so haftet der Versicherer. Der Entwurf beläßt es in dieser Beziehung bei dem bisherigen Rechte, wenngleich zweifelhaft sein mag, ob die Vollstreckung eines Arrestes auch dann zu den durch die Beförderung bedingten Gefahren gehört, wenn der Anspruch, wegen dessen der Arrest erlassen ist, nicht auf einem dem Versicherer zur Last fallenden Unfall beruht (vgl. einerseits RG. in Hans. Ger.-Ztg. 01 Hauptbl. S. 44, andererseits Brodmann, Die Seegesetzgebung des Deutschen Reiches, 2. Aufl., S 191). Dagegen läßt sich nicht rechtfertigen, daß der Versicherer auch für die Kosten des Arrestes oder wegen desjenigen Schadens haftet, der durch die infolge eines Arrestes etwa eintretende Reiseverzögerung entsteht.“ Begr. § 29.

Bem. 10. Die Makler und die Hamburger Reeder haben beantragt:

„ausdrücklich zu bemerken, daß der Versicherer haftet für einen Schaden, der verursacht ist durch einen von einem Dritten veranlaßten, auf einer übernommenen Gefahr sich gründenden Arrest“.

In der Vollversammlung vom 13. Februar 1911 haben die Assekuradeure Bedenken gegen den Antrag geäußert, indem sie auf eine Entscheidung eines schwebenden Prozesses in erster Instanz hinwiesen, in welcher der Assekuradeur auch für den Nutzungsverlust für haftbar angesehen worden sei. Sie besorgten, daß die Rechtsprechung beim Arreste eine Haftung des Versicherers für mittelbare Schäden anzunehmen geneigt sein werde, wenn dieser besonders als Beispiel mit aufgeführt werde. Doch sei nicht beabsichtigt, den Umfang der Haftung des Assekuradeurs gegen früher einzuschränken. Demgegenüber hat ein Vertreter der Hamburger Reeder betont, die Aufnahme des Arrestes unter die Beispiele des § 29 E. 10 erscheine um so bedenklicher, als § 29 Satz 3 ausdrücklich eine Haftung des Versicherers aus mittelbaren Schäden ausschließe; der Assekuradeur werde daher nach E. 10 unter allen Umständen nur für einen unmittelbar aus dem Arrest sich ergebenden Schaden haftbar gemacht werden können.

Über das Schicksal des Antrages vgl. Bem. 11.

Bem. 11. Die HK. Bremen, Hamburg, die Hamburger Exporteure und die Hamburger Reeder haben beantragt:

„Unter die Beispiele aufzunehmen „„den durch einen Dritten veranlaßten, auf einer übernommenen Gefahr sich gründenden Arrest, sowie die Verfügung von hoher Hand““

und den Antrag begründet: Gegen die Auslegung, daß der Versicherer auch für mittelbare Schäden haftet, die der Arrest oder die Verfügung von hoher Hand nach sich ziehen, dürfte der Versicherer durch die in dem bestehenden Rechte enthaltene ausdrückliche Bestimmung des Schlußsatzes des E. 10 zur Genüge gesichert sein. Die Assekuradeure haben darauf erwidert, sie beabsichtigten, in einer besonderen Bestimmung zum Ausdruck zu bringen, daß sie für Arrestschäden haften, wenn sie dem Versicherungsnehmer für die Erfüllung des Arrestanspruchs aufzukommen hätten. Eine Hervorhebung der Haftung für den durch „Verfügungen von hoher Hand" entstandenen Schaden sei schon deshalb überflüssig, weil im § 72 sowie an anderen Stellen des E. 10 von dieser Haftung die Rede sei.
Den Anträgen in Bem. 10 und 11 ist in dem Umfange des neu eingestellten § 36 entsprochen worden.

Bem. 12. a) Die Hamburger Reeder haben beantragt:
„Statt „„Verschulden einer Person der Schiffsbesatzung"" „„Verschulden eines Dritten"" zu sagen".
Demgegenüber ist in der Vollversammlung vom 13. Februar 1911 darauf hingewiesen worden, daß die in E. 10 aufgeführten Einzelfälle nur Beispiele seien; der allgemeine Vordersatz des § 29 decke ohne weiteres auch die von den Reedern angeführten Fälle.

b) Später haben die HK. Bremen, Flensburg, Hamburg, Kiel, Lübeck, Stettin und die Hamburger Exporteure denselben Antrag gestellt.
Über das weitere Schicksal der Anträge vgl. § 46 E. 14 Bem. 1 ff.

Bem. 13. Die Aufnahme einer dem § 844 HGB. (§ 96 ASVB.) entsprechenden Vorschrift hat E. 10 mit der Begründung abgelehnt: „Der hier ausgesprochene Grundsatz ist allgemeiner Grundsatz nicht nur des Versicherungsrechts, sondern des Schadensersatzrechtes überhaupt. Wo das Gesetz von ihm hat abweichen wollen, hat es dies ausdrücklich ausgesprochen (vgl. HGB. § 705). Mit Recht hat deshalb auch das Versicherungsvertragsgesetz die Vorschrift des § 844 nicht übernommen. Daß die Rechtsprechung hieraus die Folgerung ziehen könnte, die Entschädigungspflicht des Versicherers werde wieder aufgehoben, wenn ein späterer dem Versicherer nicht zur Last fallender Unfall den Schaden jedenfalls herbeigeführt haben würde, erscheint nach allgemeinen Auslegungsgrundsätzen ausgeschlossen." Begr. § 29.

Bem. 14. a) Die Makler und die Hamburger Reeder haben beantragt:
„§ 96 ASVB. aufzunehmen".
Die Assekuradeure haben die Aufnahme der Bestimmung für überflüssig erklärt. (Vollversammlung vom 13. Februar 1911.)
b) Später haben die HK. Bremen und die HK. Hamburg denselben Antrag, um Rechtsunsicherheit zu vermeiden, gestellt.
Die Assekuradeure haben erwidert, daß sie eine Rechtsunsicherheit in Übereinstimmung mit der Reichsgesetzgebung, die sich nicht veranlaßt gesehen habe, für das Gebiet des Binnenversicherungsrechts eine Vorschrift gleich der des § 844 HGB. zu erlassen, für ausgeschlossen hielten.
Die Anträge sind unberücksichtigt geblieben.

Bem. 15. Die Begr. hat die Auffassung vertreten, „daß der Versicherer im allgemeinen für bloß mittelbare Schäden nicht haftet, daß er für sie nur dann haftet, wenn er die Haftung besonders übernimmt. Insbesondere hat die Seeversicherung von jeher auf dem Standpunkte gestanden, daß im allgemeinen ihre Aufgabe nur sei und nur sein könne, für die unmittelbare Einbuße der den Gefahren der Seeschiffahrt hingegebenen Werte einzustehen. Da über diese im Wesen der Seeversicherung begründete natürliche Begrenzung der Haftung des Versicherers hier und dort Unklarheit besteht, spricht § 29 im letzten Satze ausdrücklich aus, daß der Versicherer für einen bloß mittelbaren Schaden nicht haftet, und daß es insbesondere häufig die Verzögerung der Reise ist, die dem Versicherungsnehmer Veranlassung gibt, von dem Versicherer Ersatz des Schadens zu verlangen, der lediglich die Folge Verzögerung ist, so fügt der Entwurf des Beispiels halber hinzu, daß der Versicherer insbesondere nicht für den durch eine Reiseverzögerung verursachten Schaden haftet." Begr. § 29.

Bem. 16. Die HK. Frankfurt a. M. und Leipzig haben beantragt:

„Ausdehnung der Haftung des Versicherers auf mittelbare Schäden".

Der Antrag ist unberücksichtigt geblieben.

Bem. 17. Der Antrag der HK. Hamburg, Kiel:

„Die Haftung des Versicherers für Schiffsgläubiger auszuschließen"

hat Berücksichtigung gefunden.

Bem. 18. a) Die Bremer Reeder haben zu den Schlußverhandlungen 1918 beantragt:

„Zwischen die Worte „„eine"" und „„Verzögerung"" „„schuldhafte"" einzufügen, so daß der Schlußsatz lautet: „„der Versicherer haftet jedoch . . . . . nicht . . . . . für den Schaden, der durch eine schuldhafte Verzögerung der Reise verursacht wird"".

b) Die HK. Stettin hat zu den Schlußverhandlungen 1918 beantragt: „Den Satz „„oder für den Schaden, der durch eine Verzögerung der Reise verursacht wird"" zu streichen; auch der Zusatz „„schuldhafte"" würde die jetzige Fassung nicht anehmbar machen."

In der Vorbesprechung mit den Reedern vom 17. und 18. September 1918 hat die HK. Hamburg darauf hingewiesen, daß die Bedingungen nur das enthalten sollten, was der Assekuradeur zu seiner normalen Prämie bieten könne, daß aber daneben stets die Möglichkeit bestände, durch Sondervereinbarungen und Zubilligung erhöhter Prämie eine weitergehende Deckung zu bekommen.

Darauf ist von der Weiterverfolgung der Anträge Abstand genommen worden.

Bem. 19. Die Hamburger Reeder haben zu den Schlußverhandlungen 1918 beantragt:

„§ 69 Abs. 5 und 6 ASVB. aufzunehmen" (Verbodmung und Unredlichkeit der Schiffsbesatzung)."

Die Assekuradeure haben in der Vorbesprechung mit den Reedern vom 17. und 18. September 1918 zwar anfänglich ausgeführt, daß die Bodmerei einer vergangenen Wirtschaftsepoche angehöre und deshalb nicht mehr benannt sei, aber schließlich die Erwähnung der Verbodmung in

Aussicht gestellt. In der Vollversammlung vom 10. Oktober 1918 hat der juristische Beirat der Assekuradeure sich gegen die Anträge auf Berücksichtigung der „Verbodmung", die von keiner großen praktischen Bedeutung sei, gewandt. Die Verbodmung sei überhaupt kein Schaden; für die infolge Verbodmung entstehende Belastung durch ein Schiffsgläubigerrecht hafte der Versicherer nicht, wie es in Satz 3 ausdrücklich gesagt sei. Die Hamburger Reeder und der Bremer Dispacheur haben von mehreren Fällen von Verbodmung in diesem Kriege berichtet. Die Erledigung dieser Frage ist der Redaktionskommission überwiesen worden. Diese hat in ihrer Sitzung vom 30. Juni 1919 dem Antrage nicht stattgegeben, da an dem Grundsatze der Substanzhaftung festgehalten werden müsse.

Bem. 20. Die HK. Bremen und später auch der Wvb. haben beantragt:

„§ 28 Satz 3 E. 14 zu streichen",

weil Haftung für einen auf Unfall beruhenden Verzögerungsschaden gerechtfertigt sei.

Auf die Bemerkung der HK. Hamburg, daß die Streichung ein unberechtigtes Verlangen darstelle, ist der Antrag nicht weiter verfolgt worden In der Vollversammlung vom 10. Oktober 1918 hat der juristische Beirat des Wvb. angefragt, welchen Sinn der dritte Satz des § 28 habe. Der juristische Beirat der Assekuradeure hat ausgeführt, durch ihn solle jede Rechtsprechung ausgeschlossen werden, die dazu neige, dem Versicherer einen indirekten Schaden aufzubürden. Damit ist die Angelegenheit als erledigt erklärt worden.

Bem. 21. Unberücksichtigt ist der Antrag der HK. Flensburg:

„als Schlußsatz eine Bestimmung einzusetzen: „„Der Versicherer haftet für alle Kosten, die zur Abschätzung des Schadens gutgläubig gemacht sind""

geblieben.

§ 29.

Große oder gemeinschaftliche Haverei.

(1) Die Versicherung umfaßt die von dem Versicherungsnehmer zu entrichtenden Beiträge zur großen Haverei und die zur großen Haverei gehörenden Aufopferungen des versicherten Gegenstandes; auch kann der Versicherungsnehmer verlangen, daß der Versicherer für die Entrichtung der Beiträge durch Übernahme der Bürgschaft Sicherheit leistet. Der Versicherer haftet jedoch nur insoweit, als ein ihm zur Last fallender Schaden durch die Havereimaßregel abgewendet werden sollte.

(2) Sind ausschließlich Güter des Reeders verladen, so gelten auch die Aufopferungen, die zur großen Haverei gehören würden, wenn das Eigentum an den Gütern einem anderen zustände, im Sinne dieser Bedingungen als große Haverei.

ASVB. §§ 84, 86 Abs. 1, 87; BSVB. §§ 8, 9; HGB. §§ 735, 834 Nr. 1 und 2; 835 Abs. 1, 836, 838; VVG. § 133; ME. §§ 75 Nr. 1 und 2, 77, 80; E. 10 §§ 30, 31, 32; E. 14 § 29.

Abs. 1.

Bem. 1. E. 10 sieht von einer Wiederholung des § 733 oder des § 834 Nr. 1 HGB. ab, da „einerseits diese Vorschrift nach § 124 E. 10 auch dann anzuwenden ist, wenn nach den Grundsätzen des internationalen Privatrechtes deutsches Recht nicht anzuwenden sein würde, und andererseits die Fälle des §§ 635, 732 sich selten ereignen". Begr. §§ 30—34.

Bem. 2. Die Makler haben beantragt:

„zu den Beiträgen zur großen Haverei auch die Aufopferungen zu rechnen".

In der Vollversammlung vom 13. Februar 1911 haben sich die Assekuradeure hiermit einverstanden erklärt. Auf Befragen erklärte ein Vertreter der Assekuradeure, unter Aufwendung im Sinne der Bedingungen sei nicht nur eine in Geld bestehende, sondern ebenso jede freiwillige Beschädigung oder jedes sonstige Opfer, das im Interesse der Minderung oder Abwendung eines Schadens gebracht werde, zu verstehen. Seitens der Makler ist ausgeführt worden, daß ihres Erachtens vom Versicherer, auch wenn dieser an sich nur für Teilschäden hafte, z. B. der Schaden getragen werden müsse, der durch Diebstahl in einem Nothafen entstehe, wo die Güter im Interesse des Versicherers gelöscht und infolge der Verhältnisse des Nothafens dadurch einer erhöhten Diebstahlsgefahr ausgesetzt würden. Seitens eines Vertreters der Versicherer ist die Ansicht vertreten worden, daß, wenn z. B. die Kessel eines Schiffes nicht mitversichert seien und diese würden, um Schiff und Ladung aus einer gemeinsamen Gefahr zu retten, forciert und dadurch beschädigt, ein solcher Schaden, wenn er in Havariegrosse verrechnet werde, vom Versicherer, der das Schiff gegen Totalverlust versichert habe, nicht zu tragen sei. Ein anderer Vertreter der Versicherer hat demgegenüber die Auffassung vertreten, daß, wenn ein Opfer gebracht werde, dieses dem Versicherer nur dann, aber auch dann stets zur Last gelegt werden könne, wenn mittels dieser Aufopferung ein Schaden abgewendet werde; in diesem Umfange hafte der Versicherer seines Erachtens auch schon nach dem bestehenden Recht. Ob das Opfer erfolglos geblieben sei oder nicht, sei dabei gleichgültig. Es bestehe Einverständnis darüber, daß dieser Punkt wohl am besten in § 37 E. 10 werde geregelt werden.

Der Antrag hat durch den neu eingestellten § 31 seine Berücksichtigung gefunden. Vgl. Bem. 6.

Bem. 3. Die Makler haben beantragt:

„Den Versicherer, wenn eine ordnungsmäßige Dispache aufgemacht ist, in Ansehung der Beiträge zur großen Haverei und der nach den gleichen Grundsätzen zu verteilenden, Schäden insoweit haften zu lassen, als der Versicherte die ihm gebührende Vergütung in Güte nicht erlangen konnte; dem Versicherten soll zur Aufmachung der Dispache das Recht zustehen, unter Abtretung seiner Rechte gegen die übrigen Haveriegrosse-Interessenten vom Versicherer den Schaden als eine im Interesse des Versicherers erfolgte und nach den Grundsätzen der besonderen Haverei bezw. des Totalverlustes zu berechnende Aufwendung ersetzt zu verlangen."

In der Vollversammlung vom 13. Februar 1911 haben die Assekuradeure erklärt, zu dem Antrage zur Zeit eine bestimmte Stellung nicht nehmen zu können.

Dem Antrage ist nicht stattgegeben worden,

Bem. 4. Die Hamburger Reeder haben beantragt:

„Den Beiträgen zur großen Haverei ausdrücklich die in § 635 und § 732 HGB. erwähnten Aufwendungen gleichzustellen".

Die Assekuradeure haben sich in der Vollversammlung vom 13. Februar 1911 mit der Gleichstellung einverstanden erklärt. Vgl. Bem. 6.

Bem. 5. Die HK. Bremen, Hamburg, Lübeck haben beantragt, § 31 S. 10 hinzuzusetzen:

„Der Versicherungsnehmer ist jedoch berechtigt, unter Abtretung seiner Rechte gegen die übrigen Havariegrosse-Interessenten an der Versicherer von diesem den Ersatz des Schadens als einer im Interesse des Versicherers erfolgten Aufwendung zu verlangen"

und damit begründet, daß es wünschenswert erscheine, dem Versicherten das Recht zuzugestehen, von dem Versicherer den Ersatz von Aufopferungen, welche in großer Haverie gemacht werden, auch unmittelbar zu fordern. Eine solche Regelung entspreche nach den Mitteilungen der Sachverständigen auch dem englischen Rechtszustande.

Der Antrag ist unberücksichtigt geblieben. Vgl. Bem. 3.

Bem. 6. Die HK. Bremen, Hamburg, Lübeck, Stettin und die Hamburger Exporteure haben beantragt:

„Den Beiträgen zur großen Haverei sind die Aufopferungen und die in §§ 635 und 637 HGB. erwähnten Aufwendungen gleichzustellen."

Die Assekuradeure haben erwidert, daß sie beabsichtigen, die Haftung für Aufopferungen nach den für die besondere Haverei geltenden Grundsätzen zu übernehmen und damit der dem englischen Rechte entnommenen Anregung zu entsprechen. Die Handelskammern haben bemerkt: Die Anträge sähen ein Wahlrecht für den Versicherungsnehmer vor, entweder von den im S. 10 bestimmten Rechten Gebrauch zu machen, oder aber unter Abtretung der Rechte gegen die übrigen Havariegrosse-Interessenten an den Versicherer von diesem den Ersatz des Schadens als einer im Interesse des Versicherers erfolgten Aufwendung erlangen zu können. Auf das Wahlrecht werde besonderes Gewicht gelegt. Die Anwendung der Grundsätze für die besondere Haverie auf die Haftung für Aufopferungen werde übrigens auch in anderer Hinsicht dem gestellten Antrag nicht gerecht; der Gedanke des Antrages wäre, daß auch wenn das Gut frei von Beschädigung versichert sei, der Versicherte die Beschädigung, welche als Aufopferung, z. B. durch Öffnung von Luken und Eindringen von Seewasser, entstanden sei, als Aufopferung von dem Versicherer ersetzt erhält; nach den Grundsätzen der besonderen Haverie würde der Versicherte für eine solche Beschädigung keinen Ersatz zu beanspruchen haben. Dem Wunsch der HK. entsprechend haben sich die Assekuradeure bereit erklärt, zu bestimmen, daß der Versicherer, auch wenn die Klausel „frei von Beschädigung" vereinbart ist, für Beschädigungen haftet, die durch Aufopferungen entstehen.

Den Anträgen (Bem. 4 und 6) ist, abgesehen von der Gewährung eines Wahlrechts, durch die Neueinstellung des § 31 und in § 113 Rechnung getragen worden.

Bem. 7. § 31 E. 10 weicht bewußt von der „trotz ihrer Länge weder vollständigen noch inhaltlich zweckmäßigen" Vorschrift des § 838 HGB. (§ 90 ASVB.) ab. Begr. §§ 30—34. Er bildet inhaltlich verändert die zweite Hälfte des ersten Satzes von § 29.

Bem. 8. Die Makler haben beantragt:

„In § 32 E. 10 statt „„Unfall"" „„Gefahr"" zu sagen".

Die Assekuradeure haben den Antrag in der Vollversammlung vom 13. Februar 1911 für erwägenswert erklärt.

Bem. 9. Die HK. Bremen, Hamburg und die Hamburger Exporteure haben beantragt:

„Das Wort „„Unfall"" zu streichen und etwa zu sagen: „„Der Versicherer haftet nur insoweit für die Beiträge, als die Gefahr, zu deren Abwendung sie aufgewandt sind, zu seinen Lasten ging"".

Dem Antrag (vgl. auch Bem. 8) ist bei der Neufassung des § 29 Abs. 1 Satz 2 Rechnung getragen worden.

Bem. 10. Unberücksichtigt ist der Antrag der Hamburger Exporteure auf Aufnahme der beiden Grundsätze:

„a) Der Versicherte hat das Recht zu fordern, daß ihm Einschüsse zur Haveriegrosse und Schäden, welche in Haveriegrosse zu vergüten sind, vor Fertigstellung der Dispache vom Versicherer ersetzt werden, gegen Abtretung seiner Rechte gegen die Haveriegrosse-Gemeinschaft an den Versicherer.

b) Macht der Versicherte von vorstehendem Recht keinen Gebrauch, so hat der Versicherer ihn spätestens dann zu befriedigen, wenn der Versicherte seine Rechte gegen die Haveriegrosse-Gemeinschaft in Güte nicht durchsetzen kann."

geblieben.

Abs. 2.

Bem. 11. Abs. 2 entspricht § 30 Abs. 2 E. 10.

§ 30.

Beiträge.

(1) Der Umfang der Haftung des Versicherers für die Beiträge wird durch die Dispache bestimmt. Dies gilt jedoch nicht im Falle des § 29 Abs. 2; in diesem Falle finden auf die Schadensberechnung die York-Antwerp-Rules mit Ausnahme der Regel 18 Anwendung.

(2) Die Dispache ist von einer nach dem Gesetz oder nach dem Ortsgebrauche dazu berufenen Person aufzumachen.

(3) Die Dispache ist am Bestimmungsort oder, wenn dieser nicht erreicht wird, an dem Orte, wo die Reise endigt, aufzumachen.

An die Stelle dieses Ortes tritt, wenn an ihm eine nach Absatz 2 geeignete Person nicht ansässig ist, der nächstliegende Ort, an dem eine solche Person ansässig ist. Haben die Beteiligten im voraus vereinbart, daß die Dispache an einem anderen Ort aufzumachen ist, so ist dieser Ort maßgebend.

(4) Die Dispache ist nach den Vorschriften aufzumachen, die an dem Orte, an dem die Dispache aufgemacht wird, für die Aufmachung einer Dispache im Falle einer großen Haverei gelten. An die Stelle dieser Vorschriften treten die Vorschriften, die an dem Orte des Heimatshafens des Schiffes für die Aufmachung einer Dispache im Falle einer großen Haverei gelten, oder die York-Antwerp-Rules, wenn nach den zwischen den Beteiligten im voraus getroffenen Vereinbarungen die Dispache gemäß diesen Bestimmungen aufzumachen ist. Kosten, die dadurch entstanden sind, daß die in einem Nothafen ausgeladenen Güter für Rechnung der an der großen Haverei Beteiligten gegen Feuersgefahr versichert worden sind, fallen dem Versicherer auch dann zur Last, wenn sie nach den für die Aufmachung der Dispache maßgebenden Vorschriften nicht zu berücksichtigen sind.

(5) Der Versicherungsnehmer hat bei der Aufmachung der Dispache das Interesse des Versicherers wahrzunehmen. Insbesondere hat der Versicherer Kosten, die dem Versicherungsnehmer durch die Auseinandersetzung der an der großen Haverei Beteiligten entstanden sind, nur insoweit zu ersetzen, als sie erforderlich waren.

(6) Die Dispache ist auch dann maßgebend, wenn die für ihre Aufmachung geltenden Vorschriften unrichtig angewendet oder wenn tatsächliche Unrichtigkeiten in ihr enthalten sind, es sei denn, daß der Versicherungsnehmer die Unrichtigkeit zu vertreten hat.

(7) Steht dem Versicherungsnehmer wegen der Unrichtigkeit der Dispache ein Anspruch gegen einen an der großen Haverei Beteiligten zu, so geht der Anspruch auf den Versicherer über, soweit dieser den Versicherungsnehmer entschädigt. Auf den Übergang finden die Bestimmungen der §§ 45 und 46 entsprechende Anwendung.

(8) Übersteigt der Beitragswert den Versicherungswert, so haftet der Versicherer für die Beiträge nur im Verhältnisse des Versicherungswerts zum Beitragswert.

ASVB. §§ 85, 86, 88, 89; HGB. §§ 835, 837, 839; VVG. § 133; MC. §§ 76, 78, 79, 81; C. 10 §§ 33 Abs. 2, 34; C. 14 § 30.

Abs. 1.

Bem. 1. „Sind ausschließlich Güter des Reeders oder sind keine Güter geladen (§ 30 Abs. 2 und 3), so muß gegenwärtig die Dispache „im Einklang mit dem am Orte der Aufmachung geltenden Rechte" aufgemacht werden. Es ist insbesondere ausgeschlossen, daß die York-Antwerp-Rules zugrunde gelegt werden, da diese Regeln nur auf Grund von Vereinbarungen zwischen Verfrachter und Befrachter anzuwenden sind und solche Vereinbarungen in den Fällen des § 30 Abs. 2 und 3 nicht getroffen werden können. Insbesondere müssen, falls hiernach deutsches Recht anzuwenden ist, bei der Berücksichtigung des Unterschiedes zwischen neu und alt die veralteten Vorschriften des § 710 HGB. in Betracht gezogen werden. Um in dieser Beziehung Abhilfe zu schaffen, bestimmt § 34 Abs. 9 Satz 2, daß die York-Antwerp-Rules (mit Ausnahme der Regel 18) maßgebend sein sollen." Begr §§ 30—34. Die Bestimmung des § 34 Abs. 9 S. 10 ist, insoweit sie sich auf § 29 Abs. 2 bezieht, seit ZE. Dez. 12 als Satz 2 eingestellt worden.

Abs. 2.

Bem. 2. Die Makler und die HK. Flensburg haben beantragt:

„§ 34 Abs. 2 S. 10 zu streichen",

da diese Bestimmungen nicht durchführbar sind und die Aufmachung einer Haveriegrosse-Dispache durch das Seerecht geregelt ist.

Der Antrag ist unberücksichtigt geblieben.

Bem. 3. Die Hamburger Reeder haben beantragt zu bestimmen:

„Die Dispache ist von einem durch Gesetz oder Gebrauch dazu berufenen Dispacheur aufzumachen".

In der Sitzung der zur Beratung des § 34 S. 10 eingesetzten Unterkommission vom 8. Juni 1911 ist zunächst zur Begründung des Antrags ausgeführt worden, die Aufmachung der Dispache sei Sache des Reeders, der Ladungsinteressent habe keinen Einfluß auf dieselbe; Vorschriften, die den Ladungsinteressenten in dieser Beziehung bänden, könnten deshalb für ihn verhängnisvoll werden. Entscheidend sei in dieser Beziehung das in dem betreffenden Falle zur Anwendung gelangende Seerecht; je nach den Umständen des Falles könne dies das deutsche Seerecht oder das Seerecht eines anderen Landes sein. Seitens des Vertreters der Hamburger Reeder ist namentlich betont worden, daß außer dem amtlich bestellten Dispacheur auch der durch Gebrauch dazu Berufene zuständig sein müsse; ob dieser von dem Versicherer ausdrücklich anerkannt sei oder nicht, werde dem Versicherten häufig nicht bekannt sein. Schließlich ist dann die folgende Fassung in Aussicht genommen worden:

„Die Dispache ist von einem durch Gesetz oder Gebrauch dazu berufenen oder von dem Versicherer anerkannten Dispacheur und in Ermangelung eines solchen von einem anderen geeigneten Dispacheur aufzumachen".

Diese Fassung ist von den HK. Bremen und Hamburg aufzunehmen beantragt worden.

Die Assekuradeure haben erklärt, den Wünschen der Antragsteller durch Änderung der Bestimmung dahin, daß „die Dispache von einer nach dem Gesetz oder nach dem Ortsgebrauche dazu berufenen Person aufzumachen ist", gerecht zu werden.

Abs. 2 hat eine dementsprechende Fassung erhalten.

Bem. 4. Der zu den Schlußverhandlungen 1918 gestellte Antrag der HK. Frankfurt a. M.:

„Es ist festzustellen, daß an sich jede gesetzlich aufgemachte Dispache zu gelten hat"

ist nicht weiter verfolgt worden.

Abs. 3.

Bem. 5. Die Makler haben beantragt:

„§ 34 Abs. 3 S. 10 zu streichen und zu bestimmen, daß die „„an dem gehörigen Orte ordnungsmäßig aufgemachte Dispache für den Versicherer maßgebend sein soll"".

Dem Antrag ist nicht stattgegeben worden.

Bem. 6. Die Hamburger Reeder haben beantragt:

„In erster Linie den unter den Beteiligten im voraus vereinbarten Ort, in Ermangelung solcher Vereinbarung den letzten Bestimmungshafen des Schiffes, und wenn dieser nicht erreicht wird, den Ort, wo Schiff und Ladung sich trennen, für maßgebend zu erklären".

In der Unterkommissionssitzung vom 8. Juni 1911 ist hierzu von dem Maklern bemerkt worden, daß in England rechtlich die Möglichkeit bestehe, an einem anderen Hafen des Mutterlandes anstatt an dem Bestimmungshafen die Dispache aufmachen zu lassen; das hiesige Seeversicherungsgeschäft sei durchaus internationaler Natur und erfordere auch in dieser Beziehung die gleiche Freiheit wie in England. Gegenüber dem Einwande, daß, wenn in dieser Beziehung keinerlei Regelung getroffen werde, völlige Willkür bestehen würde, ist angeführt worden, daß das Recht eines jeden Staates irgend eine Regelung für die Auseinandersetzung der Haveriegrosse-Gemeinschaft vorsehe, wodurch einer willkürlichen Handhabung ein Riegel vorgeschoben sei. Eben dieses Recht des betreffenden Staates sei aber bindend für die Beteiligten, und gerade darin liege die Gefahr, in dem Entwurfe Vorschriften festzulegen, die mit diesem Recht kollidieren könnten. Seitens des Vertreters der Hamburger Reeder ist ausgeführt worden, daß ganz regelmäßig unter den Beteiligten der Haveriegrosse-Gemeinschaft im voraus der Ort der Aufmachung für die Dispache durch Vereinbarung festgelegt werde; dieser Vereinbarung müsse sich auch der Versicherer fügen. Es ist schließlich in Aussicht genommen worden, den ersten Satz folgendermaßen zu fassen:

„Die Dispache ist an dem unter den Beteiligten im voraus vereinbarten Orte und in Ermangelung einer solchen Vereinbarung an dem gehörigen Orte aufzumachen".

Diese Fassung ist von den HK. Bremen, Hamburg und Kiel aufzunehmen beantragt worden.

Die Assekuradeure haben erklärt, die Bestimmung dahin ändern zu wollen, daß die Dispache am Bestimmungsort oder am Orte, wo die Reise endigt oder, wenn hier kein geeigneter Dispacheur vorhanden ist, am nächsten Orte, wo dies der Fall ist, und, wenn ein anderer Ort im voraus bestimmt ist, an diesem Orte aufzumachen ist.

Durch eine dementsprechende Neufassung des Abs. 3 haben die Assekuradeure ihre Zusage erfüllt.

Bem. 7. Der Antrag der Kaufmannschaft Stettin:

„§ 34 Abs. 3 E. 10 dahin abzuändern, daß als nächster Ort nur ein solcher desjenigen Landes in Frage kommen kann, in dem die Dispache erledigt werden muß",

ist unberücksichtigt geblieben.

Abs. 4.

Bem. 8. Die Makler haben beantragt:

„§ 34 Abs. 4 E. 10 zu streichen"

und ihren Antrag damit begründet, daß die Frage, welches Recht zur Anwendung zu bringen sei, sich nach demjenigen Seerecht richten müsse, welches für Havariegrossegemeinschaft in dem betreffenden Falle zur Anwendung komme. Nach Widerspruch eines Vertreters der Assekuradeure haben die Antragsteller erklärt, auf diesen Antrag kein großes Gewicht legen zu wollen.

Bem. 9. Die HK Bremen, Hamburg haben beantragt, dem ersten Satze folgenden Inhalt zu geben:

„Die Dispache ist nach für die Havariegrossegemeinschaft maßgebenden Vorschriften aufzumachen".

Die Assekuradeure haben ihre Zusage, den Wünschen der Antragsteller genügen zu wollen, bei der Neufassung von Satz 1 in Berücksichtigung gezogen.

Bem. 10. Die gelegentlich der Schlußverhandlungen 1918 von den Hamburger Reedern gestellte Anfrage:

„Ob in Satz 2 unter den „Beteiligten" nur Reeder und Ablader verstanden werden unter Ausschluß des Versicherers, so daß letzterer jede an sich aufgemachte Dispache, einerlei nach welchem Rechte dieselbe aufgemacht ist, anzuerkennen hat"

ist nicht weiter behandelt worden.

Bem. 11 Die HK. Hamburg, Lübeck haben zu § 34 Abs. 6 E. 10 folgenden Zusatz beantragt:

„Lagerungs- und Feuerversicherungskosten werden dem Versicherten ersetzt, wenn sie in der ausländischen Dispache nicht in große Havarei aufgenommen werden".

Die Assekuradeure haben hierauf erwidert: Lagerungskosten würden nach allen Havariegrosserechten in die Dispache aufgenommen. Feuerversicherungskosten sollten auch wohl stets in die Dispache aufgenommen werden. Wenn dies in einzelnen Fällen irrtümlicherweise nicht geschehen sein sollte, so werde dies doch kein Grund sein können, die Regel zu verlassen, der zufolge der Versicherer nur nach Maßgabe der Dispache hafte. Dabei sei darauf hinzuweisen, daß der Versicherungsnehmer, da die Seeversicherung der Güter im Nothafen dauere, kein Interesse daran habe, eine Feuerversicherung zu nehmen. Gleichwohl würden die Assekurdeure

noch weitere Ermittelungen darüber anstellen, ob es zweckmäßig sei, eine besondere Haftung für die Feuerversicherungskosten anzuordnen.
Dem Antrage ist hinsichtlich der Feuerversicherungskosten durch Aufnahme von Satz 3 entsprochen worden.

Bem. 12. Die HK. Frankfurt a. M. und der Wvb. haben zu den Schlußverhandlungen 1918 beantragt:

„Als ersatzpflichtig sind die Lagerungskosten aufzunehmen".

In der Vollversammlung vom 22. und 23. August 1918 hat die HK. Hamburg darauf hingewiesen, daß es keine Dispache gäbe, die die Lagerungskosten nicht mit umfasse, so daß eine besondere Aufnahme in die Versicherungsbedingungen sich erübrige.
Der Antrag ist daraufhin fallen gelassen worden.

Abs. 5.

Bem. 13. Die Makler haben beantragt:

„§ 34 Abs. 5 S. 10 zu streichen".

Dem Antrage ist nicht stattgegeben worden.

Bem. 14. Die Hamburger Reeder und später auch die HK. Flensburg haben beantragt, Abs. 5 wie folgt zu fassen:

„Der Versicherte hat bei Aufmachung der Dispache die Sorgfalt eines ordentlichen Kaufmannes zu beobachten, insbesondere hat der Versicherer die durch die Aufmachung der Dispache verursachten Kosten nur insoweit zu ersetzen, als sie bei Anwendung dieser Sorgfalt erforderlich erscheinen dürften".

Dem Antrage ist nicht stattgegeben worden.

Bem. 15. In der Sitzung der Unterkommission vom 8. Juni 1911 ist seitens der Hamburger Reeder darauf hingewiesen worden, daß die Bestimmung des Abs. 5 Satz 1 die Annahme nahe lege, daß im Falle einer Kollision zwischen den Interessen des Versicherers und denjenigen des Versicherten der letztere in erster Linie die Interessen des Versicherers wahrzunehmen und seine eigenen Interessen zurückzusetzen habe. Seitens der Assekuradeure ist darauf die Erklärung abgegeben worden, daß dies nicht die Meinung der Bestimmung sei; eine Änderung der Fassung sei nicht nötig. Seitens des Vertreters der Hamburger Reeder ist demgegenüber betont worden, daß ihres Erachtens eine Änderung der Fassung dringend geboten sei.
Der Anregung der Reeder ist nicht Folge gegeben worden.

Bem. 16. Die HK. Bremen, Hamburg und die Hamburger Reeder haben beantragt:

„In Satz 1 zwischen „„Dispache"" und „„das Interesse"" einzuschieben das Wort „„auch"".

Der Antrag ist seitens der Hamburger Reeder namentlich im Hinblick auf die Ausdrucksweise desselben Rechtsgedankens an anderen Stellen (vgl. § 74 Abs. 1 Satz 2 S. 10) gewünscht und weiter damit begründet worden, daß das Fehlen des Wortes „auch" somit zu dem Schlusse nötigen würde, daß hier im Gegensatze zu dem Falle des § 74 allein das Interesse des Versicherers wahrgenommen werden soll. Die Assekuradeure haben die Befürchtung der Antragsteller nicht geteilt. Selbst ohne die Hinzufügung des Wortes „auch" sei der Versicherungsnehmer berechtigt, bei der Aufmachung der Dispache neben dem Interesse des Versicherers auch sein eigenes wahrzunehmen (Protokoll vom 10. 1. 14).

Der Antrag ist daraufhin nicht weiter verfolgt worden.

Bem. 17. Eine redaktionelle Änderung stellt die Ersetzung der Worte „die durch die Aufmachung der Dispache verursachten Kosten" durch „Kosten, die dem Versicherungsnehmer durch die Auseinandersetzung der an der großen Havarei Beteiligten entstanden sind" dar.

Abs. 6.

Bem. 18. Die Hamburger Reeder haben beantragt:

„„Versicherungsnehmer"" zu ersetzen durch „„Versicherten"".

Der Antrag ist in der Sitzung der Unterkommission vom 8. Juni 1911 fallen gelassen worden.

Bem. 19. Die Hamburger Reeder haben beantragt, den Schluß von Satz 1 zu fassen:

„Es sei denn, daß der Versicherte die Unrichtigkeit gemäß § 5 zu vertreten hat".

Der Antrag ist unberücksichtigt geblieben.

Bem. 20. Die HK. Flensburg hat beantragt:

„§ 34 Abs. 6 Satz 2 E. 10 zu streichen",

der für den Versicherungsnehmer in vielen Fällen eine Härte bedeute, da er sehr oft gar keinen Einfluß darauf auszuüben vermöge, daß die Dispache richtig aufgemacht wird und Fehler vermieden werden.

Dem Antrage ist stattgegeben worden.

Bem. 21. Die HK. Berlin und Frankfurt a. M. haben beantragt:

„§ 34 Abs. 6 Satz 2 E. 10 durch den Wortlaut des § 897 Abs. 3 HGB. zu ersetzen".

Dem Antrage ist nicht stattgegeben worden.

Abs. 8.

Bem. 22. § 33 Abs. 2 E. 10 hat das Verhältnis des Beitragswertes zum Versicherungswerte geregelt. Die Begr. hat darauf hingewiesen, daß die Regelung des § 835 Abs. 1 Satz 2 HGB. nicht der Billigkeit entspreche. Folgende Fälle müßten unterschieden werden:

„1. Erster Fall. Der Beitragswert ist kleiner als der Versicherungswert. Der Beitragswert beträgt beispielsweise 8000 *M*, der Versicherungswert 10000 *M*. Die Hälfte ist aufgeopfert. Der dem Versicherungsnehmer gebührende Beitrag beträgt danach nur 4000 *M*. Der Versicherer haftet nach geltendem Recht nur für die Entrichtung von 4000 *M*. Er soll nach § 33 Abs. 1 des Entwurfs auch für den Unterschied zwischen der Hälfte des Versicherungswertes und dem Beitrage haften. Hat der Versicherungsnehmer nicht einen Beitrag zu verlangen, sondern zu entrichten, so hat der Versicherer natürlich nur diesen Beitrag zu ersetzen.

2. Zweiter Fall. Der Beitragswert ist größer als der Versicherungswert. Der Beitragswert beträgt beispielsweise 12000 *M*, der Ver-

sicherungswert 10 000 M. Die Hälfte ist aufgeopfert. Der dem Versicherungsnehmer gebührende Beitrag beträgt danach 6000 M. Der Versicherer haftet nach geltendem Recht für die Entrichtung von 6000 M. Das Ergebnis ist, daß der Versicherungsnehmer die Hälfte des Versicherungswertes (5000 M) behält und 6000 M erhält. Hat der Versicherungsnehmer nicht einen Beitrag zu verlangen, sondern vielmehr zu entrichten, so ist das Ergebnis ein entsprechendes; der Versicherungsnehmer trägt nur mit der Hälfte des nach dem Versicherungsvertrage mit 10 000 M zu bewertenden Gegenstandes bei, erhält aber nicht bloß 5000 M, sondern 6000 M. Die hierin liegende Unbilligkeit tritt insbesondere dann hervor, wenn, wie dies namentlich in Zeiten wirtschaftlichen Niedergangs nicht selten der Fall ist, der Versicherungswert durch Taxe auf einen hinter dem wirklichen Werte zurückbleibenden Wert festgesetzt ist. § 33 Abs. 2 E. 10 bestimmt deshalb, übrigens in Übereinstimmung mit dem englischen Recht (vgl. M. I. A. 1906 s. 73) und den Allgemeinen Bedingungen der Binnenkaskopolice (§ 37), daß der Versicherer, wenn der Beitragswert den Versicherungswert übersteigt, nur im Verhältnis des Versicherungswerts zum Beitragswerte haftet."

Bem. 23. a) Die Makler haben beantragt:

„Daß der Versicherer, wenn der Beitragswert den Versicherungswert übersteigt, für die Beiträge nur in Verhältnis des Versicherungswertes zum Beitragswert haftet, zu streichen und wünschen für diesen Fall die Aufrechterhaltung des bestehenden Rechts, wollen aber die Regelung des Entwurfes für den Fall, daß der Versicherungswert den Beitragswert übersteigt, hinsichtlich der Aufopferungen akzeptieren".

b) Die Hamburger Reeder haben die Beibehaltung des bestehenden Rechtszustandes beantragt.

In der Vollversammlung vom 13. Februar 1911 ist seitens der Makler betont worden, daß die im Entwurf vorgesehene Regelung des Falles, daß der Versicherungswert den Beitragswert übersteige, eine sehr wertvolle Verbesserung für die Güterversicherung bedeute. Dagegen werde die Regelung, die der Entwurf treffe, für den Fall, daß der Beitragswert den Versicherungswert übersteige, starken Anstoß erregen; den großen Reedereien gegenüber würden die Versicherer jedenfalls nicht in der Lage sein, diese Neuerung durchzusetzen; nötigenfalls werde dieselbe durch Spezialklausel beseitigt werden. Seitens der Hamburger Reeder ist darauf hingewiesen worden, daß die Schiffe in überseeischen Gegenden, z. B. an der westamerikanischen Küste naturgemäß oft höher taxiert würden als hier; es sei nicht billig, daß alsdann dem Versicherungsnehmer nur der Beitrag bis zur Höhe des Versicherungswertes oder eines diesem entsprechenden Bruchteiles ersetzt werde. Seitens der Assekuradeure ist erwidert worden, daß der Entwurf in diesem Punkte auf dem Standpunkte des englischen Rechts stehe. Vom Versicherer könne nicht verlangt werden, daß er in dem einen Falle den Versicherungswert, in dem anderen Falle aber den Beitragswert zugrunde legen solle. Es liege in der Hand der Reder, ihre Schiffe zum vollen Werte zu versichern und nicht die Taxe, wie dies häufig vorkomme, wesentlich niedriger zu bemessen als den wahren Wert des Schiffes. Seitens der Makler ist darauf hingewiesen worden, daß die Neuerung dazu führen werde, bei Kaskoversicherungen nötigenfalls die Franchise nicht in Prozentsätzen des Versicherungswertes, sondern in bestimmten Summen, (z. B. Schäden unter 10 000 M usw.) auszudrücken, was für den Versicherer namentlich im Hinblick auf die Rückversicherung unbequem sei.

Bem. 24. Die HK. Bremen, Flensburg, Hamburg, Kiel haben beantragt:

„Den § 33 E. 10 entsprechend dem bisher bestehenden Prinzip (§ 86 ASVB.) zu ändern wie folgt: „„Der Versicherte haftet für die Aufopferungen und Beiträge nach Maßgabe des Beitragswertes, einerlei ob der Beitragswert den Versicherungswert übersteigt oder nicht"".

Den Anträgen zu Bem. 23 und 24 ist dadurch Rechnung getragen worden, daß § 33 Abs. 1 E. 10 gestrichen worden ist; Abs. 2 ist als Abs. 8 in § 30 eingestellt worden.

Bem. 25. Die HK. Lübeck hat folgende Abänderung des § 33 Abs. 2 E. 10 beantragt:

„Der Versicherer haftet für die Beträge nach Maßgabe des Beitragswertes, einerlei, ob der Beitragswert den Versicherungswert übersteigt oder nicht"

und begründet, von verschiedenen Seiten sei der Wunsch ausgesprochen worden, es möge in bezug auf die Vergütung von Schäden die zur großen Havarei gehören, bei dem bisherigen Grundsatze sein Bewenden behalten, nach welchem der Beitragswert auch für den Umfang der Schadensersatzleistung des Versicherers maßgebend sei.

Bem. 26. Die Makler und die HK. Bremen, Hamburg haben beantragt:

„§ 34 Abs. 8 Satz 2 E. 10 zu streichen".

Die Makler haben darauf hingewiesen, daß sich ihr Antrag bei Annahme ihres Antrages unter Bem. 2 zu § 29 von selbst ergebe. Die Assekuradeure haben dieser Ansicht zugestimmt

Durch Streichung des ganzen Absatzes 8 § 34 E. 10 ist dem Antrage Rechnung getragen worden.

Bem. 27. Zu den Schlußverhandlungen 1918 sind eine Reihe von Anträgen zu § 30 Abs. 8 E. 14 gestellt worden:

a) Seitens der Bremer Reeder und der HK. Stettin:
„Diese Bestimmung bedeutet eine nicht gerechtfertigte Verschlechterung gegenüber BSVB. und HGB. An der grundlegenden Bedeutung des § 6 Abs. 2 darf in keinem Fall gerüttelt werden".

b) Seitens der HK. Frankfurt a. M.:
„Die Bestimmung des § 86 Abs. 1 ASVB. bleibt bestehen. Der Versicherer hat für Havariegrossebeiträge ohne Rücksicht auf das Verhältnis des Beitragswertes zum Versicherungswert stets voll einzutreten".

c) Seitens der HK. Lübeck:
„Als Satz 2 ist hinzuzufügen: „„ein übersteigender Beitragswert bedarf einer besonderen Zusatzversicherung"".

d) Seitens des Wvb.:
„Abs. 8 zu streichen".

In der Vorbesprechung vom 22. und 23. August 1918 haben die Assekuradeure zu den Anträgen a und b geltend gemacht, daß sie von dieser Bestimmung unter keinen Umständen zurücktreten könnten, da sie bereits während des Krieges in die Praxis eingeführt sei und dem auswärtigen, namentlich dem englischen Recht entspreche; wolle der Versicherungsnehmer eine weitergehende Deckung herbeiführen, müsse er eine selbständige Exzedentenversicherung nehmen.

In der Vollversammlung vom 10. Oktober 1918 haben sich die Antragsteller entschlossen, ihre Bedenken fallen zu lassen, nachdem sie erneut auf die ausländische, vor allem engliche Rechtslage hingewiesen worden waren.

Abs. 8 ist unverändert zur Annahme gelangt.

Bem. 28. E. 10 hat eine Wiederholung der im § 86 Abs. 3 Satz 2 ASVB. enthaltenen Bestimmung, daß Heuer-, sowie Kost- und Logisgelder der Schiffsmannschaft dem Versicherer nicht als besondere Havarei zur Last gelegt werden dürfen, wenn sie in eine im Ausland aufgemachte Dispache aufgenommen sind, nicht für notwendig gehalten. Begr. §§ 30—34.

§ 31.

Aufopferungen.

(1) Der Versicherer haftet für Aufopferungen des versicherten Gegenstandes nach den für seine Haftung im Falle einer besonderen Haverei geltenden Bestimmungen.

(2) Der Anspruch auf die dem Versicherungsnehmer zustehende Vergütung geht mit seiner Entstehung auf den Versicherer über. Der Versicherer hat jedoch, wenn die Vergütung die Entschädigung mit Einschluß der zur Geltendmachung des Vergütungsanspruchs gemachten Aufwendungen übersteigt, den Überschuß dem Versicherungsnehmer herauszugeben. Im übrigen finden auf den Übergang die Bestimmungen des § 45 entsprechende Anwendung.

E. 10 § 33 Abs. 1.

Bem. 1. Über die Entstehung des § 31 vgl. § 29 Bem. 2, 4 u. 6.

§ 32.

Aufwendungen.

(1) Dem Versicherer fallen zur Last:

1. die Aufwendungen, die der Versicherungsnehmer bei dem Eintritte des Versicherungsfalls zur Abwendung oder Minderung des Schadens macht und den Umständen nach für geboten halten durfte;
2. die Aufwendungen, die der Versicherungsnehmer bei dem Eintritte des Versicherungsfalls gemäß den Weisungen des Versicherers macht;

3. die Kosten, die durch die Ermittlung und Feststellung des dem Versicherer zur Last fallenden Schadens entstehen, soweit ihre Aufwendung den Umständen nach geboten war. Jedoch hat der Versicherer die Kosten nicht zu erstatten, die dem Versicherungsnehmer durch die Zuziehung eines Sachverständigen, eines Beistandes oder eines sonstigen Beauftragten entstehen, es sei denn, daß der Versicherungsnehmer nach dem Vertrage zu der Zuziehung verpflichtet war oder der Versicherer die Zuziehung verlangt hatte.

(2) Die im Abs. 1 Nr. 1 und 2 bezeichneten Aufwendungen fallen dem Versicherer auch dann zur Last, wenn sie erfolglos bleiben; der Versicherer hat den für die Aufwendungen erforderlichen Betrag auf Verlangen des Versicherungsnehmers vorzuschießen. Ist ein Teil des Versicherungswerts nicht versichert und ist streitig, ob die Befolgung der Weisungen des Versicherers zur Abwendung oder Minderung des Schadens geboten erscheint, so hat der Versicherer den Betrag der durch die Befolgung entstehenden Aufwendungen auch insoweit vorzuschießen, als die Aufwendungen dem Versicherungsnehmer zur Last fallen; der Versicherer ist verpflichtet, die ganzen gemäß seinen Weisungen gemachten Aufwendungen zu ersetzen, wenn er die Befolgung der Weisungen den Umständen nach nicht für geboten halten durfte und die Aufwendungen erfolglos geblieben sind.

ASVB. §§ 69 Abs. 3, 84 Nr. 3, 153; BSVB. § 66 Abs. 1; HGB. § 834 Nr. 3 u. 4; VVG. §§ 63, 66, 144; ME. §§ 54 Abs. 4, § 75 Nr. 3; E. 10 § 35; E. 14 § 32.

1 Nr. 1.

1. a) Die Makler haben beantragt:

„Zu Nr. 1 die Worte „„bei dem Eintritte des Versicherungsfalles““ zu streichen und dem Versicherer schlechthin zur Last fallen zu lassen, „„die Aufwendungen, die zur Abwendung oder Minderung eines Schadens gemacht werden, soweit sie den Umständen nach für geboten gehalten werden dürften““.

In der Vollversammlung vom 13. Februar 1911 ist zu diesem Antrag von den Maklern bemerkt worden, daß nicht nur der Versicherungsnehmer selbst, sondern z. B. auch der Kapitän Aufwendungen mache und daß solche Aufwendungen nicht nur im Versicherungsfalle, sondern auch ohne daß ein Schaden eintrete, vorkämen. Ein Vertreter der Assekuradeure hat die Ansicht vertreten, daß diese Änderung nicht erforderlich sei, da nach der Absicht des E. 10, auch wenn kein Unfall vorliege, der Eintritt des Versicherungsfalles doch gegeben sei, wenn der Versicherte Aufwendungen zur Abwendung eines Schadens gemacht habe. Der Wortlaut des Entwurfes entspreche genau dem Wortlaut des § 130 VVG.

b) Denselben Antrag haben die HK. Bremen, Hamburg, Stettin gestellt.

Der Antrag ist unberücksichtigt geblieben.

Bem. 2. Der Antrag der Hamburger Exporteure:

„In Nr. 1 zu sagen „„die Aufwendungen einschließlich Aufopferungen, insofern dieselben nicht in Haveriegrosse vergütet werden““

ist unberücksichtigt geblieben.

Abs. 1 Nr. 3.

Bem. 3. Die HK. Bremen, Hamburg, Lübeck haben beantragt:

„In Nr. 3 zwischen Satz 1 und 2 folgende Bestimmung einzuschieben: „„Dispachierungskosten sind stets zu ersetzen, sofern der Schaden zu Lasten des Versicherers geht““.

Die Assekuradeure haben erwidert, der Antrag sei nicht ganz verständlich. „Dispachierungskosten“ würden in Fällen einer großen Haverei in den Beiträgen ersetzt. Im Falle einer besonderen Haverei würden sie ersetzt, wenn ihre Aufwendung den Umständen nach geboten sei oder vom Versicherer verlangt werde. Daß der Versicherer auch solche Kosten ersetze, deren Aufwendung den Umständen nach nicht geboten und auch nicht verlangt war, werde unmöglich gefordert werden können.

Der Antrag ist nicht weiter verfolgt worden.

Bem. 4. Die Hamburger Reeder haben beantragt:

„In Nr. 3 Satz 2 zu streichen“.

und in der Vollversammlung vom 13. Februar 1911 damit begründet, daß die Assekuradeure zwar keine überflüssigen Kosten tragen sollten, aber besonders im Auslande die Zuziehung eines Sachverständigen zur Ermittelung des Schadens, für die der Versicherungsnehmer zu sorgen habe, oft nicht zu umgehen sei. Der Assekuradeur solle zwar nicht schlechthin überflüssige Kosten zu tragen verpflichtet sein, wohl aber solche, deren Aufwendung nach der Sorgfalt eines ordentlichen Kaufmannes als erforderlich anzusehen seien. Die Assekuradeure haben hierzu bemerkt, daß der Versicherer die zur Feststellung des Schadens notwendigen Kosten nach S. 10 stets tragen solle.

Der Antrag ist nicht weiter verfolgt worden.

Bem. 5. Die HK. Bremen, Frankfurt a. M., Hamburg haben beantragt:

„In Nr. 3 Satz 2 Streichung der Worte „„eines Sachverständigen““ und Umgestaltung des Satzes etwa wie folgt: „„Jedoch hat der Versicherer die Kosten nicht zu erstatten, die dem Versicherungsnehmer dadurch entstehen, daß er lediglich in seinem Interesse einen Beistand oder sonstigen Beauftragten hinzuzieht““

weil es vielfach Anstoß erregt habe, daß der Versicherer die Kosten der Zuziehung eines Sachverständigen oder sonstigen Beistandes tragen müsse, wenn diese Zuziehung zur Ermittelung oder Feststellung des Schadens notwendig sei. Die Assekuradeure haben entgegengehalten: Soweit die Zuziehung eines Sachverständigen usw. notwendig sei, sollten dem Versicherungsnehmer die Kosten der Zuziehung ersetzt werden. Wenn hierüber hinaus schon nach den Regeln des allgemeinen Versicherungsrechts Kosten nicht zu ersetzen seien, bestehe gewiß kein Bedürfnis, für den

Seeversicherungsverkehr, an dem überwiegend geschäftskundige Kaufleute beteiligt sind, weiter zu gehen. Die Antragsteller haben auf Streichung der Worte „eines Sachverständigen" bestanden. Wenn die Assekuradeure erklärten, daß dem Versicherungsnehmer die Kosten der Zuziehung eines Sachverständigen ersetzt werden sollten, soweit die Zuziehung eines Sachverständigen notwendig sei, so entspreche dies zwar durchaus den Anträgen der Handelskammern, stehe aber mit dem Wortlaute der Nr. 3 in Widerspruch. Nach ihrem Wortlaut sollen im allgemeinen vom Versicherer die Kosten ersetzt werden, die zur Ermittelung und Feststellung des Schadens notwendigerweise aufzuwenden wären; diese Bestimmung werde jedoch für gewisse Fälle durch den mit dem Worte „jedoch" beginnenden zweiten Satze eingeschränkt, wo gesagt werde, daß die Kosten, welche dem Versicherungsnehmer durch die Zuziehung eines Sachverständigen entstehen, nicht schon dann, wenn ihre Aufwendung zur Ermittelung und Feststellung des Schadens den Umständen nach geboten wäre, sondern nur dann, wenn der Versicherungsnehmer durch den Vertrag zur Zuziehung des Sachverständigen verpflichtet wäre, zu ersetzen seien. Die Assekuradeure haben in ihrem Schreiben vom 21. 4. 13 ihren Standpunkt aufrechterhalten, sind jedoch dem Antrage insofern gerecht geworden, als die Worte hinzugefügt worden sind „oder der Versicherer die Zuziehung verlangt hatte."

Abs. 2.

Bem. 6. Die Hamburger Reeder haben in der Vollversammlung vom 13. Februar 1911 unter gleichzeitigem Hinweis auf die Bestimmungen des § 44 E. 10 erklärt, daß die in Satz 2 vorgesehene Regelung, daß der Versicherungsnehmer schlechthin den Weisungen des Versicherers volle Folge zu leisten haben, für sie unannehmbar sei. Für die Reederei sei keine andere Regelung möglich, als daß sich der Reeder mit dem Versicherer zu verständigen habe. Komme eine Verständigung nicht zustande, so müsse der Reeder verpflichtet sein, mit der Sorgfalt eines ordentlichen Kaufmannes zu verfahren; mehr aber könne von ihm nicht gefordert werden. Die Entscheidung müsse in solchem Falle unbedingt in der Hand des Reeders liegen, handele dieser nicht sorgfältig, so treffe ihn der Nachteil, daß der Schaden ihm nicht ersetzt werde. Auch könnten die Versicherer sich irren. Der versicherte Reeder im allgemeinen werde besser wissen, was erforderlich sei. Die Assekuradeure haben dagegen ausgeführt, es dürfe nicht vergessen werden, daß, wenn ein Schaden eingetreten sei, das Unternehmen nicht mehr ein solches des Reeders oder Kaufmannes sei, sondern ein solches des Versicherers. Es müsse letzterem deshalb unbenommen bleiben, zu bestimmen, was er für erforderlich halte. Die Verpflichtungen des Reeders auf die Sorgfalt eines ordentlichen Kaufmannes zu beschränken, erscheine nicht angängig, da die Führung des Nachweises, daß diese Sorgfalt verletzt sei, für die Assekuradeure meist nicht möglich sein werde. Zur Erwägung soll indessen genommen werden, ob eine Milderung des in dem Entwurfe aufgestellten Grundsatzes möglich sei.

Die Assekuradeure sind insoweit den Wünschen der Reeder nachgekommen, als sie die Worte aufgenommen haben „und die Aufwendungen erfolglos geblieben sind".

Bem. 7. Der weitergehende Antrag der Reeder:

„in Abs. 2 die Schlußworte von „„der Versicherer ist verpflichtet““ bis Ende zu streichen“

ist unberücksichtigt geblieben.

§ 33.

Verschulden des Versicherungsnehmers.

(1) Der Versicherer ist von der Verpflichtung zur Leistung frei, wenn der Versicherungsnehmer den Versicherungsfall vorsätzlich oder fahrlässig herbeiführt. Er hat jedoch den von dem Versicherungsnehmer durch eine fehlerhafte Führung des Schiffes (nautisches Verschulden) verursachten Schaden zu ersetzen, es sei denn, daß dem Versicherungsnehmer eine vorsätzliche oder grobfahrlässige Handlungsweise zur Last fällt; als nautisches Verschulden gilt jedoch nicht ein Verschulden in Ansehung der Übernahme, Stauung, Verwahrung oder Ablieferung der Güter.

(2) Bei einer Versicherung, die sich auf die Güter bezieht, haftet der Versicherer auch nicht für einen Schaden, der von dem Ablader oder dem Empfänger in dieser Eigenschaft vorsätzlich oder fahrlässig verursacht wird.

(3) Der Versicherungsnehmer hat das Verhalten der Schiffsbesatzung als solcher nicht zu vertreten.

ASVB. § 70 Nr. 4; BSVB. § 56; HGB. § 821 Nr. 4 und 5; VVG. §§ 61, 130, 131 Abs. 1; ME. § 55 Nr. 3c und 4c; E. 10 § 36; E. 14 § 33.

Abs. 1.

Bem. 1. Die Hamburger Reeder haben beantragt:

„in Satz 1 hinter „„Versicherungsnehmer““ „„persönlich““ einzuschalten.

In der Vollversammlung vom 13. Februar 1911 ist seitens der Assekuradeure erklärt worden, daß den Versicherungsnehmer ein eigenes Verschulden treffe, der Zusatz „persönlich“ bringe dies nicht zum Ausdruck, der E. 10 lehne sich in seinem Wortlaute an das Versicherungsvertragsgesetz an. Die Vertreter der Reeder haben erklärt, daß sachlich zwischen den Assekuradeuren und ihnen eine Meinungsverschiedenheit nicht mehr bestehe; doch sei eine Änderung der Redaktion wünschenswert.

Der Antrag sollte in Erwägung gezogen werden, ist aber trotz Neuredaktion des Satz 1 unberücksichtigt geblieben.

Bem. 2. Die Hamburger Reeder und die HK. Frankfurt a. M. haben zu den Schlußverhandlungen 1918 beantragt:

„„fahrlässig““ zu streichen“,

die Hamburger Reeder mit der Begründung, daß die in den englischen Kaskopolicen enthaltene „negligence clause“ die Fahrlässigkeit nicht ausschließt und daß auch § 61 VVG. nur von grober Fahrlässigkeit spricht. In der Beratung mit den Reedern vom 17. und 18. September 1918 sind sie auf § 130 VVG. hingewiesen worden. Vor allem haben die Assekuradeure geltend gemacht, daß, wenn der beantragten Änderung Rechnung getragen würde, die Gefahr für den Versicherer in erheblichem Maße gesteigert würde, was naturgemäß zu einer Erhöhung der Prämie führen müsse.

Hierauf ist der Antrag fallen gelassen worden.

Bem. 3. Der Wvb. hat zu den Schlußverhandlungen 1918 beantragt:

„statt „„vorsätzlich oder fahrlässig““ zu sagen „„vorsätzlich oder grobfahrlässig““,

aber nach Kenntnis der Verhandlungen mit den Reedern (Bem. 2) den Antrag nicht weiter verfolgt.

Bem. 4. In der Vollversammlung vom 10. Oktober 1918 regte der juristische Beirat der Bremer Reeder an:

„an Stelle „„grobfahrlässig““ „„böslich““ zu sagen.

Der Antrag ist nicht weiter verfolgt worden.

Bem. 5. Die HK. Bremen und Hamburg haben beantragt:

„In Satz 2 hinter „„Versicherungsnehmer““ an erster Stelle „„selbst““ einzuschieben“,

um Mißverständnisse zu beseitigen. Die Assekuradeure haben erklärt: Der Antrag gehe von einer offenbar unrichtigen Voraussetzung aus. Allerdings hafte der Versicherer auch dann, wenn der Schaden auf dem Verschulden einer Person der Schiffsbesatzung beruhe (§ 29 Satz 2 E. 10). Aber im übrigen bewende es selbstverständlich bei der allgemeinen Regel des bürgerlichen Rechtes, daß der Versicherungsnehmer für ein Verschulden eines gesetzlichen Vertreters und derjenigen, in deren Händen er die Erledigung seiner Versicherungsangelegenheiten gelegt habe, aufkommen müsse. So würde z. B. natürlich ganz unverständlich sein, wenn eine Witwe, die das Geschäft ihres verstorbenen Mannes ausschließlich durch ihren Sohn als ihren Vertreter weiterführen lasse, sich darauf sollte berufen dürfen, daß zwar ihr Sohn den Schaden vorsätzlich oder fahrlässig verursacht habe, sie selbst aber, da sie sich um ihr Geschäft nicht kümmere, vielmehr nur am Gewinn beteiligt sei, kein Verschulden treffe.

Der Antrag ist abgelehnt worden, weil durch ihn der Eindruck erweckt werden würde, daß der Versicherungsnehmer in allen Fällen ausschließlich für eigenes Verschulden einzustehen hätte.

Bem. 6. Die Hamburger Reeder haben beantragt:

„den Zusatz „„nautisches Verschulden““ zu streichen“,

da der Begriff des „nautischen Verschuldens“ umstritten sei und infolgedessen Unklarheiten mit sich bringe. In der Sitzung der Vollversammlung vom 13. Februar 1911 haben die Assekuradeure sich gegen diesen Antrag, der übrigens nur redaktioneller Natur sei, erklärt; der Begriff könne an dieser Stelle, an der er nur erläuternd dem Ausdrucke „fehlerhafte Führung des Schiffes“ hinzugefügt sei, zu keinen Mißverständnissen führen.

Der Antrag ist unberücksichtigt geblieben.

Bem. 7. Mit dem Begriff des „nautischen Verschuldens“ beschäftigen sich eine Reihe von zu den Schlußverhandlungen 1918 gestellten Anfragen:

a) Die Hamburger Reeder haben beantragt:

„Vom nautischen Verschulden darf als nicht ausgeschlossen gelten: Verschulden in Ansehung der Übernahme, Stauung, Verwahrung oder Ablieferung der Güter"

und als Begründung angegeben: Wenn diese Bestimmung geschaffen sei, von dem Gesichtspunkte aus, daß sie schon heute durch die Rechtsprechung gegeben sei, da ein solches Verschulden als administratives Verschulden zu gelten habe, für das der Versicherer nicht hafte, so sei sie gegenstandslos. Durch die „Klarstellung" werde aber ein Rechtsgrundsatz aufgestellt, der die Lage der Versicherten unter allen Umständen verschlechtere.

b) Die Bremer Reeder haben erklärt:

„Die Bestimmung über nautisches Verschulden scheint sich auf den Fall zu beziehen, daß der Schiffer zugleich Versicherungsnehmer ist. Eine erklärende Erläuterung des letzten Satzes des Abs. 1 ist erforderlich."

c) Die HK. Stettin hat eine Klärung der in der jetzigen Fassung unverständlichen Bestimmung gewünscht.

Gelegentlich der Beratungen mit den Reedern vom 17. und 18. September 1918 sind die Reeder der Ansicht gewesen, daß die Entscheidung wie bisher der Rechtsprechung überlassen bleiben müsse. Die Makler haben bemerkt, daß der Kaskoversicherer den Schiffskörper versichert habe. Das Bestreben, ihn haftbar zu machen für Übernahme, Stauung, Verwahrung oder Ablieferung der Güter hieße ihm eine Haftpflicht auferlegen, die einen völlig selbständigen Versicherungsgegenstand darstelle.

Daraufhin sind die Anträge nicht weiter verfolgt worden.

Bem. 8. Die Anregung der HK. Berlin:

„Das nautische Verschulden ausdrücklich auf die Kaskoversicherung zu beschränken"

ist unberücksichtigt geblieben.

Bem. 9. Die HK. Bremen, Hamburg, Lübeck haben beantragt:

„In Satz 2 die Worte „„vorsätzliche oder grobfahrlässige Handlungsweise"" zu ersetzen durch „„bösliche Handlungsweise""

und ihren Antrag begründet: Im Interesse der Kleinschiffahrt müßte der Versicherer des Schiffes in Übereinstimmung mit HGB. § 821 Ziffer 4 nur für den Fall, daß der Reeder, welcher selbst das Schiff führt, böslicherweise einen Schaden durch nautisches Verschulden verursacht habe, von der Haftung für den Schaden befreit werden. Die Assekuradeure haben erwidert: sie sähen keinen Grund, die Haftung für grobe Fahrlässigkeit des Versicherungsnehmers zu übernehmen. Wenn in der Begründung dieses Antrages darauf hingewiesen werde, daß die Änderung „im Interesse der Kleinschiffahrt" liege, so dürfe betont werden, daß dieses Interesse ausreichend gewahrt werde, wenn der Versicherer entgegen dem allgemeinen Grundsatze die Haftung für Fahrlässigkeit des Versicherungsnehmers übernehme.

Der Antrag ist unberücksichtigt geblieben.

Bem. 10. Der von der HK. Frankfurt a. M. zu den Schlußverhandlungen 1918 gestellte Antrag:

„Abs. 1 ist hinsichtlich der Güterversicherung mit dem Zusatz zu versehen: . . . . „„zu deren Ersatz der Versicherer nur dann verpflichtet ist, wenn solcher von dem Frachtführer nicht zu ersetzen ist““
ist nicht weiter verfolgt worden.

Abs. 2.

Bem. 11. Über die zu den Schlußverhandlungen 1918 gestellten Anträge
a) der HK. Frankfurt a. M.:
„das Wort „„fahrlässig““ zu streichen“
b) des Wvb.:
„statt „„vorsätzlich oder fahrlässig““ zu sagen „„vorsätzlich oder grobfahrlässig““.
vgl. Bem. 2 und 3.

Bem. 12. Der Antrag der HK. Lübeck:
„Abs. 2 zu streichen“
ist unberücksichtigt geblieben.

Abs. 3.

Bem. 13. Die Streichung des § 46 E. 14 habe, wie der juristische Beirat der Assekuradeure in der Redaktionskommissionssitzung vom 16. September 1919 ausgeführt hat, die offenbar unbeabsichtigte Folge gehabt, daß auch der zweite Satz dieser Bestimmung: „Er (der Versicherungsnehmer) hat jedoch das Verhalten der Schiffsbesatzung als solcher nicht zu vertreten“ mit entfernt sei, so daß der Versicherungsnehmer z. B. die vom Kapitän grobfahrlässig herbeigeführte Kollision des versicherten Schiffes zu vertreten habe.

Die Redaktionskommissionssitzung hat beschlossen als neuen Absatz 3 eine Bestimmung anzufügen, nach der der Versicherungsnehmer das Verhalten der Schiffsbesatzung als solcher nicht zu vertreten hat.

§ 34.

Schaden von weniger als 3 %.

(1) Der Versicherer haftet nicht für einen Schaden, wenn dieser 3 % des Versicherungswerts nicht erreicht.

(2) Der Versicherer haftet für Beiträge zur großen Haverei und Aufopferungen auch dann, wenn diese 3 % des Versicherungswerts nicht erreichen. Das Gleiche gilt von der Haftung für den durch einen Schiffszusammenstoß entstandenen mittelbaren Schaden und für die im § 32 Abs. 1 Nr. 1 und 2 und im § 95 Abs. 3 bezeichneten Aufwendungen. Schäden und Aufwendungen, für die der Versicherer hiernach unbeschränkt haftet, sowie die im § 32 Abs. 1 Nr. 3 bezeichneten Kosten kommen für die Berechnung der nach Absatz 1 maßgebenden Haftungsgrenze nicht in Betracht.

(3) Bei einer Versicherung, die sich auf das Schiff bezieht, ist für jede Reise besonders zu ermitteln, ob der Schaden in dem im Absatz 1 bezeichneten Verhältnisse zum Versicherungswerte steht. Als

Reise im Sinne dieser Bestimmung gilt jede Fahrt, zu der das Schiff von neuem ausgerüstet oder die auf Grund eines neuen Frachtvertrages oder nach vollständiger Löschung der Ladung angetreten wird, sowie jede Zureise in Ballast. Die zwischen zwei Reisen liegende Zwischenzeit wird der vorhergehenden Reise zugerechnet.

ASVB. §§ 83, 97, 98; BSVB. §§ 10, 11; HGB. §§ 845, 846; ME. §§ 66 Abs. 1 Satz 2, Abs. 2, 104; E. 10 §§ 37, 41; E. 14 § 34.

Abs. 1.

Bem. 1. „Ist eine Taxe vereinbart, so muß nach geltendem Rechte der Versicherer trotz der im § 845 HGB. bestimmten Begrenzung seiner Haftung der Schaden zu ersetzen, wenn dieser zwar nicht 3 % des wirklichen Versicherungswerts, wohl aber 3 % der Taxe übersteigt. Denn der Versicherer kann zwar die Herabsetzung einer übersetzten, aber nicht die Heraufsetzung einer untersetzten Taxe verlangen. Die ASVB. (§ 97) suchen diesem Übelstande dadurch abzuhelfen, daß sie für Schiff, Fracht und Güter im einzelnen die Werte bestimmen, die bei der Verhältnisberechnung zu Grunde zu legen sind. Ein solches Verfahren erscheint wenig zweckmäßig. Man verzichtet damit auf die Vorteile, die in der vertragsmäßigen Festsetzung des Versicherungswerts liegen und liefert die Verhältnisberechnung der größten Unsicherheit aus. Würde man auf dem im § 97 Abs. 2 ASVB. bezeichneten Wege festgestellt haben, daß der Schaden 3 % des dort angegebenen Wertes nicht übersteigt, so würde eine Menge nutzlos aufgewendeter Kosten dem Versicherungsnehmer zur Last fallen. Der Entwurf bestimmt deshalb, daß, wenn eine Taxe vereinbart ist, der Versicherer zum Zwecke der Verhältnisberechnung eine Heraufsetzung der Taxe verlangen kann, wenn die Taxe erheblich untersetzt ist. Es kann hiernach kein Zweifel sein, daß die Wirkung der Heraufsetzung ausschließlich die einer richtigen Ermittelung des Verhältnisses zwischen Schaden und dem wirklichen Versicherungswert ist". Begr. § 37.

Bem. 2. Die HK. Berlin, Bremen, Flensburg, Frankfurt a. M., Hamburg, Kiel, Lübeck, die Hamburger Reeder und die Makler haben beantragt:

„§ 37 Abs. 1 E. 10 zu streichen"

mit folgender Begründung: Der in Abs. 1 Satz 2 aufgestellte Rechtssatz ist dem bestehenden Seeversicherungsrechte fremd. Ist ein Versicherungswert vereinbart, so werde an dieser Vereinbarung von beiden Parteien festgehalten werden müssen, soweit nicht etwa zwingendes Recht im Wege stehe, was hier nicht der Fall sei. Die Assekuradeure haben erwidert: Es sei richtig, daß der im Abs. 1 Satz 2 aufgestellte Rechtssatz in dem geltenden Seeversicherungsrechte nicht enthalten sei. Aber es sei nicht richtig, daß das geltende Seeversicherungsrecht, soweit die ASVB. in Betracht kommen, den Versicherungsnehmer günstiger stellen als der E. 10. Vielmehr sei, wie § 97 ASVB. beweise, das Gegenteil richtig. Die Assekuradeure hätten geglaubt, dem Versicherungsnehmer entgegenkommen zu sollen, deshalb zunächst die Taxe für maßgebend und nur für den Fall einer

erheblichen Untersetzung der Taxe den Versicherer für berechtigt erklärt, Heraufsetzung zu verlangen. Sie würden gleichwohl in Erwägung darüber eintreten, ob sie auch noch auf den bescheidenen Schutz, den ihnen die Bestimmung des E. 10 gewähre, verzichten können. Schließlich sind die Assekuradeure bereit gewesen, dem Antrage stattzugeben. (Schreiben vom 21. 4. 13.)
Satz 2 ist gestrichen worden.

Bem. 3. Die Hamburger Reeder haben die Aufnahme einer Vorschrift beantragt, welche die Unzulässigkeit der Heraufsetzung der Taxe ausspricht.

In der Vollversammlung vom 13. Februar 1911 haben die Reeder bemerkt, die vereinbarte Taxe müsse unter allen Umständen als die unanfechtbare Grundlage für die Berechnung der Franchise gelten. Seitens eines Vertreters der Assekuradeure ist demgegenüber ausgeführt worden, es entspreche nur der Billigkeit und auch dem Vertragswillen der Parteien, daß der wahre Versicherungswert der Berechnung der Franchise zugrunde gelegt werde. Sei die Taxe wesentlich untersetzt, so müsse dem wahren Vertragswillen der Parteien Geltung verschafft und die Taxe entsprechend heraufgesetzt werden. Seitens der Makler ist demgegenüber klargelegt worden, daß die Praxis dieser Auffassung durchaus entgegenstehe. Der Absicht und dem Willen der Parteien entspreche es keineswegs, daß die Franchise bei Teilschäden von dem wirklichen Versicherungswert berechnet würde; es werde vielmehr stets die Taxe zugrunde gelegt. Die Bestimmung des Entwurfs werde zur Folge haben, daß in Zukunft die Franchise nicht mehr wie bisher in Prozenten, sondern in einer festen Geldsumme ausgedrückt werde. Die Folge werde sein, daß bei der Rückversicherung, namentlich bei den Deckungen in England, die Franchise in jedem Falle angezeigt werden müsse, weil diese Art der Festsetzung der Franchise eine Abweichung von den Vorschriften der Bedingungen bedeute und solche Abweichungen anzeigepflichtig seien. Außerdem würde sehr bald zum Schaden der Assekuradeure ein gegenseitiges Unterbieten anfangen. Die Assekuradeure haben anerkannt, daß diese Bedenken nicht ohne weiteres von der Hand zu weisen seien.
Durch die Erfüllung des Antrages unter Bem. 2 ist dieser Antrag gegenstandslos geworden.

Abs. 2.

Bem. 4. Durch die in § 29 vorgenommene Ausdehnung der Versicherung auch auf die zur großen Haverei gehörenden Aufopferungen des versicherten Gegenstandes sind Änderungen notwendig geworden.

Bem. 5. Die Hamburger Reeder haben zu den Schlußverhandlungen 1918 beantragt:

„statt „„Schiffszusammenstoß““ „„Zusammenstoß““ zu sagen.

Über das Schicksal dieses Antrages vgl. § 28 Bem. 6.

Abs. 3.

Bem. 6. Die Bestimmung des § 41 E. 10 ist als Satz 2 eingestellt worden. Abs. 3 hat einige redaktionelle Änderungen erfahren, gegen die Bedenken nicht erhoben worden sind.

Bem. 7. Der Antrag der HK. Kiel:

„§ 41 S. 10 im Interesse einer größeren Klarstellung auf die Bestimmung zu beschränken, daß jede Fahrt, die nach Löschung der Fracht angetreten wird, als selbständige Reise anzusehen ist, mit Einschluß jeder Zureise und Ballastreise"

ist unberücksichtigt geblieben.

Bem. 8. Der Antrag der HK. Bremen:

„die Befreiungsprozente im Strandungsfalle wegfallen zu lassen"

ist unberücksichtigt geblieben.

§ 35.

Frei von Kriegsgefahr.

(1) Der Versicherer trägt nicht die Gefahr eines Krieges. Er haftet insbesondere nicht für einen Schaden, der durch eine durch den Krieg veranlaßte Maßnahme einer, sei es anerkannten, sei es nicht anerkannten, kriegführenden Macht, namentlich nicht für einen Schaden, der dadurch verursacht wird, daß die versicherte Sache angehalten, aufgebracht, genommen, zurückgehalten, angefordert, beschlagnahmt oder durch die in Anlaß des Krieges gelegten Minen oder infolge anderer Maßnahmen beschädigt oder vernichtet wird; den Maßnahmen einer kriegführenden Macht stehen diejenigen einer anderen Macht gleich, wenn diese binnen sechs Monaten nach der Maßnahme in den Krieg eintritt.

(2) Bei einer Versicherung, die sich auf das Schiff bezieht, ist der Versicherer von der Verpflichtung zur Leistung frei, wenn das Schiff infolge der Kriegsgefahr die Reise nicht antritt oder nicht fortsetzt oder einen Hafen anläuft, es sei denn, daß der Versicherungsnehmer, sobald er hiervon Kenntnis erlangt, unverzüglich dem Versicherer erklärt, daß die Verpflichtung bestehen bleiben soll.

(3) Bei einer Versicherung, die sich auf die Güter bezieht, ist der Versicherer von der Verpflichtung zur Leistung frei, wenn die Güter infolge der Kriegsgefahr ausgeladen werden, es sei denn, daß der Versicherungsnehmer, sobald er von der bevorstehenden oder bewirkten Ausladung Kenntnis erlangt, unverzüglich dem Versicherer erklärt, daß die Verpflichtung bestehen bleiben soll. Dauert in diesem Falle der Aufenthalt länger als zwei Monate, so haftet der Versicherer für eine später entstehende Beschädigung oder Leckage nur im Falle einer Strandung, auch wenn er sonst noch in anderen Fällen haftet; die Bestimmungen des § 114 Abs. 1 und 3 über die Haftung des Versicherers im Strandungsfalle finden entsprechende Anwendung.

(4) Wird die Gefahr, die der Versicherer trägt, infolge der Kriegsgefahr geändert und der Versicherer durch die Änderung von der Verpflichtung zur Leistung nicht befreit, so gebührt dem Versicherer eine Zuschlagsprämie. Dies gilt insbesondere, wenn das Schiff infolge der Kriegsgefahr die Reise nicht antritt oder nicht fortsetzt oder einen Hafen anläuft.

ASVB. § 101; BSVB. § 21; HGB. § 849; RG. § 67; E. 10 § 38; E. 14 § 35.

I. Die Entwicklung bis zum Entwurf Juli 1914.

Bem. 1. § 38 E. 10 trägt die Überschrift „Haftung nur für Seegefahr", um der Gewohnheit der Seehandelsplätze, in denen „die Versicherung seit langer Zeit regelmäßig mit der Klausel „nur für Seegefahr" geschlossen wird, zu entsprechen. Begr. § 38.

Bem. 2. Da im Binnenlande die Versicherung „nur für Seegefahr" regelmäßig mit der Klausel „frei von Kriegsmolest" geschlossen wird, so hätte in Betracht kommen können, allgemein zu bestimmen, „daß die Versicherung endigt, wenn die Gefahr des Krieges Einfluß auf die Reise zu üben beginnt (vgl. HGB. § 848; ASVB. § 100). Für die Stellungnahme des Entwurfs wird der Umstand entscheidend sein müssen, daß die Haftung des Versicherers „nur für Seegefahr" über die Haftung „frei von Kriegsmolest" hinausgeht und es unzweckmäßig sein würde, in den allgemeinen Bedingungen eine Beschränkung der Haftung des Versicherers zu bestimmen, welche die Vertragsschließenden mittelst Aufnahme einer Klausel beseitigen müßten, um zu einem einer weitverbreiteten Übung entsprechenden Verhältnisse zu gelangen" Begr. § 38. Nur in einem Punkte nähert sich E. 10 den für die Klausel „frei von Kriegsmolest" geltenden Bestimmungen. „Wird die Tragung der Kriegsgefahr im Vertrag ausgeschlossen, so müßte folgerichtig der Versicherer von der Verpflichtung zur Leistung grundsätzlich frei sein, wenn die Kriegsgefahr auf das versicherte Interesse Einfluß auszuüben anfängt und hierdurch die Gefahr geändert wird (vgl. RG. 67 S. 251). Dieser Erwägung entsprechen die Vorschriften, die gelten, wenn der Versicherer „frei von Kriegsmolest" haftet. Ist die Versicherung „nur für Seegefahr" genommen, so ist nach § 849 HGB. der Einfluß der Kriegsgefahr auf die Dauer der Versicherung ausnahmsweise ohne Bedeutung. Dagegen bestimmt § 101 Abs. 3 ASVB., daß der Versicherungsnehmer „auf die Fortdauer der Versicherung verzichten" kann, wenn das Schiff infolge der Kriegsgefahr in einen Hafen verwiesen oder aufgebracht wird, und daß er, wenn er nicht unverzüglich verzichtet, eine Zuschlagsprämie zu entrichten hat. Dieser Bestimmung gemäß legt auch der Entwurf die Entscheidung, ob die Verpflichtung des Versicherers fortdauern oder endigen soll, in die Hand des Versicherungsnehmers, aber nicht in der Weise, daß von der unverzüglich zu bewirkenden Erklärung des Versicherungsnehmers die Endigung der Verpflichtung, sondern in der Weise, daß davon die Fortdauer der Verpflichtung abhängig gemacht wird. Der Versicherer ist frei, wenn der Versicherungsnehmer nicht die Fortdauer der Verpflichtung verlangt, und zwar gilt dies nicht nur dann, wenn das Schiff infolge der Kriegsgefahr in einen Hafen verwiesen oder aufgebracht wird, sondern immer dann, wenn der Einfluß des Krieges sich besonders sinnfällig bemerkbar macht, bei einer Schiffsversicherung, wenn das Schiff infolge der Kriegsgefahr einen Hafen anläuft, bei der Güterversicherung, wenn die Güter infolge der Kriegsgefahr gelöscht werden. Eine solche Regelung entspricht den Interessen aller Beteiligten und läßt hoffen, daß, wenn nicht besondere Gründe für die Vereinbarung der Klausel „frei von Kriegsmolest" vorhanden sind, man in weitem Umfange von einer solchen Vereinbarung absehen und damit eine weitere Übereinstimmung der Formen des Versicherungsgeschäfts erzielt werden wird. Begr. § 38.

Abs. 1.

Bem. 3. Die HK. Bremen, Elberfeld, Flensburg, Frankfurt a. M., Hamburg, Leipzig, Lübeck, Magdeburg und die Makler haben beantragt:

„Die Versicherung grundsätzlich die Kriegsgefahr mit umfassen und den Ausschluß der Kriegsgefahr durch die Einfügung der besonderen Klausel in die Police „„nur für Seegefahr"" eintreten zu lassen"

und folgendermaßen begründet. Der in E. 10 aufgestellte Grundsatz, daß die Seeversicherung die Kriegsgefahr nicht einschließen soll, steht mit dem bestehenden Rechte im Widerspruch und wird von den Versicherungsnehmern entschieden bekämpft. Es wird Wert darauf gelegt, daß nach wie vor in der Police durch eine besondere Klausel deutlich zum Ausdruck gebracht wird, wenn die Kriegsgefahr, was allerdings die Regel ist, ausgeschlossen wird. Es wird beantragt, der Klausel, durch welche dieser Ausschluß erfolgt, den Wortlaut „frei von Kriegsgefahr" zu geben, da die bisher übliche Klausel „nur für Seegefahr" nicht immer richtig verstanden worden ist. Die Assekuradeure haben erwidert. Sie könnten diesem Antrage nicht stattgeben. Der E. 10 entspreche lediglich der bisherigen Praxis, übrigens auch dem Entwurf eines ungarischen Seeversicherungsgesetzes und der für das Gebiet der Feuerversicherung geltenden Vorschrift des § 84 VVG., die gleichfalls die Kriegsgefahr allgemein ausschlössen. Ob dies auch auf der Police in irgend einer Form zum Ausdruck zu bringen sei, werde späteren Erwägungen vorbehalten bleiben können. Keinesfalls werde durch den allgemeinen Ausschluß der Kriegsgefahr das berechtigte Interesse der Versicherungsnehmer irgendwie berührt.

Der Antrag ist zunächst unberücksichtigt geblieben.

Bem. 4. Über die Einschaltung der Worte „sei es anerkannte, sei es nicht anerkannte" vor „kriegführenden Macht" vgl. Bem. 15.

Bem. 5. a) Die Hamburger Reeder haben beantragt:

„Vor „„beschädigt"" einzufügen „„während des Krieges""."

b) Die Makler haben einen ähnlichen Antrag gestellt. Sie wollen zum Ausdruck gebracht haben:

„daß von der Beendigung des Krieges an der Versicherer auch für solche Schäden haftet, die sich nach dem Friedensschluß als unbeabsichtigte

Folge von während des Krieges getroffenen Maßregeln der kriegführenden Mächte ereignen (z. B. schwimmende Minen)".
In der Vollversammlung vom 13. Februar 1911 haben die Assekuradeure erklärt, in diesem Falle haften zu wollen.

Bem. 6. Die HK. Bremen, Hamburg haben beantragt:

„Abs. 1 folgende Fassung in Anlehnung an § 21 BSVB. zu geben: „„Die Haftung des Versicherers wird durch die Anhaltung und Aufbringung des Schiffes nicht unterbrochen, sondern dauert bis zur Kondemnation des versicherten Gegenstandes oder bis zur Vollendung der versicherten Reise und bei der Zeitversicherung bis zu deren Ablauf fort. Der Versicherer haftet aber nicht dafür, daß die versicherte Sache genommen oder in unmittelbarer Folge einer feindseligen Handlung einer kriegführenden Macht während des Krieges beschädigt oder vernichtet wird. Ihm fallen ferner nicht zur Last die Kosten, welche aus der Anhaltung, Reklamierung, aus der Blockade des Aufenthaltshafens, der Zurückweisung von einem blockierten Hafen oder dem freiwilligen Aufenthalte wegen der Kriegsgefahr oder sonstigen unmittelbaren Folgen einer feindseligen Handlung entstehen, sowie der Schaden, welcher im Falle der Wegnahme des Schiffes durch Verkauf der Güter oder deren Beförderung zum Bestimmungsort verursacht wird"".

Auf die ablehnende Antwort der Assekuradeure hin haben die Antragsteller ausgeführt: Der Satz 1 des Absatzes 1, welcher schlechthin bestimme, daß der Versicherer nicht die Gefahr des Krieges trage, sei irreleitend, da der Versicherer tatsächlich die Gefahr von Einflüssen des Krieges, insbesondere von Gefahränderungen infolge des Krieges, sowohl nach dem bisherigen Rechte getragen habe, als auch offenbar nach der Absicht des E. 10 in Zukunft tragen wolle. Aus diesem Grunde erscheine den vereinigten Handelskammern eine den bestehenden Bremer oder Hamburger Bedingungen sich näher anschließende Fassung entschieden besser; auf jeden Fall müsse zum Ausdruck gebracht werden, daß der Versicherer nur für die zunächst durch Kriegsgefahr verursachten Schäden nicht hafte.

In den vom Dezember 1913 ab beginnenden Verhandlungen der HK. Kommissionssitzungen wurde eingehend über den Wunsch der HK., klar zum Ausdruck zu bringen, daß der Seeversicherer nur für die zunächst durch einen Krieg hervorgerufenen Gefahren nicht hafte, verhandelt. Wiederholt wurde ein diesbezüglicher Antrag gestellt und abgelehnt.

In dem Schreiben vom 7. Januar 1914 haben die Assekuradeure die Verwendung der Ausdrücke „mittelbar" und „unmittelbar" abgelehnt, weil sie nicht für die Bezeichnung des Kausalitätsgrades, sondern auch, und zwar in erster Linie für die Bezeichnung der Art des Schadens, nämlich für die Unterscheidung von Substanzschaden und anderen Schäden, verwendet werden.

In der Sitzung vom 21. März 1914 ist beschlossen worden, auf die Einschaltung des Wortes „zunächst" zu verzichten, da die Assekuradeure ihr Einverständnis mit der Auffassung der Handelskammern über die Auslegung dieser Vorschriften zum Ausdruck gebracht hatten.
Der Antrag ist zunächst unberücksichtigt geblieben.

Bem. 7. Die Makler haben beantragt:

„Klar zum Ausdruck zu bringen, daß es sich nur um direkte Kriegsschäden handele".

Die Assekuradeure haben diesen Antrag als rein redaktionell bezeichnet (Vollversammlung vom 13. Februar 1911).

Der Antrag ist nicht weiter verfolgt worden.

Abs. 2.

Bem. 8. Die Hamburger Reeder und die Makler haben beantragt:

„Den Versicherer von der Leistungspflicht nicht zu befreien, sondern ihm nur das Recht auf höhere Prämie, die nach Billigkeit festzustellen ist, zuzugestehen; dagegen soll dem Versicherten das Recht zustehen, unverzüglich, nachdem er von der die Prämienerhöhung bedingenden Tatsache Kenntnis erhalten hat, den Vertrag ohne Einhaltung einer Kündigungsfrist zu kündigen". Vgl. auch Bem. 9.

Bem. 9. Die HK. Bremen, Hamburg haben beantragt:

„Abs. 2 und 3 abzuändern wie folgt: „„Bei einer Versicherung, die sich auf das Schiff bezieht, steht dem Versicherer, wenn infolge der Kriegsgefahr das Schiff einen Hafen anläuft oder aufgebracht wird, bei einer Reiseversicherung eine Zuschlagsprämie zu, falls der Aufenthalt in dem Hafen oder die Anhaltung länger als einen Monat dauert, es sei denn, daß der Versicherungsnehmer vor Ablauf des Monats den Vertrag kündigt. Im Falle der Kündigung ist der Versicherer von der Leistungspflicht frei. Bei einer Versicherung, die sich auf Güter bezieht, steht dem Versicherer eine Zuschlagsprämie zu, wenn die Güter infolge der Kriegsgefahr gelöscht werden, es sei denn, daß der Versicherungsnehmer, sobald er hiervon Kenntnis erlangt, den Vertrag unverzüglich kündigt; im Falle der Kündigung ist der Versicherer von der Leistung frei. Dauert der Aufenthalt länger als zwei Monate, so usw..... wie Abs. 3 Satz 3 E. 10"

und folgendermaßen begründet: In Umkehrung des in den Absätzen 2 und 3 aufgestellten Grundsatzes bestehe der Wunsch, die Haftung des Versicherers auch im Falle der Anhaltung oder Aufbringung des Schiffes fortdauern zu lassen, sofern der Versicherungsnehmer nicht ausdrücklich eine Kündigung ausspreche. Nach den bremischen Seeversicherungsbedingungen stehe dem Versicherer kein Anspruch auf eine Zuschlagsprämie für den Fall der Anhaltung oder Aufbringung des Schiffes zu. Immerhin sei anzuerkennen, daß, wenn die Gefahr durch eine wesentliche Verlängerung der Reise infolge der Anhaltung des Schiffes erhöht werde, der Anspruch des Versicherers auf eine Zuschlagsprämie nicht unbillig erscheine. Dieser Gesichtspunkt komme bei einer Kaskoversicherung indessen naturgemäß nur in Betracht, wenn es sich um eine Reiseversicherung handele. Eine praktische Lösung der Frage, wann eine wesentliche Verlängerung der Reise und dadurch eine wesentliche Erhöhung des Risikos, durch welche der Anspruch auf eine Zuschlagsprämie gerechtfertigt werde, als vorliegend anzusehen sei, suche der Antrag zu finden, in dem er dem Versicherer eine Zuschlagsprämie zubillige, wenn die Anhaltung länger als einen Monat dauere. Die Assekuradeure haben einen ablehnenden Standpunkt eingenommen.

Der Antrag ist zunächst unberücksichtigt geblieben.

Bem. 10. Unberücksichtigt ist der Antrag der Hamburger Reeder geblieben:

„Absatz 2 entsprechend der bisherigen Bestimmung zu fassen: „„Wenn infolge von Kriegsgefahr das Schiff einen Hafen anläuft oder aufgebracht wird, so ist bei einer Versicherung, die sich auf das Schiff bezieht, die Prämie nach Billigkeit zu regulieren. Es steht jedoch dem Versicherten frei, unverzüglich, nachdem er von der die Prämienerhöhung bedingenden Tatsache Kenntnis erhalten hat, den Vertrag ohne Einhaltung einer Kündigungsfrist zu kündigen““.

Bem. 11. Unberücksichtigt ist der Antrag der HK. Kiel:

„Den Begriff „„Kriegsgefahr““ zu bestimmen“

geblieben.

Abs. 3.

Bem. 12. Über einen Änderungsantrag vgl. Bem. 9.

Bem. 13. Eine bloß redaktionelle Änderung stellt die Ersetzung des Wortes „Löschung“ durch „Ausladung“ dar.

Bem. 14. Die Begr. § 38 hat die Aufnahme der Bestimmung des § 849 Abs. 2 HGB., nach der im Zweifel angenommen werden soll, daß ein Schaden nicht durch Kriegsgefahr verursacht ist, nicht für erforderlich gehalten, „wenn der Versicherer, wie dies nach dem Entwurfe der Fall ist, grundsätzlich alle Transportgefahren trägt. In solchem Falle entspricht es den allgemeinen Regeln über die Verteilung der Beweislast, daß, nachdem der Versicherungsnehmer bewiesen hat, daß der Schaden während der Dauer der Versicherung entstanden ist, dem Versicherer der Beweis obliegt, daß der Schaden aus einer Gefahr entstanden ist, die durch die Versicherung nicht gedeckt wird“.

a) Die Hamburger Reeder und die Makler haben unter Bezugnahme auf § 101 Abs. 2 ASVB. beantragt, zu bestimmen:

„Im Zweifel wird angenommen, daß ein eingetretener Schaden nicht durch Kriegsgefahr verursacht sei“.

Die Assekuradeure haben in der Vollversammlung vom 13. Februar 1911 erklärt, daß sie sachlich nichts gegen den Antrag einzuwenden hätten; derselbe sei nur redaktioneller Natur; eine Änderung des bestehenden Rechtszustandes sei von ihnen nicht beabsichtigt.

b) Denselben Antrag haben später die HK. Bremen, Hamburg gestellt.

Auf den Hinweis der Assekuradeure, daß mit der Streichung eine Änderung der Rechtslage nicht verbunden sei, weil nach deutschem Recht der Versicherer im Gegensatz zum englischen nicht nur einzelne bestimmte Gefahren, sondern alle Gefahren trage, denen das Schiff oder die Güter während der Dauer der Versicherung ausgesetzt seien, demgemäß der Versicherer stets beweisen müsse, daß der Schaden auf Krieg zurückzuführen sei, ist der Antrag fallen gelassen worden. Vgl. auch Bem. 19.

em. 15. § 38 Abs. 4 E. 10 bestimmt:

„Der Kriegsgefahr steht die Gefahr der auf gewaltsame Änderung von Staatseinrichtungen gerichteten Bewegungen gleich“.

a) Die Hamburger Reeder und die Makler haben beantragt:
„Diese Bestimmung zu streichen".

Die Makler haben hierzu in der Vollversammlung vom 13. Februar 1911 ausgeführt, daß sehr viele Versicherungen im Verkehr nach Ländern abgeschlossen würden, wo dauernd kleine revolutionäre Bewegungen im Gange zu sein pflegten. Wenn jeder kleine Aufstand, wie sie in Mittelamerika dauernd auf der Tagesordnung zu sein pflegten, einer Kriegsgefahr gleichgeachtet werde, so werde dadurch eine unerträgliche Unsicherheit im Handel geschaffen und jedes genaue Kalkül untergraben, da der Versicherungsnehmer ständig der Kündigung des Assekuradeurs ausgesetzt sei. Diese Kündigungsmöglichkeit sei sehr bedenklich und viel folgenschwerer als die Unannehmlichkeit der Prämienerhöhung, der der Versicherungsnehmer ausgesetzt sei. Es sei bisher gerade ein Vorzug der Hamburger Police gewesen, daß diese Kündigungsgefahr bei ihr nicht bestanden habe. Ein Vertreter der Exporteure hat erklärt, daß eine derartige Bestimmung für den Exporthandel im Verkehr mit Mittel- und Südamerika unannehmbar sei und die Versicherungen nach England drängen werde. Die Assekuradeure haben erklärt, die binnenländischen Versicherer legten großen Wert auf diese Bestimmung. Eine Unterscheidung zwischen Krieg und Aufstand im einzelnen Falle sei sehr schwierig. Immerhin seien die vorgebrachten Bedenken beachtlich und eine Milderung derselben erwägenswert.

b) Später ist derselbe Antrag von den HK. Bremen, Hamburg, Stettin und erneut von den Hamburger Reedern gestellt und folgendermaßen begründet worden: Die Bestimmung würde zu außerordentlichen Rechtsunsicherheiten für den Versicherungsnehmer führen, da Bewegungen, die auf gewaltsame Änderung der Staatseinrichtungen gerichtet sind, zum Beispiel in vielen mittel- und südamerikanischen Ländern, fast fortwährend im Gange seien; die Bestimmung habe bisher nicht bestanden und sei nach Ansicht der vereinigten Handelskammern auch für die Zukunft nicht annehmbar. Die Assekuradeure haben erwidert: Die Bemerkung der Begründung dieser Anträge, daß eine Bestimmung gleich der des Abs. 4 bisher nicht bestanden habe, sei nur dem Worte, nicht dem Sinne nach richtig. Auch wenn Abs. 4 dem Antrage zufolge gestrichen werden würde, trüge der Versicherer, der nur die Seegefahr übernommen habe, die Aufruhrgefahr nicht, wie er sie auch gegenwärtig anerkanntermaßen nicht trage.

Die Anträge haben mit der Streichung des Abs. 4 (Schr. v. 20. 5. 14) ihre Erledigung gefunden, nachdem in der Sitzung vom 17. Juni 1914 gegen die Absicht der Assekuradeure in Abs. 1 vor den Worten „kriegführende Macht" einzuschalten „sei es anerkannte, sei es nicht anerkannte" Bedenken nicht erhoben worden sind.

II. Die Entwicklung seit Entwurf Juli 1914.

Bem. 16. Die Makler und die Getreidehändler haben beantragt:
„Die Bestimmung des § 35 E. 14 in Abschnitt III „„Besondere Vereinbarungen"" unterzubringen",

damit alle von der Kriegsgefahr handelnden Vorschriften an einer Stelle zusammengefaßt werden.

In der Vorbesprechung vom 22. und 23. August 1918 haben die Makler ausgeführt, daß der Bestimmung „frei von Kriegsgefahr" durch die Umstellung der Charakter einer Klausel gewahrt werden solle, so daß der Versicherer unter dem neuen wie unter dem alten Recht Vorsorge zu treffen habe, daß der Vertrag, wenn er „frei von Kriegsgefahr" sein wolle, es ausdrücklich ausspreche; das sei zum Schutze des versicherungsunkundigen Versicherungsnehmers, ebenso wie des Policenkäufers durchaus erforderlich. Die Assekuradeure haben erwidert, daß sie mit Rücksicht auf die eingebürgerten Verhältnisse zum mindesten für die Dauer der Übergangszeit in der Police zum Ausdruck bringen würden, ob Kriegsgefahr mitgedeckt sei oder nicht, wogegen die Makler betont haben, daß eine solche Klarstellung in der Police nicht nur für die Übergangszeit, sondern für immer enthalten bleiben müsse. Von seiten der HK. Hamburg ist geltend gemacht worden, daß, wenn die Assekuradeure schon bereit seien, eine solche Bestimmung in die Police aufzunehmen, der Grund nicht eingesehen werden könnte, warum dann nicht der Begriff „frei von Kriegsgefahr" unter den Klauseln behandelt werden solle. Die Assekuradeure haben ausgeführt, daß der § 35 nach der ganzen Systematik des Entwurfs ihrer Ansicht nach an der richtigen Stelle stehe. Der § 28 spreche nämlich aus, daß der Versicherer, „sofern nicht ein anderes bestimmt ist", alle Gefahren trägt, dem folgten dann die Bestimmungen, durch die das allgemeine Prinzip teils erweitert (§§ 29—32), teils eingeschränkt (§§ 33—39) werde. Die beiden ersten Abschnitte des Entwurfs (§§ 1—112) behandelten die Regelfälle, ihrer Meinung nach würden aber auch nach dem Kriege die Versicherungen „frei von Kriegsgefahr" die Regel bilden, sollten sie sich davon überzeugen können, daß das Gegenteil der Fall sein würde, so würden sie bereit sein, in eine Umstellung, die an sich nicht unerhebliche Schwierigkeiten mit sich bringen würde, einzuwilligen. Die Makler haben betont, daß die Kriegsgefahr von so ausschlaggebender Bedeutung sei, daß sie dann zum mindesten im § 28 entsprechend dem bisherigen § 69 erwähnt und also dem Wunsche der Assekuradeure gemäß ausgenommen werden müßte und man sich nicht auf die dem § 28 des Entwurfs und dem § 69 ASVB. gemeinsamen Worte „soweit nicht ein anderes bestimmt ist", beschränken dürfte, haben aber zugestanden, daß nach der Erklärung der Assekuradeure, in der Police einen Hinweis auf den Einschluß oder Nichteinschluß der Kriegsgefahr aufzunehmen, die Forderung der Umgruppierung an praktischer Bedeutung verloren habe, sofern Sicherheit bestände, daß die Klausel allgemein in die Policen aufgenommen wird.

Abs. 1.

Bem. 17. Die Assekuradeure haben folgende Fassung des Satzes 2 vorgeschlagen:

„Er haftet insbesondere nicht dafür, daß infolge der durch einen Krieg veranlaßten Maßnahmen einer kriegführenden oder einer anderen Macht die versicherte Sache angehalten, aufgebracht, genommen, beschlagnahmt, requiriert, beschädigt oder vernichtet wird".

Vor Eintritt in die Vorbesprechung vom 22. und 23. August 1918 haben sie zu dieser Fassung die Erklärung abgegeben, daß sie lediglich eine Klarstellung der Abgrenzung zwischen See- und Kriegsgefahr, die, wie die Kriegsrechtsprechung zeige, zu einer Fülle von Prozessen Veranlassung gegeben habe, herbeiführen wollen. Nach ihrer Ansicht gehöre alles, was durch den Krieg veranlaßt sei, zur Kriegsversicherung und scheide damit aus der Haftung des Seeversicherers aus. Die Makler haben darauf hingewiesen, daß die Aufzählung der Fälle des § 35 Abs. 1 Satz 2 eingeleitet würde durch das Wort „insbesondere", mithin nur Beispiele bringe, so daß man die Folgerung ziehen müsse, daß jegliche Maßnahme irgendeiner Macht, sofern sie nur durch den Krieg veranlaßt sei, den Seeversicherer befreie. Sie haben ihre Bedenken durch folgendes Beispiel begründet: Angenommen, Deutschland ist neutral, zwischen Amerika und Japan bricht Krieg aus, Mexiko sucht sich seinem großen Nachbar dienstlich zu erweisen und schickt ein in seinem Hafen liegendes deutsches Schiff unter voller Garantie nach San Francisco, dann würde also der nur gegen Seegefahr versicherte Reeder ungedeckt und zur Befriedigung seiner Ansprüche auf den diplomatischen Weg angewiesen sein. Die Assekuradeure haben bestätigt, daß allerdings dieser Fall aus der Sphäre der Seeversicherung herausträte. Es sei natürlich lediglich die Frage der Prämienpolitik, ob man auch Fälle dieser Art mit hineinbeziehen wolle in die Haftung für Seegefahr, doch würde das zwangsläufig eine Erhöhung der Seeprämie zur Folge haben, die nicht im Interesse der Versicherungsnehmer liege. Die Makler haben darauf erklärt, daß ihre Absicht, die Interessenten auf diese Folgerung aufmerksam zu machen, hiermit erfüllt sei.

Bem. 18. Die Makler haben folgende Fassung vorgeschlagen (vgl. auch Bem. 35):

„Der Versicherer trägt nicht die Gefahren eines Krieges, denen das Schiff oder die Güter während der Dauer der Versicherung ausgesetzt sind. Er haftet demnach nicht für die zunächst durch Kriegsgefahr verursachten Schäden, also insbesondere nicht dafür, daß infolge von Kriegsmaßregeln einer, sei es anerkannten, sei es nicht anerkannten, kriegführenden Macht die versicherte Sache angehalten, aufgebracht, genommen, angefordert, beschädigt oder vernichtet wird, ebenso nicht für andere Verfügungen von hoher Hand, sofern es sich um Kriegsmaßregeln einer kriegführenden Macht handelt. Er trägt aber alle übrigen Gefahren auch nach Eintritt einer Kriegsbelästigung; die Gefahr endigt erst mit der Kondemnation der versicherten Sache, oder sobald sie geendet hätte, wenn die Kriegsgefahr nicht ausgenommen wäre. Im Zweifel wird angenommen, daß ein eingetretener Schaden nicht durch Kriegsgefahr verursacht sei"

und zur Begründung in der Vorbesprechung vom 22. und 23. August 1918 ausgeführt, daß § 35 zugleich die Grundlage für die Beantwortung der Frage bilde, was deckt die Versicherung gegen Kriegsgefahr, und daß es ihnen deshalb wünschenswert erscheine, dem Versicherungsnehmer vor Augen zu führen, daß auch, wenn er gegen Kriegsgefahr versichert sei, nur diejenigen Gefahren zu Lasten des Kriegsversicherers gingen, denen das Schiff oder die Güter während der Dauer der Versicherung ausgesetzt seien, daß aber nicht das Abenteuer des ganzen Unternehmens gedeckt sei. Während die Assekuradeure den Standpunkt vertreten haben, daß ein solcher Zusatz auf Grund der allgemeinen Bestimmungen des § 28 überflüssig sei, haben die Hamburger Reeder mit voller Entschiedenheit betont, daß sie die Klarstellung, die der Maklerantrag bringe, auch wenn sie sich für den Juristen bereits aus dem Entwurf ergebe, für die Praxis als durchaus notwendig bezeichnen müßten. Die Assekuradeure haben eingewilligt, diesen Punkt in der Redaktionskommission zu erwägen.

Die Makler haben sodann ihren Antrag, das Wort „zunächst" wieder in die Begriffsbestimmung der Kriegsgefahr aufzunehmen, mit dem Hinweis auf das bestehende Recht und die auf diesem Boden erwachsene ausgedehnte Rechtsprechung begründet. Die Assekuradeure haben ohne jeden Vorbehalt erklärt, daß durch die Auslassung des Wortes „zunächst" keineswegs an dem bestehenden Rechtszustand gerüttelt werden solle, ihrer Meinung nach aber sei der der Seeversicherung eigentümliche Kausalitätsgrundsatz „Causa proxima spectatur, non remota" auch ohne die Einschaltung des Wortes „zunächst" gewahrt.

Von seiten der HK. Hamburg, deren Schlußfolgerung sich fast sämtliche Vertreter der Kaufmannschaft und Reeder anschlossen, ist Gewicht darauf gelegt worden, daß die Assekuradeure selbst erklärt hätten, eine Änderung der Rechtslage nicht beabsichtigt zu haben, daß eine Fortlassung des Wortes „zunächst" aber bei einer späteren gerichtlichen Auslegung angesichts der zweifelhaften Bedeutung der Gesetzesmaterialien für die praktische Rechtsanwendung dazu führen könnte, daß aus dem Unterschiede zwischen altem und neuem Recht Folgerungen gezogen würden, die der erklärten Absicht der Assekuradeure selbst nicht entsprächen. Nachdem der Vorsitzende die Assekuradeure auf den übereinstimmenden Wunsch der Versammlung hingewiesen und ihnen nahegelegt hat, diesem Wunsche zu entsprechen, haben die Assekuradeure ihre endgültige Entscheidung bis zur Vollversammlung zugesagt.

In Fortsetzung der Begründung ihrer Anträge haben die Makler ausgeführt, daß ihr Vorschlag, nur die Kriegsmaßregeln einer kriegführenden Macht von der Seeversicherung auszunehmen, sich inhaltlich mit dem Vorschlage der Assekuradeure, der von den „durch einen Krieg veranlaßten Maßregeln" spricht, decke; die Abweichung bestände darin, daß die Makler nur Kriegsmaßregeln einer kriegführenden Macht ausnehmen wollten, während die Assekuradeure, wie bereits eingehend erörtert, von einer kriegführenden oder einer anderen Macht sprächen.

Der Vorschlag der Makler, ausdrücklich festzustellen, daß Verfügungen von hoher Hand insoweit als ausgeschlossen gelten sollen, als es sich um Kriegsmaßregeln einer kriegführenden Macht handelt, soll als im wesentlichen redaktionell bei der Neufassung des Abs. 1 Berücksichtigung finden.

Der Vorschlag, die Beendigung der Gefahr erst mit der Kondemnation der versicherten Sache eintreten zu lassen, hat die Assekuradeure veranlaßt, in Übereinstimmung mit dem Schlußsatz ihres Antrages zu Abs. 2 auf die Rechtsprechung (namentlich im Falle „Romulus" und „Catania") hinzuweisen; sie haben ausgeführt, daß sie auf dem Boden der ausländischen Rechtsprechung ständen und die Konstruktion des Reichsgerichts, als sei das Schiff oder die Ladung erst mit der Kondemnation verloren, obwohl das Schiff bereits vorher vom Feinde besetzt ist, für gekünstelt hielten, da es den Tatsachen entspräche, daß das Schiff oder die Ladung bereits mit dem Augenblick der Besetzung durch die feindliche Macht für den Versicherungsnehmer verloren sei, wie dies die ausländische Rechtsprechung ebenfalls im Falle „Romulus" angenommen habe. Dieser Standpunkt ist von den Hamburger Reedern nicht unwidersprochen geblieben; sie haben ausgeführt, daß nach ihren Erfahrungen das Schiff noch nicht unbedingt als verloren anzusehen ist, wenn es von einer feindlichen Macht angetastet worden ist.

Die Makler haben die Erklärung abgegeben, daß sie voraussichtlich einverstanden sein würden mit dem von den Assekuradeuren vorgeschlagenen Zusatz zu Abs. 2, daß es aber in allen Fällen, in denen es sich nicht um die Besetzung des Schiffes durch die feindliche Macht handele und namentlich auch für die Lagerung der Güter im feindlichen Lande dabei sein Bewenden haben müsse, daß das Risiko des Versicherers erst mit der Kondemnation endige. Es würde Sache der Redaktion sein, diese Gegensätze klar zum Ausdruck zu bringen.

Im weiteren Verlauf der Beratungen vom 8. Oktober 1918 hat ein Vertreter der Assekuradeure mitgeteilt, daß die Makler nunmehr ihre Bedenken fallen gelassen haben, weil die Fälle der Besetzung des Schiffes anders auszuwerten seien, als wenn das Schiff infolge der Kriegsgefahr die Reise nicht antritt, oder einen Hafen anläuft. Es sollte das Wort „zunächst" eingefügt und die Worte „oder einer anderen Macht" gestrichen und hinter „Schiff" „nicht festgesetzt" hinzugefügt werden.

Bem. 19. Die Hamburger Reeder und die HK. Stettin haben beantragt, die § 101 Abs. 2 ASVB. entnommene Bestimmung einzustellen:

„Im Zweifel wird angenommen, daß ein eingetretener Schaden nicht durch Kriegsgefahr verursacht ist".

Die Assekuradeure haben voraussichtliche Berücksichtigung bei der redaktionellen Überarbeitung des § 35 zugesagt. (Vorbesprechung vom 22. und 23. August 1918.) Vgl. auch Bem. 14.

Bem. 20. Der Wvb. hat folgende Fassung beantragt:

„Der Versicherer trägt nicht die Gefahren eines Krieges, denen das Schiff oder die Güter ausgesetzt sind. Er haftet demnach nicht für die zunächst durch Kriegsgefahr verursachten Schäden, also insbesondere nicht dafür, daß infolge von Kriegsmaßregeln einer, sei es anerkannten, sei es nichtanerkannten kriegführenden Macht die versicherte Sache angehalten, aufgebracht, genommen, angefordert, beschädigt oder vernichtet wird, ebenso nicht für andere Verfügungen von hoher Hand, sofern es sich um Kriegsmaßregeln einer kriegführenden Macht handelt. Er trägt aber alle übrigen Gefahren, auch nach Eintritt einer Kriegsbelästigung; die Gefahr endet erst mit der Kondemnation der versicherten Sache oder sobald sie geendet hätte, wenn die Kriegsgefahr nicht ausgenommen wäre. Im Zweifel wird angenommen, daß ein eingetretener Schaden nicht durch Kriegsgefahr verursacht sei".

Abs. 2.

Bem. 21. a) Die Assekuradeure haben folgende Fassung vorgeschlagen:

„Bei einer Versicherung, die sich auf das Schiff bezieht, ist der Versicherer von der Verpflichtung zur Leistung frei, wenn infolge der Kriegsgefahr das Schiff einen Hafen anläuft, es sei denn, daß der Versicherungsnehmer, sobald er hiervon Kenntnis erlangt, unverzüglich dem Versicherer erklärt, daß die Verpflichtung bestehen bleiben soll. Wird das Schiff angehalten, so endigt die Versicherung in dem Augenblick, in welchem das Schiff von der kriegführenden Macht besetzt wird. Satz 2 wird gestrichen."

Gegen diese Fassung haben die Bremer Reeder eingewendet, es bestehe das Bedenken, daß der Reeder unter Umständen bei einer Abweichung eines Schiffes, von der er keine Kenntnis hatte, auch nicht haben konnte, nicht gedeckt ist.

b) Die HK. Flensburg hat folgende Fassung beantragt:

„Es erscheint nicht gerechtfertigt, daß der Versicherer frei sein soll, wenn ein Schiff einen neutralen Hafen anläuft, also gerade der Gefahr sich entzieht, von deren Eintritt das Freiwerden des Versicherers abhängig gemacht wird. Beim Anlaufen eines Hafens sollte die Versicherung bestehen bleiben, auch wenn der Versicherungsnehmer keine Kenntnis von dem Anlaufen erhält".

Die Bestimmungen über den Fall, daß ein Schiff aufgebracht wird und über den Fall des Anlaufens eines Hafens, seien als zu sehr auseinandergehend zu trennen.

In der Vorbesprechung vom 22. und 23. August 1918 haben die Makler zunächst redaktionell auf den Unterschied hingewiesen, der sich zwischen den Vorschlägen der Assekuradeure zu Abs. 1 und Abs. 2 findet insofern Abs. 1 von „einer kriegführenden und einer anderen Macht" spricht, Abs. 2 aber nur von „einer kriegführenden Macht". Materiell haben die Assekuradeure zugesagt, in Erwägung zu ziehen, ob es möglich ist, hier eine Fassung zu finden, die sich ausschließlich darauf beschränkt, den Standpunkt, den die ausländische Rechtsprechung anerkannt hat, auch für die inländische Rechtsprechung sicherzustellen.

Bem. 22. a) Ein Vertreter der Assekuradeure hat folgende Fassung vorgeschlagen:

„Bei einer Versicherung, die sich auf das Schiff bezieht, ist, wenn das Schiff im Anlaß des Krieges von einer kriegführenden Macht oder einer anderen Macht besetzt wird, die Haftung des Versicherers für alle während der Dauer der Benutzung eintretenden Unfälle ausgeschlossen, es sei denn, daß der Versicherungsnehmer beweist, daß der Unfall nicht im ursächlichen Zusammenhange mit dem durch die Benutzung geschaffenen Zustande steht"

und zur Begründung ausgeführt: Es soll zum Ausdruck gebracht werden, daß für die letzte Annahme die Kausalreihe nach dem Grundsatz von der adaequaten Verursachung bestimmt werden soll.

b) Ein anderer Vertreter der Assekuradeure hat die schwersten Bedenken gegen die Formulierung geäußert, in dem er es insbesondere für unmöglich erklärt hat, den Kausalzusammenhang in einer Weise, wie es der Antrag vorsieht, zu bestimmen und hat folgende Fassung vorgeschlagen:

„Der Versicherer trägt nicht die Gefahr eines Krieges. Er haftet nicht für einen Schaden, der durch eine durch den Krieg veranlaßte Maßnahme einer kriegführenden oder einer anderen Macht, insbesondere nicht für einen Schaden, der dadurch verursacht wird, daß die versicherte Sache angehalten, aufgebracht, genommen, zurückgehalten, angefordert, beschlagnahmt oder durch die in Anlaß des Krieges gelegten Minen oder infolge anderer Maßnahmen beschlagnahmt oder vernichtet wird".

c) Nach längerer Aussprache ist schließlich unter Widerspruch des zuletzt genannten Vertreters der Assekuradeure folgende Fassung vorgeschlagen worden:

(1) „Der Versicherer haftet nicht für die unmittelbar durch Kriegsgefahr verursachten Unfälle, insbesondere nicht dafür, daß infolge der durch den Krieg veranlaßten Maßnahmen einer kriegführenden oder einer anderen Macht die versicherte Sache angehalten, aufgebracht, genommen, zurückgehalten, angefordert, beschlagnahmt, beschädigt oder vernichtet wird.

(2) Bei einer Versicherung, die sich auf das Schiff bezieht, ist, wenn das Schiff in Anlaß des Krieges von einer kriegführenden oder einer anderen Macht besetzt wird, die Haftung des Versicherers für alle während der Dauer der Besetzung eintretenden Fälle ausgeschlossen, es sei denn, daß der Versicherungsnehmer beweist, daß der Unfall nicht in ursächlichem Zusammenhang mit dem durch die Besetzung geschaffenen Zustande steht.

(3) Wird die Gefahr, die der Versicherer trägt, durch ein Ereignis, für das der Versicherer nach Absatz 1 und Absatz 2 haftet, geändert und der Versicherer durch die Änderung von der Verpflichtung zur Leistung nicht befreit, so gebührt dem Versicherer eine Zuschlagsprämie. Dies gilt insbesondere, wenn das Schiff infolge der Kriegsgefahr die Reise nicht antritt oder an einem Hafen anläuft.

(4) Bei einer Versicherung, die sich auf die Güter bezieht, ist der Versicherer von der Verpflichtung zur Leistung befreit, wenn die Güter infolge der Kriegsgefahr ausgeladen werden, es sei denn, daß der Versicherungsnehmer, sobald er von der bevorstehenden oder bewirkten Ausladung Kenntnis erlangt, unverzüglich dem Versicherer erklärt, daß die Verpflichtung bestehen bleiben soll. Bleibt die Verpflichtung bestehen, so gebührt dem Versicherer für die Zeit nach der Ausladung eine Zuschlagsprämie. Dauert in diesem Falle der Aufenthalt länger als zwei Monate, so haftet der Versicherer für eine später entstehende Beschädigung oder Leckage nur im Falle einer Strandung, auch wenn er sonst noch in anderen Fällen haftet. Die Bestimmungen des § 114 Absatz 1 und 3 über die Haftung des Versicherers im Strandungsfalle finden entsprechende Anwendung."

Die übrigen Assekuradeure haben sich zunächst ihre Stellungnahme vorbehalten.

Bem. 23. Mit der Frage der Zuschlagsprämie haben sich eine Reihe von Anträgen beschäftigt:

a) Die Hamburger Reeder haben ausgeführt:

„Die Zuschlagsprämie kann gerechtfertigt sein bei einer Reiseversicherung, da dann eine Verlängerung der gewöhnlichen Dauer des Risikos eintreten könnte; sie ist es aber nicht bei einer Zeitversicherung, solange dieselbe läuft, wenn das Schiff durch den Krieg gezwungen wird, im Hafen liegen zu bleiben und somit nur einer geringeren als der gewöhnlichen Gefahr der Seefahrt ausgesetzt ist; in solchen Fällen würde sich vielmehr eine entsprechende Prämienrückgabe für Stilliegen rechtfertigen.

Die Versicherung muß unter allen Umständen in Kraft bleiben, solches darf nicht von einer entsprechenden Erklärung des Versicherten abhängig gemacht werden."

b) Der Ostasienverein, die Hamburger Exporteure und der Hamburger Einfuhrverband haben ausgeführt:

„Die Höhe der Zuschlagsprämie ist nicht festgelegt, welcher Umstand den Versicherern im Kriegsfalle gestatten wird, ihren Vorteil ausgiebig zu wahren, während die Versicherten deren gutem Willen mehr oder weniger ausgeliefert sein würden. Die Erfahrungen des jetzigen Weltkrieges berechtigen zu dieser Annahme, und wenn auch eine vorherige Festlegung der Einzelsätze für Zuschlagsprämien schwerlich angängig ist, so sollte doch eine grundsätzliche Beschränkung auf Höchstsätze möglich sein, als deren Grundlage folgender Vorschlag dienen könne:

Die Höhe der Zuschlagsprämie soll bei Beförderung mit Dampf- und Motorschiffen die Höhe der ursprünglichen Prämie für die jedesmalige Zeit der normalen Reisedauer nicht übersteigen und für die gesamte Reise einschließlich Liegezeit höchstens das Vierfache der vereinbarten Prämie für die ursprüngliche Reise betragen. Bei Beförderung mit Segelschiffen soll die Höhe der Zuschlagsprämie nach Anhörung der Interessenten festgesetzt werden."

In der Vorbesprechung vom 22. und 23. August 1918 haben die Assekuradeure die Ausführungen der Hamburger Reeder durch den Hinweis auf die auch hier durchgreifende Bestimmung des § 20 Abs. 3 erledigt. In Fortsetzung der Begründung ihres Antrags haben die Reeder es für wünschenswert erachtet, die Bestimmung des alten Rechts wieder einzuführen, wonach die Versicherung gedeckt bleibe, sofern nicht der Versicherte widerspreche. Die Assekuradeure haben ausgeführt, daß der Regelung des Entwurfs entsprechend praktisch schon während des Krieges verfahren sei, daß diese Regelung im Interesse beider Parteien läge und außerdem dadurch bedingt sei, daß nicht mehr die Zuschlagsprämie fest bestimmt, sondern der Vereinbarung zwischen den Parteien vorbehalten sei.

Die Antragsteller zu b) haben sich dahin geäußert, daß sie den Vorschlag einer allgemeinen Bemessung der Höhe der jeweiligen Zuschlagsprämie im Wege der Bedingungen nicht weiter zu verfolgen dächten, da sie sich von der Unmöglichkeit der praktischen Durchführung überzeugt hätten, daß sie aber darauf bestehen müßten, den Assekuradeuren nahezulegen, den Versuch zu machen, eine Höchstgrenze für die gesamte während der Dauer des Krieges zu entrichtende Zuschlagsprämie festzusetzen, da die Erfahrung des Krieges gezeigt habe, daß die Zuschlagsprämie einen Umfang annehmen könne, der zu unannehmbaren Härten für den Versicherungsnehmer führe. Die Makler haben die Erklärung abgegeben, daß auch diese Forderung nicht in den Bedingungen erfüllt werden könne, sondern der Praxis überlassen bleiben müsse.

Abs. 3.

Bem. 24. a) Die Assekuradeure haben vorgeschlagen:
„Satz 2 zu streichen".

b) Die HK. Frankfurt a. M. hat beantragt:
„Satz 3 zu streichen",
da klar zum Ausdruck gebracht werden müsse, daß die Versicherung in den behandelten Fällen zu den ursprünglichen Konditionen weiter bestehen bleibt; es dürfte auch sehr schwer fallen, im Schadensfalle eine Grenze zu ziehen gegenüber einer „später entstehenden Beschädigung".

c) Der Ostasienverein, die Hamburger Exporteure und der Hamburger Einfuhrverband haben ausgeführt: Abs. 1 bestimmt, daß der Versicherer die Gefahr eines Krieges, insbesondere Anhaltung usw., nicht trägt, während Abs. 3 besagt, daß bei Güterversicherung der Versicherer von der Verpflichtung zur Leistung frei wird, wenn die Güter infolge Kriegsgefahr ausgeladen werden. Die Folgerung daraus sollte sein, daß im Falle Anlaufens eines Nothafens wegen Kriegsgefahr die Güter ohne Zuschlagsprämie versichert bleiben, solange sie nicht ausgeladen werden. Dagegen sieht § 25 eine Zuschlagsprämie bei Gefahränderung vor. Es bedarf der Klärung, ob das Anlaufen eines Nothafens wegen Kriegsgefahr eine solche Gefahränderung bedeutet und die Zahlung einer Zuschlagsprämie erfordert; bei regelmäßigen Dampferlinien ist laut Frachtklausel dem Schiffe das Anlaufen von Zwischen- und Nothäfen gestattet, und laut § 87 haftet der Versicherer nur dann nicht, wenn die Haftung des Verfrachters über das verkehrsübliche Maß beschränkt ist. Danach würde jedenfalls bei Fehlen solcher Frachtklausel in dem Anlaufen eines Nothafens wegen Kriegsgefahr eine Gefahränderung zu erblicken sein; es kann auch sein, daß die Frachtklausel das Anlaufen wegen Kriegsgefahr überhaupt nicht deckt, sondern nur die Gefahränderung aus anderen Gründen. Der Handel muß möglichst genau wissen, welche Gefahren unter den neuen Bedingungen zu seinen Lasten verbleiben.

In der Vorbesprechung vom 22. und 23. August 1918 haben die Makler zu Antrag b erklärt, daß es Sache des Versicherungsnehmers sei, sich gegen eine höhere Prämie in diesem Falle weitergehende Deckung zu verschaffen, wie dies auch in dem gegenwärtigen Kriege von den Versicherern allgemein zugestanden sei.

Bezüglich des Antrages c haben die Assekuradeure zugegeben, daß die Bedenken auf Grund der Fassung des Entwurfs vollständig berechtigt seien, daß sie sich aber durch den neuen Absatz 4 erledigt hätten.

Bem. 25. Der Wvb. hat beantragt, folgenden Schlußsatz hinzuzufügen:

„Bis zur Ausladung bleibt die Versicherung unter den bisherigen Bedingungen bestehen. Die Beweislast bezüglich des späteren Eintritts der Beschädigung fällt dem Versicherer zu".

Die HK. Hamburg hat hierauf erwidert, der neu beantragte Schlußsatz sei — negativ ausgedrückt — bereits in Satz 1 enthalten („.... der Versicherer ist von der Verpflichtung zur Leistung frei, wenn die Güter infolge der Kriegsgefahr abgeladen werden"). Hinsichtlich der Beweislastregelung sei zu betonen, daß die Versicherungen in solchen Fällen sich in zwei ganz verschiedenartige spalten: in eine Versicherung „frei von 3 % Beschädigung" bis zu 2 Monaten nach Entlöschung im Anlaufshafen und in eine Versicherung „frei von Beschädigung" von diesem Augenblick an bis zur Ankunft am Bestimmungshafen. Beschädigungen, welche der Versicherungsnehmer geltend machen wolle, müßten, wenn im weiteren Verlauf nicht eine Strandung eintrete (für diesen Fall vgl. § 114 Abs. 1, Satz 2), von dem Versicherungsnehmer bewiesen werden.

Abs. 4.

Bem. 26. Die Assekuradeure haben beantragt, als Abs. 4 folgende Bestimmung einzustellen:

„Wird die Gefahr, die der Versicherer trägt, infolge der Kriegsgefahr geändert und der Versicherer durch die Änderung von der Verpflichtung zur Leistung nicht befreit, so gebührt dem Versicherer eine Zuschlagsprämie. Dies gilt insbesondere, wenn das Schiff infolge der Kriegsgefahr einen Hafen anläuft."

Die Bremer Reeder haben hiergegen das Bedenken erhoben, daß keine scharfe Unterscheidung zwischen Reise- und Zeitversicherung gemacht sei; für diejenigen Schiffe, für die Reiseversicherung abgeschlossen sei, würde die Zahlung einer Zuschlagsprämie völlig unberechtigt sein.

Bem. 27. a) Der Verband der Getreidehändler hat beantragt:

„§ 35 folgende Fassung zu geben:

(1) Die Versicherung endet erst in Gemäßheit der allgemeinen Bestimmungen. Jedoch haftet der Versicherer nicht für Schäden, die durch Beschädigung, Vernichtung, Anhaltung, Nehmung, Enteignung oder ähnliche gegen den versicherten Gegenstand gerichtete kriegerische Maßnahmen einer anerkannten oder nicht anerkannten Macht verursacht sind, auch nicht für Schäden, die durch Minen innerhalb des Kriegsgebietes und der Kriegsdauer verursacht wurden, sowie für Kosten, die aus der Blockade des Aufenthaltshafens, der Zurückweisung von einem blockierten Hafen oder aus dem freiwilligen Aufenthalt wegen Kriegsgefahr entstehen.

(2) Ist durch Anhaltung oder Nehmung des versicherten Gegenstandes den Berechtigten die freie Verfügung über denselben entzogen, so gilt ein den Gegenstand treffender Schaden im Zweifel als durch Kriegsgefahr verursacht, im übrigen gilt ein entstandener Schaden im Zweifel als nicht durch Kriegsgefahr verursacht.

(3) Werden wegen der Kriegsgefahr die Güter im Aufenthaltshafen entlöscht, so gebührt dem Versicherer des Schiffes wie der

Güter eine Zuschlagsprämie von . . . % für den angefangenen Monat, sofern nicht der Versicherte unverzüglich, nachdem er von der Ausladung Kenntnis erhalten hat, erklärt, auf die Fortdauer der Versicherung zu verzichten.

(4) Dauert der Aufenthalt länger als zwei Monate, so haftet der Versicherer für eine später entstehende Beschädigung oder Leckage nur im Falle einer Strandung, auch wenn er sonst noch in anderen Fällen haftet; die Bestimmungen des § 114 Abs. 1 und 3 über die Haftung des Versicherers im Strandungsfalle finden entsprechende Anwendung.

b) Der Verband des Hamburger Einfuhrhandels hat sich dem Antrage der Getreidehändler unter a angeschlossen mit der Maßgabe, daß

in Abs. 1 der Satz lautet: „gegen den versicherten Gegenstand gerichtete Maßnahmen einer anerkannten oder nicht anerkannten kriegführenden Macht . . .",

in Abs. 2 zwischen „denselben" und „entzogen" eingeschaltet wird „endgültig".

In der Vorbesprechung vom 22. und 23. August 1918 haben die Antragsteller die Erklärung abgegeben, daß sie auf eine eingehende Durchberatung verzichteten, da sehr viele Punkte des Antrages bereits Gegenstand der Verhandlungen gewesen seien, im übrigen aber Gewicht darauf legten, daß diese Vorschläge von den Assekuradeuren zum Gegenstand eingehender Prüfung vor Aufstellung der neuen Fassung gemacht würden. Die Assekuradeure haben erklärt, daß das bereits geschehen sei und die Zusage fernerer Berücksichtigung gegeben.

Bem. 28. Auf Grund der Anträge und Einwendungen (Bem. 16—27), die gegen die Fassung des Entwurfs vom Juli 1914 geltend gemacht worden sind, haben sich die Assekuradeure entschlossen, zunächst folgende Fassung vorzuschlagen:

„(1) Der Versicherer trägt nicht die Gefahr eines Krieges. Er haftet insbesondere nicht dafür, daß infolge der durch den Krieg veranlaßten Maßnahmen einer kriegführenden oder einer anderen Macht die versicherte Sache angehalten, aufgebracht, genommen, zurückgehalten, angefordert, beschlagnahmt oder beschädigt oder vernichtet wird.

(2) Bei einer Versicherung, die sich auf das Schiff bezieht, ist der Versicherer von der Verpflichtung zur Leistung frei, wenn das Schiff in Anlaß des Krieges von einer kriegführenden oder einer anderen Macht zum Zwecke der Aneignung, Benutzung oder nicht nur vorübergehenden Zurückhaltung besetzt wird. Das Gleiche gilt, wenn es infolge der Kriegsgefahr die Reise nicht antritt oder einen Hafen anläuft, es sei denn, daß der Versicherungsnehmer, sobald er hiervon Kenntnis erlangt, unverzüglich dem Versicherer erklärt, daß die Versicherung bestehen bleiben soll.

(3) Bei einer Versicherung, die sich auf die Güter bezieht, ist der Versicherer von der Verpflichtung zur Leistung frei, wenn die Güter

zu der Zeit, wo das Schiff besetzt wird (Abs. 2) sich noch an Bord befinden. Das Gleiche gilt, wenn sie infolge der Kriegsgefahr ausgeladen werden, es sei denn, daß der Versicherungsnehmer, sobald er von der bevorstehenden oder bewirkten Ausladung Kenntnis erlangt, unverzüglich dem Versicherer erklärt, daß die Versicherung bestehen bleiben soll. Dauert in diesem Falle der Aufenthalt länger als zwei Monate, so haftet der Versicherer für eine später entstehende Beschädigung oder Leckage nur im Falle einer Strandung, auch wenn er sonst noch in anderen Fällen haftet; die Bestimmungen des § 114 Abs. 1 und 3 über die Haftung des Versicherers im Strandungsfalle finden entsprechende Anwendung.

(4) Wird die Gefahr, die der Versicherer trägt, durch ein Ereignis, für das der Versicherer nach Abs. 1 nicht haftet, geändert und der Versicherer durch die Änderung von der Verpflichtung zur Leistung nicht befreit, so gebührt dem Versicherer eine Zuschlagsprämie. Dies gilt insbesondere, wenn das Schiff infolge der Kriegsgefahr die Reise nicht antritt oder einen Hafen anläuft."

Bem. 29. Später haben die Assekuradeure folgende Fassung vorgeschlagen:

„(1) Der Versicherer trägt nicht die Gefahr eines Krieges. Er haftet insbesondere nicht dafür, daß infolge der durch den Krieg veranlaßten Maßnahmen einer kriegführenden oder einer anderen Macht die versicherte Sache angehalten, aufgebracht, genommen, zurückgehalten, angefordert, beschlagnahmt oder, und zwar insbesondere durch die in Anlaß des Krieges gelegten Minen, beschädigt oder vernichtet wird.

(2) Bei einer Versicherung, die sich auf das Schiff bezieht, ist der Versicherer von der Verpflichtung zur Leistung frei, wenn das Schiff in Anlaß des Krieges von einer kriegführenden oder einer anderen Macht zum Zwecke der Aneignung, Benutzung oder nicht nur vorübergehenden Zurückhaltung in Besitz genommen wird. Das Gleiche gilt, wenn es infolge der Kriegsgefahr die Reise nicht antritt oder einen Hafen anläuft, es sei denn, daß der Versicherungsnehmer, sobald er hiervon Kenntnis erlangt, unverzüglich dem Versicherer erklärt, daß die Versicherung bestehen bleiben soll.

(3) Bei einer Versicherung, die sich auf Güter bezieht, ist der Versicherer von der Verpflichtung zur Leistung frei, wenn die Güter in Anlaß des Krieges von einer kriegführenden oder einer anderen Macht zum Zwecke der Aneignung, Benutzung oder nicht nur vorübergehenden Zurückhaltung in Besitz genommen werden. Das Gleiche gilt, wenn sie infolge der Kriegsgefahr ausgeladen werden, es sei denn, daß der Versicherungsnehmer, sobald er von der bevorstehenden oder bewirkten Ausladung Kenntnis erlangt, unverzüglich dem Versicherer erklärt, daß die Versicherung bestehen bleiben soll. Dauert in diesem Falle der Aufenthalt länger als zwei Monate, so haftet der Versicherer für eine später entstehende Beschädigung oder Leckage nur im Falle einer Strandung, auch wenn er sonst noch in anderen Fällen haftet; die Bestimmungen des § 114 Abs. 1 und 3 über die Haftung des Versicherers im Strandungsfalle finden entsprechende Anwendung.

(4) Wird die Gefahr, die der Versicherer trägt, durch ein Ereignis, für das der Versicherer nach Abs. 1 nicht haftet, geändert, und der Versicherer durch die Änderung von der Verpflichtung zur Leistung nicht befreit, so gebührt dem Versicherer eine Zuschlagsprämie. Dies gilt insbesondere, wenn das Schiff infolge der Kriegsgefahr die Reise nicht antritt oder einen Hafen anläuft"

und zu ihrer Erläuterung bemerkt. Es werde verlangt,

a) daß ausgesprochen werde, der Versicherer hafte nicht für die Kriegsgefahren, denen „das Schiff oder die Güter" ausgesetzt sind. Die gesperrten Worte sind überflüssig. Schon im § 29 steht, daß der Versicherer nur für Gefahren haftet, „denen das Schiff oder die Güter" ausgesetzt sind. Wäre es möglich, daß jemand etwa auf den Gedanken käme, im § 35 sollte ausgesprochen werden, daß der Versicherer nicht haften wolle für Gefahren, denen etwas anderes als Schiff oder Gut ausgesetzt ist?

b) daß ausgesprochen werde, der Versicherer hafte nicht für die Kriegsgefahren „während der Dauer der Versicherung". Der unbefangene Leser würde daraus schließen müssen, daß der Versicherer die Kriegsgefahr außerhalb der Dauer der Versicherung trägt. Auch hier eine Wiederholung, die nicht, wie die Antragsteller meinen, klarstellt, sondern den aufmerksamen Leser verwirrt, dem unaufmerksamen nicht hilft;

c) daß ausgesprochen werde, der Versicherer trage „aber alle übrigen Gefahren". Was sollte er wohl sonst tragen? Nach englischem Rechte, an das man hier gedacht haben mag, trägt der Versicherer allerdings nicht alle Gefahren (ist also der Versicherte, worauf die Kaufmannschaft mit Recht Gewicht legt, nicht unter allen Umständen gedeckt), sondern nur die in der Form of policy bezeichneten besonderen Gefahren; das deutsche Recht hat aber den Grundsatz der allgemeinen Gefahrdeckung, und § 28 ASVB. spricht diesen Grundsatz klar aus;

d) daß ausgesprochen werde, der Versicherer hafte nicht nur „für die zunächst durch Kriegsgefahr verursachten Schäden". Dagegen sprechen namentlich zwei Umstände; einmal die Tatsache, daß die deutsche Rechtsprechung aus der gegenwärtigen Fassung des Gesetzes und der ADSVB. Schlüsse gezogen hat, die nach der Auffassung aller Beteiligten unrichtig sind und auch mit derjenigen des Auslandes in Widerspruch stehen, obgleich auch dieses den Grundsatz von der Maßgeblichkeit der nächsten Schadensursache hat. Zweitens die Tatsache, daß dieser Grundsatz nicht nur für den Fall der Herausnahme der Kriegsgefahr, sondern auch für den Fall der Herausnahme anderer Gefahren und natürlich insbesondere auch für den Fall der „Nur für Kriegsgefahr" hierüber hinaus, aber auch überall dort gilt, wo es auf den ursächlichen Zusammenhang zwischen Gefahrereignis und Schaden ankommt. Nach der älteren Rechtsauffassung würde der Kaskoversicherer haften, wenn die Versicherung für die Zeit vom 1. 1. 12 bis zum 31. 12. 12 genommen ist, am 30. 12. 11 in der Ladung Feuer ausbricht und das Feuer am 2. 1. 12 das Schiff ergreift. Bricht das

Feuer am 30. 12. 12 aus, und ergreift es erst am 2. 1. 13 das Schiff, so würde er nicht haften. Stößt das „Nur für Totalverlust“ versicherte Schiff am 30. 12. 11 mit einem anderen Schiff zusammen, so würde der Versicherer haften, wenn es sich bis zum 2. 1. 12 über Wasser halten und an diesem Tage total verloren gehen würde; würde es am 30. 12. 12 zusammenstoßen und erst am 2. 1. 13 total verloren gehen, so würde er nicht haften. Die spätere deutsch-englische Rechtsprechung hat diese Überspannung des Grundsatzes von der Maßgeblichkeit der nächsten Schadensursache hier im Gegensatz zu den Fällen der Gefahrausnahme vermieden.

Sind von Übersee kommende Güter nur für die Reise von der Elbmündung bis Hamburg versichert und brennend auf der Elbe eingetroffen, so haftet der Versicherer für den Feuerschaden insoweit nicht, als der Schaden auf der Reise von der Elbmündung nach Hamburg entstanden ist. Ist eine Kaskoversicherung für die Dauer vom 10. 11. 93 bis zum 9. 11. 94 genommen, das Schiff am 17. 10. 94 schwer beschädigt worden, in einen nahen Hafen gebracht und hier im Dezember 94 gekentert und reparaturunfähig geworden, so kann der Versicherte die Rechtsfolgen der Reparaturunfähigkeit geltend machen. Der richtigverstandene Grundsatz von der Maßgeblichkeit der nächsten Schadensursache beherrscht also das gesamte Versicherungsrecht. Ihn an einer einzigen Stelle zum Ausdruck zu bringen, muß, wie die Erfahrung gelehrt hat, unvermeidlich zu Mißverständnissen führen. Und richtig verstanden, würde dieser Grundsatz etwa zu lauten haben: Der Versicherer haftet für den unmittelbar durch versicherungsmäßige Ereignisse entstandenen Schaden und für die unvermeidlichen Folgen versicherungsmäßiger Ereignisse, wenn diese Ereignisse sich während der Dauer der Versicherung zutragen. Und umgekehrt: er haftet nicht für den unmittelbar durch versicherungsfreie Ereignisse entstandenen Schaden und nicht für die unvermeidlichen Folgen versicherungsfreier Ereignisse. Dieser Grundsatz ist für die gesetzgeberische Formulierung ungeeignet. Er wird sich, wie auf weiten Gebieten bisher schon, ohne weiteres durchsetzen, wenn die beteiligten Verkehrskreise ihn als richtig anerkennen und seiner richtigen Erkenntnis durch die Rechtsprechung nicht durch die Aufnahme der „Zunächst“-Formel an einer einzelnen Stelle ein Riegel vorgeschoben wird.

e) daß ausgesprochen werde, im Zweifel sei anzunehmen, daß der Schaden nicht durch Kriegsgefahr verursacht sei. Man könnte zweifeln, ob diese Annahme statthaft sein würde, wenn die Herausnahme der Kriegsgefahr im Wege der besonderen Klausel erfolgte, und das geltende Recht tut daher, da es das Prinzip der allgemeinen Gefahrendeckung rein durchgeführt hat und den Versicherer nur im Falle der Vereinbarung einer Klausel (Nur für Seegefahr) für Kriegsschäden nicht haften läßt, Recht, wenn es ausspricht, im Zweifel sei anzunehmen, daß ein Schaden kein Kriegsschaden sei. Im System der ADSVB. hat ein solcher Anspruch, wie ja auch allgemein anerkannt wird, keinen Sinn. § 28 ADSVB enthält die Regel, die §§ 33 ff. ADSVB. enthalten die Ausnahmen. Daraus ergibt sich von selbst, daß den Versicherer die Beweislast trifft. Die bisherige Bestimmung aufzunehmen hieße sich einer historischen Anomalie schuldig machen. Man würde dann etwa schließen müssen, daß die Beweisregel in anderen Ausnahmefällen nicht gelten sollte, daß z. B. der Versicherte in jedem Falle beweisen müsse, daß er den Versicherungsfall nicht vorsätzlich oder fahrlässig herbeigeführt habe, weil ja § 35 ADSVB eine entsprechende Beweisregel nicht enthält.

Die Fassung in Bem. 28 ist in der Sitzung vom 7., 8. und 9. Oktober 1918 eingehend beraten worden.

Bem. 30. Die Reeder haben eine andere Überschrift gewünscht. Die Überschrift „frei von Kriegsgefahr" mute wie eine Klausel an, besser sei es, von „Ausschluß der Kriegsgefahr" zu sprechen. Die Makler haben es für notwendig gehalten, daß der Charakter einer Klausel bewahrt bleibe. Es dürfe nicht stillschweigend die Kriegsgefahr ausgeschlossen werden. Die Assekuradeure haben demgegenüber darauf hingewiesen, daß der grundsätzliche Ausschluß der Kriegsgefahr für sie eine prinzipielle Frage sei. Trotz des Hinweises der Makler, daß das Fehlen einer solchen Klausel in der Police eine große Gefahr für den Verkehr darstelle, haben die Assekuradeure auf ihrem Standpunkt beharrt und betont, daß es nur für Hamburg eine Änderung bedeute, wenn die Kriegsgefahr grundsätzlich ausgeschlossen würde. Im Binnenland würde die Kriegsgefahr stets grundsätzlich ausgeschlossen. Da in Hamburg der Kaufmann durch seinen sachverständigen Versicherungsmakler aufgeklärt würde, wäre auch keine Gefahr, wenn die Klausel nicht in der Police erwähnt würde. Ein Vertreter der Bremer Handelskammer hat diese Übung des binnenländischen Verkehrs bestätigt. Ein Vertreter der Kaufmannschaft hat eine Police gefordert, aus der ausdrücklich hervorginge, ob die Kriegsgefahr gedeckt sei oder nicht. Die Makler haben im Anschluß an die Ausführungen der Assekuradeure bemerkt, daß die grundsätzliche Regelung der Kriegsgefahr von weittragender Bedeutung, insbesondere für den internationalen Wettbewerb der deutschen Police, sei. Die englische Police schließe ausdrücklich die Kriegsgefahr aus. Das Interesse der Bankwelt verlange mit Recht Klarheit der Police. Sie haben einen Aufdruck auf die Police vorgeschlagen: „Die Police deckt nur Seegefahr". Seitens der Assekuradeure ist angeregt worden, auf die Police einen Hinweis auf § 35 aufzunehmen, nach welchem die Versicherung frei von Kriegsgefahr validiert. Die Form einer Klausel könnte nicht zugestanden werden. Auf die Bemerkungen der Reeder hin, daß durch die Annahme des Maklervorschlages das ganze System geändert würde, haben Makler und Reeder dem Vorschlag zugestimmt, daß die Police den Hinweis erhalten soll „gegen Seegefahr".

Bem. 31. Von Seiten der Makler ist begrüßt worden, daß an Stelle des Ausdruckes „in Besitz genommen wird" nunmehr „besetzt" gesagt und somit die alte Fassung wiederhergestellt ist. Im übrigen seien wesentliche Wünsche von den Assekuradeuren nicht berücksichtigt, die kurz gesagt, in der Einschaltung des Wortes „zunächst" im ersten Absatz zusammengefaßt werden können. Für die Wichtigkeit dieser Frage führten die Makler folgende Beispiele an: Zwei Schiffe finden in Kriegszeiten bei ihrer Ankunft eine Wasserstraße gesperrt. Sie müssen eine andere, gefährliche, fahren. In dieser zweiten sind die Leuchtfeuer während des Krieges gelöscht. Das eine Schiff geht durch Strandung, das andere durch Torpedo verloren. Würde man oberflächlich die Bedingungen lesen, so schiene es, als ob der Versicherer in jedem Fall frei sei, tatsächlich geht aber vielmehr die Meinung dahin, daß der Versicherer nur für das gestrandete Schiff hafte. Um diese übereinstimmende Ansicht klar auszudrücken, bedarf § 35 einer anderen Fassung. Hierbei komme es nicht darauf an, ob das Wort „zunächst" gebraucht werde oder nicht. Seitens des juristischen Beirats des W v b. ist die Wiederherstellung des alten Rechtszustandes befürwortet worden. Wolle man den der Bedingung zugrunde liegenden Gedanken in einer Weise zum Ausdruck bringen, die Zweifel beseitigen, welche in der Rechtsprechung aufgetaucht sind, so schlage er folgende Fassung vor: „Der Versicherer haftet nicht für unmittelbar durch Kriegsgefahr entstandene Unfälle..." Der Seeversicherer solle also so weit sich Seeunfälle nur mittelbar durch Kriegsgefähr ereignen, haften. Die Assekuradeure haben sich grundsätzlich mit dieser Auffassung einverstanden erklärt. Sie haben aber bestritten, daß die Einschaltung des Wortes „zunächst" genügend sei, weil die Auslegung dieses Wortes in der Rechtsprechung nicht einheitlich gewesen wäre. Außerdem bestände die Gefahr, daß, wenn in § 35 das Wort „zunächst" eingeschoben wird, in jedem anderen Falle der mit dem Wort „zunächst" ausgedrückte Kausalzusammenhang nicht zur Anwendung kommen würde. Annehmbar sei die Fassung „unmittlbar". Auch die Makler haben hierzu ihre Einwilligung gegeben. Die Reeder haben erklärt, daß ihnen an der Ausdrucksweise nichts liege, sofern nur alle Beteiligten übereinstimmend die Ansicht hätten, daß sich die Kausalfolge nach dem Grundsatz der „Causa proxima" bestimme.

Bem. 32. Die Reeder haben darauf hingewiesen, daß die eingefügten Worte „oder einer anderen Macht" weggelassen werden müßten. Für die immerhin doch geringe Tragweite dieser Bestimmung haben die Makler folgende Beispiele gegeben: Ein holländisches Schiff wird in Deutschland mit Embargo belegt, in Chile werden die deutschen Schiffe von der chilenischen Behörde besetzt. In beiden Fällen haftet der Versicherer, weil es sich nur um vorübergehende Zurückhaltung handelt. Der juristische Beirat des W v b. hat die Ansicht vertreten, daß in diesen Fällen der Kriegsversicherer nicht haften könne, dieser hafte nur für unmittelbare Kriegsschäden. Wenn die Seeversicherung versage, müsse die Kriegsversicherung eingreifen. Dieser Grundsatz sei aber nirgends ausgesprochen. Die HK. Hamburg hat auf eine Lücke zwischen § 35 und 121 hingewiesen; seitens der Makler ist das Vorhandensein dieser Lücke wegen der im § 121 ausdrücklich angeordneten Nichtanwendung der Absätze 2 bis 4 des § 35 bestritten worden. Die Assekuradeure haben betont, daß in den ASVB. das Wort „Kriegsgefahr" mehr als die unmittelbaren Kriegsgefahren umfasse, § 35 des Entwurfs die echten Kriegsereignisse träfe. Die Bremer Reeder haben darauf hingewiesen, daß die Einschaltung des Wortes „oder einer anderen Macht" die Sachlage des § 35 der Klausel „frei von Kriegsmolest" nähere. Für die Reeder sei es von größter Wichtigkeit, klar zu wissen, was Kriegsgefahr sei, wenn sie gegen See- und Kriegsgefahr bei verschiedenen Versicherern versichert seien. Wenn der Einfluß des Krieges so weit erstreckt würde, entstünde eine Unsicherheit in der Frage, welcher Versicherer hafte. Der juristische Beirat des Wvb. ist der Meinung gewesen, daß § 119 bloß eine Einschränkung der Seegefahr darstelle; der Begriff der Kriegsgefahr sei nicht klar herausgearbeitet. Sollen z. B. nach der Aufbringung des Schiffes dem Kriegsversicherer Unfälle zur Last fallen, die sonst der Seeversicherer trüge? Nach der Ansicht der Makler ist der Wortlaut ganz klar. Hätte z. B. die russische Regierung ein im russischen Hafen liegendes deutsches Schiff für russische Marinezwecke in Fahrt gesetzt und dieses Schiff wäre einem Seeunfall zum Opfer gefallen, so würde der Kriegsversicherer haften. Die Meinung eines großen Teiles der Versammlung ist dahin gegangen, da aus der Fassung der Bedingungen diese Entscheidung nicht zu entnehmen sei, selbst wenn die Verfasser der Bedingungen diese Ansicht gehabt hätten. Nach der Meinung der Assekuradeure ist der Seeversicherer nur bei endgültiger Nehmung frei. Es ist auf den Fall des Schiffes „St. Katharina" hingewiesen worden. Eine Lücke solle nicht entstehen. Die Reeder haben ausgeführt: Es handele sich um die Frage der Einschaltung der Worte „oder einer anderen Macht". Die Lösung dieser Frage sei schließlich eine Machtfrage. Die Rechtslage der Reeder werde außerordentlich verschlechtert, wenn der Versicherer durch die einfache Benutzung des Schiffes seitens einer auch nicht kriegführenden Macht frei werde. Auch auf den Hinweis der Makler, daß es sich um eine Benutzung „im Anlaß des Krieges" handeln müsse, sind die Reeder bei ihrer Meinung geblieben. Über den Begriff der Benutzung durch eine andere Macht hat sich eine längere Erörterung entsponnen. Es ist folgender Fall angenommen worden: Wenn Spanien ein deutsches Schiff in seinem Hafen besetzt und den nächsten Tag dieses Schiff vom Blitze getroffen wird, so ist der Seeversicherer frei. Die Makler haben betont, daß der Begriff „vorübergehende Benutzung" überaus dehnbar sei. Die Hamburger, Bremer und Stettiner Reeder haben sich schließlich gegen die Fassung des ganzen § 35 erklärt und sie für unannehmbar gehalten.

Bem. 33. Die Makler haben folgenden Wortlaut vorgeschlagen:

„Bei einer Versicherung, die sich auf das Schiff bezieht, ist der Versicherer von der Verpflichtung zur Leistung frei, wenn das Schiff in Anlaß des Krieges von einer kriegführenden oder einer anderen Macht zum Zweck der Aneignung, Benutzung oder nicht nur vorübergehenden Zurückhaltung besetzt wird. Das Gleiche gilt, wenn es infolge der Kriegsgefahr die Reise nicht antritt oder einen Hafen anläuft. In beiden Fällen bleibt die Versicherung in Kraft, wenn der Versicherungsnehmer, sobald er hiervon Kenntnis erlangt, unverzüglich dem Versicherer erklärt, daß die Versicherung bestehen bleiben soll. In diesem Fall gebührt dem Versicherer eine Zuschlagsprämie."

Die Assekuradeure haben erklärt, diese Formulierung nicht annehmen zu können. Die Reeder haben sie gleichfalls abgelehnt, weil ihr Wunsch dahin ginge, daß die Haftung grundsätzlich, wenn auch gegen

Zuschlagsprämie, bestehen bleibe, ohne daß es einer besonderen Erklärung des Versicherungsnehmers bedürfe. Die Makler haben sich dem Wunsche der Reeder angeschlossen, daß die Versicherungsnehmer grundsätzlich gedeckt bleiben müssen. Seitens des Vertreters des Wvb. ist darauf hingewiesen worden, daß die Einigung über die Zuschlagsprämie für die Fortsetzung der Versicherung nicht wesentlich sei. Über ihre Höhe entscheide im Notfalle das Gericht. Die Assekuradeure haben es abgelehnt, daß ihnen eine solche Versicherung aufgezwungen werden könne. Sie wollten eine derartige Verpflichtung nicht tragen, vor allem nicht für eine Dauer, wie sie dieser Krieg mit sich gebracht habe. Alle Versammelten haben den Ausführungen des Bremer Dispacheurs zugestimmt, daß die Versicherten unbedingt gedeckt sein müßten. Könne man sich über die Zuschlagsprämie nicht einigen, so müsse das Gericht entscheiden.

Abs. 4.

Bem. 34. Die Makler haben darauf hingewiesen, daß die neue Fassung nach wie vor das Wort „Ereignis" behalten habe, trotzdem ihnen von einem Vertreter der Assekuradeure zugesichert worden sei, daß es durch das Wort „Gefahr" ersetzt werden solle. Die Regelung ist der Redaktionskommission überlassen worden.

Bem. 35. Die Makler haben ihren Antrag (vgl. Bem. 18) aufrecht erhalten, einen neuen Abs. 5 zu schaffen:

„Im Zweifel wird angenommen, daß ein Unfall durch Seegefahr verursacht sei".

Wenn auch schon im § 28 grundsätzlich ausgedrückt sei, daß der Versicherer für alle Gefahren hafte, so wäre es doch der einstimmige Wunsch der Versicherungsnehmer, daß dieser Satz aufgenommen würde. Die Assekuradeure haben sich ihre Stellungnahme vorbehalten.

Bem. 36. Seitens des Vertreters der HK. Frankfurt a. M. ist darauf hingewiesen worden, daß in den Bedingungen die Vermutung ausgedrückt werden müsse, daß die Versicherung in dem Falle des Absatzes 2 und 3 bestehen bleibe.

Bem. 37. In der Vollversammlung vom 11. Oktober 1918 bildete den Ausgangspunkt der Verhandlungen folgende, von den Assekuradeuren vorgelegte Fassung:

(1) „Der Versicherer trägt nicht die Gefahr eines Krieges. Er haftet insbesondere nicht dafür, daß infolge der durch den Krieg veranlaßten Maßnahmen einer kriegführenden oder einer anderen Macht die versicherte Sache angehalten, aufgebracht, genommen, zurückgehalten, angefordert, beschlagnahmt oder beschädigt oder vernichtet wird.

(2) Bei einer Versicherung, die sich auf das Schiff bezieht, ist der Versicherer von der Verpflichtung zur Leistung frei, wenn das Schiff in Anlaß des Krieges von einer kriegführenden oder einer anderen Macht zum Zwecke der Aneignung, Benutzung oder nicht nur vorübergehenden Zurückhaltung besetzt wird.

Das Gleiche gilt, wenn es infolge der Kriegsgefahr die Reise nicht antritt oder einen Hafen anläuft, es sei denn, daß der Versicherungsnehmer, sobald er hiervon Kenntnis erlangt, unverzüglich dem Versicherer erklärt, daß die Versicherung bestehen bleiben soll.

(3) Bei einer Versicherung, die sich auf die Güter bezieht, ist der Versicherer von der Verpflichtung zur Leistung frei, wenn die Güter zu der Zeit, wo das Schiff besetzt wird (Abs. 2), sich noch an Bord befinden. Das Gleiche gilt, wenn sie infolge der Kriegsgefahr ausgeladen worden, es sei denn, daß der Versicherungsnehmer, sobald er von der bevorstehenden oder bewirkten Ausladung Kenntnis erlangt, unverzüglich dem Versicherer erklärt, daß die Versicherung bestehen bleiben soll. Dauert in diesem Falle der Aufenthalt länger als zwei Monate, so haftet der Versicherer für eine später entstehende Beschädigung oder Leckage nur im Falle einer Strandung, auch wenn er sonst noch in anderen Fällen haftet; die Bestimmungen des § 114 Abs. 1 und 3 über die Haftung des Versicherers im Strandungsfalle finden entsprechende Anwendung.

(4) Wird die Gefahr, die der Versicherer trägt, durch ein Ereignis, für das der Versicherer nach Abs. 1 nicht haftet, geändert und der Versicherer durch die Änderung von der Verpflichtung zur Leistung nicht befreit, so gebührt dem Versicherer eine Zuschlagsprämie. Dies gilt insbesondere, wenn das Schiff infolge der Kriegsgefahr die Reise nicht antritt oder einen Hafen anläuft."

Den vielfachen, hiergegen in den Vorbesprechungen geäußerten Bedenken glaubten die Assekuradeure dadurch Rechnung tragen zu können, daß sie eine Neufassung der Bestimmung auf folgender Grundlage in Aussicht stellten.

a. Es solle das Wort „zunächst" aufgenommen werden.
b. Es solle erklärt werden, was „zunächst" bedeutet.
c. Es solle ausgedrückt werden, daß während der Besetzung des durch den Feind die Seeversicherung ruht, daher automatisch die Kriegsversicherung eintritt; dann werde keinerlei Lücke entstehen.

Ein Hamburger Assekuradeur wies auf die bedenklichen Folgen hin, daß während dieser Ruhezeit der Kriegsversicherer zum Seeversicherer werde. Der juristische Beirat der Assekuradeure erklärte, mit dieser Folge müsse man sich zufrieden geben, die Besetzung des Schiffes bringe derart veränderte Verhältnisse mit sich, daß diese Regelung angemessen erscheine. Einem solchen Kriegsversicherer müsse man allerdings eine Zuschlagsprämie für die Tragung der Seegefahren zubilligen. Trotz dieser Erklärung blieb der Hamburger Assekuradeur bei seinem Bedenken. Die Fälle, die absoluter Seeschaden seien, müßten herausgenommen werden, denn auch wenn das Schiff nicht vom Feinde genommen wäre, könnten solche Unfälle eintreten. Ein Vertreter der Assekuradeure schloß sich ihrem juristischen Beirat an. Es könne nicht die Kondemnation für die Frage maßgebend sein, wie lange der Seeversicherer hafte. Man müsse sich dem englischen Standpunkt nähern.

Der juristische Beirat des W v b. schlug vor, es bei der Regelung des E. 14 zu belassen. Die anders geartete englische Auffassung sei bedingt durch die von dem deutschen Recht verschiedene Anschauung der Engländer über den Totalverlust, der unter Umständen schon im Augenblick der Anhaltung gesehen würde. Dem Vorschlag, es bei dem alten Rechtszustande zu belassen, schlossen sich die Makler an und betonten, die sich hieraus ergebenden Härten müßten eben getragen werden. Die allgemeine Meinung der Versammlung ging dahin, daß diese Fragen noch nicht genügend geklärt seien. Man beschloß die Erörterung dieser Frage den Juristen als Sonderkommission zu überlassen.

Bem. 38. In der Sonderkommission stellte der juristische Beirat der Assekuradeure nochmals die Grundlage der neuen Vorschläge der Assekuradeure klar, die folgendermaßen lauteten:

a) Seeversicherer haftet nicht für den Zunächst-Kriegsschaden.

b) Zunächst-Kriegsschaden ist:

α) unmittelbarer Kriegsschaden (Torpedos),

β) Kriegsschaden, der unvermeidlich eingetreten wäre, wenn nicht ein Seeschaden dazwischen getreten wäre (das durch Kriegsschiff gejagte und gestrandete Schiff).

c) Während der Besetzung des Schiffes ruht die Seeversicherung; während des Ruhens haftet der Kriegsversicherer gegen Zuschlagsprämie (Deutsche Schiffe in Rußland).

Die Anfrage der HK. Frankfurt a. M., ob auch für Güter diese Grundsätze maßgebend sein sollten, bejahte der juristische Beirat der Assekuradeure.

Der Vertreter der Makler erörterte den Unterschied dieser neuen Grundsätze gegenüber dem früheren Rechtszustand und sprach die Befürchtung aus, daß die deutsche Police entwertet würde. Vor allem habe er gegen den Grundsatz c Bedenken, das Ruhen der Seeversicherung abhängig zu machen von der „Besetzung" des Schiffes. Statt „Besetzung" müsse „Benutzung" gesagt werden. Seine Frage, ob die deutschen Schiffe in Chile augenblicklich „besetzt" seien, wurde von der Versammlung übereinstimmend verneint. Auch der juristische Beirat des W v b. wandte sich gegen das Wort „Besetzung" und fragte an, ob eine soche schon vorliege, wenn ein Prisenoffizier das Schiff führe. Über die Beantwortung dieser Frage gingen die Meinungen auseinander.

Weiter beantragte der juristische Beirat des W v b., eventuell anstatt „unmittelbar durch Kriegsschaden" zu sagen „überwiegend". Hiergegen wandte sich der juristische Beirat der Assekuradeure. Der juristische Beirat des W v b. schlug erneut vor, es bei dem E. 14 zu belassen und im § 122 die positive Formulierung zu wählen. Er bliebe dabei, daß man die Begriffe „Seegefahr" und „Kriegsgefahr" ohne Rücksicht auf Anhaltung oder Besetzung konsequent durchführen müsse und daß bei jeder denkbaren Regelung Grenzfälle bleiben würden, die man der Entscheidung des Gerichts überlassen müsse.

Der juristische Beirat der Assekuradeure antwortete auf eine Anfrage des Vertreters der Makler, wie das von ihm in der Sitzung vom 7. Oktober 1918 angeführte Beispiel über Mexiko zu entscheiden sei, daß dort eine Seegefahr vorläge.

Der Vorschlag des juristischen Beirats der Hamburger Reeder, jeder Vertretung vorzubehalten, etwa ein Jahr nach Inkraftsetzung der Bedingungen neue Anträge zu den Kriegsparagraphen zu stellen, fand in der Versammlung keinen Anklang.

Nachdem der juristische Beirat der Hamburger Reeder als übereinstimmende Ansicht der Versammelten festgestellt hatte, daß unter keinen Umständen eine Lücke zwischen Kriegs- und Seeversicherung vorhanden sein dürfe, kam man überein, folgenden Wortlaut der Vollversammlung zur weiteren Beratung vorzulegen:

(1) „Der Versicherer trägt nicht die Gefahr eines Krieges. Er haftet nicht für einen Schaden, der durch eine durch den Krieg veranlaßte Maßnahme einer kriegführenden oder einer anderen Macht, insbesondere nicht für einen Schaden, der dadurch verursacht wird, daß die versicherte Sache angehalten, aufgebracht, genommen, zurückgehalten, angefordert, beschlagnahmt oder durch die in Anlaß des Krieges gelegten Minen oder infolge anderer Maßnahmen beschädigt oder vernichtet wird.

(2) Bei einer Versicherung, die sich auf das Schiff bezieht, ist der Versicherer von der Verpflichtung zur Leistung frei, wenn das Schiff infolge der Kriegsgefahr die Reise nicht antritt, oder nicht fortsetzt oder einen Hafen anläuft, es sei denn, daß der Versicherungsnehmer, sobald er hiervon Kenntnis erlangt, unverzüglich dem Versicherer erklärt, daß die Versicherung bestehen bleiben soll.

(3) Bei einer Versicherung, die sich auf die Güter bezieht, ist der Versicherer von der Verpflichtung zur Leistung frei, wenn die Güter infolge der Kriegsgefahr ausgeladen werden, es sei denn, daß der Versicherungsnehmer, sobald er von der bevorstehenden oder bewirkten Ausladung Kenntnis erlangt, unverzüglich dem Versicherer erklärt, daß die Versicherung bestehen bleiben soll. Dauert in diesem Falle der Aufenthalt länger als zwei Monate, so haftet der Versicherer für eine später entstehende Beschädigung oder Leckage nur im Falle einer Strandung, auch wenn er sonst noch in anderen Fällen haftet. Die Bestimmungen des § 114 Absatz 1 und 3 über die Haftung des Versicherers im Strandungsfalle finden entsprechende Anwendung.

(4) Wird die Gefahr, die der Versicherer trägt, durch ein Ereignis, für das der Versicherer nach Absatz 1 nicht haftet, geändert und der Versicherer durch die Änderung von der Verpflichtung zur Leistung nicht befreit, so gebührt dem Versicherer eine Zuschlagsprämie. Dies gilt insbesondere, wenn das Schiff infolge der Kriegsgefahr die Reise nicht antritt oder nicht fortsetzt oder einen Hafen anläuft."

Bem. 39. Nachdem der Vollversammlung am 11. Oktober 1918 über das Ergebnis der Sonderbesprechung (Bem. 38) Bericht erstattet worden war, ergriff der Vertreter der Makler das Wort und betonte, daß durch die Weglassung des Wortes „zunächst“ keineswegs an dem bestehenden Rechtszustand geändert werden solle. Der juristische Beirat der Assekuradeure betonte demgegenüber, daß zwar an dem Grundsatz der causa proxima nichts geändert werden solle, daß aber durch die Weglassung des Wortes „zunächst“ der Grundsatz auf seine wahre, durch die reichsgerichtliche Rechtsprechung verdunkelte, Bedeutung zurückgeführt werden solle. Der Vertreter der Makler wies weiter darauf hin, daß nach dem System des Entwurfs die Stellung des § 35 den Charakter einer Klausel ausschlösse. Die Folge sei daher, daß eine Police, die ohne weiteren Zusatz gezeichnet werde, als „frei von Kriegsgefahr“ gelte. Hierin sehe er schwere Gefahren für den Verkehr. Er müsse daher folgenden Antrag stellen:

„Ist eine Police ausgestellt, so kann sich der Versicherer auf die Befreiung von der Kriegsgefahr nur berufen, wenn ein entsprechender Hinweis in die Police aufgenommen ist“.

Die Bremer Assekuradeure erklärten, daß sie sich nicht darauf einlassen könnten, den Ausschluß der Kriegsgefahr noch einmal in der Police ausdrücklich zu erwähnen. Übrigens sei jetzt schon der Ausschluß der Kriegsgefahr selbstverständlich. Der juristische Beirat der Hamburger Reeder sprach die Erwartung aus, daß man sich im Laufe der Zeit an den grundsätzlichen Ausschluß der Kriegsgefahr gewöhnen werde.

Gegen die der Versammlung vorgeschlagene Fassung erhoben die Makler Bedenken, denen sich ein Vertreter der Bremer Reeder anschloß, der dringend darum bat, noch nichts Entscheidendes zu beschließen, da man die Tragweite der neuen Fassungen noch nicht übersehen könne. Diese Ansicht teilten auch die Bremer und Stettiner Reeder.

Die Hamburger Reeder und der juristische Beirat der Bremer Reeder machten darauf aufmerksam, daß sie in Grenzfällen, für die sie Beispiele anführten, durch die neuen Bedingungen schlechter gestellt seien, wenn sie bloß gegen Seegefahr versichert wären. Sie müßten daher immer auch zukünftig eine Kriegsversicherung abschließen. Hiergegen wandte sich der juristische Beirat der Assekuradeure, dem sich die Makler anschlossen. Die Makler betonten, daß in dem Vorschlage der Sonderkommission, den Begriff „Besetzung“ wegzulassen, eine wesentliche Verbesserung gegenüber dem früheren Entwurfe liege. Die Anfrage der Reeder bei den Assekuradeuren, ob sie nicht etwa gegen eine höhere Prämie bereit seien, die Seegefahr in dem Umfange von früher zu tragen, lehnten die Assekuradeure ab.

Die Versammlung erörterte eingehend die in der Presse verbreitete Nachricht, daß Spanien, mit dem Deutschland in durchaus freundschaftlicher Beziehung stände, an die deutsche Regierung eine Note gerichtet habe, dahingehend, daß es die in spanischen Häfen liegenden deutschen Handelsschiffe beschlagnahmen und gegen Entschädigung bis Kriegsende verwenden würde. Auf diesen Fall wurde von den Assekuradeuren mit dem Bemerken hingewiesen, es entspräche doch dem Rechtsempfinden, daß für eine solche in Anlaß des Krieges erfolgende Beschlagnahme einer neutralen Macht der Kriegsversicherer und nicht der Seeversicherer hafte. Der juristische Beitat des W v b. äußerte seine Ansicht dahin, daß für Seegefahr trotz Beschlagnahme weiter gehaftet werde.

Gegen den Antrag der Reeder, die Worte „oder eine andere Macht" zu streichen, machte ein Vertreter der Assekuradeure auf die Tatsache aufmerksam, daß der Unterschied zwischen „kriegführender" und „nichtkriegführender" Macht durch die Rechtsprechung verwischt sei. Der frühere Rechtszustand, der von der „Verfügung von hoher Hand" gesprochen hätte, sei durch die Klarstellung der neuen Bedingungen entschieden verbessert. Der Vorsitzende wies auf die kleinen südamerikanischen Staaten hin, die uns teils den Krieg erklärt hätten, teils nicht. Im übrigen dürften die Assekuradeure nicht außer Acht lassen, daß bei den Handlungen einer anderen Macht, die mit uns noch nicht im Kriege läge, diese andere Macht zunächst schadensersatzpflichtig werde, die Assekuradeure sich also an diese halten könnten.

Der juristische Beirat des W v b. begrüßte, daß der Rechtsprechung durch die Neufassung die Möglichkeit eröffnet werde, ihre Ansichten zu überprüfen und mit der Verkehrsanschauung in Einklang zu bringen. Es sei aber jetzt schon klar, daß nur in gewissen Grenzfällen eine andere Entscheidung zu treffen wäre. Der juristische Beirat der Bremer Reeder stellte als übereinstimmende Ansicht der Versammlung fest, daß auch in Grenzfällen eine Lücke zwischen Seegefahr und Kriegsgefahr nicht mehr bestände. Als aber darauf ein Vertreter der Reeder folgende Tatsachen der Versammlung vorlegte, Italien hat im November 1914 die deutschen Schiffe angefordert, im Januar 1915 sie in Fahrt gesetzt, erst im Mai 1915 ist der Krieg erklärt, konnte keine Einstimmigkeit in der Versammlung über die Lösung der Frage erzielt werden, ob die Schiffe bis zur Kriegserklärung gegen Seegefahr gedeckt waren.

Bem. 40. In der Vollversammlung vom 12. Oktober 1918 betonten die Makler die Wichtigkeit, welche die Einschaltung des Wortes „zunächst" in sich trage. Sie wiesen auf die Grenzfälle hin, bei denen das Wort „zunächst" die Lösung geben könnte. Lasse man bei der Kriegsversicherung das Wort „zunächst" fort, so könne der unbefangene Leser eine andere Vorstellung bekommen, als gewollt sei, ebenso könne es dem unerfahrenen Richter im Binnenlande gehen. Die Makler wiesen darauf hin, daß der Versicherer die Kriegsgefahr nur in dem Maße übernehme, wie sie in § 35 ausgeschlossen sei, nicht aber in dem weitergehenden Sinne des § 119 (Kriegsmolest). Sie stellten daher den Antrag, daß die Redaktionskommission beauftragt werde, eine Fassung zu finden, die dieser Sachlage gerecht werde. Die Reeder betonten, daß sie darauf beständen, daß das Wort „zunächst" in § 35 aufgenommen und die Worte „oder eine andere Macht" herausgelassen würden. Der juristische Beirat der Assekuradeure wendete sich gegen die Auffassung der Makler, der Redaktionskommission solche Aufgaben zu übertragen. Die Aufnahme des Wortes „zunächst" bedeute einen materiellen Unterschied. Gerade weil die Verteilung zwischen Seegefahr und Kriegsgefahr in gewissen Grenzfällen ungerechtfertigt wäre, hätte man diese neue Fassung gewählt. Dem Antrage der Reeder, die Worte „oder eine andere Macht" zu streichen, könnten die Assekuradeure nicht zustimmen. Der juristische Beirat der Bremer Reeder erklärte, daß man die Sachlage noch nicht genügend übersehen könne. Es heiße zwar, daß man bis auf kleine Abweichungen alles beim alten lassen, insbesondere nicht den adaequaten Kausalzusammenhang einführen, sondern den Grundsatz der causa proxima in Kraft lassen wolle. Die Bedenken der Makler müsse er aber teilen. Die Makler betonten, daß sie auf ihren Antrag bestehen müßten Materiell sei man sich einig. Man müsse nur Klarheit darüber schaffen, daß Seeunfall im feindlichen Lande unter feindlichem Einfluß Seegefahr sei. Die Reeder betonten, daß sie immer eine Kriegsversicherung nehmen müßten, wenn die Worte „oder eine andere Macht" in den Bedingungen blieben. Sie brauchten wegen der Wichtigkeit dieser Frage nur auf die durch die Anforderung deutscher Schiffe seitens der argentinischen Regierung verursachten Rechtsfragen hinzuweisen. Der Vorsitzende wendete sich an die Assekuradeure mit der Frage, warum sie denn nicht mehr dieselben Gefahren tragen könnten wie früher, ihre Geschäfte wären doch unter dem alten Recht nicht schlecht gewesen.

Der juristische Beirat der Assekuradeure schlug vor, in erster Reihe über das Wort „zunächst" zu verhandeln, in zweiter über die Auslegung des Wortes „oder eine andere Macht".

Die Assekuradeure wiesen es nicht von der Hand, das Wort „zunächst" einzuführen. Sie würden dann erklären, was unter „zunächst" gemeint sei. Die Assekuradeure wären aber auch bereit, auf die Einschaltung des Wortes „überwiegend" einzugehen. Ein Hamburger Assekuradeur führte aus, daß das natürliche Rechtsempfinden zur Anerkennung gebracht werden müsse. Es handle sich darum, einer neuen und besseren Rechtsprechung die Wege zu ebnen. Die Formulierung, typische See- und typische Kriegsgefahr, sei keine glückliche Lösung. Man nehme den Fall, daß ein Handelsschiff von einem Kriegsschiff gejagt wird und nunmehr strandet. Ist das ein typischer See- oder ein typischer Kriegsunfall? Die Einführung des Begriffes „überwiegend durch Kriegsgefahr verursacht" entspreche dem natürlichen Rechtsempfinden. Somit stelle er folgenden Antrag:

a) „Schäden, deren überwiegende Ursache in durch den Krieg veranlaßten Maßnahmen zu suchen ist, gelten als durch Kriegsgefahr verursacht".

Der juristische Beirat des Wvb. führte aus, daß man sich darüber klar sein müsse, welche von den vorgeschlagenen Möglichkeiten in Frage käme. Es seien jetzt verschiedene Formulierungen beantragt: der Antrag der Makler, der Antrag der Makler mit dem Zusatz der Reeder, die Worte „oder eine andere Macht" zu streichen, die Möglichkeit, die Bedingungen so anzunehmen, wie sie jetzt wären und der Antrag des Hamburger Assekuradeurs. Seiner Ansicht nach müßten die Regeln den normalen Fällen entsprechen. Eine Kriegsversicherung sei aber nicht der Normalfall. Es müsse also der Reeder entsprechend dem alten Zustand möglichst weit gedeckt sein, wenn er nur gegen Seegefahr versichert habe. Dieses Ergebnis müsse man auch auf die Gefahr hin, daß die Prämien erhöht würden, erstreben. Diesem Wunsche, es bei dem bisherigen Rechte zu lassen, schloß sich ein Vertreter der Kaufmannschaft an. Im

Notfalle müßten die Assekuradeure ihre Prämien erhöhen. Es sei aber nicht zu verstehen, wieso die Assekuradeure nicht mehr bestehen könnten, wenn sie dieselben Gefahren wie früher deckten. Besonders erstrebenswert sei die Beibehaltung des alten Rechtszustandes im Hinblick auf die über das ganze Reich verteilten Ladungsinteressenten. Diese würden nicht so schnell mit den neuen Bedingungen bekannt, und mancher Kaufmann würde später zu seinem Schaden ungedeckt sein. Die Makler wandten sich gegen die Auffassung, als ob verschiedene Prämien einer verschiedenen gesetzlichen Regelung entsprechen könnten. Sie schlugen vor, dem § 35 folgenden Satz zuzufügen:

b) „Im übrigen endigt die Gefahr für den Versicherer, auch nachdem die durch den Krieg veranlaßten Maßnahmen für die versicherte Sache wirksam geworden sind, erst mit der Kondemnation der versicherten Sache oder . . . . . ."

Der juristische Beirat der Hamburger Reeder unterstützte den Antrag des Hamburger Assekuradeurs. Man müsse das Zutrauen zu den Gerichten haben, daß sie die richtige Lösung finden würden. Er schlüge noch folgenden Zusatz vor:

c) „Im Zweifel gilt ein Schaden als nicht durch Kriegsgefahr verursacht".

Der juristische Beirat des Wvb. schlug folgende Fassung vor:

d) „Der Versicherer haftet nicht für die unmittelbar durch Kriegsgefahr verursachten Unfälle, insbesondere nicht dafür, daß die versicherte Sache durch Maßregeln einer kriegführenden Macht angehalten....."

Dieser Formulierung stimmten die Reeder zu. Die Assekuradeure erklärten, daß sie durch die Streichung des Wortes „zunächst" dem Reichsgericht eine freiere Bahn hätten ebnen wollen. Eine Lücke dürfe keinesfalls entstehen und wäre auch nicht entstanden. Im übrigen müßten sie auf der ursprünglichen Formulierung der Bedingung bestehen, um mit dem Ausland konkurrenzfähig zu bleiben. Den Maklern, die die Annahme ihres Antrages befürworteten, erwiderte der juristische Beirat des Wvb., daß die Maklerwünsche in seiner Fassung berücksichtigt seien. Der Vertreter der HK. Bremen schlug zur Beendigung der Aussprache folgenden Ausgleich vor: man solle dem Antrag des Hamburger Assekuradeurs folgen unter Verzicht auf die Beibehaltung der Worte „oder eine andere Macht". Die Reeder erklärten, sie würden ihre Ansprüche auf das Provenu im Falle des § 71 fallen lassen, wenn die Assekuradeure die Worte „oder eine andere Macht" strichen. Der Vorsitzende betonte auf das nachdrücklichste, daß es sich eigentlich für die Assekuradeure nur um einen Zinsverlust handle, denn solange noch der Begriff des Eigentumes anerkannt würde, müßten fremde Staaten, die, ohne kriegführende Mächte zu sein, deutsche Schiffe für ihren Zweck in Anspruch nehmen, Entschädigung zahlen und diese Entschädigung käme den Assekuradeuren zugute. Die Assekuradeure beharrten auf ihrem Standpunkt, daß die Streichung „oder eine andere Macht" unmöglich sei.

Nachdem die Makler ihren Antrag bezüglich der Einstellung des Wortes „zunächst" zurückgezogen hatten, blieben die einzigen Streitpunkte nur noch die Worte „oder eine andere Macht". Der juristische Beirat der Assekuradeure teilte mit, daß diese seiner Empfehlung, die Streichung zu bewilligen, nicht nachgekommen seien, daß sie aber vorschlügen, den Worten „oder eine andere Macht" den Zusatz hinzuzufügen, „daß diese Macht demnächst in den Krieg eintritt". Im Hinblick auf den Fall „Italien" betonten die Reeder und Makler, daß eine Frist festgesetzt werden müsse, innerhalb derer die andere Macht in den Krieg eintreten müsse. Der Hinweis des juristischen Beirats des Wvb., die Gerichte hätten schon manche Macht wegen ihrer feindlichen Handlungen gegen Deutschland auch schon vor der formellen Kriegserklärung als kriegführende Macht behandelt, erschien den Interessenten als keine geeignete Grundlage. Die Reeder äußerten den Wunsch, diese Frist auf einen Monat festzusetzen. Auf den Hinweis der Makler, daß schon bei einer wirklich kriegführenden Macht durch die Abandonbestimmung eine Frist von 6 Monaten gegeben sei und auf die ausdrückliche Erklärung der Assekuradeure, nicht mehr zugestehen zu können, beschloß man der Redaktionskommission die Fassung des § 35 zu übertragen, auf der Grundlage des Antrages des Hamburger Assekuradeurs und des Vermittlungsvorschlages, daß „die andere Macht" binnen 6 Monaten in den Krieg eintritt und der Anregungen der Makler.

Bem. 41. Die Assekuradeure haben unter Berücksichtigung der Anträge und Beanstandungen (Bem. 30—40) folgende Fassung vorgelegt:

„(1) Der Versicherer trägt nicht die Gefahr eines Krieges. Er haftet nicht für einen Schaden, der durch eine durch den Krieg veranlaßte Maßnahme einer kriegführenden Macht, insbesondere nicht für einen Schaden, der dadurch verursacht wird, daß die versicherte Sache angehalten, aufgebracht, genommen, zurückgehalten, angefordert, beschlagnahmt oder durch die in Anlaß des Krieges gelegten Minen oder infolge anderer Maßnahmen beschädigt oder vernichtet wird; den Maßnahmen einer kriegführenden Macht stehen diejenigen einer anderen Macht gleich, wenn diese binnen sechs Monaten nach der Maßnahme in den Krieg eintritt.

(2) Bei einer Versicherung, die sich auf das Schiff bezieht, ist der Versicherer von der Verpflichtung zur Leistung frei, wenn das Schiff infolge der Kriegsgefahr die Reise nicht antritt oder nicht fortsetzt oder einen Hafen anläuft, es sei denn, daß der Versicherungsnehmer, sobald er hiervon Kenntnis erlangt, unverzüglich dem Versicherer erklärt, daß die Verpflichtung bestehen bleiben soll.

(3) Bei einer Versicherung, die sich auf die Güter bezieht, ist der Versicherer von der Verpflichtung zur Leistung frei, wenn die Güter infolge der Kriegsgefahr ausgeladen werden, es sei denn, daß der Versicherungsnehmer, sobald er von der bevorstehenden oder bewirkten Ausladung Kenntnis erlangt, unverzüglich dem Versicherer erklärt, daß die Verpflichtung bestehen bleiben soll. Dauert in diesem Falle der Aufenthalt länger als zwei Monate, so haftet der Versicherer für eine später entstehende Beschädigung oder Leckage nur im Falle einer Strandung, auch wenn er sonst noch in anderen Fällen haftet; die Bestimmungen des § 114 Abs. 1 und 3

über die Haftung des Versicherers im Strandungsfalle finden entsprechende Anwendung.

(4) Wird die Gefahr, die der Versicherer trägt, durch ein Ereignis, für das der Versicherer nach Abs. 1 nicht haftet, geändert und der Versicherer durch die Änderung von der Verpflichtung zur Leistung nicht befreit, so gebührt dem Versicherer eine Zuschlagsprämie. Dies gilt insbesondere, wenn das Schiff infolge der Kriegsgefahr die Reise nicht antritt oder nicht fortsetzt oder einen Hafen anläuft."

Bem. 42. In der Sitzung vom 30. Juni 1919 ist beschlossen worden, den Satz „Der Versicherer trägt nicht die Gefahr eines Krieges" zum selbständigen Abs. 1 zu machen, den Abs. 2 beginnen zu lassen: „Der Versicherer haftet nicht für einen Schaden, der durch eine durch den Krieg veranlaßte Maßnahme usw." und den bisherigen Abs. 2 mit den vorgeschlagenen Änderungen als Abs. 3, Abs. 3 als Abs. 4 zu nehmen und als Abs. 5 den vorgeschlagenen Abs. 4 festzulegen, der lediglich eine Zusammenfassung der bisherigen Bestimmungen über die Zuschlagsprämie enthält.

Bem. 43. In der Sitzung der Redaktionskommission vom 14. Juli 1919 hat der Vertreter der Makler beantragt zu sagen in Abs. 2: „infolge anderer durch den Krieg veranlaßter Maßnahmen", denn da die Bestimmung durch die Eingangsbestimmung („durch den Krieg veranlaßter Maßnahmen") beherrscht werde, sei der beantragte Zusatz überflüssig. In Abs. 5 müsse es nach der vorgenommenen Änderung richtig heißen: „Wird die Gefahr, die der Versicherer trägt, durch ein Ereignis, für das der Versicherer nach Abs. 1—2 nicht haftet, usw. . . . . .". Der Schlußsatz falle besser fort; er wiederhole den Inhalt des Abs. 3, treffe aber unter Umständen nicht den Fall des Abs. 4. (Das Schiff löscht die Ladung im Abgangshafen, die Ladung wird eingelagert.)

Die erste Änderung ist angenommen worden. Was die zweite Änderung betrifft, so ist im Protokoll festgelegt worden, daß auch der vom Antragsteller erwähnte Fall den Versicherer selbstverständlich zur Erhebung einer Zuschlagsprämie berechtigt; von einer formellen Änderung hat man jedoch Abstand genommen.

Bem. 44. Die Assekuradeure haben schließlich folgende Fassung vorgelegt:

„(1) Der Versicherer trägt nicht die Gefahr eines Krieges.

(2) Der Versicherer haftet nicht für einen Schaden, der durch eine durch den Krieg veranlaßte Maßnahme einer kriegführenden Macht, insbesondere nicht für einen Schaden, der dadurch verursacht wird, daß die versicherte Sache angehalten, aufgebracht, genommen, zurückgehalten, angefordert, beschlagnahmt oder durch die in Anlaß des Krieges gelegten Minen oder infolge anderer Maßnahmen beschädigt oder vernichtet wird; den Maßnahmen einer kriegführenden Macht stehen diejenigen einer anderen Macht gleich, wenn diese binnen sechs Monaten nach der Maßnahme in den Krieg eintritt.

(3) Bei einer Versicherung, die sich auf das Schiff bezieht, ist der Versicherer von der Verpflichtung zur Leistung frei, wenn das Schiff infolge der Kriegsgefahr die Reise nicht antritt oder nicht fortsetzt oder

einen Hafen anläuft, es sei denn, daß der Versicherungsnehmer, sobald er hiervon Kenntnis erlangt, unverzüglich dem Versicherer erklärt, daß die Verpflichtung bestehen bleiben soll.

(4) Bei einer Versicherung, die sich auf die Güter bezieht, ist der Versicherer von der Verpflichtung zur Leistung frei, wenn die Güter infolge der Kriegsgefahr ausgeladen werden, es sei denn, daß der Versicherungsnehmer, sobald er von der bevorstehenden oder bewirkten Ausladung Kenntnis erlangt, unverzüglich dem Versicherer erklärt, daß die Verpflichtung bestehen bleiben soll. Dauert in diesem Falle der Aufenthalt länger als zwei Monate, so haftet der Versicherer für eine später entstehende Beschädigung oder Leckage nur im Falle einer Strandung, auch wenn er sonst noch in anderen Fällen haftet; die Bestimmungen des § 114 Abs. 2 und 3 über die Haftung des Versicherers im Strandungsfalle finden entsprechende Anwendung.

(5) Wird die Gefahr, die der Versicherer trägt, durch ein Ereignis, für das der Versicherer nach den Absätzen 1 und 2 nicht haftet, geändert und der Versicherer durch die Änderung von der Verpflichtung zur Leistung nicht befreit, so gebührt dem Versicherer eine Zuschlagsprämie. Dies gilt insbesondere, wenn das Schiff infolge der Kriegsgefahr die Reise nicht antritt oder nicht fortsetzt oder einen Hafen anläuft".

Abs. 1 u. 2.

Bem. 45. In der Redaktionskommissionssitzung vom 16. September 1919 hat der juristische Beirat der Assekuradeure ausgeführt: Die Zerlegung des § 35 Abs. 1 E. 14 in zwei Absätze und die Weglassung des Wortes „insbesondere" seien unzweckmäßig, könnten z. B. zu der Auffassung verleiten, daß der Versicherer für Kriegsplünderungen hafte oder für Schäden, die bei der durch den Krieg veranlaßten Ausladung vorkämen. Auch seien, offenbar infolge eines Übersehens, die Worte „sei es anerkannten, sei es nicht anerkannten" wieder einzufügen.

Demgemäß ist beschlossen worden, Absatz 1 und 2 des § 35 zusammenzufassen und ihm folgenden Wortlaut zu geben:

„Der Versicherer trägt nicht die Gefahr eines Krieges. Er haftet insbesondere nicht für einen Schaden, der durch eine durch den Krieg veranlaßte Maßnahme einer, sei es anerkannten, sei es nicht anerkannten, kriegführenden Macht, namentlich nicht für einen Schaden, der . . . ."

Abs. 4.

Bem. 46. In der Redaktionskommissionssitzung vom 16. September 1919 hat der juristische Beirat der Assekuradeure ausgeführt, es sei unrichtig, in Absatz 4 auszusprechen, daß der Versicherer für Leckage nicht hafte, weil er nach § 86 für gewöhnliche Leckage überhaupt nicht, für außergewöhnliche Leckage nur im Strandungsfalle hafte.

Die Redaktionskommission hat jedoch dieser Anregung keine Folge gegeben, weil die jetzige Fassung für diejenigen Fälle zweckmäßig sei, in denen die Haftung für Leckage in anderen als Strandungsfällen besonders bedungen werde, auch die Besorgnis nicht begründet erscheine, die Rechtsprechung werde dem § 35 etwa entnehmen, daß der Versicherer trotz des

§ 86 nach den ADSVB. für Leckage, soweit überhaupt, noch in anderen als Strandungsfällen hafte.

Abs. 5.

Bem. 47. Die Redaktionskommissionssitzung vom 16. September 1919 hat beschlossen (§ 25 Bem. 9): die Worte „durch ein Ereignis, für das der Versicherer nach den Absätzen 1 und 2 nicht haftet" zu ersetzen durch die Worte „infolge der Kriegsgefahr".

§ 36.

Haftung für Arrestgefahr.

Der Versicherer haftet für den durch gerichtliche Verfügungen oder ihre Vollstreckung entstehenden Schaden nur, wenn er dem Versicherungsnehmer zu ersetzen hat, was dieser zur Befriedigung des der Verfügung zugrunde liegenden Anspruchs leisten muß.

ASVB. § 69 Abs. 2 Nr. 3; ME. § 54 Abs. 2 Nr. 3.

Bem. 1. Über die Entstehungsgeschichte vgl. Bem. 10, 11 zu § 28.

Bem. 2. Der Antrag der HK. Bremen:

„die Haftung für Arrest noch weiter auszudehnen"

ist von den Assekuradeuren abgelehnt worden. (Prot. vom 10. 1. 14).

§ 37.

Grenzen der Haftung.

(1) Der Versicherer haftet für den während der versicherten Reise entstehenden Schaden nur bis zur Höhe der Versicherungssumme. Bei einer Versicherung, die sich auf das Schiff bezieht, finden die Bestimmungen des § 34 Abs. 3 entsprechende Anwendung.

(2) Aufwendungen, die der Versicherer gemäß § 32 zu ersetzen hat, fallen ihm ohne Rücksicht darauf zur Last, ob sie zusammen mit der übrigen Entschädigung die Versicherungssumme übersteigen.

(3) Sind Aufwendungen zur Abwendung oder Minderung oder zur Ermittlung oder Feststellung eines Schadens oder zur Wiederherstellung oder Ausbesserung der durch einen Versicherungsfall beschädigten Sache gemacht oder Beiträge zur großen Haverei geleistet oder ist eine persönliche Verpflichtung des Versicherungsnehmers zur Entrichtung solcher Beiträge entstanden, so haftet der Versicherer für einen Schaden, der durch einen späteren Versicherungsfall verursacht wird, ohne Rücksicht auf die ihm zur Last fallenden früheren Aufwendungen und Beiträge.

(4) Soweit die Entschädigung und die Aufwendungen oder Beiträge die Versicherungssumme mit Rücksicht darauf übersteigen, daß der Versicherungsnehmer den einem Dritten durch einen Schiffszusammenstoß zugefügten Schaden ersetzen muß, finden die Bestimmungen der Absätze 2 und 3 keine Anwendung.

ASVB. § 92; BSVB. § 66 Abs. 1; HGB. § 840; VVG. §§ 50, 63, 66, 144; MC. § 70; C. 10 § 39; C. 14 § 37.

Abs. 1.

Bem. 1. Im ZE. April 13 § 36 ist in Abs. 1 ein zweiter Satz eingestellt worden: „Auf die Dauer der Reise finden die Bestimmungen des § 33 Abs. 3 (= § 34 Abs. 3) entsprechende Anwendung". Im ZE. Dez. 13 ist weiter hinzugefügt worden: „jedoch gilt eine Zureise im Ballast nicht als eine besondere Reise". Gegen diesen weiteren Zusatz haben die Handelskammern, namentlich unter Hinweis auf in Bremen geäußerte Bedenken, Einspruch erhoben. In der Sitzung vom 10. Januar 1914 ist beschlossen worden, nochmals die Assekuradeure zu ersuchen, die Bestimmung zu streichen und dem Paragraphen einen fünften Absatz folgenden Inhalts hinzuzufügen:

„Ist ein Schiff für einen bestimmten Zeitraum versichert, so finden die vorstehenden Bestimmungen auf jede einzelne Reise des Schiffs entsprechende Anwendung".

Dieser letzte Antrag ist seitens der Assekuradeure abgelehnt worden. (Prot. v. 28. 1. 14). Die Assekuradeure haben den im ZE. Dez. 13 aufgenommenen Zusatz fallen gelassen (Prot. v. 28. 1. 14), dem des ZE. April 13 entsprochen.

Abs. 2.

Bem. 2. Die Makler, die Hamburger Reeder und der Wvb. haben zu den Schlußverhandlungen 1918 beantragt:

„Vor § 32 wird eingeschaltet „„§§ 29, 31 und"", so daß der Eingangssatz lautet: „„Aufwendungen, die der Versicherer gemäß §§ 29, 31 und 32 zu ersetzen hat . . . . . .""

und begründet: Die großen Wertsteigerungen, welche die Kriegszeit mit sich gebracht habe und die Umrechnung in heimische Münze, wenn auswärtige Währung in Frage komme, hätten in vielen Fällen dazu geführt, daß die besondere Haverie und die große Haverie aus einem und demselben Ereignis zusammen die Versicherungssumme überstiegen. Jedenfalls müßten Kosten, für welche bereits eine Verpflichtung des Versicherten entstanden sei, wie auch von ihm gemachte Aufopferungen stets zu Lasten des Versicherers bleiben, ganz gleich, ob es sich um große Haverie oder andere Schäden handele. In der Vorbesprechung vom 22. und 23. August 1918 ist hierzu von den Assekuradeuren bemerkt worden, daß sich der Entwurf hinsichtlich der Frage, wann der Versicherer eine Haftung übernehmen solle, die über seine Kalkulation hinausgehe, genau im Rahmen dessen halte, was HGB., ASVB. und binnenländische Police bisher enthalten hätten, daß sie aber über diesen Rahmen hinauszugehen unter keinen Umständen in der Lage seien. Die Makler haben nochmals die wirtschaftliche Notwendigkeit dieser Forderungen an folgendem

Beispiel betont: Ein Schiff, das im Frieden 500 000 M. wert wäre, werde vom Reeder in Übereinstimmung mit seinem Versicherer im Kriege ordnungsgemäß mit 3 000 000 M. versichert. Das Schiff werde ersatzpflichtig für einen in Schweden durch Kollision verursachten Schaden, der Wert des Schiffes werde im gesunden Zustand auf 3 000 000 Kronen und damit auf das Doppelte der unter Versicherung gebrachten Summe festgesetzt. Das habe zur Folge, daß das Schiff auch im beschädigten Zustande mit einer unverhältnismäßig hohen Summe beizutragen habe, so daß der Reeder für einen Teil des Schadens unversichert sei. Die Assekuradeure haben erklärt, daß sie weit davon entfernt seien, die wirtschaftliche Notwendigkeit der Forderung zu verkennen, deren Nichterfüllung unbestreitbar in gewissen Fällen eine große Härte für den Versicherungsnehmer in sich schließe, sie vermöchten aber keine Möglichkeit zu erblicken, diese Forderung im Wege der Bedingungen zu erfüllen. Die Makler könnten nicht umhin, dem zuzustimmen und verwiesen auf den in der Praxis bereits beschrittenen Ausweg, sowohl den Havariegrosse-Excedenten wie die Haftpflichtschäden unter Sonderversicherung zu bringen. Die Reeder erklärten, daß sie zwar unter den gegenwärtigen Ausnahmeverhältnissen eine solche Mehrbelastung tragen könnten, daß sie aber an dem Verlangen festhalten müßten, auch für diese Schäden über 100 % der Versicherungssumme den Versicherer auf Grund der Bedingungen haftbar zu sehen.

Bei der Beratung mit den Reedern vom 17. und 18. September 1918 haben die Hamburger und Bremer Reeder, nachdem die Makler und der Bremer Dispacheur darauf hingewiesen haben, daß die Grundlage für diese Anträge im wesentlichen die Ausnahmezustände dieses Krieges gebildet hätten, in ausführlichen Darlegungen ihrer Ansicht Ausdruck gegeben, daß sie mit aller Entschiedenheit an den von ihnen gestellten Anträgen festhalten müßten. Sie haben besonders darauf hingewiesen, daß die heutige Rechtslage auf Grund des § 92 (ASVB.) nicht als feststehend anzusprechen sei. Die Makler haben auf den praktischen Ausweg aufmerksam gemacht, in die Excedentenversicherung die dreifache Haftung aufzunehmen: für Schäden am eigenen Schiff, für Havariegrosse, für Haftpflichtschäden. Die Assekuradeure haben erklärt, daß sie nach wie vor geneigt sein würden, den Reedern außerhalb der Bedingungen die geforderte Haftung zuzugestehen; in den allgemeinen Bedingungen zu der normalen Prämie aber diese Haftung festzulegen, sei völlig unmöglich. Auch sei dadurch, daß eine Haftung des Versicherers über 100 % in den Fällen des § 32 festgelegt sei, den Bedürfnissen des Regelfalls Rechnung getragen. Was die Bergungskosten anbelange, so würde heute jeder Bergungskontrakt auf der Basis „no cure no pay" geschlossen.
In der Vollversammlung vom 11. Oktober 1918 ist der Antrag fallen gelassen worden.

Abs. 3.

Bem. 3. Es ist die redaktionelle Änderung von „Unfall" in „Versicherungsfall" vorgenommen worden.

Abs. 4.

Bem. 4. Die Makler haben beantragt:

„Daß der Versicherer für den vom Versicherten einem Dritten zu ersetzenden Schaden in jedem Schadensfalle bis zur Höhe der Versicherungssumme haften soll, daß aber daneben die Haftung des Versicherers für eigene Schäden des Versicherten vollen Umfanges bestehen bleiben soll."

In den Vollversammlungen vom 27. Februar und 13. März 1911 ist von den Maklern bemerkt worden, daß der Antrag von Bedeutung für den Reeder namentlich in dem Falle sei, daß der Zusammenstoß nach englischem Rechte von englischen Gerichten beurteilt werde, etwa weil er in englischen Gewässern erfolgt sei, und daß infolgedessen die Haftung des Reeders nicht auf Schiff und Fracht beschränkt sei, sondern der Reeder in Höhe von 8 Pfd.-Strl. bezw. bei Personenschäden von 15 Pfd.-Strl pro Registertonne persönlich hafte. Die Assekuradeure haben diesen Ausführungen entgegen gehalten, daß der Antrag eine außerordentliche Erweiterung der Haftung des Versicherers gegenüber dem bestehenden Rechte bedeute. Seitens der Reeder sei längst ein Ausweg durch den Abschluß sogen. Excedentenversicherungsverträge gefunden, in welchen sie sich gerade für den Fall, daß sie nach englischem Rechte persönlich über den Wert von Schiff und Fracht hinaus in Anspruch genommen würden, versicherten. In England habe bekanntlich, um eine Einschränkung der persönlichen Haftung zu erzielen, das System der Single Ship Company weite Verbreitung gefunden; das Vermögen dieser Gesellschaft bestehe aber nur aus dem einen Schiffe und demgemäß beschränke sich auch die persönliche Haftung dieser Gesellschaften tatsächlich auf das Schiff. Auch für den deutschen Reeder biete sich auf diesem Wege die Möglichkeit, sich dem englischen Rechte gegenüber gegen eine Inanspruchnahme über das Schiffsvermögen hinaus zu schützen. Demgegenüber haben die Makler darauf hingewiesen, daß die Begründung von Single Ship Companies, die übrigens auch keineswegs wünschenswert sei, durch die englische Kriegsgesetzgebung sehr erleichtert werde, während das deutsche Gesellschaftsrecht solche Gesellschaftsbildungen erschwere. Seitens der Vertreter der Hamburger Reeder ist die Erklärung abgegeben worden, daß sie die Aufnahme des Antrages der Makler begrüßen würden, wenngleich sie selbst nicht gewagt hätten, diese die Haftung des Versicherers erheblich erweiternde Forderung zu stellen. Die Assekuradeure haben darauf hingewiesen, daß sich die Möglichkeit der Versicherung gegen diese Gefahr schon jetzt biete und daß es sich praktisch nur um eine Prämienfrage handele; die beantragte Erweiterung der Haftung gegen die gewöhnliche Prämie zu übernehmen, müßten sie ablehnen.

Der Antrag ist unberücksichtigt geblieben.

Bem. 5. Die Makler haben den Wunsch geäußert:

„Daß dem Zusammenstoß mit anderen Schiffen der Zusammenstoß mit anderen schwimmenden Gegenständen gleichgestellt werde".

Die Beratung dieses Wunsches ist in der Vollversammlung vom 27. Febr. 1911 bis zur Beratung des § 60 S. 10 zurückgestellt worden. Vgl. § 78 Bem. 2.

Bem. 6. Die Hamburger Reeder haben zu den Schlußverhandlungen 1918 beantragt:

„Anstatt „„Schiffszusammenstoß““ „„Zusammenstoß““ zu sagen".

Über das weitere Schicksal dieses Antrages vgl. § 28 Bem. 6.

Bem. 7. Der Wvb. hat zu den Schlußverhandlungen 1918 beantragt:

„Abs. 4 zu streichen".

Auf den Hinweis der HK. Hamburg, daß die beantragte Streichung der Haftungsbegrenzung im Falle des mittelbaren Kollisionsschadens eine völlige Umkehrung des bisherigen Rechtszustandes bedeuten würde (vgl. § 92 Abs. 4 ASVB.) und ein durchaus ungerechtfertigtes Verlangen darstelle, ist der Antrag nicht weiter verfolgt worden.

Bem. 8. Die Makler haben beantragt, am Schlusse des Abs. 4 hinzuzufügen:

„Die in § 31 ZE. Dez. 14 (= § 32) genannten Aufwendungen sind auch dann zu ersetzen, wenn sie zusammen mit den übrigen Entschädigungen die Versicherungssumme übersteigen."

Der Antrag ist abgelehnt worden.

Bem. 9. Die Anregung:

„der Versicherer solle ohne Rücksicht auf etwa bereits bezahlte oder noch schwebende Ansprüche für jede Reise unter einer Zeitversicherung für die volle Versicherungssumme haftbar bleiben"

ist ohne Folgen geblieben.

§ 38.

Befreiung von der Haftung nach dem Versicherungsfall.

(1) Der Versicherer ist nach dem Eintritte des Versicherungsfalls berechtigt, sich durch Zahlung der Versicherungssumme von allen weiteren Verbindlichkeiten zu befreien.

(2) Der Versicherer bleibt trotz der Befreiung zum Ersatze der Kosten verpflichtet, die zur Abwendung oder Minderung des Schadens oder zur Wiederherstellung oder Ausbesserung der versicherten Sache verwendet worden sind, bevor seine Erklärung, daß er sich durch Zahlung der Versicherungssumme befreien wolle, dem Versicherungsnehmer zugegangen ist; den verwendeten Kosten stehen solche Kosten gleich, zu deren Zahlung der Versicherungsnehmer persönlich verpflichtet ist. Die Bestimmung des § 37 Abs. 4 findet entsprechende Anwendung.

(3) Das Recht, sich durch Zahlung der Versicherungssumme zu befreien, erlischt, wenn die im Abs. 2 Satz 1 bezeichnete Erklärung dem Versicherungsnehmer nicht binnen fünf Werktagen nach dem Zeitpunkt, in dem der Versicherer von dem Versicherungsfall und seinen unmittelbaren Folgen Kenntnis erlangt hat, zugeht.

(4) Der Versicherer erwirbt durch die Zahlung keine Rechte an den versicherten Gegenständen.

ASVB. §§ 93, 94; HGB. §§ 841, 842; VVG. § 145, ME. §§ 71, 72; E. 10 § 40; E. 14 § 38.

Bem. 1. Rein redaktionell ist ebenso wie im § 37 (Bem. 3) in der Überschrift der Ausdruck „Unfall“ durch „Versicherungsfall“ ersetzt worden.

Bem. 2. In der Sitzung der Redaktionskommission vom 30. Juni 1919 ist beschlossen worden, den zweiten Satz von Abs. 1 § 38 E. 14 als Abs. 2 unter redaktioneller Änderung der Anfangsworte „Der Versicherer bleibt jedoch zum Ersatze usw.“ in „Der Versicherer bleibt trotz der Befreiung zum Ersatze usw.“ umzugestalten.

Abs. 2.

Bem. 3. Die HK. Bremen und Hamburg haben beantragt:

„Abs. 2 einen Satz folgenden Inhalts hinzuzufügen: „„Den aufgewendeten Kosten stehen gleich etwa entstandene persönliche Zahlungsverpflichtungen des Versicherungsnehmers““

Die Assekuradeure haben den Antrag angesichts des klaren Wortlauts des § 145 VVG. und § 257 BGB. abgelehnt, weil persönliche Zahlungsverpflichtungen als Aufwendungen zu erachten seien, für die der Versicherer hafte. Die Handelskammern haben daraufhin ihren Antrag fallen gelassen (Prot. v. 13. 12. 13.).

Bem. 4. Die Makler haben beantragt:

„Den Aufwendungen etwa entstandene persönliche Verpflichtungen des Versicherungsnehmers zur Entrichtung von Beiträgen zur großen Havarei, wie sie z. B. durch die Unterzeichnung eines Havariegrosse- oder durch Zusage eines Bergelohnes entstanden sein könnten, oder für sonstige Aufwendungen gleichzustellen“.

In der Vollversammlung vom 27. Februar 1911 haben die Vertreter der Assekuradeure erwidert, daß aus der Havariegrosse ohne weiteres Verpflichtungen für die Beteiligten erwüchsen, und daß es rechtlich ohne Belang sei, ob die Einschüsse in bar oder in Form der Ausstellung von Verpflichtungserklärungen geleistet würden. Der Entwurf schaffe ohne weiteres schon den Maklern den erwünschten Rechtszustand, und der Antrag sei deshalb gegenstandslos.

Der Antrag ist nicht weiter verfolgt worden.

Bem. 5. a) Die Makler haben zu den Schlußverhandlungen 1918 beantragt:

„Hinter „„verwendet worden sind““ einzuschalten „„oder für welche bereits eine Verpflichtung des Versicherten entstanden ist““, und am Schlusse des Absatzes hinzuzufügen: „„Als eine Verpflichtung des Versicherten wird es auch angesehen, wenn die versicherte Sache aus solcher Ursache mit einer Forderung belastet ist““.

In der Vorbesprechung vom 22. und 23. August 1918 haben die Assekuradeure zunächst den Vorschlag gemacht, den ganzen Paragraphen zu streichen. Auf die Erwiderung der Makler, da die Bestimmung nur von einer Berechtigung des Versicherers handele, vermöchten sie zunächst nicht einzusehen, welches Interesse des Versicherungsnehmers diesem Vorschlage widersprechen könnte, haben die Assekuradeure ihren Antrag zurückgenommen.

b) Die Fassung der Assekuradeure:

„Den verwendeten Kosten stehen solche Kosten gleich, zu deren Zahlung der Versicherungsnehmer persönlich verpflichtet ist“

ist nicht beanstandet worden.

Abs. 3.

Bem. 6. In der Vollversammlung vom 27. Februar 1911 ist von einem Vertreter der Assekuradeure darauf hingewiesen worden, daß die für den Assekuradeur vorgesehene Frist von 3 Tagen zur Ausübung des Rechts, sich durch Zahlung der Versicherungssumme zu befreien, zu kurz, und daß infolge dieser Bemessung der Frist die Bestimmung bisher praktisch ohne Bedeutung gewesen sei, da der Assekuradeur in den seltensten Fällen sich innerhalb dreier Tage zu entscheiden in der Lage sei. Häufig seien die telegraphierten Berichte, die zuerst von dem Unfalle meldeten, entstellt; in zahlreichen Fällen, in denen anfangs von einem Totalverlust die Rede gewesen sei, stelle sich der Schaden nachträglich als verhältnismäßig nur unbedeutend heraus. Es sei deshalb eine Verlängerung der Frist notwendig.

Infolgedessen ist die Frist von 3 auf 5 Werktage verlängert worden; Abs. 3 hat unwesentliche redaktionelle Änderungen erfahren.

Bem. 7. Die Bremer Reeder und die HK. Flensburg haben zu den Schlußverhandlungen 1918 beantragt:

„Es bei der Frist von drei Werktagen zu belassen“,

da ein Grund zur Abweichung von § 842 HGB. nicht zu erkennen sei. Nachdem den Antragstellern Mitteilung von der in der Sitzung vom 27. Februar 1911 seitens der Assekuradeure abgegebenen Erklärung gemacht worden war, (Bem. 6), haben sie ihren Antrag nicht weiter verfolgt.

Bem. 8. Die Bremer Reeder, die Hamburger Reeder und die HK. Flensburg haben zu den Schlußverhandlungen 1918 beantragt:

„Zwischen „„seinen““ und „„Folgen““ „„unmittelbaren““ einzuschieben“

und ihren Antrag folgendermaßen begründet. Nach der vorliegenden Wortfassung sei eine Auslegung dahin möglich, daß unter den Folgen des Versicherungsfalles auch solche Folgen verstanden werden könnten, die erst längere Zeit nach dem Unfall in Erscheinung träten. Der Versicherer würde demnach auch nach Monaten immer noch das Recht haben, unter Einhaltung der Frist zurückzutreten, sobald sich Folgen zeigten, die ihm seinen Rücktritt erwünscht machten. Bei steigender Konjunktur könne der Versicherer sagen, er bezahle die Versicherungssumme und die bisher aufgewandten Kosten und die Ware gehöre ihm.

Die Assekuradeure haben sich damit einverstanden erklärt, daß nur die „unmittelbaren“ Folgen berücksichtigt werden. Demgemäß ist das Wort „unmittelbaren“ eingeschoben worden.

§ 39.

Zeitversicherung.

Ist die Dauer der Versicherung nach Tagen, Wochen, Monaten oder nach einem mehrere Monate umfassenden Zeitraum bestimmt, so beginnt die Versicherung am Mittage des Tages, an dem der Vertrag geschlossen wird. Sie endigt am Mittage des letzten Tages der Frist. Für die Zeitberechnung ist der Ort, an dem das Schiff sich befindet, maßgebend.

ASVB. § 79; HGB. § 830; VVG. § 7; MC. § 64; C. 10 § 42; C. 14 § 39.

Bem. 1. Der Antrag der HK. Stettin:

„Den Ausdruck „„Tages, an dem usw."" durch den Ausdruck „„Tages, von welchem ab .....““ zu ersetzen"

ist unberücksichtigt geblieben.

Bem. 2. Die HK. Frankfurt a. M. hat zu den Schlußverhandlungen 1918 beantragt:

„§ 79 ASVB. bestehen zu lassen und die Versicherung von Mitternacht zu Mitternacht zu rechnen, nicht von Mittag zu Mittag"

und damit begründet, daß sich besonders bei der Güterversicherung, bei der nach Konnossementsdaten gerechnet werde, durch die beabsichtigte Neuerung manche Schwierigkeit ergeben dürfte. Die HK. Hamburg hat demgegenüber darauf hingewiesen, daß sich der Fristenlauf von Mittag zu Mittag im VVG. § 7 und im abgeänderten HGB. § 830 finde, die Bekämpfung dieser Bestimmung daher auf einem Mißverständnis beruhen dürfte, da sich § 39 lediglich auf die Zeitversicherung beziehe, mithin für die Güterversicherung nur von ganz untergeordneter Bedeutung sei.
Der Antrag ist nicht weiter verfolgt worden.

VII. Unfallsanzeige. Schadensabwendung.

§ 40.

Unfallsanzeige.

Der Versicherungsnehmer hat dem Versicherer den Versicherungsfall unverzüglich anzuzeigen sowie jeden Unfall, der das Schiff oder die Ladung trifft, auch wenn dadurch ein Entschädigungsanspruch für ihn nicht begründet wird, sofern der Unfall für die von dem Versicherer zu tragende Gefahr erheblich ist.

ASVB. § 65; BSVB. § 54; HGB. § 818; VVG. §§ 33, 146; MC. § 51; C. 10 § 43; C. 14 § 40.

Bem. 1. Im wesentlichen redaktionell ist die Ausdehnung der Anzeigepflicht auf den Versicherungsfall. Die Redaktionskommissionssitzung vom 16. September 1919 hat die Worte „von Erheblichkeit" ersetzt durch „erheblich".

Bem. 2. a) Die Hamburger Reeder haben beantragt:

„Die Wiederaufnahme der bisher geltenden Vorschrift (§ 65 ASVB.), nach der jeder Unfall von dem Versicherten dem Versicherer angezeigt werden muß, widrigenfalls der Versicherer befugt ist, von der Entschädigungssumme den Betrag abzuziehen, um welchen dieselbe sich bei rechtzeitiger Anzeige gemindert hätte."

In der Vollversammlung vom 27. Februar 1911 haben die Assecuradeure zunächst festgestellt, daß der Entwurf wesentlich weniger weit gehe, als das bisherige Recht. Während bisher jeder Unfall habe angezeigt werden müssen, sollten in Zukunft nur solche Unfälle, die für die von dem Versicherer zu tragende Gefahr von Erheblichkeit seien, anzuzeigen sein. Die Rechtsfolge der Unterlassung der Anzeige solle dieselbe sein wie bisher; der Versicherungsnehmer solle dem Versicherer für den aus der Unterlassung der Anzeige etwa erwachsenden Schaden haften. Der Antrag ist nicht weiter verfolgt worden.

b) Die HK. Flensburg, Kiel haben denselben Antrag später gleichfalls erfolglos gestellt.

Bem. 3. Die Makler haben beantragt:

„Den ganzen Paragraphen zu streichen"

und ihren Antrag in der Vollversammlung vom 27. Februar 1911 begründet. Die Bestimmung belaste den Versicherungsnehmer mit einer Menge unnötiger Anzeigen, deren massenhafter Eingang auch für den Versicherer in hohem Grade belästigend sei. Der Assekuradeur sei bei den heutigen Verhältnissen regelmäßig besser und rascher unterrichtet als der Versicherungsnehmer. Die bisher bestehende Bestimmung sei tatsächlich praktisch schon nicht mehr in Übung und unter Verhältnissen erwachsen, die von den heutigen sehr verschieden seien. Die Assekuradeure haben erwidert, daß börsennotorische Unfälle nicht angezeigt zu werden brauchten; eine Schadensersatzpflicht könne naturgemäß nur entstehen, wenn eine schuldhafte Verletzung der Anzeigepflicht vorliege; sei der Unfall börsennotorisch, so könne der Versicherer keinen Schaden aus der Unterlassung der Anzeige geltend machen.

Der Antrag ist nicht weiter verfolgt worden.

Bem. 4. Die HK. Berlin, Lübeck, Stettin haben beantragt:

„Vor „„Unfall"" an der ersten Stelle „„zu seiner Kenntnis gekommenen"" einzuschieben".

Der Antrag ist unberücksichtigt geblieben.

Bem. 5. a) Die HK. Bremen, Hamburg, Lübeck haben folgenden Zusatz beantragt:

„Umstände, welche an dem Ort des Versicherungsabschlusses in den beteiligten Kreisen, insbesondere an der Börse allgemein bekannt sind, brauchen jedoch nicht angezeigt zu werden".

Auf den Hinweis der Assekuradeure, daß dieser Antrag überflüssig wäre, ist er fallen gelassen worden.

b) Ein ähnlicher Antrag ist später von den Hamburger Exporteuren gleichfalls ohne Erfolg gestellt worden.

Bem. 6. Die Hamburger und Bremer Reeder haben zu den Schlußverhandlungen 1918 beantragt:

„Statt „„sofern der Unfall für die von dem Versicherer zu tragende Gefahr von Erheblichkeit ist"" zu sagen „„sofern der Versicherungsnehmer annehmen muß, daß der Unfall für die von dem Versicherer zu tragende Gefahr von Erheblichkeit ist""

und ihren Antrag in der Beratung mit den Reedern vom 17. und 18. September 1918 damit begründet, daß, wenn z. B. ein Schiff einen Pfahl gestreift habe und der Kapitän dieses Ereignis als unerheblich behandele und nicht mitteile, der Versicherungsnehmer in Schwierigkeiten kommen könne. Die Makler haben darauf aufmerksam gemacht, daß die Regelung des Entwurfs eine bedeutende Verbesserung gegenüber dem bestehenden Rechte (§ 65 ASVB.) darstelle, insofern nach dem bestehenden Recht jeder Unfall angezeigt werden müßte. Des ferneren haben sie darauf aufmerksam gemacht, daß ebenfalls im Unterschied zum bestehenden Recht eine Verwirkungsfolge an die Verletzung der Anzeigepflicht in § 40 nicht geknüpft sei. Auf den Hinweis der HK. Hamburg, daß der § 40 wörtlich dem § 146 VVG. entspreche, haben die Hamburger Reeder von einer Weiterverfolgung ihres Antrages Abstand genommen. Ebenso haben die Bremer Reeder nach den Ausführungen eines Vertreters der Assekuradeure in der Vorbesprechung vom 8. und 9. Oktober 1918, daß der Standpunkt eines vernünftigen Mannes maßgebend sei, so daß es einer Abänderung gar nicht bedürfe, ihren Antrag nicht weiter verfolgt. Dasselbe Schicksal hat derselbe Antrag in der Vollversammlung vom 10. Oktober 1918 gehabt.

§ 41.

Abwendung und Minderung des Schadens.

(1) Der Versicherungsnehmer ist verpflichtet, bei dem Eintritte des Versicherungsfalls nach Möglichkeit für die Abwendung und Minderung des Schadens zu sorgen. Er hat dabei die Weisungen des Versicherers zu befolgen und, wenn die Umstände es gestatten, solche Weisungen einzuholen. Sind mehrere Versicherer beteiligt und sind von ihnen entgegenstehende Weisungen gegeben, so hat der Versicherungsnehmer nach eigenem pflichtmäßigen Ermessen zu handeln.

(2) Der Versicherungsnehmer hat die Weisungen des Versicherers auch dann zu befolgen, wenn ein Teil des Versicherungswerts nicht versichert ist. Diese Bestimmung findet keine Anwendung, wenn mehr als die Hälfte des Versicherungswerts nicht versichert ist; jedoch findet in diesem Falle auch die Bestimmung des § 32 Abs. 2 Satz 2 über Ersetzung von Aufwendungen und Vorschußleistung keine Anwendung.

(3) Der Versicherer haftet für einen Schaden insoweit nicht, als dieser durch eine Verletzung der Verpflichtung zur Abwendung oder Minderung des Schadens verursacht wird, es sei denn, daß die Verletzung nicht auf einem Verschulden beruht.

ASVB. §§ 66—68; BSVB. § 53; HGB. § 819; VVG. § 62; ME. §§ 52, 53; E. 10 § 44; E. 14 § 41.

Abs. 1.

Bem. 1. Die M a k l e r haben beantragt, zu bestimmen:

„Daß die Mitwirkung des Versicherungsnehmers bei der Beschaffung und Versicherung von Havareigeldern „„nur auf Anfordern““ eintritt“ und in der Vollversammlung vom 27. Februar 1911 zu diesem Antrag ausgeführt, ihr Antrag habe den Fall im Auge, daß Havareigelder zu versichern seien, was vom Versicherten leicht übersehen werde. Es sei wünschenswert, daß, wenn der Versicherungsnehmer in dieser Beziehung mitwirken solle, eine ausdrückliche Aufforderung an ihn ergehe. Die Assekuradeure haben darauf die Erklärung abgegeben, der Begriff „mitwirken" setze eine solche ausdrückliche Aufforderung voraus; der Entwurf entspreche bereits dem Vorschlage.

Dem Antrage ist durch Streichung der Worte in § 44 Abs. 1 S. 10 „insbesondere, wenn zu diesem Zwecke Havareigelder aufzuwenden sind, bei deren Beschaffung und Versicherung mitzuwirken", stattgegeben worden.

Bem. 2. Die Hamburger Reeder und die Makler haben den Grundsatz, daß der Versicherungsnehmer schlechthin die Weisungen des Versicherers zu befolgen haben soll, beanstandet.

a) Die Makler haben infolgedessen beantragt, zum Ausdruck zu bringen: „daß dem Versicherten durch solche Weisungen nicht etwas Unbilliges zugemutet werden dürfe".

b) Die Hamburger Reeder haben infolgedessen beantragt, zu bestimmen, „daß der Versicherungsnehmer nach eigenem pflichtmäßigen Ermessen zu handeln, die Weisungen des Versicherers, soweit die Umstände es gestatten, einzuholen und sich mit diesem über die zu ergreifenden Maßnahmen zu verständigen hat".

In der Vollversammlung vom 27. Febrbuar 1911 hat ein Vertreter der Hamburger Reeder hierzu ausgeführt, wenn eine Einigung zwischen dem Versicherungsnehmer und dem Versicherer über die zu ergreifenden Maßnahmen nicht zustande komme, so müsse der Versicherte das Recht haben, so zu handeln, wie er es als ordentlicher Reeder oder Kaufmann für richtig halten dürfe; handele er anders, so hafte er dem Versicherer. Die Assekuradeure haben gegenüber diesen Anträgen eine ablehnende Stellung eingenommen.

Den Anträgen ist nicht stattgegeben worden.

Bem. 3. Unberücksichtigt sind die Anträge geblieben:

a) der HK. Bremen:
„im Satz 2 nach „„gegeben"" einzufügen „„oder ist die Versicherungssumme niedriger als 50 % des Versicherungswertes""".

b) der HK. Flensburg:
„im letzten Satze statt „„nach eigenem pflichtmäßigen Ermessen"" „„nach eigenem gutgläubigen Ermessen"" zu sagen und hinzuzufügen „„unbeschadet der Ansprüche, die dem Versicherten aus den Bestimmungen des § 35 Abs. 2 zustehen""".

Abs. 2.

Bem. 4. Der Antrag der HK. Bremen:
„Abs. 2 zu streichen",
ist unberücksichtigt geblieben.

Bem. 5. Die Hamburger Reeder haben beantragt:
„Satz 1 zu streichen".

Seitens eines Vertreters der Assekuradeure ist hierzu in der Vollversammlung vom 27. Februar 1911 erklärt worden, daß in Fällen, in denen der Versicherungsnehmer zu einem sehr großen Teile Selbstversicherer sei, möglicher Weise eine Milderung des Grundsatzes eintreten könne, nicht aber in den Fällen, in denen die Selbstversicherung nur den kleineren Teil der versicherten Sache umfasse. Vgl. Bem. 6.

Bem. 6. a) Die HK. Bremen, Hamburg, Lübeck haben beantragt: „Abs. 2 abzuändern wie folgt: „„Ist nur ein Teil des Versicherungswertes versichert, so hat der Versicherungsnehmer dennoch die Weisungen des Versicherers zu befolgen, es sei denn, daß die Versicherungssumme nicht die Hälfte des Versicherungswertes übersteigt"".

b) Die HK. Frankfurt a. M. hat beantragt: „Die Verpflichtung zur Befolgung der Weisungen des Versicherers eintreten zu lassen, wenn die Versicherungssumme ein Drittel des Versicherungswertes übersteigt".

Auf die Erwiderung der Assekuradeure, daß die Antragsteller § 35 Abs. 2 E. 10 außer Acht gelassen hätten, haben die Antragsteller ausgeführt, sie hätten § 35 Abs. 2 berücksichtigt, aber es handle sich bei der Befolgung von Weisungen keineswegs nur um Aufwendungen nach § 35 Abs. 2, und ferner erscheine es überhaupt durchaus unbillig, daß, wenn der Versicherungsnehmer zu mehr als der Hälfte des Versicherungswertes Selbstversicherer sei, er den Weisungen des Assekuradeurs folgen solle; namentlich widersprächen die Reedereien auf das Nachdrücklichste einer solchen Vorschrift. Daraufhin haben die Assekuradeure ihren Widerstand aufgegeben.

Die Folge ist die Einstellung von Satz 2 gewesen.

Abs. 3.

Bem. 7. Die HK. Hamburg hat (Dezember 13) die Auffassung vertreten, daß eine Bestimmung gemäß der sich aus Abs. 1 ergebenden Rechtslage getroffen werden müsse, nach der der Versicherer insoweit für einen Schaden nicht haftet, als dieser durch eine Verletzung der Verpflichtung zur Abwendung oder Minderung des Schadens verursacht wird, es sei denn, daß die Verletzung nicht auf einem Verschulden beruht. Die Assekuradeure haben die Auffassung geteilt; infolgedessen ist Abs. 3 eingestellt worden.

VIII. Andienung. Auskunfterteilung. Entschädigung.

§ 42.

Andienung des Schadens.

(1) Der Versicherungsnehmer hat einen Schaden, für den der Versicherer haftet, diesem binnen fünfzehn Monaten seit der Beendigung der Versicherung und, wenn das Schiff verschollen ist, seit dem Ablaufe der Verschollenheitsfrist durch eine schriftliche Erklärung anzudienen. Durch die Absendung der Erklärung wird die Frist gewahrt.

(2) Der Entschädigungsanspruch des Versicherungsnehmers erlischt, wenn der Schaden nicht rechtzeitig angedient wird.

(3) Diese Bestimmungen finden auf die von dem Versicherungsnehmer zu entrichtenden Beiträge zur großen Havarei keine Anwendung.

ASVB. § 143 Abs. 1 u. 2; BSVB. §§ 54, 71; HGB. § 882 Abs. 1; VVG. § 33; ME. 129; E. 10 § 45; E. 14 § 42.

Abs. 1.

Bem. 1. Die Hamburger Reeder haben beantragt:

„„Versicherungsnehmer"" durch „„Versicherten"" zu ersetzen",

da der Versicherungsnehmer sehr häufig gar nicht in der Lage sei, den Schaden anzudienen oder die Dispache aufzumachen. In der Sitzung vom 10. Januar 1914 ist beschlossen worden, den Assekuradeuren vorzuschlagen, entweder

a) durch Wahl der passiven Form die Nennung des Verpflichteten, über dessen Person ein Zweifel nicht obwalten kann, ganz zu vermeiden oder

b) anstatt „Versicherungsnehmer" zu sagen „Versicherter" oder

c) „Inhaber der Police".

Von Seiten der Assekuradeure ist wiederholt die Erklärung abgegeben worden, daß eine materielle Meinungsverschiedenheit nicht bestehe, der Ausdruck „Versicherungsnehmer" vielmehr nur die Gegenpartei des Versicherers bezeichnen, nicht aber differenzieren solle zwischen demjenigen, der die Versicherung genommen hat und dem Eigentümer der versicherten Güter oder dem sonstigen Inhaber der Police.

Dem Antrag ist nicht stattgegeben worden.

Bem. 2. Unberücksichtigt ist der Antrag der Hamburger Exporteure:

„nach „„einen"" die Worte „„ihm bekannt gewordenen"" einzufügen"

geblieben.

Bem. 3. Über die Ersetzung von „eines Jahres" durch „15 Monate" vgl. Bem. 1. Die Redaktionskommissionssitzung vom 16. September 1919 hat beschlossen, statt „innerhalb" „binnen" zu sagen.

Abs. 2.

Bem. 4. Die HK. Bremen, Hamburg, Lübeck und die Hamburger Reeder haben beantragt: „Abs. 2 hinzuzufügen:

„„es sei denn, daß die Andienung des Schadens trotz Beobachtung der Sorgfalt eines ordentlichen Kaufmanns nicht rechtzeitig innerhalb der Frist erfolgen konnte"",

da es bei Versicherungen besonders weiter Reisen vorkommen könne, daß der Versicherungsnehmer erst nach Ablauf eines Jahres Kenntnis von dem Eintritt des Schadens erhalte. Die Assekuradeure haben darauf erwidert, daß die Andienung, wenn dem Antrag entsprochen würde, ihrem Zwecke völlig entfremdet und besser überhaupt aufgegeben würde. Bei den heutigen Verkehrsverhältnissen seien Bedenken gegen die Andienung unbegründet. Die Antragsteller haben dem entgegengehalten, daß die Andienungsfrist bei außereuropäischen Reisen bisher 8 Monate betrüge. Wenn die Exporteure darlegten (vgl. Bem. 5), daß die einjährige Frist bei gewissen Reisen auch unter den heutigen Verhältnissen unter Umständen zu kurz sei, werde nichts anderes übrig bleiben, als für solche Fälle an der bisherigen Frist festzuhalten, wenn die Assekuradeure dem seitens der Handelskammern gestellten Antrag nicht geneigt seien. Wert werde darauf gelegt, daß die Geltendmachung von Schäden, welche an dem Sitze des Versicherers in den beteiligten Kreisen, insbesondere an der Börse, allgemein bekannt geworden seien, nicht durch die einjährige Frist ausgeschlossen sei. Die Assekuradeure haben darauf erklärt, die Andienungsfrist solle auf 15 Monate verlängert werden, ohne anzuerkennen, daß bei den heutigen Verkehrsverhältnissen eine Frist von 12 Monaten nicht ausreichend sei.

Infolgedessen ist die Frist, innerhalb deren die Andienung stattfinden muß, von einem Jahr auf fünfzehn Monate verlängert worden. Vgl. auch Bem. 3.

Abs. 3.

Bem. 5. Die Makler und die Hamburger Exporteure haben beantragt: „daß der Versicherungsnehmer den Schaden nur für den Fall anzudienen hat, daß der Schaden dem Versicherungsnehmer bekannt geworden ist und daß der Schaden auch nicht etwa dem Versicherer bekannt war oder bekannt sein mußte“.

In der Vollversammlung vom 27. Februar 1911 ist zu diesen Anträgen Folgendes ausgeführt worden. Gegenüber dem Einwande der Vertreter der Assekuradeure, es komme gar nicht vor, daß der Versicherte nach 12 Monaten noch nicht wisse, daß ein Schaden eingetreten sei, ist von Seiten der Makler und Hamburger Exporteure bemerkt worden, daß z. B. bei Sendungen nach dem Norden Boliviens ganz leicht dieser Fall eintreten könne; der Empfänger wisse in solchem Falle, daß die Beförderung sehr lange Zeit in Anspruch nehme und daß er sie erst 9 oder 10 Monate nach der Absendung zu erwarten habe; erst nach Ablauf dieser Zeit werde er darauf aufmerksam, daß die Ware ausbleibe und nehme Anlaß zu Ermittelungen über den Verbleib derselben; ergebe sich alsdann, daß die Ware verloren oder untergegangen sei, so nehme die Übermittelung dieser Nachricht an den Absender wieder mehrere Monate in Anspruch, so daß die Frist von einem Jahr leicht überschritten werden könne. Ein Vertreter der Hamburger Reeder hat ausgeführt, es könne vorkommen, daß ein Schiff bei Nebel mit einem anderen Schiffe kollidiere und der Name des schuldhaft anrennenden Schiffes nicht festgestellt werde; erst nach Jahresfrist werde der Name ermittelt und nunmehr ein Anspruch gegen das Schiff geltend gemacht, oder es werde ein Havareibonds unterzeichnet, die Dispache aber erst nach 2—3 Jahren aufgemacht. Ein Vertreter der Assekuradeure hat erklärt, bei offenbarer Unbilligkeit werde der Assekuradeur zweifellos trotz verspäteter Anzeige noch zahlen. Auf der anderen Seite habe der Versicherer auch ein berechtigtes Interesse daran, innerhalb angemessener Frist übersehen zu können, ob und wegen welcher Schadensansprüche er in Anspruch genommen werde.

In der Sitzung vom 10. Januar 1914 ist erneut die Frage, die Andienung hinsichtlich allgemein bekannter Umstände und Schäden auszunehmen, eingehend erörtert worden. Die Assekuradeure haben es abgelehnt, auf die fristgerechte Andienung allgemein bekannter Schäden zu verzichten. Es ist besonders darauf aufmerksam gemacht worden, daß sich nach § 143 ASVB. die Andienung nur auf die Weitergabe derjenigen Nachrichten usw. zu erstrecken habe, die dem Versicherten zugekommen wären. Es ist schließlich seitens der Handelskammern beschlossen worden, den Assekuradeuren folgende Vorschläge zu übermitteln:

a) Vollständige Streichung des Abs. 2 § 45 E. 10, so daß also bei Nichteinhaltung der Frist der Versicherungsnehmer lediglich den Versicherer für die Folgen schadlos zu halten haben würde.

b) Hinzufügung folgenden Satzes zu Abs. 2 § 45 E. 10: „Der Anspruch bleibt bestehen, wenn die Andienung des Schadens innerhalb der Frist trotz Beobachtung der Sorgfalt eines ordentlichen Kaufmanns nicht erfolgen konnte" (vgl. Bem. 4),

c) Hinzufügung folgender Bestimmung als Absatz 3: „Die Vorschriften des Absatz 1 finden keine Anwendung auf die Andienung von Beiträgen zur großen Havarei".

Die Assekuradeure haben die Vorschläge unter a und b abgelehnt; sie haben sich nur einverstanden erklärt, daß die Andienung hinsichtlich der von dem Versicherungsnehmer zu entrichtenden Beträge zur großen Havarei nicht Platz greift. (Schreiben vom 30. Januar 1914.)

Eine dementsprechende Bestimmung ist infolgedessen als neuer Absatz 3 eingestellt worden.

§ 43.

Auskunfterteilung.

Der Versicherer kann nach dem Eintritte des Versicherungsfalls verlangen, daß der Versicherungsnehmer jede Auskunft erteilt, die zur Feststellung des Versicherungsfalls oder des Umfangs der Leistungspflicht des Versicherers erforderlich ist. Belege kann der Versicherer insoweit fordern, als die Beschaffung dem Versicherungsnehmer billigerweise zugemutet werden kann; die Herbeiführung einer Verklarung kann er verlangen, wenn er an ihr ein berechtigtes Interesse hat.

ASVB. §§ 144, 146, 148; BSVB. §§ 55, 63; HGB. §§ 882, 884, 885; VVG. § 34; RE. §§ 130, 131, 132; E. 10 §§ 46, 47; E. 14 § 43.

Bem. 1. § 47 E. 10 hat bestimmt, daß, wenn der Versicherungsnehmer Schadensersatz ohne Vorlegung von Belegen verlangen kann, er doch die Richtigkeit seiner Angaben glaubhaft machen muß.

a) Die Makler und die Hamburger Reeder haben beantragt: „Ersatz dieser Vorschrift durch die bisher für diesen Fall bestehenden Bestimmungen (§ 148 ASVB.), nach welchen eine solche Vereinbarung ausdrücklich für gültig erklärt wird unbeschadet des Rechts des Versicherers, das Gegenteil zu beweisen".

b) Die Hamburger Reeder haben weiter beantragt, daß der Versicherer im Falle einer solchen Vereinbarung von der Leistung frei sein soll, wenn er nachweist, daß ein Schaden nicht vorliegt. Sie haben schließlich in Verfolg ihrer Vorschläge beantragt, in § 48 E. 10 den Hinweis auf § 47 zu streichen.

In der Vollversammlung vom 27. Februar 1911 haben die Makler erklärt, der Wortlaut der Klausel besage etwas anderes, als E. 10 in die Klausel hineinlege; die Bestimmung des E. 10 sei deshalb irreführend; „nachweisen" und „glaubhaft" machen, werde praktisch nahezu das Gleiche sein; wolle man die Klausel abschaffen, so möge man dies deutlich ausdrücken und ihren Wortlaut ändern oder sie nicht mehr zulassen. Ein Vertreter der Assekuradeure hat demgegenüber ausgeführt, eine Änderung des bisherigen Zustandes sei unbedingt erforderlich; jede Police enthalte jetzt die Klausel der Befreiung des Versicherungsnehmers von jedem Nachweis des Schadens. Der negative Nachweis, daß ein Schaden nicht entstanden sei, sei vom Versicherer nicht zu erbringen. Der Versicherungsnehmer müsse unter allen Umständen den Schaden glaubhaft machen, auch wenn ihm die Beibringung des Nachweises durch Klausel erlassen sei. Zwischen Glaubhaftmachung und Nachweisen bestehe ein erheblicher Unterschied. Die Makler haben bemerkt, daß die Klausel in engem Zusammenhange mit der Versicherung des imaginären Gewinns stehe, bei welcher die Beibringung des Nachweises vielfach erhebliche Schwierigkeiten biete; daß die Klausel zu erheblichen Mißständen geführt hätte, sei ihnen nicht bekannt geworden, jedenfalls dürfe dem klaren Wortlaute der Klausel nicht durch eine Bestimmung der Bedingungen ein anderer Inhalt als dem klaren Wortlaute entspreche, untergeschoben werden.

c) Später haben die HK. Bremen, Flensburg, Hamburg, Kiel und die Hamburger Reeder beantragt:

„Streichung der Bestimmung und Aufnahme der entgegengesetzten Vorschrift in Anlehnung an § 885 HGB., eine Vereinbarung, durch die der Versicherte von der Beibringung der in § 46 bezeichneten Belege ganz oder zum Teil befreit wird, ist gültig, jedoch unbeschadet des Rechts des Versicherers, zu beweisen, daß die Voraussetzungen für seine Zahlungspflicht nicht vorliegen"

und ihren Antrag damit begründet, daß der beanstandeten Bestimmung der Klausel, durch welche der Versicherte von der Beibringung der Nachweise befreit werde, ein Sinn untergeschoben würde, welcher mit dem Wortlaute der Klausel nicht übereinstimme und aus demselben nicht ersichtlich sei. Auch das HGB. lege einer solchen Klausel einen anderen Inhalt bei. Versicherer, welche die bisher vielfach übliche Klausel in dem Sinne der Bestimmung des E. 10 abändern wollten, würden den Wortlaut der Klausel abzuändern haben; es würde aber nicht unter Beibehaltung des bisherigen Wortlautes der Klausel eine dem Wortlaute nicht entsprechende und dem bisherigen Rechte fremde Bedeutung beigelegt werden können. Die Assekuradeure haben darauf erwidert, daß sie beabsichtigen, diese Bestimmung zu streichen und im Anschluß an das VVG. die Verpflichtung des Versicherungsnehmers, im Versicherungsfalle Auskunft zu erteilen, besonders hervorzuheben. Auch gegenüber dem nochmaligen Widerspruch der Antragsteller haben die Assekuradeure ihre Ansicht aufrechterhalten.

Das Ergebnis ist gewesen, daß § 47 E. 10 gestrichen worden ist, weil auch ohne eine derartige ausdrückliche Bestimmung die Rechtslage so ist, wie sie in den Anträgen zum Ausdruck gelangt. In § 43 Satz 1 ist neu gegenüber § 46 Abs. 1 E. 10 die dem Versicherungsnehmer obliegende Auskunftspflicht im wörtlichen Anschluß an § 34 Abs. 1 VVG. geregelt worden. Infolgedessen ist die Überschrift der Bestimmung „Nachweis des Schadens" (§ 46 E. 10) in „Auskunftserteilung" geändert worden.

Bem. 2. § 46 Abs. 1 Satz 2 E. 10 hat bestimmt, daß der Versicherungsnehmer Belege insoweit vorzulegen hat, als ihm die Beschaffung billiger Weise zugemutet werden kann. Abgesehen von redaktioneller Änderung ist diese Vorschrift sachlich unbeanstandet als Satz 2 erster Halbsatz in § 43 stehen geblieben.

Bem. 3. a) Die Makler haben beantragt:

„§ 46 E. 10 folgende Bestimmung hinzuzufügen: „„Der Beibringung der Verklarung bedarf es jedoch nicht, wenn es sich um die Versicherung von Gütern in Dampfschiffen unter der Bedingung „„frei von gewissen Prozenten Beschädigung"" handelt und die Güter beschädigt sind"".

In der Vollversammlung vom 27. Februar 1911 hat hierzu ein Vertreter der Assekuradeure bemerkt, sachlich bestehe kein Unterschied zwischen E. 10 und dem Antrage, denn der Versicherungsnehmer solle nach dem Entwurfe Belege nur beibringen, soweit billigerweise dies ihm zugemutet werden könne. Gegen die Aufnahme der bisher bestehenden Bestimmungen seien besondere Bedenken nicht zu erheben.

b) Später ist derselbe Antrag von der HK. Bremen, Hamburg und den Hamburger Exporteuren gestellt worden.

Die Assekuradeure haben sich nunmehr zu einer Änderung dahin bereit erklärt, daß der Versicherer eine Verklarung nur dann verlangen kann, wenn er an ihrer Vorlegung ein berechtigtes Interesse hat. Damit dürfte dem Wunsche der Versicherungsnehmer der Hauptsache nach entsprochen sein, zumal die Kosten der Verklarung vom Versicherer zu tragen sind. Ein vollständiger Verzicht würde den Versicherer eines oft unumgänglich notwendigen Aufklärungs- und Beweismittels berauben und der Billigkeit entschieden widersprechen. Der in dieser Beziehung gegenwärtig nach dem Zusatze zum § 146 ASVB. bestehende Rechtszustand habe sich als völlig unhaltbar erwiesen.

Die Antragsteller haben demgegenüber noch einmal darauf hingewiesen, daß die Abänderung der bestehenden Vorschriften, der Versicherer solle eine Verklarung nur verlangen können, wenn er an ihrer Vorlegung ein berechtigtes Interesse habe, unter der Voraussetzung der Bestimmung des § 46 Abs. 1 Satz 2 E. 10 dann vielleicht angängig sei, wenn durch eine entsprechende Bestimmung Sicherheit dafür geschaffen werden würde, daß die Zahlung wenigstens bis zur Höhe von 90 % des Schadens durch die Forderung der Beibringung der Verklarung nicht aufgehalten werde, sondern wie bisher, sogleich erfolge; von sachverständiger Seite seien allerdings gegen die praktische Durchführbarkeit auch einer solchen Bestimmung bei der Güterversicherung, wenn „frei von gewissen Prozenten" versichert ist, noch ernste Bedenken geltend gemacht worden.

Die Assekuradeure haben aber dem Antrage nur in dem Umfange entsprochen, daß der Versicherer eine Verklarung bloß verlangen kann, wenn er an ihr ein berechtigtes Interesse hat. Dementsprechend ist in § 43 Satz 2 der zweite Halbsatz eingestellt worden.

§ 44.

Schadensrechnung. Fälligkeit des Entschädigungsanspruchs.

(1) Der Versicherungsnehmer kann die Zahlung nicht eher verlangen, als er dem Versicherer eine Schadensrechnung mitgeteilt sowie die von dem Versicherer geforderten Belege beigebracht hat und seit der Erfüllung dieser Obliegenheiten ein Monat verstrichen ist. Sind die Obliegenheiten bis zum Ablauf eines Monats seit der Andienung des Schadens infolge eines Umstandes, den der Versicherungsnehmer nicht zu vertreten hat, nicht erfüllt, so kann der Versicherungsnehmer in Anrechnung auf die Gesamtforderung die Zahlung von drei Vierteilen des Betrags verlangen, den der Versicherer nach Lage der Sache mindestens zu zahlen hat.

(2) Die Schadensrechnung muß eine geordnete Zusammenstellung der Beträge enthalten, die der Versicherer für die einzelnen Schäden und Aufwendungen zu entrichten hat. Im Falle einer besonderen Havarei ist sie auf Verlangen des Versicherers von einer nach dem Gesetze oder nach dem Ortsgebrauche dazu berufenen Person an dem Orte, wo die Entschädigung zu entrichten ist, aufzustellen.

ASVB. §§ 142, 143 Abs. 3, 152; BSVB. § 66 Abs. 2; HGB. § 892; VVG. § 94 Abs. 2; ME. § 137; E. 10 § 48; E. 14 § 44.

Bem. 1. Die Überschrift ist in „Schadensrechnung. Fälligkeit des Entschädigungsanspruchs" geändert worden.

Abs. 1.

Bem. 2. Die Ersetzung der Worte in § 48 E. 10 „die in den §§ 46 und 47 bezeichneten Obliegenheiten erfüllt hat" durch „dem Versicherer eine Schadensrechnung mitgeteilt sowie die von dem Versicherer geforderten Belege beigebracht hat", ist durch die Streichung des § 46 Abs. 1 Satz 1 E. 10 und des § 47 notwendig geworden.

Bem. 3. Die Makler haben beantragt:

„Daß die Zahlung schon soll gefordert werden können, wenn seit der Anzeige des Versicherungsfalls 1 Monat verstrichen ist, vorausgesetzt, daß der Versicherungsnehmer die erforderlichen Belege beigebracht hat, wobei aber die Möglichkeit offen gelassen wird, daß diese Beibringung erst im Laufe des Monats, vielleicht erst kurz vor Ablauf desselben erfolgt".

In der Vollversammlung vom 27. Februar 1911 haben die Assekuradeure erklärt, den Antrag nicht annehmen zu können, da sie Zeit zur Prüfung der Belege haben müßten. Auch könnten sie die Kapitalien nicht immer so rasch flüssig machen und bedürften hierzu einer gewissen Frist. Seitens der Makler ist daraufhin vorgeschlagen worden, diese Frist auf 14 Tage seit Beibringung der Belege, mindestens aber auf einen Monat seit der Anzeige des Versicherungsfalls, zu bemessen.

Der Antrag ist unberücksichtigt geblieben.

Bem. 4. Der Antrag der Hamburger Exporteure:

„statt „„ein Monat““ „„acht Tage““ zu sagen“

ist unberücksichtigt geblieben.

Bem. 5. a) Die Makler haben beantragt:

„In Satz 2 die Frist von 2 Monaten auf 1 Monat zu verkürzen und das Recht des Versicherungsnehmers nicht auf die Zahlung von zwei Dritteilen, sondern auf die Zahlung des ganzen Betrages, den der Versicherer nach Lage der Sache zu zahlen hat, zu erstrecken.“

b) Die Hamburger Exporteure haben den zweiten Teil des Antrags auch ihrerseits gestellt.

In der Vollversammlung vom 27. Februar 1911 haben die Assekuradeure erklärt, den Antrag auf Kürzung der Frist von 2 Monaten in Erwägung ziehen zu wollen. Der übrige Teil des Antrages sei dagegen ganz unannehmbar. Durch Auszahlung der vollen Versicherungssumme gehe jedes Interesse an der Angelegenheit verloren. Dieses müsse aber im Interesse des Versicherers nach Möglichkeit erhalten bleiben.

Die Frist ist von zwei Monaten auf einen Monat abgekürzt worden.

Bem. 6. Die HK. Bremen, Flensburg, Hamburg, Lübeck haben beantragt:

„Im zweiten Satze die Worte „„bis zum Ablauf von zwei Monaten““ zu ersetzen durch die Worte „„bis zum Ablaufe von einem Monat““, und ferner dem zweiten Satze hinzuzufügen: „„Bei Beiträgen zur großen Haverei und diesen gleichzustellenden Schäden kann der Versicherungsnehmer in solchem Falle jedoch die Auszahlung zum vollen Betrage beanspruchen“

und ihren Antrag folgendermaßen begründet: Von verschiedenen Seiten sei der Wunsch ausgesprochen, für den Fall, daß der Versicherungsnehmer schuldloserweise die Belege für den Schaden nicht alsbald nach der Andienung des Schadens beibringen könne, den Versicherer zu verpflichten, schon nach Ablauf von einem Monat die Zahlung von zwei Dritteilen des Betrages, und wenn es sich um Beiträge zur großen Havarei handele, die Zahlung des vollen Betrages zu leisten. Die Assekuradeure haben erwidert, daß sie diesem Antrage in Ansehung der Fristbestimmung entsprechen würden (vgl. Bem. 5). Im übrigen sei die Bedeutung des Antrages nicht erkennbar, da sich im Falle der großen Havarei der Umfang der Entschädigungspflicht erst aus der Dispache ergebe, und eine „Auszahlung zum vollen Betrage“ daher vorher nicht in Betracht kommen könne.

Die Assekuradeure haben schließlich dem Antrage so weit entsprochen, als statt „zwei Dritteilen des Betrages“ „drei Vierteilen des Betrages“ gesetzt worden sind.

Bem. 7. Dem zu den Schlußverhandlungen 1918 gestellten Antrage der Bremer Reeder:

„zu sagen „„sowie Belege insoweit vorgelegt hat, als ihm die Beschaffung billigerweise zugemutet werden kann““

ist, wie in der Vorbesprechung vom 8. und 9. Oktober 1918 festgestellt worden ist, bereits durch § 43 in vollem Umfange entsprochen.

Der Antrag ist in der Vollversammlung vom 10. Oktober 1918 zurückgenommen worden.

Bem. 8. a) Die Hamburger Reeder haben zu den Schlußverhandlungen 1918 beantragt:

„Die Worte „„die von dem Versicherer geforderten Belege““ zu ersetzen durch „„die gehörigen Belege““.

b) Der Wvb. hat zu den Schlußverhandlungen 1918 beantragt:

„Statt „„geforderten Belege““ „„zu beschaffende Belege““ zu sagen“.

Die Assekuradeure haben anfänglich Berücksichtigung zugesagt; in der Vollversammlung vom 10. Oktober 1918 sind die Anträge aber nicht weiter verfolgt worden.

Bem. 9. Die Hamburger Reeder haben zu den Schlußverhandlungen 1918 beantragt:

„In Abs. 1 Satz 2 folgende Worte zu streichen: „„infolge eines Umstandes, den der Versicherungsnehmer nicht zu vertreten hat““.

Der Antrag ist nicht weiter verfolgt worden.

Abs. 2.

Bem. 10. Abs. 2 Satz 1 ist dem gestrichenen § 46 Abs. 1 Satz 1 E. 10, Satz 2 ist § 46 Abs. 2 E. 10 entnommen.

Bem. 11. Nach § 46 Abs. 2 E. 10 muß die Schadensrechnung im Falle einer besonderen Havarei an dem Orte, wo der Vertrag geschlossen ist, aufgestellt sein.

a) Die Makler haben beantragt, hinzuzufügen:

„oder wenn ein anderer Ort als Zahlungsort vereinbart ist, an jenem anderen Orte“.

In der Vollversammlung vom 27. Februar 1911 haben die Makler mitgeteilt, daß solche besonderen Vereinbarungen über den Zahlungsort nicht selten seien. Die Assekuradeure haben erklärt, gegen den Vorschlag keine Bedenken zu haben.

b) Denselben Antrag haben die HK. Bremen, Hamburg gestellt. Die Anträge sind in Satz 2 berücksichtigt worden.

Bem. 12. Die Hamburger Reeder haben zu den Schlußverhandlungen 1918 beantragt:

„Am Schluß des 2. Absatzes einzufügen: „„Der Versicherungsnehmer ist verpflichtet, den erhaltenen Einschuß zuzüglich Zinsen zurückzuzahlen, sobald und soweit er anderweitig Ersatz für den erlittenen Schaden erhalten hat““

und den Antrag folgendermaßen begründet. Dem Versicherungsnehmer solle es jederzeit nach Ablauf eines Monats seit Andienung freistehen, sowohl im Falle eines Teilschadens wie im Falle eines Totalverlustes einen Einschuß zu verlangen, auch dann, wenn er nicht in der Lage sei, die im ersten Satz ihm auferlegten Obliegenheiten zu erfüllen. In der Vorbesprechung vom 22. und 23. August 1918 haben die Assekuradeure einen durchaus ablehnenden Standpunkt eingenommen, indem sie darauf hingewiesen haben, daß es der Entscheidung des Versicherungsnehmers vorbehalten bleiben müsse, wenn er den Übergang der Rechte auf den Versicherer verhindern wolle, mit der Stellung der Schadensersatzansprüche einstweilen zu warten.

Der Antrag ist unberücksichtigt geblieben.

IX. Übergang von Schadensersatzansprüchen.

§ 45.

Übergang.

(1) Steht dem Versicherungsnehmer ein Anspruch auf Ersatz des Schadens gegen einen Dritten zu, so geht der Anspruch auf den Versicherer über, soweit dieser dem Versicherungsnehmer den Schaden ersetzt. Der Versicherungsnehmer ist verpflichtet, dem Versicherer die zur Geltendmachung des Anspruchs erforderliche Auskunft zu erteilen und ihm die zum Beweise des Anspruchs dienenden Urkunden, soweit sie sich in seinem Besitze befinden, auszuliefern, ihm auch auf Verlangen eine öffentlich beglaubigte Urkunde über den Übergang des Anspruchs auszustellen; die Kosten hat der Versicherer zu tragen.

(2) Gibt der Versicherungsnehmer seinen Anspruch gegen den Dritten oder ein zur Sicherung des Anspruchs dienendes Recht auf, so wird der Versicherer von seiner Ersatzpflicht insoweit frei, als er aus dem Anspruch oder dem Rechte hätte Ersatz erlangen können.

ASVB. §§ 27, 71; BSVB. § 57, HGB. § 804, 822; VVG. §§ 67, 148; ME. §§ 27, 56; E. 10 § 49; E. 14 § 45 Abs. 1 und 3.

Bem. 1. § 45 ist entstanden aus § 45 Abs. 1 und 3 E. 14. Redaktionskommissionssitzung vom 30. Juni 1919.

Abs. 1.

Bem. 2. a) Die Hamburger Reeder haben zu den Schlußverhandlungen 1918 beantragt:

„Der Anspruch des Versicherten gegen einen Dritten darf auf den Versicherten nur bis zur Höhe seiner bereits erfolgten Ersatzleistung übergehen; etwaige weitere Rechte gegen den Dritten müssen dem Versicherten verbleiben.

Auch wenn kein Anspruch gegen einen Dritten vorliegt, oder es sich um einen Totalschaden (§ 71 Abs. 3) handelt, darf das Recht an der versicherten Sache nur bis zur Höhe seiner erfolgten Ersatzleistung auf den Versicherer übergehen.

Im Falle eines Kriegsschadens müssen die Rechte der Versicherer an der versicherten Sache als aufgehoben gelten, sobald der Versicherte die empfangene Versicherungssumme zuzüglich Zinsen, gerechnet vom Zahlungstage der Versicherungssumme, den Versicherern zurückerstattet."

b) Die Bremer Reeder haben beantragt:

„Der Versicherungswert und der wirkliche Wert der versicherten Sache können, wie sich vor allem im jetzigen Kriege gezeigt hat, durchaus verschieden sein. Es ist deshalb nicht berechtigt, daß im Falle der Befriedigung des Versicherungsnehmers durch den Versicherer die Rechte des Versicherungsnehmers an der versicherten Sache auf den Versicherer schlechthin übergehen. Es ist vielmehr logisch durchaus gerecht, wenn die Rechte des Versicherungsnehmers an der versicherten Sache auf den Versicherer nur in Höhe der tatsächlichen Ersatzleistung übergehen".

c) Die HK. Frankfurt a. M. hat beantragt:

„Der Übergang der Rechte auf den Versicherer kann nur bis zur Höhe seiner Ersatzleistung zugestanden werden. Darüber hinausgehende Rechte an der versicherten Sache müssen dem Versicherten verbleiben."

Nachdem die Hamburger Reeder in der Vorbesprechung vom 22. und 23. August 1918 darauf hingewiesen worden sind, daß der erste Absatz ihres Antrages bereits durch die Fassung des Satz 1 „soweit dieser dem Versicherungsnehmer den Schaden ersetzt" erfüllt sei, haben sie den Antrag fallen gelassen. Über die weiteren Anträge ist in der Vollversammlung vom 11. Oktober 1918 Folgendes verhandelt worden. Der Vorsitzende empfahl den Weg der gütlichen Einigung; er glaube, man könne die Lösung der Frage ruhig der Kulanz überlassen. Die Makler machten darauf aufmerksam, daß § 45 solange eingreife, bis das Schiff als gute Prise erklärt sei. Der juristische Beirat der Hamburger Reeder führte dagegen an, daß man in dem Abandon einen besonderen Vertrag sehen müsse, bei dem jeder sich die Folgen klar zu machen habe. Anders liege aber die Sache beim Totalverlust. Er schlüge vor, das Nettoprovenu in angemessener Weise zu verteilen, nötigenfalls müsse das Gericht entscheiden. Der juristische Beirat der Assekuradeure führte zur Unterstützung der Regelung im Entwurf die Tatsache an, daß bei einer Teilbeschädigung auch im Falle der Unterversicherung der Assekuradeur dann den vollen Betrag der Beschädigung tragen müsse, wenn die Unterversicherungssumme die Teilbeschädigung decke. Die Reeder hätten außerdem die Möglichkeit, bei der Wertsteigerung der Schiffe eine Nachversicherung zu nehmen. Gegen diesen letzten Vorschlag wandten sich die Makler mit dem Hinweis, daß dieser Ausweg oft nicht gangbar sei, weil die Schiffe unerreichbar und unkontrollierbar in fremden Häfen lägen, er vertrete den Standpunkt, wenn die Reeder an den Rechten teilnehmen wollten, müßten sie auch an Pflichten teilnehmen, also auch an dem Schaden. Der Vertreter der HK. Flensburg brachte als neuen Gesichtspunkt, daß das Provenu kein Gewinn sei, sondern nur ein Ersatz, durch den der Reeder in die Lage gesetzt werde, die enorm gesteigerten Kosten zur Neuanschaffung eines Schiffes zu tragen. Ein Vertreter der

Assekuradeure betonte die vorübergehende Natur dieser Wertsteigerung. Er meinte, der gegebene Ausweg sei die Kulanz des Assekuradeurs. Eine Einstimmigkeit über diese Frage konnte nicht erzielt werden. In der Vollversammlung vom 12. Oktober 1918 wurde jedoch ohne neue Diskussion die Bestimmung unverändert angenommen.

Bem. 3. Die Hamburger Reeder haben unter Hinweis auf ähnliche Bestimmungen im BGB. beantragt:

„Satz 1 hinzuzufügen: „„Daß der Übergang der Forderung nicht zum Nachteile des Versicherten geltend gemacht werden darf““.

In der Vollversammlung vom 27. Februar 1911 haben die Assekuradeure die Berücksichtigung des Antrages für unmöglich erklärt; allerdings sei es richtig, daß in gewissen Fällen Schwierigkeiten denkbar seien, insbesondere wenn zwei Schiffe derselben Reederei miteinander kollidierten.

Der Antrag ist unberücksichtigt geblieben.

Bem. 4. Die Hamburger Reeder haben zu den Schlußverhandlungen 1918 beantragt:

„Entsprechend dem Schlußsatz des § 28 ASVB. muß eine Bestimmung aufgenommen werden, wonach bei einer Konkurrenz in der Rechtsverfolgung gegen einen Dritten zwischen Versicherer und Versicherten stets dem Versicherten das Vorzugsrecht zugestanden wird.“

In der Vorbesprechung vom 22. und 23. August 1918 haben die Assekuradeure eine Nachprüfung der Frage, aus welchen Gründen diese dem Schlußsatz des § 28 ASVB. entsprechende Bestimmung keine Aufnahme in den Entwurf gefunden habe, zugesagt. In der Sitzung der Redaktionskommission vom 14. Juli 1919 ist auf die Einräumung eines Vorzugsrechtes nach den Ausführungen eines Vertreters der Assekuradeure verzichtet worden, weil im alten Recht der Fall der Konkurrenz in der Rechtsverfolgung nur in § 28 ASVB. behandelt sei, § 28 aber lediglich Versicherungen von Forderungen betreffe.

Bem. 5. Die Hamburger Reeder haben zu den Schlußverhandlungen 1918 beantragt:

„Urkunden dürfen von dem Versicherer nur insoweit verlangt werden können, als der Versicherte solche nicht selbst für die Verfolgung seiner Ansprüche gegen einen Dritten benötigt.“

In der Vorbesprechung vom 22. und 23. August 1918 ist der Antrag fallen gelassen worden, da es dem Versicherungsnehmer freistehe, sich für die Zwecke der Rechtsverfolgung jederzeit eine gerichtliche oder notariell beglaubigte Abschrift herstellen zu lassen.

Bem. 6. Unberücksichtigt ist der Antrag der HK. Mannheim geblieben:

„Der Versicherte muß mit aller Sorgfalt eines ordentlichen Kaufmanns die Interessen des Versicherers wahren, besonders bis zu dem Zeitpunkt, an dem der Versicherer die Wahrung seiner Interessen selbst in die Hand nimmt“.

Abs. 2.

Bem. 7. Die Hamburger Reeder haben beantragt:

„Die vorgesehene Rechtsfolge auf den Fall zu beschränken, daß der Versicherungsnehmer seinen Anspruch gegen den Dritten oder sein zur Sicherung des Anspruchs dienendes Recht unter Verletzung von Treu und Glauben aufgegeben habe"

und ihren Antrag in der Vollversammlung vom 27. Februar 1911 damit begründet, daß sie fürchteten, es könne z. B. als eine Aufgabe des Rechts angesehen werden, wenn der Anspruch nicht in der richtigen Form geltend gemacht worden sei.

Der Antrag ist unberücksichtigt geblieben.

Bem. 8. Die Makler haben beantragt:

„Die vorgesehene Rechtsfolge nicht eintreten zu lassen, wenn nach pflichtgemäßem Ermessen die in Frage kommenden Maßnahmen keinen Erfolg versprechen oder die damit verbundenen Kosten nicht in angemessenem Verhältnis zu dem zu erwartenden Ergebnis stehen."

In der Vollversammlung vom 27. Februar 1911 haben die Makler darauf hingewiesen, daß die Verfolgung von Rechtsansprüchen in überseeischen Ländern vielfach ganz aussichtslos sei. Demgegenüber ist seitens der Assekuradeure bemerkt worden, daß der Versicherte lediglich durch die Nichtverfolgung seines Rechtsanspruches sein Recht noch nicht aufgebe, sondern daß unter Aufgeben an sich nur ein ausdrückliches Verzichten zu verstehen sein würde. Ob der Versicherte Klage erheben müsse oder nicht, richte sich in solchem Falle danach, ob die Sorgfalt eines ordentlichen Kaufmannes diese gebiete oder nicht.

Der Antrag ist unberücksichtigt geblieben. Vgl. auch Bem. 9.

Bem. 9. Die HK. Bremen, Hamburg, Lübeck haben beantragt, eine Bestimmung hinzuzufügen:

„Der Untergang des Anspruchs durch Verjährung gilt jedoch insbesondere dann nicht als eine Aufgabe des Anspruchs, wenn es sich um eine Rechtsverfolgung in fremden Ländern handelt und die in Frage kommenden Maßnahmen nach pflichtgemäßem Ermessen des Versicherungsnehmers keinen Erfolg versprachen oder die damit verbundenen Kosten nicht in angemessenem Verhältnis zu dem zu erwartenden Ergebnis standen"

und namentlich mit den außerordentlichen Schwierigkeiten bei der Rechtsverfolgung in überseeischen Ländern begründet. Die Assekuradeure haben erwidert, daß sie die Nichtunterbrechung der Verjährung nicht schlechthin als Aufgabe des der Verjährung unterworfenen Anspruchs auffassen könnten.

Auf diese Erklärung hin ist der Antrag nicht weiter verfolgt worden. Vgl. auch Bem. 8.

Bem. 10. Der Wvb. hat zu den Schlußverhandlungen 1918 die Aufnahme eines neuen Absatzes folgenden Inhalts beantragt:

„Der Versicherte soll stets gegen Erstattung der Versicherungssumme nebst Zinsen die Rechte an der Sache wieder erlangen können. Der Übergang der Rechte kann nicht zum Nachteil des Versicherten geltend gemacht werden".

Der Antrag ist nicht weiter verfolgt worden.

§ 46.

Schadenminderung nach Übergang.

Der Versicherungsnehmer bleibt auch nach dem Übergange des Anspruchs verpflichtet, für die Minderung des Schadens, insbesondere durch Zurückbehaltung der Fracht, zu sorgen. Er hat, sobald er eine für die Geltendmachung des Anspruchs erhebliche Nachricht erhält, dem Versicherer unverzüglich Anzeige zu machen und ihm auf Verlangen die zur Geltendmachung des Anspruchs erforderliche Hülfe zu leisten, insbesondere den Anspruch im eigenen Namen gerichtlich geltend zu machen. Die Kosten hat der Versicherer zu tragen und auf Verlangen vorzuschießen.

ASVB. §§ 27, 71; BSVB. § 57, HGB. § 804, 822; VVG. §§ 67, 148; ME. §§ 27, 56; E. 10 § 49; E. 14 § 45 Abs. 2.

Bem. 1. § 46 ist aus § 45 Abs. 2 E. 14 entstanden. Redaktionskommissionssitzung vom 30. Juni 1919.

Bem. 2. Der Antrag der HK. Bremen:

„„unverzüglich““ zu streichen“

ist unberücksichtigt geblieben.

Bem. 3. Die HK. Berlin, Frankfurt a. M. haben beantragt:

„In Satz 2 die Worte „„insbesondere den Anspruch im eigenen Namen gerichtlich geltend zu machen““ zu streichen und dieselben zu ersetzen durch eine Bestimmung folgenden Inhalts: „„er hat den Anspruch, wenn dessen Geltendmachung im Ausland erforderlich ist, auf Verlangen dort im eigenen Namen geltend zu machen““

und ihren Antrag folgendermaßen begründet. Seitens der binnenländischen Versicherungsnehmer werde auf das nachdrücklichste Einspruch erhoben gegen die Verpflichtung, den Anspruch im eigenen Namen für den Versicherer geltend machen zu müssen; in den beteiligten Kreisen des Binnenlandes werde die Erhebung einer gerichtlichen Klage gegen einen anderen als ein Schritt angesehen, der den dauernden Abbruch der Geschäftsbeziehungen zwischen den Parteien zur Folge habe. Für den Versicherer dürfte nur im Auslande ein wesentliches Interesse daran bestehen, daß der Versicherungsnehmer seinen Namen zur Führung der Klage hergebe. Die Assekuradeure haben diese Bedenken nicht teilen können.

Der Antrag ist unberücksichtigt geblieben

E. 14 enthielt unter der Überschrift: X. „Haftung des Versicherungsnehmers für das Verhalten Dritter“ folgende Bestimmung als § 46:

Der Versicherungsnehmer hat in Ansehung der Erfüllung seiner Obliegenheiten das Verhalten der Personen, deren er sich hierbei bedient, in gleichem Umfange zu vertreten, wie eigenes

Verhalten. Er hat jedoch das Verhalten der Schiffsbesatzung als solcher nicht zu vertreten.

ASVB. § 69 Abs. 2 Nr. 6; HGB. § 820 Abs. 2 Nr. 6; ME. § 54 Abs. 2 Nr. 6; E. 14 § 46.

Bem. 1. Die Bestimmung, daß der Versicherungsnehmer das Verhalten der Schiffsbesatzung als solcher nicht zu vertreten, daß vielmehr der Versicherer grundsätzlich auch den auf dem Verschulden einer Person der Schiffsbesatzung beruhenden Schaden zu ersetzen hat, ist aus § 29 E. 10 herausgenommen und zuerst im ZE. Dez. 12 als § 45 eingefügt worden.

Bem. 2. Die Hamburger Exporteure und der Hamburger Einfuhrverband haben zu den Schlußverhandlungen 1918 in einer Eingabe an die HK. Hamburg die Auffassung vertreten, daß durch diese Bestimmung eine wesentliche Verschlechterung der Rechtsstellung des Versicherungsnehmers herbeigeführt werde. Demgegenüber haben die Assekuradeure in der Vorbesprechung vom 22. und 23. August 1918 ausgeführt, daß diese Bestimmung nichts weiter beabsichtige, als eine Klarstellung der auch nach dem bisherigen Rechtszustande schon bestehenden Haftung, wie sie bereits in einem früheren Stadium der Verhandlungen ausgeführt hätten. Die HK. Hamburg hat nahegelegt, den Begriff „Obliegenheiten" durch den Begriff „Verbindlichkeiten" entsprechend der Bestimmung des § 278 BGB. zu ersetzen. Die Assekuradeure haben geltend gemacht. Im Gegensatz zu dem allgemeinen bürgerlichen Recht müsse im Versicherungsrecht nach richtiger Begriffsbestimmung von „Obliegenheiten" und nicht von „Verbindlichkeiten" gesprochen werden, da mit dem Begriff der „Verbindlichkeit" die Möglichkeit der Durchsetzung im Klagewege verbunden und demzufolge der Begriff „Verbindlichkeit" für den Schutz des Versicherers zu wenig umfassend sei. In der Vorbesprechung mit den Reedern vom 17. und 18. September 1918 ist in Erwägung gezogen worden, eine Fassung zu finden, die dem Interesse des Versicherers und Versicherungsnehmers in gleicher Weise Rechnung trage. etwa dadurch, daß sowohl das Wort „Verbindlichkeit" (BGB. § 278), das für den Versicherer als nicht weitgehend genug erachtet werde, vermieden werde, wie auch das Wort „Obliegenheit", dessen Bedeutung für den Versicherungsnehmer für zu weitgehend gehalten werde. Gelegentlich der Vorbesprechung der Juristen vom 8. und 9. Oktober 1918 hat sich die Mehrheit für die Streichung des ganzen Paragraphen ausgesprochen, weil ihrer Auffassung nach die allgemeinen Vorschriften des BGB. einen ausreichenden Schutz gewähren. Nach der Ausführung eines Vertreters der Assekuradeure soll allerdings der Ausdruck „Obliegenheit" sehr eng ausgelegt werden, so daß er sich dem Begriff der Verbindlichkeit nähert. Ein Vertreter der Bremer Reeder hat den Antrag gestellt, den ersten Satz unter Einfügung der Worte „Verbindlichkeiten" und „Verschulden" stehen zu lassen und am Schluß folgenden Satz hinzuzufügen:

„Auf Erfüllungsgehilfen im Auslande findet diese Bestimmung keine Anwendung, wenn der Versicherungsnehmer bei der Auswahl der Erfüllungsgehilfen die im Verkehr erforderliche Sorgfalt beobachtet hat."

Auch über diesen Antrag ist zunächst kein Beschluß gefaßt worden.

In der Vollversammlung vom 10. Oktober 1918 betonte der juristische Beirat der Assekuradeure, daß sich gegen die Begründung des E. 10, der bereits den jetzigen § 46 gekannt hätte, kein Widerspruch erhoben hätte. § 46 spreche den Gedanken aus, daß der Versicherungsnehmer die Haftung für das Verhalten Dritter bei der Erfüllung nur solcher Obliegenheiten übernehme, die er nach vernünftigem Ermessen selbst zu erfüllen habe. Das bürgerliche Recht weise hier eine Lücke auf, die auszufüllen notwendig sei. Er glaube annehmen zu dürfen, daß materiell keine Meinungsverschiedenheit vorhanden sei. Der juristische Beirat der Hamburger Reeder war auch der Ansicht, daß materiell vollkommen Übereinstimmung bestände, betonte aber, daß für die Reeder die Bestimmung schlechterdings nicht annehmbar sei. Der juristische Beirat der Assekuradeure erklärte darauf, daß die Assekuradeure unter schweren Bedenken auf die Beibehaltung des § 46 verzichteten. Sie müßten aber folgende Erklärung zu Protokoll geben:

„Die Streichung soll nicht bedeuten, daß der im § 46 ausgesprochene Grundsatz nicht gilt. Der Versicherte muß das Verhalten derjenigen gegen sich gelten lassen, die Obliegenheiten wahrnehmen, welche im allgemeinen vom Versicherten selbst wahrgenommen werden. Die Versammlung ist hierüber einig und erwartet, daß die Rechtsprechung sich dieser Auffassung anschließen wird. Sollte diese Erwartung getäuscht werden, so würden die Assekuradeure die Bestimmung des § 46 in ihre Bedingungen wieder aufnehmen".

Der juristische Beirat der Bremer Reeder ließ seinen weitergehenden Zusatzantrag:

„Auf Erfüllungsgehilfen im Auslande findet diese Bestimmung keine Anwendung, wenn der Versicherungsnehmer bei der Auswahl der Erfüllungsgehilfen die im Verkehre erforderliche Sorgfalt beobachtet hat"

fallen. Es wurde darauf beschlossen, § 46 zu streichen. Ein Vertreter der Kaufmannschaft ließ seinen Antrag, die Versicherungsnehmer möchten eine ähnliche Erklärung zu Protokoll geben, auf den Hinweis des juristischen Beirats der Hamburger Reeder, daß man in der Sache ganz einig wäre, fallen. Durch die Einstellung des neuen Abs. 3 § 33 ist Satz 2 § 46 E. 14 aufrecht erhalten worden. Vgl. § 33 Bem. 13.

X. Zahlungsunfähigkeit des Versicherers.

§ 47.

Im Falle der Zahlungsunfähigkeit des Versicherers kann der Versicherungsnehmer von dem Vertrage zurücktreten oder auf Kosten des Versicherers anderweit Versicherung nehmen. Der Versicherer kann die Ausübung dieses Rechtes durch Sicherheitsleistung abwenden.

ASVB. § 160; HGB. § 898; VVG. § 13; ME. § 142 Abs. 1; E. 10 § 50; E. 14 § 47.

Bem. 1. In Satz 1 ist redaktionell „für Rechnung" in „auf Kosten" geändert.

XI. Verjährung.

§ 48.

Die Ansprüche aus dem Versicherungsverhältnisse verjähren in fünf Jahren. Die Verjährung beginnt mit dem Schlusse des Jahres, in dem die Versicherung endigt oder die Verschollenheitsfrist abläuft.

ASVB. § 163; BSVB. § 71 Abs. 2; HGB. § 905, VVG. § 12; MC. § 145; C. 10 § 51; C. 14 § 48.

Bem. 1. Die HK. Frankfurt a. M. hat zu den Schlußverhandlungen 1918 beantragt:

„Sollte eines der Länder, das mit dem Versicherungsverhältnis oder dem Schadensfall im Zusammenhang steht, in einen Krieg verwickelt werden, oder sollten in einem solchen Lande Unruhen irgend einer Art ausbrechen, so muß sich der Verjährungstermin um den Zeitpunkt der hierdurch eingetretenen Behinderung verlängern."

Bei der Vorbesprechung vom 22. und 23. August 1918 hat die HK. Hamburg darauf hingewiesen, daß auch in Zukunft der Schutz der berechtigten Interessen des Versicherungsnehmers der jeweiligen Kriegsgesetzgebung überlassen bleiben müsse, da eine Ausdehnung der Verjährung im Wege der Parteivereinbarung auf Grund der zwingenden Vorschriften des BGB. § 225 der Nichtigkeit anheim fallen würde.

Daraufhin ist der Antrag fallen gelassen worden. Auch in der Vollversammlung vom 10. Oktober 1918 ist der Antrag nicht weiter verfolgt worden.

XII. Veräußerung der versicherten Sache. Verpfändung der Entschädigungsforderung.

§ 49.

Veräußerung im allgemeinen.

(1) Wird die versicherte Sache von dem Versicherungsnehmer veräußert, so tritt anstelle des Veräußerers der Erwerber in die während der Dauer seines Eigentums aus dem Versicherungsverhältnisse sich ergebenden Rechte und Pflichten des Versicherungsnehmers ein; für die Prämie haften der Veräußerer und der Erwerber als Gesamtschuldner. Im Falle der Veräußerung versicherter Güter tritt jedoch der Erwerber in die Verpflichtung zur Zahlung der Prämie und der Nebenkosten nicht ein, wenn eine Police ausgestellt ist; auch kann sich der Versicherer in diesem Falle dem Erwerber gegenüber nicht darauf berufen, daß er nach den Bestimmungen des § 17 wegen Nichtzahlung der Prämie oder Nichtleistung einer Sicherheit frei ist, es sei denn, daß der Erwerber nicht in gutem Glauben war.

(2) Der Versicherer hat in Ansehung der durch das Versicherungs-Verhältnis gegen ihn begründeten Forderungen die Veräußerung erst dann gegen sich gelten zu lassen, wenn er von ihr Kenntnis erlangt; die Vorschriften der §§ 406 bis 408 des Bürgerlichen Gesetzbuchs*) finden entsprechende Anwendung. Im Falle der Veräußerung versicherter Güter kann sich der Versicherer jedoch auf diese Vorschriften nicht berufen, wenn eine Police ausgestellt ist, es sei denn, daß der Erwerber nicht in gutem Glauben war.

(3) Der Versicherer haftet nicht für die Gefahren, die nicht eingetreten sein würden, wenn die Veräußerung unterblieben wäre. Dies gilt jedoch nicht im Falle der Veräußerung versicherter Güter, es sei denn, daß die Güter während der Dauer eines Krieges veräußert werden und der Erwerber einem kriegführenden Staate angehört.

(4) Der Erwerber ist berechtigt, das Versicherungsverhältnis ohne Einhaltung einer Kündigungsfrist zu kündigen. Das Kündigungsrecht erlischt, wenn es nicht innerhalb eines Monats nach dem Erwerb ausgeübt wird; hatte der Erwerber von der Versicherung keine Kenntnis, so bleibt das Kündigungsrecht bis zum Ablauf eines Monats von dem Zeitpunkt an bestehen, in dem der Erwerber von der Versicherung Kenntnis erlangt. Kündigt der Erwerber, so haftet er für die Prämie nicht.

---

*) § 406. Der Schuldner kann eine ihm gegen den bisherigen Gläubiger zustehende Forderung auch dem neuen Gläubiger gegenüber aufrechnen, es sei denn, daß er bei dem Erwerbe der Forderung von der Abtretung Kenntnis hatte oder daß die Forderung erst nach der Erlangung der Kenntnis und später als die abgetretene Forderung fällig geworden ist.

§ 407. Der neue Gläubiger muß eine Leistung, die der Schuldner nach der Abtretung an den bisherigen Gläubiger bewirkt, sowie jedes Rechtsgeschäft, das nach der Abtretung zwischen dem Schuldner und dem bisherigen Gläubiger in Ansehung der Forderung vorgenommen wird, gegen sich gelten lassen, es sei denn, daß der Schuldner die Abtretung bei der Leistung oder der Vornahme des Rechtsgeschäfts kennt.

Ist in einem nach der Abtretung zwischen dem Schuldner und dem bisherigen Gläubiger anhängig gewordenen Rechtsstreit ein rechtskräftiges Urteil über die Forderung ergangen, so muß der neue Gläubiger das Urteil gegen sich gelten lassen, es sei denn, daß der Schuldner die Abtretung bei dem Eintritte der Rechtshängigkeit gekannt hat.

§ 408. Wird eine abgetretene Forderung von dem bisherigen Gläubiger nochmals an einen Dritten abgetreten, so finden, wenn der Schuldner an den Dritten leistet oder wenn zwischen dem Schuldner und dem Dritten ein Rechtsgeschäft vorgenommen oder ein Rechtsstreit anhängig wird, zugunsten des Schuldners die Vorschriften des § 407 dem früheren Erwerber gegenüber entsprechende Anwendung.

Das Gleiche gilt, wenn die bereits abgetretene Forderung durch gerichtlichen Beschluß einem Dritten überwiesen wird oder wenn der bisherige Gläubiger dem Dritten gegenüber anerkennt, daß die bereits abgetretene Forderung kraft Gesetzes auf den Dritten übergegangen sei.

(5) Bei einer Zwangsversteigerung der versicherten Sache finden die Bestimmungen der Absätze 1 bis 4 entsprechende Anwendung.

ASVB. § 161; HGB. § 899; VVG. §§ 69—73, 142, 143; ME. § 143; E. 10 § 52; E. 14 § 49.

Bem. 1. Die Überschrift von XIII ist geändert von „Veräußerung der versicherten Sache“ in „Veräußerung der versicherten Sache. Verpfändung der Entschädigungsforderung“. Vgl. Bem. 1 zu § 51.

Abs. 1.

Bem. 2. Der zu den Schlußverhandlungen 1918 gestellte Antrag des Wob.:

„in Satz 1 Zeile 1 u. 4 statt „„Versicherungsnehmer““ „„Versicherten““ zu sagen“

ist von der Vollversammlung vom 10. Oktober 1918 der Redaktionskommission überwiesen worden, die in ihrer Sitzung vom 30. Juni 1919 eine Änderung nicht für zweckdienlich erklärt hat.

Bem. 3. Die Begr. §§ 52, 53 hält den Einwand, daß die gemeinschaftliche Haftung des Veräußerers und des Erwerbers für die Prämie mit den Bestimmungen über die Versicherung für fremde Rechnung in Widerspruch stehe, insofern bei dieser Versicherungsform der Versicherte für die Prämie überhaupt nicht hafte, für unbegründet. „Nach § 899 HGB. tritt der Erwerber anstelle des Veräußerers in die aus dem Versicherungsverhältnisse sich ergebenden Rechte und Pflichten ein; für die Prämie haften Erwerber und Veräußerer als Gesamtschuldner. Veräußert also der Versicherte, so tritt der Erwerber in eine Verpflichtung zur Prämienzahlung nicht ein, weil nicht der Veräußerer, sondern lediglich der Versicherungsnehmer zur Prämienzahlung verpflichtet ist. Aus demselben Grunde kann nicht von einer gesamtschuldnerischen und demnach überhaupt nicht von einer Haftung des Erwerbers für die Prämie die Rede sein.“ Auch der weitere Einwand, daß die Haftung des „Erwerbers für die Prämie überhaupt abzulehnen sei, der Erwerber müsse sich, das entspreche den Anforderungen des Verkehrs, darauf verlassen dürfen, daß die Prämie bezahlt sei,“ berücksichtigt nach der Begründung nicht die tatsächlich bestehenden Verkehrsverhältnisse. „Handelt es sich um eine zum Umlauf bestimmte Ware, so muß der Erwerber schon deshalb sicher sein, daß die Prämie bezahlt ist, weil er, falls die Prämie nicht bezahlt ist, Gefahr läuft, keine Ansprüche gegen den Versicherer zu erwerben oder erworbene Ansprüche ohne Verschulden zu verlieren. Solche Sicherheit vermag dem Erwerber nicht die Zusicherung des Veräußerers, sondern nur eine Erklärung des Versicherers zu verschaffen. Waren der bezeichneten Art pflegen nur dann erworben zu werden, wenn die Police eine Erklärung des Versicherers enthält, daß die Prämie bezahlt sei. Durch solchen Vermerk ist der Erwerber geschützt. In derselben Weise erledigt sich das weitere Bedenken, daß bei der Güterversicherung die versicherte Sache oft viele Male den Eigentümer wechsele, die Haftung der vielen Eigentümer aber unbillig sei.“

Bem. 4. Die Makler haben beantragt:

„Satz 1, zweiter Halbsatz zu streichen“,

nur im Falle der Veräußerung von Schiffsparten soll er Geltung haben; eine derartige auf Schiffsparten bezügliche Sonderbestimmung wäre in den

§ 53 Abs. 1 E. 10 anstatt dessen einzufügen. Die Assekuradeure haben in der Vollversammlung vom 13. März 1911 anerkannt, daß dieser Antrag erwägenswert sei.

Der Antrag ist jedoch unberücksichtigt geblieben. Vgl. § 50 Bem. 2.

Bem. 5. Die HK. Berlin, Bremen, Hamburg, Kiel, Lübeck haben beantragt:

„In § 52 Abs. 1 Satz 1 E. 10 wie folgt abzuändern: „„Für die Prämie haftet jedoch nur der Versicherungsnehmer““

und ihren Antrag damit begründet, daß die vorgesehene Haftung des Veräußerers und Erwerbers als Gesamtschuldner mit den Bedürfnissen des Verkehrs unvereinbar sei. Die Assekuradeure haben erklärt, diesem Antrage zu entsprechen und zu bestimmen, daß der Erwerber versicherter Güter, über die eine Police ausgestellt ist, für die Prämie nicht haftet. In Verfolg dieser Zusage ist Satz 2 eingestellt worden. Vgl. auch Bem. 7.

Abs. 2.

Bem. 6. Die Makler haben beantragt:

a) „Daß Rechte dritter Erwerber oder Pfandgläubiger unter allen Umständen geschützt sind und die Anwendung der §§ 406 bis 408 BGB für diesen Fall ausgeschlossen wird."

b) Bei dieser Gelegenheit haben die Makler ferner beantragt:
„Auch auf die §§ 17 und 18 des Entwurfes zurückzugreifen, durch welche die Rechte Dritter im Falle der Nichtzahlung der Prämie seitens des Versicherungsnehmers gefährdet werden."

In der Vollversammlung vom 13. März 1911 haben die Assekuradeure erklärt, daß sie diese Anregung, soweit die Kaskoversicherung in Betracht komme, als beachtenswert anerkennten, und zwar sowohl hinsichtlich dieses § 52 als auch hinsichtlich der §§ 17 und 18. Es sei schon bisher praktisch die Möglichkeit der Aufrechnung regelmäßig ausgeschlossen gewesen, indem der Versicherer ausdrücklich auf das Recht der Aufrechnung verzichte und die Prämie für bezahlt erkläre. Ein Vertreter des Warenhandels hat die Frage aufgeworfen, ob sich die Erklärung der Versicherer auch auf die im Verkehr üblichen Versicherungszertifikate beziehe. Zu dieser Frage ist von anderer Seite bemerkt worden, daß Zertifikate sehr verschiedener Art im Verkehr vorkämen. Die gegenwärtig im Verkehre üblichen Zertifikate seien nichts anderes, als Erklärungen des Versicherungsnehmers, daß die Ware auf einer in dem Zertifikate bezeichneten Police versichert sei und daß der Versicherungsnehmer seine Rechte aus dieser Versicherung dem anderen cediere; sie trügen darunter zugleich die Erklärung des Versicherers, daß dieser auf das Recht der Aufrechnung dem dritten Erwerber gegenüber verzichte und daß die Prämie bezahlt sei. Mit der durch den Entwurf bevorstehenden Veränderung des Rechtes würden diese Zertifikate naturgemäß aus dem Verkehr verschwinden. Eine andere Art von Zertifikaten, die aber in Deutschland selten vorkomme, bei englischen Versicherungen aber häufig sei, enthalte lediglich die Erklärung des Versicherungsnehmers, daß die Ware auf einer bestimmten Police versichert sei und die Rechte aus dieser Versicherung auf den Erwerber übertragen würden und dieser berechtigt sei, die Police gegen das Zertifikat an einer näher bezeichneten Stelle einzulösen. Solche Zertifikate böten naturgemäß nur eine geringe Sicherheit; der Erwerb eines solchen Zertifikates sichere den Erwerber natürlich auch nicht dagegen, daß der Versicherer keine Gegenansprüchen wegen der Prämie oder aus anderen Gründen erheben werde. Ein Vertreter der Hamburger Reeder hat auf Befragen erklärt, daß besondere Maßregeln zum Schutze des dritten Erwerbers der Police bei der Kaskoveräußerung wohl kaum geboten seien und deshalb seitens der Reeder besondere Anträge in dieser Richtung nicht gestellt würden. Vgl. Bem. 7 und § 17 Bem. 6.

Bem. 7. Die HK. Bremen, Flensburg, Frankfurt a. M., Hamburg haben beantragt:

„§ 52 Absätze 2, 3 und 4 E. 10 zu streichen und statt dessen einzufügen einen Absatz folgenden Inhalts: „„Die Anwendung der §§ 406—408 BGB. ist gegenüber dem gutgläubigen Erwerber ausgeschlossen""

und ihren Antrag damit begründet, daß die Vorschriften der Absätze 2, 3 und 4 den Bedürfnissen des Verkehrs nicht gerecht werden. Die Assekuradeure haben erklärt, diesem Antrage entsprechen und bestimmen zu wollen, daß sich der Versicherer im Falle der Veräußerung versicherter Güter, über die eine Police ausgestellt ist, dem Erwerber gegenüber auf die Vorschriften der §§ 406—408 BGB. nicht berufen kann.

In Verfolg dieser Zusage ist Satz 2 eingestellt worden. Vgl. auch Bem. 5.

Abs. 3.

Bem. 8. Über einen Antrag auf Streichung des Abs. 3 vgl. Bem. 7.

Bem. 9. Die HK. Frankfurt a. M. hat zu den Schlußverhandlungen 1918 beantragt, zu bestimmen:

„Daß die Erfüllung von Pflichten gegen den Versicherer von dem Erwerber von Versicherungspolicen bezw. Zertifikaten gefordert werden darf, soweit solche aus diesen Policen zu ersehen sind."

In der Vorbesprechung vom 22. und 23. August 1918 haben die Assekuradeure und Makler darauf hingewiesen, daß dies eine ganz unmögliche Forderung sei, weil sie dazu führen würde, daß die gesamten Bedingungen in dem Zertifikat Aufnahme finden müßten; auch bisher seien nur besonders wichtige Bedingungen auf den Zertifikaten bemerkt worden, wie z. B. die Franchise-Klausel, Diebstahls- und Kriegsbestimmung, Namen der Agenten am Bestimmungsplatz und dergl. Im übrigen sei dies eine Frage der künftigen Gestaltung der Police.

Der Antrag ist nicht weiter verfolgt worden.

Bem. 10. a) Die Kaufmännischen Verbände Hamburgs haben zu den Schlußverhandlungen 1918 darauf hingewiesen, daß durch die Bestimmung des Abs. 3 eine Erschwerung, wenn nicht Unmöglichmachung des internationalen Cif-Geschäftes im Falle eines Krieges bewirkt würde. Und zwar haben die Getreidehändler ausgeführt, nach vorliegender Bestimmung würde der Versicherer einer mit Einschluß der Kriegesgefahr versicherten Sache von der Haftung aus der Kriegsversicherung befreit sein, wenn in einem während der Dauer der Versicherung ausbrechenden Kriege das Eigentum des Käufers in Rücksicht auf seine Staatsangehörigkeit größerer Gefahr ausgesetzt wäre, als dasjenige des Verkäufers. In Abs. 1 und 2 seien bereits Vorbehalte für die Güterversicherung und für den Fall gemacht worden, daß eine Police zugunsten des gutgläubigen Versicherten ausgestellt sei. Ein derartiger Vorbehalt sei auch in Abs. 3 aufzunehmen, weil sonst die deutschen Kaufleute gezwungen wären, ihre Cif-Geschäfte bei ausländischen Versicherern zu decken, wodurch den deutschen Versicherern größerer Nachteil erwachsen würde, als durch die Übernahme jener größeren Gefahr. Die Hamburger Exporteure, der Hamburger Einfuhrverband, der Ostasienverein haben bemerkt, vorliegende Bestimmung sei nicht allgemein verständlich, bei wörtlicher Auslegung könne der Verkauf der versicherten Waren an Ausländer, deren Nation in Krieg mit Dritten gerät, die Police für Kriegsversicherung hinfällig machen. Für internationales Cif-Geschäft wäre eine deutsche Police dann nicht geeignet, soweit Kriegsversicherung in Frage komme, da sie keine absolute Sicherheit mehr bieten würde. Träfe diese Interpretation zu, so müßte der Handel gewarnt werden, Cif-Geschäfte mit Einschluß der Kriegsversicherung an Ausländer vorzunehmen, bezw. entsprechenden Vorbehalt zu machen.

b) Und schließlich hat der Wvb. beantragt, eine Bestimmung einzufügen:
„Es sei denn, daß dem Erwerber nicht bekannt war, daß die Veräußerung eine Erhöhung der Gefahr bedeutet."

In der Vorbesprechung vom 22. und 23. August 1918 sind die Bedenken von den Maklern unterstützt worden, da die in den Ausführungen der Antragsteller entwickelten wirtschaftlichen Folgen keineswegs von den Verfassern der Bedingungen beabsichtigt gewesen seien. Die Assekuradeure haben betont, daß die in Frage stehende Bestimmung von dem Gedanken ausgegangen sei, daß der Versicherungsnehmer, in dessen Belieben die Veräußerung stände, es nicht in der Hand haben dürfe, den Versicherer in eine schlechtere Lage zu bringen. Wenn sie auch an diesem prinzipiellen Standpunkt unbedingt festhalten müßten, so würden sie doch ernstlich in Erwägung ziehen, auf welchem Wege eine für den Warenverkehr unbedingt zu fordernde Einschränkung dieses allgemeinen Grundsatzes zu schaffen sei. Auf eine Anfrage des Vertreters der Hamburger Exporteure, welche Rechtsfolgen es habe, wenn eine Ware an einen Neutralen veräußert würde, dessen Nation nachträglich in den Krieg verwickelt werde, haben die Makler geantwortet, daß eine vor Ausbruch des Krieges bona fide erfolgende Veräußerung den Versicherungsnehmer auch nach dem bisherigen Recht, dessen Bestimmung in § 161 Abs. 2 ASVB. der Bestimmung des Entwurfs durchaus entspreche, nicht präjudiziert habe, und daß dies völlig unbedenklich sei für Versicherungen, die — wie allgemein üblich — geschlossen seien „für Rechnung, wen es angeht". Die Assekuradeure haben diesen Ausführungen zugestimmt.

c) Man hatte sich schließlich auf den Abänderungsvorschlag der Assekuradeure geeinigt:

„Dies gilt jedoch im Falle der Veräußerung versicherter Güter nicht, wenn eine Police ausgestellt und zur Zeit der Veräußerung nicht anzunehmen ist, daß Gefahren eintreten werden, die ohne die Veräußerung nicht eingetreten wären".

In der Vorbesprechung vom 7. Oktober 1918 haben die Makler indessen zu dem neu hinzugefügten zweiten Satz erklärt, daß die Assekuradeure offenbar grundsätzlich bereit seien, den gutgläubigen Veräußerer zu schützen. Das Kriterium, das für die Gutgläubigkeit der neuen Fassung gegeben sei, sei rein subjektiv.

d) Nach einem Hinweis auf den internationalen Cifverkehr, speziell das englische Recht, haben die Makler folgende Fassung vorgeschlagen:

„Dies gilt jedoch im Falle der Veräußerung versicherter Güter nur dann, wenn sie in Kriegszeiten vom Versicherungsnehmer veräußert werden und durch die Veräußerung die bisherige Eigenschaft als neutrales Gut verlieren."

Diese Fassung entspreche dem deutschen Rechtsempfinden. Ein Vertreter der Kaufmannschaft hat den Antrag der Makler unterstützt und es für erforderlich gehalten, daß die deutsche Police ein Papier sein müsse, das allen Anforderungen des Verkehrs entspräche.

e) Der Wvb. hat den Begriff „Neutralität" für schwer feststellbar erklärt. Wie wäre es z. B., wenn es bekannt ist, daß ein Staat in ein paar Tagen in den Krieg eingreifen wird? Er hat vorgeschlagen, die Fassung folgendermaßen zu wählen:

„Wenn dem Erwerber nicht bekannt war, daß die Veräußerung eine Erhöhung mit sich bringt".

Dem Hinweis der Makler, daß es nicht auf den Erwerber, sondern auf den Versicherungsnehmer ankomme, hat der Wvb. zugestimmt. Es müsse also der gutgläubige Versicherungsnehmer geschützt werden. Die Makler haben betont, daß in ihrem Vorschlage das objektive Moment gewahrt sei, dagegen hat die HK. Frankfurt a. M. die Schwierigkeit hervorgehoben, die entsteht, wenn der Heimatstaat des Versicherungsnehmers bezw. des Veräußerers nachträglich seine Neutralität aufgibt. Als Ergebnis ist festgestellt worden, daß man sich in der Sache einig sei, dagegen müsse noch eine Formulierung gefunden werden.

f) In der Vorbesprechung vom 8. und 9. Oktober 1918 hat der Wvb. seinen Antrag erweitert und folgende Fassung vorgeschlagen:

„Wenn weder dem Erwerber noch dem Versicherungsnehmer bekannt war, daß die Veräußerung eine Erhöhung der Gefahr mit sich bringt".

Ein Vertreter der Assekuradeure hat erklärt, daß er die Entscheidung mehr auf den Verkehr als objektiven Maßstab abgestellt wissen will.

g) Die HK. Frankfurt a. M. hat zwei Anträge gestellt:

α) „In Satz 2 zum Ausdruck zu bringen, daß die Annahme nur gilt für Kriegszeiten".

Im Hinblick auf die Spezifikation und auf Versicherung auf laufende Police hat sie ferner die Aufnahme folgenden Zusatzes beantragt:

β) „Die Erfüllung eines vor dem Kriege geschlossenen Vertrages gilt nicht als Veräußerung im Sinne dieser Bestimmung."

Die Mehrheit ist der Meinung gewesen, daß die Worte „wenn eine Police ausgestellt" zu streichen sind.

In der Vollversammlung vom 10. Oktober 1918 hielten die Makler die neue Fassung für die Interessen des Kaufmanns nicht genügend. Unter Hinweis auf das englische Recht wiederholten sie ihren schon in der Sitzung vom 7. Oktober 1918 gestellten Antrag d. Ein Vertreter der Assekuradeure erklärte, die neuen Bedingungen müßten jede Spekulation verhindern. Trotzdem hielten die Makler ihren Antrag mit der Begründung aufrecht, man müsse ein objektives Kriterium schaffen, wodurch klargestellt werde, ob der Erwerber gedeckt sei oder nicht. Der juristische Beirat der Assekuradeure betonte den Unterschied in der Fassung des Entwurfs und in der des Antrags. Der Antrag der Makler eröffne der Spekulation Tür und Tor, man dürfe bei dem Bestreben, den Versicherten zu schützen, nicht den Versicherer vergessen. Er schlug folgende Abänderung vor:

„daß zur Zeit der Veräußerung nicht zu erwarten steht, daß das Gut die neutrale Eigenschaft verliert".

Der Vertreter der HK. Frankfurt a. M. schloß sich dem Maklerantrag an; es komme auf das objektive Moment an, der Versicherte müsse ganz genau wissen, wann er gedeckt sei und wann nicht.

Einem weiteren Vorschlag der Assekuradeure, hinzuzufügen „bei drohendem Krieg" und „nach vernünftigem Ermessen" glaubte die HK. Frankfurt a. M. nicht zustimmen zu können. Diesen weiteren Zusatz der Assekuradeure lehnten auch die Makler ab. Der juristische Beirat des Wvb. betonte, daß die deutsche Police ein gangbares Papier im internationalen Verkehr bleiben müsse, der Kaufmann müsse auch bei drohender Gefahr seine Geschäfte führen können. „Veräußerung" bedeute lediglich den Eigentumsübergang. Es bedürfe also einer Ergänzung zum Antrage der Makler, damit auch die Erfüllung eines schon vorher geschlossenen obligatorischen Vertrages gedeckt sei. Im Notfall könnten sich die Versicherer mit einer Erhöhung der Prämie einverstanden erklären. Gegen eine schikanöse Ausnutzung dieser dem Versicherten eingeräumten Rechte könne sich der Versicherer durch § 826 BGB. und durch die diesem deutschen Paragraphen entsprechenden Bestimmungen des Auslandes schützen. Ein Vertreter der Kaufmannschaft unterstützte den Antrag der Makler und erklärte sich auch mit einer Prämienerhöhung einverstanden. Man könne oft nicht beurteilen, ob schon eine bedrohliche Kriegsgefahr vorliege. Es handele sich darum, die deutsche Police zu einem allgemein anerkannten Papier zu machen. Nach der jetzigen Fassung laufe jeder Erwerber bei irgendwie drohender Kriegsgefahr das Risiko, nicht gedeckt zu sein. Der juristische Beirat der Assekuradeure stellte in Aussicht, daß die Assekuradeure dem Antrage der Makler entsprechen könnten, darüber hinaus könnten sie keineswegs gehen. Man könne dem Assekuradeur nicht zumuten, sehenden Auges ins Verderben zu rennen. Auf eingehende juristische Ausführungen des juristischen Beirats des Wvb. über den Eigentumsübergang erklärten die Makler, daß sie allerdings ihren Antrag erweitern müßten, sie hätten das Wort „Veräußerung" nur im kaufmännischen Sinne gemeint und seien jetzt erst belehrt worden, daß der juristische Ausdruck „Veräußerung" ganz etwas anderes besagen wolle. Wenn etwa die Ware bereits abgeladen und das Konnossement darüber schon unterwegs wäre, und hiernach der Krieg ausbräche, so müßte nach kaufmännischer Auffassung der Empfänger unbedingt gedeckt sein, auch wenn der juristische Eigentumsübergang erst im Augenblick des Empfanges der Dokumente stattfinde. Der juristische Beirat der Assekuradeure bat dringend, es bei dem alten Antrag der Makler bewenden zu lassen, dem erweiterten Antrag könnten die Assekuradeure nicht folgen. Sie könnten sich nur damit einverstanden erklären, daß der Grundsatz des § 49 Abs. 3 nicht gelten solle, wenn nicht Güter während eines Krieges veräußert werden und der Erwerber einem kriegführenden Staate angehöre. Die Makler blieben auf ihrem Standpunkt, daß die Folge nur dann eintreten dürfe, wenn die Güter in Kriegszeiten vom Versicherungsnehmer veräußert werden und durch die Veräußerung die bisherige Eigenschaft als neutrales Gut verlieren. Der Umstand, daß der Erwerber einem kriegführenden Staate angehöre, müsse dann ohne Einfluß bleiben, wenn auch der bisherige Eigentümer Angehöriger eines kriegführenden Staates wäre. Von verschiedenen Seiten wurde betont, daß im Falle der laufenden Police nach § 97 der Schwebezustand nur drei Tage dauere, da innerhalb dieser Zeit der Assekuradeur von seinem Kündigungsrecht Gebrauch machen könne. Der juristische Beirat der Hamburger Reeder beantragte, auch diesen Paragraphen aus der Erörterung herauszunehmen und einer besonderen Kommission zur Besprechung zu überweisen. Diesem Antrage wurde Folge gegeben.

In der Sonderkommission wurde festgestellt, daß der Hauptunterschied in den Ansichten durch die verschiedene kaufmännische und juristische Auffassung des Begriffs „Veräußerung" hervorgerufen wäre. Die kaufmännischen Vertreter der Assekuradeure konnten somit in Aussicht stellen, dem Wunsche der Versicherungsnehmer auf der Grundlage näher zu treten, daß folgender Zusatz gemacht werde:

„Dem Zeitpunkt der Veräußerung steht für Güter, die zur Erfüllung eines vorher abgeschlossenen Lieferungsgeschäftes dienen, der Zeitpunkt der Abladung gleich."

Der Vertreter der HK. Frankfurt a. M. erklärte, seinen weitergehenden Antrag aufrecht erhalten zu müssen.

In der Vollversammlung vom 11 Oktober 1918 wurde von der Sonderkommission folgender Zusatz als dritter Satz vorgeschlagen:

„Dem Zeitpunkt der Veräußerung steht in der Erfüllung von Liefergeschäften der Zeitpunkt der Abladung gleich".

Auf die Behauptung des juristischen Beirats der Assekuradeure, daß der Fall des § 49 Abs. 3 nur bei der laufenden Police vorkäme und daher die alte Fassung des Maklerantrags genüge, erwiderten die Makler, daß die Veräußerung sich auch ohne laufende Police ereignen könne. Es würden z. B. auf Grund eines Spezieskaufvertrages im Juli Waren in Südamerika abgeladen und die Konnossemente abgeschickt; Anfang August bricht der Krieg aus; die Konnossemente kommen erst am 10. August in Hamburg an, die Ware schwimmt während der Zeit noch. In diesem Falle müsse der Erwerber gedeckt bleiben. Bei der Begründung seines Antrages betonte der Vertreter der HK. Frankfurt a. M., daß es auf den Zeitpunkt des Verkaufs ankommen müsse, der Abladezeitpunkt sei nicht maßgebend. Er müsse seinen Antrag:

„Die Erfüllung eines vor dem Kriege geschlossenen Vertrages gilt nicht als Veräußerung im Sinne dieser Bestimmung" aufrecht erhalten. Diesen erweiterten Anträgen schloß sich die HK. Flensburg und ein Vertreter der Kaufmannschaft an. Der Vertreter der Kaufmannschaft schlug vor, das Datum des Konnossements als Zeitpunkt der Abladung gelten zu lassen. Seine Bedenken, das Kündigungsrecht nach § 97 könne auch bei der laufenden Police bei solchen Abladungen, die vor dem Kriege getätigt sind, ausgeübt werden, wurden durch allgemeinen Widerspruch zerstreut. Die Makler äußerten Bedenken gegen den Vorschlag, das Konnossementsdatum für maßgebend zu erklären und wiesen darauf hin, wie wenig dieses Datum oft mit dem wahren Sachverhalt übereinstimme. Dem Antrage der HK. Frankfurt hielten sie entgegen, daß die Assekuradeure unmöglich so weit gehen könnten. Ein Vertreter der Kaufmannschaft erwiderte dazu, daß es durchaus nicht ihre Absicht sei, eine Abladung, wie sie oben in dem Beispiel der Makler vorgestellt sei, ungedeckt zu lassen. Ihr Bestreben ginge aber dahin, zu verhindern, daß der Verkäufer bei Kriegsausbruch auf hoher See einen neuen Verkauf tätige, um die Konjunktur auszunutzen. Der juristische Beirat des Wvb. erklärte sein Einverständnis, durch die Fassung zu verhindern, daß solche Fälle gedeckt sein könnten. Er schlug daher vor, zu sagen: „zur Erfüllung eines vor dem Krieg geschlossenen".

Die HK. Frankfurt a. M. äußerte ihr Bedenken gegen die Bestimmung „Krieg". Es frage sich, ob nur Kriege mit dem Lande des Bestimmungs- und Abladehafens oder auch mit anderen Ländern gemeint seien. Der juristische Beirat des Wvb. und die Assekuradeure erklärten ihr Einverständnis mit dem von der Sonderkommission vorgeschlagenen Zusatzantrag. Ein Assekuradeur äußerte, daß es darauf ankommen müsse, daß ein bestimmtes konkretes Gut bereits auf den Weg gebracht werde. Die HK. Frankfurt erklärte, ihren Antrag aufrecht erhalten zu müssen, da sie aber mit dem Antrage nicht durchdringe, so wolle sie sich unter Protest mit dem Zusatzantrag begnügen. Da man sich materiell über die Regelung der Bestimmung einig war, wurde beschlossen, die Formulierung der Redaktionskommission zu überlassen.

In der Redaktionskommissionssitzung vom 30. Juni 1919 ist beschlossen worden, in Anlehnung an die Anträge der Makler folgenden Satz aufzunehmen:

> „Dies gilt jedoch nicht im Falle der Veräußerung versicherter Güter, es sei denn, daß die Güter während der Dauer eines Krieges veräußert werden und der Erwerber einem kriegführenden Staate angehört".

Die negative Eingangsfassung dieses Satzes ist allgemein als juristisch schärfere Fassung anerkannt worden. Ebenso der Schlußsatz dieses Satzes, der die in der Umgangssprache gebräuchliche Bezeichnung „neutrales Gut" durch eine juristisch einwandfreie Wortbildung ersetzt. Über den bereits in der Vollversammlung beantragten Zusatz: „Dem Zeitpunkt der Veräußerung steht für Güter, die zur Erfüllung eines vorher abgeschlossenen Liefergeschäfts dienen, der Zeitpunkt der Abladung gleich", hat der Vertreter der Assekuradeure ausgeführt, daß es überaus bedenklich sei, an dieser Stelle den Rechtsbegriff der Veräußerung nach einer bestimmten Seite hin zu erweitern. Den Zeitpunkt der Abladung herauszugreifen hat der Vertreter der Assekuradeure deshalb für außerordentlich wenig ratsam gehalten, weil einerseits es noch andere Fälle des Gefahrübergangs gebe, andererseits es Fälle gebe, in denen durch die Abladung weder die Gefahr noch das Eigentum übergehen und es unmöglich verlangt werden könne, auch in diesem Fall die Haftung des Versicherers auszudehnen. Glaube man gleichwohl ändern zu müssen, so werde sich etwa folgender Zusatz empfehlen:

„Als Veräußerung im Sinne dieser Bestimmung gilt auch der Übergang der Gefahr".

Durch diese Fassung würde in den weitaus überwiegenden Fällen der Wunsch der Kaufmannschaft erfüllt, mit Ausnahme desjenigen Falles, der oben gekennzeichnet sei.

Es ist beschlossen worden, zunächst in diesem Sinne die Redaktion festzulegen.

In der Redaktionskommissionssitzung vom 14. Juli 1919 hat der Vertreter der M a k l e r ausgeführt, daß im Gegensatz zum Vorschlag der Makler dem Umstande eine entscheidende Bedeutung beizumessen sei, ob der Erwerber einem kriegführenden Staate angehört. Dies würde zutreffend sein für die Fälle, in denen ursprünglich neutrales Gut versichert ist. Dagegen müssen die Rechte des Versicherten unberührt bleiben, wenn ein ursprünglich feindliches Gut von einem Angehörigen eines kriegführenden Staates an den anderen veräußert wird. (Verkauf deutschen Eigentums an Deutsche). Es müsse daher dem Sinne nach bei dem Antrag der Makler verbleiben, daß eine Veräußerung in Kriegszeiten nur dann unter Absatz 3 falle, wenn ein ursprünglich neutrales Gut durch die Veräußerung seine Eigenschaft verliere. Außerdem würde die jetzige Wortfassung dem Umstande nicht gerecht werden, daß die Güter durch die Veräußerung in den Besitz eines kriegführenden Staates übergehen. Es ist von verschiedenen Seiten die Wichtigkeit des Antrages anerkannt worden, namentlich im Hinblick auf den Zusatz zu Absatz 3. Die weiteren Erörterungen haben aber zu dem allseitig anerkannten Ergebnis geführt, daß der hier vorliegende Fall nach dem Wortlaute des Abs. 3 überhaupt nicht unter diese Ausnahmebestimmung falle, und es ist beschlossen worden, es bei der protokollarischen Bestätigung zu belassen, daß eine Veräußerung von einem Angehörigen eines kriegführenden Staates an den anderen die Haftbarkeit des Versicherers nicht beschränkt. Der Vertreter der M a k l e r hat ferner bemerkt, daß für den Fall des Eigentumsübergangs mit Aushändigung der Dokumente ein weiterer Zusatz zu den Paragraphen in Aussicht genommen sei. Es ist zunächst festgestellt worden, daß einerseits nicht der Zeitpunkt der Abladung, nämlich die Einladung in das Schiff, sondern der Beginn des Risikos maßgebend sein müsse, und daß andererseits nach dem Rechte vieler auswärtiger Staaten bereits der Augenblick des Vertragsabschlusses oder bei Gattungskäufen derjenige der Aussonderung der Ware für den Übergang des Eigentumsrechts maßgebend sei. Es hat Übereinstimmung darüber geherrscht, daß ein Gut, welches in Erfüllung eines Lieferungsvertrages vor Ausbruch des Krieges auf den versicherten Weg gebracht ist, auch dann versichert bleibt, wenn die Übergabe der Dokumente an den Käufer und damit nach deutschem Recht der Eigentumsübergang erst nach Ausbruch des Krieges stattfindet.

Dementsprechend ist beschlossen worden, es bei dieser protokollarischen Festlegung bewenden zu lassen und dem Absatz 3 des § 49 keinen weiteren Zusatz zu geben, indem die Kommission der Ansicht gewesen ist, auf diese Weise den ihr gewordenen Auftrag am besten zu erfüllen.

Abs. 4.

Bem. 11. a) Die Makler haben beantragt:

„§ 52 Abs. 4 E. 10 zu streichen".

Die Assekuradeure haben in der Vollversammlung vom 13. März 1911 zwar anerkannt, daß dieser Antrag berechtigt sei; dem Antrage ist jedoch nicht stattgegeben worden.

b) Über einen weiteren Antrag auf Streichung des Absatzes vgl. Bem. 7.

§ 50.

Veräußerung versicherter Schiffe und Schiffsparten.

(1) Im Falle der Veräußerung einer Schiffspart finden die Bestimmungen des § 49 entsprechende Anwendung.

(2) Wird ein versichertes Schiff veräußert, so endigt die Versicherung; dem Versicherer gebührt von der auf die spätere Zeit entfallenden Prämie nur der fünfte Teil. Wird das Schiff veräußert, während es unterwegs ist, so endigt die Versicherung erst mit dem Zeitpunkt, in dem nach den §§ 66 bis 68 die Versicherung am nächsten Bestimmungsort endigen würde.

ASVB. § 162; HGB. § 900; ME. § 144; E. 10 § 53; E. 14 § 50.

Abs. 1.

Bem. 1. Die Vorschrift ist gegenüber § 53 Abs. 1 E. 10 schärfer redigiert.

Bem. 2. Die HK. Bremen, Hamburg haben beantragt, Abs. 1 zu ändern:

„Im Falle der Veräußerung einer Schiffspart, haften der Veräußerer und der Erwerber als Gesamtschuldner für die Schiffspart".

Der Antrag ist unberücksichtigt geblieben. Vgl. § 49 Bem. 4.

Abs. 2.

Bem. 3. a) Die Makler haben beantragt:

„Die Versicherung erst mit der Übernahme des Schiffes seitens des Erwerbers endigen zu lassen"

und ihren Antrag in der Vollversammlung vom 27. Februar 1911 damit begründet, es könne z. B. der Fall vorkommen, daß ein Schiff, während es auf See sei, veräußert werde, aber erst nach Beendigung der Reise, und zwar erst nach einer Bodenbesichtigung, übernommen werden solle. Ein Vertreter der Hamburger Reeder ist für den Antrag der Makler eingetreten. Die Assekuradeure haben ein Bedürfnis für die Änderung bezweifelt.

Der Antrag ist unberücksichtigt geblieben.

b) Denselben Antrag haben später die HK. Bremen, Hamburg, Lübeck, Stettin gestellt.

Die Assekuradeure haben erwidert, daß die Befolgung dieses Antrages zu kaum beabsichtigten Ergebnissen führen dürfte. Denn die „Übernahme" des Schiffes würde vor dem in § 53 Abs. 2 Satz 2 bezeichneten Zeitpunkt erfolgen können, sie würde aber auch nach dem Zeitpunkt erfolgen können, in dem an und für sich die Versicherung endige. Weder das eine noch das andere scheine beabsichtigt zu sein. Die Antragsteller haben noch einmal betont, der Antrag sei mißverstanden, er sei gedacht nur für den Fall, daß die Übernahme vor dem Zeitpunkt erfolge, zu welchem die Versicherung an und für sich endige. Der zweite Satz des Abs. 2 solle daneben bestehen bleiben; seine Streichung sei nicht beantragt. Gewünscht würde nur, daß der Zeitpunkt maßgebend sei, in welchem der neue Reeder tatsächlich die Disposition über das Schiff übernehme, nicht aber der Zeitpunkt, in welchem die Veräußernugshandlung sich abspiele.

Auch dieser Antrag ist unberücksichtigt geblieben.

Bem. 4. Die Makler haben beantragt:

„Daß für die nicht abgelaufene Zeit in solchem Falle ein dem Verhältnis zwischen abgelaufener und nicht abgelaufener Zeit entsprechender Teil der Prämie bei Zeitversicherungen, und ein der Billigkeit entsprechender Teil der Prämie bei Reiseversicherungen soll zurückgegeben werden müssen"

und zur Begründung ihres Antrages in der Vollversammlung vom 13. März 1911 ausgeführt, daß in der Praxis schon jetzt der in ihrem Antrag dargelegte Rechtszustand bestehe; der Entwurf entspreche in diesem Punkte zwar den in den bisherigen Bestimmungen aufgestellten Regeln, die aber in der Praxis bereits außer Übung gekommen seien. Seitens der Assekuradeure ist diesen Ausführungen nicht widersprochen worden. Dem Antrage ist nicht stattgegeben worden.

Bem. 5. Die HK. Bremen, Flensburg, Hamburg, Lübeck haben beantragt, der zweiten Hälfte des ersten Satzes folgenden Inhalt zu geben:

„Dem Versicherer gebührt von der auf die spätere Zeit entfallenden Prämie bei Zeitversicherungen ein dem Verhältnis zwischen abgelaufener und nicht abgelaufener Zeit entsprechender Teil und bei Reiseversicherungen ein der Billigkeit entsprechender Teil"

und haben ihren Antrag damit begründet, daß ein Anspruch des Versicherers auf den dritten Teil der auf die spätere Zeit entfallenden Prämie nicht begründet erscheine. Die Assekuradeure haben erwidert, daß sie dem Antrage nur insoweit entsprächen, als die auf die spätere Zeit entfallende Vergütung auf den vierten Teil beschränkt werde. Dem Antrage zufolge würde der Versicherer z. B. gar keine Prämie erhalten, wenn das auf Zeit versicherte Schiff unmittelbar nach dem Abschluß des Vertrages veräußert werden würde, also Zeit und Kosten, insbesondere der Maklerlohn, ganz umsonst aufgewendet worden wären. Wenn die Begründung erkläre, ein Anspruch des Versicherers auf den dritten Teil der auf die spätere Zeit entfallenden Prämie erscheine nicht begründet, so sei dabei wohl die Tatsache übersehen worden, daß der Versicherungsnehmer einen Versicherungsvertrag geschlossen und sich durch ihn verpflichtet habe, Prämie, und zwar die ganze Prämie, zu entrichten.

Infolgedessen ist statt „der dritte Teil“ (§ 53 Abs. 2 Satz 1 E. 10) „der vierte Teil“ gesagt worden. Vgl. Bem. 6.

Bem. 6. Die Frage der Prämienrückgewähr ist auf Grund der Kriegserfahrungen erneut Gegenstand der Schlußverhandlungen 1918 gewesen. Es haben beantragt:

a) Die Hamburger Reeder:
„Im Falle eines Verkaufs muß bei Zeitversicherungen eine Prämienrückgabe pro rata temporis erfolgen, wie solches seit Jahren auch bereits durch Policenklausel ganz allgemein eingeführt ist.“

b) Die Bremer Reeder:
„Den berechtigten Forderungen der Versicherungsnehmer würde es entsprechen, wenn im Falle der Veräußerung des versicherten Schiffes dem Versicherten eine Pro-rata-Prämie bis zur Abnahme des Schiffes seitens des Käufers zusteht. Es liegt kein Grund vor, dem Versicherer in diesem Falle den vierten Teil der auf die spätere Zeit entfallenden Prämie zuzusprechen“.

c) Die HK. Flensburg:
„Bei Ausscheiden des Risikos (Verkauf usw.) muß die ganze nicht verdiente Prämie zurückgezahlt werden.“

In der Vorbesprechung vom 22. und 23. August 1918 haben die Makler darauf hingewiesen, daß in England die volle Pro-rata-Prämie zurückgegeben würde. Die Assekuradeure haben erwidert, daß während des Krieges hierin eine Änderung eingetreten sei. Nachdem in der Beratung mit den Reedern vom 17. und 18. September 1918 den Assekuradeuren nahegelegt worden ist, nicht auf einer Geschäftsgebühr von 25 % zu bestehen, sondern den Versicherungsnehmern durch die Bewilligung einer Gebühr von etwa 15 oder 20 % entgegenzukommen, haben sich die Assekuradeure bereit erklärt, nur 20 % der Prämie zurück zu behalten.

Mit der Änderung „vierter Teil“ in „fünfter Teil“ hat sich die Vollversammlung vom 10. Oktober 1918 einverstanden erklärt.

Bem. 7. Unberücksichtigt ist der Antrag der Hamburger Reeder geblieben. „Statt „„der dritte Teil““ „„Ristornogebühr““ zu sagen“.

Bem. 8. Die Begr. der §§ 52—53 hält die Aufnahme einer dem § 143 VVG. entsprechenden Bestimmung für unnötig, „da sich aus dem Verhältnis der §§ 52 und 53 zu einander ohne weiteres ergibt, daß die Bestimmung des § 53 Abs. 2 nur im Falle der Zwangsversteigerung des Schiffs gilt“.

§ 51.

Verpfändung der Entschädigungsforderung.

Wird die Entschädigungsforderung verpfändet, so findet die Bestimmung des § 49 Abs. 1 Satz 2 Halbs. 2 zugunsten des Pfandgläubigers entsprechende Anwendung.

E. 14 § 51.

Bem. 1. In der Sitzung vom 13. Dezember 1913 ist seitens der Handelskammern beantragt worden, außer dem Erwerber der versicherten Güter auch den Pfandgläubiger und die mit dem Inkasso beauftragte Bank gegen die Vorschrift der §§ 406—408 BGB. zu schützen. Auf den ablehnenden Bescheid der Assekuradeure ist in der HK.-Kommissionssitzung vom 10. Januar 1914 beschlossen worden, den Antrag aufrecht zu erhalten. Es ist ferner beantragt worden:

„Den Abs. 1, 2 und 4 § 52 E. 10 hinzuzufügen: „„Dem gutgläubigen Erwerber steht der gutgläubige Inhaber der Police gleich.““

In ihrer Antwort haben die Assekuradeure mitgeteilt, daß sie dem Antrage hinsichtlich des Pfandgläubigers durch Einfügung eines neuen Paragraphen entsprechen würden.

Gegen diese neue Bestimmung sind keine Bedenken erhoben worden. (Prot. v. 21. 3. 14.).

Bem. 2. Der Wvb. hat zu den Schlußverhandlungen 1918 beantragt:

„Statt „„Entschädigungsforderung verpfändet““ zu sagen „„Entschädigungsforderung abgetreten oder verpfändet““.

Der Antrag ist nicht weiter verfolgt worden.

XIII. Versicherung für fremde Rechnung.

§ 52.

Versicherung für eigene Rechnung, für fremde Rechnung, für Rechnung wen es angeht.

(1) Ergibt sich aus den Umständen nicht, daß der Versicherungsnehmer die Versicherung im eigenen Namen für einen anderen nehmen will (Versicherung für fremde Rechnung), so gilt die Versicherung als für Rechnung des Versicherungsnehmers genommen (Versicherung für eigene Rechnung).

(2) Wird die Versicherung für einen anderen genommen, so ist, auch wenn der andere benannt wird, anzunehmen, daß der Vertragschließende nicht als Vertreter, sondern im eigenen Namen für fremde Rechnung handelt.

(3) Wird die Versicherung für Rechnung „wen es angeht“ genommen oder ist sonst aus dem Vertrage zu entnehmen, daß unbestimmt gelassen werden soll, ob eigenes oder fremdes Interesse versichert ist, so finden die Bestimmungen über die Versicherung für fremde Rechnung Anwendung, wenn sich ergibt, daß fremdes Interesse versichert ist.

ASVB. §§ 4 Abs. 1—3, 6; HGB. § 781, 783; VVG. §§ 74, 80: ME. §§ 4—6; E. 10 § 54; E. 14 § 52.

§ 53.

Rechtsstellung des Versicherten.

(1) Die Rechte aus dem Vertrage stehen dem Versicherten zu. Die Aushändigung einer Police kann jedoch nur der Versicherungsnehmer verlangen.

(2) Der Versicherte kann ohne Zustimmung des Versicherungsnehmers über seine Rechte nur verfügen und diese Rechte nur gerichtlich geltend machen, wenn er im Besitz einer Police ist.

ASVB. §§ 149, 150; BSVB. § 41 Abs. 4; HGB. § 886; VVG. § 75; ME. § 133 Abs. 1 u. 2; E. 10 § 55; E. 14 § 53.

§ 54.

Rechtsstellung des Versicherungsnehmers.

(1) Der Versicherungsnehmer kann über die Rechte, die dem Versicherten aus dem Vertrage zustehen, im eigenen Namen verfügen.

(2) Ist eine Police ausgestellt, so ist der Versicherungsnehmer ohne Zustimmung des Versicherten zur Annahme der Zahlung sowie zur Übertragung der Rechte des Versicherten nur befugt, wenn er im Besitze der Police ist.

(3) Der Versicherer ist zur Zahlung an den Versicherungsnehmer nur verpflichtet, wenn dieser ihm gegenüber nachweist, daß der Versicherte seine Zustimmung zu der Versicherung erteilt hat.

ASVB. § 149; BSVB. § 41 Abs. 3; HGB. § 887; VVG. § 76; ME. §§ 133 Abs. 3—5, 134; E. 10 § 56; E. 14 § 54.

Abs. 3.

Bem. 1. Die HK. Frankfurt a. M. hat gelegentlich der Schlußverhandlungen 1918 beanstandet, daß die Schadenszahlung an den Versicherungsnehmer abhängig gemacht werde von dem Nachweis, daß der Versicherte seine Zustimmung zu der Versicherung erteilt hat und als Begründung ausgeführt, ein versicherbares Interesse müsse auch dann seitens des Versicherungsnehmers als vorliegend geltend gemacht werden können, wenn vor Eintritt eines Schadens der Versicherte seine Rechte durch Weitergabe der Dokumente übertragen habe. In diesem Falle solle jedoch der Versicherte dem Versicherer gegenüber für die Folgen einer doppelten Präsentation von Policen oder Teilscheinen haftbar sein und er habe sein Möglichstes zu tun, die Teilscheine bezw. die Policen zurückzuziehen. Auf den Hinweis der HK. Hamburg, daß die Regelung der Rechtsstellung des Versicherungsnehmers im Entwurf im wörtlichen Anschluß an die entsprechende Bestimmung des VVG. erfolgt sei und die Beanstandung ein unberechtigtes Verlangen darstelle, ist sie nicht weiter verfolgt worden.

Bem. 2. Die HK. Frankfurt a. M. hat zu den Schlußverhandlungen beantragt:

„Als Abs. 4 folgende Bestimmung aufzunehmen: „„Hat der Versicherte eine Police ausgestellt, so soll er gleichwohl berechtigt sein, Ansprüche für eigene Rechnung zu stellen, sofern er dem Versicherer entsprechende Garantie leistet. Durch die Ausstellung von Policen aus einem Versicherungsvertrage verzichtet der Versicherte nicht auf Geltendmachung von Ansprüchen für eigene Rechnung““.

Die HK. Hamburg hat darauf entgegnet, der Antrag beschäftige sich am Schlusse mit einem sehr seltenen Privatabkommen, welches ausschließlich Vertrauenssache zwischen den Parteien sei und deshalb der jeweiligen Vereinbarung überlassen bleiben müsse und keinesfalls in die Bedingungen gehöre. Habe aber der Versicherte eine Police ausgestellt, so habe er seine Ansprüche an einen Dritten übertragen und könne dann selbstverständlich seinerseits keine Rechte mehr geltend machen, es sei denn, daß er die Police mit den Schadenspapieren vorzulegen in der Lage sei. Daraufhin ist der Antrag fallen gelassen worden.

§ 55.

Verhältnis des Versicherungsnehmers zum Versicherten.

Der Versicherungsnehmer ist nicht verpflichtet, dem Versicherten oder, falls über das Vermögen des Versicherten der Konkurs eröffnet ist, der Konkursmasse die Police auszuliefern, bevor er wegen der ihm gegen den Versicherten in bezug auf die versicherte Sache zustehenden Ansprüche befriedigt ist. Er kann sich für diese Ansprüche aus der Entschädigungsforderung gegen den Versicherer und nach der Einziehung der Forderung aus der Entschädigungssumme vor dem Versicherten und dessen Gläubigern befriedigen.

ASVB. § 150; BSVB. § 41 Abs. 4; HGB. § 888; VVG. § 77; ME. § 135; E. 10 § 57; E. 14 § 55.

§ 56.

Aufrechnung.

Der Versicherer kann gegen die Entschädigungsforderung eine Forderung, die ihm gegen den Versicherungsnehmer zusteht, insoweit aufrechnen, als sie auf der für den Versicherten genommenen Versicherung beruht.

ASVB. § 151; BSVB. § 41 Abs. 3; HGB. § 890; VVG. § 78; ME. § 136; E. 10 § 58; E. 14 § 56.

Bem. 1. Die Begr. §§ 54—59 hat die Bestimmung des § 58 E. 10 folgendermaßen gerechtfertigt, in § 58 ist ausgesprochen, „daß der Versicherer gegen die Entschädigungsforderung Forderungen, die ihm gegenüber dem Versicherungsnehmer zustehen, nicht nur insoweit aufrechnen kann, als sie auf der für den Versicherten genommenen Versicherung (so VVG. § 78), sondern auch insoweit, als sie auf irgend einem zwischen dem Versicherer und dem Versicherungsnehmer geschlossenen Versicherungsvertrage beruhen. Vertragschließende sind bei der Versicherung für fremde Rechnung Versicherer und Versicherungsnehmer. Die Person des Versicherten ist dem Versicherer, da die Versicherung für fremde Rechnung meist für Rechnung „wen es angeht" genommen wird, regelmäßig unbekannt. Stundet der Versicherer die Prämie, so geschieht dies mithin im Vertrauen auf die Sicherheit, die ihm die Person des Versicherungsnehmers und insbesondere die geschäftlichen Beziehungen gewähren, die sonst noch zwischen dem Versicherer und dem Versicherungsnehmer bestehen. Es entspricht unter solchen Umständen der Billigkeit, daß der Versicherer wenigstens mit solchen Forderungen gegen den Versicherungsnehmer aufrechnen darf, die auf Versicherungsverträgen beruhen. Andererseits werden berechtigte Verkehrsbedürfnisse durch die Änderung nicht berührt. Der Versicherer ist auch gegenwärtig nicht gehindert, gegenüber dem Erwerber von Namenspolicen, wie sie im Seeversicherungsverkehr üblich sind, mit Gesamtforderungen gegen den Veräußerer aufzurechnen (BGB. § 406). Erscheint es im Interesse der Verkehrsfähigkeit des Traditionspapiers, insbesondere eines Konossements, notwendig, diese Aufrechnungsbefugnis auszuschließen, so pflegt die Police mit einem entsprechenden Vermerke des Versicherers versehen zu werden. So wird auch zu verfahren sein, wenn die aus § 58 sich ergebende Aufrechnungsbefugnis des Versicherers ausgeschlossen werden soll. Eine andere Möglichkeit der Beseitigung dieses Rechtes bietet die Ausstellung von Orderpolicen dar (vgl. HGB § 364 Abs. 2)."

Bem. 2. Die HK. Bremen, Hamburg, Lübeck haben beantragt:

„Hinter den Worten „„kann"" einzufügen die Worte „„bei einer Versicherung von Schiffen oder sonstigen Reedereiinteressen""".

Der Antrag ist unberücksichtigt geblieben.

Bem. 3. Die Makler haben beantragt:

„Eine Bestimmung hinzuzufügen, daß der Versicherer von diesem Rechte keinen Gebrauch machen kann, soweit Rechte aus einem Versicherungsvertrage einem Dritten übertragen oder verpfändet sind".

Vgl. Bem. 4.

Bem. 4. Die HK. Berlin, Bremen, Chemnitz, Elberfeld, Flensburg, Frankfurt a. M., Hamburg, Kiel, Lübeck und der Allg. Vers.-Schutz-Verb. haben beantragt:

„Einen zweiten Satz hinzuzufügen: „„Bei anderen Versicherungen, insbesondere solchen auf Güter, stehen dem Versicherer diese Rechte nicht zu""

und ihren Antrag folgendermaßen begründet. Wie die Bestimmungen des § 52, so seien auch die Bestimmungen des § 58 E. 10, wenigstens soweit es sich um Güterversicherungen handelt, mit den Bedürfnissen des praktischen Verkehrs nicht vereinbar, da sie für den Erwerber der Police eine folgenschwere Rechtsunsicherheit mit sich brächten. Die Assekuradeure haben erklärt, sie beabsichtigten, das Aufrechnungsrecht des Versicherers noch weiter zu beschränken und zu bestimmen, daß der Versicherer nur insoweit aufrechnen kann, als die Gegenforderung auf der für den Versicherten genommenen Versicherung beruhe. Sie entsprächen dadurch nicht nur der Hauptsache nach dem Antrage der Versicherungsnehmer, sondern gingen über diesen Antrag noch erheblich hinaus. Darauf haben die Antragsteller erwidert, die Antwort der Assekuradeure in diesem Punkte könne seitens der Handelskammern keineswegs als genügend angesehen werden. Der Antrag der Handelskammern bezwecke den unbedingten Schutz desjenigen Dritten, der Rechte an der Versicherung erworben habe, also namentlich des Erwerbers der Güter oder desjenigen, dem die Dispositionspapiere und die Police als Sicherheit übergeben werde gegen etwaige Aufrechnungen des Versicherers gegen die Schadensforderung mit Forderungen gegen den Versicherungsnehmer. Bei der von den Assekuradeuren in Aussicht gestellten Änderung würde dagegen die Möglichkeit der Aufrechnung gegen den gutgläubigen dritten Erwerber von Rechten an der Versicherung mit Forderungen des Versicherers gegen den Versicherungsnehmer bestehen bleiben, insoweit die Gegenforderungen auf den mit dem Versicherungsnehmer geschlossenen Versicherungsvertrage beruhten. Die Assekuradeure haben erwidert, daß es sich um eine Versicherung für fremde Rechnung handele. Der Güterversicherer solle für die Prämie nicht haften, der Versicherer solle sich dem gutgläubigen Gütererwerber gegenüber nicht auf die Verwirkung der Entschädigungsforderung wegen Nichtzahlung der Prämie und ferner nicht auf die Vorschriften der §§ 406—408 BGB. berufen dürfen. Damit sei auch jede Möglichkeit der Aufrechnung mit irgend welchen Gegenforderungen, mögen diese auf der Versicherung beruhen oder auf anderen Rechtsgründen, ausgeschlossen. Mit der von den Assekuradeuren vorgeschlagenen Fassung erklärten sich schließlich die Antragsteller als befriedigt. (Prot. vom 13. Dezember 1913.)

Das Ergebnis ist gewesen, daß dem Versicherer im Gegensatz zu § 58 E. 10 nur insoweit eine Aufrechnungsbefugnis gegeben worden ist, als die ihm gegen den Versicherungsnehmer zustehende Forderung auf der für den Versicherten genommenen Versicherung beruht.

Bem. 5. Die Hamburger Reeder haben die

„Streichung der Bestimmung"

beantragt.

Die Assekuradeure haben in der Vollversammlung vom 13. März 1910 den Antrag hinsichtlich der Kaskoversicherung als erwägenswert bezeichnet.

Der Antrag ist fallen gelassen worden.

§ 57.

Kennen, Kennenmüssen, Verschulden.

(1) Für die im Falle der Verschweigung oder der unrichtigen Anzeige eines Gefahrumstandes eintretenden Rechtsfolgen kommt nicht nur die Kenntnis und das Kennenmüssen des Versicherungsnehmers, sondern auch die Kenntnis und das Kennenmüssen

des Versicherten in Betracht; das Gleiche gilt für die Befreiung des Versicherungsnehmers von der Verpflichtung zur Prämienzahlung wegen fehlenden Interesses. Der Einwand, daß die Anzeige eines erheblichen Umstandes ohne Verschulden unterblieben ist, kann dem Versicherer nur entgegengesetzt werden, wenn weder dem Versicherungsnehmer noch dem Versicherten ein Verschulden zur Last fällt.

(2) Ist die Versicherung so genommen, daß sie in einem vor der Schließung des Vertrags liegenden Zeitpunkte beginnt, so ist der Versicherer von der Verpflichtung zur Leistung frei, wenn der Versicherungsnehmer oder der Versicherte bei der Schließung wußte oder wissen mußte, daß der Versicherungsfall schon eingetreten war.

(3) Auf die Kenntnis und das Kennenmüssen des Versicherten kommt es nicht an, wenn der Vertrag ohne sein Wissen geschlossen ist. Das Gleiche gilt, wenn eine rechtzeitige Benachrichtigung des Versicherungsnehmers nicht tunlich war; eine Benachrichtigung gilt nicht als rechtzeitig, wenn sie nicht so schnell, wie dies im ordnungsmäßigen Geschäftsgange tunlich ist, mindestens aber in derselben oder in ähnlicher Weise erfolgt wie die Übermittlung der Erklärung, welche den Auftrag zur Schließung des Vertrags enthält.

(4) Hat der Versicherungsnehmer den Vertrag ohne Auftrag des Versicherten geschlossen und bei der Schließung den Mangel des Auftrags dem Versicherer nicht angezeigt, so braucht dieser den Einwand, daß der Vertrag ohne Wissen des Versicherten geschlossen ist, nicht gegen sich gelten zu lassen.

ASVB. § 30; BSVB. § 41 Abs. 2; HGB. §§ 807; VVG. § 79; ME. § 30; E. 10 § 59; E. 14 § 57.

Abs. 1.

Bem. 1. Die Hamburger Reeder haben beantragt:

„Die Worte „„das Kennenmüssen““ an beiden Stellen zu ersetzen durch die Worte „„der gute Glaube““; ebenso auch in Abs. 2.

Vgl. Bem. 3 zu § 3.

Bem. 2. Die HK. Bremen, Hamburg haben beantragt:

„In Abs. 1 und 3 die Worte „„die Kenntnis““ und „„das Kennenmüssen““ zu ersetzen durch „„guten Glauben““.

Vgl. Bem. 3 zu § 3.

Bem. 3. Die HK. Magdeburg hat beantragt:

„Die Worte „„und das Kennenmüssen““ zu streichen“.

Vgl. Bem. 5 zu § 3.

Bem. 4. Der zweite Halbsatz des ersten Satzes ist neu eingestellt worden.

Abs. 2.

Bem. 5. Die H. K. Bremen, Hamburg, Magdeburg haben beantragt:

„„Wußte oder wissen mußte““ zu ersetzen durch „„wußte““.

Die Assekuradeure haben auf ihre Ausführungen zu §§ 3, 22 verwiesen. Vgl. Bem. 3, 4, 6 zu § 3.

Bem. 6. a) Die Makler haben beantragt:

„Die Bestimmung zu streichen, weil die gleiche Bestimmung in § 5 enthalten sei“.

In der Vollversammlung vom 13. März 1911 haben die Assekuradeure erklärt, daß die Bestimmung an dieser Stelle durch den § 5 nicht überflüssig werde; § 59 S. 10 beziehe sich, wie die Überschrift des Abschnittes XIV ergebe, auf die Versicherung für fremde Rechnung.

b) Den gleichen Antrag haben die H. K. Flensburg und Kiel gestellt.

Die Anträge sind nicht weiter verfolgt worden.

Abs. 3.

Bem. 7. Vgl. Bem. 2.

Abs. 4.

Bem. 8. a) Die Makler haben beantragt:

„Die Bestimmung zu streichen“,

weil sie zur ständigen Aufnahme der Klausel „ohne Auftrag“, die auch heute bei vielen Maklern üblich sei, führen werde. Die Assekuradeure haben in der Vollversammlung vom 13. März 1911 erklärt, der Antrag werde in Erwägung gezogen werden.

b) Derselbe Antrag ist ferner von den H. K. Bremen, Hamburg und den Hamburger Exporteuren mit der gleichen Begründung gestellt worden. Die Assekuradeure haben erwidert, die Streichung des Abs. 4 scheine nicht möglich. Wenn in der Begründung dieses Antrags darauf hingewiesen werde, daß, wie heute schon vielfach üblich sei, in die Police regelmäßig die Klausel „ohne Auftrag“ eingefügt werde, so sei dies nach Ansicht der Assekuradeure ein Mißbrauch, der nicht durch Aufnahme in die Bedingungen sanktioniert werden könne.

c) Denselben Antrag hat die H. K. Frankfurt a. M. zu den Schlußverhandlungen 1918 gestellt und folgendermaßen begründet. Die aus dem Mangel eines Auftrages zur Versichernug hinsichtlich des „Kennens“, „Kennenmüssens“ und „Verschuldens“ sich für den Versicherten ergebenden Rechtsvorteile dürften nicht davon abhängig gemacht werden, ob dieser Mangel bereits bei der Schließung des Versicherungsvertrages angezeigt sei. Alle Anträge sind unberücksichtigt geblieben.

Zweiter Abschnitt.
Besondere Bestimmungen über die Versicherung einzelner Gegenstände.

Erster Titel.
Kaskoversicherung.

§ 58.
Seetüchtigkeit.

(1) Der Versicherer haftet nicht für einen Schaden, der dadurch verursacht wird, daß das Schiff nicht seetüchtig, insbesondere nicht gehörig ausgerüstet, bemannt oder beladen oder ohne die zum Ausweise von Schiff, Besatzung und Ladung erforderlichen Papiere in See gesandt ist. Entsteht ein Schaden, bevor das Schiff in See gesandt ist, so haftet der Versicherer nicht, wenn der Schaden dadurch verursacht wird, daß das Schiff nicht geeignet ist, die mit dem Schiffsbetriebe verbundenen Gefahren zu bestehen.

(2) Ist das Schiff verlorengegangen oder beschädigt, ohne daß dabei ein äußeres Ereignis mitgewirkt hat, so gilt der Schaden im Zweifel als durch einen der im Absatz 1 bezeichneten Umstände verursacht.

ASVB. § 70 Nr. 1; BSVB. § 36 Abs. 1; HGB. § 821 Nr. 1; VVG. § 132 Nr. 1; MC. § 55 Nr. 1a; E. 10 § 61 Abs. 1 u. 5; E. 14 § 58.

Abs. 1.

Bem. 1. § 58 Abs. 1 ist § 61 Abs. 1 E. 10 entnommen, mit dem er wörtlich übereinstimmt.

Bem. 2. Die Maklerkommission hatte vorgeschlagen, nicht nur die Überladung, sondern auch die nicht gehörige Beladung als Fälle der Seeuntüchtigkeit anzuführen und ferner den Versicherer dann nicht haften zu lassen, wenn der Schaden vor Inseesendung des Schiffes entstanden ist, weil das Schiff mit dem Schiffsbetriebe verbundenen Gefahren nicht gewachsen war. In beiden Fällen folgt E. 10 den Maklervorschlägen. **Begr. S. 99.**

Bem. 3. a) Die Hamburger Reeder haben beantragt:

„Anstatt des Ausdrucks „„nicht gehörig beladen““ zu sagen „„überladen““

und haben in der Vollversammlung vom 13. März 1911 zur Begründung ausgeführt, daß ihr Antrag nur dem bisher geltenden Rechtszustande entspreche; der Reeder könne nicht ohne weiteres als für alle Fehler in der Stauung verantwortlich gelten. Seitens eines Vertreters der Assekurabeure ist die Erklärung abgegeben worden, daß es nicht in der Absicht der Assekurabeure liege, den Reeder für jeden Fehler in der Beladung ohne weiteres haften zu lassen.

b) Derselbe Antrag ist später auch von den HK. Hamburg und Bremen gestellt worden.

Die Anträge sind unberücksichtigt geblieben. Vgl. auch Bem. 4.

Bem. 4. Die Hamburger Reeder, die Bremer Reeder, die HK. Flensburg, Stettin haben zu den Schlußverhandlungen 1918 beantragt:

„An Stelle des neu eingeführten Begriffs „„nicht gehörig beladen““ die alte Bestimmung „„überladen““ wiederherzustellen“.

Über die Begründung dieses Antrages, der unberücksichtigt geblieben ist, vgl. Bem. 3.

Bem. 5. Die Makler haben beantragt:

„Daß die Haftung bestehen bleibe, wenn der Versicherungsnehmer trotz gehöriger Sorgfalt die Seeuntüchtigkeit weder kannte noch kennen mußte. Ist die Sorgfalt von dem Versicherungsnehmer nicht bewahrt, so soll der Versicherer frei sein von einem Schaden, der aus der Seeuntüchtigkeit entstanden sein kann. Dieser Grundsatz soll nicht nur auf den Fall der Kaskoversicherung, sondern auch auf alle Arten von Versicherungen des Reederinteresses angewandt werden“.

In der Vollversammlung vom 13. März 1911 haben die Assekuradeure bemerkt, daß auch nach englischem Rechte der Reeder dafür einzustehen habe, daß sich das Schiff in seetüchtigem Zustande befinde; der Antrag sei unannehmbar. Demgegenüber haben die Makler ausgeführt, der von den Assekuradeuren vertretene Grundsatz gelte im englischen Rechte nur für die Reiseversicherung, nicht für die Zeitversicherung; 90 % der Kaskoversicherungen seien aber Zeitversicherungen. Der in dem Entwurf festgehaltene Rechtssatz bedeute eine außerordentliche Härte für den Reeder, wenn es sich um einen Fehler handele, der trotz Anwendung aller Sorgfalt nicht zu entdecken gewesen wäre. Die englische Police pflege sogar kraft ausdrücklicher Klausel Schäden, die auf Seeuntüchtigkeit zurückzuführen seien, einzuschließen. Der Antrag der Makler gehe nicht so weit, wie der in England bestehende Brauch, sondern wähle eine Mittellinie, indem er den Versicherer nur haften lassen wolle, wenn der Reeder die Seeuntüchtigkeit weder kannte, noch kennen mußte. Seitens der Assekuradeure ist erwidert worden, wenn nach englischem Rechte der Versicherer bei Zeitversicherungen für Schäden, die in mangelnder Seetüchtigkeit ihren Grund hätten, hafte, so werde sich dies daraus erklären, daß es leicht zweifelhaft sein könne, wann bei Zeitversicherungen die Reise beginne. Die deutschen Versicherer müßten es ablehnen, das Risiko dafür, daß die Leute des Reeders die genügende Vorsicht anwendeten, zu übernehmen.

Der Antrag ist unberücksichtigt geblieben.

Bem. 6. Die HK. Bremen hat beantragt:

„Den Ausdruck „„in See gesandt ist““ zu ersetzen durch „„die Reise antritt““.

Der Antrag ist folgendermaßen begründet worden. Die Vorschrift des E. 10, daß der Reeder ohne Rücksicht darauf, ob ihn ein Verschulden treffe oder nicht, nicht nur bei Beginn der Reise, sondern auch bei jedem Auslaufen des Schiffes aus einem Zwischenhafen für die Seetüchtigkeit des Schiffes einzustehen habe, erscheine als eine unbillige Härte, da der Reeder tatsächlich gar nicht imstande sei, das Schiff in jedem Zwischenhafen — man denke nur an entlegene Häfen in unzivilisierten Ländern — einer besonderen Untersuchung daraufhin unterziehen zu lassen, und Schäden vorkommen könnten, deren Vorhandensein weder der Kapitän noch der Reeder trotz Aufwendung aller Sorgfalt kennen könnte. Es werde deshalb beantragt, den Reeder für die Seetüchtigkeit ohne Rücksicht auf Verschulden nur bei Antritt der Reise, dagegen bei dem Auslaufen aus Zwischenhäfen in bezug auf die Seetüchtigkeit nur für die Sorgfalt eines ordentlichen Reeders haften zu lassen. Wann eine neue Reise angetreten werde, bestimme klar § 41 E. 10. Die Assekuradeure haben erklärt, dem Antrage nicht entsprechen zu können, weil der bisherige Rechtszustand (§ 70 Abs. 1 ASVB.) aufrechterhalten werden solle.

Der Antrag ist unberücksichtigt geblieben.

Bem. 7. a) Die Makler haben beantragt:

„Auch auf Satz 2 den oben unter Bem. 5 ausgesprochenen Grundsatz zur Anwendung zu bringen."

b) Die Hamburger Reeder haben beantragt:

„Satz 2 zu streichen, eventuell den Antrag der Makler anzunehmen".

In der Vollversammlung vom 13. März 1911 haben die Reeder ausgeführt, es sei zu berücksichtigen, daß das Risiko im Hafen sehr viel geringer für den Versicherer sei, als die Gefahr auf hoher See. Auch nach dem bisherigen Rechtszustande habe der Versicherer die Gefahr zu tragen. Seitens der Assekuradeure ist dem Antrage widersprochen worden; die Haftung für die Fähigkeit des Schiffes zu dem Schiffsbetriebe im Hafen müsse der Reeder tragen; wenn ein Schiff im Hafen kentere, so könne die Haftung dafür unmöglich dem Versicherer aufgeladen werden.

Der Antrag ist unberücksichtigt geblieben.

Abs. 2.

Bem. 8. Abs. 2 ist aus § 61 Abs. 5 E. 10 entstanden.

Bem. 9. „Die Bestimmung des § 61 Abs. 5 E. 10, daß ein Schaden, der durch eine der in Abs. 1, 3 und 4 bezeichneten besonderen und vom Versicherer nicht übernommenen Gefahren entstanden sein kann, zunächst auch als daraus entstanden anzunehmen ist, beruht auf der Erwägung, daß der Versicherungsnehmer den Verhältnissen näher steht als der Versicherer und deshalb ohne besondere Mühe den Nachweis wird führen können, daß der Schaden durch einen Unfall verursacht ist, für den der Versicherer haftet, während dieser kaum jemals in der Lage sein dürfte, den ursächlichen Zusammenhang zwischen dem Schaden und dem ihn befreienden Umstande zu beweisen." Begr. §§ 61—64.

Bem. 10. Die HK. Bremen, Hamburg, Königsberg haben beantragt:

„Streichung des § 61 Abs. 5 E. 10 und Ersatz desselben durch folgende Vorschrift: „„Wird das Schiff ohne ein seitens des Versicherten erweisliches außerordentliches Elementarereignis oder einen besonderen Seeunfall leck oder schadhaft, so daß es einer Ausbesserung bedarf oder gänzlich verloren geht, so gilt der Schaden als durch den nicht seetüchtigen Zustand des Schiffes veranlaßt"" und ihren Antrag folgendermaßen begründet. Die Bestimmung des Abs. 5 gehe weit über das bestehende Recht hinaus und sei in dieser Allgemeinheit für den Versicherungsnehmer nicht annehmbar, da, wenn ein Schiff verloren gegangen sei, ohne daß die Ursache habe ermittelt werden können, die Möglichkeit, daß einer der Fälle der Absätze 1, 3 und 4 des Entwurfes vorliege, regelmäßig offen bleiben werde. Die Assekuradeure haben erklärt, den Absatz 5 zu streichen und eine dem § 36 Abs. 1 Satz 2 der BSVB. entsprechende Bestimmung in dem Abs. 1 einzufügen.

Entgegen der Zusage der Assekuradeure ist dem Antrage nicht stattgegeben worden.

Bem. 11. Die HK. haben den Antrag gestellt:

„Die Bestimmung des § 61 Abs. 5 E. 10 nicht auf den Fall der Verschollenheit anzuwenden".

In der Sitzung vom 6. Dezember 1913 ist gefordert worden, daß der Fall der Verschollenheit ausdrücklich von der Vermutung, daß der Schaden durch genügende Verstauung verursacht sei, ausgenommen werde. In der Sitzung vom 19. Dezember 1913 ist beschlossen worden, den Antrag der Sitzung vom 6. Dezember 1913 nicht aufrecht zu erhalten, da die Rechtslage auch so als unzweifelhaft zu betrachten sei. Der Assekuradeur müsse beweisen, daß ein äußeres Ereignis nicht mitgewirkt habe und dieser Beweis sei bei verschollenen Schiffen naturgemäß nicht zu erbringen.

Der Antrag ist nicht weiter verfolgt worden.

Bem. 12. a) Die Hamburger Reeder haben beantragt:

„§ 58 Abs. 2 E. 10 zu streichen".

Der Antrag ist unberücksichtigt geblieben.

b) Später haben denselben Antrag zu den Schlußverhandlungen 1918 noch einmal die Hamburger Reeder in Gemeinschaft mit den Bremer Reedern, der HK. Flensburg, Stettin gestellt und folgendermaßen begründet. Die aufgestellte Präsumtion scheine zu sehr im Interesse des Versicherers zu liegen, wenn auch die Verteilung der Beweislast dem Versicherungsnehmer eine gewisse Sicherung gebe. In den meisten Fällen werde es unmöglich sein, bei Schiffen, die verschollen sind, die Einwirkung eines äußeren Ereignisses, wodurch die Verschollenheit bewirkt sei, zu beweisen. Darum stelle diese Präsumtion eine unhaltbare Härte gegen die Versicherten dar. In der Vorbesprechung mit den Reedern vom 17. und 18. September 1918 haben die Reeder darauf hingewiesen, daß ihre Einwendung gegen den Begriff „nicht gehörig beladen" im Zusammenhang verstanden werden müßte mit ihren Einwendungen gegen den Absatz 2. Sie führten aus, daß nach diesem Absatz der Versicherer zwar die Beweislast habe, daß bei dem Verlust oder der Beschädigung des Schiffes ein äußeres Ereignis nicht mitgewirkt habe, daß dann aber der Reeder den Nachweis führen müsse, daß das Schiff nicht seeuntüchtig, folglich nach Absatz 1 gehörig beladen gewesen sei. Dieser Nachweis sei außerordentlich schwierig, unter Umständen überhaupt nicht zu führen. Sie machten insbesondere auf die Verschlechterung aufmerksam, die der Entwurf gegenüber dem bestehenden Rechte (ASVB. § 70 Nr. 1, BSVB. § 36) bringe. Sie verlangten

Streichung des Absatzes 2 oder Umdrehung der Beweislast auf den Versicherer. Bezüglich dieses von den Reedern angeführten Falles der Verschollenheit ist darauf hingewiesen worden, daß die Voraussetzung des Absatzes 2 diejenige sei, daß der Assekuradeur beweisen könne, daß ein äußeres Ereignis nicht mitgewirkt habe und dieser Beweis bei verschollenen Schiffen naturgemäß nicht gebracht werden könne. (Verschollen = nachrichtlich verschwunden.) Die Reeder erachteten es zum mindesten als erwünscht, daß die Regelung des § 70 Nr. 1 ASVB. wieder eingeführt werde, dessen Voraussetzung gewesen sei, daß das Schiff „leck oder schadhaft wurde, so daß es einer Ausbesserung bedarf oder gänzlich verloren geht". Hier habe also dem Versicherer die Beweislast obgelegen, daß das Schiff leck oder schadhaft geworden sei. In der Vorbesprechung vom 8. und 9. Oktober 1918 hat ein Vertreter der Hamburger Reeder erklärt, die Bestimmung sei wegen der dem Reeder ausdrücklich auferlegten Beweislast unannehmbar. Ein Vertreter der Assekuradeure hat die Bestimmung für notwendig gehalten wegen der kleinen Fahrzeuge. Die Antragsteller haben schließlich ihren Antrag fallen gelassen. In der Vollversammlung vom 10. Oktober 1918 haben die Reeder erneut ihren Antrag auf Streichung dieses Absatzes dadurch begründet, daß der alte § 70 ASVB. schon seit längerem durch Klausel aufgehoben sei. Die Reeder könnten die ihnen auferlegte Beweislast nicht tragen. Der juristische Beirat des Wvb. äußerte seine Ansicht dahin, daß die Bestimmung materiell ohne Einfluß sei, auch ohne sie würde die Beweislast wie im Entwurf verteilt werden. Die Bedeutung der Bestimmung läge offenbar darin, die kleinen Reedereien und die Einzelschiffer nachdrücklich darauf hinzuweisen, ihre Schiffe in einem seetüchtigen Zustande zu erhalten. Der Vorschlag des Vorsitzenden, die Klassifikationsatteste der Seeberufsgenossenschaft als Beweis für die Seetüchtigkeit zu verwenden, traf auf den Widerspruch der Reeder. Auch die Makler betonten, daß dieser Ausweg nur dann gangbar sei, wenn ein Schiff in See steche. Der Vorschlag des Bremer Dispacheurs, alle Klassifikationsgesellschaften in ausländischen Häfen zur Ausstellung dieses Attestes zu befugen, stieß ebenfalls auf den Widerspruch der Makler. Die Bremer Assekuradeure erklärten, daß diese Bestimmung vor allen Dingen gegen kleine und gegen ausländische Reedereien gerichtet sei. Der juristische Beirat des Wvb. wies nochmals auf die Unerheblichkeit dieser Bestimmung hin. Die Reeder schlugen vor, durch Klausel die Bestimmung aufzuheben.

Es ist schließlich beschlossen worden, § 58 Absatz 2 bestehen zu lassen und der persönlichen Vereinbarung zwischen Maklern und Reedern anheim zu geben, eine Regelung zu treffen.

Bem. 13. Unberücksichtigt sind die Anträge geblieben:

a) Der HK. Hamburg, § 57 ZE. April 13 folgende Fassung zu geben: „(1) Der Versicherer haftet nicht für einen Schaden, der dadurch verursacht wird, daß das Schiff nicht seetüchtig, insbesondere nicht gehörig ausgerüstet, bemannt oder beladen oder ohne die zum Ausweise von Schiff, Besatzung und Ladung erforderlichen Papiere in See gesandt wird. Entsteht ein Schaden, bevor das Schiff in See gesandt ist, so haftet der Versicherer nicht, wenn der Schaden dadurch verursacht wird, daß das Schiff nicht geeignet ist, die mit dem Schiffsbetriebe verbundenen Gefahren zu bestehen. Das Schiff gilt insbesondere als nicht gehörig beladen, wenn es zu mehr als 30 % seiner Schwerguttragfähigkeit mit lose verladenen Feldfrüchten oder sonstigem lose verladenen Schüttgut beladen und nicht mit gehörigen Längsschotten versehen ist, oder wenn es zu mehr als 20 % seiner Schwerguttragfähigkeit mit Schwergutladungen wie Roheisen, Schienen, anderen Profileisen oder Stabeisen beladen ist und nicht durch geeignete Stauung dafür gesorgt ist, daß der Schwerpunkt der Ladung nicht zu tief liegt und die Ladung nicht übergeht.

(2) Ist das Schiff verloren gegangen oder beschädigt, ohne daß dabei ein äußeres Ereignis mitgewirkt hat, so gilt der Schaden im Zweifel als durch einen der im Abs. 1 bezeichneten Umstände verursacht. Ist streitig, ob ein äußeres Ereignis mitgewirkt hat, so trifft die Beweislast den Versicherungsnehmer."

b) Der Kaufmannschaft Stettin:
„§ 58 Abs. 1 E. 14 dahin abzuändern, daß der Versicherer nur dann nicht hafte, wenn der Reeder für die Seeuntüchtigkeit verantwortlich gemacht werden könne."

c) Der H. K. Flensburg:
„§ 58 Abs. 1 E. 14 einen Zusatz hinzuzufügen, daß der Versicherer hafte, wenn die vorstehenden Umstände ohne Wissen und Willen des Versicherungsnehmers eingetreten sind."

Bem. 14. Mit § 61 Abs. 1 Ziffer 1 und 2 E. 10 haben sich eine Reihe von Anträgen beschäftigt:

a) Die H. K. Magdeburg hat beantragt:
„§ 61 Abs. 1 Ziffer 1 zu streichen."

b) Die Hamburger Reeder haben beantragt:
„Daß die Vorschrift von Ziffer 1 und 2 nur für Segelschiffe gelten, und daß für Dampfschiffe die zulässige Menge auf 1250 Kilogramm pro Nettoregistertonne erhöht werde".

In der Vollversammlung vom 13. März 1911 haben die Reeder ausgeführt, daß bei dem Verhältnis von Netto- zu Brutto-Raumgehalt der Dampfer die in dem Entwurfe zugelassene Menge pro Nettoregistertonne entschieden zu gering bemessen sei. Ein Vertreter der Assekuradeure hat bemerkt, diese Frage sei lediglich eine technische, über die er sich nicht zu äußern vermöge.

c) Die H. K. Bremen, Hamburg haben beantragt:
„Erhöhung der in Abs. 1 Ziffer 1 und 2 erwähnten Warenmengen von 750 und 500 Kilogramm auf 1250 Kilogramm Nettoregistertonne."

Auf die Ausführungen der Antragsteller haben die Assekuradeure erwidert, daß die Zahl 750 durch die Zahl 1000 und die Zahl 500 durch die Zahl 750 ersetzt werde. Von den Ergebnissen einer von einer besonderen Kommission anzustellenden Untersuchung solle es übrigens noch abhängen, ob Ziffer 1 und 2 des Abs. 1 etwa ganz gestrichen werden können. Die Reeder haben die in Aussicht gestellte Abänderung der Zahl nicht

für ausreichend gehalten und nunmehr Streichung der ganzen Vorschrift beantragt.
Die Ziffern 1 und 2 sind gestrichen worden.

§ 59.
Abnutzung, Alter usw.

Der Versicherer haftet nicht für einen Schaden, der nur eine Folge der Abnutzung des Schiffes im gewöhnlichen Gebrauch ist oder nur durch Alter, Fäulnis, Rost oder Wurmfraß verursacht wird. Als Folge der Abnutzung im gewöhnlichen Gebrauche gilt es, wenn Segel, sei es auch infolge Prangens, wegwehen oder zerreißen oder in anderer Weise beschädigt werden oder wenn Anker, Taue, Ketten oder laufendes Tauwerk beschädigt werden oder wenn infolge eines solchen Schadens die Taue oder Segel weggeschnitten oder die Anker, Ankertaue oder Ankerketten geschlippt oder gekappt werden müssen. Als Folge der Abnutzung gilt es jedoch nicht, wenn Segel durch Sturzseen oder dadurch, daß Rundhölzer brechen, oder wenn festgemachte Segel durch einen Unfall beschädigt werden.

ASVB. §§ 70 Nr. 2, 129 Nr. 2 d; BSVB. §§ 37, 58 Nr. 5 c; HGB. § 821 Nr. 2; VVG. § 132 Nr. 2; ME. §§ 55 Nr. 2, 110 Nr. 2 d; E. 10 § 61 Abs. 2; E. 14 § 59.

Bem. 1. § 59 ist aus § 61 Abs. 2 E. 10 entnommen.

Bem. 2. Die Hamburger Reeder haben beantragt:
a) „§ 61 Abs. 2 E. 10 dahin abzuändern, daß das Wegschneiden unbeschädigter Segel und das Kappen oder Schlippen von unbeschädigten Ankern, Tauen, Ketten oder laufendem Tauwerk, auch wenn es nur eine Folge der Beschädigung anderer Segel oder Anker, Taue oder Ketten ist, nicht als Abnutzung im gewöhnlichen Gebrauche gilt."
Nachdem in der Vollversammlung vom 13. März 1911 auf § 129 ASVB. hingewiesen worden war, haben die Hamburger Reeder folgende Fassung beantragt:
b) „Als Folge der Abnutzung im gewöhnlichen Gebrauche gilt es, wenn Segel, sei es auch infolge Prangens, wegwehen oder zerreißen oder in anderer Weise beschädigt werden oder wenn Anker, Taue, Ketten oder laufendes Tauwerk beschädigt werden oder in beschädigtem Zustande weggeschnitten, geschlippt oder gekappt werden."
Die Anträge sind unberücksichtigt geblieben.

Bem. 3. Die HK. Bremen, Hamburg und die Hamburger Reeder haben beantragt:
„§ 61 Abs. 2 Satz 2 E. 10 zu ändern wie folgt: „„Als Folge der Abnutzung im gewöhnlichen Gebrauche gilt es, wenn beigesetzte Segel, sei es auch infolge Prangens, wegwehen, vom Winde zerrissen oder sonst beschädigt werden, ohne daß ein äußerer Unfall wie das Brechen von Rundhölzern oder das Hineinschlagen von Sturzseen den Unfall verursachte,

oder wenn, ohne einen solchen äußeren Unfall, Anker, Taue, Ketten oder laufendes Tauwerk beschädigt werden oder im beschädigten Zustande geschlippt oder gekappt oder weggeschnitten werden"".

Die Assekuradeure haben erklärt, diesem Antrage gemäß zum Ausdruck zu bringen, daß der Versicherer für weggeschnittene Segel usw. nur dann nicht hafte, wenn es sich um im Gebrauche beschädigte Segel usw. handele. In der Sitzung vom 10. Januar 1914 ist beschlossen worden, zu beantragen, hinter „brechen" die Worte einzuschalten „oder festgemachte Segel", um auszuschließen, daß die Beschädigung festgemachter Segel stets als auf Abnutzung beruhend immer vom Ersatz ausgeschlossen bleibe. Diesem Antrage ist stattgegeben worden. (Prot. vom 28. 1. 14.)

Infolgedessen sind am Ende die Worte eingefügt worden „oder wenn festgemachte Segel durch einen Unfall beschädigt werden".

Bem. 4. Die Hamburger Reeder haben zu den Schlußverhandlungen 1918 beantragt:

„Die Bestimmungen des zweiten Satzes sind der Jetztzeit entsprechend abzuändern"

und ihren Antrag folgendermaßen begründet. Da jetzt Prüfungsatteste für Anker, Ketten usw. ausgestellt würden, sowie Beaufsichtigung durch die Klassifikation bestünde, sei es nicht mehr angängig, im Schadensfalle von einer Abnutzung im gewöhnlichen Gebrauch für diese Gegenstände zu sprechen.

Der Antrag, der rein technischer Natur ist, ist in der Vorbesprechung mit den Reedern vom 17. und 18. September 1918 fallen gelassen worden.

Bem. 5. Die Anträge der:

a) H. K. Flensburg:

„Zusatz zu § 61 Abs. 2 Satz 2 S. 10: „„oder wenn Anker und Ketten, um Schaden zu vermeiden, bei Vorausgehen des Schiffes durch Brechen der Ketten verloren gehen"".

b) H. K. Köln:

„Streichung der Bestimmungen über die Nichthaftung für eine Beschädigung von Anker, Tauen, Ketten, laufendem Tauwerk und Einführung der Haftung des Versicherers für solche Schäden".

c) H. K. Magdeburg:

„Einführung der Haftung des Versicherers für Abnutzung des Schiffes im gewöhnlichen Gebrauch"

sind unberücksichtigt geblieben.

§ 60.

Gefährliche Ladungen.

(1) Der Versicherer haftet nicht für einen Schaden, der dadurch verursacht wird, daß explosionsgefährliche oder selbstentzündliche Gegenstände verladen sind, die nach den Verordnungen der deutschen Seeuferstaaten über die Beförderung gefährlicher Gegenstände mit Kauffahrteischiffen von der Beförderung ausgeschlossen sind, sowie für einen Schaden, der dadurch verursacht wird, daß

bedingungsweise zur Beförderung mit Kauffahrteischiffen zugelassene Gegenstände verladen sind und dabei gegen die Vorschriften der Verordnungen verstoßen ist; findet die Verladung in einem ausländischen Hafen statt, für den Vorschriften über die Beförderung gefährlicher Gegenstände mit Kauffahrteischiffen bestehen, so sind diese Vorschriften maßgebend. Die Haftung des Versicherers bleibt jedoch bestehen, wenn der Versicherungsnehmer die Verladung oder den Verstoß gegen die Verladungsvorschriften weder kannte noch kennen mußte. Bleibt die Haftung bestehen, so gebührt dem Versicherer eine Zuschlagsprämie.

(2) Der Versicherer haftet nicht für einen Schaden, der dadurch verursacht wird, daß das Schiff auf der versicherten Reise zu einem größeren als dem dritten Teile seiner Tragfähigkeit mit Dungstoffen, Eisen, insbesondere Eisenbahnschienen und Eisenträgern, Erde, Erz, Gestein, insbesondere Fliesen, Marmor, Schiefer und Steinen, Heu, Kalk, Knochen, Knochenasche, Knochenschwärze, Kohlen, Kreide, lose verladenen Feldfrüchten oder sonstigem lose verladenen Schüttgut, Salz, Ton, Tonrückständen oder Zement beladen ist. Die Bestimmungen des Absatzes 1 Satz 2 und 3 finden entsprechende Anwendung.

ASVB. §§ 38, 39, 70 Nr. 1; BSVB. §§ 42 Nr. 5, 43; ME. § 35; E. 10 § 61 Abs. 3 u. 4; E. 14 § 60.

Bem. 1. § 60 entstammt § 61 Abs. 3 und 4 E. 10.

Abs. 1.

Bem. 2. Die H. K. Bremen, Hamburg, Lübeck haben beantragt:

„Streichung des § 61 Abs. 3 E. 10 und Ersatz desselben durch folgende Vorschrift: „„Das Gleiche gilt von einem Schaden, der dadurch verursacht wird, daß .... (hier sind die in Frage kommenden besonders gefährlichen Stoffe aufzuführen), ... verladen werden. Die Haftung des Versicherers bleibt jedoch bestehen, wenn der Versicherungsnehmer die Verladung weder kannte, noch kennen mußte. Bleibt die Haftung bestehen, so gebührt dem Versicherer eine Zuschlagsprämie. Sind andere der in den Verordnungen der deutschen Seeuferstaaten über die Beförderung gefährlicher Güter in Kauffahrteischiffen aufgeführten Stoffe verladen, so haftet der Versicherer nicht, wenn die Vorschriften dieser Verordnungen nicht beobachtet sind. Die Haftung bleibt jedoch bestehen, wenn der Versicherungsnehmer keine Kenntnis von der Verletzung der Vorschriften hatte; dem Versicherer gebührt in diesem Falle eine Zuschlagsprämie““

und haben ihren Antrag begründet. In den neuen Verordnungen der deutschen Seeuferstaaten, deren Erlaß bevorstehe, seien eine große Menge von Gegenständen als explosionsgefährlich, selbstentzündlich, brennbar, giftig, ätzend oder der Selbsterhitzung unterliegend aufgeführt. Das bisherige Recht (§ 39 ASVB.) kenne nur wenige besonders gefährliche Gegenstände, deren Verladung die Versicherung für den Versicherer unverbindlich mache, wenn die Natur des zu verladenen Gutes nicht angezeigt sei. Die vereinigten Handelskammern seien der Ansicht, daß die Bestimmung des Absatzes 3 des Entwurfes nach wie vor nur auf besonders gefährliche Güter zu beschränken sei. Hinsichtlich der übrigen in den neuen Verordnungen über die Beförderung gefährlicher Güter in Kauffahrteischiffen aufgeführten Stoffe werde der Versicherer dagegen zu haften haben, sofern die Vorschriften dieser Verordnungen beobachtet seien. Die Assekuradeure haben erwidert, sie beabsichtigten, sofern sich dies nach den noch anzustellenden Ermittlungen werde ermöglichen lassen, nur diejenigen Sachen von der Beladung auszuschließen, die auch von der Bahnbeförderung vollständig ausgeschlossen seien. Im übrigen solle es genügen, wenn die Verladungsvorschriften der von den Seeuferstaaten erlassenen Verordnungen beobachtet seien. Die Haftung des Versicherers solle trotz der Verladung oder der vorschriftswidrigen Verladung bestehen bleiben, wenn der Versicherungsnehmer die Verladung oder die Verletzung der Verladungsvorschriften weder kannte noch kennen mußte. Die Antragsteller haben noch einmal auf folgendes hingewiesen. Der Vorschlag der Assekuradeure, es sei für genügend zu erklären, wenn die Verladungsvorschriften der von den Seeuferstaaten erlassenen Verordnungen beobachtet seien, dürfte praktisch nicht durchführbar sein. Diese Verordnungen bezögen sich ausschließlich auf den ausgehenden Verkehr und nur auf die Verladung in deutschen Seehäfen. Sie berührten weder den Importverkehr, noch die Verladung in ausländischen Häfen. Auf der anderen Seite sei ihre vertragsmäßige Ausdehnung auf den Importverkehr und auf den Verkehr von ausländischen Häfen aus durch die Versicherungsbedingungen praktisch unmöglich, schon weil in ausländischen Häfen zum Teil andere abweichende Vorschriften bestünden. Die Assekuradeure haben wiederholt betont, daß die Sicherungsvorschriften das Mindestmaß dessen darstellten, was in bezug auf die Verladung gefährlicher Güter verlangt werden müsse; ihre Beobachtung seitens der Schiffe sei überall leicht möglich.

Der Antrag ist teilweise berücksichtigt worden.

Bem. 3. Die Hamburger Reeder haben beantragt:

„§ 61 Abs. 3 S. 10 zu streichen und den Versicherer an sich auch im Falle der Verladung der in Frage stehenden gefährlichen Güter haften zu lassen, es sei denn, daß bei der Beladung des Schiffes die zurzeit der Schließung des Vertrages geltenden Verordnungen der deutschen Seeuferstaaten über die Beförderung gefährlicher Güter in Kauffahrteischiffen nicht beobachtet worden sind. Selbst wenn die Vorschriften über die Verladung solcher gefährlicher Güter nicht beobachtet sind, soll aber der Versicherer dennoch haften, falls der Versicherungsnehmer von der Verletzung der Vorschriften keine Kenntnis hatte; in solchem Falle wollen die Reeder eine Zuschlagsprämie zugestehen."

In der Vollversammlung vom 13. März 1911 ist seitens der Reeder ausgeführt worden, daß die in Vorbereitung befindliche neue Verordnung über die Beförderung gefährlicher Güter in Kauffahrteischiffen den Begriff der gefährlichen Güter außerordentlich weit ausdehne; kleine Mengen von

Gütern, die unter diese Verordnung fielen, wie Streichhölzer und dergl., würden fast mit jedem Schiffe befördert; werde der Entwurf in diesem Punkte nicht geändert, so werde die Folge sein, daß diese Bestimmung regelmäßig in den Policen durch Klausel ausgeschlossen würde. Seitens der Vertreter der Assekuradeure ist die Erklärung abgegeben worden, daß der Antrag in der Form, wie er gestellt sei, für die Versicherer nicht annehmbar sei; der Versicherer könne dem Versicherungsnehmer nicht das Recht einräumen, auch die allergefährlichsten Güter ohne jede Anzeige in das Schiff zu laden; auf der anderen Seite sei nicht zu verkennen, daß wenn das Verzeichnis der gefährlichen Güter sehr weit ausgedehnt sei, dem Antrage eine gewisse Berechtigung innewohne. Es werde zu erwägen sein, in welcher Weise hier etwa ein Mittelweg gefunden werden könne.

Bem. 4. Die Makler haben beantragt:

„Das Recht des Versicherers auf die Zuschlagsprämie zu streichen."

Der Antrag ist unberücksichtigt geblieben.

Abs. 2.

Bem. 5. a) Die Hamburger Reeder haben beantragt:

„Dungstoffe, Zement, Eisen, Eisenschienen, Eisenträger, Erde, Gestein, Holz, Steine aus dem Verzeichnisse zu streichen".

b) Die Hamburger Reeder haben beantragt:

„Streichung des ganzen Rechtsgrundsatzes. Der Versicherer soll auch bei der Verladung der in Frage stehenden Güter zu mehr als ⅓ der Tragfähigkeit des Schiffes haften und der Versicherungsnehmer nur die Verpflichtung haben, dem Versicherer in solchem Falle unverzüglich, nachdem er davon erfahren hat, Mitteilung zu machen. Der Versicherer soll in solchem Falle Anspruch auf eine Zuschlagsprämie haben. Die Unterlassung der rechtzeitigen Anzeige des Versicherungsnehmers soll lediglich die Rechtsfolge haben, daß der Versicherer einen ihm durch die Unterlassung etwa entstandenen Schaden gegenüber dem Versicherungsnehmer geltend machen kann. Die Geltung des Vertrages soll durch die Unterlassung unberührt bleiben."

c) Die Makler haben beantragt:

„Streichung des Rechts auf Zuschlagsprämie."

In der Vollversammlung vom 13. März 1911 ist seitens der Vertreter der Hamburger Reeder und der Makler ausgeführt worden, die bisherigen Bestimmungen seien praktisch nicht mehr in Geltung, würden vielmehr regelmäßig durch Klausel aufgehoben, die Bestimmungen des Entwurfs würden das gleiche Schicksal haben, da sie nicht durchführbar seien. Für die Dampfschiffsreederei könnten sie praktisch nicht mehr in Frage kommen. Gegenüber der Segelschiffsreederei möge vielleicht noch ein gewisses berechtigtes Interesse geltend gemacht werden können. Bei der Versicherung der Segelschiffe trete die Zeitversicherung ganz zurück, nur bei der Reederei von A. F. Laeiß und bei den kleinen Küstenschiffen komme die Zeitversicherung vor; im übrigen erfolge die Versicherung der Segelschiffe in der Form der Reiseversicherung. Was den Antrag der Hamburger Reeder unter a anlange, so seien nur diejenigen Stoffe gestrichen, deren Aufnahme in dieses Verzeichnis als völlig unmöglich angesehen werden müsse. Übrigens legten die Reeder auch Wert darauf, festgestellt zu sehen, daß nicht etwa die angeführten Gegenstände zusammen gerechnet ein Drittel der Ladefähigkeit des Schiffes nicht sollen überschreiten dürfen, sondern daß nur von jeder einzelnen der genannten Ladungsarten nicht mehr als ein Drittel der Tragfähigkeit des Schiffes soll in Anspruch genommen werden dürfen. Seitens der Vertreter der Assekuradeure ist erwidert worden, die Meinung des Entwurfes sei, daß von allen den in Frage stehenden Gütern zusammen nicht mehr in das Schiff geladen werden dürfe, als dem dritten Teile der Tragfähigkeit desselben entspreche. Es sei aber anzuerkennen, daß der Durchführung der Bestimmungen des Entwurfes, deren Abänderung beantragt sei, gewisse praktische Schwierigkeiten im Wege ständen; es werde eine Änderung der Bestimmungen erwogen werden. Vgl. Bem. 7.

Bem. 6. Die Hamburger Reeder haben beantragt:

„§ 61 Abs. 4 S. 10 zu streichen"

indem sie ausführten, daß es sich z. B. im Falle der Verschollenheit eines solchen Schiffes niemals feststellen lasse, ob der Untergang nicht die Folge der Verladung des gefährlichen Gutes bezw. der Beladung mit einem der in Rede stehenden Güter mit mehr als ⅓ seiner Tragfähigkeit sei. Vgl. Bem. 7.

Bem. 7. Die HK. Bremen, Hamburg, Magdeburg, Stettin, und die Hamburger Reeder haben beantragt:

„§ 61 Abs. 4 S. 10 unter Streichung des Wortlautes des Entwurfes abzuändern wie folgt: „„Wird das Schiff zu einem größeren als dem dritten Teile seiner Tragfähigkeit mit Erz, Heu, Kalk, Knochen, Knochenasche, Knochenschwärze, Kohlen, lose verladenen Feldfrüchten oder sonstigem lose verladenen Schüttgut, Salz, Tonrückständen beladen, so steht dem Versicherer eine Zuschlagsprämie zu. Der Versicherungsnehmer ist, sobald er hiervon Kenntnis erhält, verpflichtet, in solchem Falle dem Versicherer unverzüglich Mitteilung von der Beladung mit Stoffen dieser Art zu mehr als einem Drittel der Tragfähigkeit zu machen. Im Falle der Unterlassung der rechtzeitigen Mitteilung haftet der Versicherungsnehmer dem Versicherer für den diesem durch die Unterlassung entstandenen Schaden"".

Die Assekuradeure haben erwidert, daß sie beabsichtigen, die Worte „Holz" und „Torf" zu streichen und in geeigneter Weise zum Ausdruck zu bringen, daß nur, wenn das Schiff mit einer der bezeichneten Warengattungen übermäßig beladen sei, der Versicherer nicht hafte. Damit dürfte den berechtigten Wünschen der Versicherungsnehmer genügt sein. Der Erwägung unterliege übrigens noch, ob nicht auch „Ton" und „Briketts" im Abs. 4 ausdrücklich aufzuführen seien.

In der Sitzung vom 10. Januar 1914 ist seitens der Assekuradeure ausgeführt worden, daß ihre Zusage wegen der Rechtsfolgen der übermäßigen Beladung des Schiffes mit einer der dort bezeichneten Warengattungen auf einem Irrtum beruhe. Die HK. machten sich den Standpunkt der Assekuradeure zu eigen.

Das Ergebnis ist gewesen, daß „Holz" und „Torf" aus der Liste gestrichen worden sind; neu aufgenommen ist „Ton"; „Eisenschienen" ist in „Eisenbahnschienen" geändert.

Bem. 8. Unberücksichtigt sind die Anträge geblieben:

a) Der Hamburger Reeder:
„in § 61 Abs. 3 S. 10 den Verordnungen der Seeuferstaaten die entsprechenden Vorschriften der Seeberufsgenossenschaft gleichzustellen",

b) der Kaufmannschaft Stettin:
„in § 61 Abs. 4 S. 10 die namentliche Aufzählung der Güter zu streichen".

Bem. 9. Die Hamburger Reeder und Bremer Reeder, die HK. Flensburg, Lübeck und Stettin und der Wvb. haben zu den Schlußverhandlungen 1918 beantragt:

„§ 60 Abs. 2 S. 14 zu streichen"

und ihren Antrag folgendermaßen begründet. Diese aus den alten Versicherungsbedingungen übernommene Bestimmung entspreche nicht mehr den heutigen Verhältnissen. Den Versicherern sei allgemein bekannt, daß von den aufgeführten Massenartikeln mehr als ein Drittel geladen werde. Es erscheine deshalb nicht angängig, die Haftung des Versicherers nur dann eintreten zu lassen, wenn er selbst Anzeige von der Verladung erhalten habe. Eine solche Anzeige unterbleibe leicht, wie allgemein bekannt, und wie es bei den Erzversicherungen während des Krieges zum Teil der Fall gewesen sei. Der Versicherer solle schlechthin haften unter Zubilligung einer entsprechenden Zuschlagsprämie. Diese Bestimmungen seien so weitgehend, daß sie ohne Zweifel regelmäßig durch Klausel würden ausgeschlossen werden. Die in Lübeck in der Tourfahrt verkehrenden Dampfer hätten sehr häufig mehr als ein Drittel der aufgeführten Massengüter geladen. Der Versicherer solle schlechthin haften, notfalls unter Zubilligung einer Zuschlagsprämie. In der Besprechung mit den Reedern vom 17. und 18. September 1918 haben die Assekuradeure ausgeführt, daß die allgemeinen Bedingungen nicht nur für die Versicherung von Dampfern, sondern auch für die Versicherung von Seglern, nicht nur für deutsche, sondern auch für außerdeutsche Schiffe gelten sollten. Der Schutz, den die Vorschriften der Seeberufsgenossenschaft für die deutschen Schiffe darstelle, entfalle naturgemäß für die außerdeutschen Schiffe; sie müßten deshalb an ihrer Forderung festhalten, diese Schutzbestimmungen in den Bedingungen aufrechtzuerhalten. Wenn der deutsche Reeder mit dieser Bestimmung nicht arbeiten könne, würden die Assekuradeure nach wie vor bereit sein, sie durch Policeklauseln aufzuheben. Nachdem auch der Bremer Dispacheur die Streichung in den Bedingungen für nicht opportun erklärt hatte, haben die Reeder in die Aufgabe ihrer Anträge eingewilligt.

§ 61.

Durchbruch durch feststehendes Eis.

Der Versicherer haftet nicht für einen Schaden, der dadurch verursacht wird, daß das Schiff feststehendes Eis durchbricht, es sei denn, daß es zur Abwendung oder Minderung eines dem Versicherer zur Last fallenden Schadens erforderlich ist.

ASVB. § 77 Abs. 3; ME. § 55 Nr. 1b; E. 14 § 61.

Bem. 1. Der zu § 25 E. 10 gestellte Antrag der Reeder (vgl. § 23 Bem. 14):

„Die Bestimmungen über die Haftung für Schäden gelegentlich des Durchbruchs durch Eis ganz zu streichen"

ist insoweit berücksichtigt worden, als die Kaskoversicherung in Frage kommt.

Bem. 2. Der von den H K. (vgl. § 23 Bem. 16) gestellte Antrag:

„die Worte „„zusammenhängendes Eis"" zu ersetzen durch „„feststehendes Eis""

ist berücksichtigt worden.

§ 62.

Aufopferung von Decksgütern.

Der Versicherer haftet nicht für Beiträge zur großen Haverei, soweit auf Deck verladene Güter aufgeopfert sind.

ASVB. § 107 Abs. 3; ME. § 106 Abs. 1; E. 10 § 62; E. 14 § 62.

Bem. 1. Die von vielen Seiten gestellten Anträge auf Streichung des § 62 sind später wieder fallen gelassen worden. Zu sachlichen Erörterungen hat die Bestimmung sonst keine Veranlassung gegeben.

§ 63.

Aufopferung bei Ballastreisen.

Der Versicherer haftet, wenn das Schiff auf der versicherten Reise in Ballast fährt oder fahren soll und dem Versicherer hiervon nicht bei der Schließung des Vertrags Anzeige gemacht worden ist, nicht für Aufopferungen, die zur großen Haverei gehören würden, wenn Güter geladen wären.

ASVB. § 84 Nr. 2; BSVB. § 9; HGB. § 834 Abs. 2; ME. § 75 Nr. 2; E. 10 § 30 Abs. 3; E. 14 § 63.

Bem. 1. § 63 ist anläßlich der Neuredigierung der Bestimmungen über die große Havarei (§§ 29—31) seit 3E. Dez. 12 aufgenommen und hat zu sachlichen Erörterungen keinen Anlaß gegeben.

Bem. 2. Die Bremer Reeder, die H K. Lübeck und Stettin haben zu den Schlußverhandlungen 1918 beantragt:

„Es ist eine Ausnahmebestimmung für den Fall der Jahresversicherung zu treffen, da der Versicherungsnehmer hier nicht in der Lage ist, „„bei Schließung des Vertrages"" Anzeige zu machen, ob das Schiff in Ballast fährt oder fahren soll".

Auf den Hinweis in der Vorbesprechung mit den Reedern vom 17. und 18. September 1918, daß sich der Reeder bei Schließung des Jahresvertrages die Freiheit ausbedingen müsse, in Ballast zu fahren, wie dieses allgemein üblich sei durch die Klausel „mit Ladung, gleichviel welcher Art und/oder in Ballast", haben die Reeder von einer Weiterverfolgung dieses Antrages abgesehen.

§ 64.

Anrechnung von Leichter-, Schlepp-, Hülfslohn.

Der Versicherer haftet für einen Schaden, der bei Gelegenheit der Verwendung des Schiffes zum Leichtern oder Schleppen anderer Fahrzeuge oder zu einer Hülfeleistung entsteht, insoweit nicht, als die für die Verwendung zu entrichtende Vergütung zur Ausgleichung des Schadens dient.

ASVB. Zusatz zu § 69; E. 10 § 63; E. 14 § 64.

Bem. 1. Obwohl die Bestimmung des § 63 E. 10 nur einen Ausfluß des allgemeinen Grundsatzes bildet, daß „ein Gewinn, den ein schadenstiftender, zum Ersatze berechtigender Umstand im Gefolge hat, auf den Schaden anzurechnen ist", hält die Begr. § 63 ihre Aufnahme nicht für überflüssig, da die Zweckmäßigkeitsrücksichten, die zur Aufnahme des § 63 entsprechenden Zusatzes zu § 69 ASVB. geführt haben, noch gegenwärtig Anerkennung beanspruchen dürfen.

§ 65.

Kajüts- und Maschinenschaden.

Der Versicherer haftet für eine Beschädigung des Kajütsinventars nur im Falle einer Strandung. Das Gleiche gilt von der Haftung des Versicherers für eine Beschädigung der maschinellen Einrichtungen. Zu diesen Einrichtungen gehören insbesondere die Hauptmaschine (einschließlich der zu ihrem Betrieb erforderlichen Hülfsmaschinen und Einrichtungen, der Kesselanlage mit Schornstein, Wellenleitung, Schraube und Rad), Decksmaschinen, Dampfsteuer mit Ruderleitung bis zum Quadranten, Pumpen für Bordzwecke, elektrische Lichtanlage, Anlage für drahtlose Telegraphie und Kühlmaschinenanlage. Die Bestimmungen des § 114 Abs. 1 und 2 über die Haftung des Versicherers im Strandungsfalle finden entsprechende Anwendung.

E. 10 § 64; E. 14 § 65.

Bem. 1. In der Überschrift sind die Worte des § 64 E. 10 „Haftung für" seit ZE. Jan. 13 weggelassen worden.

Bem. 2. a) Die Hamburger Reeder haben beantragt:

„„Kajütseinrichtung"" zu ersetzen durch „„Kajütsinventar""

und den Antrag in der Vollversammlung vom 27. März 1911 begründet. Unter „Kajütseinrichtung" könnten auch die Wandbekleidungen und derartige mit dem Schiffe fest verbundene Teile verstanden werden, während unter „Kajütsinventar" nur die in den Kajüten vorhandenen zur Einrichtung gehörenden beweglichen Sachen gerechnet würden. Seitens eines der anwesenden Assekuradeure ist dieser Auffassung beigetreten und der Standpunkt vertreten worden, daß auch für die mit der Schiffswand fest verbundenen Teile der „Kajütseinrichtung" der gleiche Rechtssatz gelten müsse. Dieser Standpunkt ist jedoch wieder fallen gelassen worden, nachdem seitens eines anderen Vertreters der Assekuradeure die Erklärung abgegeben worden ist, daß es bei der Abfassung des Entwurfes nicht beabsichtigt gewesen sei, den bisherigen Rechtszustand zu verändern, und der Ausdruck „Kajütseinrichtung" lediglich zum Zwecke der Verdeutschung des Ausdrucks „Kajütsinventar" gebraucht worden sei.

b) Später ist derselbe Antrag von der H.K. Bremen und Hamburg gestellt worden.

Schließlich haben die Assekuradeure dem Antrag zugestimmt.

Infolgedessen ist in Satz 1 „Kajütseinrichtung" durch „Kajütsinventar" ersetzt worden.

Bem. 3. Die Hamburger Reeder haben beantragt:

„Statt „„des Ruders"" „„der Dampfsteuerung"" zu sagen".

In der Vollversammlung vom 27. März 1911 haben die Assekuradeure diesen Antrag für beachtlich erklärt. Vgl. Bem. 4.

Bem. 4. Die H.K. Bremen, Flensburg, Hamburg, Kiel, Lübeck haben beantragt:

„Streichung der Worte „„insbesondere des Ruders und der Schraube"" und Einfügung anstatt dessen: „„Decksmaschinen, Rudermaschinen und Schornsteinaufsatz gelten als zum Schiffskörper gehörig"",

um klarzustellen, daß der Versicherer für Schäden an Decksmaschinen, Rudermaschinen und Schornsteinaufsatz auch in anderen Fällen als im Strandungsfalle hafte. Das Wort „Ruder" ist noch besonders beanstandet worden, weil darunter auch das Steuer verstanden werde, welches ohne Zweifel zum Schiffskörper zu rechnen sei. Da die Assekuradeure nur den Ersatz des Wortes „Ruder" durch das Wort „Dampfsteuer" haben zugestehen wollen, so haben die Antragsteller noch einmal darauf hingewiesen, daß sowohl nach dem englischen Institute time clauses als auch nach der bremischen Übung Decksmaschinen, Rudermaschinen und Schornsteinaufsatz als zum Schiffskörper gehörig behandelt würden.

Der Antrag ist bei der Neufassung der Sätze 2 und 3 § 64 E. 10 berücksichtigt worden.

Bem. 5. Die Bremer Reeder haben zu den Schlußverhandlungen 1918 beantragt:

„Die Worte „„Decksmaschinen, Dampfsteuer mit Ruderleitung bis zum Quadranten"" zu streichen",

da es eine bekannte Tatsache sei, daß gerade die genannten Decksmaschinen usw. häufig auch durch Seeschlag leiden.

Über das weitere Schicksal des Antrages vgl. Bem. 7.

Bem. 6. Die Hamburger Reeder haben zu den Schlußverhandlungen 1918 beantragt:

„Kajüts- und Maschinenschäden sind in gleicher Weise wie Schäden am Schiff selbst zu behandeln und zu ersetzen, also nicht nur im Falle der Strandung,"

da auch nach dem Institute time clauses diese Art der Regulierung üblich sei. Über das weitere Schicksal des Antrags vgl. Bem. 7.

Bem. 7. Die H. K. Lübeck hat zu den Schlußverhandlungen 1918 beantragt:

„Die Worte „„Decksmaschinen ... bis ... Quadranten"" zu streichen und durch folgende Bestimmung zu ersetzen: „„Decksmaschinen, Rudermaschinen und Schornsteinaufsatz gelten als zum Schiffskörper gehörig"".

In der Vorbesprechung mit den Reedern vom 17. und 18. September 1918 ist darauf hingewiesen worden, daß der Reeder, der auf eine von den Bestimmungen abweichende Behandlung der Kajüts- und Maschinenschäden Wert lege, besondere Klauseln vereinbaren müsse.

Infolgedessen ist von einer Weiterverfolgung der Anträge seitens der Reeder abgesehen worden.

Bem. 8. a) Die Makler haben beantragt:

„Daß in bezug auf die Kaskoversicherung, insbesondere also in bezug auf die Beschädigung von Kajütsinventar, Maschinen, Kessel, Dampfsteuerung und Schrauben ein Strandungsfall in allen denjenigen Fällen als vorliegend angesehen werden möge, in denen bei der Güterversicherung eine Strandung als vorliegend anerkannt werde, mithin also namentlich auch in denjenigen Fällen, in denen das Schiff auf Grund stößt, mit anderen Sachen zusammenstößt, durch Eis beschädigt wird und dergleichen mehr."

In der Vollversammlung vom 27. März 1911 ist seitens eines Vertreters der Assekuradeure ausgeführt worden, die ursprüngliche Bedeutung des Wortes „Strandung" sei bei der Güterversicherung weit übet den Sinn dieses Ausdrucks hinaus ausgedehnt worden, indem eine Reihe von anderen Fällen wie „Stoßen" als Strandung behandelt würden. Eine über die eigentliche Bedeutung des Ausdrucks „Strandung" hinausgehende Auslegung dieses Wortes auch bei der Kaskoversicherung sei nicht berechtigt. Seitens der Makler ist erwidert worden, daß sie zunächst in Erwägung gezogen hätten, den Antrag zu stellen, daß der Versicherer für jede über 3 % hinausgehende Beschädigung der Kajütseinrichtungen, Maschinen usw. haften solle; dieser Antrag sei indessen schließlich fallen gelassen und anstatt dessen beschlossen worden, zu beantragen, daß die Haftung des Versicherers für Beschädigungen dieser Schiffsteile dadurch erweitert werde, daß der Begriff der Strandung in gleicher Weise wie bei der Güterversicherung ausgedehnt werde. Seitens der Assekuradeure ist noch darauf hingewiesen worden, daß der Begriff der Strandung in Deutschland weiter gefaßt werde als in England, da in Deutschland im Gegensatze zu dem englischen Rechte bei der Güterversicherung auch das Stoßen des Schiffes als Strandungsfall gelte.

b) Die H. K. Cöln hat beantragt:

„Dem letzten Satz am Ende hinzuzufügen „„oder auf den Grund stößt"".

Den Anträgen ist nicht stattgegeben worden. Vgl. § 78 Bem. 2.

Bem. 9. § 64 Satz 3 zweiter Halbsatz E. 10 bestimmt: „jedoch ist es als eine Strandung auch anzusehen, wenn das Schiff mit anderen Fahrzeugen zusammenstößt".

Die H. K. Bremen hat beantragt:

„§ 64 Satz 3 zweiter Halbsatz E. 10 zu streichen".

Diesem Antrage ist stattgegeben worden.

§ 66.

Dauer der Versicherung.

(1) Die Versicherung beginnt, wenn sie für eine Reise genommen ist, mit dem Zeitpunkt, in dem mit der Einnahme der Ladung oder des Ballastes angefangen wird oder wenn Ladung oder Ballast nicht einzunehmen ist, mit der Abfahrt. Sie endigt mit dem Zeitpunkt, in dem die Löschung der Ladung oder des Ballastes am Bestimmungsorte beendigt ist, oder wenn Ladung oder Ballast nicht zu löschen ist, mit dem Zeitpunkt, in dem das Schiff am gehörigen Orte die Anker hat fallen lassen oder befestigt ist. Wird die Löschung von dem Versicherungsnehmer ungebührlich verzögert, so endigt die Versicherung mit dem Zeitpunkt, in dem die Löschung beendigt sein würde, falls die Verzögerung nicht stattgefunden hätte.

(2) Wird vor der Beendigung der Löschung für eine neue Reise Ladung oder Ballast eingenommen, so endigt die Versicherung mit dem Zeitpunkt, in dem mit der Einnahme angefangen wird.

(3) Wird nach dem Beginne der Versicherung die versicherte Reise aufgegeben, so tritt in Ansehung der Beendigung der Versicherung der Ort, wo die Reise aufhört, an die Stelle des Bestimmungsorts.

ASVB. § 72, 77 Abs. 1; BSVB. § 4 Abs. 1 u. 2; HGB. §§ 823, 828 Abs. 1; VVG. § 138; ME. §§ 57 Abs. 1 und 2, 63 Abs. 1; E. 10 § 65; E. 14 § 66.

Abs. 1.

Bem. 1. „Nach geltendem Rechte endigt die Versicherung, wenn die Löschung der Ladung oder des Ballastes ungebührlich verzögert wird, mit dem Zeitpunkt, in dem die Löschung beendigt sein würde, wenn die Verzögerung nicht stattgefunden hätte. Der Entwurf läßt aus den zu den §§ 25 bis 27 ausgeführten Gründen den Umstand entscheiden, daß die Verzögerung eine erhebliche oder eine nur unerhebliche ist". Begr. § 65. Trotzdem ist seit 3E. Dez. 12 „erheblich" in „ungebührlich" umgeändert.

Abs. 2.

Bem. 2. Unberücksichtigt ist der Antrag der HK. Bremen, Hamburg, Lübeck geblieben:

„Einen Zusatz zu Abs. 2 anzufügen folgenden Inhalts: „„bei einer Reise nach mehreren Plätzen gilt diese Vorschrift nur für den letzten Bestimmungshafen"".

§ 67.

Verlängerung der Versicherung.

(1) Trifft das Schiff am Bestimmungsorte mit einer Beschädigung ein, für die der Versicherer haftet, so gilt das Versicherungs-

verhältnis als verlängert bis zu dem Zeitpunkt, in dem die Ausbesserung des Schiffes beendigt ist; wird die Ausbesserung von dem Versicherungsnehmer ungebührlich verzögert, so tritt an die Stelle dieses Zeitpunktes der Zeitpunkt, in dem die Ausbesserung beendigt sein würde, falls die Verzögerung nicht stattgefunden hätte. Der Versicherungsnehmer kann die Verlängerung durch eine gegenüber dem Versicherer abzugebende Erklärung ausschließen; die Erklärung muß jedoch unverzüglich abgegeben werden, sobald der Versicherungsnehmer von der Beschädigung Kenntnis erlangt. Im Falle der Verlängerung gebührt dem Versicherer eine der längeren Dauer entsprechende Prämie.

(2) Die Bestimmungen des Absatzes 1 finden keine Anwendung, wenn die Ausbesserung an einem anderen Orte als dem Bestimmungsort erfolgen muß und nicht auf die im § 74 bestimmte Weise festgestellt ist, daß das Schiff die Reise nach dem anderen Orte machen kann.

ASVB. § 72; BSVB. § 4 Abs. 3; ME. § 57 Abs. 3—5; E. 10 § 66; E. 14 § 67.

Abs. 1.

Bem. 1. Die Makler haben beantragt:

„Daß nicht nur, wenn das Schiff am Bestimmungsorte mit einer Beschädigung, für die der Versicherer haftet, eintrifft, sondern auch, wenn der Versicherer für die Beschädigung nicht haftet, das Versicherungsverhältnis bis zum Zeitpunkte der Beendigung der Ausbesserung als verlängert gilt. Eine Zuschlagsprämie solle der Versicherer nur für den Fall erhalten, daß er für die Beschädigung nicht haftet".

Der Antrag ist unberücksichtigt geblieben.

Bem. 2. Die HK. Bremen, Hamburg haben beantragt:

„Im zweiten Teile des ersten Satzes Einfügung des Wortes „„schuldhafterweise"" vor den Worten „„erheblich verzögert"",

weil es billig sei, die Rechtsfolge für den Fall der Verzögerung der Ausbesserung nur dann eintreten zu lassen, wenn der Versicherungsnehmer schuldhafterweise die Ausbesserung erheblich verzögere.

Diesem Antrage haben die Assekuradeure dadurch entsprochen, daß das Wort „erheblich" durch das Wort „ungebührlich" ersetzt worden ist.

Bem. 3. Die Hamburger Reeder haben beantragt:

„in Abs. 1 hinter dem ersten Satz einzuschieben: „„Im Falle der Verlängerung gebührt dem Versicherer eine der längeren Dauer entsprechende Prämie. Der Versicherungsnehmer kann die Verlängerung durch eine gegenüber dem Versicherer abzugebende Erklärung jederzeit ausschließen""

und ihren Antrag in der Vollversammlung vom 27. März 1911 damit begründet, daß sich nicht selten von vornherein nicht übersehen lasse, wie lange Zeit die Reparatur in Anspruch nehmen werde, erst im Laufe der Reparatur stelle sich vielfach heraus, daß dieselbe längere Zeit dauere, als der Reeder vorher erwartet habe; insbesondere komme es auch vor, daß die Reparatur durch unvorhergesehene Umstände wie Streiks hinausgezögert werde; es sei in solchen Fällen unbillig, wenn der Reeder während der ganzen Dauer der Reparatur die hohe Prämie bezahlen müsse, welche auf den Fall der Benutzung des Schiffes zur Seefahrt zugeschnitten sei. Seitens eines Vertreters der Assekuradeure ist demgegenüber ausgeführt worden, daß die Praxis schon bisher dieses Kündigungsrecht kenne und in dieser Beziehung bereits von dem Rechte der bestehenden Bedingungen abweiche. Es habe sich schon in der bisherigen Praxis ergeben, daß der Reeder während der Reparatur, sobald sich die Gefahr vermindert habe, kündige, um sich zu einer niedrigen Prämie einzudecken, der Reeder benutze das Kündigungsrecht, um die Prämie im Laufe der Reparatur herabzudrücken; die Assekuradeure könnten sich deshalb mit dem Antrage der Reeder nicht einverstanden erklären.

Der Antrag ist unberücksichtigt geblieben.

Bem. 4. Die HK. Bremen, Hamburg haben beantragt:

„In Satz 2 „„unverzüglich““ durch „„vor Beginn der Reparatur““ zu ersetzen und die Worte „„sobald der Versicherungsnehmer von der Beschädigung Kenntnis erlangt hat““ zu streichen“

und den Antrag damit begründet, daß die unverzügliche Abgabe der in Abs. 1 Satz 2 in Frage stehenden Erklärung praktisch nicht möglich sei, da sich der Versicherungsnehmer zunächst über die Art und den Umfang der Beschädigung nähere Kenntnis verschaffen müsse und nicht ohne weiteres auf die Nachricht von der Beschädigung hin seine Entschließung fassen könne; der Versicherer dürfte zur Genüge geschützt sein, wenn die Abgabe der Erklärung vor Beginn der Reparatur erfolgen müsse. Die Assekuradeure haben erklärt, daß dem Wunsche der beteiligten Kreise am besten dadurch entsprochen werde, daß dem Versicherungsnehmer nur die Pflicht auferlegt werde, mit der Ausschließungserklärung nicht schuldhaft zu zögern.

Der Antrag ist nicht berücksichtigt worden.

Bem. 5. Die HK. Bremen, Hamburg, Kiel haben beantragt:

„Streichung des § 66 Abs. 1 Satz 3 E. 10 betr. Anspruch auf Zuschlagsprämie“.

Die Assekuradeure haben diesem Antrage dadurch entsprochen, daß die Worte „sowie eine Zuschlagsprämie“ gestrichen worden sind.

Abs. 2.

Bem. 6. Die Makler haben beantragt:

„Die Bestimmungen des Abs. 1 finden keine Anwendung, wenn die Ausbesserung an einem anderen Orte als dem Bestimmungsorte erfolgen muß und der Versicherer für die Beschädigung nicht haftet; dagegen in dem Falle, wenn er für die Beschädigung haftet, die Verlängerung der Versicherung eintreten zu lassen, auch wenn nicht durch das Gutachten der Sachverständigen festgestellt ist, daß das Schiff die Reise nach dem anderen Orte machen kann“

und in der Vollversammlung vom 27. März 1911 darauf hingewiesen, daß, wenn die Reparatur nicht ausgeführt werde, in solchem Falle ein Totalschaden für den Versicherer vorliege; fahre das Schiff, obwohl nicht durch ein Gutachten der Sachverständigen festgestellt sei, daß es die Reise nach dem anderen Orte machen könne, nach diesem Orte zur Vornahme der Ausbesserung, so liege eine solche Maßnahme lediglich im Interesse des Versicherers. Seitens der Assekuradeure ist erwidert worden, daß nicht zu verkennen sei, daß eine solche Reise an sich im Interesse des Versicherers liegen könne; indessen wolle der Versicherer die Gefahr einer solchen Reise nicht übernehmen, und der Versicherungsnehmer sei deshalb zur Ausführung einer solchen Reise, auch wenn sie im Interesse des Versicherers gedacht sei, auf Gefahr des Versicherers nicht berechtigt.

Der Antrag ist unberücksichtigt geblieben.

Bem. 7. Die HK. Bremen, Flensburg, Hamburg, Lübeck haben beantragt, hinzuzusetzen:

„Es sei denn, daß der Versicherer seine Zustimmung zu der Reise nach dem anderen Orte gegeben hat".

Die Assekuradeure haben erwidert, habe der Versicherer der Überführung des Schiffes nach einem anderen Orte zugestimmt, so werde darin ohne weiteres seine Zustimmung auch zur entsprechenden Verlängerung der Versicherung erblickt werden müssen.

Der Antrag ist nicht weiter verfolgt worden.

Bem. 8. Rein redaktionell ist die Abänderung der Worte „durch das gemäß § 73 erstattete Gutachten" (§ 66 Abs. 2 E. 10) in „auf die im § 74 bestimmte Weise".

§ 68.

Verlängerung der Zeitversicherung.

Ist ein auf Zeit versichertes Schiff bei dem Ablaufe der vereinbarten Versicherungszeit unterwegs, so gilt das Versicherungsverhältnis als verlängert bis zu dem Zeitpunkt, in dem nach den §§ 66 und 67 die Versicherung am nächsten Bestimmungsort endigen würde. Der Versicherungsnehmer kann die Verlängerung, solange das Schiff noch nicht unterwegs ist, durch eine gegenüber dem Versicherer abzugebende Erklärung ausschließen. Im Falle der Verlängerung gebührt dem Versicherer eine der längeren Dauer entsprechende Prämie; ist das Schiff verschollen, so gebührt ihm die Prämie bis zum Ablaufe der Verschollenheitsfrist.

ASVB. § 80; BSVB. § 6 Abs. 2 u. 3; HGB. § 831; VVG. § 139; ME. § 65; E. 10 § 67; E. 14 § 68.

Bem. 1. Die Begr. § 67 erkennt kein Bedürfnis für eine dem Zusatze zu § 80 ASVB. entsprechende Bestimmung an, „daß bei einer Reise nach mehreren Plätzen die Beendigung bis zur Ankunft und Entlöschung im letzten Hafen hinausgeschoben wird. Da die Reise von dem Versicherungsnehmer bestimmt wird, so habe dieser es in der Hand, durch Unternehmung einer Reise nach mehreren Plätzen die Versicherung übermäßig zu verlängern." Ein dieser Zusatzbestimmung entsprechender Antrag der HK. Flensburg und Kiel ist unberücksichtigt geblieben.

Bem. 2. Die HK. Flensburg hat beantragt:

„Im letzten Satz zu sagen: „„so gebührt ihm die verhältnismäßig der vereinbarten Prämie zu berechnende Zulage"".

Der Antrag ist unberücksichtigt geblieben.

Bem. 3. Der zu den Schlußverhandlungen 1918 gestellte Antrag der Hamburger Reeder:

„In § 68 Satz 1 E. 14 anstelle von „„nächsten Bestimmungsort"" zu sagen „„letzten Bestimmungsort""

hat in der Besprechung mit den Reedern vom 17. und 18. September 1918 zu keinen Erörterungen Veranlassung gegeben und ist nicht weiter verfolgt worden.

§ 69.

Versicherung für mehrere Reisen.

Ist die Versicherung für mehrere aufeinanderfolgende Reisen genommen, so erstreckt sie sich auf die zwischen den Reisen liegende Zeit.

ASVB. § 76; HGB. § 827 Abs. 1; ME. §§ 61, 62; E. 10 § 68; E. 14 § 69.

Bem. 1. § 68 E. 10 ist unverändert als § 69 übernommen worden und hat zu sachlichen Erörterungen keinen Anlaß gegeben.

§ 70.

Versicherungswert.

(1) Als Versicherungswert gilt der Wert, den das Schiff bei dem Beginne der Versicherung hat. Der Wert umfaßt nicht die Ausrüstungskosten, die Heuer und die Versicherungskosten.

(2) Dieser Wert gilt auch bei dem Eintritte des Versicherungsfalls als Versicherungswert.

ASVB. § 18; BSVB. § 31; HGB. §§ 795, 796; BVG. § 141 Abs. 1; ME. § 12; E. 10 § 69; E. 14 § 70.

Abs. 1.

Bem. 1. Der Antrag der HK. Bremen, Hamburg, entsprechend § 796 HGB. zu bestimmen:

„daß die Heuer- und Ausrüstungskosten als mitversichert gelten, wenn dieses vereinbart ist"

ist fallen gelassen worden.

Bem. 2. Die Hamburger Reeder haben beantragt:

„Zum Zwecke größerer Klarheit, § 69 Ab. 2 E. 10 hinter Absatz 1 Satz 1 zu setzen".

Der Antrag ist unberücksichtigt geblieben.

Bem. 3. Die HK. Flensburg hat angeregt, sowohl hier bei der Kaskoversicherung wie auch später bei einzelnen Bestimmungen über die Geltung des Versicherungswerts bei der Güterversicherung den Zusatz des § 18 ASVB. fortzulassen: „wenn die Parteien nicht eine andere Grundlage für die Schätzung vereinbart haben". Es erscheine gerechtfertigt, daß nach dem Inhalt des Vertrages zwischen Versicherer und Versicherungsnehmer der Versicherungswert zu bemessen sei, daß also, wenn der wirkliche Wert des versicherten Gegenstandes den vertragsmäßig bestimmten Versicherungswert nicht erreiche, der Versicherer im gegebenen Fall trotzdem diesen höheren Wert zu ersetzen haben müßte im Hinblick auf die ihm vom Versicherungsnehmer gezahlte entsprechende höhere Prämie.

Der Anregung ist Folge gegeben worden.

Abs. 2.

Bem. 4. „Es versteht sich nicht von selbst, widerspricht vielmehr einem an sich allgemein anerkannten Grundsatze des Versicherungsrechts und ist deshalb auch im Versicherungsvertragsgesetze mit Recht besonders ausgesprochen, daß der Versicherungswert beim Eintritte des Versicherungsfalls derselbe sein soll, wie der Versicherungswert beim Beginne der Versicherung." Begr. § 69.

Bem. 5. Die Bremer Reeder und die HK. Stettin haben zu den Schlußverhandlungen 1918 beantragt, einen Zusatz aufzunehmen:

„Falls dieser nicht taxiert ist".

In der Vorbesprechung mit den Reedern vom 17. und 18. September 1918 ist der Antrag zurückgezogen worden.

§ 71.

Totalverlust.

(1) Im Falle des Totalverlustes kann der Versicherungsnehmer die Versicherungssumme verlangen. Er muß sich jedoch den Wert der vor Zahlung der Versicherungssumme geretteten Sachen und desjenigen anrechnen lassen, was er anderweit zur Ausgleichung des Schadens erlangt hat. Der Wert der geretteten Sachen ist auf Verlangen des Versicherers durch öffentliche Versteigerung festzustellen.

(2) Als total verloren gilt das Schiff auch, wenn es dem Versicherungsnehmer ohne Aussicht auf Wiedererlangung entzogen, insbesondere unrettbar gesunken, oder wenn es in seiner ursprünglichen Beschaffenheit zerstört ist.

(3) Hat der Versicherer den Versicherungsnehmer befriedigt, so gehen die Rechte des Versicherungsnehmers an dem Schiffe auf den Versicherer über. Der Versicherungsnehmer ist verpflichtet, dem Versicherer die zur Geltendmachung der Rechte erforderliche Auskunft zu erteilen und ihm die zum Beweise der Rechte dienen-

den Urkunden, soweit sie sich in seinem Besitze befinden, auszuliefern, ihm auch auf Verlangen eine öffentlich beglaubigte Urkunde über den Übergang der Rechte auszustellen; die Kosten hat der Versicherer zu tragen.

(4) Der Versicherungsnehmer bleibt auch nach dem Übergange der Rechte verpflichtet, für die Minderung des Schadens zu sorgen, soweit der Versicherer hierzu nicht imstande ist. Er hat, sobald er eine für die Geltendmachung der Rechte erhebliche Nachricht erhält, dem Versicherer unverzüglich Anzeige zu machen und ihm auf Verlangen die zur Erlangung und Verwertung des Schiffes erforderliche Hülfe zu leisten. Die Kosten hat der Versicherer zu tragen und auf Verlangen vorzuschießen.

ASVB. §§ 109, 113, 114 Abs. 1 und 2; BSVB. § 24; HGB. §§ 795, 796, 854, 858, 859 Abs. 1 und 2; VVG. § 141 Abs. 1; ME. §§ 83, 88, 89; E. 10 § 70; E. 14 § 71.

Abs. 1.

Bem. 1. § 70 E. 10 folgt dem VVG., „das die Unterscheidung zwischen der Versicherungs- und der Entschädigungssumme einheitlich durchgeführt hat, aus Zweckmäßigkeitsrücksichten nicht. Wenn das geltende Seeversicherungsrecht bestimmt, daß der Versicherer im Falle eines sogenannten Totalverlustes die Versicherungssumme zu zahlen hat, so will es damit, wie schon die Vorschriften über die Über- und die Doppelversicherung erweisen, nicht die Grenzen verlassen, die im Wesen der Schadensversicherung begründet sind. Es soll vielmehr nur ausgesprochen sein, daß der Versicherungsnehmer im Versicherungsfalle „100 %“ des Schadens verlangen kann, daß einerseits der Versicherer den Versicherungsnehmer in diesem Falle vollständig zu entschädigen hat, und daß andererseits der Versicherungsnehmer im Falle des Totalverlustes als Entschädigungssumme ohne weiteres die Versicherungssumme verlangen und es, unbeschadet seiner Auskunftspflicht, dem Versicherer überlassen kann, nachzuweisen, daß die Versicherungssumme den Versicherungswert übersteigt, und die Versicherungssumme um die Beträge zu kürzen, die der Versicherungsnehmer sich auf sie anrechnen lassen muß.“ Begr. § 70.

Bem. 2. Die Makler haben beantragt:

„Daß die Anrechnung des Wertes der geretteten Sachen und desjenigen, was der Versicherungsnehmer zur Ausgleichung des Schadens erlangt hat, wegfällt und anstatt dessen in gleicher Weise, wie dies in § 71 für den Fall der Verschollenheit geregelt ist, die Rechte an den geretteten Sachen auf den Versicherer übergehen“.

In der Vollversamlung vom 22. März 1911 hat ein Vertreter der Assekuradeure diesem Antrage gegenüber den Standpunkt vertreten, daß aus rechtlichen Gründen eine solche Vorschrift nicht möglich sei. Der Antrag ist unberücksichtigt geblieben.

Bem. 3. Die HK. Frankfurt a. M. hat zu den Schlußverhandlungen 1918 beantragt:

„Es muß festgestellt werden, daß die Anrechnung des Prorata-Wertes der geretteten Sachen den entsprechenden Wert auf Grund der Versicherungssumme nicht übersteigen, bezw. daß der Reinerlös der geretteten Sachen nur auf die Prorata-Versicherungssumme der geretteten Sachen angerechnet werden darf."

Der Antrag ist nicht weiter verfolgt worden.

Abs. 2.

Bem. 4. Den Begriff des wirklichen Totalverlustes zu erläutern, ist in Begr § 70 für überflüssig erklärt. „Daß ein Totalverlust vorliegt, wenn ein Schiff, z. B. durch Feuer, „zu Grunde gegangen" (HGB. § 854, ASVB. § 109) ist, versteht sich von selbst. Fraglich wäre nur, ob es nicht deshalb erforderlich ist, den Begriff des Totalverlustes im Entwurfe zu bestimmen, weil man in anderem Zusammenhange, z. B. im Frachtrecht, unter einem Totalverlust auch den Verlust eines Teiles von mehreren, nicht zusammengehörenden Sachen versteht. Man wird indessen darauf vertrauen dürfen, daß der Begriff, den das Versicherungsrecht bisher mit dem Ausdruck „Totalverlust" verbunden hat, auch mit ihm verbunden bleibt, und zwar umsomehr, als dieser Begriff dem Wortsinne durchaus entspricht. Hiernach werden der besonderen Berücksichtigung nur die Fälle bedürfen, in denen zweifelhaft sein kann, ob sie einen Fall des wirklichen Totalverlustes darstellen, sowie diejenigen Fälle, die, ohne Fälle eines wirklichen Totalverlustes zu sein, diesen gleichgestellt werden sollen."

Bem. 5. Die Hamburger Reeder haben beantragt:

„Den Zusatz zu streichen, daß das Schiff insbesondere auch als total verloren gilt, wenn es unrettbar gesunken oder wenn es in seiner ursprünglichen Beschaffenheit zerstört ist"

und haben ihren Antrag in der Vollversammlung vom 22. März 1911 folgendermaßen begründet. In dem dieser Vorschrift entsprechenden § 109 ASVB. sei ausdrücklich auch der Fall angeführt, daß das Schiff für gute Prise erklärt sei; dieser Zusatz sei in dem Entwurfe gestrichen; es sei zu befürchten, daß wenn die übrigen Beispiele stehen blieben, aus der Weglassung Folgerungen gezogen würden. Seitens eines Vertreters der Assekuradeure ist darauf hingewiesen worden, daß sich die Weglassung nur daraus erkläre, daß sich nach dem Entwurfe die Seeversicherung nur auf Seegefahr beziehe; in § 120 des Entwurfes, der die Klausel „auch für Kriegsgefahr" behandele, sei der Fall, daß das Schiff für gute Prise erklärt werde, ausdrücklich wieder als Totalverlust erwähnt. Der Antrag ist nicht weiter verfolgt worden.

Bem. 6. Die HK. Kiel hat beantragt:

„Die Frist zu bestimmen, die ein Reeder zu warten gezwungen ist, wenn ein Schiff strandet, die Bergung zwar zunächst nicht möglich, aber seitens der Assekuradeure nicht endgültig aufgegeben ist."

Die HK. Hamburg hat geantwortet, daß sich die Versicherer auf den dortseitigen Wunsch schwerlich einlassen würden, weder die Bremer noch die Hamburger Reeder hätten eine derartige Forderung gestellt. Die

HK. Kiel hat demgegenüber verlangt, dem Kaskoversicherten im Falle des Sinkens des Schiffes nach Ablauf einer gewissen Frist ein Recht zum Abandon auch dann, wenn noch Aussicht auf Hebung des Schiffes ist, einzuräumen. Der Fall sei in gewöhnlichem Sinne analog mit einem verschollenen Schiff. Als Frist sollte 2 Monate bei Dampfschiffen und 3 Monate bei Segelschiffen festgesetzt werden. Die HK. Hamburg hat trotzdem zusammen mit Bremern und Hamburger Maklern die Anregung abgelehnt.

Der Antrag ist unberücksichtigt geblieben.

Abs. 3.

Bem. 7. „Abs. 3 Satz 1 entspricht dem § 859 Abs. 2 HGB. Daß nicht auch die Rechte an den vor der Befriedigung des Versicherungsnehmers geretteten Sachen auf den Versicherer übergehen, wird hier so wenig wie im HGB. gesagt zu werden brauchen. Ebensowenig aber braucht besonders ausgesprochen zu werden, daß auf diejenigen Sachen, die nach Zahlung der Versicherungssumme gerettet werden, „nur der Versicherer Anspruch" hat (HGB. § 859 Abs. 3 Satz 1); denn dies ergibt sich aus dem Übergange der Rechte auf den Versicherer von selbst." Begr. § 70.

Bem. 8. Die Bremer, Hamburger Reeder und die HK Frankfurt a. M. haben zu den Schlußverhandlungen 1918 beantragt:

> „Daß die Rechte an der versicherten Sache nur in Höhe der tatsächlichen Ersatzleistung übergehen dürfen."

Die Hamburger Reeder haben zur Begründung angeführt, daß der Versicherer, der sein Entgelt für das übernommene Risiko in der Prämie finden solle, hier eine Bereicherung erfahre, die infolge der enormen Wertsteigerungen in der Kriegszeit sehr kraß in die Erscheinung getreten sei. In der Vorbesprechung vom 22. und 23. August 1918 haben die Makler darauf hingewiesen, daß sich die Bestimmung des Entwurfs mit dem geltenden Recht (§ 114 Abs. 2 ASVB.) völlig decke und es außerdem im Belieben des Versicherungsnehmers stände, sich zu entscheiden, ob und wann er Totalverlust einziehen wolle. Hätte er aber Totalschaden verlangt, sei es nur ein Gebot der Billigkeit, dem Versicherer, dem die Lasten zufielen, auch die Rechte einzuräumen. Die Assekuradeure haben dem Gedanken zugestimmt, daß es im wesentlichen Kalkulationsfrage für den Kaufmann sei, wie er handeln wolle, und daß er demgemäß die Folgen seiner eigenen Entschließung selbst tragen müsse. Die Makler haben im ferneren Verlauf der Besprechungen bemerkt, daß in der Praxis nicht selten der Ausweg beschritten sei, den überschießenden Betrag zu teilen, doch sei eine solche Regelung im Wege der Vereinbarung zu treffen, nicht in die Bedingungen aufzunehmen. Die Reeder haben die besondere Ungerechtigkeit, die darin läge, daß ihnen zeitweilig Kriegsversicherungs-Höchsttaxen vorgeschrieben seien und sie dadurch gezwungen wären, einen Teil des Risikos selbst zu tragen, betont. Von den Assekuradeuren und Maklern ist darauf erwidert worden, daß dies eine vorübergehende Kriegserscheinung gewesen sei, daß es aber im übrigen im Belieben des Reeders stände, eine höhere Taxe gegenüber dem versicherten Betrage in der Police festzustellen mit der

Folge, daß der Reeder alsdann in entsprechender Höhe Besitzer des Schiffes bleibe, auf der anderen Seite freilich jeden eintretenden Partikularschaden seinerseits zu tragen habe. In der Vorbesprechung mit den Reedern vom 17. und 18. September 1918 ist erneut die Frage behandelt worden. Zur Begründung ihrer Anträge haben die Reeder in erster Linie angeführt, daß der § 71 dadurch von großer Wichtigkeit werde, daß in § 121 Absatz 4 auf ihn Bezug genommen sei. Die Assekuradeure und Makler haben geltend gemacht, daß die Fälle, die zu dem Antrage Anlaß gegeben hätten, nur durch die Kriegsverhältnisse in die Erscheinung getreten seien und deshalb auf Ausnahmezuständen beruhten, die nicht zur Festlegung in den Bedingungen geeignet seien. Die Reeder haben betont, daß mit dem Moment, wo der Assekuradeur die volle Versicherungssumme bezahlt habe, das Geschäft für ihn erledigt sei und nun eine Spekulation begönne, von der sie es nicht für gerechtfertigt erachten könnten, daß der Assekuradeur sie auf dem Rücken des Reeders ausübe. Diese Spekulation liege keineswegs mehr im Wesen des Versicherungsgeschäftes. Die Makler haben darauf hingewiesen, daß der Assekuradeur unter Umständen auch sehr erhebliche Kosten zu tragen habe: der Kriegsversicherer z. B., der 100 % bezahlt habe, müsse nun aus eigener Tasche die oft sehr erheblichen Hafenkosten und Versicherungsprämien bezahlen, von denen die letzten für die Dauer von 4 Jahren beispielsweise eine Höhe von 20—30 % erreicht hätten. Umsomehr sei es gerechtfertigt, daß der Assekuradeur in den vereinzelten Fällen, wo sich ein Überschuß über die bezahlte Versicherungssumme plus Zinsen und Kosten ergebe, auch diesen Überschuß allein genieße. Die Assekuradeure haben die Erklärung abgegeben, daß sie in eine Änderung der Bestimmung nicht willigen könnten. Der Vorschlag, einen Zusatz aufzunehmen, etwa in der Weise, daß der Eingangssatz des Absatzes 2 lauten würde: „Hat der Versicherer den Versicherungsnehmer befriedigt, so gehen die Rechte des Versicherungsnehmers an dem Schiff auf den Versicherer über; inwieweit der erzielte Überschuß zwischen dem Versicherer und dem Versicherungsnehmer geteilt werden soll, bedarf der besonderen Vereinbarung" begegne dem Einwand, daß ein solcher Zusatz in eine ganze Reihe von Paragraphen aufgenommen werden müsse, wenn anders man verhindern wolle, daß der Richter daraus folgere, daß an Stellen, wo die besondere Versicherung nicht genannt sei, auch die Möglichkeit einer solchen nicht bestände. Die Makler haben betont, der Vorschlag, dem Versicherungsnehmer das Recht einzuräumen, an dem sich ergebenden Überschuß seinerseits teilzunehmen, würde bedingen, daß der Versicherungsnehmer auch an den entsprechenden Kosten teilnehmen müsse, an diesen aber nicht nur dann, wenn ein Überschuß sich ergebe, sondern auch in den anderen Fällen, wo das Ergebnis unter 100 % bliebe. Demgemäß würde der ganze Zusatz in der einzig denkbaren Form durchaus nicht im Interesse der Reeder liegen. Die Assekuradeure haben auch hier ausgeführt, daß sie wie bisher im einzelnen Fall geneigt sein würden, im Wege freundschaftlicher Vereinbarung den Versicherungsnehmern entgegenzukommen, und die Makler haben geltend gemacht, daß es bei den Bestimmungen des Entwurfs aus Billigkeitsgründen sein Bewenden haben müsse und auch aus praktischen Gründen sein Bewenden haben könne. Zum Beweise ihrer Behauptung haben sie die Tragweite der in Frage kommenden Paragraphen folgendermaßen abgegrenzt: § 121 Abs. 4 bestimmt, daß das Schiff gemäß § 71 Abs. 2 als total verloren gilt, wenn es für gute Prise erklärt ist. Für ein abandoniertes Schiff liegt demnach, solange es nicht für gute Prise erklärt ist, noch kein Totalverlust im Sinne der Bedingungen vor. Der § 71 behandelt aber lediglich die Fälle des Totalverlustes. In den anderen Fällen verbleibt es bei den Bestimmungen des § 45, der den Wünschen der Reeder durch die Fassung „soweit ..." Rechnung trägt. So sei auch praktisch in dem gegenwärtigen Kriege die Sache verlaufen. Rußland habe nach dem Friedensvertrage von Brest-Litowsk für diejenigen Schiffe, die für gute Prise erklärt seien, weder eine Rücklieferungs- noch eine Ersatzpflicht. Die übrigen Schiffe seien aber entweder zurückzugeben oder mit dem gegenwärtigen Wert zu ersetzen. Hindernd stände dieser Behandlung vielleicht die heutige Regelung des Abandonreverses im Wege; dieser käme aber hier einstweilen nicht zur Beratung.

Die Anträge sind unberücksichtigt geblieben.

Bem. 9. „Wenn im § 70 des Entwurfs, der nur von der Kaskoversicherung handelt, von dem Übergange der Rechte am Schiffe die Rede ist, so wird kein Zweifel daran bestehen können, daß damit der Übergang der Rechte an dem versicherten Schiffe (oder dem, was von dem Schiffe übrig geblieben ist), gemeint ist." Begr. § 70.

Abs. 4.

Bem. 10. Die Hamburger Reeder haben beantragt:

„§ 70 Abs. 4 Satz 1 E. 10 zu streichen,"

weil — wie sie in der Vollversammlung vom 22. März 1911 ausgeführt haben — es zu weit gehe, wenn von dem Versicherten verlangt werde, daß er auch nach dem Übergang der Rechte auf den Versicherer selbständig aus eigener Entschließung für die Minderung des Schadens tätig werden soll; sie seien bereit, dem Versicherer alle Nachrichten, welche ihnen zugingen, mitzuteilen; eine weitergehende Verpflichtung, durch deren Verletzung sie sich schadensersatzpflichtig machen würden, müßten sie ablehnen. Seitens der Vertreter der Assekuradeure ist demgegenüber ausgeführt worden, daß der Versicherte in ganz anderer Weise in der Lage sei, für die Minderung des Schadens zu sorgen als der Versicherer; in dieser Beziehung komme erstens in Betracht, daß der Versicherte vielfach sich in größerer Nähe zu der versicherten Sache befinde, als der oft weit entfernte Versicherer; zweitens aber vermöge der Reeder, namentlich den Behörden gegenüber, häufig viel mehr zu erreichen als der Assekuradeur, indem die Behörden meist von dem Reeder veranlaßt werden könnten, ihm Beistand zu leisten, während Anträge der Assekuradeure nicht berücksichtigt würden, weil es als das Geschäft des Versicherers angesehen werde, Schäden zu tragen. Von anderer Seite ist auf die Bestimmungen des § 125 der bestehenden Bedingungen hingewiesen worden, laut welchen der Versicherte verpflichtet ist, auch nach der Abandonerklärung für Ret-

tung der versicherten Sachen und für die Abwendung größerer Nachteile solange zu sorgen, bis der Versicherer selbst dazu imstande ist. Die Vertreter der Versicherer haben die Erklärung abgegeben, daß es bei der Abfassung des Entwurfes nicht die Absicht gewesen sei, in dieser Beziehung über das bestehende Recht hinauszugehen.
Dem Antrag, der später noch einmal von den Reedern gestellt worden ist, ist nicht stattgegeben worden.

Bem. 11. Dem Antrage der H.K. Bremen, Hamburg, Lübeck:

„§ 70 Abs. 4 Satz 1 E. 10 zu ändern: „„Der Versicherungsnehmer hat auch nach dem Übergange der Rechte für die Minderung des Schadens solange zu sorgen, bis der Versicherer hierzu selbst imstande ist""

ist durch die Aufnahme des Zusatzes „soweit der Versicherer hierzu nicht imstande ist" entsprochen worden.

§ 72.

Verschollenheit.

(1) Der Versicherungsnehmer kann auch dann die Versicherungssumme verlangen, wenn das Schiff verschollen ist. Das Schiff ist verschollen, wenn innerhalb der Verschollenheitsfrist das Schiff den nächsten Bestimmungshafen nicht erreicht hat und keine Nachricht von dem Schiffe eingegangen ist. Die Verschollenheitsfrist beträgt das Dreifache der Zeit, die das Schiff von dem Orte aus, von dem die letzte Nachricht eingegangen ist, unter gewöhnlichen Verhältnissen zur Zurücklegung des Weges bis zum nächsten Bestimmungshafen gebraucht haben würde, jedoch bei Dampfschiffen mindestens zwei, bei Segelschiffen mindestens drei Monate. An die Stelle der zweimonatigen und der dreimonatigen Frist tritt eine solche von sechs Monaten, wenn der Eingang von Nachrichten infolge eines Krieges verzögert sein kann.

(2) Das Verlangen kann nicht unter einer Bedingung oder einer Zeitbestimmung erklärt werden.

(3) Durch die Erklärung gehen die Rechte des Versicherungsnehmers an dem Schiffe auf den Versicherer über (Abandon). Die Bestimmungen des § 71 Abs. 3 Satz 2 und Abs. 4 über die Unterstützung des Versicherers bei Geltendmachung der Rechte finden entsprechende Anwendung.

(4) Das im Absatz 1 Satz 1 bezeichnete Recht erlischt, wenn vor seiner Ausübung eine Nachricht von dem Schiffe eingeht.

ASVB. § 116—118, 121 Abs. 1; BSVB. § 64; HGB. § 861—863; RE. §§ 93—95; E. 10 § 71; E. 14 § 72.

Abs. 1.

Bem. 1. Die Begr. §§ 71—72 macht sich nicht die Ansicht zu eigen, „daß die Einführung einer Abandonfrist auf einem Bedürfnis beruhe. Die Assekuradeure werden unbedenklich auf diese zu ihrem Schutze bestimmte Frist verzichten können, zumal die vom Gesetze bestimmte Abandonfrist so geräumig ist, daß sie unter den gegenwärtigen Verkehrsverhältnissen ihren Zweck zu erfüllen ohnehin nicht mehr geeignet sein würde".

Bem. 2. „Die Bestimmung der Verschollenheitsfrist ist vereinfacht, die Frist selbst mit Rücksicht auf die veränderten Verkehrsverhältnissen gekürzt. Der Entwurf steht damit etwa in der Mitte zwischen dem gegenwärtig geltenden Rechte und dem englischen Rechte, nach dem die Dauer der Frist sich nach der Angemessenheit und Verständigkeit richtet (MJA., 1906 s. 58: the lapse of a reasonable time)." Begr. §§ 71—72.

Bem. 3. Die Makler, die HK. Bremen, Hamburg, die Hamburger Exporteure und die Hamburger Reeder haben beantragt:

„Die Mindestfristen bei Dampfschiffen von 3 auf 2 Monate und bei Segelschiffen von 5 auf 3 Monate zu kürzen."

In der Vollversammlung vom 27. März 1911 ist gegenüber dem von seiten eines Assekuradeurs erhobenen Einwande, daß die Fristen im Vergleich mit den bisherigen Bestimmungen schon in dem Entwurfe erheblich gekürzt seien, darauf hingewiesen worden, daß das frühere Gesetz lediglich nach Monaten bemessene Fristen kannte, während der Entwurf die Verschollenheitsfrist allgemein auf das Dreifache der Zeitdauer der gewöhnlichen Reise festsetze; durch diese Bestimmung seien die Assekuradeure hinreichend geschützt; nur bei ganz kurzen Reisen könnten die Mindestfristen in Betracht kommen; es sei aber nicht billig, diese Mindestfristen für ganz kurze Reisen so lang zu bemessen.

Die Assekuradeure haben die Verschollenheitsfristen entsprechend dem Antrage geändert.

Bem. 4. Die Assekuradeure haben zu den Schlußverhandlungen 1918 angeregt:

„Am Schluß hinzuzufügen: „„An die Stelle dieser Fristen tritt eine solche von 6 Monaten, wenn der Eingang von Nachrichten infolge eines Krieges verzögert sein kann. Verschollenheit liegt jedoch in keinem Fall vor, wenn anzunehmen ist, daß das Schiff sich in einem Hafen befindet, mit welchem wegen eines Krieges keine Verbindung besteht.""

In der Vorbesprechung vom 22. und 23. August 1918 haben die Assekuradeure ausgeführt, daß man von einer Verschollenheit erst dann sprechen könne, wenn die Nachrichtlosigkeit des Ortes nicht mehr bestände. Die Makler haben ihr Bedauern ausgesprochen, daß durch diese Anregung in die sonst so klaren Bedingungen eine Bestimmung Aufnahme finden solle, über die man in der Praxis nur sehr schwer zu einem Übereinkommen gelangen würde. Sachlich bestand Übereinstimmung, daß die Frage der Verschollenheitsfrist im Kriege so geregelt werden müsse, wie es die Assekuradeure angeregt hätten, daß aber der Antrag in Bem. 5, der, wie die Makler ausführten, den Schadensersatzanspruch unter Umständen für unübersehbare Zeit hinausschiebt, dringend weiterer Überlegung bedürfe.

Der von den Assekuradeuren vorgeschlagene Zusatz, „An die Stelle der zweimonatigen und der dreimonatigen Frist tritt eine solche von 6 Monaten, wenn der Eingang von Nachrichten infolge eines Krieges verzögert sein kann", hat zur Beanstandung keinen Anlaß gegeben; im übrigen ist die Anregung unberücksichtigt geblieben. Vgl. auch Bem. 5.

Bem. 5. Der von den Bremer Reedern und der HK. Stettin zu den Schlußverhandlungen 1918 gestellte Antrag:

„Den ersten Satz des (in Bem. 4) vorgeschlagenen Zusatzes zu streichen",

da selbst nach den ungünstigsten Erfahrungen des Krieges nicht anzunehmen sei, daß über Verschollenheit innerhalb von 2 Monaten keine Feststellung getroffen werden kann, ist fallen gelassen worden. Vgl. auch Bem. 4.

Bem. 6. In der Vollversammlung vom 10. Oktober 1918 haben die Makler den Antrag auf Aufnahme einer dem § 117 ASVB. entsprechenden Bestimmung gestellt:

„Wenn das Schiff innerhalb der Verschollenheitsfrist den Bestimmungshafen nicht erreicht habe, auch innerhalb dieser Frist den Beteiligten keine Nachrichten über das Schiff zugegangen sind".

Sachlicher Widerspruch wurde nicht erhoben. Die Fassung blieb der Redaktionskommission überlassen. Diese hat in der Sitzung vom 30. Juni 1919 beschlossen, Satz 2 die aus dem Text ersichtliche Fassung zu geben.

Bem. 7. a) Die Assekuradeure sind bei den Schlußverhandlungen 1918 mit folgendem neuen Absatz hervorgetreten:

„Das Schiff gilt als nicht verschollen, wenn den Umständen nach anzunehmen ist, daß es sich an einem Orte befindet, von dem insbesondere infolge eines Krieges Nachrichten nicht eingehen können. Die Verschollenheitsfrist beginnt in diesem Falle mit dem Zeitpunkt, in dem Nachrichten wieder eingehen können. Ergibt sich, daß die Annahme unrichtig ist, so finden nur die Bestimmungen des Abs. 1 Anwendung."

b) Die Makler haben in der Sitzung vom 7. Oktober 1918

„Streichung dieser Bestimmung"

beantragt, weil sie unsichere Verhältnisse schaffe und unter Umständen den Kaufmann hindere, lange Zeit sein Kapital flüssig zu machen.

Die Assekuradeure haben erklärt, daß sie allerdings kein großes Gewicht auf die Bestimmung a legten, daß es aber doch Fälle gebe, wo sie sie nicht entbehren könnten. Es beständen mit allen Häfen der Welt Verbindungsmöglichkeiten. Da die Reeder darauf hingewiesen haben, daß sie auf die Streichung der Bestimmung keinen Wert legten, weil ihnen der Fall zu konstruktiv sei, ist auf diesen Antrag nicht weiter eingegangen worden.

Der Antrag ist in der Vollversammlung vom 10. Oktober 1918 durch die Annahme des Antrages der Makler (Bem. 6) für erledigt erklärt worden.

Bem. 8. Zu den Schlußverhandlungen 1918 haben beantragt:

a) Die Makler:

„In § 72 Abs. 1 Satz 3 S. 14 hinter „„Beendigung der Reise““ einzuschalten „„bezw. wenn das Schiff nach mehreren Häfen bestimmt ist, bis zur Erreichung des ersten Bestimmungshafens““;

„Hinter den Worten „„Beendigung der Reise““ einzuschalten „„bezw. wenn das Schiff nach mehreren Häfen bestimmt ist, bis zur Erreichung des ersten Bestimmungshafens““;

b) Die Hamburger Reeder:

„Die Verschollenheitsfrist — abgesehen von der Mindestverschollenheitsfrist — auf die dreifache Zeit zu beschränken, die benötigt wird für die Fahrt bis zum nächsten Häfen, der anzulaufen beabsichtigt war, nicht bis zum letzten Hafen“.

In der Vorbesprechung vom 22. und 23. August 1918 haben im Anschluß an ihren Antrag die Hamburger Reeder angefragt, ob die Befürchtung, die zu diesem Antrag Veranlassung gegeben habe, zuträfe, daß die Worte „zur Beendigung der Reise“ bedeuten sollten „zur Beendigung der ganzen Reise“ und haben von den Assekuradeuren zunächst eine bestätigende Antwort erhalten. Auf den Hinweis der Makler, daß die Rückseite der Kaskopolice bereits bisher eine Bestimmung erhalten habe, die diesen Anträgen der Makler und der Ham-Beendigung der ganzen Reise“ und haben von den Assekuradeuren lich bereit gewesen, die Klarstellung des Begriffes „Reise“ in die Bedingungen aufzunehmen. In Verfolg dieser Zusage haben die Assekuradeure die Worte „zur Beendigung der Reise“ ersetzt durch die Worte „Zurücklegung des Weges bis zum nächsten Bestimmungshafen“, ein Entgegenkommen, das von den Maklern begrüßt worden ist (Sitzung vom 7. Oktober 1918).

Abs. 2.

Bem. 9. „Die Bestimmung, daß der Abandon unwiderruflich ist (HGB. § 860 Abs. 3, ASVB. § 121 Abs. 3) ist nicht wiederholt, weil sie bereits aus allgemeinen Grundsätzen abzuleiten ist.“ Begr. § 71—72.

Abs. 3.

Bem. 10. „Mit dem Übergang der Rechte an den abandonnierten Gegenständen gehen auch die Nutzungen und Lasten dieser Gegenstände auf den Versicherer über. In Ansehung der Fracht bestimmt das Handelsgesetzbuch § 868 Abs. 3 ASVB. § 123 Abs. 3, daß dem Versicherer der auf die Zeit nach dem Abandon entfallende Teil der Fracht gebührt, daß aber dieser, im übrigen nach den Vorschriften über die Distanzfracht zu berechnende Teil von der Nettofracht zu kürzen sei. Dagegen ist mit Recht geltend gemacht worden, nicht nur, daß die Ausrechnung der Nettofracht überaus schwierig sei, sondern auch, da doch das ganze Schiff mit allen zu seiner Ausrüstung gehörenden Gegenständen auf den Versicherer übergehe, es an jedem inneren Grunde dafür fehle, dem Versicherer den entsprechenden Teil der Bruttofracht vorzuenthalten. Der Entwurf schließt sich diesen Erwägungen an.“ Begr. §§ 71—72. Er bestimmt hiernach in Satz 3:

„Dem Versicherer gebührt von der Bruttofracht der Reise, auf der das Schiff verschollen ist, ein nach den Vorschriften des Handelsgesetzbuchs über die Berechnung der Distanzfracht zu ermittelnder Teil."

Bem. 11. a) Die Makler haben beantragt:

„Anstatt von der Bruttofracht von der Nettofracht dem Versicherer einen entsprechenden Anteil zuzugestehen und ferner zu bestimmen, daß von endgültig vorausbezahlter Fracht dem Versicherer kein Teil gebührt".

In der Vollversammlung vom 27. März 1911 ist von ihnen bemerkt worden, daß sie auf den letzten Antrag noch größeres Gewicht legen, als auf den ersten. Seitens der Assekuradeure ist darauf hingewiesen worden, daß an sich, da die ganze versicherte Sache auf den Versicherer übergehe, dem Versicherer die Bruttofracht gebühre, richtig sei, daß nach den bisherigen Bestimmungen ihm nur die Nettofracht zugestanden habe; die bisherige Bestimmung sei indessen nicht folgerichtig gewesen; auch die endgültig vorausgezahlte Fracht gehöre an sich dem Versicherer. Die ganze Frage sei indessen von äußerst geringer Bedeutung, da der Fall sehr selten vorkomme.

b) Die HK. Bremen, Hamburg haben beantragt:

„„Bruttofracht"" zu ersetzen durch „„Nettofracht"".

Die Anträge haben ihre Erledigung dadurch gefunden, daß § 71 Abs. 3 Satz 3 E. 10 gemäß einem Antrag der Hamburger Reeder gestrichen worden ist.

Bem. 12. Unberücksichtigt ist der Antrag der Kaufmannschaft Stettin geblieben:

„Dem Versicherer einen Anteil an der Bruttofracht, etwa ein Drittel, zu gewähren".

Abs. 4.

Bem. 13. Der neu eingefügte 4. Absatz hat zu sachlichen Erörterungen keinen Anlaß gegeben.

§ 73.

Verfügung von hoher Hand. Nehmung durch Seeräuber.

Die Bestimmungen des § 72 über die Verschollenheit des Schiffes finden entsprechende Anwendung, wenn das Schiff durch Verfügung von hoher Hand angehalten oder zurückgehalten oder durch Seeräuber genommen wird. Jedoch tritt an die Stelle der Verschollenheitsfrist eine Frist von zwei Monaten.

ASVB. § 116; HGB. § 861; ME. § 93; E. 10 § 72; E. 14 § 73.

Bem. 1. Die Makler haben im Hinblick darauf, daß nach § 120 E. 10 § 72 E. 10 gelten soll, wenn die Versicherung auch für Kriegsgefahr genommen ist, beantragt:

„Die Frist auf 1 Monat anstatt 4 Monate festzusetzen und dabei die Zahlung dem Versicherer um weitere 2 Monate zu stunden".

Zur weiteren Begründung ihres Antrages haben sie in der Vollversammlung vom 27. März 1911 darauf hingewiesen, daß für die Versicherung gegen Kriegsgefahr schon heute die Frist 2 Monate betrage; in Kriegszeiten bestehe für den Versicherungsnehmer ein großes Interesse daran, die Versicherungssumme so bald wie möglich zu erhalten; im Fälle der Annahme ihres Antrages würde der Versicherte schon nach Ablauf eines Monats eine belehnbare Forderung gegen den Versicherer erhalten, während die Zahlungspflicht für den Versicherer erst nach Ablauf von 3 Monaten eintreten würde. Seitens der Assekuradeure ist darauf hingewiesen worden, daß die Prisengerichte niemals innerhalb eines Monats zu entscheiden pflegten; der Versicherer würde in jedem Falle zur Zahlung der Versicherungssumme im Falle der Anhaltung des Schiffes durch eine kriegführende Macht genötigt sein, wenn der Antrag der Makler angenommen werden würde, auch wenn das Schiff später auf Grund des Spruches des Prisengerichts wieder freigelassen werde; schon die Frist von 2 Monaten sei zu kurz, wie sich in dem japanischen Kriege erwiesen habe. Seitens der Makler ist demgegenüber betont worden, daß die Versicherer sich auf die Frist von 2 Monaten schon bisher eingelassen hätten und daß von den Versicherungsnehmern auf diese Bestimmung großes Gewicht gelegt werde (vgl. Bem. 3).

Bem. 2. Die Redaktionskommission hat in ihrer Sitzung vom 30. Juni 1919 beschlossen, das Wort „zurückgehalten" einzuschieben, ein Zusatz, der sich durch die Änderung des § 35 ergibt. Vgl. Bem. 5 und auch § 91 Bem. 2.

Bem. 3. Die HK. Bremen, Hamburg und die Hamburger Exporteure haben beantragt:

„in Satz 2 anstatt „„eine Frist von vier Monaten"" zu sagen „„eine Frist von zwei Monaten""

und zur Begründung auf die bisherige Übung, die Frist im Wege der Klausel auf 2 Monate herabzusetzen, hingewiesen.

Dem Antrage ist stattgegeben worden. Vgl. Bem. 4 zu § 121.

Bem. 4. Die Assekuradeure haben zu den Schlußverhandlungen 1918 angeregt:

„Im zweiten Satz „„zwei"" durch „„sechs"" zu ersetzen,"

da es sich in der Praxis herausgestellt habe, daß die Frist von zwei Monaten zu kurz bemessen sei.

In der Vorbesprechung vom 22. und 23. August 1918 haben die Makler erwähnt, daß in bezug auf Kriegsschäden bereits jetzt eine Frist von 6 Monaten in der Praxis eingeführt sei, haben aber in Übereinstimmung mit den Vertretern der Kaufmannschaft gefordert, daß es im übrigen bei der Frist von zwei Monaten bleiben müsse. Die Assekuradeure haben zugesagt, erwägen zu wollen, ob sie für die Seeversicherung die Frist von zwei Monaten fernerhin bestehen lassen könnten. Gelegentlich der Vorbesprechung mit den Reedern vom 17. und 18. September 1918 haben die Assekuradeure erklärt, daß sie auf ihre Anregung nicht weiter zurückkommen und es bei der zweimonatlichen Frist sein Bewenden haben solle.

Bem. 5. Die Reeder haben in der Vorbesprechung vom 17. und 18. September 1918

„die Wiederaufnahme des Begriffs „„Embargo""

beantragt. Die Assekuradeure haben unter Berücksichtigung der Erfahrungen des Krieges eingewilligt, daß hinter „angehalten" „zurückgehalten" eingeschoben wird, womit dem Antrage der Reeder stattgegeben worden ist. (Prot. vom 7. Oktober 1918.) Vgl. Bem. 2.

§ 74.

Teilschaden.

(1) Ein Teilschaden ist durch Sachverständige festzustellen.

(2) Der Versicherer und der Versicherungsnehmer oder für diesen der Schiffsführer haben unverzüglich je einen Sachverständigen zu ernennen.

(3) Können die Sachverständigen sich über die Feststellung nicht einigen, so ernennen sie einen dritten Sachverständigen als Obmann; die Ernennung kann auch vor der Feststellung erfolgen. Können sie sich auch über die Person des Obmannes nicht einigen, so bezeichnet jeder von ihnen einen dritten Sachverständigen; unter den so Bezeichneten entscheidet das Los. Befindet sich das Schiff im Auslande, so ersucht, wenn eine Einigung nicht stattfindet, der Versicherungsnehmer oder für ihn der Schiffsführer den Konsul des Staates, in dessen Gebiet der Heimatshafen des Schiffes liegt, oder wenn ein solcher Konsul nicht vorhanden oder der vorhandene nicht bereit ist, einen anderen Konsul, oder wenn auch ein solcher nicht vorhanden oder bereit ist, einen für die Ernennung zuständigen Beamten des Staates, in dessen Gebiete sich das Schiff befindet, um die Ernennung des Obmanns.

(4) Wenn der Versicherer trotz Aufforderung einen Sachverständigen nicht ernennt, so kann der Versicherungsnehmer oder für ihn der Schiffsführer die Handelskammer, in deren Bezirke sich das Schiff befindet, um die Ernennung ersuchen. Befindet sich das Schiff im Auslande, so ist in diesem Falle die Ernennung auf dem im Absatze 3 Satz 3 bezeichneten Wege herbeizuführen.

(5) Die Sachverständigen besichtigen den Schaden, stellen ihn fest und erstatten hierüber ein Gutachten. Zu der Besichtigung sind, soweit tunlich, die Beteiligten hinzuzuziehen. Das Gutachten muß enthalten:

1. die Bezeichnung der Sachverständigen und der zu der Besichtigung hinzugezogenen Beteiligten;
2. die Bezeichnung derjenigen, welche die Sachverständigen ernannt haben;
3. die Bezeichnung des Ortes und der Zeit der Besichtigung und der Feststellung;

4. die Bezeichnung der einzelnen Schäden und, soweit tunlich, ihrer Ursache, insbesondere die Angabe, ob die Schäden durch Seeunfälle während der letzten Reise oder durch andere Umstände verursacht sind;
5. die Schätzung der Kosten, die zur Beseitigung jedes einzelnen, während der letzten Reise durch Seeunfälle entstandenen Schadens aufzuwenden sind.

(6) Die Erstattung des Gutachtens erfolgt nach Stimmenmehrheit. Bestehen über Summen mehr als zwei Meinungen, deren keine die Mehrheit für sich hat, so ist die für die größte Summe abgegebene Stimme der für die zunächst geringere abgegebenen hinzuzurechnen.

(7) Das Gutachten ist von den Sachverständigen und, wenn ein Beauftragter des Versicherers an der Besichtigung teilgenommen hat, zur Anerkennung der Beteiligung auch von diesem zu unterschreiben.

(8) Die von den Sachverständigen getroffene Feststellung ist nicht verbindlich, wenn sie offenbar von der wirklichen Sachlage erheblich abweicht. Die Feststellung erfolgt in diesem Falle durch Urteil. Wenn die Sachverständigen die Feststellung nicht treffen können oder wollen oder sie ungebührlich verzögern, so ist die Ernennung anderer Sachverständiger gemäß den Bestimmungen der Absätze 2 bis 4 herbeizuführen.

(9) Der Versicherer kann die Zahlung verweigern, bis der Schaden gemäß den vorstehenden Bestimmungen festgestellt ist. Ist die gehörige Feststellung infolge eines Umstandes unterblieben, den der Versicherungsnehmer nicht zu vertreten hat, so kann der Versicherer die Zahlung verweigern, bis der Schaden in anderer geeigneter Weise festgestellt ist.

(10) Der für den Bezirk des Havarieorts bestellte Havariekommissar des Versicherers gilt als bevollmächtigt, Erklärungen des Versicherungsnehmers, welche die Feststellung des Teilschadens betreffen, entgegenzunehmen und Geschäfte und Rechtshandlungen solcher Art für den Versicherer vorzunehmen.

ASVB. §§ 127—129; BSVB. §§ 58 u. 63; HGB. §§ 709 Abs. 1, 872; VVG. § 64 Abs. 1; ME. §§ 102, 108—110; E. 10 § 73; E. 14 § 74.

Abs. 2.

Bem. 1. Die Hamburger Reeder haben beantragt, zu bestimmen: „Für den Fall, daß mehrere Versicherer beteiligt sind, soll die in der Police an erster Stelle stehende Versicherung maßgebend sein.“

Die Assekuradeure haben in der Vollversammlung vom 27. März 1911 erklärt, daß sie gegen den Antrag keine Einwendungen zu erheben hätten, dem Antrage aber doch nicht stattgegeben. Vgl. auch Bem. 20.

Bem. 2. Die H K. Bremen, Hamburg haben beantragt:

„Dem Abs. 2 hinzuzufügen: „„Sind mehrere Versicherer beteiligt, so hat die Ernennung des Sachverständigen durch den an erster Stelle in der Police stehenden Versicherer zu erfolgen. Kommen mehrere Policen in Betracht, so ist diejenige maßgebend, welche auf den größten Betrag lautet. Ist der Versicherer oder sein Vertreter nicht erreichbar, so hat die Ernennung des von ihm zu bestellenden Sachverständigen durch den zuständigen Konsul und in Ermangelung eines solchen durch die zuständige Ortsbehörde zu erfolgen““

Dem Antrage ist nicht stattgegeben worden.

Bem. 3. Die Ersetzung des Wortes „Kapitän" durch „Schiffsführer" in Abs. 2, 3 u. 4 seit ZE. Dec. 12 ist unbeanstandet geblieben.

Abs. 3.

Bem. 4. Satz 1 ist als zweiter Halbsatz unbeanstandet hinzugefügt worden: „Die Ernennung kann auch vor der Feststellung erfolgen".

Bem. 5. Die Wahl eines „Obmannes", falls sich die Parteien hierüber nicht einigen können, soll nach dem Antrag der H K. Hamburg (Prot. v. 21. 3. 14) wenigstens in deutschen Seeplätzen auch auf einseitigen Antrag die betreffende Handelskammer gemäß den hierfür in Hamburg vorgesehenen Bestimmungen vornehmen. Hierzu ist in der Sitzung vom 17. Juni 1914 bemerkt worden, daß der Vorschlag der Handelskammer in den See-Hafenplätzen das Recht zu geben, auch auf einseitigen Antrag den Obmann zu ernennen, bei den Konferenzen mit den Inlands-Assekuradeuren nicht durchzubringen gewesen sei. Man könne für die Seehafenplätze keine Ausnahme schaffen. Aus diesem Grunde habe man sich seitens der Assekuradeure dazu entschlossen, stets das Los entscheiden zu lassen. Mit dieser Einrichtung habe man unter anderen Verhältnissen gute Erfolge gemacht, weil die Eventualität der Bestimmung des Obmanns durch das Los von vornherein zu großer Vorsicht bei Ernennung von Sachverständigen zwinge. In ihrem Schreiben vom 20. Juni 1914 haben die Assekuradeure erklärt, daß, wenn sich das Schiff im Inlande befindet und sich die Sachverständigen über den Obmann nicht einigen können, die Sachverständigen je einen dritten Sachverständigen bezeichnen sollen und unter den beiden so bezeichneten das Los entscheiden solle, daß wenn das Schiff sich im Auslande befände, der Konsul oder wer sonst zuständig sei, entscheiden solle.

Abs. 3 u. 4 sind entsprechend der Erklärung der Assekuradeure geändert worden.

Bem. 6. Von den Assekuradeuren sind gelegentlich der Schlußverhandlungen 1918 in Satz 3 hinter „ersucht" „wenn eine Einigung nicht stattfindet" eingefügt worden, ohne Widerspruch zu erregen.

Bem. 7. Die Weglassung der Schlußworte des § 73 Abs. 3 E. 10 „oder wenn auch ein solcher Beamter nicht vorhanden oder bereit ist, eine andere geeignete und bereite Person" ist nicht beanstandet worden.

Abs. 4.

Bem. 8. Die Makler haben beantragt:

„Dieses Recht dem Versicherungsnehmer auch für den Fall zu geben, daß der Versicherer oder ein Vertreter des Versicherers nicht anwesend oder nicht erreichbar ist."

Die Assekuradeure haben sich in der Vollversammlung vom 27. März 1911 mit diesem Antrage einverstanden erklärt.

Der Antrag ist aber nicht weiter verfolgt worden.

Bem. 9. Über die Einschiebung der Worte „Handelskammer, in deren Bezirke sich das Schiff befindet, um die Ernennung ersuchen. Befindet sich das Schiff im Auslande, so ist" vgl. Bem. 5.

Bem. 10. Die Hamburger Reeder haben zu den Schlußverhandlungen 1918 beantragt:

„In § 74 Abs. 4 Satz 2 E 14 statt „„des Obmanns"" „„des Sachverständigen"" zu sagen."

Die Assekuradeure haben in der Vorbesprechung vom 22. und 23. August 1918 die Berücksichtigung des Antrages bei der Neuredaktion der Bestimmung zugesagt.

Sie haben ihr Versprechen dadurch erfüllt, daß sie die Worte „oder, wenn dies nicht möglich ist, eine andere geeignete und bereite Person um die Ernennung des Obmanns zu ersuchen" gestrichen und hinter „ist" „in diesem Falle" eingeschoben haben.

Abs. 5.

Bem. 11. Die Makler haben eine Feststellung darüber gewünscht, wen der Entwurf unter den „Beteiligten" versteht. Seitens der Assekuradeure ist in der Vollversammlung vom 27. März 1911 bemerkt worden, daß unter den „Beteiligten" der Versicherer und der Versicherungsnehmer zu verstehen seien.

Bem. 12. a) Die Hamburger Reeder haben beantragt:

„Statt „„das Gutachten muß enthalten"" zu sagen „„das Gutachten soll enthalten""."

In der Vollversammlung vom 27. März 1911 ist seitens eines Vertreters der Assekuradeure erwidert worden, daß das Wort „muß" an dieser Stelle wohl erwogen sei; werde anstatt dessen das Wort „soll" gesetzt, so bestehe die Gefahr, daß die Bestimmung regelmäßig nicht inne gehalten werde. Seitens eines Vertreters der Hamburger Reeder ist demgegenüber ausgeführt worden, daß nach der Fassung des Entwurfes jeder auch noch so geringe Formfehler des Gutachtens den Rechten des Versicherungsnehmers präjudizierlich werden könne, worin unter Umständen eine große Unbilligkeit liegen könne.

b) Derselbe Antrag ist später von den HK. Bremen, Hamburg gestellt worden.

Den Anträgen ist nicht stattgegeben worden.

Abs. 6.

Bem. 13. Die Makler haben beantragt:

„Gemäß dem bestehenden Rechte und dem internationalen Gebrauch zu bestimmen, daß, wenn die beiden Sachverständigen sich über Summen nicht einigen können, der Obmann innerhalb der Grenze der beiden Gutachten, im übrigen aber frei zu entscheiden hat. Bestehen Meinungsverschiedenheiten in anderer Beziehung, so soll die Meinung des Obmannes entscheidend sein".

Obwohl die Assekuradeure in der Vollversammlung vom 27. März 1911 erklärt haben, daß der Antrag lediglich redaktioneller Natur sei, ist dem Antrage nicht stattgegeben worden.

Bem. 14. Unberücksichtigt ist der Antrag der Kaufmannschaft Stettin geblieben:

„Abs. 6 klarer zu fassen".

Bem. 15. Der zu den Schlußverhandlungen 1918 gestellte Antrag der Hamburger Reeder:

„Abs. 6 erscheint unverständlich, da bei zwei Sachverständigen doch wohl höchstens zwei Meinungen bestehen können"

ist als auf einem Mißverständnis beruhend zurückgenommen worden.

Abs. 8.

Bem. 16. Das zwischen „oder sie" und „verzögern" seit 3E. Dez. 12 von den Assekuradeuren eingefügte Wort „ungebührlich" hat zu sachlichen Erörterungen keinen Anlaß gegeben.

Bem. 17. Unberücksichtigt ist der Antrag der HK. Kiel geblieben:

„Abs. 8 zu ändern trotz der zwingenden Natur der darin enthaltenen Vorschrift".

Abs. 9.

Bem. 18. a) Die Hamburger Reeder haben beantragt:

„Die Worte „„infolge eines Umstandes, den der Versicherungsnehmer nicht zu vertreten hat"" zu streichen"

und in der Vollversammlung vom 27. März 1911 ausgeführt, die Bestimmung könne zu sehr unbilligen Folgen führen, wenn infolge eines Umstandes, den der Versicherer an sich zu vertreten habe, Fehler bei der Feststellung des Schadens vorgekommen seien; es sei z. B. der Fall denkbar, daß das Schiff nachher untergehe und die gehörige Feststellung des Schadens überhaupt nicht mehr möglich sei. Auf jeden Fall müsse es genügen, auch wenn die gehörige Feststellung infolge eines Umstandes, den der Versicherungsnehmer zu vertreten habe, unterblieben sei, den Schaden in anderer, ausreichender, geeigneter Weise festgestellt zu haben. Seitens der Assekuradeure ist erwidert worden, daß eine Regelung im Sinne des Antrages der Reeder dazu führen werde, daß niemand sich mehr um die Bestimmung über die gehörige Feststellung des Schadens kümmern werde.

b) Der Antrag ist später auch von den HK. Bremen und Hamburg gestellt und folgendermaßen begründet worden. Für den Fall, daß die in § 73 E. 10 aufgestellten Vorschriften nicht oder nicht genau befolgt seien, werde der Versicherer dennoch zur Zahlung zu verpflichten sein, sofern der Schaden in einer anderen ausreichenden Weise nachgewiesen und festgestellt sei. Tatsächlich sei in zahlreichen Fällen die genaue Befolgung seiner Vorschriften nicht möglich; die Feststellung des Schadens könne oftmals in der Praxis erst während der Reparatur erfolgen, da vorher die Sachverständigen den Schaden nicht im einzelnen übersehen könnten. Um so wichtiger sei es, den Versicherungsnehmer gegen Benachteiligungen durch die Formvorschriften des § 73 sicherzustellen. Die Assekuradeure haben erwidert, sie könnten diesem Antrage nicht entsprechen, da andernfalls die sämtlichen Bestimmungen über die Schadensfeststellung ohne jede Bedeutung seien. Wenn ein Kaufmann sich die Feststellung gewisser Tatsachen mittels surveys oder auf anderm Wege ausbedinge, sei er gewohnt, diese Ausbedingungen nicht als eine inhaltlose Formel zu betrachten. Die Antragsteller haben daraufhin noch einmal ausgeführt, der E. 10 wolle dem Versicherer auch dann das Recht geben, die Zahlung zu verweigern, wenn der Schaden zwar in unanfechtbarer und unzweifelhafter Weise festgestellt sei, die Art der Feststellung aber in einzelnen Punkten infolge Versehens oder eines ähnlichen Grundes auf Seiten des Versicherungsnehmers nicht den Vorschriften der Absätze 1 bis 8 entspreche. Der Versicherer solle sich also einen Formfehler des Versicherungsnehmers zu Nutzen machen können, um die Zahlung überhaupt schlechthin abzulehnen und sich von seinen Verpflichtungen zu befreien, auch wenn Zweifel über den Umfang und die Höhe des Schadens nicht bestünden. Ein solcher Rechtszustand erscheine in hohem Grade unbillig. Es dürfe nicht vergessen werden, daß diese Bestimmungen nach § 89 E. 10 auch auf die Güterversicherung Anwendung finden sollen, und daß der letzte Erwerber der versicherten Ware im überseeischen Auslande in vielen Fällen mit den Einzelheiten der Bestimmungen der deutschen Versicherungsbedingungen nicht vertraut sein werde und nicht vertraut sein könne, die englischen Policen überdies andere Grundsätze vorzuschreiben pflegten, und unter diesen Umständen es sehr verzeihlich erscheine, wenn der Versicherte unter Umständen in dieser Beziehung die Formvorschriften der deutschen Bedingungen nicht in allen Punkten erfülle. Wenn die Assekuradeure die Meinung in ihren Ausführungen aussprächen, durch die Annahme des Antrages würden die sämtlichen Bestimmungen über die Schadensfeststellung eine inhaltslose Formel und ohne jede Bedeutung, so übersähen sie, daß es für den Versicherungsnehmer in hohem Grade gefährlich bleibe, die Formvorschriften nicht zu beobachten, weil die Beibringung eines zweifelsfreien Nachweises für ihn mit großen Schwierigkeiten verknüpft sei, und der Versicherer in Zweifelsfällen zur Verweigerung der Zahlung berechtigt bleibe, bis ein einwandsfreier Nachweis ihm beigebracht sei. Die Assekuradeure haben in ihrer Antwort ausgeführt, da es nicht richtig sei, daß zweifelsfreie Nachweise für den Versicherungsnehmer schwer zu erbringen seien, die Prozeßerfahrungen vielmehr das Gegenteil bestätigten, so müßte sich der Versicherer ebenso gut wie der Versicherungsnehmer darauf berufen können, daß der Schaden nicht so festgestellt sei, wie der Versicherer es zu seiner Sicherheit verlangen müsse. Von einer Unbilligkeit hohen Grades könne ebenso sehr und ebenso wenig die Rede sein.

In der Sitzung vom 10. Januar 1914 haben sich die Antragsteller mit der Auslegung des Wortlautes des § 73 E. 10, wonach Formfehler, die bei der Abschätzung begangen sind, jederzeit nachgeholt werden können, einverstanden erklärt.

Dadurch hat der Antrag seine Erledigung gefunden

Bem. 19. Die Makler haben beantragt.

„Einen Zusatz aufzunehmen, daß eine Abweichung von den Vorschriften des Entwurfes über die Feststellung eines Schadens dann dem Versicherer nicht das Recht zur Verweigerung der Zahlung bis zur Feststellung in anderer geeigneter Weise geben soll, wenn die Abweichung erfolgt in Rücksicht auf andere gesetzliche Vorschriften im Interesse der Möglichkeit, eine dritte Person für den Schaden verantwortlich zu machen; der Versicherer oder sein Vertreter soll tunlichst zu solcher anderweitigen Schadensfeststellung hinzuzuziehen sein."

Der Antrag bezwecke, in gewissen Fällen eine doppelte Schadensfeststellung zu vermeiden, wenn z. B. ein englisches Schiff auf der Elbe Schaden zufüge, so werde der Schaden durch von der Handelskammer ernannte Sachverständige festgestellt; nach den Vorschriften des Entwurfes müsse für die Zwecke der Versicherung noch eine zweite Schadensfeststellung durch von den Beteiligten ernannte Sachverständige erfolgen. Seitens der Assekuradeure ist demgegenüber bemerkt worden, es sei richtig, daß der Dritte, welcher den Schaden ersetzen solle, sich um die nach den Vorschriften der Versicherungsbedingungen aufgemachte Taxe nicht kümmere; schon bisher seien in der Regel getrennte Taxen aufgemacht; wolle der Versicherer im einzelnen Falle die von den Sachverständigen der Handelskammer aufgemachte Taxe in solchem Falle anerkennen und von der Aufmachung einer besonderen Taxe für die Zwecke der Versicherung absehen, so bedürfe es hierüber einer besonderen Einigung der Parteien im gegebenen Falle; allgemein hierüber Vorschriften zu treffen, sei nicht möglich.

Der Antrag ist unberücksichtigt geblieben

Abs. 10.

Bem. 20. a) Die Hamburger Reeder haben beantragt:

„Für den Fall, daß mehrere Versicherer an der Versicherung beteiligt sind, in dieser Beziehung die Versicherung maßgebend sein zu lassen, die in der Police an erster Stelle steht".

Die Assekuradeure haben in der Vollversammlung vom 27. März 1911 die Erklärung abgegeben, daß ihrerseits Bedenken gegen den Antrag nicht zu erheben seien.

b) Später ist derselbe Antrag von den HK. Bremen und Hamburg gestellt worden. Zu diesem Antrage haben die Assekuradeure erklärt, daß die Berücksichtigung des Falles, daß mehrere Versicherer beteiligt sind, hier so wenig wie an anderen Stellen erforderlich sei. Bisher hätten sich irgendwelche Schwierigkeiten in dieser Beziehung jedenfalls nicht herausgestellt.

Die Anträge sind unberücksichtigt geblieben. Vgl. auch Bem. 1.

Bem. 21. In der Vollversammlung vom 10. Oktober 1918 äußerte der juristische Beirat des Wvb. in Hinweis auf §§ 127 und 144 ASVB. Bedenken, ob nicht nach der Fassung der neuen Bedingungen dem Versicherungsnehmer von den Assekuradeuren entgegengehalten werden könne, es habe zwar der Havareikommissar das Protokoll über die Feststellung des Teilschadens unterschrieben, er sei aber beispielsweise zum Verzicht auf Rechte des Versicherers nicht befugt gewesen. Der juristische Beirat der Assekuradeure betonte, daß die neuen Bedingungen keinen Zweifel über diese Frage zuließen. Der Havareikommissar sei befugt, Geschäfte und Rechtshandlungen solcher Art für den Versicherer vorzunehmen. Ein Vertreter der Assekuradeure schlug vor, diese Frage der Redaktionskommission zu überweisen.

Der Anregung ist in der Redaktionskommissionssitzung vom 30. Juni 1919 keine Folge gegeben worden, weil der Havareikommissar nach Abs. 10 schon berechtigt sei Geschäfte und Rechtshandlungen für den Versicherer vorzunehmen

§ 75.

Ausbesserung.

(1) Nach Feststellung eines Teilschadens ist das Schiff unverzüglich auszubessern. Der Versicherungsnehmer hat in Ansehung der Ausbesserung auch das Interesse des Versicherers wahrzunehmen Vor dem Abschlusse des Ausbesserungsvertrags ist der Versicherer unter Vorlegung eines Vertragsentwurfs wenn tunlich zu hören

(2) Der Versicherer kann die Ausbesserung beaufsichtigen. Der Versicherungsnehmer hat dem Versicherer auf Verlangen über den Stand der Ausbesserung Auskunft zu erteilen und nach der Ausbesserung über die durch sie erforderten Aufwendungen Belege vorzulegen, insbesondere auch mitzuteilen, welche Abzüge oder Nachlässe von den in den Belegen angegebenen Beträgen ihm bewilligt sind.

(3) Die Ersatzpflicht des Versicherers wird durch die für die Ausbesserung aufgewendeten Kosten bestimmt. Übersteigt der Gesamtbetrag dieser Kosten den von den Sachverständigen geschätzten Betrag, so wird die Ersatzpflicht durch den geschätzten Betrag bestimmt. Von diesen Beträgen werden abgezogen:

1. zunächst ein Betrag, der dem aus dem Unterschiede zwischen neu und alt sich ergebenden Minderwert entspricht;
2. demnächst ein Betrag, der dem Werte der durch neue ersetzten Sachen entspricht. Der Wert dieser Sachen ist auf Verlangen des Versicherers durch öffentliche Versteigerung festzustellen.

(4) Dem Versicherer fallen auch die Aufwendungen zur Last, deren es bedarf, um das Schiff an den Ort, an dem es ausgebessert werden soll, und erforderlichenfalls zurück zu bringen. Das

Gleiche gilt von den Aufwendungen, die der Versicherungsnehmer zur Beschaffung der für die Ausbesserung erforderlichen Gelder macht.

(5) Der Versicherungsnehmer kann, wenn ein wichtiger Grund, der in seinen besonderen Verhältnissen liegt und von ihm nicht zu vertreten ist, vorliegt, unter Angabe dieses Grundes unverzüglich nach Feststellung des Schadens dem Versicherer erklären, daß er das Schiff nicht ausbessern werde; als ein wichtiger Grund ist es auch anzusehen, wenn der Versicherungsnehmer das Schiff vor dem Beginne der Ausbesserung veräußert, ohne daß der Erwerber in das Versicherungsverhältnis eintritt. Die Ersatzpflicht des Versicherers wird in diesem Falle durch den festgestellten Betrag des Schadens bestimmt. Von diesem Betrag ist der im Absatze 3 Nr. 1 bezeichnete Betrag und ein Betrag, der dem im Absatze 3 Nr. 2 bezeichneten Werte entspricht, abzuziehen.

(6) Streitigkeiten darüber, ob ein wichtiger Grund im Sinne des Absatzes 5 vorliegt, werden durch ein Schiedsgericht entschieden. Jede Partei hat einen Schiedsrichter zu ernennen. Können die Schiedsrichter sich nicht einigen, so erwählen sie einen Obmann. Können sie sich auch über die Person des Obmanns nicht einigen, so wird der Obmann von dem zur Vertretung des Handelsstandes berufenen Organ ernannt, in dessen Bezirk sich die gewerbliche Niederlassung des Versicherers oder seines Vertreters befindet, von der aus der Vertrag geschlossen ist.

ASVB. §§ 127 Abs. 1, 130; BSVB. §§ 58 Nr. 9, 59; HGB. §§ 709 Abs. 2, 710, 872; ME. §§ 111—114; E. 10 § 74; E. 14 § 75.

Abs. 1.

Bem. 1. In der Rechtsprechung ist der Standpunkt vertreten worden, „daß der Versicherungsnehmer trotz der entschiedenen Bestimmung des § 130 ASVB. nach § 131 Abs. 5 berechtigt sei, von der Ausbesserung Abstand zu nehmen und den von den Sachverständigen geschätzten Betrag zu verlangen (RG. 56, S. 250; OLG. und LG. Hamburg in Hans. Ger.-Ztg. 1899, Hptbl. S. 16 und 178, vgl. auch RG. und OLG. Hamburg in Hans. Ger.-Ztg. 1899, Hptbl. S. 150 und 152). Die Assekuradeure glauben, daß diese Rechtsprechung auf einer Verkennung der Bedeutung des § 131 Abs. 5 beruht, und halten jedenfalls dafür, daß im Interesse eines geordneten, der Kontrolle nicht ganz entbehrenden Schätzungswesens grundsätzlich an der Ausbesserungsnotwendigkeit festzuhalten ist (ebenso Allg. Beding. der Binnenkaskopolice § 34." Begr. §§ 74, 75.

Bem. 2. Die HK. Köln hat beantragt:

„In § 74 Abs. 1 Satz 1 E. 10 Streichung des Wortes „„unverzüglich““."
Der Antrag ist unberücksichtigt geblieben.

Bem. 3. Die HK. B r e m e n, H a m b u r g, L ü b e c k haben in Anlehnung an § 58 Nr. 9 BSVB. beantragt:

„Ersatz des ersten Satzes durch eine Bestimmung folgenden Inhalts: „„Nach Feststellung eines Teilschadens durch die Sachverständigen muß die Ausbesserung des Schiffes, sobald es den Umständen nach möglich ist, begonnen und mit tunlichster Beschleunigung beendet werden““.

Die A s s e k u r a d e u r e haben erwidert, daß der Antrag, soweit seine Fassung, insbesondere die Häufung der Worte „möglich“ und „tunlichst“, eine Beurteilung seiner Tragweite zuläßt, die Bedingungen zu Ungunsten der Versicherungsnehmer verschärfen würde. Daraufhin haben die A n t r a g s t e l l e r ausgeführt, nach der Fassung des S. 10 würde die Ausbesserung, wenn das Urteil der Sachverständigen auf Grund des § 73 Abs 8 angefochten werde, erst nach Feststellung des Teilschadens durch Urteil erfolgen können; nach dem Vorschlage der Antragsteller würde zur Ausbesserung schon zu schreiten sein, wenn die Sachverständigen ihr Urteil abgegeben hätten, auch wenn dieses Urteil angefochten werde. Eine solche Regelung entspreche entschieden dem Verkehrsbedürfnisse. Auf den Hinweis der A s s e k u r a d e u r e (Schr. vom 21. April 1915), daß unter „Feststellung“ erkennbar nur die erste Feststellung gemeint und im § 74 S. 10 nicht das Verbot enthalten sei, vor der Feststellung mit der Ausbesserung zu beginnen, ist der Antrag fallen gelassen worden.

Bem. 4. a) Die M a k l e r haben beantragt:

„Satz 3 zu streichen“

und zur Begründung ihres Antrages in der Vollversammlung vom 27. März 1911 ausgeführt, daß die Vorschrift zur Folge haben werde, daß der Versicherungsnehmer warten müsse, bis der Versicherer sich mit dem Ausbesserungsvertrage einverstanden erklärt habe; diese Bestimmung lehne sich an die englische Tenderklausel an, laut welcher dem Assekuradeur das Recht zustehe, für die Vornahme der Reparaturarbeiten eine Submission zu veranstalten; der Assekuradeur zahle nach dieser Klausel indessen für dieses Zugeständnis eine Entschädigung von 3 pence per ton täglich; eine dementsprechende Entschädigung des Versicherungsnehmers für die Verzögerung, welche ihm durch die Anhörung des Versicherers erwachse, sei aber in dem Entwurfe nicht vorgesehen. Seitens der A s s e k u r a d e u r e ist erwidert worden, daß die Bestimmung des Entwurfes nicht so weit gehe wie die Tenderklausel; der Entwurf sehe für den Versicherer ein Recht zur Genehmigung des Vertrages nicht vor, geschweige denn ein Recht zur Veranstaltung der Submission der Reparaturarbeiten. b) Der Antrag ist erneut von den B r e m e r R e e d e r n und der HK. S t e t t i n zu den Schlußverhandlungen 1918 gestellt worden, weil die Vorschrift eine Quelle steter Meinungsverschiedenheiten sein würde und außerdem nicht ersichtlich sei, wer letzten Endes die Entscheidung zu treffen haben würde; auf seine weitere Verfolgung ist in der Vorbesprechung mit den Reedern vom 17. und 18. September 1918 verzichtet worden.

Den Anträgen ist nicht stattgegeben worden.

Bem. 5. Statt „Ausbesserungsvertrag“ ist seit 3E. Juli 14 „Versicherungsvertrages“ gesagt worden.

Abs. 3.

Bem. 6. Anstatt „Ausbesserungskosten“ heißt es seit 3E. Dez. 12 „für die Ausbesserung aufgewendeten Kosten“.

Bem. 7. Die HK. Bremen, Hamburg haben in Anlehnung an das bremische Recht beantragt, eine Bestimmung folgenden Inhalts hinzuzufügen:

„Wird die Ausbesserung von dem Versicherungsnehmer schuldhafterweise verzögert, so gelten als Ausbesserungskosten im Sinne des Abs. 3 Satz 1 drei Viertel der wirklichen Reparaturkosten. Als ein ausreichender Grund der Verzögerung ist es anzusehen, wenn der Schiffer mit Genehmigung des Versicherers oder seines Vertreters um Verhaltungsmaßregeln nachsucht“.

Auf die Versicherung der Assekuradeure (Prot. v. 10. Januar 1914), daß die Einholung von Verhaltungsmaßregeln nicht als schuldhafte Verzögerung aufzufassen sei, ist der Antrag unter dem Widerspruch der HK. Bremen fallen gelassen worden.

Bem. 8. Die HK. Cöln hat beantragt:

„Den zweiten Satz zu streichen“.

Der Antrag ist nicht berücksichtigt worden.

Bem. 9. Die Hamburger Reeder haben beantragt, Ziffer 2 wie folgt zu fassen:

„demnächst ein Betrag, der dem Werte der durch neue ersetzten Sachen entspricht, soweit nicht deren Wert bei Bemessung der Ausbesserungskosten in Ansatz gebracht ist. Der Wert der nicht in Anrechnung gebrachten Sachen ist auf Verlangen des Versicherers durch öffentliche Versteigerung festzustellen“

und zur Begründung in der Vollversammlung vom 27. März 1911 darauf hingewiesen, daß das alte Material sehr oft in den Besitz der Werft, welche die Ausbesserung vornehme, übergehe und dementsprechend bei Bemessung der Ausbesserungskosten in Ansatz gebracht werde. Seitens eines Vertreters der Assekuradeure ist demgegenüber der Standpunkt vertreten worden, daß hierüber im gegebenen Falle eine besondere Vereinbarung mit dem Versicherer getroffen werden könne.

Der Antrag ist nicht weiter verfolgt worden.

Abs. 4.

Bem. 10. „Ob die Kosten, die aufgewendet werden müssen, um das Schiff an den Ausbesserungsort zu bringen, zu den vom Versicherer zu ersetzenden Ausbesserungskosten gehören, ist zweifelhaft. Der Entwurf bestimmt es deshalb in Übereinstimmung mit dem Maklerentwurf ausdrücklich (s. auch Nr. 47 der britischen Rules of Practice adopted by the Association of Avarage Adjusters, May 1909).“ Begr. §§ 74, 75.

Bem. 11. Anstatt „die erforderlich sind“ heißt es seit 3E. Dez. 12 „deren es bedarf“.

Bem. 12. Die HK. Bremen, Hamburg haben beantragt:

„In Satz 1 hinter den Worten „„ausgebessert werden soll““ einzuschieben die Worte „„und zurück““.

Nach anfänglichen Befürchtungen der Assekuradeure, die Rückbeförderungskosten auch dann tragen zu müssen, wenn das Schiff gar nicht zurückbefördert wird oder zurückbefördert zu werden braucht, haben sie schließlich dem Antrage durch Aufnahme der Worte „und erforderlichenfalls zurück" entsprochen.

Abs. 5.

Bem. 13. Unberücksichtigt ist der Antrag der Hamburger Reeder geblieben.

„Hinter „„wichtiger Grund"" „„vorliegt"" zu setzen"

Bem. 14. Die Makler haben beantragt:

„Die Worte, „„der in seinen besonderen Verhältnissen liegt und von ihm nicht zu vertreten ist"" zu streichen und anstattdessen zu sagen „„wenn ein wirtschaftlich wichtiger Grund vorliegt""

und zur Begründung in der Vollversammlung vom 27 März 1911 ausgeführt, daß die Bestimmung des Entwurfes unter Umständen eine große Härte für den Versicherungsnehmer bedeute; es würde hingewiesen z. B auf den Fall, daß das Schiff zum Truppentransport hergerichtet sei und daß der Reeder dasselbe nunmehr in gleicher Weise wieder herstellen lassen müsse, obwohl er keine Verwendung für das Schiff für diesen Zweck mehr habe. Von seiten der Vertreter der Assekuradeure ist demgegenüber bemerkt worden, daß die Ausbesserungspflicht des Reeders lediglich noch auf dem Papiere stehen müsse, wenn der Antrag der Makler angenommen werde; ein wirtschaftlich wichtiger Grund werde sich in jedem Falle finden lassen; es werde z. B. schon genügen, daß die Frachten erheblich heruntergegangen seien; wenn ein berechtigter Grund vorliege, werde der Assekuradeur sicherlich bereit sein, falls der Reeder das Schiff nicht ausbessern wolle, anstattdessen die entsprechende Entschädigung auszuzahlen, da kein Versicherer ein Interesse daran habe, seinen Versicherungsnehmer schikanös zu behandeln Seitens der Makler ist demgegenüber ausgeführt worden, daß in solchen Fällen die Assekuradeure nicht selten in die Auszahlung einer Entschädigung unter Verzicht auf die Ausbesserung des Schiffes nur einwilligen, wenn der Versicherte sich mit einem Abzuge von der Entschädigungssumme einverstanden erkläre.

Dem Antrage ist nicht stattgegeben worden.

Bem. 15. Die HK. Bremen, Hamburg haben beantragt:

„Vor den Worten „„wenn ein wichtiger Grund, der in seinen besonderen Verhältnissen liegt und von ihm nicht zu vertreten ist, vorliegt"" einzuschieben die Worte „„wenn er das Schiff verkauft oder sich sonst des Schiffes entäußert oder""

und zur Begründung des Antrages angeführt, nach dem bremischen Rechte sei der Versicherungsnehmer schon dann berechtigt, von der Reparatur abzusehen und die Zahlung der Versicherungssumme zu fordern, wenn die geschätzten Reparaturkosten 75 % des Versicherungswertes betrügen. Das HGB. stelle den gleichen Grundsatz auf (§ 873). Seitens der beteiligten Kreise werde erheblicher Wert darauf gelegt, daß der Reeder für den Fall, daß er das Schiff verkaufe oder sich desselben entäußere, nicht zur Vornahme der Reparatur verpflichtet sei, sondern die Versicherungssumme fordern könne. Die Assekuradeure haben zur

Unterstützung ihres ablehnenden Standpunktes bemerkt, daß der Versicherungsnehmer unmöglich ermächtigt werden könne, eine Änderung des Entschädigungsverhältnisses einfach dadurch herbeizuführen, daß er „sich des Schiffes entäußert". Sei das Schiff weder reparaturunfähig, noch reparaturunwürdig, so werde es doch auch ausgebessert werden müssen. Daraufhin haben die Antragsteller noch einmal darauf hingewiesen, daß die Rechtslage in England und in Bremen, die sich übrigens durchaus bewährt habe, mit dem Antrage übereinstimme.

Die Assekuradeure sind durch Aufnahme des zweiten Halbsatzes des Satz 1 des Abs. 5 dem Antrage nachgekommen.

Bem. 16. Die Hamburger Reeder haben beantragt:

„Die Worte „„und von ihm nicht zu vertreten ist"" zu streichen"

und zur Begründung in der Vollversammlung vom 27. März 1911 ausgeführt, daß der Antrag das gleiche Ziel verfolge, wie derjenige der Makler (vgl. Bem. 14). Die Reeder seien auch mit dem Antrage der Makler einverstanden. Vgl. Bem. 14.

Bem. 17. Seit 3E. Dec. 12 sind die Worte „nach Erstattung des Gutachtens der Sachverständigen" ersetzt worden durch „nach Feststellung des Schadens".

Abs. 6.

Bem. 18. Die Makler haben beantragt:

„Eine Bestimmung darüber zu treffen, wer den Obmann zu ernennen hat, wenn mehrere Versicherer nicht auf Grund derselben Police beteiligt sind, z. B. bei der Versicherung eines Schiffes, welches zu einem Drittel in Hamburg, Lübeck und Bremen auf drei separaten Policen versichert ist".

Die Assekuradeure haben in der Vollversammlung vom 27. März 1911 keine Bedenken erhoben. Vgl. Bem. 19.

Bem. 19. Die Hamburger Reeder haben beantragt:

„Falls mehrere Versicherer an der Versicherung beteiligt sind, im Verhältnis zum Versicherungsnehmer die Versicherung maßgebend sein zu lassen, die in der Police an erster Stelle steht."

Die Assekuradeure haben in der Vollversammlung vom 27. März 1911 keine Bedenken erhoben.

Durch Streichung des Schlußhalbsatzes „Sind mehrere Versicherer beteiligt, so ist die Versicherung maßgebend, die in der Police an erster Stelle beurkundet ist" ist der Antrag gegenstandslos geworden.

Bem. 20. Die HK. Flensburg hat beantragt:

„Anfügung eines Zusatzes: „„Die Ernennung von Berufsjuristen zu Schiedsrichtern ist ausgeschlossen""."

Der Antrag ist unberücksichtigt geblieben.

§ 76.

Unterschied zwischen neu und alt.

(1) Bei der Berücksichtigung des aus dem Unterschiede zwischen neu und alt sich ergebenden Minderwerts ist nach den Bestimmungen der Absätze 2 bis 7 zu verfahren.

(2) Soweit nicht ein anderes bestimmt ist, wird ein Dritteil abgezogen.

(3) Bei eisernen Schiffen wird in Ansehung der Eisen- oder Zementteile nichts abgezogen, wenn der Schaden während der ersten zehn Jahre seit der ersten Eintragung des Schiffes in das Schiffsregister entsteht. Entsteht der Schaden während der nächsten fünf Jahre, so wird ein Sechsteil, entsteht er später, so wird ein Dritteil abgezogen. Können die beschädigten Teile gelascht oder gerichtet werden, so muß die Ausbesserung auf diese Weise erfolgen, es sei denn, daß die Erneuerung der Teile zum Zwecke der Erhaltung der Schiffsklasse erforderlich ist. Werden Teile gelascht oder gerichtet, so wird nichts abgezogen. Muß der Boden geschrapt oder gestrichen werden, so wird ein Dritteil abgezogen; entsteht der Schaden nach Ablauf von sechs Monaten seit Vornahme dieser Arbeiten, so wird nichts vergütet. In Ansehung der hölzernen Teile finden die für hölzerne Schiffe geltenden Bestimmungen Anwendung.

(4) Bei hölzernen und kompositen Schiffen wird in Ansehung der Metallhaut und der Kalfaterung nichts abgezogen, wenn der Schaden während des ersten Jahres seit der Umlegung oder Kalfaterung entsteht. Entsteht der Schaden während des zweiten Jahres, so wird ein Dritteil, entsteht er im dritten Jahre, so werden zwei Dritteile abgezogen, entsteht er später, so wird nichts vergütet. In Ansehung des Schiffskörpers und der Masten des Schiffes wird nichts abgezogen, wenn der Schaden während des ersten Jahres seit dem Zeitpunkt, in dem das Schiff zu Wasser gelassen ist, entsteht; das Gleiche gilt in Ansehung einzelner Teile des Schiffskörpers, der Masten oder einzelner Zubehörstücke, wenn der Schaden auf einer Reise entsteht, vor deren Beginn die Sachen neu waren.

(5) Bei Maschinenschäden wird, wenn der Schaden während der ersten drei Jahre seit der Ingebrauchnahme des beschädigten oder verloren gegangenen Teiles entsteht, nichts, wenn er während der nächsten drei Jahre entsteht, ein Sechsteil, wenn er später entsteht, ein Dritteil abgezogen.

(6) Bei Kesselschäden wird, wenn der Schaden während des ersten Jahres seit der Ingebrauchnahme entsteht, nichts, wenn er später entsteht, für jedes Jahr, in dem der Kessel gebraucht ist, je ein Zehnteil abgezogen. Ist der Kessel während zehn Jahre gebraucht, so wird nichts vergütet.

(7) Bei Schäden an Ankern wird nichts abgezogen. Bei Schäden an Ankerketten wird, wenn der Schaden während des ersten Jahres seit der Ingebrauchnahme entsteht, nichts, im übrigen ein Sechsteil abgezogen.

(8) Kosten, die durch Maler- oder Glaserarbeiten entstehen, werden, soweit nicht ein anderes bestimmt ist, nicht vergütet.

ASVB. § 130; BSVB. § 59 Abs. 7; HGB. § 872; ME. § 114; E. 10 § 75; E. 14 § 76.

Abs. 1.

Bem. 1. Die Hamburger Reeder haben zu den Schlußverhandlungen 1918 beantragt:

„Die Abzüge „„Neu für Alt““ fallen zu lassen“.

Dieser Vorschlag entspreche den Bestimmungen der Institute Clauses. Die Bedingungen sollen für die Allgemeinheit gelten; ungünstig beurteilten Reedern oder Schiffen könnten die Versicherer beschränkende Klauseln auferlegen, hätten gegen sie auch die Handhabe der Prämienfestsetzung. Dahier liege keine Gefahr in dieser allgemeinen zeitgemäßen Verbesserung der Bedingungen.

Über das weitere Schicksal dieses Antrages vgl. Bem. 4.

Abs. 3.

Bem. 2. Die HK. Flensburg hat beantragt:

„Den letzten Satz zu ersetzen durch die Bestimmung: „„Im übrigen finden die für hölzerne Schiffe geltenden Bestimmungen Anwendung““ und als Begründung angeführt, der Antrag bezwecke, den in Abs. 3 Satz 1 aufgestellten Rechtssatz auch für den Fall der Beschädigung von Teilen der Maschine zur Anwendung zu bringen. Der zweite Satz des Abs. 5 würde alsdann entbehrlich werden. Die Assekuradeure haben erklärt, dem Antrage nicht stattgeben zu können, weil alsdann im Schadensfalle jeder einzelne Teil der Maschine einer besonderen Untersuchung würde unterworfen werden müssen. Die Antragsteller haben noch einmal darauf hingewiesen, daß die praktische Durchführung des Antrages durchaus möglich sein dürfte, auch nach den York Antwerp Rules würden Schäden an Teilen der Maschine in bezug auf die Abzüge ebenso behandelt wie Beschädigungen der ganzen Maschine

Der Antrag ist unberücksichtigt geblieben.

Bem. 3. Unberücksichtigt ist der Antrag der Kaufmannschaft Stettin geblieben:

„Statt „„erste Eintragung des Schiffes in das Schiffsregister““ zu sagen „„seit der ersten Registrierung““; statt „„muß der Boden geschrapt oder gestrichen werden““ zu sagen „„geschrapt und gestrichen““ oder „„geschrapt und/oder gestrichen““; statt „„Entsteht der Schaden nach Ablauf von 6 Monaten seit Vornahme dieser Arbeit““ zu sagen: ....„„seit der letzten Vornahme dieser Arbeiten““.

Bem. 4. Die Bremer Reeder und die HK Stettin haben zu den Schlußverhandlungen 1918 beantragt:

„Eine Sonderbestimmung für die Nord- und Ostseefahrt aufzunehmen, daß in dem Falle nichts vergütet wird, wenn der Schaden nach Ablauf von 18 Monaten seit Vornahme der genannten Arbeit entsteht. (Schiffe in transatlantischer Fahrt erhalten in der Regel alle 6 Monate, Ost- und Nordseeschiffe nur im Laufe von 1—1½ Jahren einen neuen Bodenanstrich)".

Gelegentlich der Vorbesprechung mit den Reedern vom 17. und 18. September 1918 ist von der Weiterverfolgung des Antrages Abstand genommen worden. Vgl. auch Bem. 1.

Bem. 5. Die HK. Lübeck hat zu den Schlußverhandlungen 1918 beantragt:

„Im Abs. 3 eine Sonderbestimmung für die Nord- und Ostseefahrt vorzusehen".

Über das weitere Schicksal dieses Antrages vgl. Bem. 4.

Abs. 5.

Bem. 6. Die HK. Bremen, Hamburg haben beantragt:

„In Satz 1 die Worte „„bei Maschinenschäden"" zu ersetzen durch die Worte „„bei Schäden an der Maschine oder Teilen derselben"" und Streichung des ganzen zweiten Satzes".

Der Antrag ist in seinem zweiten Teile berücksichtigt worden.

Bem. 7. Die HK. Flensburg hat beantragt:

„Die Worte „„bei Maschinenschäden"" zu ersetzen durch die Worte „„bei Schäden an Maschinen, welche sich unter Deck befinden"".

Der Antrag ist unberücksichtigt geblieben.

Bem. 8. Die Worte „des beschädigten oder verloren gegangenen Teiles" sind seit ZE. Dez. 13 eingestellt.

Bem. 9. Die Bremer Reeder und die HK. Stettin haben zu den Schlußverhandlungen 1918 beantragt:

„Das Wort „„drei"" ist durch das Wort „„fünf"" zu ersetzen".

Die Frist von drei Jahren sei zu knapp bemessen, da bis dahin noch keine nennenswerte Abnutzung eingetreten sei.

Der Antrag ist unberücksichtigt geblieben.

Abs. 6.

Bem. 10. a) Die Hamburger Reeder haben beantragt:

„Den jährlichen Abzug auf ein Zwölftel festzusetzen".

b) Die Hamburger Reeder haben weiter beantragt:

„Erst nach zwölfjährigem Gebrauche des Kessels nichts zu vergüten".

Zur Begründung ihrer Anträge haben sie in der Vollversammlung vom 3. April 1911 ausgeführt, mit dem Fortschritte der Technik sei die Lebensdauer der Kessel wesentlich länger geworden als früher; es rechtfertige sich deshalb eine Herabsetzung der Abzüge für den Kessel. Seitens der Vertreter der Assekurabeure ist die Erklärung abgegeben worden, daß sie zu diesem Antrage zwar zur Zeit eine bestimmte Stellungnahme noch nicht einnehmen könnten; es sei anzuerkennen, daß die Technik in dieser Beziehung erhebliche Fortschritte gemacht habe und der Antrag werde jedenfalls in Erwägung gezogen werden; eine gewisse Schwierigkeit liege darin, daß bei den verschiedenen Schiffsarten die Lebensdauer der Kessel eine sehr verschiedene sei; so z. B. werde ein Kessel sehr viel rascher auf einem Schleppdampfer oder auf einem Schnelldampfer verbraucht, als auf einem gewöhnlichen Linienfrachtdampfer; es werde auch erwogen werden, ob in dieser Beziehung etwa eine Differenzierung am Platze sei.

c) Derselbe Antrag ist später auch von den HK. Bremen, Hamburg, Kiel und Lübeck gestellt worden.

d) Die HK. Flensburg hat eine fünfzehnjährige Gebrauchszeit für den Kessel beantragt, weil die in Abs. 6 vorgesehenen Fristen seitens der Reedereien allgemein als für zu kurz bemessen erachtet würden. Es dürfte billig sein, bei Schäden an Ankerketten von Abzügen abzusehen, wenn die Schäden sich während des ersten Jahres ereigneten; für Fahrzeuge, welche nur kleine Reisen machten, könne die Bestimmung des E 10 zu Härten führen.

e) Die Bremer Reeder und die HK. Stettin haben zu den Schlußverhandlungen 1918 denselben Antrag erfolglos gestellt.

Die Assekuradeure haben ihre Zusage, statt „ein Achteil" und „acht" „ein Zehnteil" und „zehn" zu sagen, erfüllt.

Abs. 7.

Bem. 11. Die HK. Flensburg, Lübeck haben beantragt:

„Die Worte „„auf der ersten Reise entsteht, auf der die Ketten verwendet sind"" zu ersetzen durch die Worte „„des ersten Jahres seit der Ingebrauchnahme entsteht"".

Dem Antrage ist stattgegeben worden.

Abs. 8.

Bem. 12. a) Die HK. Bremen, Hamburg haben beantragt:

„Streichung des Abs. 8"

und den Antrag mit dem Rechte der BSVB. begründet.

b) Die Bremer Reeder und die HK. Stettin haben denselben Antrag gestellt und ihn folgendermaßen begründet. Die Bremer Bedingungen kennten eine derartige Vorschrift nicht und die entsprechende Vorschrift der Hamburger Bedingungen würde niemals eingehalten. Es scheine widersinnig, daß z. B. Malerarbeiten mangels anderer Bestimmungen nicht vergütet werden sollten, wenn bei der Wiederherstellung eines Schadens Eisenplatten eingesetzt und diese gestrichen werden müßten. Die Hamburger Reeder haben die von ihnen beantragte Streichung folgendermaßen begründet. In der Werdezeit der ASVB. hätte man meistens mit Holzschiffen zu tun gehabt, bei denen die Malerarbeit in der Hauptsache dekorativen Charakter hatte, heute beim Stahlschiffbau diene sie der Erhaltung des Gegenstandes in gleicher Weise wie Zementieren usw.

Sämtliche Anträge sind unberücksichtigt geblieben.

§ 77.

Reparaturunfähigkeit. Reparaturunwürdigkeit.

(1) Der Versicherungsnehmer kann das Schiff öffentlich versteigern lassen und den Unterschied zwischen der Versicherungs-

summe und dem Erlöse verlangen, wenn das Schiff infolge des Versicherungsfalls reparaturunfähig und die Reparaturunfähigkeit auf die im § 74 bestimmte Weise festgestellt ist. Das Schiff gilt als reparaturunfähig, wenn die Ausbesserung des Schiffes überhaupt nicht möglich ist oder an dem Orte, an dem das Schiff sich befindet, nicht bewerkstelligt, das Schiff auch nicht nach dem Orte, an dem die Ausbesserung möglich ist, gebracht werden kann. Der Versicherungsnehmer muß sich den Wert desjenigen anrechnen lassen, was er anderweit zur Ausgleichung des Schadens erlangt hat und was infolge eines dem Versicherer nicht zur Last fallenden Umstandes verloren gegangen oder beschädigt ist. Die Versicherung endigt erst mit der Versteigerung; dem Versicherer gebührt eine der längeren Dauer der Versicherung entsprechende Prämie.

(2) Das Gleiche gilt, wenn das Schiff infolge des Versicherungsfalls reparaturunwürdig und die Reparaturunwürdigkeit auf die im § 74 bestimmte Weise festgestellt ist. Das Schiff gilt als reparaturunwürdig, wenn die gemäß § 74 geschätzten Ausbesserungskosten ohne Berücksichtigung des aus dem Unterschiede zwischen neu und alt sich ergebenden Minderwerts mehr betragen, als der Versicherungswert.

(3) Das Gleiche gilt auch, wenn sich die Reparaturunfähigkeit oder die Reparaturunwürdigkeit erst später, insbesondere bei der Ausbesserung, ergibt und gemäß § 74 unverzüglich festgestellt wird. Der Versicherer hat in diesem Falle die durch die Ausbesserung entstandenen Kosten insoweit zu ersetzen, als infolge der Ausbesserung ein höherer Erlös erzielt worden ist. Die Bestimmung des Absatzes 1 letzter Satz findet keine Anwendung.

(4) Die in den Absätzen 1 bis 3 bezeichneten Rechte erlöschen, wenn der Versicherungsnehmer sie, sobald ihre Voraussetzungen vorliegen und er hiervon Kenntnis erlangt, nicht unverzüglich ausübt.

ASVB. §§ 131 Abs. 1 u. 2, 132; BSVB. §§ 36 Abs. 2—4, 58 Nr. 5c, 59 Abs. 9, 63; HGB. § 873; ME. §§ 115—117; E. 10 § 76; E. 14 § 77.

Abs. 1.

Bem. 1. Die M a k l e r und die H a m b u r g e r R e e d e r haben beantragt:

„Anstelle „„Unterschied zwischen der Versicherungssumme und dem Erlös““ zu sagen „„Unterschied zwischen dem Versicherungswert und dem Erlös““

und zur Begründung ihres Antrages in der Vollversammlung vom 11. April 1911 ausgeführt, der Wortlaut des ersten Satzes

sei irreführend; wenn z. B. ein Schiff einen Wert von 200 000 Mark habe, die Versicherungssumme aber nur 100 000 Mark betrage, der Reeder somit für 100 000 Mark Selbstversicherer sei und die Versteigerung der noch vorhandenen Schiffsteile einen Erlös von 50 000 Mark ergäbe, so würde nach dem Wortlaute des Entwurfs der Versicherungsnehmer nur den Unterschied zwischen der Versicherungssumme von 100 000 Mark und dem Erlös von 50 000 Mark verlangen können, während tatsächlich doch der Erlös von 50 000 Mark abzuziehen sei von dem Versicherungswerte von 200 000 Mark, so daß der Versicherungsnehmer nicht 50 000 Mark, sondern 75 000 Mark zu beanspruchen habe. Seitens eines Vertreters der Assekuradeure ist bestätigt worden, daß es die Absicht sei, in solchem Falle dem Versicherungsnehmer nicht 50 000 Mark, sondern 75 000 Mark zuzugestehen; doch werde auch aus dem Wortlaute des Entwurfes kaum eine andere Folge gezogen werden können.
Daraufhin ist der Antrag fallen gelassen worden.

Bem. 2. Die Makler haben beantragt:

a) „Im Falle der Reparaturunfähigkeit die gleichen Rechtsfolgen eintreten zu lassen, wie beim Totalverlust, mithin den Versicherungsnehmer zu berechtigen, die Versicherungssumme zu verlangen unter Abtretung der Rechte an den noch vorhandenen Teilen des Schiffes".

b) „Die Bestimmung zu streichen, nach welcher sich der Versicherungsnehmer den Wert desjenigen soll anrechnen lassen müssen, was er anderweitig zur Ausgleichung des Schadens erlangt hat und was infolge eines dem Versicherer nicht zur Last fallenden Umstandes verloren gegangen oder beschädigt ist".

In der Vollversammlung vom 11. April 1911 ist zu diesen Anträgen seitens der Assekuradeure erklärt worden, daß nicht einzusehen sei, warum dem Versicherer die Last auferlegt werden sollte, sich mit dem reparaturunfähigen Schiffe abzugeben; die Assekuradeure müßten deshalb diesem Antrage widersprechen. Seitens der Makler ist bemerkt worden, daß dem Antrage kein großer Wert beigelegt werde.
Die Anträge sind fallen gelassen worden.

Bem. 3. Die Makler haben beantragt:

„Zur Feststellung der Reparaturunfähigkeit lediglich das laut § 73 des Entwurfs erstattete Gutachten der Sachverständigen genügen zu lassen und die Forderung der Feststellung der Reparaturunfähigkeit durch das Ortsgericht in Gemäßheit des § 530 HGB. zu streichen"

und zur Begründung dieses Antrages in der Vollversammlung vom 11. April 1911 ausgeführt, daß es nicht zweckmäßig und eine große Belästigung des Versicherungsnehmers sei, wenn bei Feststellung der Reparaturunfähigkeit zwei Verfahren nebeneinander hergehen sollten. Seitens der Assekuradeure ist demgegenüber bemerkt worden, daß in den Kreisen der hiesigen Versicherer auf die Feststellung der Reparaturunfähigkeit in Gemäßheit des § 530 HGB. wohl kein großes Gewicht gelegt werde neben der Feststellung in Gemäßheit des § 73 des Entwurfes; wohl aber werde außerhalb Hamburgs der Bestimmung Bedeutung beigemessen werden, und zwar namentlich für den Fall der Reparaturunwürdigkeit; die Assekuradeure vermöchten deshalb die Annahme des Antrages nicht in Aussicht zu stellen.

Über das weitere Schicksal des Antrags vgl. Bem. 4.

Bem. 4. Die HK. Bremen, Hamburg haben beantragt:

„In Abs. 1, 2 und 3 die Worte „„sowie gemäß § 530 des Handelsgesetzbuches"" zu streichen"

und zur Begründung des Antrages ausgeführt, die doppelte Feststellung der Reparaturunfähigkeit durch die nach § 73 des Entwurfes zu ernennenden Sachverständigen und durch das zuständige Ortsgericht bedeute eine unnötige Erschwerung für den Versicherungsnehmer. Es liege auf der Hand, daß die Feststellung der Reparaturunfähigkeit oder Reparaturunwürdigkeit durch das ausländische Ortsgericht in überseeischen Ländern für den Versicherungsnehmer große Schwierigkeiten bieten könne, zumal dem ausländischen Gerichte, insbesondere in überseeischen Staaten das deutsche Recht regelmäßig unbekannt und deshalb leicht zweifelhaft sein werde, nach welchen Grundsätzen und Gesichtspunkten es die Reparaturunwürdigkeit festzustellen habe. Es komme hinzu, daß die Feststellung der Reparaturunwürdigkeit, wenn sie für die Auseinandersetzung mit den Ladungsbeteiligten erforderlich sei, nach den Grundsätzen des Handelsgesetzbuchs zu erfolgen habe; daneben würde auch durch dasselbe ausländische Ortsgericht eine nochmalige Feststellung der Reparaturunwürdigkeit nach den Grundsätzen der Seeversicherungsbedingungen notwendig sein. Dabei ergebe sich die Möglichkeit, daß das Ortsgericht in dem ersteren Falle die Reparaturunwürdigkeit bejahen, im zweiten Falle für dasselbe Schiff verneinen müßte. Es liege auf der Hand, daß sich das ausländische Gericht in vielen Fällen zur Abgabe zweier sich in dieser Weise widersprechender Entscheidungen überhaupt nicht einlassen und seine Mitwirkung bei der Feststellung der Reparaturunwürdigkeit für die Zwecke der Versicherung ablehnen werde. Auf den Widerspruch der Assekuradeure hin haben die Antragsteller noch einmal darauf hingewiesen, daß § 530 HGB. selbst überhaupt nur von der Befugnis zum Verkaufe des Schiffes spreche und deshalb seine Beziehung zu dem hier in Frage stehenden Falle für die ausländische Ortsbehörde oder Gerichtsbehörde gar nicht ohne weiteres verständlich sei, daß aber außerdem die in §§ 873 und 479 HGB. vorgesehenen Vorschriften von denjenigen der neuen Seeversicherungsbedingungen wesentlich abwichen und die ausländische Behörde deshalb sehr leicht geneigt sein würde, die Grundsätze des HGB. anzuwenden, die Bestimmung somit vielfache Zweifel und Irrtümer zu erregen geeignet sei.

Dem Antrage ist dadurch entsprochen worden (Schr. vom 21 April 1913), daß in Abs. 1, 2, 3 die Worte „sowie gemäß § 530 HGB." gestrichen worden sind.

Bem. 5. Die HK. Bremen, Hamburg haben beantragt:

„Redaktionelle Umgestaltung der Fassung des ersten Satzes wie folgt:
„„Der Versicherungsnehmer kann das Schiff öffentlich versteigern lassen

und den Bruchteil der Versicherungssumme, der dem Unterschiede zwischen dem Versicherungswert und dem Erlös entspricht, verlangen"".
Der Antrag ist unberücksichtigt geblieben.

Bem. 6. Die Makler haben beantragt:

„Daß die Versicherung im Falle der Versteigerung mit dem Übergang der Rechte an den noch vorhandenen Teilen des Schiffes auf den Versicherer endigt".

In der Vollversammlung vom 11. April 1911 haben die Assekuradeure bemerkt, daß sie ihrerseits bereit sein würden, den Anspruch auf die Zuschlagsprämie fallen zu lassen, wenn gleich seitens anderer Versicherer der Anspruch auf eine Zuschlagsprämie erhoben sei; sie könnten deshalb in dieser Versammlung keine Zusicherungen geben.
Der Antrag ist unberücksichtigt geblieben. Vgl. Bem. 7.

Bem. 7. Die H. K. Bremen und Hamburg haben beantragt:

„In Satz 4 die Worte „„dem Versicherer gebührt eine Zuschlagsprämie, im Falle einer Zeitversicherung auch eine der längeren Dauer der Versicherung entsprechende Prämie"" zu streichen und anstatt dessen zu sagen: „„dem Versicherer gebührt eine der längeren Dauer der Versicherung entsprechende Prämie"".

Dem Antrage ist durch Streichung der Worte „eine Zuschlagsprämie, im Falle einer Zeitversicherung auch" entsprochen worden. Vgl. auch Bem. 6.

Bem. 8. Rein redaktionelle Änderungen stellen der Ersatz der Worte in Abs. 1, 2 und 3 Satz 1 § 76 E. 10 „durch das gemäß § 73 erstattete Gutachten" durch „auf die im § 74 bestimmte Weise" und in Satz 2 „des Schadens" durch „des Schiffes" dar.

Abs. 2.

Bem. 9. Die Makler haben ihre Anträge (Bem. 1, 2, 3, 6) auch für den Fall der Reparaturunwürdigkeit des Schiffes gestellt. Sie haben angeregt:

„Zu bestimmen, daß dem Versicherer nicht nur das zukomme, was der Reeder anderweitig für den die Reparaturunwürdigkeit herbeiführenden Schaden erhält, sondern auch dasjenige, was er in Ansehung anderer Schäden erhält, die zur Feststellung der Reparaturunwürdigkeit in Berücksichtigung gezogen werden."

Seitens der Assekuradeure ist hierzu in der Vollversammlung vom 11. April 1911 bemerkt worden, daß die von den Maklern zur Streichung empfohlene Bestimmung des Entwurfes, nach welcher der Versicherungsnehmer sich den Wert desjenigen anrechnen zu lassen habe, was er anderweitig zur Ausgleichung des Schadens erlangt habe und was infolge eines dem Versicherer nicht zur Last fallenden Umstandes verloren oder beschädigt sei, den gleichen Inhalt habe; doch müsse dem Versicherer nicht nur im Fall der Reparaturunwürdigkeit, sondern ebenfalls auch im Falle der Reparaturunfähigkeit dieses Recht zustehen. Seitens der Makler und der Hamburger Reeder ist betont worden, daß die praktische Handhabung im Falle der Reparaturunfähigkeit bisher eine andere sei· wenn beispielsweise ein Schiff hinten angerannt werde, und der Anrennende als Ersatz des Schadens dem Schiffe 30 000 Mark bezahle, das

Schiff nun aber nachher untergehe oder reparaturunfähig werde, so habe der Assekuradeur, der das Schiff nur gegen Totalverlust versichert habe die Versicherungssumme voll bezahlt und keinen Anspruch auf die 30 000 Mark gehabt, welche dem Versicherungsnehmer für den Teilschaden von anderer Seite zugekommen seien; diese Regelung sei auch folgerichtig, da als Wert des Schiffes nach den Versicherungsbedingungen derjenige Wert gelte, den das Schiff bei Antritt der Reise habe; es sei billig, daß, wenn der Versicherer fortan auch Reparaturunwürdigkeit als Totalverlust gelten lasse, in solchem Falle alles dasjenige, was der Versicherungsnehmer in Ansehung anderer Schäden erhalte, die zur Feststellung der Reparaturunwürdigkeit in Berücksichtigung gezogen würden, beanspruchen könne; bei Reparaturunwürdigkeit werde es in Zukunft z. B. vorkommen können, daß ein Schiff auf Grund der Versicherungsbedingungen kondemniert werde, auf Grund der Bestimmungen des Handelsgesetzbuchs jedoch nicht; es könne also in einem solchen Falle noch Havariegroß aufgemacht werden; derartige Havariegroß-Beiträge sollten dem Versicherer zugute kommen Seitens der Assekuradeure ist nicht bestritten worden, daß die bisherige Praxis bei Reparaturunfähigkeit so gewesen sei, wie sie von den Assekuranzmaklern dargelegt wird; seitens eines Vertreters der Assekuradeure ist jedoch die Rechtsauffassung vertreten worden, daß auch nach den bestehenden Bedingungen einem solchen Falle, wie dem von den Maklern dargelegten, der Versicherer nicht die volle Versicherungssumme, sondern nur die nach Abzug des von anderer Seite ersetzten Teilschadens zu zahlen habe, da ein Teil des versicherbaren Interesses weggefallen sei, ohne daß der Untergang dieses Teiles des versicherten Interesses zu Lasten des vertragsmäßig nur für Totalverlust haftenden Versicherers ginge.
Der Antrag ist unberücksichtigt geblieben.

Bem. 10. „Als Wert des Schiffes bezeichnet der Entwurf den Versicherungswert, weil dieser Wert regelmäßig ohne besondere Schwierigkeiten zu ermitteln sein wird. Auch der Maklerentwurf legt den Versicherungswert zugrunde. Nicht so das englische Gesetz, das von dem Werte des Schiffes im ausgebesserten Zustand ausgeht; doch ist durch Nr. 16 der Londoner Institute Clauses bestimmt, daß der Wert des Schiffes im ausgebesserten Zustande dem Versicherungswert gleichgeachtet werden soll." Begr. § 76.

Bem. 11. Entsprechend einem früher gestellten Antrage (vgl. Bem. 4) der HK. Bremen haben die Bremer Reeder in der Vorbesprechung vom 17. und 18. September 1918 ausgeführt, daß die Bestimmungen des Entwurfs durch die Bestimmung des HGB. § 479 ersetzt werden müßten. Die Praktiker hätten betont, die bisherige Regelung auf Grund des HGB. und der BSVB. sei für den Versicherungsnehmer günstiger gewesen, indem beide eine Reparaturunwürdigkeit eintreten ließen, wenn die Kosten 75 % des Wertes betrügen, während der Entwurf erst Reparaturunwürdigkeit bei 100 % eintreten lasse. Die Makler haben darauf hingewiesen, daß die Bestimmung des Entwurfs für die Hamburger Versicherungsnehmer eine Verbesserung darstelle, insofern die ASVB. einen Verkauf wegen Reparaturunwürdigkeit nicht kannten. In der Vollversammlung vom 10. Oktober 1918 kam der juristische Beirat der Bremer Reeder erneut auf die

Anregung zurück, ließ aber seinen Antrag fallen, zumal auch der Bremer Dispacheur auf die Unerheblichkeit der Bestimmung hinwies.

Bem. 12. Abs. 2 Satz 3 E. 10 lautet: „Ist eine Taxe vereinbart, so kann der Versicherer zum Zwecke der Feststellung des Verhältnisses zwischen dem Versicherungswert und den Ausbesserungskosten eine Heraufsetzung der Taxe verlangen, wenn der Versicherungswert die Taxe erheblich übersteigt."

Die Makler und die Hamburger Reeder haben beantragt:

„Das Recht des Versicherers auf Heraufsetzung der Taxe zu streichen".

Die Reeder haben hierzu in der Vollversammlung vom 11. April 1911 ausgeführt, es sei im Verein Hamburger Reeder bereits der Beschluß gefaßt gewesen, die Bestimmungen des § 479 HGB., nach welchen ein Schiff als reparaturunwürdig gelte, wenn die Kosten der Reparatur ohne Abzug für den Unterschied zwischen neu und alt mehr betragen würden, als 3 Vierteile seines früheren Wertes in Übereinstimmung mit § 873 HGB. auf die Seeversicherungsbedingungen zu übertragen; lediglich mit Rücksicht darauf, daß die Erreichung dieses Zieles vielleicht mit größeren Schwierigkeiten verbunden sei, als die Erreichung der Unanfechtbarkeit der Taxe, sei der Antrag nachträglich in der vorstehenden Weise geändert. Es werde großes Gewicht darauf gelegt, daß an den Vereinbarungen, welche die Parteien im einzelnen Falle über die Höhe des Versicherungswertes gemacht hätten, festgehalten werde, andernfalls werde beantragt, die Bestimmungen des § 479 HGB. in den Entwurf zu übernehmen. Seitens der Makler ist darauf hingewiesen worden, daß die Assekuradeure, wenn sie an der Heraufsetzung der Taxe festhielten, bei Feststellung der Reparaturunwürdigkeit mit zwei Faktoren zu rechnen hätten, nämlich auf der einen Seite mit der Schätzung des Reparaturwertes und auf der anderen Seite mit der Schätzung des Versicherungswertes; es bilde für die Assekuradeure selbst einen Vorteil, wenn wenigstens der eine dieser beiden Faktoren, nämlich der Versicherungswert, feststehe. Die Assekuradeure seien sehr wohl in der Lage, den Versicherungswert der Schiffe richtig zu beurteilen und von vornherein richtige Taxen zu machen. Seitens der Vertreter der Assekuradeure ist auf die Vorteile hingewiesen worden, welche der Entwurf gegenüber den Bestimmungen des § 873 HGB biete, nach welchen im Falle der Reparaturunwürdigkeit bei Ermittelung des Wertes in unbeschädigtem Zustande der Versicherungswert des Schiffes, einerlei ob er taxiert sei oder nicht, überhaupt außer Betracht bleibe; der Entwurf lege dagegen den Versicherungswert zugrunde, und zwar auch, wenn dieser taxiert sei; nur für den Fall, daß die Taxe erheblich hinter dem wahren Versicherungswerte zurückbleibe, wolle der Versicherer das Recht haben, die Taxe anzufechten und ihre Heraufsetzung zu verlangen. Es sei nicht richtig, daß der Versicherer in allen Fällen den wirklichen Wert des Schiffes beurteilen könne; gewisse Schiffstypen gingen oft im Laufe eines Jahrzehntes auf die Hälfte ihres Wertes zurück; bei vielen großen Dampfern vermöge der Assekuradeur nicht annähernd den wahren Wert zu übersehen. Darauf hingewiesen sei auch, daß Bremen ein ganz anderes Verfahren in diesem Punkte kenne.

Über das weitere Schicksal des Antrags vgl. Bem. 13.

Bem. 13. Die HK. Bremen, Flensburg, Kiel, Lübeck und die Hamburger Reeder haben beantragt:

„Streichung des dritten Satzes".

Die Assekuradeure haben unter Betonung schwerer Bedenken dem Antrage entsprochen. Vgl. auch Bem. 12.

Abs. 3.

Bem. 14. Die Makler haben beantragt:

„Daß die vor der Feststellung der Reparaturunfähigkeit oder Reparaturunwürdigkeit verauslagten Reparaturkosten voll zu Lasten des Versicherers gehen".

Die Assekuradeure haben in der Vollversammlung vom 11. April 1911 erklärt, ein solcher Fall könne wohl bei hölzernen Schiffen vorkommen, sei aber sonst praktisch kaum denkbar.

Der Antrag hat sich damit erledigt.

Bem. 15. Die HK. Bremen, Hamburg haben beantragt:

„Im zweiten Satz die Worte „„insoweit als infolge der Ausbesserung ein höherer Erlös erzielt ist"" zu streichen",

weil es billig erscheine, daß der Versicherer die Kosten in allen Fällen vollen Umfangs ersetze, da er dem Versicherten nach dem Vertrage den vollen Schaden zu ersetzen habe und diese Kosten zu den Schäden gehörten, welche dem Versicherten durch den Unfall erwachsen. Die Assekuradeure haben erwidert, daß sie es in Übereinstimmung mit dem Gesetzgeber für durchaus unbillig hielten, wenn der Versicherer die Ausbesserungskosten unter allen Umständen tragen solle. Denn es sei nicht richtig, daß der Versicherer dem Versicherten nach dem Vertrage den vollen Schaden zu ersetzen habe, vielmehr richtig, daß er grundsätzlich dem Versicherungsnehmer nur den Substanzschaden und auch diesen nur bis zur Höhe der Versicherungssumme zu ersetzen habe.

Der Antrag ist unberücksichtigt geblieben.

Bem. 16. Unberücksichtigt ist der Antrag der vereinigten HK. geblieben:

„Daß der Versicherer die Haftung für den Eingang des Verkaufserlöses trägt".

§ 78.

Mittelbarer Kollisionsschaden.

(1) Der Versicherer haftet auch für einen Schaden, den der Versicherungsnehmer im Falle eines Zusammenstoßes von Schiffen dadurch erleidet, daß er den einem Dritten entstandenen Schaden zu ersetzen hat.

(2) Der Schaden ist im Verhältnisse des Schiffswertes zu demjenigen Werte zu ersetzen, der sich aus dem Schiffswert und der Fracht ergibt.

ASVB. § 69 Absatz 2 Nr. 7; HGB. § 820 Abs. 2 Nr. 7; VVG. § 129 Abs. 2 S. 2; ME. § 54 Abs. 2 Nr. 7, Abs. 3; E. 10 § 60; E. 14 § 78.

Abs. 1.

Bem. 1. Die Makler und die Hamburger Reeder habeh beantragt:

„Daß nicht nur im Falle des Zusammenstoßes mit einem anderen Schiffe, sondern auch im Falle des Zusammenstoßes mit anderen Schiffen die Regel Platz greifen solle."

In der Vollversammlung vom 13. März 1911 hat ein Vertreter der Assekuradeure erklärt, daß der Antrag sich mit der Absicht des Entwurfes decke. Vgl. Bem. 11.

Bem. 2. a) Die Makler haben beantragt:

„Daß nicht nur der Schaden, den der Versicherungsnehmer im Falle des unmittelbaren Zusammenstoßes des versicherten Schiffes mit anderen Schiffen zu ersetzen hat, dem Versicherer zur Last fällt, sondern auch solcher, den der Versicherungsnehmer anderen Schiffen zu ersetzen hat, welche infolge der Kollision seines Schiffes mit anderen Schiffen zusammengestoßen sind, ohne daß das versicherte Schiff selbst mit ihnen in Berührung gewesen ist, und ferner solcher Schaden, den der Versicherungsnehmer anderen Schiffen zu ersetzen hat, weil sein Schiff schuldvoller Weise einen Zusammenstoß derselben herbeigeführt hat, ohne daß das versicherte Schiff selbst dabei mit anderen Schiffen in Berührung gekommen ist."

b) Die Makler und die Hamburger Reeder haben beantragt:

„Daß dem Zusammenstoß mit einem anderen Schiffe gleichgestellt werde der Zusammenstoß mit anderen schwimmenden Gegenständen."

c) Die Hamburger Reeder haben gewünscht, außerdem auch den Zusammenstoß von Schiffen mit festen Gegenständen gleichgestellt zu sehen.

d) Dementsprechend (vgl. c) haben die Hamburger Reeder beantragt, „auch in § 64 Satz 3 E. 10 anstelle des Ausdrucks „„wenn das Schiff mit anderen Fahrzeugen zusammenstößt"" zu sagen: „„wenn das Schiff einen Zusammenstoß erleidet"". Vgl. § 65 Bem. 8.

In der Vollversammlung vom 13. März 1911 ist hierzu von den Assekuradeuren ausgeführt worden, sie hafteten an sich nicht für mittelbare Schäden; die Haftung für solche Schäden im Kollisionsfalle bilde eine Ausnahme von dieser Regel; es sei nicht angängig, diese Ausnahmefälle über die bisher gezogenen Grenzen hinaus auszudehnen. Es handele sich tatsächlich lediglich um eine Prämienfrage. Besondere Policen gegen Haftungsschäden seien bereits sehr häufig geworden. Der Antrag laufe darauf hinaus, daß die Prämie für diese Haftpflichtversicherungen gespart und die Haftpflichtschäden schon durch die gewöhnlichen Seeversicherungspolicen mit gedeckt würden. Die Assekuradeure müßten ein solches Ansinnen aber ablehnen. Seitens eines anderen Vertreters der Assekuradeure ist noch ergänzend ausgeführt worden, daß die Forderungen der Haftung des Seeversicherers für mittelbare Kollisionsschäden der in Frage stehenden Art erst in neuester Zeit aufgetaucht seien; ein Bedürfnis zur Erweiterung der bisherigen Haftung des Assekuradeurs bestehe in dieser Beziehung nicht; der Reeder pflege neben der Seeversicherungspolice regelmäßig eine Haftpflichtversicherungspolice zu haben; das Bestreben sei nun, einen größeren Teil der Haftung auf den Seeversicherer abzuwälzen, was nicht berechtigt sei. Seitens der Makler ist darauf hingewiesen worden, daß die Haftung für solche mittelbaren Schäden, die der Versicherungsnehmer anderen Schiffen zu ersetzen habe, welche infolge der Kollision seines Schiffes mit einem anderen Schiffe zusammengestoßen seien, ohne daß das versicherte Schiff selbst mit ihnen in Berührung gewesen sei, schon nach dem bisher geltenden Rechte bestehe. Eine empfindliche Rechtsunsicherheit aber bestehe darüber, ob und inwieweit der Versicherer für Schäden hafte, die der Versicherungsnehmer anderen Schiffen zu ersetzen habe, weil sein Schiff schuldvoller Weise einen Zusammenstoß derselben herbeigeführt habe, ohne daß das versicherte Schiff selbst mit anderen Schiffen in Berührung gekommen sei. Es sei dringend erwünscht, eine klare Grenze der Haftung des Seeversicherers für Kollisionsschäden zu ziehen. Diese lasse sich nur finden, wenn die in den Anträgen aufgeführten Fälle mit in die Haftung des Seeversicherers inbegriffen würden. Seitens eines Vertreters der Hamburger Reeder ist diesen Ausführungen der Makler beigetreten und noch besonders betont worden, wenn die Haftung des Seeversicherers für Kollisionsschäden in der in dem Entwurfe vorgesehenen Weise beschränkt werde, so würde für die darüber hinausgehenden Haftungsmöglichkeiten des Reeders jedesmal eine besondere Versicherung nötig, was für den Reeder höchst unbequem sei; der Reeder wolle eine allgemeine Deckung durch eine einzige Police haben. Wenn die deutschen Versicherungsgesellschaften bessere Bedingungen als die englischen in dieser Beziehung böten, so würden sich die Reeder, wenn die deutschen Versicherer eine dementsprechend höhere Prämie forderten als die ausländischen, keineswegs wegen des Prämienunterschiedes dem Auslande zuwenden; die größeren Reedereien pflegten sehr genau die Versicherungsbedingungen zu prüfen, bevor sie Versicherungen nähmen und würden bessere Bedingungen durchaus zu schätzen wissen. Seitens eines Assekuradeurs ist demgegenüber ausgeführt worden, daß, wenn Reedereien in dieser Beziehung eine Erweiterung der normalen Haftung unter Zugeständnis einer entsprechenden Prämienzulage wünschten, eine solche Erweiterung im einzelnen Falle durch Einfügung einer Klausel geschaffen werden könne; allgemein die Haftung in dieser Beziehung zu erweitern, sei nicht möglich; häufig würden sich übrigens auch Reedereien, wenn die Prämien in England wesentlich niedriger seien als in Deutschland, dadurch veranlaßt sehen, englische Policen zu nehmen, ohne die etwa günstigeren Versicherungsbedingungen der deutschen Versicherer zu beachten. Seitens der Makler ist noch bemerkt worden, bei den in dem Antrage angeführten schwimmenden Gegenständen sei an Bojen, Getreideheber, schwimmende Kräne, Schießscheiben, Schwimmdocks und dergl. gedacht. Es sei um so mehr billig, daß die Versicherer diese Schäden mit deckten, als der englische Versicherer bei Kollisionsschäden neben der Haftung bis zum vollen Betrage der Versicherungssumme für Beschädigungen der versicherten Sache zugleich auch noch zum vollen Betrage der Versicherungssumme für Kollisionsschäden, welche der Reeder anderen Schiffen zu ersetzen habe, mithin in sehr viel weiterem Maße als nach deutschem Rechte, hafte; die deutschen Versicherer hätten in diesem Punkte eine Erweiterung ihrer Haftung in dem dem englischen Rechte entsprechenden Umfange abgelehnt; es sei deshalb nur billig, daß sie wenigstens in diesem hier in § 60 zur Frage stehenden Punkte ihre Haftung in dem dem Verkehrsbedürfnisse entsprechenden Umfange erweiterten. Übrigens dürfe von den Assekuradeuren nicht übersehen werden, daß der Haftpflichtversicherer in Kollisionsfällen hinsichtlich der Schuldfrage unter Umständen gerade ein dem Interesse des Seeversicherers entgegengesetztes Interesse habe. Endlich sei es nicht richtig, daß die See-Versicherungsgesellschaften sämtlich ohne weiteres in der Lage seien, auf Verlangen zugleich eine Haftpflichtversicherungspolice abzuschließen; viele Seeversicherungsgesellschaften seien nach ihrer Satzung nicht zur Übernahme von Haftpflichtversicherungen berechtigt.

Über das weitere Schicksal der Anträge vgl. Bem. 11.

Bem. 3. Die M a k l e r und die H a m b u r g e r R e e d e r haben beantragt:
„daß der Versicherer nicht nur für Sachschäden, sondern auch für Personenschäden hafte".

In der Vollversammlung vom 13. März 1911 haben die A s s e k u r a d e u r e betont, es sei richtig, daß die ASVB. die Haftung des Seeversicherers für Personenschäden im Kollisionsfalle einschlössen, die Verhältnisse hätten sich jedoch seit 1867 wesentlich verändert, und diese Haftung könne jetzt nicht mehr aufrecht erhalten bleiben. Einen Passagierverkehr, wie er jetzt bestehe, habe es 1867 noch nicht gegeben; die großen Massen von Auswanderern, die heute auf ein und demselben Schiffe befördert würden, vor allem aber die zahlreichen amerikanischen Millionäre, welche mit den Passagierschiffen führen, belasteten den Versicherer für den Fall einer Kollision des versicherten Schiffes mit einem solchen Passagierdampfer oder Auswandererschiffe mit so unabsehbaren Personenschäden, daß der Versicherer diese Gefahr nicht mehr gegen die gewöhnliche Prämie übernehmen könne. Seitens der M a k l e r ist demgegenüber ausgeführt worden, statistische Erhebungen, welche von dem Verein für internationales Seerecht über die Frage der wirtschaftlichen Belastung der Reederei durch die Haftung für Personenschäden angestellt seien, hätten ergeben, daß diese Haftung eine verschwindend geringe Belastung darstelle; nach den von dem belgischen Advokaten Dr. Frank in einem kürzlich gehaltenen Vortrage gemachten Mitteilungen sei der Wert der ganzen englischen Tonnage auf Grund von Lloyds Register auf 910 000 000 Mark berechnet; dieser Summe entspreche eine Versicherungsprämie von etwa 36½ Millionen Mark, der Betrag, der an Personenschäden durchschnittlich jährlich auf diese ganze Tonnage entfallen sei, sei auf 110 000 Mark jährlich berechnet. In England werde die Versicherung der Haftung für Personenschäden bei guten Linienschiffen von dem Versicherer unentgeltlich übernommen, bei anderen gegen eine geringe Zuschlagsprämie. Hiernach könne nicht behauptet werden, daß die Haftung für Personenschäden den Versicherer in einem Maße belaste, daß er sie nicht tragen könne. Die A s s e k u r a d e u r e haben demgegenüber ihren oben dargelegten Standpunkt aufrecht erhalten.

Über das weitere Schicksal des Antrages vgl. Bem. 11.

Bem. 4. Die H. K. haben beantragt:

„§ 60 Abs. 1 S. 10 folgendermaßen zu fassen: „„Der Versicherer haftet auch für einen Schaden, den der Versicherungsnehmer infolge eines Zusammenstoßes des Schiffes mit anderen Schiffen oder anderen schwimmenden Gegenständen dadurch erleidet, daß er den einem Dritten zugefügten Schaden zu ersetzen hat""

und folgendermaßen begründet. Der S. 10 wolle die bestehende Haftung für den Fall des Zusammenstoßes des Schiffes wesentlich beschränken, indem er die Haftung für Personenschäden überhaupt ausschließlich und die Haftung für Sachschäden ausschließlich auf solche Schäden, die dem anderen Schiffe und seiner Ladung entstünden, und auf solche Fälle, in denen das versicherte Schiff mit einem anderen Schiffe zusammenstoße, begrenze. Die deutschen Reedereikreise hätten sich geschlossen gegen eine solche Beschränkung der Haftung des Versicherers für Kollisionsschäden gewandt. Die Assekuradeure haben erwidert, das im § 60 behandelte Risiko gehöre grundsätzlich zur Haftpflichtversicherung. Die Assekuradeure hielten auch die Deckung im Wege der Seeversicherung für unzweckmäßig, weil die Seeversicherer nicht die erforderlichen Einrichtungen dafür besäßen und weil diese Deckung immer nur unvollständig sein könne, infolgedessen die Haftpflichtversicherung in die Lücke treten müsse und trete, und Doppelversicherungen nicht ausbleiben könnten. Sie hätten endlich zu berücksichtigen, daß im Falle der in Aussicht stehenden internationalen Regelung der Reederhaftung das im § 60 behandelte Risiko eine erhöhte Bedeutung erlangen werde und im englischen Seeversicherungsverkehr die Bewilligung der „running down clause" schon jetzt besonders bezahlt werde. Das Ergebnis dieser Erwägungen sollte eigentlich die Ablehnung der Haftung für indirekten Kollisionsschaden sein. Wenn die Assekuradeure sich trotzdem, freilich nur mit geringer Mehrheit, entschlossen hätten, nicht nur die Haftung beizubehalten, sondern auch, der Hauptsache nach zu den Vorschriften des HGB. zurückzukehren, so sei hierfür die Erwägung maßgebend gewesen, daß, wie bemerkt, die internationale Regelung der Reederhaftung bevorstehe, und wenn sie eingetreten sein werde, selbstverständlich eine anderweitige Regelung der Haftung des Versicherers eintreten müsse. Die Assekuradeure beabsichtigten daher, einstweilen, dem Antrage der Versicherungsnehmer gemäß, die Haftung für Personenschäden zu übernehmen. Sie beabsichtigten ferner einstweilen, dem Antrage der Versicherungsnehmer gemäß, die Haftung auch insoweit zu übernehmen, als das versicherte Schiff den Schaden der eigenen Ladung ersetzen müsse. Die beantragte Ausdehnung der Haftung auf den Schaden, der durch den Zusammenstoß mit anderen schwimmenden Gegenständen als Schiffen entstehe, unterliege noch der Prüfung. Die H. K. haben demgegenüber folgenden Standpunkt eingenommen. Das bisherige Recht gehe über die Zusicherungen der Assekuradeure hinaus, umfasse insbesondere auch die Schädigungen durch das Stilliegen der angerannten Schiffe und die dadurch verursachten Liegegelder. Über das weitere Schicksal des Antrages vgl. Bem. 11.

Bem. 5. Die HK. Bremen und Hamburg haben folgenden zweiten Satz zu Abs. 1 beantragt:

„Die Bestimmung findet entsprechende Anwendung, wenn ein Schiff durch Ausführung von Unterlassung eines Manövers oder durch Nichtbeachtung einer Verordnung einem anderen Schiff oder den an Bord der Schiffe befindlichen Personen oder Sachen einen Schaden zufügt, ohne daß ein Zusammenstoß stattfindet."

Der Antrag ist unberücksichtigt geblieben.

Abs. 2.

Bem. 6. Die Hamburger Reeder haben beantragt:

„Das Wort „„Wert"" durch „„Versicherungswert (Taxe)"" zu ersetzen".

In der Vollversammlung vom 13. März 1911 ist demgegenüber ausgeführt worden, daß der Reeder mit dem Wert des Schiffes hafte und daß deshalb zweckmäßiger Weise nur dieser, nicht etwa der hiervon abweichende Taxwert für die Bestimmung des Bruchteils an dem Schaden, der dem Kaskoversicherer, und des Bruchteils, der dem Frachtversicherer zur Last fallen solle, zugrunde gelegt werden könne.

Der Antrag ist unberücksichtigt geblieben.

Bem. 7. Die Makler haben beantragt:

„Festzustellen, daß der auf das Kasko entfallende Anteil an einem Kollisionsersatz von dem Versicherer voll zu bezahlen ist, ohne Rücksicht auf das Verhältnis der Höhe des haftenden Wertes zum Versicherungswert (Taxe)."

Von den Assekuradeuren ist in der Vollversammlung vom 13. März 1911 ausdrücklich bestätigt worden, daß der Entwurf diesem Antrage entspreche.

Bem. 8. Die Hamburger Reeder haben beantragt:

„Anstatt „„dem Betrage der Fracht"" zu sagen: „„dem Betrage der Fracht für die beim Zusammenstoß an Bord befindlichen Güter"".

In der Vollversammlung vom 13. März 1911 hat ein Vertreter der Assekuradeure bemerkt, dieser Antrag werde eine künstliche Doppelversicherung zur Folge haben. Der Reeder hafte nach § 757 HGB. mit der Bruttofracht derjenigen Reise, aus welcher die Forderung entstanden sei. Es entspreche deshalb nur der Zweckmäßigkeit, diese auch bei Bemessung des Bruchteils des Schadens, den der Kaskoversicherer und den der Frachtversicherer tragen solle, zugrunde zu legen.

Der Antrag ist unberücksichtigt geblieben.

Bem. 9. Die Makler haben beantragt:

„Die Verteilung des einem Dritten zugefügten Kollisionsschadens über die Versicherer des Kaskos und die Versicherer der Fracht nur dann stattfinden zu lassen, wenn der Reeder in dem betreffenden Falle mit Schiff und Fracht, wie nach deutschem Rechte, haftet, nicht aber wenn er, wie nach englischem Rechte, persönlich haftet."

Die Assekuradeure haben ein Eingehen auf diesen Antrag abgelehnt (Vollversammlung vom 13. März 1911).

Bem. 10. Die HK. Bremen hat beantragt:

„Abs. 2 hinzuzufügen: „„auch wenn der Schaden unter 3 % ist"".

Der Antrag ist unberücksichtigt geblieben.

Abs. 1 u. 2.

Bem. 11. Das Ergebnis der Verhandlungen ergibt sich aus der Fassung des § 56 ZE. Dez. 12 (vgl. Bem. 1—4).

„(1) Der Versicherer haftet auch für einen Schaden, den der Versicherungsnehmer infolge eines Zusammenstoßes des Schiffes mit einem anderen Schiffe dadurch erleidet, daß er den einem Dritten entstandenen Schaden zu ersetzen hat.

(2) Der Schaden ist im Verhältnisse des Schiffswertes zu demjenigen Werte zu ersetzen, der sich aus dem Werte des Schiffes und dem Betrage der Fracht ergibt."

Neu gefaßt wurde Absatz 2 in ZE. April 13:

(2) „Der Schaden ist im Verhältnisse des Schiffswertes zu demjenigen Werte zu ersetzen, der sich aus dem Schiffswert und der Fracht ergibt".

In der HK.-Kommissions-Sitzung vom 10. Januar 1914 ist ausgeführt worden, bei § 56 ZE. Dez. 12 sei beantragt, statt „Zusammenstoßes des Schiffes mit einem anderen Schiffe" zu sagen: „eines Zusammenstoßes von Schiffen". Nachdem ein Vertreter der HK. Hamburg bemerkt hat, daß die Assekuradeure es früher als selbstverständlich bezeichnet haben, daß eine anderweitige Regelung der Haftung des Versicherers eintreten müsse, wenn die Reederhaftung für Kollisionsschäden international geregelt sei, ist beschlossen worden, an die Assekuradeure das Ersuchen zu richten, der Anregung der Hamburger Reeder zu folgen und den Wortlaut des § 56 der Brüsseler Seerechts-Konvention vom 23. September 1910 sowie dem Reichsgesetz vom 7. Januar 1913 entsprechend zu ändern. Gerade nachdem die Assekuradeure sich nach längerem Schwanken dazu entschlossen hätten, zu den Vorschriften des HGB. zurückzukehren, werde es erforderlich sein, den § 56 ZE. Dez. 12 mit den am 1. März 1913 in Kraft getretenen Änderungen des HGB. § 734 in Einklang zu setzen. Dagegen ist beschlossen worden, von einer Weiterverfolgung des Antrags, die Haftung des Assekuradeurs auf die Folgen des Zusammenstoßes von Schiffen mit festen oder schwimmenden Gegenständen auszudehnen, Abstand zu nehmen, weil auch das Brüsseler Übereinkommen die Reederhaftung auf diesen Fall nicht ausdehne. Nach längerer Erörterung ist beschlossen worden, zu beantragen, daß in Abs. 2 nur die zum Kollisionsersatz beitragspflichtige Fracht berücksichtigt werde. Die Hamburger Reeder haben ihren weitergehenden Antrag zurückgezogen.

Der § 56 ZE. Dez. 12 würde hiernach folgenden Wortlaut erhalten:

(1) „Der Versicherer haftet auch für einen Schaden, den der Versicherungsnehmer infolge eines Zusammenstoßes von Schiffen dadurch erleidet, daß er den einem Dritten entstandenen Schaden zu ersetzen hat.

(2) Der Schaden ist im Verhältnisse des Schiffswertes zu demjenigen Werte zu ersetzen, der sich aus dem Schiffswert und der zum Kollisionsersatz beitragspflichtigen Fracht ergibt."

In der HK.-Kommissionssitzung vom 28. Januar 1914 ist der Vorschlag der HK. Hamburg, den Wortlaut des § 56 ZE. Dez. 12 mit den Beschlüssen der Brüsseler Seerechts-Konferenz und dem Artikel 817 HGB. in Übereinstimmung zu bringen und demgemäß anstatt „Zusammenstoßes des Schiffes mit einem anderen Schiffe" zu sagen „eines Zusammenstoßes von Schiffen" abgelehnt worden. Auch der Vorschlag, in Abs. 2 vor „Fracht" einzuschalten „zum Kollisionsersatz beitragspflichtigen" ist von den Assekuradeuren als unannehmbar erklärt worden. Die durch den Zusatz beabsichtigte Beschränkung ergebe sich von selbst. In der HK.-Kommissionssitzung vom 17. Juni 1914 haben sich die Assekuradeure nunmehr bereit erklärt, anstatt „infolge eines Zusammenstoßes des Schiffes mit einem anderen Schiffe" zu sagen: „im Falle eines Zusammenstoßes von Schiffen", während die weitergehende Haftung für die in § 734 ff. HGB. bezeichneten Schäden abgelehnt worden ist. Die allseitige Auffassung ist dahin gegangen, daß man sich mit diesem Zugeständnis begnügen könne.

Das Ergebnis dieser Verhandlungen ist § 78 E. 14 gewesen.

§ 79.

Sonstige auf das Schiff sich beziehende Versicherungen.

Die Bestimmungen dieses Titels finden, soweit nicht ein anderes bestimmt ist, im Falle einer anderen auf das Schiff sich beziehenden Versicherung entsprechende Anwendung.

E. 14 § 79.

Bem. 1. Die Bestimmung des § 79 ist neu unter Streichung des § 103 E. 10, der folgendermaßen lautet:

„Im Falle eines Verlustes der Fracht finden die für die Kaskoversicherung geltenden Bestimmungen des ersten Titels über den Totalverlust, die Verschollenheit, die Reparaturunfähigkeit und die Reparaturunwürdigkeit des Schiffes sowie über die im § 72 bezeichneten Fälle entsprechende Anwendung"

eingestellt worden und hat zu sachlichen Erörterungen keine Veranlassung gegeben. Vgl. § 108 Bem. 2.

Zweiter Titel.

Güterversicherung.

§ 80.

Gegenstand der Versicherung.

Ist die Versicherung auf Güter aller Art genommen, so bezieht sie sich nicht auf:

1. Gold, Silber, Platina, Geld, Wertpapiere, Münzen, Edelsteine, Gegenstände aus Edelmetall, echte Perlen, echte Spitzen, Werke der bildenden Künste;
2. explosionsgefährliche und selbstentzündliche Gegenstände (Sprengstoffe, Munition, Zündwaren und Feuerwerkskörper, verdichtete und verflüssigte Gase, die in Berührung mit Wasser entzündliche oder die Verbrennung unterstützende Gase entwickeln) sowie Petroleum, Naphtha, Benzin und ungelöschten Kalk;

3. Güter der im § 60 Abs. 2 bezeichneten Art, wenn das Schiff damit zu mehr als einem Drittteil seiner Tragfähigkeit beladen ist. Diese Bestimmung findet jedoch keine Anwendung, wenn der Versicherungsnehmer der Beladung nicht zugestimmt hat; dem Versicherer gebührt in diesem Falle eine Zuschlagsprämie.

ASVB. § 48; BSVB. § 26; ME. § 40; E. 10 § 77; E. 14 § 80.

Bem. 1. Der Antrag der Hamburger Exporteure:

„§ 77 E. 10 dem ME. § 40 anzupassen"

ist unberücksichtigt geblieben.

Nr. 1.

Bem. 2. Die Makler haben beantragt, zu bestimmen:

„Valoren (Effekten, Geldwerte, Papiere, Wechsel, Schecks, Kupons, Geld, Gold, Silber, Platina, Bijouterien, Edelsteine, echte Perlen) und alle Gegenstände, welche einen Kunst- und Liebhaberwert haben."

In der Vollversammlung vom 3. April 1911 haben sie zur Begründung ihres Antrages ausgeführt, daß alle diese Gegenstände unter die Valorenversicherung fielen und daß sie es für wünschenswert erachteten, daß sich die Versicherung auf Güter aller Art mit der Valorenversicherung ergänze. Seitens eines Vertreters der Assekuradeure ist dem entgegengehalten worden, daß es eine Reihe von verschiedenen Valorenversicherungsverbänden gebe, von denen jeder seine eigenen Bedingungen habe und daß deshalb durch den Vorschlag der Makler das angestrebte Ziel keineswegs ohne weiteres erreicht werde. Von anderer Seite ist bemerkt worden, daß landläufigerweise unter dem Ausdrucke „Kostbarkeiten, Gold und Silber" in unverarbeitetem Zustande nicht verstanden zu werden pflege; auch der § 48 der bestehenden Bedingungen führe Gold und Silber ebenso wie Platina ausdrücklich an. Seitens eines Vertreters der Assekuradeure ist darauf hingewiesen worden, daß der Begriff „Kostbarkeiten" in der Sprache der Gesetzgebung (vgl. z. B. § 607 HGB.) durchaus feststehe. Vgl. Bem. 3.

Bem. 3. Die HK. Hamburg, Lübeck haben beantragt:

„Streichung des Wortes „„Kostbarkeiten"" und Fassung der Ziff. 1 etwa wie folgt: „„Gold, Silber, Platina, Geld, Wertpapiere, Pretiosen, echte Spitzen, Kunstwerke der Skulptur und Malerei""

und zur Begründung ihres Antrags ausgeführt, die Begriffe „Kostbarkeiten" und „Kunstgegenstände" gingen über die im § 48 ASVB. aufgezählten Waren hinaus. Unter den Begriff „Kostbarkeiten" könnten z. B. Seidenstoffe, Pelze und dergleichen gebracht werden, unter den Begriff „Kunstgegenstände" auch andere Sachen als Kunstwerke der Skulptur und der Malerei. Eine engere Anlehnung an den Wortlaut des § 48 sei wünschenswert. Die Assekuradeure haben die Berücksichtigung des Antrags zugesagt.

Unter Berücksichtigung dieses und des Maklerantrags (Bem. 2) ist Nr. 1 neu gefaßt worden.

Nr. 2.

Bem. 4. Die Makler haben beantragt:

„daß sich die Versicherung nur auf diejenigen Güter nicht beziehen soll, die nach dem am Abladeplatze bestehenden Gesetze von jeder Verladung ausgeschlossen sind"

und zur Begründung des Antrages in der Vollversammlung vom 3. April 1911 ausgeführt, daß bei laufenden Policen nach den Bedingungen der von dem Verein Hamburger Assekuradeure aufgestellten Tarife auch die explosiven, ätzenden und feuergefährlichen Güter der in Frage stehenden Art in die Versicherung auf Güter aller Art eingeschlossen und die Geltung des bestehenden § 48 durch Klausel ausgeschlossen werde. Seitens der Vertreter der Assekuradeure ist erwidert worden, daß allerdings in den für den hiesigen Platz geltenden Tarifen weitere Zugeständnisse enthalten seien, daß aber die Verallgemeinerung dieser Zugeständnisse nicht angängig sei; Güter, die überhaupt von der Verladung gesetzlich ausgeschlossen seien, gäbe es kaum und eine so weitgehende generelle Bestimmung sei für die Versicherer nicht annehmbar. Von anderer Seite ist angeregt worden, an Stelle der Verweisungen auf die Verordnung der deutschen Seeuferstaaten die in Betracht kommenden Güter selbst in den Bedingungen aufzuführen, wie dies bisher in § 49 ASVB. geschehen sei. Vgl. Bem. 5.

Bem. 5. Die HK. Bremen, Hamburg, Lübeck haben beantragt:

„ausdrückliche Aufführung der Güter, die wegen ihrer Gefährlichkeit nicht als Güter aller Art gelten sollen"

und ihren Antrag begründet, aus den schon zu § 61 E. 10 dargelegten Gründen (§ 60 Bem. 2) würden auch nicht alle in den Verordnungen der deutschen Seeuferstaaten als explosiv, ätzend oder feuergefährlich bezeichneten Gegenstände in die Nr. 2 eingerechnet werden können; es sei nur darauf hingewiesen, daß z. B. Steinkohlen, Baumwolle, Jute, Hanf, Flachs, Kopra usw. als der Selbsterhitzung unterliegend in Zukunft in den Verordnungen aufgeführt sein würden. Die Assekuradeure haben erwidert, daß sie beabsichtigen, unter Vorbehalt des Ergebnisses weiterer Untersuchungen, lediglich diejenigen Güter von der Versicherung auszuschließen, die auch von der Bahnbeförderung vollständig ausgeschlossen sind.

Diesem und dem Maklerantrage (Bem. 7) entsprechend ist anstatt der Fassung von Nr. 2 „Güter, die nach den zur Zeit der Schließung des Vertrages geltenden Verordnungen der deutschen Seeuferstaaten über die Beförderung gefährlicher Güter in Kauffahrteischiffen explosiv, ätzend oder feuergefährlich sind" die jetzige Fassung gewählt worden.

Bem. 6. Der auf Anregung der Makler von der HK. Hamburg gestellte Antrag:

„Im Falle der Verladung in einem ausländischen Hafen die etwa dort bestehenden Vorschriften über den Ausschluß gefährlicher Gegenstände von der Beförderung mit Kauffahrteischiffen für maßgebend zu erklären"

ist unberücksichtigt geblieben. (Prot. v. 10 Januar und 21. März 1914.)

Nr. 3.

Bem. 7. Die Makler haben beantragt:

„Daß sich die Versicherung nur dann nicht auf Güter der in § 61 Abs. 4 bezeichneten Art beziehen soll, wenn der Versicherungsnehmer das Schiff damit zu mehr als einem Dritteil seiner Tragfähigkeit beladen hat"

und zur Begründung ausgeführt, daß der Güterversicherer, welcher seinerseits das Schiff nur bis zu einem Dritteil seiner Tragfähigkeit mit einem der in Betracht kommenden Güter beladen habe, geschützt sein müsse, wenn von anderer Seite, etwa gar in einem Zwischenhafen, nachher noch weitere Mengen von Ladungen derselben Art eingeladen werden; für den Reeder, der das Schiff versichert habe, enthalte der Entwurf in § 61 Abs. 4 einen derartigen Schutz gegen das Zugeständnis einer Zuschlagsprämie; für den Güterverkehr fehle ein solcher Schutz. Von seiten eines Vertreters der Assekuradeure ist erwidert worden, daß eine Änderung des Entwurfs in diesem Punkte vielleicht möglich sein werde dahingehend, daß der Versicherungsnehmer gegen eine Zuschlagsprämie gedeckt bleibe. Vgl. Bem. 9.

Bem. 8. Die Hamburger Reeder haben beantragt:

„Daß die Versicherung auf Güter aller Art sich überhaupt nicht auf Güter der in § 61 Abs. 4 S. 10 bezeichneten Art beziehen soll, einerlei, ob das Schiff damit zu mehr als einem Dritteil beladen ist oder nicht".

Hilfsweise haben sie denselben Antrag wie die Makler (Bem. 7) gestellt. Vgl. Bem. 9.

Bem. 9. Die HK. Berlin, Bremen, Frankfurt a. M., Hamburg, Kiel, Lübeck haben beantragt:

„In Nr. 3 hinzuzufügen, „„wenn der Versicherungsnehmer hiervon Kenntnis hatte"".

Die Assekuradeure haben zugesagt, dem Antrage mit der Maßgabe zu entsprechen, daß der Versicherer, wenn er haftet, eine Zuschlagsprämie erhalten soll.

Dementsprechend ist Nr. 3 neu gefaßt worden; die Bestimmung über die Zuschlagsprämie hat zu sachlichen Erörterungen keinen Anlaß gegeben.

Bem. 10. Der Antrag der Hamburger Reeder:

„In Nr. 3 die Worte „„wenn das Schiff beladen ist"" zu streichen"

ist unberücksichtigt geblieben.

Bem. 11. Der zu den Schlußverhandlungen 1918 gestellte Antrag der HK. Frankfurt a. M.:

„Hinter „„hat"" einzufügen: „„oder die Abweichung von dieser Vorschrift dem Versicherer bekannt gegeben wird; die Anmeldung des Risiko gilt als Bekanntgabe""

ist nicht weiter verfolgt worden.

Nr. 1—3

Bem. 12. Die HK. Frankfurt a. M. und der Wvb. haben zu den Schlußverhandlungen 1918 beantragt:

„§ 80 S. 14 zu streichen"

und ihren Antrag damit begründet, daß die hier vorgesehenen Beschränkungen für gewisse Ladungen veraltet seien, und auch heute schon durch entsprechende Policeklauseln aufgehoben würden. Nach Hinweis, daß die Bestimmung des § 80 für die laufende Police nach § 97 Abs. 2 nicht gelte, ist der Antrag fallen gelassen worden.

Bem. 13. Die Anregung der HK. Elberfeld und Magdeburg:
„auszusprechen, daß diese Gegenstände durch besondere Vereinbarung versichert werden können"
ist fallen gelassen worden.

§ 81.

Verfügung über die Güter zur Fortsetzung der Reise.

Der Versicherer haftet auch dafür, daß über die Güter durch Verbodmung oder in anderer Weise zum Zwecke der Fortsetzung der Reise verfügt wird.

ASVB. § 69 Abs. 2 Nr. 5; HGB. § 820 Abs. 2 Nr. 5; ME. § 54 Abs. 2 Nr. 5; E. 10 § 78; E. 14 § 81.

Bem. 1. Abgesehen von der Überschrift, in der die Worte „Haftung des Versicherers bei" gestrichen worden sind, ist § 78 E. 10 unverändert als § 81 aufgenommen worden und hat zu sachlichen Erörterungen keinen Anlaß gegeben.

§ 82.

Haftung für Beschädigung. Tod von Tieren.

(1) Der Versicherer haftet für eine Beschädigung nur im Falle einer Strandung. Das Gleiche gilt von der Haftung des Versicherers für den Tod lebender Tiere. Die Bestimmungen des § 114 Abs. 1 und 3 über die Haftung des Versicherers im Strandungsfalle finden entsprechende Anwendung.

(2) Der Versicherer haftet auch in anderen als in Strandungsfällen:

1. wenn die Versicherung genommen ist auf Arsenik, Astbestwaren, Asphalt, Bandwaren, Baumwolle, Baumwollwaren, Borax in Fässern, rohen Camphor, Elastiks, Elefantenzähne, Filzwaren, Garn mit Einschluß von Türkisch Rotgarn und Spulgarn, echte Goldwaren, Gummi elastikum, Gummi Kopal, Gummiwaren, Halbwollenwaren, Harz in Fässern, Hörner, Hornspitzen, natürlichen Indigo, Jutewaren mit Ausnahme von Säcken und Sackleinen (Hessians), Kaffee, Kanel, Kardamon in Kisten, Kautschukwaren, fertige Kleidungsstücke, Knopfwaren, Konfektionswaren, umsponnene Kupferdrähte, Lackdye, Leinen, Leinenwaren, zugerichtetes Leder mit Ausnahme von Lackleder, fertige Lederwaren,

Linoleum, Litzen, Macisblüte in Fässern oder Kisten, Manufakturwaren, soweit sie nicht besonders aufgeführt sind, Metalle in Blöcken oder Barren mit Ausnahme von Eisen und Stahl, Moschus, Muskatnüsse, Nickel, Opium, Pech, Pfeffer, Posamentierwaren, soweit sie nicht besonders aufgeführt sind, Quecksilber in metallenen Gefäßen, Satteldecken, Schellack, Schildpatt, Schirme, rohen Schwefel, Seide, Seidenwaren, echten Silberdraht, echte Silberwaren, Spitzen, Stearin, Stickereien, Strickwolle, Stramei, Strumpfwaren, geteertes Tauwerk, Teppichwaren, Tuchwaren, Vanille, Wachs mit Ausnahme von Rohwachs und Wachswaben, Walrat, Wäsche, Wolle, Wollenwaren, Zelluloidwaren, Zink in Platten, Zinnober, Zwirn;

2. wenn besonders vereinbart ist, daß der Versicherer nicht haftet, falls der Schaden bestimmte Prozente des Versicherungswerts nicht erreicht oder nicht übersteigt, oder daß er nur insoweit haftet, als der Schaden bestimmte Prozente des Versicherungswerts erreicht oder übersteigt.

ASVB. §§ 105, 108; BSVB. § 17; MC. § 107; E. 10 § 79; E. 14 § 82.

Abs. 1 u. 2.

Bem. 1. Die HK. Berlin und Stettin haben beantragt:

„Streichung des Abs. 1 und 2 und anstatt dessen Aufzählung der Güter, für welche nur im Strandungsfalle gehaftet wird".

Der Antrag ist unberücksichtigt geblieben.

Abs. 1.

Bem. 2. Die HK. Magdeburg und die Hamburger Exporteure haben beantragt:

„Dem zweiten Satz folgenden Inhalt zu geben: „„Bei der Versicherung von Tieren haftet der Versicherer jedoch sowohl für Beschädigung wie für den Tod, auch wenn keine Strandung vorliegt"".

Der Antrag ist unberücksichtigt geblieben.

Abs. 2.

Bem. 3. Die Makler haben beantragt:

„Die Liste der Warenarten zu streichen und dieselbe anstatt dessen in Form einer besonderen Klausel auf die Police zu setzen".

Auf den Widerspruch der Assekuradeure, die befürchteten, daß die Klausel bei den verschiedenen Versicherungsgesellschaften verschieden gestaltet und infolgedessen zu Verschiedenheiten der Bedingungen der verschiedenen Gesellschaften führen würde, ist der Antrag fallen gelassen worden. (Vollversammlung vom 3. April 1911).

Bem. 4. Die HK. Dresden und Frankfurt a. M. haben beantragt:

„Ergänzung der Liste der in Abs. 2 Ziffer 1 angeführten Güter, insbesondere Einreihung der Worte: Anilinöl in eisernen Fässern, Anilinersatz in Fässern, Ätzkali, Ätznatron, Arzneiwaren, Blätter, natürliche und künstliche Blumen, Borsäure, chemische Erzeugnisse, Chlorkalk in Fässern, Chromsalze, Chlorsalze, Damenhüte, Datteln, Federn, Feigen, frische und getrocknete Früchte, Fette, Gardinen, Gelatinewaren, Gewürze (Pfeffer, Nelken usw.), Hülsenfrüchte, Käse, Kakao, Korinthen, Kräuter, Nahrungs- und Genußmittel, Mais, Mandeln, Magnesium, Natronsalze, Nüsse, Öle, Reis in Säcken, Rosinen, Teer, Teerfarben, chemische Teerprodukte, Wurzeln."

Unter Berücksichtigung dieses Antrages haben die Assekuradeure in der Liste „Bernstein, Elfenbein und Walroßzähne" gestrichen und neu aufgenommen „Pfeffer". Ziffer 2 ist gestrichen, dafür „Vanille und Kaffee" generell unter Streichung von „Kaffee in Fässern" und „Säcken" in Ziffer 1 aufgenommen worden.

Bem. 5. Die H.K. Frankfurt a. M. und der Wvb. haben zu den Schlußverhandlungen 1918 beantragt:

„Hinzuzufügen „„metallische Erze und metallische Zwischenprodukte sowie Kupfervitriol"",

ihren Antrag aber nicht weiter verfolgt.

Bem. 6. Die H.K. Chemnitz und der Allg. Vers.-Schutz-Verb. haben beantragt:

„Aufnahme einer Vorschrift folgenden Inhalts: „„In der Police ist in jedem Falle die Höhe der Befreiungsprozente, gegebenenfalls die Tatsache, daß der Versicherer für Beschädigung nur im Strandungsfalle haftet, zu vermerken"".

Die Assekuradeure haben sich bereit erklärt, in die Police entsprechende Vermerke aufzunehmen, im übrigen aber die Berücksichtigung des Antrages abgelehnt.

Dem Antrage ist nicht stattgegeben worden.

Bem. 7. Die H.K. Frankfurt a. M., Hamburg, Lübeck haben beantragt:

„In § 79 Abs. 2 Satz 2 E. 10 die gewöhnliche Franchise anstatt auf 10 % auf 3 % festzusetzen"

und ihren Antrag mit der Geschäftsübung begründet.

Dem Antrage ist durch Streichung der letzten Sätze entsprochen worden, die lauten:

„Der Versicherer haftet jedoch in den Fällen der Nr. 2 nicht, wenn der durch die Beschädigung entstandene Schaden 10 % des Versicherungswerts nicht erreicht. Auf die Berechnung des Schadens finden die Bestimmungen der §§ 37 und 112 entsprechende Anwendung. Im übrigen bewendet es bei der Bestimmung des § 37 über die Haftung des Versicherers im Falle eines 3 % des Versicherungswertes nicht erreichenden Schadens; jedoch finden auch in den Fällen der Nr. 1 auf die Berechnung des Schadens die Bestimmungen des § 112 entsprechende Anwendung."

Durch die Streichung sind die Anträge der:

a) H.K. Bremen, Hamburg:

„In Satz 3 und 4 den Hinweis auf § 112 zu streichen",

b) H. K. Bremen, Hamburg:
„Die Worte „„auf die Berechnung des Schadens““ zu ersetzen durch die Worte „„auf den Umfang der Haftung““
erledigt worden.

Bem. 8. Die H. K. Frankfurt a. M. hat zu den Schlußverhandlungen 1918 beantragt:
„Es ist zum Ausdruck zu bringen, daß diese Waren stets „„frei von 3 % Beschädigung““ versichert gelten“.
Nachdem darauf hingewiesen worden ist, daß ihr Antrag bereits durch den Eingangssatz zu § 82 Abs. 2 E. 14 in Verbindung mit § 34 E. 14 erfüllt sei, hat sie den Antrag nicht weiter verfolgt.

§ 83.

Vorreisegüter. Retourwaren.

(1) Der Versicherer haftet für eine Beschädigung, auch wenn er sonst noch in anderen Fällen haftet, nur im Strandungsfalle, wenn die Güter in das zur Ausführung der versicherten Reise bestimmte Schiff im Anschluß an eine andere zur See oder auf Binnengewässern ausgeführte Reise übergeladen sind oder übergeladen werden sollen, es sei denn, daß dem Versicherer hiervon bei der Schließung des Vertrags Mitteilung gemacht worden ist oder daß die Beschädigung nur auf der versicherten Reise entstanden sein kann.

(2) Das Gleiche gilt, wenn die Güter nach ihrer Beförderung zum Bestimmungsorte ganz oder zum Teil ausgepackt, wegen ihrer Unverkäuflichkeit oder aus einem anderen Grunde wieder verpackt und auf der versicherten Reise zurück- oder weiterbefördert werden oder werden sollen, insbesondere wenn die Güter Retourwaren sind, es sei denn, daß dem Versicherer hiervon bei der Schließung des Vertrags Mitteilung gemacht worden ist oder daß die Beschädigung nur auf der versicherten Reise entstanden sein kann.

ASVB. § 50; E. 10 § 23 Abs. 3 Nr. 3 und 4; E. 14 § 83.

Bem. 1. § 83 entstammt § 23 Abs. 3 Nr. 3 und 4 E. 10. Die zu § 23 Abs. 3 E. 10 gestellten Anträge (vgl. § 21 Bem. 11) sind nur insoweit berücksichtigt worden, als die Landreise ausgeschlossen ist. Eine weitere Berücksichtigung der Anträge haben die Assekuradeure mit dem Hinweis, daß die angeführte Bestimmung der bestehenden Bedingungen durch einen Druckfehler entstellt sei, abgelehnt. Die in § 21 Bem. 12 angeführten Anträge zu § 23 Abs. 3 Nr. 4 E. 10 sind unberücksichtigt geblieben. (Prot. v. 9. Dezember 1913.)

Abs. 1.

Bem. 2. Die Redaktionskommissionssitzung vom 30. Juni 1919 hat beschlossen, zur weiteren Klarstellung in dem Eingangssatz hinter „auch“ einzuschieben „wenn er sonst noch in anderen Fällen haftet“.

Bem. 3. Die HK. Frankfurt a. M. hat zu den Schlußverhandlungen 1918 beantragt:

„Die Land-, Vor- und Nachreise zu erwähnen".

Auf den Hinweis, daß dieser Antrag bereits in der Sitzung vom 17. Juni 1914 abgelehnt sei, da der Zusatz wegen der Fassung „im Anschluß an eine andere zur See oder auf Binnengewässern ausgeführte Reise" überflüssig sei, ist der Antrag nicht weiter verfolgt worden.

Bem. 4. Der zu den Schlußverhandlungen 1918 gestellte Antrag der HK. Frankfurt a. M.:

„Zu bestimmen, daß die Güter auf der ganzen versicherten Reise, also einschließlich der Vor- und Nachreise, wie auf der See- bezw. Hauptreise validieren, also nicht nur im Strandungsfalle versichert sind"

ist durch den Hinweis der HK. Hamburg auf § 125 erledigt worden.

Abs. 1. u. 2.

Bem. 5. Der von den HK. gestellte Antrag, als Absatz 3 hinzuzufügen:

„Die Bestimmungen der Absätze 1 und 2 über die Nichthaftung des Versicherers im Fall der Unterlassung der Mitteilung finden dann keine Anwendung, wenn der Versicherungsnehmer nachweist, daß die Beschädigung nicht auf der Vorreise oder auf der Hinreise erfolgt ist"

ist von den Assekuradeuren abgelehnt worden. (Prot. v. 28. Januar 1914.) Dagegen ist dem Gegenvorschlage der Assekuradeure, dem Abs. 1 und 2 hinzuzufügen:

„oder daß die Beschädigung nur auf der versicherten Reise entstanden sein kann",

zugestimmt worden. (HK. Kommissionssitzung vom 17. Juni 1914.)

§ 84.

Beschädigte Güter.

Der Versicherer haftet nicht für eine Beschädigung, wenn die Güter die versicherte Reise in beschädigtem Zustande antreten, es sei denn, daß dem Versicherer hiervon bei der Schließung des Vertrags Miteilung gemacht worden ist. Die Bestimmungen des § 113 über den Ausschluß der Haftung des Versicherers für Beschädigung finden entsprechende Anwendung. Auch hat der Versicherer im Falle eines Verlustes nur den wirklichen Versicherungswert zu ersetzen.

ASVB. § 49; BSVB. § 45; MC. § 41; E. 10 § 23 Abs. 3 Nr. 2; E. 14 § 84.

Bem. 1. § 84 ist neu seit ZE. Dez. 12. § 82 aufgenommen worden. Er entspricht inhaltlich § 23 Abs. 3 Nr. 2 E. 10 in Verbindung mit dem in Bem. 10 zu § 21 angeführten Antrage.

Bem. 2. Die HK. Frankfurt a. M. hat zu den Schlußverhandlungen 1918 beantragt:

„Die Ersatzpflicht des Versicherers für Güter, die die Reise beschädigt antreten, nur auszuschließen, wenn dieser Umstand dem Versicherten bekannt war".

Der Antrag ist nicht weiter verfolgt worden.

Bem. 3. Die HK. Frankfurt a. M. hat bei den Schlußverhandlungen 1918 im letzten Satz die Worte „wirklicher Versicherungswert" beanstandet. Die Beanstandung ist nicht weiter verfolgt worden.

§ 85.

Decksladung.

(1) Soweit die Güter auf Deck verladen sind, haftet der Versicherer nur für Beiträge zur großen Haverei, die der Versicherungsnehmer zu entrichten hat, sowie dafür, daß die Güter infolge eines Totalverlustes oder der Verschollenheit des Schiffes oder infolge eines der im § 73 bezeichneten Ereignisse verloren gehen.

(2) Die Bestimmung des Absatzes 1 findet keine Anwendung, wenn die Güter ohne Zustimmung des Versicherungsnehmers auf Deck verladen sind. Dem Versicherer gebührt in diesem Falle eine Zuschlagsprämie.

ASVB. § 107; BSVB. § 44; MC. § 106; E. 10 § 80; E. 14 § 85.

Abs. 1.

Bem. 1. Die HK. Flensburg hat beantragt:

„In Satz 1 hinter dem Worte „„Güter"" die Worte „„geworfen oder über Bord gespült oder im Strandungsfalle beschädigt oder"" einzuschieben."

Der Antrag ist unberücksichtigt geblieben.

Bem. 2. Die Makler haben beantragt:

„Daß Deckladung im Strandungsfalle auch für Seebeschädigung versichert gelte."

In der Vollversammlung vom 3. April 1911 ist von den Assekuradeuren zugegeben worden, daß in der Praxis die Haftung des Versicherers in vielen Fällen in dieser Weise erweitert werde; der allgemeinen Ausdehnung der Haftung in dem beantragten Umfange müsse jedoch widersprochen werden.

Der Antrag ist unberücksichtigt geblieben.

Bem. 3. Die HK. Frankfurt a. M. hat zu den Schlußverhandlungen 1918 beantragt:

„Abs. 1 dahingehend abzuändern, daß Deckgüter auch im Strandungsfalle und was demgemäß § 114 gleichsteht, versichert sind, sowie gegen Werfen und Überbordspülen".

Nachdem die Antragstellerin darauf hingewiesen worden ist, daß die Regelung der Vereinbarung bei Abschluß des Vertrages zu überlassen sei, ist der Antrag nicht weiter verfolgt worden.

Abs. 2.

Bem. 4. a) Die Makler haben beantragt:

„Das Recht auf Zuschlagsprämie, das auch bisher nicht bestanden hat, zu streichen."

b) Denselben Antrag haben später die HK. Bremen, Flensburg, Frankfurt a. M. und Hamburg gestellt und ihren Antrag damit begründet, daß die Zuschlagsprämie nicht dem bisherigen Rechte entspreche und von den beteiligten Kreisen aus den schon zu § 22 S. 10 dargelegten Gründen (vgl. Bem. 13 zu § 20) entschieden abgelehnt werde.

Der Antrag ist unberücksichtigt geblieben.

Bem. 5. Der zu den Schlußverhandlungen 1918 gestellte Antrag der HK. Frankfurt a. M.:

„Die Bestimmungen des § 107 ASVB. Abs. 2 insofern bestehen zu lassen, als der Versicherer für Güter, die ohne Wissen und Willen des Versicherten auf Deck geladen werden, so haftet, als ob sie im Raum verladen worden wären"

ist nicht weiter verfolgt worden, nachdem die Antragstellerin auf die Bedeutung des Begriffs „Zustimmung" (§ 183 BGB.) hingewiesen worden war.

Bem. 6. Unberücksichtigt sind die Anträge geblieben:

a) Der Hamburger Exporteure:
„Die Haftung für Beschädigung im Strandungsfalle einzuschließen";

b) Der HK. Frankfurt a. M.:
„Die Möglichkeit vorzusehen, Decksladung durch besondere Versicherung gegen Zahlung einer erhöhten Prämie auch gegen Teilschaden zu versichern";

c) Der HK. Mannheim:
„Hinter „„ohne Zustimmung"" „„oder ohne Wissen"" einzusetzen."

d) Des Allg. Vers.-Schutz-Verb.:
„Vor „„Zustimmung"" „„ausdrücklich"" einzuschalten".

§ 86.

Natürliche Beschaffenheit der Güter.

(1) Der Versicherer haftet nicht für einen Schaden, der durch die natürliche Beschaffenheit der Güter, namentlich durch inneren Verderb, Schwinden, Rost, Schimmel, gewöhnliche Leckage, gewöhnlichen Bruch, Selbstentzündung, sowie durch mangelhafte Verpackung der Güter oder durch Schiffsdunst, Ratten oder Mäuse verursacht wird. Als gewöhnliche Leckage gilt bei flüssigen Gütern in Metallflaschen ein Verlust bis 3 %, bei anderen flüssigen Gütern ein Verlust bis 5 %.

(2) Für einen Schaden, der durch außergewöhnliche Leckage der Güter verursacht wird, haftet der Versicherer, auch wenn er sonst noch in anderen Fällen haftet, nur im Falle einer Strandung. Das Gleiche gilt von einer Beschädigung flüssiger Güter sowie von einer Beschädigung der Ausstattung oder Verpackung solcher Güter. Die Bestimmungen des § 114 Abs. 1 und 3 über die Haftung des Versicherers im Strandungsfalle finden entsprechende Anwendung; jedoch ist es als eine Strandung auch

anzusehen, wenn infolge eines dem Versicherer zur Last fallenden Unfalls das Schiff einen Nothafen anläuft und die Güter ausgeladen werden.

ASVB. §§ 70 Nr. 3, 106; BSVB. § 19; HGB. § 821 Nr. 3; BVG. § 131 Abs. 2; MC. §§ 55 Nr. 3, 84 Abs. 2, 103 Abs. 2; E. 10 § 81; E. 14 § 86.

Abs. 1.

Bem. 1. Der Wob. hat zu den Schlußverhandlungen 1918 beantragt:

„Statt „„der durch die natürliche Beschaffenheit““ zu setzen: „„der nur durch die natürliche Beschaffenheit““.

Ihm ist entgegnet worden, die geforderte Einschaltung des Wortes „nur“ würde dazu führen, daß der Assekuradeur für den ganzen Schaden haften müßte in Fällen, wo außer der natürlichen Beschaffenheit auch eine äußere Schadensursache mitgewirkt habe. Das sei unmöglich, weil letztere vielleicht nur eine sehr geringfügige Erhöhung bewirkt habe, oder auch dieses nicht einmal zutreffe, weil die Beschädigung bereits 100 % erreicht habe. Völlig verdorbene Früchte würden nachträglich durch Seewasser „beschädigt“. Darauf ist der Antrag fallen gelassen worden.

Bem. 2. Die Makler haben beantragt:

„Die Worte „„Rost, Schimmel““ zu streichen“.

Sie haben aber in der Vollversammlung vom 3. April 1911 ihren Antrag fallen gelassen, nach dem dargelegt worden ist, daß die Haftung für Schäden durch Rost und Schimmel nur dann wegfallen soll, wenn diese Schäden durch die natürliche Beschaffenheit der Güter verursacht sind.

Bem. 3. Die HK. Bremen, Frankfurt a. M. haben beantragt:

„Streichung des Wortes „„Schiffsdunst““.

Der Antrag ist unberücksichtigt geblieben.

Bem. 4. Unberücksichtigt ist der Antrag der HK. Flensburg geblieben:

„Die Worte „„Ratten oder Mäuse““ zu streichen“.

Bem. 5. Die Makler haben beantragt:

„Satz 2 zu streichen und an die Stelle desselben lediglich die Bestimmung zu setzen: „„als gewöhnliche Leckage gilt bei flüssigen Gütern ein Verlust von 3 %““,

weil sie der Meinung seien, daß schon die bisherige Praxis mit ihrem Antrage übereinstimme. Seitens der Assekuradeure ist demgegenüber dargelegt, daß die bisherige Praxis keineswegs allgemein die gewöhnliche Leckage auf 3 % beschränke und gebeten worden, den Antrag der Makler abzulehnen (Vollversammlung vom 3. April 1911).

Der Antrag ist unberücksichtigt geblieben.

Bem. 6. Die HK. Frankfurt a. M. hat beantragt:

„Herabsetzung der Franchise für flüssige Güter bei Leckage von 10 % auf 5 %“

und ihren Antrag folgendermaßen begründet. Die gewöhnliche Leckage werde nach den Darlegungen Sachverständiger bei flüssigen Gütern regelmäßig nicht mehr auf 10 %, sondern niedriger festgesetzt; es dürfte angemessen sein, sie auf 5 % festzulegen. Die Assekuradeure haben dem

Antrage zugestimmt und erklärt, sie beabsichtigten, im Abs. 1 auch zum Ausdruck zu bringen, daß sie für gewöhnlichen Bruch, wie er z. B. bei Steinkohlen und Brikettladungen nach der natürlichen Beschaffenheit dieser Güter unvermeidlich sei, sowie für Selbstentzündungen nicht haften. Die Antragsteller haben entgegnet, gegen die Aufnahme einer Bestimmung, laut welcher die Assekuradeure für Selbstentzündung nicht haften wollten, seien von den verschiedensten Seiten Einsprüche erhoben worden, da die Haftung hierfür einem dringenden Verkehrsbedürfnisse entspreche und der Assekuradeur es in der Hand habe, die Prämie der übernommenen Gefahr anzupassen.

Dem Antrage ist stattgegeben worden; die Assekuradeure haben ferner durch Einfügung der Worte „gewöhnlichen Bruch, Selbstentzündung" ihre Absicht ausgeführt. Vgl. § 114 Bem. 12.

Bem. 7. Die HK. Frankfurt a. M. hat zu den Schlußverhandlungen 1918 folgende Anträge gestellt:

a) „Die natürliche Beschaffenheit der Güter muß die erste Veranlassung des Schadens sein, um den Versicherer von seiner Ersatzpflicht zu befreien. (Die angeführten Schäden können auch erst in zweiter Linie zum Schaden führen, in welchem Falle sie ersatzpflichtig bleiben müssen).

b) Gewöhnliche Leckage im Falle des Verkaufes der Güter im Nothafen muß ersetzt werden.

c) Außergewöhnliche Leckage muß auch zu ersetzen sein, wenn das Schiff aufgebracht, angehalten usw. wird und der dadurch entstandene Aufenthalt länger als 3 Monate dauert. Auf die Beibehaltung der Bestimmungen § 106 ASVB. ist auch in Anbetracht der Erfahrungen des Krieges, wodurch ein solcher Aufenthalt in Frage gekommen ist, Wert zu legen."

Es ist ihr entgegen gehalten worden:

zu a) Der Versicherungsnehmer erscheine im Hinblick auf die Lehre vom adäquaten Kausalzusammenhang genügend geschützt durch die dem Versicherer obliegende Beweislast, daß der vorliegende Schaden auf einen der genannten Ausnahmefälle zurückzuführen sei.

zu c) Dem Antrage sei Rechnung getragen durch die Neufassung des Schlußsatzes von Abs. 2. Der Antrag bezüglich des Ersatzes der außergewöhnlichen Leckage im Falle der Aufbringung oder Anhaltung entbehre auf dem Boden der Seeversicherung völlig der Berechtigung, da hierin eine Folge der Kriegsgefahr zu erblicken sei.

Alle drei Anträge sind fallen gelassen worden.

Abs. 2.

Bem. 8. Die Redaktionskommissionssitzung vom 30. Juni 1919 hat auch hier (vgl. § 83 Bem. 2) hinter „Versicherer" die Einschaltung der Worte „auch wenn er sonst noch in anderen Fällen haftet" beschlossen.

Bem. 9. Die HK. Bremen, Hamburg haben beantragt:

„In § 81 Abs. 2 Satz 3 Z. 10 hinter „„Ausladung"" „„Lagerung"" einzufügen".

Über das weitere Schicksal des Antrages vgl. Bem. 10.

Bem. 10. Die HK. Bremen, Hamburg haben beantragt:

„Streichung der Worte in Abs. 2 Satz 3 E. 10 „„und die Güter infolge eines dem Versicherer zur Last fallenden Unfalls ausgeladen sind““

und ihren Antrag begründet, der dritte Satz des Abs. 2 enthalte Abweichungen von dem bestehenden Rechte. Nach § 106 ASVB. und § 19 BSVB. hafte der Versicherer für außergewöhnliche Leckage, wenn die Waren in einem Nothafen ausgeladen seien. Nach dem Entwurfe wolle der Versicherer außer im Strandungsfalle nur dann haften, wenn die Güter infolge eines dem Versicherer zur Last fallenden Unfalls in einem Nothafen ausgelaufen seien und der Schaden nachweislich entweder bei der Ausladung oder bei der Wiedereinladung der Güter entstanden sei. Abgesehen davon, daß kein Grund vorliege, den Versicherer nicht auch für die während der Lagerung der Güter im Nothafen eintretende, sowie für die durch den Unfall, wegen dessen das Schiff den Nothafen anlaufe, herbeigeführte Leckage haften zu lassen, würde die in dem E. 10 dem Versicherungsnehmer auferlegte Beweislast die ganze Bestimmung für den Versicherten regelmäßig nutzlos machen, da der Beweis, daß die Leckage gerade bei dem Ausladen oder bei dem Wiedereinladen verursacht sei, dem Versicherten meist nicht möglich sein werde.

Der Antrag ist dadurch hinfällig geworden, daß in Abs. 2 der letzte Halbsatz des Satz 3 § 81 E. 10 „jedoch haftet der Versicherer auch für einen durch außergewöhnliche Leckage entstandenen Schaden, wenn der Schaden bei der Ausladung und der Wiedereinladung der Güter in einem Nothafen entsteht und die Güter infolge eines dem Versicherer zur Last fallenden Unfalls ausgeladen sind“ durch den neu gefaßten letzten Halbsatz ersetzt worden ist.

Bem. 11. Der Wvb. hat zu den Schlußverhandlungen 1918 beantragt:

„Einen neuen Schlußsatz: „„Die Fälle des § 73 sind der Strandung gleichzuachten““, einzusetzen.“

Der Antrag ist fallen gelassen worden.

§ 87.

Frachtklauseln.

Der Versicherer haftet nicht, soweit der Versicherungsnehmer von einem Dritten den Ersatz des Schadens deshalb nicht verlangen kann, weil die gesetzliche Haftung des Verfrachters über das verkehrsübliche Maß hinaus beschränkt oder ausgeschlossen ist.

ASVB. Zusatz zu § 27; ME. §§ 27 Abs. 3, 49; E. 10 § 82; E. 14 § 87.

Bem. 1. Die Bestimmung des § 82 E. 10 ist den „Allgemeinen Regeln für Dampferkonnossemente“ entnommen. Begr. § 82.

Bem. 2. a) Der Vollversammlung vom 3. April 1911 haben bereits die Anträge der Makler und der Hamburger Reeder:

„§ 82 E. 10 zu streichen und an ihre Stelle die das Gegenteil besagende bisherige Klausel zu setzen, welche lautet: „„Es ist dem Versicherten unpräjudizierlich, wenn die über die von ihm verladenen Güter be-

bezeichneten Konnossemente oder Charterpartien Bestimmungen enthalten, durch welche die Reeder der ihnen, den Ladungsinteressenten gegenüber, wegen Erfüllung der Frachtkontrakte gesetzlich obliegenden Verbindlichkeiten, gleichviel in welchem Maße, sich entschlagen. Jedoch übernehmen die Versicherer durch die Gestattung solcher Bestimmungen keine Gefahr, welche nicht ohnedies durch die Versicherung gedeckt ist""

vorgelegen. Die Assekuradeure haben damals diesen Anträgen widersprochen, indem sie darauf hinwiesen, die Haftung für die in Frage stehenden Schäden sei Sache des Reeders; dieser entziehe sich durch Klauseln seiner gesetzlichen Haftung; es sei nicht billig, daß der Versicherer unter diesen dem Gesetze widersprechenden Verhalten des Reeders leiden solle. Auch könne dem Versicherer nicht zugemutet werden, daß er in dem Entwurfe die Haftung für diese Schäden übernehme, da zur Zeit Verhandlungen mit den Reedereien über die Aufstellung eines Normalkonnossements schwebten und zu hoffen sei, daß diese Verhandlungen zur Übernahme der in Frage stehenden Schäden durch die Reedereien führten; würden sich jetzt die Versicherer zur Übernahme dieser Schäden bereit erklären, so sei zu befürchten, daß die Verhandlungen mit den Reedereien erfolglos blieben. Von seiten der Makler sowie der Vertreter verschiedener Warenhandelszweige ist die dringende Notwendigkeit des unbedingten Schutzes der Güterversicherten gegen diese Schäden betont worden; es ist darauf hingewiesen worden, daß sich die Verhandlungen mit den Reedereien überhaupt nur auf das Konnossement für die ausgehende Fahrt bezögen; auch für die kleine Fahrt werde künftig noch mit Konnossementsklauseln, welche die Haftung für solche Schäden ausschlössen, zu rechnen sein; der Versicherer müsse jedenfalls die Haftung für diese Schäden übernehmen, wenn es auch wünschenswert sei, daß er auf Grund der gesetzlichen Haftung des Reeders einen Rückgriff gegen diesen habe.

b) Später haben die HK. Bremen, Chemnitz, Elberfeld, Flensburg, Frankfurt a. M., Hamburg, Lübeck, der Allg. Vers.-Schutz-Verb. und die Hamburger Exporteure beantragt:

„Ersatz der Bestimmung des Entwurfes durch die bisher geltende Klausel (Zusatz zu § 27 ASVB.) etwa durch Streichung des Wortes „„nicht"" in dem Entwurf und Ersatz desselben durch das Wort „„auch"".

Die Assekuradeure haben hierzu folgende Stellung eingenommen. Wenn es in der Begründung dieses Antrages heiße „bei der großen Machtstellung der Reedereien habe der Versicherungsnehmer, welcher Güter versichert, keine Möglichkeit, sich dagegen zu wehren, daß in die Konnossemente Klauseln aufgenommen werden, welche die Haftung des Reeders beschränken, der Güterversender sei vielmehr gezwungen, sich den ihm von den Reedereien gestellten Bedingungen zu unterwerfen", so vermöchten die Assekuradeure nicht einzusehen, warum gerade sie der leidende Teil sein sollen, warum der Güterversicherer ohne entsprechende Vergütung ein Risiko übernehmen soll, das von Rechtswegen der Reeder zu tragen habe und für das der Reeder von Rechtswegen eine Haftpflichtversicherung nehmen sollte. Sie hätten sich gleichwohl entschlossen, den § 82 zu streichen, um die dort behandelte Frage außerhalb der ASVB. zu lösen. Sie erklärten jedoch, daß sie sich dauernd nicht, um die Worte der Begründung des Antrags zu gebrauchen, der Machtstellung der Reedereien und den von ihnen gestellten Bedingungen zu unterwerfen vermöchten. Die vereinigten Handelskammern haben sich mit der Antwort der Assekuradeure in diesem Punkt nicht zufrieden geben können. Die Antwort lasse durchaus die Frage offen, welcher Rechtszustand nach Streichung der Bestimmung des E. 10 eintreten solle. Nach einer den Handelskammern zuteil gewordenen Auskunft sei es die Absicht der Assekuradeure, den Verzicht auf Rechte gegen den Reeder im Konnossement als unter die Anzeigepflicht bezw. unter die Gefahränderung fallend zu behandeln, sodaß, wenn die Anzeige über diesen Punkt unterblieben sei, bezw. der Versicherungsnehmer nach Abschluß des Vertrages durch stillschweigende Zustimmung zum Konnossemente die Gefahr geändert habe, der Versicherer von der Leistungsverpflichtung befreit sein solle. Die Handelskammern ersuchten zunächst um Auskunft, ob dies in der Tat die Absicht der Assekuradeure sei. Es sei bei den Erörterungen dieses Punktes von einer Seite darauf hingewiesen worden, daß die Bestimmung des § 27 Abs. 3 der bestehenden Bedingungen in den neuen E. 10 nicht aufgenommen sei; die Bestimmung dürfte indessen in dem Abs. 3 des § 49 E. 10 enthalten sein. Sei es die Absicht des E. 10, in § 49 die in Frage stehende Bestimmung des § 27 der bisherigen Bedingungen wiederzugeben, so würde nach Streichung des § 82 E. 10 derselbe Zustand eintreten, der vor Schaffung des Zusatzes zu § 27 der bestehenden Bedingungen bestand, d. h. es würde der in § 82 E. 10 ausgesprochene Rechtssatz auch nach Streichung der Bestimmung des § 82 gelten und zwar nicht nur in der Beschränkung, in welcher der § 82 E. 10 diesen Rechtssatz aufstelle. Die vereinigten HK. erachteten es für unbedingt im Interesse der Sicherheit des Verkehrs geboten, in die neuen Seeversicherungsbedingungen eine positive, dem von den Handelskammern gestellten Antrage entsprechende Bestimmung aufzunehmen. Wenn die Assekuradeure betonten, daß sie nicht ohne entsprechende Vergütung ein Risiko allein übernehmen wollten, für welches sie von Rechtswegen einen Rückgriff gegen den Reeder haben würden, wenn dieser sich nicht freigezeichnet hätte, so verkennen die Handelskammern keineswegs, daß es nicht der Berechtigung entbehre, wenn der Assekuradeur in Fällen, in welchen der Reeder sich über das gewöhnliche Maß hinaus von seinen Verpflichtungen freigezeichnet habe, eine höhere Prämie fordere. Die Regelung der Haftung werde aber unbedingt in den Bedingungen selbst, und nicht, wie die Assekuradeure beabsichtigten, außerhalb der Bedingungen zu erfolgen haben, da andernfalls nur in denjenigen Plätzen, in denen dem Versicherungsnehmer sachverständige Berater zur Seite stünden, mit anderen Worten, im Wesentlichen nur in den Hansestädten, für die Versicherungsnehmer Gewähr gegen schwerwiegende Schädigungen durch das Fehlen von Bestimmungen über diese Frage in den Bedingungen gegeben sein würde.

Die Assekuradeure haben in ihrer Stellungnahme erklärt, mit der Streichung des § 82 E. 10 nur einen dem Gesetz entsprechenden Zustand wiederherstellen zu wollen, den Schutz, den sie mittels § 82 herbeiführen wollten, müßten sie außerhalb der Allgemeinen Seeversicherungsbedingungen zu erreichen sich bestreben.

Während die Assekuradeure auf der Streichung noch im April 1913 beharrt haben, sind sie im Dezember mit einer neuen Fassung hervorgetreten. Bei der Beratung dieses § 84 a ZE. Dez. 13 am 6. Dezember 13 ist der frühere Standpunkt aufrecht erhalten worden, daß es nicht genüge, wenn § 82 E. 10 gestrichen werde. Dem Vorschlage der Einführung einer ausdrücklichen Vorschrift nach Art des § 84 a ist grundsätzlich zugestimmt, allerdings ist eine etwas abgeänderte Fassung gewünscht worden, durch welche zum Ausdruck gebracht werden soll, daß der Versicherer nur insoweit nicht haften soll, als seine gesetzliche Haftung auf Veranlassung des Versicherungsnehmers in dessen Interesse zum Zweck der Erzielung besonderer Frachtvergünstigungen in einer über das nach den gewöhnlichen Konnossementsbestimmungen hinausgehende Maß beschränkt worden ist.

In der Handelskammer-Sitzung vom 10. Januar 1914 ist nach eingehender Beratung anerkannt worden, daß der jetzige Wortlaut des § 84 a den beabsichtigten Gedanken in genügender Weise zum Ausdruck bringe. Es könne daher auf den vorgeschlagenen Zusatz: „Auf Veranlassung des Versicherungsnehmers und dessen Interesse" verzichtet werden.

Das Endergebnis dieser Verhandlungen ist die Einführung des § 87 E. 14 an Stelle des § 82 E. 10 gewesen.

Bem. 3. Die HK. Leipzig hat ausdrücklich darauf hingewiesen, daß die den Handelskammern neuerdings mitgeteilte Absicht der Assekuradeure:

„Den Verzicht auf Rechte gegen den Reeder im Konnossement als unter die Anzeigepflicht bezw. unter die Gefahränderung fallend zu behandeln, sodaß, wenn die Anzeige über diesen Punkt unterblieben bezw. der Versicherungsnehmer nach Abschluß des Vertrages durch Zustimmung zum Konnossement die Gefahr geändert hat, der Versicherer von der Leistungspflicht befreit sein sollte"

geeignet wäre, den größten Teil aller abzuschließenden Seeversicherungen nachträglich in Frage zu stellen, da seitens der Reeder stets wieder neue Klauseln aufgebracht würden, deren Konsequenzen der Absender der Güter nicht immer beurteilen könne, und die er im Drang der Geschäfte vielfach auch gar nicht besonders beachte. Durch Annahme des Konnossements, zu dessen Verweigerung meist gar keine Zeit bleibe, würde er also gezwungen sein, die vorher erledigte Deckung der Versicherung von Neuem zu betreiben, um nicht durch Unterlassung dieser „Gefahränderung", die in den meisten Fällen eine sehr unerhebliche sein werde, den Versicherer in die Lage zu versetzen, sich im Schadensfalle als „von der Leistungspflicht befreit" betrachten zu können.

Durch die Einführung des § 87 (Bem. 2) sind die Bedenken hinfällig geworden.

Bem. 4. Unberücksichtigt ist der Antrag der HK. Lübeck geblieben:

„im Falle der Freizeichnung des Reeders dem Versicherer eine Zuschlagsprämie zuzugestehen".

Bem. 5. Die zu den Schlußverhandlungen 1913 gestellten Anträge der HK. Frankfurt a. M., Lübeck und des Wvb.:

„§ 87 zu streichen"

sind nicht weiter verfolgt worden.

§ 88.

Dauer der Versicherung.

(1) Die Versicherung erstreckt sich auf die ganze Dauer der versicherten Reise.

(2) Die Versicherung beginnt mit dem Zeitpunkt, in dem die Güter von dem Verfrachter zur Beförderung oder, wenn die Beförderung nicht sofort erfolgen kann, zur einstweiligen Verwahrung angenommen werden. Bedient sich der Versicherungsnehmer zur Ablieferung der Güter an den Verfrachter einer Kaianstalt oder einer ähnlichen Anstalt, so gilt diese in Ansehung der Güterannahme als Vertreter des Verfrachters. Als einstweilige Verwahrung im Sinne dieser Bestimmungen gilt nur eine Verwahrung auf kurze, den Verkehrsverhältnissen entsprechende Zeit.

(3) Die Versicherung endigt mit dem Zeitpunkt, in dem die Güter dem Empfänger am Ablieferungsort abgeliefert oder, wenn sich ein Ablieferungshindernis ergibt, rechtmäßig hinterlegt oder verkauft werden, jedoch spätestens mit dem Ablaufe des zehnten Tages nach dem Tage der Löschung. Wird die Löschung von dem Versicherungsnehmer, dem Absender oder dem Empfänger ungebührlich verzögert, so endigt die Versicherung spätestens mit dem Ablaufe des zehnten Tages nach dem Zeitpunkt, in dem die Löschung beendigt sein würde, falls die Verzögerung nicht stattgefunden hätte.

ASVB. § 73 Abs. 1, Zusatz zu § 73, § 77, Zusatz zu § 77, § 134 Abs. 2; BSVB. §§ 3, 39; HGB. §§ 824 Abs. 1 u. 2, 828 Abs. 1; VVG. § 134 Abs. 1—2; ME. §§ 58, 63 Abs. 2; E. 10 § 83; E. 14 § 88.

Abs. 2.

Bem. 1. „Gegenwärtig kommt es nicht selten vor, daß die Güter, nachdem sie dem Verfrachter zur Beförderung übergeben sind, lange Zeit lagern müssen, bevor sie befördert werden. Daß in solchen Fällen die Versicherung sich nicht unbeschränkt auf die Dauer der Lagerung erstrecken kann, versteht sich von selbst. Der Entwurf bringt im Anschluß an das Versicherungsvertragsgesetz diesen Gedanken dadurch zum Ausdruck, daß er die Versicherung nur dann mit der Inverwahrungnahme durch den Verfrachter beginnen läßt, wenn die Verwahrung eine nur „„einstweilige"" sein soll. Wird, obgleich der Verfrachter die Güter zur nur einstweiligen Verwahrung angenommen hat, der Antritt der Reise erheblich verzögert, so greifen nach § 25 Abs. 2 die Folgen der Gefahränderung Platz." Begr. § 83.

Bem. 2. Die HK. Chemnitz, Hamburg, Lübeck haben beantragt:

„Abs. 2 zu streichen und zu sagen: „„Die Versicherung beginnt mit dem Zeitpunkte, in dem die Güter vom Lande scheiden; dem vom Lande Scheiden steht für Güter, welche der Ablader an einen Kai, Werft oder dergl. anzuliefern hat, diese Anlieferung gleich"" und zur Begründung auf Folgendes hingewiesen. Gegen die durch die Fassung des Abs. 2 beabsichtigte Rechtsfolge, daß, wenn die an einen Kaischuppen angelieferten Güter nicht sofort befördert werden könnten, der Kaufmann eine Zuschlagsprämie wegen Veränderung der Gefahr soll zahlen müssen, werde aus den schon zu § 22 dargelegten Gründen seitens des Handels nachdrücklicher Widerspruch erhoben. Überhaupt sei es wünschenswert, es bei dem bisherigen Rechtszustande zu belassen, nach welchem der Zeitpunkt des vom Lande Scheiden und des an das Land Gelangen für den Beginn und die Beendigung der Versicherung maßgebend sei und die Anliefernug an einen Kaischuppen bezw. die Ablieferung von einem solchen oder einem Zollschuppen dem vom Lande Scheiden und ans Land Gelangen gleichgestellt werde, sodaß das Leichterrisiko ohne Weiteres in die Versicherung inbegriffen sei. Auch die Beendigung der Gefahr des Versicherers mit dem Ablaufe des zehnten Tages nach der Entlöschung der Ware aus dem Schiff, einerlei ob den Empfänger ein Verschulden an der Verzögerung der Entgegennahme treffe oder nicht, werde nicht den Bedürfnissen des Verkehrs gerecht, welche unbedingt erforderten, daß der Versicherungsnehmer, solange ihn kein Verschulden treffe, durch die Versicherung gedeckt sei. Für Häfen, für welche der Versicherer aus besonderen Gründen die Haftung am Lande am Endbestimmungsorte weitergehend beschränken oder ausschließen zu müssen glaube, werde ein solcher Ausschluß durch Einfügung einer Klausel in die Police zu erfolgen haben; der Versicherungsnehmer werde in solchen Ausnahmefällen durch besondere Maßnahmen anderweitig sich Deckung zu schaffen suchen müssen. Die Assekuradeure haben erwidert, sie beabsichtigten, in den Abs. 2 eine Bestimmung einzustellen, die klarstelle, daß der Versicherer auch während der einstweiligen Verwahrung der Güter in einer Kai- oder ähnlichen Anstalt hafte und daß andererseits der Versicherungsnehmer nicht befugt sei, die Güter beliebig lange am Kai oder in den Lagerräumen des Verfrachters unter Seeversicherung lagern zu lassen. Die Antragsteller haben darauf entgegnet, sie müßten daran festhalten, daß das Risiko anstatt, wie bisher, mit dem Augenblicke des Scheidens vom Lande, mit dem Zeitpunkte, in dem die Güter vom Verfrachter zur Beförderung übernommen würden, beginne. Nach § 84 E. 10 (= § 89) solle der Versicherer die Gefahr der Benutzung von Leichterfahrzeugen tragen, wenn sie ortsüblich sei. In Verbindung mit der vorstehend angeführten Bestimmung des § 83 könne den Versicherer hiernach in Zukunft das Leichterrisiko nur dann treffen, wenn die Annahme der Güter zur Beförderung seitens des Reeders der Benutzung des Leichterfahrzeugs vorausgegangen sei, also z. B. wenn die Güter an einen Kaischuppen, der die Waren für das Schiff annehme, angeliefert seien und von dort aus mit einem Leichterfahrzeug dem Schiffe zugeführt würden, nicht aber, wenn die Güter vom Lager des Versicherten mit einem Leichterfahrzeuge unmittelbar dem Schiffe zugeführt würden; denn in dem letzteren Falle würde der Leichtertransport vor demjenigen Zeitpunkte erfolgen, der nach § 83 grundsätzlich für den Beginn des Risikos maßgebend sein solle. Ebenso würde der Leichtertransport vom Flußschiff zum Seeschiff nicht mehr als in das Risiko des Seeversicherers fallend betrachtet werden können, während bisher bei Gütern, die mit dem Flußschiff im Hafen ankämen, das Scheiden vom Flußschiff dem Scheiden vom Lande gleichgeachtet sein dürfte. Die Änderung des bestehenden Rechts durch den E. 10 bringe somit eine wesentliche Verschiebung der Rechtslage zu Ungunsten des Versicherten mit sich. Das Gleiche gelte für die Beendigung des Risikos, für welche bisher das an das Land Gelangen maßgebend wäre, während jetzt der Zeitpunkt der Ablieferung an den Empfänger entscheidend sein solle. Da z. B. in Hamburg die Ablieferung seitens des Schiffes schon mit der Ablieferung an den Ewerführer, welcher die Ware als Vertreter des Empfängers abnehme, sich vollziehe, würde das Leichterrisiko in Hamburg logischer Weise nicht mehr als in die Seeversicherung eingeschlossen gelten können.

Die Assekuradeure haben dem Antrage keine Rechnung getragen, vielmehr nur in Abs. 2 hinzugefügt, daß die Kaianstalt usw. in Ansehung der Güterannahme als Vertreter des Verfrachters gelte. Es ist aber einschränkend hinzugefügt worden, daß als einstweilige Verwahrung nur eine solche auf kurze, den Verkehrsverhältnissen entsprechende Zeit gelte. In ihrem Antwortschreiben haben die Assekuradeure die Einwendungen der Antragsteller als rechtsirrtümlich (§ 136 VVG.) bezeichnet und sich auf das Gesetz und die Literatur bezogen. Insbesondere haben sie darauf hingewiesen, daß die Versicherung heute tatsächlich früher beginne und später ende, es könne deswegen nicht richtig sein, grundsätzlich das Gegenteil zu bestimmen. Darüber, daß die Leichtergefahr in den Grenzen des § 86 ZE. Dez. 12 immer zu Lasten des Versicherers gehe, könne kein Zweifel bestehen. In der HK. Kommissionssitzung vom 6. Dezember 1913 ist über diese Streitfrage eine Einigung zustande gekommen.

Das Endergebnis ist gewesen, daß unter Berücksichtigung des Antrages Satz 2 und 3 hinzugefügt worden sind. Vgl. auch Bem. 7.

Bem. 3. Die HK. Frankfurt a. M. hat zu den Schlußverhandlungen beantragt: „Die Bestimmung des § 124 E. 14 aufzunehmen, und zwar in der Weise, daß der Versicherte „„von Haus zu Haus““ gedeckt ist, für alle Risiken, von dem Zeitpunkt ab, an welchem die Güter zwecks Beförderung von ihrem ursprünglichen Lagerplatz abgehen, bis zu dem Zeitpunkt, an welchem sie am Bestimmungsort vom Empfänger eingelagert sind, einschließlich jeglichen, auch außergewöhnlichen Aufenthaltes, Lager- und sonstigen Risiken.“

Der Antrag ist nicht weiter verfolgt worden.

Bem. 4. Fallen gelassen sind die Anregungen der HK. Kiel, Lübeck, die Versicherung in dem Zeitpunkte beginnen zu lassen, in dem die Gefahr für den Versicherten auf der beabsichtigten Reise beginnt.

Abs. 2 u. 3.

Bem. 5. In der Vollversammlung vom 11. April 1911 ist seitens der Makler folgendes ausgeführt worden. Güterversicherungen würden hier in Hamburg jetzt vorherrschend mit der Klausel „von Haus zu Haus“ abgeschlossen; bei Versicherungen mit dieser Klausel sei das Risiko während der Lagerung der Güter am Kai sowohl am Abgangsorte als Bestimmungsorte bisher ohne zeitliche Beschränkung gedeckt gewesen und auch der Entwurf beabsichtige nicht, hierin, wie auch schon früher seitens eines der Vertreter der Versicherer betont worden sei, eine Änderung eintreten zu lassen, indem solche Versicherungen mit einer kurzen Vorreise und einer kurzen Nachreise nach § 123 zu beurteilen seien. Da die Versicherungen mit dieser Klausel praktisch durchaus die Regel bildeten, sei es zweckmäßig, für den Beginn und das Ende der Güterversicherung allgemein die Zeitpunkte zu Grunde zu legen, die bei der Versicherung „von Haus zu Haus“ maßgebend seien, also den Zeitpunkt des Verlassens des Lagerraumes des Absenders und den Zeitpunkt der Ankunft auf dem Lagerraum des Empfängers. Tatsächlich werde die kurze Vorreise von dem Lagerraum des Absenders bis zur Empfangsstelle der Reederei jetzt in den meisten Fällen ohne besondere Entschädigung von den Versicherern mitgedeckt; in den Fällen, in denen eine Prämie dafür bezahlt werde, sei dieselbe ganz verschwindend klein. Für den Versicherungsnehmer sei die Einbeziehung der kurzen Vorreise in die Versicherung von erheblichem Werte; denn, wenn später ein Schaden an dem Gute festgestellt werde, so treffe den Versicherungsnehmer gegebenenfalls die Beweislast dafür, daß dieser Schaden nicht auf der Vorreise eingetreten sei, ein Beweis, dessen Führung oft schwierig oder unmöglich sei. Auch die englische Police decke regelmäßig die Gefahr von Haus zu Haus; denn wenn auch das englische Recht in dieser Beziehung eine Rechtsvorschrift nicht enthalte, so sei doch praktisch die Ergänzung der Police durch eine Klausel, kraft welcher dieselbe von Haus zu Haus gelte, durchaus die Regel. Seitens der Vertreter der Assekuradeure ist anerkannt worden, daß in Hamburg die Einfügung der Klausel „von Haus zu Haus“ allgemein üblich sei; es sei auch zuzugeben, daß die Festsetzung der Bedeutung dieser Klausel in den Bedingungen notwendig sei und zwar werde die Regelung in Übereinstimmung mit der Bedeutung, welche der Klausel bisher beigelegt sei, zu erfolgen haben, so daß das Risiko während der Lagerung auf Kais am Abgangs- und Bestimmungsorte nach der Vorreise und vor der Nachreise in gleicher Weise wie bei den sonstigen Versicherungen in durchstehendem Risiko mitgedeckt sei. Allgemein aber die Grundsätze der Klausel „von Haus zu Haus“ für den Beginn und das Ende der Gefahr des Versicherers auf die Seeversicherung der Güter zu übertragen, sei nicht angängig und müsse seitens der Versicherer abgelehnt werden; die Klausel müsse vielmehr in jedem einzelnen Falle besonders vereinbart werden.

Von anderer Seite ist ausgeführt worden, daß, wenn die Klausel „von Haus zu Haus“ in der von den Vertretern der Assekuradeure ins Auge gefaßten Weise durch Aufnahme einer besonderen Bestimmung geregelt werde, die Schwierigkeiten, die sich aus der Bestimmung des Entwurfes betr. den Ablauf des Risikos spätestens am 10. Tage nach der Entlöschung des Gutes ergeben, für alle diejenigen Versicherungen, die nicht mit der Klausel „von Haus zu Haus“ abgeschlossen würden, noch keineswegs behoben seien; dies gelte namentlich für den Import, soweit er von drüben aus bei deutschen Gesellschaften nach deutschem Rechte versichert werde. In englischen Policen pflege die Lagerung am Kai des Bestimmungshafens noch für 30 oder 60 Tage mit in das Risiko eingeschlossen zu sein. Die Beschränkung der Haftung auf die ersten 10 Tage nach der Entlöschung sei nicht annehmbar; der Empfänger wisse z. B. bei den Entlöschungen am Kai oder wenn der Leichtertransport an Land Sache der Seeschiffsreederei sei, meist garnicht, wann die Güter gelöscht würden, könne also nicht übersehen, wann die Versicherung ablaufe und von wann an eine neue Deckung notwendig sei; es könne sehr leicht vorkommen, daß der Empfänger nicht in der Lage sei, während der ersten zehn Tage abzunehmen, z. B. weil er die versicherten Güter mit anderen aus demselben Dampfer stammenden Waren zusammen vom Kai abnehmen wolle, da ihm sonst doppelte Abholungskosten entständen, diese anderen Waren aber sich tief unten im Dampfer befänden und noch nicht hätten gelöscht werden können, oder weil er die Güter mittels Flußfahrzeuges abnehmen wolle, dieses aber so lange nicht an den Kai heranzukommen vermöge, als der Seedampfer am Kai liege. Auch könnten verschiedene Teile einer und derselben Güterpartie zu verschiedenen Zeiten gelöscht werden und schon dadurch Schwierigkeiten entstehen. Überhaupt erscheine es zweifelhaft, was unter dem Begriffe Löschung an dieser Stelle verstanden werden solle. Angeregt wurde dabei von einer Seite, anstatt des Zeitpunktes der Löschung des Gutes aus dem Dampfer den Zeitpunkt der beendeten Entlöschung des Dampfers zu setzen. Von Seiten der Vertreter der Assekuradeure ist diesen Ausführungen gegenüber bemerkt worden, es sei richtig, daß die Entlöschung der Dampfer am Kai hier in Hamburg sich rasch vollziehe und daß einer längeren Lagerung der Güter am Kai hier die Bestimmung, laut welcher ein sehr hohes Lagergeld nach Ablauf der beiden ersten Tage nach Entlöschung des Dampfers zur Erhebung gelange, im allgemeinen erfolgreich entgegenwirke; allein es dürfe nicht vergessen werden, daß die Bestimmungen für alle Häfen gelten sollten und daß in manchen überseeischen Plätzen in dieser Beziehung infolge ungenügender Anlagen, Raummangels und dergl. unhaltbare Zustände herrschten, die eine zeitliche Beschränkung des Risikos des Versicherers nach der Ankunft der Ware erforderten; nur auf diesem Wege könne erreicht werden, daß auch die Empfänger auf eine Besserung dieser Zustände an diesen Plätzen drängten; denn vielfach sei es vorgekommen, daß die Empfänger selbst gar nicht den Willen gehabt hätten, die Ware rascher zu empfangen. Die Versicherer seien der Meinung, daß eine Frist von zehn Tagen nach der Entlöschung des Gutes aus dem Seeschiffe ausreichend sei. Würden verschiedene Teile der versicherten Güter zu verschiedenen Zeiten gelöscht, so beginne die Frist für die ganzen Güter erst mit dem Zeitpunkte, in welchem die Löschung des letzten Teiles beendet sei. Unter der Löschung sei die Ausladung des Gutes aus dem Schiffe, sei es nun an das Land oder an ein anderes Fahrzeug, z. B. ein Leichterfahrzeug, zu verstehen, wobei es an sich gleichgültig sei, ob der Transport mit dem Leichterfahrzeuge noch Sache der Seeschiffsreederei sei oder nicht; die Frage, ob der Versicherer die Gefahr des Leichtertransportes trage oder nicht, richte sich nach § 84 des Entwurfes. An die Stelle des Zeitpunktes der Entlöschung des Gutes, den Zeitpunkt der beendeten Entlöschung des Schiffes zu setzen, sei nicht angängig, da das Leerwerden des Dampfers ein Ereignis sei, das nichts mit dem Vertragsverhältnisse zwischen Versicherer und Versicherungsnehmer zu tun habe. Aus dem Kreise der Vertreter des Warenhandels ist auf diese Ausführungen erwidert worden, die geäußerten Klagen der Versicherer bezögen sich offenbar auf die Zustände in Buenos Aires, wo drei Zollämter abgebrannt und dadurch große Schwierigkeiten entstanden seien;

die Verhältnisse würden dort aber bald sich bessern, da die im Bau befindlichen neuen Zollämter bald fertiggestellt sein würden. Nicht übersehen werden dürfe übrigens, daß die Beschränkung des Risikos auf die ersten zehn Tage nach der Entlöschung eine Benachteiligung des hamburgischen Handels gegenüber dem direkten überseeischen Handel des Binnenhandels bedeute, der, indem er den Transport im durchstehenden Risiko versichere, auch gegen die Gefahren des Lagerns auf den Kais und dergl. am Endpunkte der Seereise ohne zeitliche Beschränkung gedeckt sei.

Abs. 3.

Bem. 6. § 83 Abs. 3 E. 10 schließt sich dem VVG. an. Dieses „läßt die Versicherung mit der Ablieferung „„am Ablieferungsort"" endigen, d. h. dort, wo der Beförderer die Verfügungsgewalt über die Güter zugunsten und mit Zustimmung des Empfangsberechtigten, mag dieser der Destinatär oder der Absender, mag es am Bestimmungsort oder dort, wo die Reise sonst endigt, sein, tatsächlich aufgibt." Begr. § 83.

Bem. 7. Die HK. Bremen, Frankfurt a. M., Hamburg, Lübeck und der Allgem. Vers.-Schutz-Verb. haben beantragt:

„Abs. 3 zu ändern wie folgt: „„Die Versicherung endigt, wenn die Güter im Bestimmungshafen an Land kommen. Dem Anlandkommen steht bei Gütern, welche vom Empfänger von einem Kai, Werft, Zollhaus oder dergl. entgegenzunehmen sind, diese Entgegennahme gleich. Verzögert der Empfänger diese Entgegennahme, so endet die Versicherung mit dem Ablaufe des zehnten Tages nach Entlöschung der Güter"".

Über die Begründung des Antrages und die Bedenken, zu denen er Veranlassung gegeben hat, vgl. Bem. 2.

Der Antrag ist unberücksichtigt geblieben.

Bem. 8. Die von den Assekuradeuren vorgenommene Ersetzung des Wortes „erheblich" durch „ungebührlich" in Satz 2 ist von keiner Seite beanstandet worden.

Bem. 9. Zu Abs. 4 § 83 E. 10, der lautet:

„In Ansehung der Haftung des Versicherers für einen durch Brand, Explosion, Blitzschlag oder Erdbeben entstehenden Schaden gewinnt die Versicherung mit dem Zeitpunkt, in dem die Güter zum Zwecke der Verladung in das Schiff oder in die Leichterfahrzeuge vom Lande scheiden. Sie endigt mit der Löschung oder, wenn die Löschung erheblich verzögert wird, mit dem Zeitpunkt, in dem die Löschung beendigt sein würde, falls die Verzögerung nicht stattgefunden hätte"

ist in der Vollversammlung vom 11. April 1911 erwogen worden. Hinsichtlich der Deckung der Feuersgefahr auf Kais und dergl. kenne schon das bisherige Recht besondere Beschränkungen, soweit der Bestimmungshafen, nicht aber soweit der Abgangshafen in Betracht komme; das bisherige Recht beschränke nämlich die Haftung des Versicherers für Feuersgefahr bei Gütern, die von einem Kai oder dergl. abgeliefert werden, auf die ersten Tage nach Ablieferung der Güter an den Kais und zwar gelte diese Bestimmung auch für die Versicherungen unter der Klausel „von Haus zu Haus", sofern der Hafen, wo die Lagerung stattfinde, nicht ein Zwischenplatz, sondern der Endbestimmungsort der versicherten Reise sei. Der Entwurf lehne überhaupt jede Haftung für Feuersgefahr während einer Lagerung auf dem Kai oder dergl. sowohl am Ausgangsort der Reise als auch am Bestimmungshafen schlechthin ab. In gleicher Weise lehne er auch die Haftung für die Gefahren der Explosion, des Blitzschlags und des Erdbebens, welche der Versicherer bisher für die ganze Dauer der Versicherung ohne jede besondere Einschränkung trage, ab. Die Beschränkungen der Haftung für Feuersgefahr und die erwähnten der Feuersgefahr in dem Entwurfe gleichgestellten Gefahren sollten aber nach der Absicht des Entwurfes nur bei der auf die Gefahr der Seereise beschränkten Versicherung Geltung finden, nicht dagegen bei der für durchstehendes Risiko genommenen Versicherung. Auch für die Versicherung „von Haus zu Haus" enthalte der Entwurf dementsprechend die bisherige Beschränkung des Feuerrisikos am Endbestimmungsorte nicht. Die Vertreter der Versicherer haben jedoch die Erklärung abgegeben, daß es nicht die Absicht sei, diese bisher übliche Einschränkung der Haftung für Feuersgefahr bei der Versicherung „von Haus zu Haus" fallen zu lassen und daß sie bei Regelung der Klausel „von Haus zu Haus" diese Beschränkung wieder einfügen würden. Seitens der Makler und der Vertretr des Warenhandels ist dargelegt worden, daß der Einschluß der Feuersgefahr am Anfangs- und am Endpunkte mindestens in der bisherigen Weise ein unbedingtes Bedürfnis für den Handel sei. Was zunächst den hiesigen Platz betreffe, so hätten die Feuerversicherer überhaupt einen Poolvertrag miteinander geschlossen und übernähmen das Feuerrisiko nicht für kürzere Zeit als jedes Mal mindestens einen Monat, der Kaufmann würde also durch die Bestimmungen des Entwurfes in die Notlage versetzt sein, bei Absendung der Ware, die über den hiesigen Kai gehe, für einen Monat eine Feuerversicherung zu nehmen, während die Ware dort in der Regel nur ganz wenige Tage lagere, und in der gleichen Lage würde sich der Importeur befinden, der Waren hier über den Kai empfange; der letztere würde in vielen Fällen garnicht einmal den Zeitpunkt absehen können, von welchem an er die Versicherung gegen Feuersgefahr nehmen müsse, da er das Eintreffen der Ware und insbesondere den Zeitpunkt ihrer Löschung, der sehr verschieden sein könne, je nach dem, ob die Ware unten oder oben im Schiffe liege, nicht vorher wisse. Der Exporteur ferner, der nach einer großen Menge verschiedener Plätze in den verschiedensten Ländern drüben arbeite, sei ganz außer Stande, an allen diesen Plätzen stets eine für den richtigen Betrag und die richtige Zeit gültige Feuerpolice zu nehmen; er vermöge überhaupt gar nicht abzusehen, wo, wann und wielange die Ware drüben etwa lagern werde; alle diese Fragen würden aber zu beantworten sein, wenn er eine Feuerpolice nehmen wolle. Vor allem aber bedeute die in dem Entwurfe vorgesehene Regelung eine hochgradige Benachteiligung des hamburgischen Handels gegenüber dem direkten überseeischen Handel des Binnenlandes, der mit Versicherungen im durchstehenden Risiko arbeite, bei welchem das Feuerrisiko sowohl auf dem Kai des Abgangshafens als auch auf demjenigen des Ankunftshafens ohne jede zeitliche Beschränkung voll und ganz eingeschlossen sei; der Kaufmann z. B., der von Berlin nach Chicago versichert, würde also in dieser Beziehung weit besser gestellt sein, als der Hamburger Kaufmann, der von Hamburg nach New-York versichere und sowohl in Hamburg als auch in New-York das Feuerrisiko auf dem Kai würde besonders decken müssen. Seitens der Vertreter der Versicherer ist noch bemerkt worden, daß die Deckung der Feuersgefahr am Bestimmungsorte Sache des Empfängers sein müsse und daß deshalb dem Exporteur aus der Neuregelung des Entwurfes in dieser Beziehung Schwierigkeiten nicht erwachsen könnten. Demgegenüber ist seitens der Vertreter des Exporthandels und der Makler darauf hingewiesen worden, daß es wirtschaftlich das Risiko des deutschen Exporteurs sei, um das es sich handele; sehr viele Verkäufe würden bekanntlich mit der Klausel „cif" geschlossen; es erhelle ohne weiteres, daß der Exporteur bei Verladungen nach Asien usw. in dieser Beziehung nicht auf den Empfänger verwiesen werden könne, auf den er sich in solchen Ländern unmöglich verlassen könne. Von anderer Seite ist sogar die bisherige Frist von 10 Tagen am Endbestimmungshafen für das Feuerrisiko als zu kurz bemessen und der Verlängerung bedürftig bezeichnet worden. Der Antrag der Makler gehe dahin, wie hinsichtlich des Zeitpunktes, des Anfangs und der Beendigung der Gefahr, so auch hinsichtlich der Haftung für Feuerschäden allgemein die gleiche Regelung eintreten zu lassen, die bisher bei der Versicherung unter der Klausel „von Haus zu Haus" bestanden habe, mithin das Feuerrisiko während der Lagerung auf dem Kai am Abgangshafen ohne zeitliche Beschränkung und am Ankunftshafen unter Beschränkung auf die ersten 10 Tage nach der Entlöschung dem Seeversicherer aufzuerlegen. Die Vertreter der Assekuradeure haben zwar den Vorschlag, die Haftung des Seeversicherers allgemein nach den Grundsätzen der Versicherung „von Haus zu Haus" zu regeln, abgelehnt, aber erklärt, die Einbeziehung der Feuersgefahr auf dem Kai in die Seeversicherung für den Fall, daß diese Gefahr nicht anderweitig gedeckt sei, etwa in dem bisherigen Umfange in Erwägung ziehen zu wollen.

Hinsichtlich der Explosionsgefahr und der Gefahr für Blitzschlag und Erdbeben ist seitens der Makler noch darauf hingewiesen worden, daß für diese Gefahren zum Teil überhaupt nicht die Gelegenheit zur anderweitigen Deckung durch Versicherung bestehe. Seitens der Vertreter der Versicherer ist erklärt worden, daß auch der Wiedereinschluß dieser Gefahren in die Seeversicherung werde erwogen werden. Vgl. Bem. 10.

Bem. 10. Die HK. Bremen, Chemnitz, Elberfeld, Frankfurt, Hamburg, Lübeck und der Allg. Vers.-Schutz-Verb. haben beantragt:

> „Abs. 4 zu streichen und zu fassen wie folgt: „„Während einer Lagerung am Lande am Endbestimmungsorte der versicherten Güter trägt der Versicherer die Haftung für Feuersgefahr in allen Fällen nur bis zum Ablauf des zehnten Tages der Lagerung""

und ihren Antrag folgendermaßen begründet. Der E. 10 wolle im Gegensatz zu dem bestehenden Rechte die Haftung des Versicherers für Feuersgefahr und ebenso für Eplosion, Blitzschlag und Erdbeben für die Dauer der Zeit, wo die Ware auf einem Kai oder Zollschuppen vor der Einschiffung oder nach der Ankunft des Schiffes vor der Ablieferung liege, überhaupt ausschließen. Diese Änderung der bestehenden Bedingungen würde für den Warenhandel von einschneidenster Bedeutung sein, da der Kaufmann meist weder den Zeitpunkt, wo die Ware vom Kaischuppen aus in das Seeschiff übernommen werde, noch denjenigen, wo die Ware aus dem Seeschiff gelöscht werde, vorher übersehen könne, oder überhaupt erfahre, unter Umständen sogar nicht einmal wisse, daß die Ware angekommen sei. Es komme hinzu, daß die deutschen Feuerversicherer ein Abkommen getroffen hätten, nach welchem sie keine Versicherung von kürzerer Dauer als einem Monat abschlössen, sobald der Kaufmann in jedem Falle, auch wenn die Ware nur wenige Tage auf dem Kai liege, zur Zahlung einer vollen Monatsprämie verpflichtet sein würde. Überhaupt sei es dem Kaufmann, welcher nach den verschiedensten überseeischen Plätzen hin Geschäfte treibe, praktisch unmöglich, sich an allen diesen Plätzen im Voraus durch Feuerversicherungen zu decken, zumal er den Umfang des Risikos, der mit dem Wechsel des Geschäftsganges naturgemäß starken Schwankungen unterworfen sei, vorher nicht übersehen könne. Die Assekuradeure haben erklärt, sie beabsichtigten trotz der schlechtesten Erfahrungen, die sie mit den bisherigen Bedingungen gemacht hätten und obwohl sich z. B. ihre Haftung für Erdbebenschäden während der Lagerung am Lande durch keinerlei Rücksichten der Billigkeit rechtfertigen lasse, den Absatz 4 zu streichen. Werde also in diesen Beziehungen den Wünschen der Versicherungsnehmer entsprochen werden, so könnten die Assekuradeure keinesfalls noch weiter gehen. Es sei insbesondere völlig unstatthaft, daß der Versicherungsnehmer, was er nach den zum § 83 gestellten Ansprüchen würde tun können und was auch unter der Herrschaft der geltenden Bedingungen tatsächlich vorgekommen sei, dem Versicherer ein zeitlich unbegrenztes Lagerrisiko aufbürde, und es bedeute eine weitgehende weder durch die Vorschriften des Handelsgesetzbuches noch durch eine billige und verständige Abwägung der Interessen ausreichend zu begründende Nachgiebigkeit der Assekuradeure, wenn diese sich bereit erklärten, noch für den Zeitraum von zehn Tagen nach der Beendigung der eigentlichen Seegefahr alle Gefahren zu tragen.

Abs. 4 ist gestrichen worden; damit hat der Antrag seine Erledigung gefunden.

§ 89.

Leichtergefahr.

Der Versicherer trägt die Gefahr der Benutzung von Leichterfahrzeugen bei der Verladung oder der Ausladung, wenn die Benutzung ortsüblich ist.

ASVB. § 73 Abs. 3; HGB. § 824 Abs. 3; BVG. § 136; E. 10 § 84; E. 14 § 89.

Bem. 1. Die H.K. Bremen, Hamburg und später auch Frankfurt a. M. haben beantragt:

„In Satz 1 die Worte „„wenn die Benutzung ortsüblich ist““ zu streichen“.

Die Assekuradeure haben erklärt, dem Antrage nicht entsprechen zu können, weil andernfalls der Versicherer die Leichtergefahr auch in solchen Fällen zu tragen haben würde, in denen die Benutzung von Leichtern gegen die Übung verstoße. Eine solche Folge würde wohl kaum beabsichtigt sein.

Der Antrag ist unberücksichtigt geblieben.

Bem. 2. Die HK. Flensburg, Lübeck haben beantragt:

„Satz 1 hinzuzufügen: „„oder den Verhältnissen nach notwendig war““.

Der Antrag ist unberücksichtigt geblieben.

Bem. 3. Für die Streichung des § 84 Satz 2 E. 10, welcher lautet:

„Werden die Leichterfahrzeuge bei der Umladung benutzt, so trägt nur der Versicherer der Vorreise die Gefahr der Benutzung“

haben sich zunächst:

a) die Makler ausgesprochen, weil im Hinblick darauf, daß die vorhergehende Reise nicht selten auf eine ausländische Police und nach ausländischem Rechte versichert sein werde, eine solche Regelung durch die deutschen Bedingungen, die für die ausländischen Versicherungen nicht maßgebend seien, nicht angängig sei. Die Assekuradeure haben sich der Berechtigung dieser Bedenken nicht verschlossen. (Vollversammlung vom 11. April 1911.)

b) Später haben denselben Antrag die HK. Bremen, Chemnitz, Frankfurt a. M., Hamburg, Kiel, Lübeck und der Allg. Vers.-Schutz-Verb. gestellt und zur Begründung ausgeführt, die Streichung des Abs. 2 erscheine erforderlich, da die Vorreise unversichert oder zu Bedingungen, welche die Haftung des Versicherers weitergehend beschränkten, versichert sein und der Versicherte somit daran interessiert sein könne, dieses Risiko durch die Versicherung der neuen Reise gedeckt zu sehen.

Satz 2 ist infolgedessen von den Assekuradeuren gestrichen worden.

Bem. 4. Unberücksichtigt ist die Anregung der HK. Worms geblieben:

„Daß die Übernahme der Leichtergefahr durch den Versicherer besonders beantragt und bedungen werden müsse“.

Bem. 5. Die zu den Schlußverhandlungen 1918 gestellten Anträge der HK. Frankfurt a. M. und des Wvb.:

„Diesen Paragraphen dahin auszudehnen, daß jegliche Leichtergefahr, auch außergewöhnliche, stets ohne Einschränkung mitversichert ist“

sind auf den Hinweis der HK. Hamburg auf die früheren Verhandlungen (Bem. 1) nicht weiter verfolgt worden.

§ 90.

Versicherungswert.

(1) Als Versicherungswert gilt der gemeine Handelswert und in dessen Ermangelung der gemeine Wert, den die Güter am Orte der Abladung in dem Zeitpunkte haben, der nach den §§ 88 und 89 für den Beginn der Versicherung maßgebend ist, unter Hinzurechnung der Versicherungskosten, der Kosten, welche bis zur Annahme der Güter durch den Verfrachter entstehen, und der endgültig bezahlten Fracht.

(2) Dieser Wert gilt auch bei dem Eintritte des Versicherungsfalls als Versicherungswert.

ASVB. § 22; BSVB. § 27 Abs. 1—7; HGB. § 799; VVG. § 140 Abs. 1 u. 2; ME. § 16; E. 10 § 86; E. 14 § 90.

Abs. 1.

Bem. 1. Die Makler und die HK. Bremen, Elberfeld, Hamburg, Leipzig, sowie die Hamburger Exporteure haben beantragt:

„Satz 1 anzufügen: „„und der Fracht, falls diese vorausbezahlt wird““.

Die Assekuradeure haben gegen diesen Antrag keinen Widerspruch erhoben und demgemäß sind am Schluß die Worte „und der endgültig bezahlten Fracht“ hinzugefügt worden.

Bem. 2. Der Antrag der HK. Bremen:

„Hinter „„gilt““ einzuschieben „„wenn eine bestimmte Taxe nicht vereinbart ist““

ist unberücksichtigt geblieben.

Bem. 3. Der Antrag der HK. Kiel und Lübeck:

„10 % imaginären Gewinn miteinzurechnen“,

ist auf den Hinweis, daß in dem Falle, wo ein Versicherungsnehmer tatsächlich nicht den imaginären Gewinn eingerechnet habe, dieser zu einem entsprechenden Bruchteile als Selbstversicherer auch für die Ware selbst gelten würde, nicht weiter verfolgt worden.

Bem. 4. Die HK. Frankfurt a. M. hat zu den Schlußverhandlungen 1918 beantragt:

„Abs. 1 erhält folgende Fassung: „„Als Versicherungswert gilt in Ermangelung sonstiger Vereinbarung vor Eintritt eines Schadens der gemeine Handelswert usw.““

Bei Festsetzung des gemeinen Handelswertes müßten die besonderen Fälle berücksichtigt werden, die z. B. der Krieg geschaffen habe und die ein Handelskrieg oder eine Gesetzgebung noch schaffen könnten; z. B. ein Kauf geschieht übersee zu den am Abladeort gültigen Preisen. In Deutschland kann durch Höchstpreise, Umsatz- und andere Steuern, resp. Abgaben ein Preisniveau geschaffen sein, das dem Handelswert am Ort der Abladung nicht entspricht.
Der Antrag ist nicht weiter verfolgt worden.

§ 91.

Totalverlust. Abandon.

(1) Im Falle eines Totalverlustes finden die Bestimmungen des § 71 über den Totalverlust des Schiffes entsprechende Anwendung. Daß die Güter in ihrer ursprünglichen Beschaffenheit zerstört sind, kann jedoch der Versicherungsnehmer nur geltend machen, wenn dieser Umstand durch Sachverständige festgestellt ist; auf die Feststellung finden die Bestimmungen des § 74 Abs. 2 bis 10 entsprechende Anwendung.

(2) Ist das Schiff verschollen oder werden die Güter durch Verfügung von hoher Hand angehalten oder zurückgehalten oder durch Seeräuber genommen, so finden die Bestimmungen der §§ 72 u. 73 entsprechende Anwendung.

ASBB. §§ 109 S. 1, 113, 114, 116, 119—126; BSBB. §§ 24, 64 Abs. 1 u. 7, 65; HGB. §§ 854, 858, 859; MC. §§ 84 Abs. 1, 88, 89, 91 Abs. 2, 93—101; E. 10 § 87; E. 14 § 91.

Abs. 1.

Bem. 1. In der Vollversammlung vom 11. April 1911 haben die Makler angeregt: „Eine § 112 Abs. 2 E. 10 entsprechende Bestimmung an dieser Stelle aufzunehmen".

§ 112 behandele die Güterversicherung unter der Klausel „frei von Beschädigung" und enthalte in Abs. 2 den Grundsatz, daß bei einer solchen Versicherung der Versicherer nicht dafür hafte, daß die Güter infolge der Beschädigung total verloren gingen, insbesondere in ihrer natürlichen Beschaffenheit zerstört würden. Es hat Einverständnis darüber bestanden, daß sich dieser Antrag nur auf den Fall der Versicherung mit der Klausel „nur gegen Totalverlust" bezieht.

Die Anregung ist unberücksichtigt geblieben.

Bem. 2. Die Einschaltung der Worte „zurückgehalten oder" beruht auf dem Beschluß der Redaktionskommissionssitzung vom 30. Juni 1919. Vgl. § 73 Bem. 2.

Abs. 2.

Bem. 3. Die HK. Frankfurt a. M. hat zu den Schlußverhandlungen 1918 beantragt:

a) „Im Falle der Verschollenheit, der Verfügung von hoher Hand usw. muß ein Schaden auch als einfacher Totalschaden zu regulieren sein. Solche Regulierung darf nicht von der in § 72 Abs. 3 vorgesehenen Abandonerklärung abhängig gemacht werden.

b) Die Abandonfristen werden vermißt."

In der Vorbesprechung vom 22. und 23. August 1918 sind die Anträge fallen gelassen worden.

Bem. 4. Der Wvb. hat gelegentlich der Schlußverhandlungen 1918 die Bestimmungen bezüglich der Abandonfristen als unklar bemängelt, aber keinen Antrag gestellt. Die HK. Hamburg hat darauf aufmerksam gemacht, daß für die Versicherungsnehmer kein Interesse vorliege, auf die Wiedereinführung der zum Schutze des Assekuradeurs bestimmten Frist hinzuwirken.

§ 92.

Teilverlust.

Im Falle eines Teilverlustes finden die für den Totalverlust geltenden Bestimmungen entsprechende Anwendung.

ASBB. §§ 135, 141; HGB. §§ 876, 881; VVG. § 140 Abs. 3; MC. §§ 118, 119, 122 Nr. 1, 127 Satz 2; E. 10 § 88; E. 14 § 92.

Bem. 1. „Der Entwurf läßt im § 90 erkennen, daß er unter einem Teilverlust sowohl den Verlust eines Teiles von mehreren nicht zusammengehörenden, als auch den Verlust eines Teiles von mehreren zusammengehörenden Gegenständen versteht". Begr. § 88.

Bem. 2. Unberücksichtigt ist der Antrag der Hamburger Exporteure: „„unter Aufhebung des § 37 Satz 1 E. 10"" hinzuzufügen" geblieben.

§ 93.

Beschädigung.

(1) Im Falle einer Beschädigung ist der gemeine Handelswert, und in dessen Ermangelung der gemeine Wert zu ermitteln, den die Güter im unbeschädigten Zustand am Ablieferungsorte haben würden (Gesundwert), sowie der Wert, den sie dort im beschädigten Zustande haben. Ein dem Verhältnisse des Wertunterschiedes zum Gesundwert entsprechender Bruchteil des Versicherungswerts gilt als Betrag des Schadens.

(2) Die Beschädigung sowie der Gesundwert und der Wert der beschädigten Güter sind durch Sachverständige festzustellen. Auf die Feststellungen finden die Bestimmungen des § 74 Abs. 2 bis 10 entsprechende Anwendung. Die Werte müssen die von den Gütern zu entrichtenden öffentlichen Abgaben, insbesondere die Zollabgaben, umfassen. Sind von den Gütern nur einzelne beschädigt oder sind von einem Gute nur einzelne Teile verloren oder beschädigt, so sind, soweit tunlich, die beschädigten Sachen von den unbeschädigten zu trennen; dies gilt insbesondere auch bei zusammen verpackten Gütern.

(3) Der Versicherer kann verlangen, daß der Wert der beschädigten Güter durch öffentliche Versteigerung festgestellt wird, es sei denn, daß der Betrag der für die beschädigten Güter am Ablieferungsorte zu entrichtenden öffentlichen Abgaben den von den Sachverständigen festgestellten Wert der beschädigten Güter mit Ausschluß der öffentlichen Abgaben übersteigt; das Recht, die Feststellung des Wertes durch Versteigerung zu verlangen, erlischt, wenn es nicht binnen einer Woche nach Erstattung des Gutachtens der Sachverständigen ausgeübt wird. Wird der Wert durch öffentliche Versteigerung festgestellt, so tritt der Bruttoerlös an die Stelle des Wertes der beschädigten Güter. Hat nach den Versteigerungsbedingungen der Verkäufer vorzuleisten, so steht der Versicherer für die Zahlung des Kaufpreises ein, falls er den Versteigerungsbedingungen zugestimmt hat.

(4) Bis zur Feststellung der Beschädigung darf der Versicherungsnehmer ohne Einwilligung des Versicherers Änderungen, insbesondere die Öffnung der Verpackung, nur insoweit vornehmen, als es zur Abwendung oder Minderung des Schadens oder im öffentlichen Interesse geboten ist.

ASVB. §§ 133 Abs. 1—5, 7; BSVB. §§ 27 Abs. 8, 60 Abs. 1, 61; HGB. §§ 875 Abs. 1 u. 2, 881; VVG. § 140 Abs. 3; RE. §§ 118, 119, 122 Nr. 1, 127; E. 10 § 89; E. 14 § 93.

Abs. 1.

Bem. 1. Im Gegensatz zu § 875 Abs. 1 HGB. und § 133 Abs. 5 ASVB. legt § 89 E. 10 „nicht die Werte zu Grunde, welche die Güter im beschädigten oder unbeschädigten Zustande am Bestimmungsorte oder im Bestimmungshafen haben, sondern die Werte, die sie am „„Ablieferungsorte““ haben, und bringt damit die Bestimmung des § 89 Abs. 1 mit derjenigen des § 83 Abs. 3 in Einklang". Begr. § 89.

Bem. 2. Satz 1 ist redaktionell umgestaltet worden.

Bem. 3. Nach § 89 Abs. 1 Satz 3 E. 10 soll, wenn der Gesundwert kleiner als der Versicherungswert ist, der Unterschied zwischen dem Gesundwert und dem Wert der beschädigten Güter als Betrag des Schadens gelten.

a) Die Makler haben die Streichung dieser Bestimmung beantragt und in der Vollversammlung vom 24. April 1911 ausgeführt, es sei zuzugeben, daß dieselbe den ASVB. § 133 Abs. 5 entspreche; tatsächlich werde sie aber vielfach nicht mehr gehandhabt; wenigstens hätten zwei der hiesigen Dispacheure dies bestätigt, wenn auch das amtliche Dispachekontor noch an dem älteren Grundsatze durchaus festhalte. Die geltende Bestimmung gehe von dem Gedanken aus, daß die Entschädigung unabhängig sein solle von der Konjunktur des Marktes, und daß der Versicherte nur das haben solle, was er haben würde, wenn der Schadensfall nicht eingetreten sei. Die Bestimmung berücksichtige indessen nicht, daß der Geschädigte, wenn der Markt zurückgegangen sei, in den meisten Fällen die Ware gar nicht verkaufen würde, sondern die Besserung der Konjunktur abwarten würde. Es sei ein Widerspruch, daß der Versicherer, wenn die ganze Ware untergehe, auch bei rückgängiger Konjunktur dem Versicherten den vollen Versicherungswert bezahle, wenn die Ware dagegen nur beschädigt sei, bloß den Unterschied zwischen dem zurückgegangenen Gesundwerte und dem Werte der geschädigten Güter ersetzen wolle. Der Assekuradeur habe die Prämie von dem vollen Versicherungswert erhalten; lege er bei zurückgegangenem Markte nicht den vollen Versicherungswert, sondern den geringeren Gesundwert zu Grunde, so bereichere er sich unbilligerweise um die Prämie, die er für den Mehrbetrag, um den der Versicherungswert den Gesundwert übersteige, berechnet habe. Es sei zuzugeben, daß durch die von den Maklern vorgeschlagene Regelung unter Umständen eine Bereicherung des Versicherten eintreten könne; indessen erscheine eine solche Bereicherung namentlich im Hinblick darauf, daß der Versicherte auf der anderen Seite sich für viele Schäden tatsächlich überhaupt nicht decken könne und dieselben selbst tragen müsse, nicht ganz unbillig. Seitens der Vertreter der Assekuradeure ist dem Antrage widersprochen und bezweifelt worden, daß sich bereits in ausgedehnterem Umfange eine dem Antrage der Makler entsprechende Praxis angebahnt habe. Bei jeder rückgängigen Konjunktur zeige sich bei den Versicherungsnehmern die Neigung, die Ware dem Versicherer gegen Anspruch auf die Versicherungssumme zu überlassen. Die Annahme des Antrages sei geeignet, die Bestrebungen, die Nachteile der rückgängigen Konjunktur auf den Versicherer abzuwälzen, zu bestärken; der Abänderung des Entwurfes in dem beantragten Sinne sei namentlich seitens der binnenländischen Versicherer nachdrücklicher

Widerstand entgegengesetzt worden; wie die Makler selbst ausführten, hätten sie trotz des bestehenden Rechtszustandes doch Auswege gefunden, um ihrem Wunsche in geeigneten Fällen Geltung zu verschaffen; dabei werde es auch in Zukunft sein Bewenden behalten müssen. Die Makler haben darauf aufmerksam gemacht, daß in Gemäßheit ihrer Anregungen zu § 83 das Wort „Ablieferungsort" im ersten Absatze werde durch den Ausdruck „Endbestimmungsort" ersetzt werden müssen. Vgl. § 88 Bem. 5.

b) Den gleichen Antrag haben auch die HK. Leipzig, Lübeck gestellt und ihren Antrag damit begründet, daß die Bestimmung des dritten Satzes zwar dem Wortlaut der bestehenden Bedingungen entspreche, nach den Mitteilungen der Sachverständigen jedoch die Praxis über diese Bestimmung schon überwiegend hinweggegangen sei. Auch das englische Recht stimme mit dieser neueren Praxis überein. Die Assekuradeure haben sich anfänglich geweigert, dem Antrage zu entsprechen, ihn aber schließlich doch (seit ZE. April 13) angenommen.

Satz 3 ist gestrichen worden.

Bem. 4. Die zu den Schlußverhandlungen 1918 gestellten Anträge der HK. Frankfurt a. M.:

„Nach dem Worte „„Beschädigung"" die Worte „„vor der Versicherungsanmeldung"" einzufügen; anstelle von „„Ablieferungsorte"" „„Endbestimmungsorte"", von „„Bruchteil des Versicherungswertes"" „„Bruchteil der Versicherungssumme (Taxe)"" zu sagen"

sind nicht weiter verfolgt worden.

Bem. 5. Unberücksichtigt sind die Anregungen der Hamburger Exporteure:

„Anstatt „„Ablieferungsorte"" „„Endbestimmungsorte"" zu sagen und ferner die Verrechnung des Schadens stets über den Versicherungswert erfolgen zu lassen"

geblieben.

Bem. 6. Unberücksichtigt ist die Anregung der HK. Lübeck geblieben:

„Es erscheint bedenklich, bei Totalverlust und bei Beschädigung so verschiedene Grundsätze Platz greifen zu lassen. Der Versicherungsnehmer kann sich nicht damit einverstanden erklären, daß im Falle der Beschädigung für den zu ersetzenden Schaden ein anderer Wert, als der, für den die Prämie gezahlt wird, zugrunde gelegt wird. Für die Berechnung des Schadens darf immer nur das Verhältnis zwischen dem Gesundwerte und dem Werte der Güter im beschädigten Zustande nach Maßgabe des Versicherungswertes ausschlaggebend sein."

Abs. 2.

Bem. 7. Die Makler haben beantragt, eine Bestimmung anzufügen:

„Daß eine Abweichung von den Vorschriften des Entwurfs über die Feststellung eines Schadens dann dem Versicherer nicht das Recht zur Verweigerung der Zahlung bis zur Feststellung in anderer geeigneter Weise geben soll, wenn die Abweichung erfolgt in Rücksicht auf andere gesetzliche Vorschriften im Interesse der Möglichkeit, eine dritte Person für den Schaden verantwortlich zu machen."

In der Vollversammlung vom 24. April 1911 haben die Makler die Meinung vertreten, daß die doppelte Schadensfeststellung, welche nach dem Entwurfe unter Umständen einzutreten habe, tatsächlich praktisch nicht durchführbar sei; es sei z. B. der Fall denkbar, daß zur Feststellung des Versicherungsschadens der beschädigte Gegenstand verkauft werden müsse, weil der Versicherer die Auktion verlange, daß aber außerdem derselbe Schaden für die große Haverei oder zur Geltendmachung eines Schadensanspruches gegen ein Schiff, welches denselben durch Kollision verursacht habe, festgestellt und bei dieser Schadensfeststellung der Gegenstand ebenfalls zum Verkauf in öffentlicher Auktion gebracht werden müsse. Seitens eines Vertreters der Assekuradeure ist demgegenüber dargelegt worden, daß beide Schadensfeststellungen neben einander in jedem Falle praktisch durchführbar seien; im Falle einer großen Haverei oder eines Kollisionsschadens sei der Geschädigte nach keiner gesetzlichen Bestimmung verpflichtet, sich zur Feststellung der Höhe des Schadens auf eine Auktion einzulassen; er werde in solchem Falle die Abschätzung des Schadens für die große Haverei (§ 712 HGB.) bezw. die Ermittelung des Umfanges des Kollisionsschadens vornehmen lassen müssen, bevor die zur Feststellung des Versicherungsschadens verlangte Versteigerung erfolge; dies werde auch regelmäßig möglich sein. Im allgemeinen werde der Assekuradeur im praktischen Leben sich damit einverstanden erklären, daß nur eine Schadensfeststellung erfolge, und somit bereit sein, die für die Zwecke der großen Haverei bezw. der Feststellung des Kollisionsschadens vorgenommene Schadensabschätzung anzuerkennen; der Assekuradeur wolle nur nicht verpflichtet sein, sich auf eine solche Anerkennung unter allen Umständen einlassen zu müssen. Auf eine Anfrage eines Vertreters der Makler, ob der Versicherer die Kosten, welche der Versicherte zur Sicherung der Schadensfeststellung gegenüber dem die Kollision verursachenden Schiffe aufwendet, ersetze, ist seitens eines Vertreters der Assekuradeure die Antwort erteilt worden, daß der Versicherer zum Ersatze verpflichtet sein werde, soweit die Aufwendung im Interesse der Minderung des Schadens gemacht werde.

Der Antrag ist unberücksichtigt geblieben.

Bem. 8. Die HK. Mannheim, Stettin haben beantragt:

„Streichung des zweiten Satzes betr. die Einrechnung der Zollabgaben".

Der Antrag ist unberücksichtigt geblieben.

Bem. 9. Unberücksichtigt ist der Antrag der HK. Bremen geblieben, nach dem dritten Satze folgenden Satz einzuschieben:

„Die Zollabgaben sind in die Werte nicht einzuschließen, wenn die Feststellung ortsüblich im Zollausschusse stattfindet".

Bem. 10. Unberücksichtigt ist die Anregung der Hamburger Exporteure geblieben:

„Hinter „„Gütern"" (Satz 3) „„auf der versicherten Reise"" einzuschalten".

Bem. 11. Der zu den Schlußverhandlungen 1918 gestellte Antrag der HK. Frankfurt a. M.:

„Zum Ausdruck zu bringen, daß bei der Trennung des Beschädigten vom Unbeschädigten bei der Schadensfeststellung zu berücksichtigen ist, ob und inwieweit auch die an sich unbeschädigten Teile leiden, möglicherweise durch Unverkäuflichkeit"

ist nicht weiter verfolgt worden.

Abs. 3.

Bem. 12. a) Die Makler haben beantragt:

1. „Auch dem Versicherungsnehmer das Recht zu geben, verlangen zu können, daß der Wert der beschädigten Güter durch öffentliche Versteigerung festgestellt wird.
2. Daß die Feststellung des Wertes der beschädigten Güter nur dann durch Sachverständige erfolgen soll, wenn nicht Versicherer oder Versicherungsnehmer zuvor die öffentliche Versteigerung verlangt haben."

In der Vollversammlung vom 24. April 1911 ist seitens der Assekuradeure dem Antrage 1 lebhaft widersprochen worden. Es wurde dabei dargelegt, daß nach dem gegenwärtigen Rechtszustande die Feststellung des Wertes der beschädigten Güter unter allen Umständen durch öffentliche Auktion erfolgen müsse; dieser Rechtszustand sei jedoch im hohen Grade unzweckmäßig, da der in einer solchen Auktion erzielte Verkaufserlös regelmäßig weit unter dem wahren Wert der beschädigten Güter bleibe; schon bisher sei wegen dieser Unwirtschaftlichkeit der öffentlichen Auktion tatsächlich der Umfang des Schadens im Wege der Schätzung festgestellt worden; wohl etwa neun Zehntel aller Fälle seien schon bisher in dieser Weise erledigt, indem die Versicherer sich mit dem Versicherten über diese Form der Schadensfeststellung verständigt hätten. Der Versicherer müsse für diejenigen Fälle, in denen die Schätzung des Schadens zu einem offenbar unbilligen Ergebnisse für den Versicherer führe, die Möglichkeit haben, die Versteigerung verlangen zu können. Es liege aber keine Veranlassung vor, auch dem Versicherungsnehmer dieses Recht einzuräumen; die Einräumung des Rechtes an den Versicherungsnehmer bringe die Gefahr mit sich, daß der Versicherungsnehmer das Recht benutze, um auf den Versicherer einen Druck auszuüben dahin, daß er eine höhere Schadenssumme zahle, als an sich angemessen sei, indem die Forderung der Versteigerung seitens des Versicherungsnehmers den Assekuradeur mit der Gefahr bedrohe, daß nur ein ganz geringer Erlös für das beschädigte Gut erzielt werde. Diese Gefahr sei um so größer, als der Kreis der Käufer solcher beschädigten Güter ein sehr kleiner zu sein pflege und deshalb durch Verständigung unter den Käufern leicht ganz unverhältnismäßig herabgedrückt werden könne. Seitens der Makler ist demgegenüber ausgeführt worden, daß auch für den Versicherungsnehmer ein berechtigtes Interesse daran bestehe, in Fällen, in denen die Schätzung zu einem für den Versicherungsnehmer unbilligen Ergebnis geführt habe, die Möglichkeit einer Abhülfe zu haben. Bei dem großen Exportgeschäfte liege die Sache so, daß meist beide Sachverständige an dem überseeischen Platze durch den Havereikommissar des Versicherers ernannt würden; der von dem Versicherer ernannte Sachverständige sei aber an sich Parteivertreter; er werde dementsprechend auch von seinem Auftraggeber dahin instruiert, die Rechte des Versicherers wahrzunehmen; es seien somit keineswegs durch die in dem Entwurfe vorgesehene Art der Schadensfeststellung die nötigen Garantien für eine völlig unparteiische Abschätzung des Schadens gegeben. Es komme hinzu, daß für den Versicherten bezw. den Empfänger der Ware dieselbe vielfach durch die Beschädigung überhaupt unverkäuflich werde; denn ein ordentlicher Kaufmann könne oft beschädigte Waren gar nicht führen und müsse dieselben schon deshalb zur Versteigerung bringen; der Fabrikant könne sein beschädigtes Fabrikat vielfach gar nicht mehr verwerten, der Grossist beschädigte Waren überhaupt nicht seinen Empfängern liefern; es bestehe die Gefahr, daß, wenn die Versteigerung der beschädigten Ware durch die Bedingungen für den Versicherungsnehmer ausgeschlossen werde, die überseeischen Empfänger mit deutschen Versicherungen nichts mehr zu tun haben wollten. Wenn tatsächlich an einzelnen Märkten die von den Assekuradeuren angeführten Gefahren für den Versicherer mit diesem Zugeständnisse verknüpft seien, so müsse der Assekuradeur sich für solche besonderen Verhältnisse durch besondere Klauseln in der Police schützen; übrigens bestehe für den Assekuradeur auch die Möglichkeit, bei der Versteigerung selbst mitzubieten und die Ware, wenn sie ihm verbleibe, nötigenfalls nach einem anderen Orte hin, wo ein größerer Markt für dieselbe sei, zu überführen. Seitens der Vertreter der Assekuradeure ist demgegenüber die Ansicht vertreten worden, daß es für den Versicherungsnehmer unter allen Umständen keinerlei Nachteil bedeute, wenn der Versicherer, anstatt an der Schätzung festzuhalten, auf der Versteigerung bestehe, während umgekehrt es für den Versicherer einen großen Nachteil bedeuten könne, wenn der Versicherungsnehmer, anstatt die Schätzung zugrunde zu legen, die Versteigerung verlange.

b) Derselbe Antrag ist später von den HK. Berlin, Bremen, Duisburg, Hamburg gestellt und folgendermaßen begründet worden. Namentlich im Exportverkehr nach überseeischen Ländern bleibe dem Exporteur im Falle der Beschädigung der Ware sehr häufig gar keine andere Möglichkeit der Verwertung als im Wege der Versteigerung, da er nicht selten seinen Kunden beschädigte Ware überhaupt nicht anbieten könne. Aber auch im Exportverkehr sei die Sicherung dieses Rechtes für den Versicherungsnehmer nicht selten von erheblicher Bedeutung. Wenn seitens der Versicherer darauf hingewiesen werde, daß unter Umständen durch Ringbildungen unter den Käufern eines Platzes Mißstände eingetreten seien, welche zu Schädigungen des Versicherers geführt hätten, so seien nach den Darlegungen der gehörten Sachverständigen solche Übelstände doch nur bei einzelnen Artikeln in die Erscheinung getreten; schon bisher hätten die Versicherer sowohl in Hamburg als auch in Bremen durch Einfügung von Klauseln, welche die Versteigerung für den Fall der Teilbeschädigung ausschlössen, bei diesen Artikeln mit Erfolg derartigen Schädigungen vorgebeugt. So seien in Bremen z. B. für Schafwolle, für Brasiltabak, für Tabak von den Vereinigten Staaten Amerikas, für Reis aus Ostasien, für Häute, in Hamburg z. B. für Borsten, solche Klauseln üblich. Durch Einfügung derartiger Klauseln vermöge der Versicherer bei solchen Waren im Verkehr nach solchen Häfen, wo diese Gefahren bestünden, sich nötigenfalls zu schützen, ohne daß die generelle Bestimmung der Bedingungen in dieser Beziehung abgeändert werde. Die Assekuradeure haben erwidert, daß in der Regel die Versteigerung möglich sei, ohne daß Zoll zu entrichten sei, und zweitens, daß diese Härte durch die Annahme des Antrages in Bem. 14 beseitigt werden würde und damit auch jeder Grund für den Erlaß einer so außergewöhnlichen Vorschrift entfiele, wie der, daß die Feststellung der Höhe eines Schadens unter allen Umständen — denn hierauf komme es hinaus — im Wege der Versteigerung erfolgen müsse. In der HK.-Kommissionssitzung vom 6. Dezember 1913 haben die Assekuradeure erklärt, daß sie unbedingt darauf bestehen müßten, das Auktionsrecht allein zu besitzen. Schon jetzt würde das Auktionsrecht des Versicherungsnehmers durch Spezialklauseln regelmäßig ausgeschlossen. Nach den gemachten Erfahrungen müßten die Assekuradeure daran festhalten, daß in den neuen Seeversicherungsbedingungen dieser Punkt von vornherein in einer dem jetzigen praktischen Verfahren entsprechenden Weise geregelt werde. In der Sitzung vom 13. Dezember 1913 ist beschlossen worden, in diesem Punkt den Assekuradeuren entgegenzukommen.

Der Antrag ist infolgedessen unberücksichtigt geblieben.

Bem. 13. Nach dem Antrage der Makler soll der Versicherer die Feststellung durch Versteigerung dann nicht verlangen können, wenn dem Versicherten aus dem Verkaufe der Güter infolge der zu entrichtenden öffentlichen Abgaben, insbesondere der Zollabgaben, nachgewiesenermaßen ein erheblicher Nachteil erwachsen würde; der Ersatzanspruch des Versicherten soll jedoch in diesem Falle auf das Maß der durch die Sachverständigen festgesetzten Entwertung beschränkt werden. Die Makler haben in der Vollversammlung vom 24. April 1911 hierzu ausgeführt, es sei dabei an Fälle gedacht, wo z. B. die Ware mit einem Zoll von 100% ihres Wertes belegt, die Ware aber durch Beschädigung um 80 % im Werte verringert sei, so daß der Zollbetrag mit ganz anderer Schwere auf der Ware laste, als wenn sie gesund wäre. Seitens der Vertreter der Assekuradeure ist demgegenüber erwidert worden, es sei schon jetzt dem Versicherungsnehmer durch Zahlung einer besonderen Prämie die Möglichkeit gegeben, sich gegen derartige Zollschäden mit zu versichern. Demgegenüber ist seitens der Makler bemerkt worden, daß offenbar die sogenannte 50 %-Mehrwertsklausel gemeint sei, die aber eine sehr erhebliche Prämienerhöhung mit sich bringe; sehr häufig sei außerdem der hiesige Kaufmann nicht derjenige, der den Mehrwert zu decken habe. Seitens eines der Assekuradeure ist bemerkt worden, daß in eine Prüfung der Frage, ob in so außergewöhnlichen Fällen wie den angeführten, in denen der Zoll 100 % des Wertes der Ware betrage, eine den Wünschen der Makler entsprechende Regelung Platz greifen könne, eingetreten werden solle. Vgl. Bem. 14.

Bem. 14. Die HK. Bremen, Hamburg haben beantragt:

„Nach dem ersten Satze einzuschieben: „„Das Recht, die Versteigerung zu verlangen, steht dem Versicherer dann nicht zu, wenn der auf der Ware liegende Betrag des Zolles oder ähnlicher öffentlicher Abgaben höher ist als der Wert der Güter im beschädigten Zustande““

und folgendermaßen begründet. Für den Versicherten biete das Recht des Versicherers, die Versteigerung zu verlangen, dann eine Härte, wenn auf der Ware ein hoher Zollbetrag ruhe, welchen der Versicherte bezahlen müsse, bevor die Versteigerung möglich sei.

In der Vollversammlung am 10. Januar 1914 ist darauf aufmerksam gemacht worden, daß in England die Assekuradeure nicht das Recht besäßen, einseitig beschädigte Waren zur Auktion zu bringen. Man habe sich bei der Auslegung des § 90 Abs. 2 ZE. Dez. 13 dahin geeinigt, daß die Werte nur diejenigen öffentlichen Abgaben mit zu umfassen hätten, welche an dem Ort, wo sich die Güter befänden, zu entrichten seien; fände also die Versteigerung im Freihafen statt, so seien die Zollgefälle nicht einzuschließen. Als selbstverständlich sei anerkannt worden, daß das Recht des Versicherers, Auktionsverkauf zu verlangen, seine Grenzen an dem vom Staate oder den Behörden erlassenen Auktionsverboten finden solle.

In der Schlußsitzung vom 17. Juni 1914 ist darauf aufmerksam gemacht worden, daß in dem jetzigen Wortlaut, die Werte müßten die von den Gütern zu entrichtenden öffentlichen Abgaben, insbesondere die Zollabgaben, umfassen, die Rechtslage ganz klar dahin zum Ausdruck gebracht sei, daß die Zollgefälle nur dann einzuschließen seien, wenn eine Wiederausfuhr der Güter in das Ausland ausgeschlossen sei. Fände also die Abschätzung entweder in einem Freihafen, Zollausschlußgebiet oder an Bord statt, so seien die Zollgefälle nicht einzuschließen. Anders wäre es, wenn die Abschätzung in einem südamerikanischen Zollhause stattfinde, bei welchem eine Wiederausfuhr der Güter nicht gestattet und ihre Entfernung nur unter Entrichtung des Zolles gestattet sei.

Nachdem ein Vertreter der Assekuradeure sich ebenfalls mit dieser Auslegung einverstanden erklärt hatte, und auch die Vertreter der Bremer Handelskammer gegen den Wortlaut des § 90 ZE. Dez. 13 Einwendungen nicht mehr erhoben hatten, ist beschlossen worden, sich nunmehr der Auffassung der Assekuradeure anzuschließen und es bei dem Wortlaut des Entwurfs zu belassen.

Bem. 15. Die Makler und die HK. Bremen, Hamburg haben beantragt:

„Dem vorletzten Satz hinzuzufügen, daß als Gesundwert in solchem Falle der von den Sachverständigen festzustellende gilt".

Nachdem die Assekuradeure sich mit diesem Antrage in der Vollversammlung vom 24. April 1911 einverstanden erklärt haben, haben sie den Handelskammern erwidert, daß eine nochmalige Feststellung nur die unwirtschaftliche Folge einer Erhöhung der ohnehin in der Regel übermäßig hohen Schadensermittlungskosten haben würde. Daraufhin ist der Antrag nur mit der Einschränkung aufrecht erhalten worden, daß jede der Parteien berechtigt sein soll, die Zugrundelegung dieses Gesundwertes zu verlangen, und vorgeschlagen worden, zu bestimmen, daß die Kosten der nochmaligen Feststellung des Gesundwertes demjenigen zur Last fallen sollen, welcher sie verlangt habe. In den Verhandlungen Dezember 1913 ist empfohlen worden, auf dem Antrag nicht weiter zu bestehen. Ihre Weigerung, die nochmalige Feststellung des Gesundwertes zuzulassen, haben die Assekuradeure im Schreiben vom 21. April 1913 und in einem weiteren Schreiben vom 12. Dezember 1913 damit begründet, daß durch die doppelte Wertfestsetzung die schon ohnedies nicht einfache Bestimmung des § 90 weiter kompliziert werden würde. Es spreche kein innerer Grund für die Wiederholung der Feststellung, auch sei nicht abzusehen, welcher Wert maßgebend sein solle, wenn etwa jeder Teil den Gesundwert nochmals feststellen lasse und die Gutachten von einander abwichen. Es könne ferner, da der Gesundwert der Wert am Ablieferungsort sei, nicht wohl hier „der Handelswert am Tage und am Ort der Versteigerung maßgebend sein".

Der Antrag ist schließlich unberücksichtigt geblieben.

Bem. 16. Die Makler haben beantragt:

„Daß im Falle der öffentlichen Versteigerung von Gütern der Versicherer für den Eingang des Verkaufserlöses haftet".

In der Vollversammlung vom 24. April 1911 haben sie ausgeführt, daß, wenn der Versicherer die Auktion veranlasse, die Haftung nicht mehr als billig sei; überhaupt sei der Verkauf in öffentlicher Auktion verursacht durch den Schaden, für den der Versicherer hafte; schon bisher habe der Versicherer diese Haftung getragen. Würde man den Versicherten das Delkredere auferlegen, so müsse man ihm auch das Recht zugestehen, Käufer zu refusieren, was dem Interesse des Versicherers sehr zuwiderlaufen könne. Seitens der Vertreter der Assekuradeure ist bestritten worden, daß der Versicherer bisher diese Haftung übernommen habe; nicht der Assekuradeur, sondern der Versicherungsnehmer lasse die Versteigerung vornehmen; anders liege die Sache, wenn die Versteigerung im Nothafen erfolge, wo der Kapitän die Verfügung über die Ladung und die Versteigerung habe; bei solchen Verkäufen im Nothafen habe der Versicherer die Haftung getragen. Der Versicherte dürfe an sich bei einer solchen Versteigerung gar nicht auf Kredit verkaufen lassen; der Verkauf habe vielmehr gegen Kassazahlung zu erfolgen, es sei denn, daß der Versicherte sich vorher mit dem Havariekommissar des Versicherers über die Kreditierung des Kaufpreises verständigt habe, in welchem Falle der Versicherer natürlich die Haftung trage. Seitens der Makler ist demgegenüber bemerkt worden, daß auch bei sogenannten Kassaverkäufen eine kurze Kreditierung einzutreten pflege, etwa in der Weise, daß der Betrag bis zum Mittag des nächsten Tages per Banküberweisung überschrieben werde; Auktionsverkäufe, bei denen der Auktionserlös in Münze bar ausbezahlt würde, kämen in der Praxis nicht mehr vor; in diesem Umfange werde der Versicherer deshalb jedenfalls die Haftung tragen müssen. Vgl. Bem. 17.

Bem. 17. Die HK. Bremen, Hamburg haben beantragt, hinzuzufügen:

„Der Versicherer haftet im Falle der Versteigerung für den Eingang des Verkaufserlöses"

und folgendermaßen begründet. Die Versteigerung werde, sofern nicht der Versicherer zu einer Kreditierung des Kaufpreises seine Zustimmung gegeben habe, gegen unverzügliche Zahlung des Kaufpreises zu erfolgen haben; immerhin erfolge eine solche Zahlung in der Gegenwart nicht mehr in bar, sondern durch Banküberweisung und dergl. In einer solchen Zahlungsform liege aber naturgemäß stets ein wenn auch nur geringer Aufschub der tatsächlichen Zahlung, und es ergebe sich somit die Möglichkeit, daß diese Zahlung schließlich nicht erfolge. Auf den Widerspruch der Assekuradeure hin ist der Antrag mit der Maßgabe aufrecht erhalten worden, daß der Versicherer nur dann für den Eingang des Verkaufserlöses haften solle, wenn er die Versteigerung verlangt habe. Diese Haftung entspreche durchaus dem bestehenden Rechte (§ 136 Abs. 2 ASVB.).

In der H.K.-Kommissionssitzung vom 6. Dezember 1913 ist beschlossen worden, daran festzuhalten, daß der Versicherer die Haftung für den Auktionserlös zu übernehmen hat, wenn er selbst die Versteigerung beantragt hat. Es sei selbstverständlich, daß, wenn etwa der Versteigerungserlös mit einseitiger Zustimmung des Versicherungsnehmers und ohne ausdrückliche Einwilligung des Assekuradeurs kreditiert werde, die Verantwortlichkeit für den Eingang des Erlöses auf den Versicherungsnehmer übergehe. In der Sitzung vom 13. Dezember 1913 ist bezüglich der Haftung der Assekuradeure für den Eingang des Auktionserlöses für unmöglich gehalten worden, die Wünsche der Versicherungsnehmer zu erfüllen. Die Assekuradeure könnten die Haftung für den Auktionserlös nur unter der Voraussetzung übernehmen, daß die Auktion von den Versicherern beantragt und nicht etwa von den Versicherungsnehmern ohne ihre Zustimmung der Versicherungserlös kreditiert werde. In der Versammlung vom 19. Dezember 1913 ist mitgeteilt worden, daß die Assekuradeure die Haftung für den Auktionserlös nicht übernehmen könnten.

In der Verhandlung vom 28. Januar 1914 haben sich die Assekuradeure endlich bereit erklärt, die Haftung für den Auktionserlös in den Fällen der §§ 90 und 93 Z. E. Dez. 13 zu übernehmen. Wenn aber der Versicherte ohne Einwilligung des Assekuradeurs den Versteigerungserlös kreditiere, so erlösche ihre Verantwortlichkeit. Sie haben bestätigt, daß nicht nur der Fall der Versteigerung, sondern auch der der Abschätzung gemeint sei.

In der Schlußsitzung vom 17. Juni 1914 ist bei § 90 und § 93 Z. E. Dez. 13 mit Befriedigung davon Kenntnis genommen worden, daß die Assekuradeure nunmehr die Haftung für den Auktionserlös grundsätzlich übernehmen wollen. Wenn auch der vorgeschlagene Wortlaut nicht als besonders glücklich betrachtet werde, so sollten doch Einwendungen nicht erhoben werden, nachdem seitens der Assekuradeure bestätigt sei, daß sie für die in Zukunft nur noch auf ihren Antrag abzuhaltenden Auktionen den Versicherten gegenüber garantiepflichtig sein müßten.
Das Ergebnis der Verhandlungen ist die Einstellung in Satz 1 „es sei denn, daß ...“ und die Hinzufügung von Satz 3 gewesen. Vgl. auch § 96 Bem. 9.

Bem. 18. Der zu den Schlußverhandlungen 1918 gestellte Antrag der H.K. Frankfurt:

„Der Wert der beschädigten Güter ist durch öffentliche Versteigerung festzustellen, zu der die Einwilligung beider Parteien erforderlich ist. Der Versicherer darf eine solche Versteigerung nicht einseitig fordern und damit unter Umständen auch eine solche verhindern können“

ist nicht weiter verfolgt worden.

Abs. 4.

Bem. 19. Die Makler haben beantragt, zu bestimmen

„Daß der Empfänger bis zur erfolgten Feststellung der Beschädigung verantwortlich dafür ist, daß keine Maßnahmen getroffen werden, durch welche der Schaden vergrößert oder die Feststellung erschwert wird“.

In der Vollversammlung vom 24. April 1911 ist seitens der Assekuradeure erwidert worden, daß sie sich hiermit nicht begnügen könnten und daß sie an den Forderungen des Entwurfes in diesem Punkte festhalten müßten. Seitens der Makler ist besonders darauf hingewiesen worden, daß es z. B. im Falle des Diebstahls eine unverhältnismäßige Beschränkung der Bewegungsfreiheit des Versicherten sei, wenn dieser die Verpackung nicht öffnen dürfe. Von seiten der Assekuradeure ist erwidert worden, daß in solchem Falle die Öffnung der Verpackung unter Umständen zur Minderung des Schadens geboten sein werde.

Der Antrag ist nicht weiter verfolgt worden.

Bem. 20. Die HK. Bremen, Hamburg haben beantragt:

„Abs. 4 dem Inhalte nach zu ändern wie folgt: „„Zu der Feststellung des Befundes, insbesondere zur Öffnung der Verpackung, und der Untersuchung, ob und inwieweit Beschädigung vorliegt, muß der Versicherer, wenn möglich, hinzugezogen werden. Bis zur Feststellung der Beschädigung darf der Versicherungsnehmer ohne Einwilligung des Versicherers Änderungen nur insoweit vornehmen, als es zur Anwendung oder Minderung des Schadens oder im öffentlichen Interesse geboten ist““

und begründet. Bezüglich des Absatzes 4 seien von verschiedenen Seiten Bedenken geäußert worden, in dem darauf hingewiesen worden sei, daß vielfach erst bei der Öffnung der Verpackung und Untersuchung des Inhalts dem Versicherten zur Kenntnis komme, daß eine Beschädigung oder ein Verlust vorliege.

Der Antrag ist unberücksichtigt geblieben.

§ 94.

Teilbeschädigung.

(1) Sind von einem Gute nur einzelne Bestandteile oder Zubehörstücke verloren gegangen oder beschädigt, so kann der Versicherungsnehmer nur in Ansehung dieser Teile oder Zubehörstücke Entschädigung verlangen.

(2) Die Bestimmung des Absatzes 1 findet keine Anwendung, wenn durch Sachverständige festgestellt ist, daß infolge des Versicherungsfalls die Ausbesserung des Gutes unmöglich ist oder einen den Versicherungswert des Gutes übersteigenden Aufwand erfordern würde. In diesem Falle finden auf die Feststellung die Bestimmungen des § 74 Abs. 2 bis 10, auf die Ermittlung des Schadens die Bestimmungen des § 93 entsprechende Anwendung.

E. 10 § 90; E. 14 § 94.

Abs. 1 u. 2.

Bem. 1. Die HK. Chemnitz, Duisburg, Flensburg, Frankfurt a. M., Kiel und der Allg. Vers.-Schutz-Verb. haben beantragt:

„Die ganze Vorschrift zu streichen“.

Der Antrag ist unberücksichtigt geblieben.

Abs. 2.

Bem. 2. Die H. K. Hamburg, Lübeck haben beantragt, § 90 E. 10 folgenden Inhalt zu geben:

„Sind von einem Gute nur einzelne Bestandteile oder Zubehörstücke verloren gegangen oder beschädigt, so ist der Schaden durch Sachverständige zu untersuchen. Der Versicherer hat die Kosten zu bezahlen, welche erforderlich sind, um die beschädigten oder verlorenen Teile wieder herzustellen oder wieder anzuschaffen. Erklären die Sachverständigen, daß eine Reparatur oder Wiederanschaffung unmöglich ist oder Kosten verursachen werde, welche den Versicherungswert übersteigen, so ist der Wert des beschädigten Gutes durch öffentliche Versteigerung festzustellen".

Die Assekuradeure haben erwidert, sie beabsichtigten, diesem Antrage zu entsprechen und zu bestimmen, daß, wenn die Ausbesserung unmöglich oder unverhältnismäßig kostspielig sei, der Versicherer nach allgemeinen Grundsätzen entschädigen müsse.

In Berücksichtigung des Antrages ist von den Assekuradeuren Abs. 2 hinzugefügt worden, gegen den keine Bedenken erhoben worden sind.

§ 95.

Änderung der Beförderung.

(1) Werden die versicherten Güter in anderer Art als mit dem Schiffe befördert, mit welchem sie nach dem Versicherungsvertrage befördert werden sollen, so haftet der Versicherer nicht.

(2) Werden jedoch die Güter nach dem Beginne der Versicherung infolge eines Unfalls, für den der Versicherer haftet, mit einem anderen als dem im Versicherungsvertrage bestimmten Schiffe oder zu Lande befördert, so fällt die Beförderung unter die Versicherung; der Versicherungsnehmer hat in Ansehung der Beförderung nach Möglichkeit die Weisungen des Versicherers zu befolgen und, wenn die Umstände es gestatten, solche Weisungen einzuholen. Das Gleiche gilt, wenn nach dem Beginne der Versicherung ohne Zustimmung des Versicherungsnehmers die Beförderung geändert oder die Reise des Schiffes aufgegeben wird.

(3) Die Versicherung umfaßt in den Fällen des Absatzes 2 die Kosten der Umladung und der einstweiligen Lagerung sowie die Mehrkosten der Weiterbeförderung.

ASVB. §§ 63, 134 Abs. 2; ME. § 49; E. 10 § 85; E. 14 § 95.

Bem. 1. Die Anregungen:

a) Der H. K. Kiel und Lübeck:

„Den letzten Absatz des § 85 E. 10 wie folgt zu ändern: „„Die Bestimmungen des § 44 Abs. 1 Satz 2 über entgegenstehende Weisungen mehrerer Versicherer finden entsprechende Anwendung““.

b) Der HK. Bremen:

„Den ganzen § 85 E. 10 zu streichen."

sind nicht weiter verfolgt worden.

Bem. 2. Ohne auf die Anträge (Bem. 1) weiter einzugehen, haben die Assekuradeure § 85 E. 10 neu gefaßt und in die Bestimmungen über die Güterversicherung seit 3E. Dez. 12 als § 87 eingeordnet. Gegen § 87 sind keine Bedenken geäußert worden, so daß er unverändert als § 95 aufgenommen worden ist.

Abs. 1.

Bem. 3. Die HK. Frankfurt a. M. hat zu den Schlußverhandlungen 1918 beantragt:

„Die Versicherung selbst muß bestehen bleiben; dem Versicherer darf in diesem Fall nur eine entsprechende Prämienzulage zustehen."

Der Antrag ist nicht weiter verfolgt worden.

Abs. 2.

Bem. 4. Die HK. Frankfurt a. M. hat zu den Schlußverhandlungen 1918 beantragt:

„Nach dem Wort „„befördert"" einzufügen „„bezw. eingelagert""; nach „„Beförderung"" bezw. „„Einlagerung"" zu sagen „„die Beförderung geändert, ein anderes Schiff benutzt oder die Reise des Schiffes aufgegeben wird"".

Der Antrag ist nicht weiter verfolgt worden.

§ 96.

Verkauf der Güter.

(1) Wird nach dem Beginne der Versicherung die Reise des Schiffes aufgegeben oder aus einem anderen Grunde nicht vollendet, ohne daß der Versicherer von der Verpflichtung zur Leistung frei wird, so kann der Versicherer verlangen, daß unter seiner Mitwirkung der Versicherungsnehmer die Güter aus freier Hand oder im Wege öffentlicher Versteigerung verkauft, wenn die Güter ohne unverhältnismäßig hohe Kosten oder innerhalb angemessener Frist nicht weiterbefördert werden können. Verlangt der Versicherer den Verkauf, so muß dieser unverzüglich erfolgen. Die Versicherung endigt mit dem Verkaufe der Güter.

(2) Der Versicherungsnehmer kann im Falle des Verkaufs den Unterschied zwischen der Versicherungssumme und dem Erlös verlangen; er muß sich jedoch den Wert desjenigen anrechnen lassen, was er anderweit zur Ausgleichung des Schadens erlangt hat. Das Gleiche gilt, wenn die Güter unterwegs infolge eines dem Versicherer zur Last fallenden Unfalls verkauft werden müssen. Die Versicherung endigt auch in diesem Falle mit dem Verkauf.

(3) Hat nach den Verkaufsbedingungen der Verkäufer vorzuleisten, so steht der Versicherer für die Zahlung des Kaufpreises ein, falls er den Verkaufsbedingungen zugestimmt hat.

ASVB. §§ 134 Abs. 1, 136; HGB. § 877; ME. §§ 63 Abs. 2 S. 1, 120, 121, 122 Nr. 2; E. 10 § 91; E. 14 § 96.

Abs. 1.

Bem. 1. „Nach § 134 Abs. 1 ASVB. kann der Versicherer verlangen, daß die Güter verkauft werden, wenn das Schiff „„unfähig wird, die Reise zu vollenden, eine anderweitige Weiterbeförderung der Güter aber unverhältnismäßige Kosten verursacht oder in angemessener Zeit nicht beschafft werden kann"". Hierbei ist stillschweigend vorausgesetzt, daß die „„Unfähigkeit"" des Schiffes nicht die Befreiung des Versicherers von seiner Leistungspflicht zur Folge gehabt hat. Der Entwurf bringt dies im § 91 Abs. 1 zum Ausdruck. Er knüpft auch das Recht des Versicherers, den Verkauf zu verlangen, nicht an den Eintritt der Unfähigkeit des Schiffes zur Vollendung der Reise, sondern läßt es in jedem Falle Platz greifen, in dem die Reise des Schiffes aufgegeben oder aus einem anderen Grunde nicht vollendet wird, gleichwohl aber die Verpflichtung des Versicherers bestehen bleibt". Begr. § 91.

Bem. 2. Die HK. Frankfurt a. M. hat zu den Schlußverhandlungen 1918 beantragt:

„Die Aufgabe der Reise darf keine Handhabe zum Verkauf der Ware und zur Beendigung des Risikos geben, lediglich könnte hierfür die Unfähigkeit des Schiffes, die Reise zu vollenden, in Frage kommen"

und zur Begründung angeführt, der während des Krieges eingetretene Rücktritt des Reeders vom Frachtvertrag sei nach den Konossementsbedingungen statthaft. Einer Zustimmung des Versicherungsnehmers bedürfe es nicht, dieser könne den Rücktritt auch nicht ablehnen. Der Versicherer habe also das durchstehend versicherte Risiko weiter zu tragen.
Der Antrag ist nicht weiter verfolgt worden.

Bem. 3. „Von selbst wird sich auch ergeben, daß mit dem Verkaufe (d. h. wohl in dem Zeitpunkte, in dem nach den gemeinbürgerlichen Vorschriften die Gefahr vom Verkäufer auf den Käufer übergeht) die Versicherung endigt. Der Entwurf spricht es gleichwohl aus, um nicht die Auffassung aufkommen zu lassen, daß etwa auch in diesen Fällen die Grundsätze über die Veräußerung versicherter Sachen anzuwenden sind, und um die Bestimmung anzuschließen, daß die Versicherung auch dann endigt, wenn der Versicherungsnehmer mit dem vom Versicherer verlangten Verkaufe der Güter säumig ist". Begr. § 91.

Bem. 4. Die HK. Bremen, Hamburg, Lübeck haben beantragt:

„In § 91 Abs. 1 Satz 3 E. 10 vor „„nicht unverzüglich"" einzufügen „„infolge Verschuldens des Versicherungsnehmers""."

Der Antrag ist auf den Hinweis fallen gelassen worden, daß „unverzüglich" gleichbedeutend mit „ohne schuldhaftes Zögern" sei.

Bem. 5. Die HK. Bremen hat beantragt:
„§ 91 Abs. 1 Satz 3 E. 10 mit den Worten „„Verkaufe der Güter““ schließen zu lassen“.
Dem Antrag ist stattgegeben worden.

Abs. 2.

Bem. 6. „Daß unter dem Ausdruck „„Erlös““ der Reinerlös zu verstehen ist, wird nicht besonders ausgesprochen zu werden brauchen (vgl. z. B. BGB. §§ 383, 386, 1219 Abs. 2)“. Begr. § 91.

Bem. 7. Die HK. Frankfurt a. M. und der Wvb. haben zu den Schlußverhandlungen 1918 beantragt:
„Anstelle von „„Erlös““ „„Reinerlös““ zu sagen“.
Der Antrag ist nicht weiter verfolgt worden.

Bem. 8. Gegen die von den Assekuradeuren vorgenommene Hinzufügung des Wortes „müssen“ am Ende des zweiten Satzes und die Einsetzung des neu geschaffenen dritten Satzes sind keine Bedenken geltend gemacht worden.

Abs. 3.

Bem. 9. Die HK. Bremen, Hamburg haben beantragt:
„In § 91 Abs. 1 E. 10 einzufügen „„Der Versicherer haftet für den Eingang des Verkaufserlöses““.
Über die Erörterungen des Antrages vgl. § 93 Bem. 16 u. 17.
Das Ergebnis der Verhandlungen ist die Einstellung des Abs. 3 gewesen, der unbeanstandet geblieben ist.

§ 97.

Laufende Versicherung.

(1) Ist die Versicherung in der Weise genommen, daß die Güter bei der Schließung des Vertrags nur allgemein oder nur ihrer Art nach bezeichnet und erst nach Entstehung des Versicherungsinteresses dem Versicherer einzeln aufgegeben werden, so bezieht sich die Versicherung auf alle Güter oder auf alle Güter der im Vertrage bestimmten Art, für die der Versicherungsnehmer, sei es für eigene, sei es für fremde Rechnung, nach kaufmännischen Grundsätzen Versicherung zu nehmen hat. Sie bezieht sich insbesondere nicht auf solche Güter, für die der Versicherungsnehmer nur deshalb Versicherung zu nehmen hat, weil er sich hierzu einem Dritten gegenüber, sei es auch gegen Entgelt, verpflichtet hat.
(2) Die Versicherung bezieht sich auch auf die im § 80 Nr. 3 bezeichneten Güter. Dem Versicherer gebührt jedoch für die Versicherung dieser Güter eine Zuschlagsprämie.
(3) Der Versicherer ist verpflichtet, eine von ihm unterzeichnete Urkunde über die laufende Versicherung (laufende Police) dem Versicherungsnehmer auszuhändigen. Die laufende Police gilt

nicht als Police im Sinne des Gesetzes und dieser Bedingungen; jedoch findet die Bestimmung des § 15 über die Genehmigung des Inhalts der Police auf sie entsprechende Anwendung. Ist die laufende Police abhanden gekommen oder vernichtet, so kann der Versicherungsnehmer von dem Versicherer die Ausstellung einer Ersatzurkunde verlangen; die Kosten hat der Versicherungsnehmer zu tragen.

(4) Der Versicherer hat dem Versicherungsnehmer auf Verlangen eine von ihm unterzeichnete Urkunde über die einzelne Aufgabe (Einzelpolice) auszuhändigen. Die Einzelpolice gilt als Police im Sinne des Gesetzes und dieser Bedingungen; jedoch findet die Bestimmung des § 15 über die Genehmigung des Inhalts der Police auf sie keine Anwendung.

(5) In Ansehung der Fälligkeit der Versicherungskosten tritt an die Stelle des Vertragsabschlusses der Beginn der Versicherung.

(6) Der Versicherungsnehmer hat die Güter sobald wie möglich, insbesondere unverzüglich nachdem er von dem Beginn der Versicherung Kenntnis erlangt hat, dem Versicherer aufzugeben und dabei den Versicherungswert sowie das zur Beförderung bestimmte oder dienende Schiff zu bezeichnen; dies gilt insbesondere auch dann, wenn die Güter unbeschädigt abgeliefert sind und der Versicherungsnehmer erst nach der Ablieferung von der Versicherung Kenntnis erlangt. Der Versicherer ist von der Verpflichtung zur Leistung frei, wenn nicht die Aufgabe rechtzeitig bewirkt ist; zur Erhaltung der Rechte des Versicherungsnehmers genügt die rechtzeitige Absendung der Aufgabe. Hat der Versicherungsnehmer die Güter vorsätzlich nicht oder nicht rechtzeitig aufgegeben oder hat er die Güter oder ihren Versicherungswert vorsätzlich unrichtig aufgegeben, so endigt die laufende Versicherung; dem Versicherer gebühren gleichwohl die Prämien, die ihm im Falle gehöriger Erfüllung des Vertrags zu zahlen gewesen wären.

(7) Ist vereinbart, daß die Güter nur bis zu einem bestimmten Gesamtversicherungswerte mit einem Schiffe befördert werden dürfen, so bezieht sich die Versicherung nicht auf den höheren Wert. Diese Bestimmung findet keine Anwendung, wenn die der Vereinbarung widersprechende Beförderung dadurch verursacht ist, daß an einem Umschlagsplatze Güter zugeladen sind und der Versicherungsnehmer diesen Umstand nicht zu vertreten hat.

(8) Werden die Güter in Schiffen minderwertiger als der im Vertrage bestimmten Art befördert, so ist der Versicherer von der

Verpflichtung zur Leistung frei. Diese Bestimmung findet keine Anwendung, wenn die Güter ohne Zustimmung des Versicherungsnehmers in minderwertigen Schiffen befördert werden; dem Versicherer gebührt in diesem Falle eine Zuschlagsprämie.

(9) Der Versicherer kann die laufende Versicherung, auch wenn sie für eine bestimmte Zeit genommen ist, nach dem Eintritt eines ihm zur Last fallenden Unfalls unter Einhaltung einer Kündigungsfrist von vier Wochen kündigen. Das Recht erlischt, wenn der Versicherer es nicht, sobald er von dem Unfall und seinen Folgen Kenntnis erlangt, unverzüglich ausübt. Das Gleiche gilt für den Versicherungsnehmer, wenn die Versicherung für eine längere Zeit als die Dauer eines Jahres genommen ist und der Versicherungsfall nach dem Ablauf eines Jahres eintritt.

(10) Ist vereinbart, daß der Versicherer für den aus einer Kriegsgefahr entstehenden Schaden haften soll, so kann jeder Teil die laufende Versicherung, auch wenn sie für eine bestimmte Zeit genommen ist, unter Einhaltung einer Kündigungsfrist von drei Tagen kündigen. Ist die laufende Versicherung auch gegen andere Gefahren genommen, so kann sie nur insoweit, als sie sich auf die Kriegsgefahr bezieht, gekündigt werden; im Falle der Kündigung vermindert sich die Prämie um den für die Versicherung gegen Kriegsgefahr bestimmten Betrag.

ASVB. § 64; HGB. § 817; VVG. § 187 Abs. 2; ME. § 50; E. 10 § 92; E. 14 § 97.

Bem. 1. „Der E. 10 hat von einer Regelung der sogenannten Pauschalversicherung, bei der eine bestimmte Versicherungssumme als Höchstbetrag der Haftung des Versicherers für die an einem Tage unterwegs befindlichen Güter vereinbart wird, abgesehen. Denn die Pauschalversicherung kommt wohl in der Binnentransportversicherung, nicht aber in der Seeversicherung vor und bildet jedenfalls für die Seeversicherung keine geeignete Form der laufenden Versicherung. Die gewöhnliche laufende Versichernug regelt § 92 im engen Anschluß an die Bestimmungen der sogenannten laufenden Police des Vereins Hamburger Assekuradeure, mit denen indessen die im Binnenland üblichen Bestimmungen im wesentlichen übereinstimmen". Begr. §§ 92, 93.

Bem. 2. Die Makler haben beantragt:

> „Die Bestimmungen über die laufende Versicherung aus den Bedingungen herauszulassen und nach wie vor lediglich auf die laufende Police selbst zu setzen"

und hierzu in der Vollversammlung vom 24. April 1911 ausgeführt, auf dem Gebiete der Abonnementspolizen und Generalpolizen lasse sich, wie auch die Begründung des Entwurfes selbst erkläre, eine einheitliche Police nicht schaffen; unter diesen Umständen sei es richtiger, die Bestimmungen über die laufende Polize aus den allgemeinen Seeversicherungsbedingungen ganz auszuscheiden und lediglich in die Abonnementspolizen und Generalpolizen Vorschriften hierüber aufzunehmen. Die Assekuradeure haben demgegenüber den Standpunkt vertreten, daß die Regelung der laufenden Polize in dem Entwurfe selbst erfolgen müsse; dies schließe nicht aus, daß diese Bestimmungen in den Abonnementspolizen und Generalpolizen nochmals besonders zum Ausdruck gelangten.

Abs. 1.

Bem. 3. a) Seitens der Makler ist bei der Beratung vom 27. Mai 1911 insbesondere der Ausdruck „nach kaufmännischen Grundsätzen" beanstandet und ausgeführt worden, daß derselbe zu vielerei Zweifeln führen müsse. Nach kaufmännischen Grundsätzen habe ein Kaufmann auch dann Versicherung zu nehmen, wenn er den Auftrag zur Versicherungsnahme erhalte, einerlei ob er selbst ein Interesse an der Versicherung habe; der Ausdruck treffe deshalb gar nicht das, was die Versicherer meinten. Aber auch sonst würden viele Fälle auftreten, die in dieser Beziehung zu Zweifeln Anlaß geben. So z. B. komme es bei a conto meta Geschäften häufig vor, daß der eine Partner des Geschäftes die Versicherung für die ganze Sache auf seine laufende Polize übernehme; es könne zweifelhaft sein, ob dies kaufmännischen Grundsätzen entspreche oder nicht. Bisher habe in der laufenden Polize für den ausgehenden Verkehr die Bestimmung bestanden, daß der Versicherungsnehmer alle Versicherungen, über welche ihm die freie Verfügung zustehe, auf dieselbe zu deklarieren habe. Es sei wünschenswert, an diesem Wortlaute auch für die Zukunft festzuhalten. Seitens der Vertreter der Assekuradeure ist demgegenüber der Standpunkt vertreten worden, daß der Ausdruck „freie Verfügung" ein zu unbestimmter sei; dem Ausdrucke „nach kaufmännischen Grundsätzen" sei der Vorzug zu geben.

b) Die Makler haben die Bestimmungen des Satz 2 beanstandet und bei der Beratung vom 27. Mai 1911 ausgeführt, daß bisher nicht selten dem hiesigen Platze Versicherungen zugeflossen seien, bei denen der Versicherungsnehmer zwar kein weiteres Interesse an der Versicherung habe, als die Besorgung der Versicherung, die er durch Übernahme derselben auf seine laufende Polize erheben wolle; so werde z. B. ein Teil des Geschäftes zwischen französischen Weinplätzen und russischen Plätzen hier in dieser Weise versichert. Auch am Londoner Markte würden solche Geschäfte in dieser Form in erheblichem Umfange ausgeführt. Seitens der Assekuradeure ist erwidert worden, daß derartige Fälle am hiesigen Platze vorgekommen sein möchten; es sei aber nicht richtig, daß die Ausführung solcher Versicherungsaufträge durch Übernahme auf die laufenden Polizen üblich sei und es könne ein Bedürfnis hierfür auch nicht anerkannt werden. Die Zulassung eines derartigen Verfahrens bringe für den Versicherer die große Gefahr mit sich, daß schlechte Risiken, für welche bei Einzelversicherung Deckung überhaupt nicht oder nur gegen erhöhte Prämie zu erlangen sei, auf diese Weise zu der niedrigen Prämie der laufenden Versicherung versichert werde.

An der Fassung des Abs. 1 ist nichts geändert worden.

Bem. 4. Der W v b. hat zu den Schlußverhandlungen 1918 beantragt:

„Statt „„nach kaufmännischen Grundsätzen““ „„im Rahmen seines Geschäftes““ zu sagen“.

Der Antrag ist nicht weiter verfolgt worden.

Bem. 5. Die H K. Bremen, Hamburg, Stettin haben beantragt:

„In Satz 2 das Wort „„insbesondere““ zu streichen“

und zur Begründung ausgeführt, es sei ein Widerspruch, wenn als Beispiel eines dieser Fälle, in denen der Kaufmann nach kaufmännischen Grundsätzen eine Versicherung nicht zu nehmen haben würde, der Fall angeführt werde, wenn der Kaufmann sich hierzu einem Dritten, sei es gegen Entgelt oder aus anderen Gründen, verpflichtet habe; in einem solchen Falle würde es durchaus kaufmännischen Grundsätzen entsprechen, die Versicherungsnahme auszuführen.

Der Antrag ist auf den wiederholten Widerspruch der Assekuradeure hin fallen gelassen worden.

Bem. 6. Die H K. Frankfurt a. M. hat zu den Schlußverhandlungen 1918 beantragt:

„Satz 2 zu streichen“.

weil die Bestimmung im Gegensatz zu der Tatsache stehe, daß der Versicherungsnehmer für fremde Rechnung nach kaufmännischen Grundsätzen versichert gelte. In der Vorbesprechung vom 22. und 23. August 1918 ist der Antrag nach der Erklärung der Assekuradeure, sie könnten von dieser durchaus gerechtfertigten Bestimmung unter keinen Umständen abgehen, für erledigt erklärt worden.

Abs. 2.

Bem. 7. Die Makler haben beantragt:

„Daß bei der laufenden Police, wenn dieselbe auf Güter aller Art genommen ist, auch die in § 77 aufgeführten Güter eingeschlossen sind“

und ihren Antrag in der Vollversammlung vom 24. April 1911 folgendermaßen begründet. Auch nach den bestehenden Bedingungen der Prämientarife seien Güter der unter Ziffer 2 und 3 aufgeführten Art in die Versicherung eingeschlossen; bei Verladung der unter § 77 Ziffer 3 aufgeführten Güter fänden allerdings die vereinbarten Prämien keine Anwendung, sondern es erfolge eine besondere Prämienregulierung. Es bestehe ein Interesse für viele Inhaber laufender Polizen, bei Veränderungen des Geschäftes, Aufnahme neuer Artikel usw. durch die laufende Police auch für diese ohne weiteres gedeckt zu sein. Seitens der Vertreter der Assekuradeure ist das Bedürfnis für eine Änderung des Entwurfes in dieser Richtung zunächst in Zweifel gezogen worden. Es ist schließlich in Aussicht genommen worden, eine Bestimmung aufzunehmen, dahingehend, daß, wenn in der laufenden Police allgemein Güter oder Güter aller Art als versichert bezeichnet sind, auch die unter § 77 Ziffer 2 und 3 aufgeführten Güter mit eingeschlossen sind, daß aber bei deren Verladung eine Zuschlagsprämie zu zahlen und eine Anzeige über die Natur der Güter zu erstatten sei. Vgl. Bem. 8.

Bem. 8. Die H K. Bremen, Hamburg und die Hamburger Reeder haben beantragt:

„Hinzuzufügen: „„Die Bestimmungen des § 77 finden bezüglich der dort unter Ziffer 2 und 3 bezeichneten Güter keine Anwendung; der Versicherungsnehmer hat jedoch im Falle der Verladung von Gütern der im § 77 Ziffer 2 und 3 bezeichneten Art dem Versicherer eine Anzeige über die Natur der verladenen Güter zu erstatten und eine Zuschlagsprämie zu bezahlen""

und ihren Antrag begründet, dringend erwünscht erscheine, daß auf die laufenden Polizen auch Güter der in § 77 Ziffer 2 und 3 E. 10 bezeichneten Art, wenn auch gegen Zuschlagsprämie, deklariert werden könnten. Die Assekuradeure haben erklärt, dem Antrage entsprechen zu wollen. Würden im § 77 Ziffer 2 E. 10 nur die von der Bahnbeförderung ausgeschlossenen Güter von der Versicherung ausgeschlossen werden, so würden diese Güter natürlich auch nicht in die laufende Versicherung einbezogen werden können.

Dem Antrage ist durch die Neuschaffung des Abs. 2 stattgegeben worden.

Abs. 3.

Bem. 9. In der Beratung vom 27. Mai 1911 ist seitens der Makler die Frage gestellt worden, ob es zweckmäßig sei, die laufende Police, wie der Entwurf dies wolle, nicht als Police im Sinne des Entwurfes gelten zu lassen. Seitens der Assekuradeure ist demgegenüber dargelegt worden, daß die Bestimmungen des Entwurfs über die Police, insbesondere die Bestimmung des § 15 des Entwurfes, nicht auf die laufende Police Anwendung finden könnten. Seitens der Makler ist diesen Ausführungen schließlich zugestimmt worden.

Bem. 10. In derselben Versammlung (Bem. 9) ist von den Maklern darauf hingewiesen worden, daß die dem Versicherungsnehmer obliegende Anzeigepflicht sich bei der laufenden Police nur auf den Abschluß des Vertrages über die laufende Police, nicht etwa auf jede Deklaration auf die laufende Police oder auf jeden Antrag über die Ausfertigung einer Einzelpolice beziehen könne. Seitens der Assekuradeure ist dieser Auffassung beigestimmt worden.

Bem. 11. In derselben Versammlung (Bem. 9) ist zur Sprache gebracht worden, wie die Anwendung des § 17 Abs. 2 Satz 2 E. 10 auf die laufende Police gedacht sei. Es ist dargelegt worden, daß bei der laufenden Police die Prämie in der Regel gestundet werde, indem vereinbart werde, daß sie zu bestimmten Terminen zu bezahlen sei. Im Falle des § 17 Abs. 2 Satz 2 werde der Versicherungsnehmer bereits bei jeder Deklaration Sicherheit zu leisten haben.

Bem. 12. Die HK. Flensburg, Frankfurt a. M. haben beantragt:

„In Abs. 2 und 3 § 92 E. 10 „„Die laufende Police gilt nicht als Police im Sinne des Gesetzes und dieser Bedingungen"" zu ändern in: „„Die Einzelpolice gilt als Police im Sinne des Gesetzes und dieser Bedingungen"".

Der Antrag ist unberücksichtigt geblieben.

Bem. 13. Gegen die Neufassung von § 92 Abs. 2 Satz 2, zweiter Halbsatz E. 10 und die Neueinstellung von Satz 3 seit ZE. Dez. 12 sind keine Bedenken geltend gemacht worden.

Bem. 14. Der Antrag der H.K. Stettin:
„§ 92 Abs. 2 E. 10 neu zu fassen, da den Ladungsinteressenten, die mit der Seeversicherung weniger vertraut sind, diese Fassung gänzlich unverständlich bleiben müsse, zumal im Hinblick auf die Fassung des § 92 Abs. 3 E. 10"
ist unberücksichtigt geblieben.

Bem. 15. Die H.K. Frankfurt a. M. hat zu den Schlußverhandlungen 1918 beantragt:
„Die laufende Polize muß unter allen Umständen bleiben, was sie heute auf Grund der Rechtsprechung ist: Polize im eigentlichen Sinne. Dieser Charakter darf nicht auf die Einzelpolize übergehen. Diese Neuerung würde eine direkte Umkehrung der heutigen Verhältnisse bedeuten, deren Tragweite gar nicht abzusehen ist."
In der Vorbesprechung vom 22. und 23. August 1918 haben die Assekuradeure ausgeführt, daß die Eingangsworte von Satz 2: „Die laufende Polize gilt nicht als Polize im Sinne des Gesetzes und dieser Bedingungen" nichts weiter besagen, als daß die Bestimmungen des Entwurfs über die Polize (mit Ausnahme des § 15) der Natur der Sache nach keine Anwendung finden könnten auf die laufende Polize, die nichts weiter darstelle als einen Mantelvertrag für künftig zu schließende Versicherungen, während für den Verkehr die Einzelpolize „die Polize im Sinne des Gesetzes und dieser Bedingungen" bleibe. Die Vertreter der Kaufmannschaft haben Gewicht darauf gelegt, daß der Sinn dieser Bestimmung auch für den Laien erkennbar hervorträte, damit Versicherungen gegen laufende Polize, über welche keine Einzelpolizen ausgestellt würden, auch erkennbar ihre volle Gültigkeit behalten.
Der Antrag ist nicht weiter verfolgt worden.

Abs. 4.

Bem. 16. Die Makler haben beantragt:
„Hinter dem Worte „„Einzelpolice"" einzuschieben: „„Versicherungsbescheinigung oder dergl.""
In der Beratung vom 27. Mai 1911 ist von den Assekuradeuren dargelegt worden, daß, wenn in Zukunft seitens des Versicherers von ihm unterzeichnete Urkunden über die einzelne Deklaration auf die laufende Police ausgestellt würden, solche Urkunden stets den rechtlichen Charakter der Einzelpolice im Sinne des Entwurfes besitzen würden, einerlei, ob dieselben etwa Versicherungsbescheinigungen, Zertifikate oder sonstwie genannt würden. Der Ausdruck Zertifikate werde gegenwärtig für Versicherungsurkunden von allerverschiedenster rechtlicher Natur gebraucht und werde deshalb besser, um Unklarheiten zu vermeiden, ebenso wie seine deutsche Übersetzung Versicherungsbescheinigungen nicht aufgenommen.

Bem. 17. Der Antrag der H.K. Elberfeld:
„Daß bei Ausstellung der Einzelpolice etwa dem Inhalt der laufenden Police widersprechende Bedingungen ungültig sind und fehlende Bedingungen als aufgenommen gelten"
ist unberücksichtigt geblieben.

Abs. 5.

Bem. 18. Seit 3E. Dezember 1912 ist statt „Aufgabe" „Beginn der Versicherung" gesetzt.

Abs. 6.

Bem. 19. Die Makler haben die Vorschrift beanstandet, daß der Versicherungsnehmer die Güter sobald wie möglich, insbesondere unverzüglich, nachdem er von dem Beginn der Versicherung Kenntnis erlangt hat, dem Versicherer aufgeben soll und vertreten die Ansicht, daß die bisherigen Bestimmungen in dieser Beziehung wesentlich milder gewesen seien. Seitens der Assekuradeure ist in der Beratung vom 27. Mai 1911 demgegenüber darauf hingewiesen worden, daß nach der Vorschrift der laufenden Police für einkommende Güter die Abladung in dem zu der Police gehörigen Beibuche sobald wie möglich nach erhaltener Nachricht über solche beabsichtigte oder geschehene Abladungen, beziehentlich über die Ankunft solcher Güter „zu deklarieren" seien; die laufende Polize für den ausgehenden Verkehr enthalte die Vorschrift, daß die „Abladungen in dem zu der Police gehörigen Beibuche baldmöglichst zu deklarieren" seien, „und zwar Abladungen von Hamburg, Altona, spätestens sobald Konossement gezeichnet ist. Abladungen von anderen Plätzen sobald der Versicherungsnehmer über solche Abladungen beziehentlich über die Ankunft solcher Güter Nachricht erhalten hat"; ebenso enthalte die laufende Police für bezeichnete auswärtige Versicherte die Vorschrift, daß sämtliche Versicherungen „zur baldmöglichsten Deklaration in dem zu der Police gehörigen Beibuch zu melden sind" und zwar Abladungen von bestimmten Plätzen „spätestens mit erster nach Zeichnung des Konnossements abgehender Post, Abladungen von dritten Plätzen mit erster Post nach Eingang des Konnossements oder der Benachrichtigung von der beabsichtigten oder geschehenen Abladung, beziehentlich der bereits erfolgten Ankunft solcher Güter. Soweit die Ablader, Spediteure oder sonstigen Beauftragte an dritten Plätzen beabsichtigte oder geschehene Abladungen direkt an den Versicherungsnehmer melden, ist letzterer verpflichtet, auch solche Meldungen baldmöglichst in dem zu dieser Police gehörigen Beibuche zu deklarieren."
Die Beanstandung ist ohne Erfolg geblieben.

Bem. 20. In derselben Beratung (Bem. 19) ist auf die Bedenken hingewiesen worden, die von binnenländischer Seite gegen die Vorschrift der jedesmaligen Aufgabe des zur Beförderung bestimmten oder dienenden Schiffes erhoben worden sind. Seitens der Assekuradeure ist erwidert worden, daß diese Vorschrift unumgänglich notwendig sei, da die Kenntnis des Schiffes für die Maximierung des Risikos von großer Bedeutung sei.

Bem. 21. Unbeanstandet ist die seit 3E. Dez. 12 vorgenommene Einschiebung der Worte am Ende von Satz 1 „erst nach der Ablieferung von der Versicherung" geblieben.

Bem. 22. Der Allg. Vers.-Schutz-Verb. hat beantragt:
„Im zweiten Satze vor dem Worte „„rechtzeitig"" einzuschieben „„vorsätzlich oder grobfahrlässig""
und seinen Antrag folgendermaßen begründet. Der Versicherungsnehmer

kenne in zahllosen Fällen in dem Augenblicke, wo er von dem Laufe der Versicherung Kenntnis erlange, den Versicherungswert noch gar nicht, da ihm die Unterlagen für eine Berechnung desselben noch fehlten und er auch noch nicht wisse, welches Schiff zur Beförderung bestimmt sei oder diene; der Versicherer werde nur verlangen können, daß der Versicherungsnehmer die Deklaration vornehme, sobald er den Versicherungswert und das Schiff dem Versicherer aufzugeben vermöge. Durch den Ersatz des Wortes „rechtzeitig" durch das Wort „unverzüglich" solle zum Ausdruck gebracht werden, daß ein schuldhaftes Zögern seitens des Versicherungsnehmers den Versicherer von der Leistungspflicht befreie. Die Assekuradeure haben erwidert, die Bestimmung verlange von dem Versicherungsnehmer nur, daß er deklariere, sobald er deklarieren könne, also nichts anderes, als was billiger Weise von ihm zu verlangen sei und was offenbar auch nach der diesen Anträgen zu Grunde liegenden Ansicht von ihm verlangt werden müsse. Die Assekuradeure beabsichtigten übrigens, dem Versicherungsnehmer auch die Verpflichtung aufzuerlegen, gefahrerhebliche Umstände bei der Deklaration mitzuteilen, selbstverständlich ohne an die Verletzung dieser Verpflichtung die Folge der Verletzung der Anzeigepflicht des § 21 zu knüpfen. Der Versicherer bedürfe solcher Mitteilungen dringend, weil von den Umständen des Falles abhänge, ob oder wie weit er sich um Rückdeckung bemühen müsse.

Der Antrag ist fallen gelassen worden (vgl. Bem. 23).

Bem. 23. a) Die HK. Frankfurt a. M. hat zu den Schlußverhandlungen 1918 beantragt:

„Auch bei verspäteter Deklaration muß die laufende Police decken

b) Gelegentlich der eingehenden Erörterungen dieses Antrages in der Vorbesprechung vom 22. und 23. August 1918 haben die Makler entsprechend den Wünschen der Versicherungsnehmer den Antrag gestellt, einzuschalten:

„Etwa unabsichtlich unterlassene oder verzögerte Deklarationen bleiben nachträglich für den Versicherer verbindlich, wenn der Versicherungsnehmer beweist, daß bei Erfüllung der Aufgabepflicht die Sorgfalt eines ordentlichen Kaufmanns gewahrt worden ist".

Die Makler haben ausgeführt, daß sie sich damit im Rahmen derjenigen Bestimmungen hielten, die bisher in den Hamburger Policen Aufnahme gefunden hätten. Die Assekuradeure haben sich ihre Stellungnahme zu diesem Antrag vorbehalten; inhaltlich sei die Forderung bereits erfüllt durch das Wort „unverzüglich", es würde zu prüfen sein, inwieweit durch die Aufnahme dieser Einschaltung zu Zweifeln Anlaß gegeben werde. Die HK. Hamburg hat den Zusatz der Makler vom Standpunkt des Kaufmanns als durchaus wünschenswert erachtet. In der Vorbesprechung vom 7. Oktober 1918 haben die Makler noch einmal ihr Bedauern ausgesprochen, daß ihrem Antrag nicht entsprochen worden sei. Die Assekuradeure haben erklärt, daß die binnenländischen Versicherer diesem Antrag nicht hätten zustimmen können. Man würde aber auch später in Hamburg bereit sein, diesem Wunsche der Versicherungsnehmer durch Aufnahme einer entsprechenden Klausel in die

Police entgegenzukommen. In der Vollversammlung vom 11. Oktober 1918 haben die Makler ihren Antrag fallen gelassen, da eine derartige Bestimmung nicht in die allgemeinen Bedingungen gehöre, sondern von Fall zu Fall verabredet werden müsse. Der juristische Beirat der Assekuradeure hat betont, daß durch die Aufnahme dieser Bestimmung die Versicherer nur schlechter gestellt würden.

Der Antrag ist unberücksichtigt geblieben. Vgl. Bem. 22.

Abs. 7.

Bem. 24. Seit E. 14 ist anstatt „in Ansehung eines höheren Wertes von der Verpflichtung zur Leistung frei“ gesagt „bezieht sich die Versicherung nicht auf den höheren Wert“.

Bem. 25. Die Makler haben in der Vollversammlung vom 27. Mai 1911 angefragt, ob es nicht die Absicht sei, durch die Bestimmung des Satz 2 den Versicherungsnehmer bei Überschreitung der vereinbarten Höchstgrenze der mit einem Schiffe zu befördernden Versicherungswerte auch dann gedeckt zu halten, wenn die Güter ohne Wissen und Willen des Versicherungsnehmers von vornherein mit ein und demselben Schiffe befördert würden. Seitens der Assekuradeure ist erwidert worden, daß es die Absicht sei, nur wie bisher dann die Deckung eintreten zu lassen, wenn die Überschreitung der Höchstgrenze an einem Zwischenplatze, wo die Ware im Laufe der Reise umgeladen sei, erfolge, wobei als Zwischenplatz oder Umschlagsplatz selbstverständlich nur ein Platz auf dem Wege der versicherten Reise des Gutes, nicht etwa ein Platz, der lediglich für das Schiff Zwischenplatz sei, angesehen werde.

Der Anregung entsprechend haben die Assekuradeure seit ZE. Dez. 12 Satz 2 gefaßt: „Diese Bestimmung findet keine Anwendung, wenn die der Vereinbarung widersprechende Beförderung dadurch verursacht ist, daß an einem Umschlagsplatze Güter zugeladen sind und der Versicherungsnehmer diesen Umstand nicht zu vertreten hat“.

Bem. 26. Seitens der Makler ist in der Vollversammlung vom 27. Mai 1911 darauf hingewiesen worden, daß die in Begr. S. 127 Abs. 1 letzter Satz ausgesprochene Meinung, daß der Versicherer bei verschuldeter Überschreitung der vereinbarten Höchstgrenze berechtigt sei, für den überschrittenen Betrag die Prämie zu verlängern, nicht zutreffend sei. Der Versicherungsnehmer sei berechtigt, den Überschuß anderweitig zu decken oder für denselben als Selbstversicherer die Gefahr zu laufen; er habe alsdann natürlich die Prämie nur für den gedeckten Maximalbetrag zu bezahlen.

Bem. 27. Die HK. Frankfurt a. M. hat zu den Schlußverhandlungen 1918 beantragt:

> „In Satz 2 zu sagen: „„wenn die der Vereinbarung widersprechende Beförderung ohne Dazutun des Versicherten oder dadurch verursacht ist, daß .....““.

Nach den Erklärungen der Assekuradeure in der Vorbesprechung vom 22. und 23. August 1918 ist der Antrag durch den Wortlaut des Entwurfs bereits gedeckt.

Der Antrag ist nicht weiter verfolgt worden.

Abs. 8.

Bem. 28. Die Makler haben beantragt:

„§ 92 Abs. 7 S. 10 zu streichen und den Versicherungsnehmer in solchen Fällen gegen eine höhere in jedem Fall zu vereinbarende Prämie gedeckt sein zu lassen".

Sie haben in der Beratung vom 27. Mai 1911 auf die Klausel verwiesen, welche bisher in den laufenden Policen enthalten sei, und welche bestimme, daß die Prämie und Kondition von Fall zu Fall bei der Deklaration mit den Versicherern nach Billigkeit zu vereinbaren ist und der Versicherer die Gefahr trägt, solange die Verhandlungen nicht von der einen oder der anderen Seite abgebrochen sind. Seitens der Assekuradeure ist demgegenüber ausgeführt worden, daß diese Bestimmung für den Assekuradeur nachteilig sei, da der Versicherungsnehmer durch dieselbe die Möglichkeit habe, die Verhandlungen, bevor sie abgebrochen würden, hinzuziehen, während welcher Zeit dem Versicherer aber die Gefahr zur Last falle. Von anderer Seite ist bemerkt worden, daß an Stelle dieser bestehenden Bestimmungen vorgeschrieben werden könne, daß der Versicherungsnehmer gedeckt sei, dem Versicherer aber eine Zuschlagsprämie zustehe. Vgl. Bem. 29.

Bem. 29. Die HK. Barmen, Bremen, Elberfeld haben beantragt:

„§ 92 Abs. 7 S. 10 zu streichen und anstatt dessen eine Bestimmung folgenden Inhalts einzufügen: „„Werden die Güter in Schiffen minderwärtigerer als der im Vertrage bestimmten Art befördert, so bleibt die Haftung des Versicherers bestehen; dem Versicherer gebührt jedoch eine Zuschlagsprämie""

und mit dem Verkehrsbedürfnis begründet. Die Assekuradeure haben erklärt, diesem Antrage nicht entsprechen zu können. Sei z. B. ausdrücklich vereinbart, daß nur ein mit der Klasse 100 A/4 des Germanischen Lloyd versehenes Schiff zur Beförderung verwendet werden dürfe, so dürfe der Versicherungsnehmer sich doch nicht über diese Vereinbarung hinwegsetzen und etwa in einem unklassifizierten und unklassifizierbaren Schiffe befördern.

Der Antrag ist fallen gelassen worden. Vgl. Bem. 30.

Bem. 30. a) Die HK. Frankfurt a. M. hat zu den Schlußverhandlungen 1918 beantragt:

„Der Versicherer darf nicht frei werden, aber es gebührt ihm eine Zulage, und zwar auch dann, wenn die Güter bereits abgeliefert sind und der Versicherungsnehmer erst nach der Ablieferung von der Änderung Kenntnis erhält."

In der Vorbesprechung vom 22. und 23. August 1918 haben die Assekuradeure erklärt, daß auch dann, wenn der § 97 S. 14 die Bestimmung des Abs. 8 nicht enthielte, die Rechtslage nicht geändert würde, da in den Fällen, die der Abs. 8 treffe, ein Vertrag überhaupt nicht zustande gekommen sei. Die Makler haben betont, daß dem Schiff der im Vertrage bestimmten Art sowohl die Prämie für den Versicherungsnehmer wie auch die Beteiligung für den Versicherer angemessen sei, und daß es deshalb nur der Billigkeit entspräche, wenn in dem Falle, wo die

Parteien ausdrücklich einen Vertrag über Beförderung in besonders klassifizierten Schiffen abgeschlossen hätten, der Versicherer frei würde, sobald ein Schiff minderwertiger Qualität an die Stelle träte. Andererseits sei es aber eine gerechtfertigte Forderung des Versicherungsnehmers, dann gedeckt sein zu wollen, wenn ohne sein Wissen und wider seinen Willen eine Abweichung von der Police einträte.

b) Demzufolge haben die Makler beantragt, im § 97 Abs. 8 S. 14 als Satz 2 folgende Bestimmung aufzunehmen:

„Die Haftung des Versicherers bleibt jedoch bestehen, wenn der Versicherungsnehmer den Verstoß gegen die Vertragsvorschriften weder kannte noch kennen mußte. Bleibt die Haftung bestehen, so gebührt dem Versicherer eine Zuschlagsprämie".

Die Vertreter der Kaufmannschaft haben nachdrücklichst betont, daß sie auch auf diesen Zusatz der Makler bestehen müßten, da sie nicht ungedeckt bleiben könnten, wenn z. B. die versicherte Ware von dem ursprünglich vorgesehenen Dampfer nicht mitgenommen werden könnte, da der Dampfer voll sei. Die Assekuradeure haben demgegenüber auf die Schwierigkeiten hingewiesen, die ihnen durch Aufnahme eines solchen Zusatzes im Verhältnis zu ihren Rückversicherern erwachsen würden, da die Rückversicherungsverträge genaue Aufstellungen zu enthalten pflegten über die Klassifizierung der gedeckten Schiffe. Darauf haben die Makler erwidert, daß nicht nur die meisten laufenden Policen schon heute die Formel enthielten „mit Segel- und/oder Dampfschiffen gleichviel welcher Art", sondern daß auch die Güterpolize des VAH. auf Seite 2 Bestimmungen enthielte, die dem von ihnen beantragten Zusatz entsprächen. Der Vorsitzende hat betont, daß er in seiner Eigenschaft als Reeder, Assekuradeur und Warenkaufmann ebenfalls der Ansicht sei, daß dieser Zusatz der Makler Aufnahme in die Bedingungen finden sollte. Die Vertreter der Kaufmannschaft haben ausgeführt, daß ihnen dieser Zusatz ein weitgehendes Gefühl der Sicherheit gäbe, und daß sie verlangen müßten, daß, falls der Assekuradeur Ausnahmen von diesem Prinzip machen wollte, er die Bestimmungen durch Klausel seinerseits wegbedinge. Die Assekuradeure haben zugesagt, daß sie ernstlich in Erwägung ziehen würden, inwieweit diesen Wünschen der Kaufmannschaft entsprochen werden könne.

c) Die Assekuradeure haben darauf folgende Bestimmung als Satz 2 in Vorschlag gebracht:

„Diese Bestimmung findet keine Anwendung, wenn die Güter ohne Zustimmung des Versicherungsnehmers in minderwertigen Schiffen befördert werden; dem Versicherer gebührt in diesem Falle eine Zuschlagsprämie".

In der Vorbesprechung vom 7. Oktober 1918 hat sich die Versammlung mit der Aufnahme des zweiten Satzes einverstanden erklärt. Der Wvb. hat bemerkt, daß die Fassung „ohne Zustimmung" zu Mißverständnissen führen könne. Nachdem die Assekuradeure erklärt haben, daß ein Versicherungsnehmer, der ein Konnossement gezeichnet habe, in dem allgemein die Umladung in andere und daher auch minderwertige Schiffe ausbedungen sei, nicht seine Zustimmung zu einer Beförderung in minderwertigen Schiffen gegeben habe, ist die materielle Übereinstimmung der Versammlung über diesen Punkt festgestellt worden.

In der Versammlung vom 11. Oktober 1918 wurde Satz 2 in der oben wiedergegebenen Fassung c angenommen.

Bem. 31. § 92 Abs. 8 E. 10 bestimmt: „Die laufende Versicherung kann von jedem Teile ohne Einhaltung einer Kündigungsfrist gekündigt werden, wenn ein wichtiger Grund vorliegt."

a) Die Makler haben beantragt:

„Die Bestimmung des § 92 Abs. 8 E. 10 zu streichen"

da sie sowohl für den Versicherer wie auch für den Versicherungsnehmer höchst bedenklich sei.

b) Die HK. Bremen, Elberfeld, Flensburg, Hamburg, Kiel haben denselben Antrag gestellt, weil die Bestimmung für den Versicherungsnehmer und übrigens auch für den Versicherer eine hochgradige Unsicherheit mit sich bringe und dem bestehenden Rechte fremd sei. Die Assekuradeure haben erwidert, in Literatur und Rechtsprechung stehe fest, daß die laufende Versicherung wegen wichtigen Grundes ohne Einhaltung einer Frist aufgelöst werden könne, wie man auch auf die Möglichkeit einer solchen Auflösung nicht verzichten könne. Es sei also nicht recht einzusehen, was mit der beantragten Streichung erreicht werden solle. Da durch die Streichung sachlich aber nichts zu erreichen sei, würden die Assekuradeure auch gegen die Streichung nichts Besonderes einzuwenden haben, und sie würden auch aus diesem Grunde erwägen, ob dem Antrage der Versicherungsnehmer stattgegeben werden könne. Sie erklärten schon jetzt, daß durch eine Streichung unter keinen Umständen die Auffassung zum Ausdruck gebracht werden solle, als ob jener wie gesagt feststehende und durchaus festzuhaltende Grundsatz aus der laufenden Versicherung entfernt werden sollte.

Die Assekuradeure haben durch Streichung des Abs. 8 dem Antrage stattgegeben.

Abs. 9.

Bem. 32. Die HK. Bremen, Flensburg, Hamburg, Kiel, Lübeck haben beantragt:

„Streichung von § 92 Abs. 9 E. 10."

Der Antrag ist unberücksichtigt geblieben.

Bem. 33. Die HK. Frankfurt a. M. hat beantragt:

„Zusatz folgenden Inhalts: „„Dem Versicherungsnehmer steht im Schadensfalle gleichfalls ein Kündigungsrecht zu""."

Auf den ablehnenden Bescheid der Assekuradeure haben die HK. erwidert, wenn seitens der Versicherer darauf hingewiesen werde, daß diese Bestimmung bereits in das bisher übliche Formular für die laufenden Policen aufgenommen sei, so sei demgegenüber zu bemerken, daß diese Bestimmung jedenfalls in den Hansestädten regelmäßig gestrichen worden sei und auch von binnenländischer Seite eine solche, einseitig das Interesse des Versicherers berücksichtigende Bestimmung mit Entschiedenheit abgelehnt werde, weil sie dem Kaufmann die Möglichkeit der Kalkulation seiner Geschäfte nehme. Die Assekuradeure haben erklärt, aus redaktionellen Gründen dem Antrage nicht entsprechen zu können.

Auf Veranlassung der Bremer Wollinteressenten sind in der Sitzung der HK.-Kommission vom 6. Dezember 1913 Bedenken über das Kündigungsrecht des Assekuradeurs nach Eintritt eines Schadensfalles bei einer laufenden Versicherung geäußert worden. In der Sitzung vom 11. Dezember ist seitens der Assekuradeure erklärt worden, daß zur Zeit in sämtlichen laufenden Versicherungen das Kündigungsrecht nach Schadensfällen enthalten sei und daß im einzelnen Falle durch besondere Klausel die Kündigungsbefugnis ausgeschlossen werden könne. Vgl Bem. 34.

Bem. 34. Die HK. Bremen, Frankfurt a. M., der Wvb. und die Bremer Exporteure haben zu den Schlußverhandlungen 1918 beantragt:

„Das einseitige Kündigungsrecht des Versicherers zu streichen und entweder dem Versicherer und dem Versicherten das Kündigungsrecht zu geben oder die Regelung dem Einzelfalle vorzubehalten."

Bei der Vorbesprechung vom 22. und 23. August 1918 haben die Assekuradeure die Erklärung abgegeben, daß sie an ihrer bisherigen Stellungnahme festhalten müßten, wonach sie in Rücksicht auf die binnenländischen Versicherer nicht in der Lage seien, auf das Kündigungsrecht generell zu verzichten, daß die hamburgischen Assekuradeure aber bereit sein würden, im Einzelfall wie bisher in die Streichung zu willigen. Es ist den Vertretern Bremens anheimgegeben worden, von den Bremer Versicherern eine gleiche Erklärung herbeizuführen. Auf den Antrag wollten die Assekuradeure zurückkommen. In der Vollversammlung vom 11. Oktober 1918 hat die HK. Frankfurt ihren Antrag auf Einräumung eines gegenseitigen Kündigungsrechtes oder auf Abschaffung des einseitigen Kündigungsrechtes des Versicherers aufrecht erhalten. Diesem Antrag hat sich ein Vertreter der Bremer Kaufmannschaft angeschlossen, der die Frage stellte, ob die Bremer Assekuradeure bereit seien, wie die Hamburger auch im Einzelfalle ein Kündigungsrecht einzuräumen. Die Assekuradeure haben betont, daß sie auf Grund der Erfahrung der Praxis besonders im Binnenlande von dem im Entwurf zum Ausdruck gelangten Grundsatze nicht abgehen könnten, man dürfe aber annehmen, daß auch im Binnenlande von den Assekuradeuren Entgegenkommen gezeigt werden würde. Ein Bremer Makler hat sich dem Antrage des Vertreters der HK. Frankfurt a. M. angeschlossen. Er hat vorgeschlagen, etwa ein auf 3—4 Monate beschränktes Kündigungsrecht zu gewähren. Die Vertreter der binnenländischen Versicherungsnehmer haben mitgeteilt, daß die Nichtgewährung eines Kündigungsrechtes besonders darum für sie so schwerwiegend sei, weil im Binnenlande mehrjährige, ja 10jährige Policen üblich und unter anderen Bedingungen keine Policen zu erlangen seien. Der Anschauung des juristischen Beirats der Assekuradeure, daß solche mehrjährigen Verträge leicht vom Gericht gelöst werden könnten, hat sich die Mehrheit der Versammlung nicht anschließen können. Man hat endlich beschlossen, es bei dem Kündigungsrecht des Versicherers zu belassen, dem Versicherten ein Kündigungsrecht einzuräumen bei Policen, die länger als ein Jahr laufen. Die Fassung hat man der Redaktionskommission vorbehalten. Diese hat in der Sitzung vom

30. Juni 1919 die Aufnahme folgender Bestimmung als Satz 3 in Abs. 9 beschlossen: „Das Gleiche gilt für den Versicherungsnehmer, wenn die Versicherung für eine längere Zeit als die Dauer eines Jahres genommen ist und der Versicherungsfall nach dem Ablauf eines Jahres eintritt“. In der Redaktionskommissionssitzung vom 14. Juli 1919 hat der Vertreter der Makler die Frage aufgeworfen, ob der Versicherungsnehmer gebunden sein soll zu kündigen, sobald er von dem Unfalle und seinen Folgen Kenntnis erlangt. Besser sei es wohl, wenn das Kündigungsrecht erst nach erfolgter Regelung des Schadensfalles ausgeübt zu werden brauche. Es ist allseitig zugegeben worden, daß dieser Antrag der Absicht der Versicherungsnehmer entsprechen würde; da aber durch den hinzugefügten Satz 3 dem binnenländischen Versicherten immerhin ein Kündigungsrecht gegeben wird, welches ihm nach bisherigem Brauch überhaupt nicht zustand und der Redaktionskommission ein Auftrag, die Bestimmung des Abs. 9 noch weiter zugunsten der Versicherten zu ändern, nicht erteilt worden ist, ist beschlossen worden, es bei dem bisherigen Zusatz zu belassen.

Abs. 10.

Bem. 35. Die Makler haben beantragt:

„Diese Kündigungsfrist in Übereinstimmung mit dem bestehenden Rechte auf einen Monat festzusetzen und zu bestimmen, daß sich die Kündigung nicht erstreckt auf Abladungen, welche zur Zeit der Kündigung bereits deklariert sind“

und in der Beratung vom 27. Mai 1911 hierzu ausgeführt, es sei richtig, daß in England die zweiwöchentliche Kündigungsfrist bestehe für solche Fälle, in denen die Kriegsgefahr gratis eingeschlossen ist. Eine derartige Einschließung der Kriegsgefahr ohne Prämienverbesserung sei aber hier nicht bekannt. Mit einer kürzeren Kündigungsfrist als 4 Wochen vermöge der Handel unter den hiesigen Verhältnissen nicht auszukommen. Auch müßten bereits deklarierte Abladungen unkündbar bleiben; die Kündigung dürfte in solchen Fällen die Kalkulation des Kaufmanns nicht mehr zerstören können. Seitens der Assekuradeure ist der Standpunkt vertreten worden, daß man sich in solchen Fällen über die Prämien verständigen müsse; derartige Fälle ließen sich nicht ohne weiteres unter die laufende Police bringen; die Bemessung der Kündigungsfrist auf 2 Wochen sei berechtigt. Angeregt ist schließlich worden, ob eine Mittellinie dahin zu finden sei, daß man es für Geschäfte, die bereits im Zeitpunkt der Kündigung getätigt sind, bei der einmonatlichen Kündigungsfrist beließe, nicht aber für Geschäfte, die erst nach der Kündigung abgeschlossen würden. Vgl. Bem. 36.

Bem. 36. Die HK. Bremen, Hamburg, Lübeck haben beantragt:

„In Satz 2 die Kündigungsfrist „„von zwei Wochen““ abzuändern in „„von einem Monat““, mit dem Zusatze: „„Ist das Geschäft, in dessen Ausführung die Beförderung erfolgt, erst nach der Kündigung von dem Versicherungsnehmer abgeschlossen, so beträgt die Kündigungsfrist nur 2 Wochen““.

Die Assekuradeure haben erwidert, die Verlängerung der Kündigungsfrist würde die Bestimmungen des Abs. 10 fast vollständig unwirksam machen und könne deshalb nicht zugestanden werden, sie beabsichtigten übrigens, ausdrücklich zu bestimmen, daß die Vorschrift des Abs. 10 auch dann Anwendung finden solle, wenn die Versicherung nur gegen Kriegsgefahr genommen sei.

Der Antrag ist unberücksichtigt geblieben, insoweit als er die Verlängerung der Kündigungsfrist von zwei Wochen auf einen Monat erstrebte Durch einen Zusatz ist hervorgehoben worden, daß die Kündigung auch dann zulässig ist, wenn die Versicherung nur gegen Kriegsgefahr genommen ist, bei sonstigen Versicherungen aber nur hinsichtlich der Kriegsgefahr. Da die Kündigungsfrist von einer Woche im Falle der Übernahme der Kriegsgefahr schon besteht, so ist Abs. 10 seit ZE. Dez. 13 (§ 94) entsprechend geändert worden. (Schr. v. 20. Mai 1914.) Die Abkürzung der Kündigungsfrist auf eine Woche ist in der Sitzung vom 17. Juni 1914 unbeanstandet geblieben. Vgl. weiter Bem. 37.

Bem. 37. Die Assekuradeure haben zu den Schlußverhandlungen 1918 vorgeschlagen:

„Die Worte „„einer Woche““ durch die Worte „„drei Tage““ zu ersetzen“.

Die Frist ist ohne Widerspruch auf 3 Tage herabgesetzt worden. Vorbesprechung vom 22. und 23. August 1918.

Bem. 38. Die Anregung der HK. Flensburg, Kiel, Lübeck·

„§ 92 Abs. 10 S. 10 zu streichen“,

ist fallen gelassen worden.

Bem. 39. Der Wvb. hat zu den Schlußverhandlungen 1918 beantragt:

„Einen neuen Absatz 11 folgenden Inhalts einzusetzen: „„Mehrwertsversicherung ist zulässig, solange nicht ungünstige Nachrichten über Schiff oder Güter vorliegen““.

Die HK. Hamburg hat demgegenüber auf folgendes hingewiesen: Die Unterscheidung zwischen Mehrwert und Gewinn sei in den Bedingungen mit Recht vermieden worden; denn, was sich dem hiesigen Versicherungsnehmer z. B. für überseeische Importen zur Zeit des Eintreffens der Verladedokumente als Mehrwert darstelle, sei vom Abladungsort aus betrachtet ebenfalls Gewinn. Beispiel: Wert am Abladungsort *M* 10 000. Eintreffen der Dokumente einen Monat nach Abgang der Güter; Markt gestiegen, Wert *M* 11 000. Die Ware ist zu erwarten 2 Monate nach Abgang; erhoffter weiterer Konjunkturgewinn wiederum *M* 1000; der Versicherungsnehmer deckt *M* 12 000. Er deckt damit tatsächlich den Wert der Ware am Abgangsort in Höhe von *M* 10 000 zuzüglich eines Gewinnes von 20 % = *M* 2000 und ist geschützt unter § 100 Absatz 2, der ihn den „bei der Schließung des Vertrages nach kaufmännischer Berechnung möglicherweise zu erwartenden Gewinn zu versichern“ gestattet.

In der Vollversammlung vom 11. Oktober 1918 kam der Wvb. auf seinen Antrag zurück. Der juristische Beirat der Assekuradeure betonte, daß dieser Fall nicht generell geregelt werden könne. Dieser Auffassung schloß sich ein Vertreter der HK. Hamburg an, der ausführte, daß es genüge, wenn erklärt würde, daß Mehrwert überhaupt versichert werden könne. Es wurde in der Versammlung der Unterschied zwischen imaginärem Gewinn und Mehrwert eingehend erörtert und dabei auch auf

§ 102 verwiesen. Ein Vertreter der Kaufmannschaft erwähnte, daß diese Unterschiede durchaus nicht allgemein geläufig seien. Die HK. Frankfurt a. M. beantragte darauf, irgendwo in den Bedingungen das Wort „Mehrwert" aufzunehmen. Mit dem Vorschlage, dieses Wort in § 99 zu erwähnen, erklärte sich der juristische Beirat des Wvb. einverstanden Die endgültige Fassung überwies man der Redaktionskommission. Über die Verhandlung der Redaktionskommission vgl. § 1 Bem. 21; § 99 Bem. 5.

§ 98.

Abschreibeversicherung.

Ist die laufende Versicherung für eine bestimmte Zeit und in der Weise genommen, daß von einer im Vertrage bestimmten Höchstversicherungssumme die einzelnen Versicherungssummen abgeschrieben werden (Abschreibeversicherung), so kann der Versicherer in Ansehung des nach dem Ablaufe der Zeit nicht abgeschriebenen Betrags die Ristornogebühr verlangen. Ist eine Zeit nicht bestimmt, so gilt die Abschreibeversicherung als für die Dauer eines Jahres genommen. Ist die Abschreibeversicherung für eine längere Zeit als für die Dauer eines Jahres genommen, so vermindert sich die Höchstversicherungssumme mit dem Ablaufe eines jeden Jahres mindestens um den Betrag, der dem Verhältnis eines Jahres zu der ganzen Dauer der Abschreibeversicherung entspricht; in Ansehung des hiervon nicht abgeschriebenen Betrags kann der Versicherer die Ristornogebühr verlangen.

ASVB. § 64; HGB. § 817; VVG. § 187 Abs. 2; ME. § 50; E. 10 § 93; E. 14 § 98.

Bem. 1. Die HK. Frankfurt a. M. hat beantragt:
„Herabsetzung der Ristornogebühr".
Der Antrag ist unberücksichtigt geblieben.

§ 99.

Sonstige auf die Güter sich beziehende Versicherungen.

Die Bestimmungen dieses Titels finden, soweit nicht ein anderes bestimmt ist, im Falle einer anderen auf die Güter sich beziehenden Versicherung entsprechende Anwendung. Dies gilt insbesondere im Falle einer Versicherung von imaginärem Gewinn oder Provision sowie im Falle einer besonderen Versicherung endgültig bezahlter Fracht.

E. 10 §§ 94, 104 Abs. 1; E. 14 § 99.

Bem. 1. § 99 ist aus §§ 94 und 104 Abs. 1 E. 10 entstanden. Er ist von den Assekuradeuren als Schlußparagraph in den zweiten Titel „Güterversicherung" eingesetzt worden.

Bem. 2. „An sich würde es nicht notwendig sein, zu bestimmen, daß im Falle einer Gewinnversicherung die für die Güterversicherung geltenden Bestimmungen anzuwenden sind. Denn auch die Güterversicherung ist eine Versicherung des Interesses, das jemand daran hat, daß die Güter die Gefahren der Beförderung überstehen. Indessen läßt die dem Entwurfe zu Grunde liegende Stoffeinteilung es zweckmäßig erscheinen, über das Verhältnis der Güter- zur Gewinnversicherung keinen Zweifel aufkommen zu lassen, und zwar umsomehr, als zwar nicht das Versicherungsvertragsgesetz, wohl aber das Handelsgesetzbuch der Gewinnversicherung vielfach neben der Güterversicherung besonders gedenkt (vgl. HGB. §§ 82 Nr. 3, 824, 856; ASVB. §§ 70 Nr. 3, 73 111)". Begr. § 94.

Bem. 3. „Der Befrachter kann auch Fracht, die nicht endgültig bezahlt ist, unter Versicherung bringen (vgl. HGB. §§ 799, 800 und die Mehrwertsklausel des Vereins Hamburger Assekuradeure). Denn er muß unter gewissen Voraussetzungen, so z. B. wenn die Güter den Bestimmungsort in beschädigtem Zustand erreichen, die Fracht zahlen, ohne für sie in den Gütern die erwartete Deckung zu finden. Der Entwurf ordnet diese Art der Frachtversicherung nicht besonders. Denn es handelt sich tatsächlich gar nicht um eine Frachtversicherung, sondern um eine Güterversicherung, um einen Fall nämlich, in dem, wie dies § 799 des Handelsgesetzbuchs erkennen läßt, die Parteien für die Bestimmung des Versicherungswerts der Güter eine „andere Grundlage" als die des Gesetzes vereinbart haben. Die Bestimmungen über Güterversicherung finden deshalb unmittelbare Anwendung. Daß die Rechtsprechung auch in Fällen dieser Art, wie bisher in den Fällen einer Versicherung endgültig bezahlter Fracht, die Bestimmungen über Frachtversicherung zur Anwendung bringen sollte, kann schon an sich, insbesondere aber auch angesichts der Bestimmung des § 104 als ausgeschlossen betrachtet werden." Begr. § 104.

Bem. 4. Der zu den Schlußverhandlungen 1918 gestellte Antrag der HK. Frankfurt a. M.:

„Ferner zu erwähnen:

a) Die Versicherung von isoliert versichertem imaginärem Gewinn oder Mehrwert,

b) Die isolierte Versicherung von Fracht, welche am Bestimmungsort zahlbar ist"

ist nicht weiter verfolgt worden.

Bem. 5. Der Wvb. hat zu den Schlußverhandlungen 1918 beantragt:

„Letzter Satz erhält folgende Fassung: „„Dieses gilt insbesondere im Falle einer Versicherung von imaginärem Gewinn, Mehrwert oder Provision, sowie im Falle einer besonderen Versicherung endgültig bezahlter oder im Bestimmungshafen zu zahlender Fracht"".

Die HK. Hamburg hat demgegenüber ausgeführt, bei der Stellung des Antrages bezüglich „endgültig bezahlter oder im Bestimmungshafen zu bezahlender Fracht" sei wahrscheinlich nur an diejenige Fracht gedacht, die zu zahlen sei, „ship lost or not lost"; denn der Kaufmann habe kein Interesse daran, diejenige Fracht zu versichern, die nur bei glücklicher Ankunft im Bestimmungshafen zu zahlen sei. Eine solche Versicherung sei allenfalls Gegenstand der „Mehrwert-Klausel". In der Redaktionssitzung vom 14. Juli 1919 ist auch hier von der Aufnahme des Wortes „Mehrwert" Abstand genommen worden. Vgl. § 1 Bem. 21 und § 97 Bem. 39.

Dritter Titel.

Versicherung von imaginärem Gewinn und Provision.

§ 100.

Taxe.

(1) Ist imaginärer Gewinn versichert und der Gewinn nicht besonders taxiert, so gilt die Versicherungssumme als Taxe.

(2) Der Versicherer kann eine Herabsetzung der Taxe verlangen, wenn die Taxe den Gewinn übersteigt, der bei der Schließung des Vertrags nach kaufmännischer Berechnung möglicherweise zu erwarten war.

ASVB. §§ 16 Abs. 3, 25; HGB. §§ 793 Abs. 2, 802; ME. §§ 10 Abs. 2 Satz 2, 18; E. 10 § 95; E. 14 § 100.

Abs. 1.

Bem. 1. In der Vorbesprechung vom 7. Oktober 1918 ist die Frage gestreift worden, wie der Ausdruck „imaginärer Gewinn" ersetzt werden kann.
Der Anregung ist nicht weiter Folge gegeben worden.

Bem. 2. Der Zusatz „imaginärer Gewinn versichert und" ist nicht beanstandet worden.

Abs. 2.

Bem. 3. Der Antrag der H. K. Bremen:
„Abs. 2 zu streichen"
ist unberücksichtigt geblieben.

§ 101.

Gemeinschaftliche Güter- und Gewinnversicherung.

Im Falle einer gemeinschaftlichen Versicherung der Güter und des Gewinns gelten 10 % des Versicherungswerts der Güter als Versicherungswert des Gewinns. Ist der Versicherungswert taxiert, so gelten 10 % der Taxe als Taxe des Gewinns.

ASVB. § 24 Abs. 2; BSVB. § 27 Abs. 3; HGB. § 801 Abs. 2; ME. § 17; E. 10 § 96; E. 14 § 101.

Bem. 1. „Durch die Fassung ist klargestellt, daß, auch wenn eine Gesamttaxe vorliegt, der Versicherungswert des Gewinns doch wenigstens insofern als taxiert anzusehen ist, als er 10 % des Versicherungswerts der Güter beträgt". Begr. § 96.

Bem. 2. Der zu den Schlußverhandlungen 1918 gestellte Antrag der H. K. Frankfurt a. M.:

„Am Schluß folgenden Zusatz aufzunehmen: „„Es soll die Gütigkeit der Versicherung nicht beeinträchtigen, wenn vor Eintritt eines Schadens ein höherer Wert zugrunde gelegt und versichert war““

ist fallen gelassen worden.

§ 102.

Laufende Versicherung.

Ist eine laufende Versicherung genommen, so kann der Versicherungsnehmer auch einen Gewinn aufgeben, der den im Vertrage bestimmten Gewinn übersteigt. Der Versicherer ist jedoch von der Verpflichtung zur Leistung des übersteigenden Betrags frei, wenn der Versicherungsnehmer bei der Aufgabe wußte oder wissen mußte, daß die Reise einen ungünstigen Verlauf genommen hatte. Erfolgt die Aufgabe durch einen Vertreter oder für fremde Rechnung, so finden die Bestimmungen der §§ 22 und 57 entsprechende Anwendung.

E. 10 § 97; E. 14 § 102.

Bem. 1. „Eine laufende Versicherung imaginären Gewinns kommt nur in Verbindung mit laufenden Güterversicherungen vor. Dabei wird entweder ein nach Prozenten bemessener Teil des Versicherungswerts der Güter als imaginärer Gewinn bestimmt oder es werden die im Vertrage festgesetzten Gütertaxen als den imaginären Gewinn umfassend bezeichnet. In diesen Fällen versteht es sich von selbst, daß ebenso wie die Güter, auch imaginärer Gewinn ohne Rücksicht auf die Deklaration oder Aufgabe ohne weiteres unter die Versicherung fällt, sobald die Voraussetzungen für den Beginn der Versicherung vorliegen.“ Begr. § 97.

Bem. 2. Die Makler haben beantragt:

„Zum Ausdruck zu bringen, daß das Recht, einen höheren Gewinn aufzugeben, an dem im Vertrage vereinbarten Maximum seine Grenze finde“.

Der Antrag ist unberücksichtigt geblieben.

Bem. 3. In der Vollversammlung vom 24. April 1911 haben die Makler den Hinweis auf die §§ 24, 59 E. 10 (= 22, 57), in welchen ausgesprochen ist, daß nicht nur die Kenntnis und das Kennenmüssen des Versicherungsnehmers, sondern auch diejenige des Versicherten in Betracht kommt, beanstandet. Sie haben auf Fälle hingewiesen, in denen zur Zeit der Deklaration der Versicherungsnehmer von dem Schaden keinerlei Kenntnis hat, der auswärtige Versicherer aber von dem Unfall bereits unterrichtet ist, insbesondere z. B. auf den Fall, daß für Importgüter eine über die vom Versicherten beorderte Versicherungssumme hinausgehende Deckung durch die beim Eintreffen des Auftrages vorhandene Marktlage geboten war.

Ein diesen Ausführungen entsprechender Antrag ist von den H. K. Bremen und Hamburg gestellt worden. Die Assekuradeure haben hierzu ausgeführt, daß die fakultative laufende Versicherung ohnehin eine so überaus bedenkliche Einrichtung sei, daß, wenn schon für die Fälle der §§ 24, 59 die dort enthaltenen Bestimmungen notwendig seien, hier an ihnen gewiß festgehalten werden müsse.

Daraufhin haben die H. K. den Antrag fallen gelassen.

Bem. 4. Gegen die redaktionelle Änderung des Schlußsatzes von Satz 2 seit ZE. Dez. 12 und des Anfangs von Satz 3 seit E. 14 sind keine Bedenken erhoben worden.

§ 103.

Verlust der Güter. Anrechnung auf die Versicherungssumme. Beschädigung der Güter.

(1) Als total verloren gelten die Güter auch, wenn sie aus einem anderen Grunde als infolge eines Totalverlustes den Bestimmungsort nicht erreichen.

(2) Werden die Güter während der Reise verkauft und beträgt der Erlös mehr als der Versicherungswert der Güter, so muß der Versicherungsnehmer sich den Mehrbetrag auf die Versicherungssumme anrechnen lassen. Das Gleiche gilt, wenn gemäß den §§ 611 und 612 des Handelsgesetzbuches*) Ersatz geleistet wird und der Betrag des Ersatzes den Versicherungswert übersteigt.

(3) Im Falle einer Beschädigung der Güter kann der Versicherungsnehmer den Teil der Versicherungssumme verlangen, der dem im § 93 Abs. 1 bezeichneten Wertverhältnis entspricht.

ASVB. §§ 111, 115, 138 Abs. 1; HGB. §§ 856, 859 Abs. 1, 860; ME. §§ 86, 90, 124; E. 10 § 98; E. 14 § 103.

---

*) § 611. Muß auf Grund des Frachtvertrags für gänzlichen oder teilweisen Verlust von Gütern Ersatz geleistet werden, so ist der gemeine Handelswert und in dessen Ermangelung der gemeine Wert zu ersetzen, welchen Güter derselben Art und Beschaffenheit am Bestimmungsorte der Güter bei Beginn der Löschung des Schiffes oder, wenn eine Entlöschung des Schiffes an diesem Orte nicht erfolgt, bei seiner Ankunft daselbst haben; hiervon kommt in Abzug, was in Folge des Verlustes an Zöllen und sonstigen Kosten sowie an Fracht erspart ist.

Wird der Bestimmungsort der Güter nicht erreicht, so tritt an dessen Stelle der Ort, wo die Reise endet, oder, wenn die Reise durch Verlust des Schiffes endet, der Ort, wohin die Ladung in Sicherheit gebracht ist.

§ 612. Die Vorschriften des § 611 finden auch auf diejenigen Güter Anwendung, für welche der Rheder nach § 541 (im Falle der Verfügung über die Güter für Rechnung des Rheders) Ersatz leisten muß.

Übersteigt im Falle der Verfügung über die Güter durch Verkauf der Reinerlös den im § 611 bezeichneten Preis, so tritt an die Stelle des letzteren der Reinerlös.

Abs. 1.

Bem. 1. Die HK. Frankfurt a. M. hat folgende Fassung zu den Schlußverhandlungen 1918 beantragt:

„Als total verloren gilt der imaginäre Gewinn, ebenfalls der isoliert versicherte imaginäre Gewinn auch, wenn die Güter aus einem anderen Grunde als infolge eines Totalverlustes den Bestimmungsort nicht erreichen".

Der Antrag ist nicht weiter verfolgt worden.

Abs. 2.

Bem. 2. Die Makler haben in der Vollversammlung vom 24. April 1911 gewünscht, festgestellt zu sehen, daß der Versicherungsnehmer sich nur den Mehrbetrag, den er erhalten hat, anrechnen zu lassen brauche, was nur der Fall sei, wenn er Inhaber der Polize auf die Ware selbst sei und der Mehrerlös tatsächlich ihm zufließe. Gedacht sei insbesondere an solche Fälle, in welchen der Käufer und Empfänger der Ware dieselbe seinerseits vor der Lieferung bereits mit Gewinn weiter verkauft und diesen Gewinn als imaginären Gewinn versichert habe, die Ware aber ihm gar nicht geliefert werde, weil sie während der Reise zum Verkauf gelange. Seitens der Vertreter der Assekuradeure ist hierauf erwidert worden, daß es nicht die Absicht des Entwurfes sei, in solchem Falle eine Anrechnung des Mehrbetrages auf diese Versicherungssumme eintreten zu lassen. In den bisher geltenden Bestimmungen laute die Vorschrift übrigens ebenso wie im Entwurfe. Vgl. Bem. 3.

Bem. 3. Die HK. Bremen, Hamburg haben beantragt:

„Hinter „„Mehrbetrag"" einzuschieben die Worte „„soweit ihm dieser zugeflossen ist""

und ihren Antrag damit begründet, daß in Fällen, in welchen der Käufer die Ware vor der Lieferung bereits mit Gewinn weiter verkauft und diesen Gewinn als imaginären Gewinn versichert habe, bei Verkauf der Güter während der Reise der Mehrerlös aus denselben nicht ihm, sondern seinem Käufer zufalle; in solchen Fällen würde deshalb die Anrechnung des Mehrbetrages auf die Versicherungssumme nicht berechtigt sein. Die Assekuradeure haben erwidert, dieser Antrag gehe von irrigen Voraussetzungen aus. Des beantragten Zusatzes bedürfe es im E. 10 so wenig, wie es seiner in der Vorschrift des § 860 HGB. bedurft habe. Die Assekuradeure beabsichtigten jedoch, noch zu untersuchen, ob nicht der Fall der großen Havarei völlig unberücksichtigt bleiben könne.

Der Antrag ist unberücksichtigt geblieben; auf Grund der Prüfung sind die Assekuradeure dazu gekommen, die Erwähnung der großen Havarei in Satz 2 zu streichen.

Bem. 4. Die Worte in § 103 Abs. 2 Satz 2 E. 14 „Ersatzleistung im Falle des Verlustes von Gütern oder der Verfügung darüber durch den Verfrachter oder Reeder" sind als überflüssig in der Vorbesprechung vom 7. Okt. 1918 gestrichen worden.

Bem. 5. Die H K. Frankfurt a. M. hat zu den Schlußverhandlungen 1918 beantragt:

„Der Anspruch des Versicherers an einem Provenue darf bei einer Versicherung von isoliertem Gewinn, Provision usw. nicht erhoben werden"

und zur Begründung ausgeführt, es genüge des öfteren nicht, wenn die Versicherungsgesellschaft nur dann in den Schaden eintrete, wenn die Güter den Bestimmungsort nicht erreichten; es wäre wünschenswert, wenn auch ein Zusatz bestehen könnte für den Fall, daß sie ihn nicht rechtzeitig erreichten, z. B. bei Saisonwaren usw. Die H K. Hamburg hat erwidert, Abs. 2 gebe einem völlig berechtigten Gedanken Ausdruck. Beispiel: Originalversicherung *M* 10 000.—, Gewinnversicherung *M* 1000.—, Verkaufsergebnis *M* 10 500.—, Anspruch an den Gewinnversicherer *M* 500.—. Gelangt der Erlös nicht in die Hand des Versicherungsnehmers, so bleibt der Gewinnanspruch in voller Höhe (*M* 1000.—) erhalten. Die Regelung der Versicherung von Saisonwaren müsse der jeweiligen Partivereinbarung überlassen bleiben, da die Prämie auf rechtzeitige Ankunft ein Vielfaches der Normalprämie zu betragen pflege, diese Versicherung daher nur selten vorkomme und nicht in die allgemeinen Bedingungen aufgenommen werden könne.

Der Antrag ist nicht weiter verfolgt worden.

Bem. 6. Der W v b. hat zu den Schlußverhandlungen 1918 beantragt:

„Hinter „„anrechnen lassen"" einzuschalten: „„Wenn sich sein Schaden entsprechend ermäßigt"",

aber seinen Antrag nicht weiter verfolgt.

§ 104.

Provision.

Auf die Versicherung der im Falle der Ankunft der Güter am Bestimmungsorte zu verdienenden Provision finden die Bestimmungen dieses Titels entsprechende Anwendung. Jedoch gelten in den Fällen des § 101 nur 2 % als versichert.

ASVB. § 24 Abs. 3; BSVB. § 30; HGB. § 801 Abs. 3; ME. § 17; E. 10 § 99; E. 14 § 104.

Bem. 1. An Stelle der Worte „von der Ankunft .... erwarteten Provision" sind unbeanstandet die Worte „im Falle der Ankunft ..... zu verdienenden Provision" gesetzt worden.

Vierter Titel.

Versicherung von Fracht, Schiffsmiete und Überfahrtsgeld.

§ 105.

Umfang der Haftung des Frachtversicherers.

(1) Im Falle einer Frachtversicherung finden auf den Umfang der Haftung des Versicherers die für die Kaskoversicherung gel-

tenden Bestimmungen des ersten Titels sowie die Bestimmungen des § 85 Abs. 1 und des § 86 über die Haftung des Versicherers im Falle einer Deckladung und eines durch die natürliche Beschaffenheit der Güter oder ähnliche Umstände entstandenen Schadens entsprechende Anwendung, soweit nicht in diesem Titel ein anderes bestimmt ist.

(2) Unfälle, von denen das Schiff betroffen wird, fallen dem Versicherer nur insoweit zur Last, als zur Zeit des Unfalls der Frachtvertrag abgeschlossen ist oder die Güter, falls sie für Rechnung des Reeders verschifft werden sollen, sich an Bord befinden.

(3) Haben die Güter die Eigenschaft, im Wasser zu schmelzen, so ist anzunehmen, daß das Maß, das Gewicht oder die Menge der abgelieferten Güter für den Betrag der Fracht maßgebend sein soll.

(4) Im Falle einer Zeitversicherung trägt der Versicherer nicht die Gefahren, denen die Fracht während einer Zureise ausgesetzt ist.

(5) Bei der Versicherung von Zeitfracht haftet der Versicherer nicht für einen Frachtverlust, der durch eine Verzögerung des Antritts oder der Vollendung einer Reise verursacht wird.

ASVB. §§ 40 Abs. 2, 70 No. 1 u. 3, 74 Abs. 3, 107 Abs. 3; BSVB. §§ 44, 62 Abs. 9; HGB. §§ 821 No. 1 u. 3, 825 Abs. 3; ME. §§ 35, 55 No. 1 u. 3, § 106 Abs. 3; E. 10 § 100; E. 14 § 105.

Abs. 1.

Bem. 1. Satz 1 hat eine unbedeutende redaktionelle Veränderung erfahren. Die Überschrift ist seit ZE. Dez. 12 geändert in „Umfang der Haftung des Frachtversicherers".

Bem. 2. Die Makler sind der Meinung gewesen, daß die Bestimmungen im Hinblick auf die generelle Regelung der Haftung des Frachtversicherers in den §§ 100, 101 des Entwurfes entbehrlich seien. Seitens der Assekuradeure ist dargelegt worden, daß die Streichung dieser Bestimmungen an dieser Stelle nicht angängig sei. Vollversammlung vom 24. April 1911.

Bem. 3. Auf die Anfrage, in welcher Weise die Anwendung der Bestimmungen über die Verschollenheit, welche für die Kaskoversicherung festsetzen, daß im Falle der nachträglichen Wiederauffindung des Schiffes dieses mit der Bruttofracht auf den Kaskoversicherer als Eigentümer übergehe, gedacht sei, ist seitens eines Vertreters der Assekuradeure erwidert worden, daß allerdings im Falle der Wiederauffindung des Schiffes der Frachtversicherer, welcher wegen Verschollenheit des Schiffes die Versicherungssumme bezahlt habe, keinen Anspruch auf die Fracht des wiederaufgefundenen Schiffes habe; die Nichtübertragbarkeit dieser Bestimmung für die Kaskoversicherung auf die Frachtversicherung liege in der Natur der Sache; aus dem Ausdrucke, daß die Bestimmungen für die Kaskoversicherung entsprechende Anwendung auf die Frachtversicherung fänden, ergebe sich, daß nicht übertragbare Bestimmungen keine Anwendung finden sollten. (Vollversammlung vom 24. April 1911).

Abs. 4.

Bem. 4. Die Bestimmung bringt „gleichzeitig zum Ausdruck, daß, was freilich selbstverständlich ist (RG. 71 S. 396), der Frachtversicherer trotz Abschlusses des Frachtvertrages nicht für den Verlust in der Fracht einer künftigen Reise haftet, wenn das Schiff die Zureise mit voller Ladung macht, aber auch, daß er nicht haftet, wenn die Zureise mit teilweise beladenem Schiff gemacht wird, ein Fall, der nicht anders geregelt werden kann, als der einer Zureise in Ballast oder der einer Zureise mit voller Ladung." Begr. § 100.

Bem. 5. Die von verschiedenen Seiten angeregte Streichung des Abs. 4 ist nicht vorgenommen worden.

Abs. 5.

Bem. 6. „Im § 29 Satz 3 ist bestimmt, daß der Versicherer nicht für einen mittelbaren Schaden haftet, und zwar insbesondere nicht für einen Schaden, der durch eine Verzögerung der Reise verursacht ist. Damit hat, wie bereits an anderer Stelle hervorgehoben ist, der Grundsatz zum Ausdruck gebracht werden sollen, daß der Versicherer nur für einen Substanzschaden haftet. Die Frachtversicherung stellt, ähnlich wie die Versicherung von imaginärem Gewinn, die ausdrücklich vereinbarte Deckung eines bestimmten mittelbaren Schadens dar. Unter solchen Umständen mag nicht unzweifelhaft sein, ob ein aus einer Reiseverzögerung entstehender Frachtverlust nicht trotz der der Bestimmung des § 29 Abs. 3 als ein dem Versicherer zur Last fallender Schaden anzusehen ist. § 100 Abs. 5 bestimmt deshalb im Anschluß an schon gegenwärtig übliche Klauseln, den Maklerentwurf (§ 55 Nr. 4 d; vgl. Sitzungsprotokolle S. 71) und die für die Frachtversicherung geltenden britischen Institute Time Clauses 1910 (Nr. 7) ausdrücklich, daß im Falle einer Versicherung von Zeitfracht der Versicherer nicht für einen Frachtverlust haftet, der durch eine Verzögerung des Antritts oder der Vollendung einer Reise verursacht wird. Für die Versicherung von Schiffsmiete wird wegen Gleichheit des Grundes dasselbe gelten müssen (§ 105)". Begr. § 100.

§ 106.

Dauer der Frachtversicherung.

Die Frachtversicherung beginnt und endigt in Ansehung der Gefahren, denen das Schiff ausgesetzt ist, gemäß den für die Kaskoversicherung geltenden Bestimmungen des ersten Titels. In Ansehung der Gefahren, denen die Güter ausgesetzt sind, beginnt die Versicherung mit der Aufnahme der Güter an Bord; sie endigt gemäß den für die Güterversicherung geltenden Bestimmungen des zweiten Titels

ASVB. § 74 Abs. 1; BSVB. § 5; HGB. § 825 Abs. 1; ME. § 59 Abs. 1—3; E. 10 § 101; E. 14 § 106.

Bem. 1. Redaktionell ist die Änderung „Versicherung" in „Frachtversicherung" in der Überschrift und in Satz 1.

Bem. 2. Die Makler haben beantragt:

„Die Versicherung beginnen zu lassen mit der Annahme des Gutes zur Beförderung durch den Reeder und endigen zu lassen mit dem Zeitpunkte, in welchem der Reeder das Gut in Erfüllung des Vertrages abliefert"

und zur Begründung in der Vollversammlung vom 24. April 1911 angeführt, es könnte der Fall eintreten, daß das Gut nach der Annahme zur Beförderung, aber vor der Aufnahme der Güter an Bord untergehe; das Schiff habe in solchem Falle Schiffsraum für das Gut frei gehalten und der Reeder gehe der Fracht verlustig; er vermöge sich auch zum Beispiel gegen die Gefahr, daß das Gut durch Feuer zerstört werde, nicht anderweitig zu decken, da nach den Bestimmungen des Reichsaufsichtsamts für Privatversicherung in Berlin die Versicherung von Fracht gegen Feuer allein ohne Verbindung mit der Transportversicherung nicht zulässig sei. Seitens der Vertreter der Assekuradeure ist demgegenüber erwidert worden, daß das Gut auch schon nach Abschluß des Frachtvertrages, aber vor Abnahme zur Beförderung untergehen könne; in diesem Falle sei auch nach dem Vorschlage der Makler der Reeder ebenfalls ungedeckt; es erhelle aus diesem Beispiel, daß jede Bestimmung über den Beginn der Frachtversicherung in dieser Beziehung willkürlich sei. Übrigens sei es im einzelnen Falle auch durchaus nicht ausgeschlossen, daß der Reeder den Raum, den er für das Gut offengelassen habe, mit anderen Waren ausfülle und somit gar keinen Verlust erleide; überhaupt gehe aus der Tatsache der Annahme des Gutes zur Beförderung noch keineswegs hervor, daß dem Reeder im Falle des Verlustes des Gutes unter allen Umständen ein Frachtverlust erwachse; nicht selten seien die Schiffe der Reedereien gar nicht in der Lage, alle angelieferten Güter zu befördern und müßten die Güter lange liegen bleiben, ehe Schiffsraum für sie vorhanden sei. Auch nach den gegenwärtigen Bestimmungen (§ 74) beginne die Gefahr erst, wenn die Güter an Bord des Schiffes aufgenommen seien.
Der Antrag ist unberücksichtigt geblieben.

§ 107.

Versicherungswert der Fracht.

(1) Als Versicherungswert der Fracht gilt der Betrag der im Frachtvertrage vereinbarten Fracht und in Ermangelung einer Vereinbarung über die Höhe der Fracht oder, soweit Güter für Rechnung des Reeders verschifft sind, der Betrag der am Orte und zur Zeit der Abladung üblichen Fracht.

(2) Ist die Nettofracht versichert, so beträgt der Versicherungswert zwei Dritteile der Bruttofracht.

(3) Eine Taxe gilt nur als Versicherungssumme.

ASVB. §§ 16 Abs. 5, 20 Abs. 2, 21; BSVB. § 62 Abs. 2—7; HGB. §§ 797 Abs. 2, 793 Abs. 4, 798 Abs. 3, 878 Abs. 2; ME. §§ 14 Abs. 2, 15; E. 10 § 102; E. 14 § 107.

Abs. 1.

Bem. 1. Redaktionell sind die Überschrift „Versicherungswert" in „Versicherungswert der Fracht" und die Schlußworte des Abs. 1 geändert worden.

Bem. 2. § 102 Abs. 3 E. 10 bestimmt: „Sind die Fracht der Hinreise und diejenige der Rückreise in einer Summe versichert, so gilt ein Drittteil der Summe als Fracht der Hinreise".

a) Die Makler haben die Streichung dieser Bestimmung beantragt, da die Versicherung der Fracht der Hinreise und Rückreise in einer Summe praktisch nicht mehr vorkomme. Die Assekuradeure haben sich mit der Streichung dieser Bestimmung einverstanden erklärt (Vollversammlung vom 24. April 1911).

b) Denselben Antrag haben die HK. Bremen, Flensburg, Hamburg und Kiel gestellt.

Dem Antrage ist entsprochen worden.

Abs. 3.

Bem. 3. Der Antrag der HK. Stettin, zu sagen:

„Eine Taxe gilt nur als Versicherungssumme, nicht als Versicherungswert"

ist nicht weiter verfolgt worden.

§ 108.

Schiffsmiete.

(1) Bei der Versicherung von Schiffsmiete haftet der Versicherer nicht für einen Verlust, der durch eine Verzögerung des Antritts oder der Vollendung einer Reise verursacht wird.

(2) Als Versicherungswert gilt der Betrag der in dem Schiffsmietevertrage vereinbarten Vergütung und in Ermangelung einer Vereinbarung über die Höhe der Vergütung der Betrag der üblichen Vergütung.

(3) Eine Taxe gilt nur als Versicherungssumme.

ME. § 14 Abs. 1 Satz 2; E. 10 § 105; E. 14 § 108.

Abs. 3.

Bem. 1. Die Anregung der HK.:

„Abs. 3 zu streichen"

ist unter Hinweis, daß es sich um geltendes Recht handele, fallen gelassen worden.

Bem. 2. § 105 Abs. 4 E. 10 bestimmt: „Im übrigen finden die für die Kaskoversicherung geltenden Bestimmungen des ersten Titels entsprechende Anwendung". Der neu eingestellte § 79 (vgl. Bem. 1) hat die Bestimmung unnötig gemacht.

Abs. 4 ist gestrichen worden.

§ 109.

Überfahrtsgeld.

(1) Auf die Versicherung von Überfahrtsgeld finden die für die Frachtversicherung geltenden Bestimmungen der §§ 105 bis 107 entsprechende Anwendung, soweit nicht in den Absätzen 2 und 3 ein anderes bestimmt ist.

(2) Die Versicherung beginnt und endigt gemäß den für die Kaskoversicherung geltenden Bestimmungen des ersten Titels.

(3) Der Versicherer haftet auch für einen Schaden, der dadurch verursacht wird, daß infolge eines dem Versicherer zur Last fallenden Unfalls der Versicherungsnehmer die Reisenden in einem Zwischenhafen landen, gemäß den für den Überfahrtsvertrag geltenden gesetzlichen Vorschriften den Reisenden dort Unterhalt gewähren, sie in anderer als der im Vertrage bestimmten Weise weiterbefördern oder ihnen für den am Reisegut entstandenen Schaden Ersatz leisten muß.

ASVB. §§ 74 Abs. 2 und 3, 140; HGB. § 825 Abs. 2; RE. §§ 59 Abs. 3, 4 und 5, 126; E. 10 §§ 106—108; E. 14 § 109.

Bem. 1. Abs. 1 ist aus § 106 E. 10, Abs. 2 aus § 108 E. 10, Abs. 3 aus § 107 E. 10 entstanden. Hierbei sind unbedeutende redaktionelle Änderungen vorgenommen worden.

Bem. 2. „Der Fracht sind die Überfahrtsgelder ähnlich (vgl. HGB. § 677). Auch der Verlust von Überfahrtsgeldern bildet einen mittelbaren Schaden, den der Versicherer nur zu ersetzen hat, wenn es besonders vereinbart ist. Wiederum nur einen mittelbaren Verlust der Überfahrtsgelder bedeutet es, wenn zwar der Versicherungsnehmer nicht den Anspruch auf die Überfahrtsgelder verliert, wohl aber diese Überfahrtsgelder dem Versicherungsnehmer deshalb nicht zugute kommen, weil sie für eine unvorhergesehene Landung, Unterhaltung, Weiterbeförderung oder Ersatzleistung verwendet werden müssen. Für solchen Verlust würde der Versicherer nach dem Grundsatze des § 29 Satz 3 nicht haften. Dies würde indessen dem geltenden Rechte nicht entsprechen. Dieses Recht hat freilich seinen Ausgang genommen von den im Auswandererverkehre bestehenden Verhältnissen (vgl. jetzt Gesetz über das Auswanderungswesen vom 7. Juni 1897, Bek. vom 14. März 1898, betr. Bestimmungen über den Geschäftsbetrieb der Auswanderungsunternehmer und Agenten, mit Abänd. durch Bek. vom 23. August 1903, insbes. §§ 5 bis 9 und 14) und diese Verhältnisse sind so besonderer Art, daß sich wohl bezweifeln läßt, ob es gerechtfertigt ist, sie zur Grundlage einer allgemeinen Regelung der Versicherung von Überfahrtsgeldern zu machen. Andererseits besteht auch kein besonderer Grund das geltende Recht zu verlassen. Der Entwurf läßt es also bei diesem im wesentlichen bewenden. Dabei mag übrigens bemerkt werden, daß für die eigentliche Auswandererversicherung weder die Regelung des geltenden

Rechtes noch die des Entwurfs eine geeignete Grundlage bildet. Wird auf Verlangen der Auswanderungsbehörde eine das Überfahrtsgeld um den halben Betrag übersteigende Summe versichert, so ist die Versicherung keine reine Überfahrtsgelderversicherung mehr und der Versicherer haftet auch nicht in den durch die allgemeinen Bestimmungen gegebenen Grenzen, sondern in dem durch die §§ 27 bis 30 des Auswanderungsgesetzes bestimmten, erheblich weiteren Umfange". Begr. §§ 106—108.

Fünfter Titel.

Versicherung von Bodmerei-, Havarei- und ähnlichen Geldern.

§ 110.

Versicherungswert. Verlust. Übergang von Rechten.

(1) Als Versicherungswert einer Forderung, zu deren Deckung ein den Gefahren der See ausgesetzter Gegenstand dient, gilt der Betrag der Forderung unter Hinzurechnung der gesetzlichen oder vereinbarten Zinsen, bei der Versicherung von Bodmereigeldern unter Hinzurechnung der Bodmereiprämie. Hat der Gegenstand bei dem Beginne der Versicherung einen geringeren Wert, so ist dieser maßgebend.

(2) Der Versicherer hat die Versicherungssumme zu zahlen, soweit der zur Deckung der Forderung dienende Gegenstand infolge eines dem Versicherer zur Last fallenden Unfalls zur Deckung nicht ausreicht.

(3) Soweit der Versicherer dem Versicherungsnehmer einen Schaden ersetzt, geht die Forderung auf den Versicherer über. Auf den Übergang finden die Bestimmungen der §§ 45 und 46 entsprechende Anwendung.

ASVB. §§ 26, 112, 139, 140; HGB. §§ 803, 857, 880; ME. §§ 20, 87, 125; E. 10 § 109; E. 14 § 110.

Abs. 1.

Bem. 1. In Satz 2 sind die Worte „bei dem Beginne der Versicherung" eingesetzt und dafür statt „Versicherungswert" „Wert" gesagt worden.

Abs. 2.

Bem. 2. An Stelle von § 109 Abs. 2 Satz 2 E. 10: „Im Falle der Verschollenheit, der Reparaturunfähigkeit und der Reparaturunwürdigkeit des Schiffes sowie in den Fällen des § 72 finden die für diese Fälle geltenden Bestimmungen entsprechende Anwendung" sind die Worte gesetzt worden „infolge eines dem Versicherer zur Last fallenden Unfalls".

Abs. 3.

Bem. 3. § 109 Abs. 3 Satz 3 E. 10: „Der Übergang kann nicht zum Nachteil des Versicherungsnehmers geltend gemacht werden“ ist gestrichen worden.

§ 111.

Umfang der Haftung des Versicherers.

Bei der Versicherung von Bodmereigeldern ist anzunehmen, daß Schiff, Fracht und Ladung verbodmet sind, und bei der Versicherung von Havareigeldern, daß Schiff und Fracht zur Deckung dienen.

ASVB. §§ 26 Abs. 2, 42 Abs. 1; BSVB. § 50; HGB. § 803 Abs. 2; ME. §§ 20 Abs. 2, 38; E. 10 § 110; E. 14 § 111.

§ 112.

Dauer der Versicherung.

Bei der Versicherung von Bodmerei- oder Havareigeldern beginnt die Versicherung mit dem Zeitpunkt, in dem der Versicherungsnehmer sich zur Gewährung der Gelder verpflichtet. Hat der Versicherungsnehmer selbst die Havereigelder aufgewendet, so ist der Zeitpunkt der Aufwendung maßgebend.

ASVB. § 75; HGB. § 826; ME. § 60; E. 10 § 111; E. 14 § 112.

Bem. 1 Die Makler haben beantragt:

„Nicht ohne weiteres den Zeitpunkt, in welchem die Gelder gezahlt sind, sondern ev. den Zeitpunkt, in dem eine persönliche Verpflichtung zur Zahlung entstanden ist, für den Beginn der Versicherung zu Grunde zu legen.“

Die Assekuradeure haben in der Vollversammlung vom 24. April 1911 erklärt, daß sie den Antrag für berechtigt halten. Die Hamburger Exporteure haben sich dem Antrage der Makler angeschlossen. Von den HK. Bremen, Hamburg, Lübeck ist wiederholt beantragt worden, im ersten Satz hinter den Worten „gezahlt sind“ hinzuzufügen „oder eine persönliche Verpflichtung zur Zahlung derselben erwachsen ist“ Erneut ist der Antrag in der Sitzung vom 28. Januar 1914 gestellt worden.

Die Assekuradeure haben diesen Wünschen nachgegeben und anstatt der Worte „in dem die Gelder gezahlt sind“ gesetzt: „in dem der Versicherungsnehmer sich zur Gewährung der Gelder verpflichtet“.

Bem. 2. § 111 Satz 3 E. 10 „Die Versicherung endigt gemäß den Bestimmungen, die für die Versicherung des zur Deckung dienenden Gegenstandes gelten“ ist gestrichen worden.

Dritter Abschnitt.

Besondere Vereinbarungen (Klauseln).

§ 113.

„Frei von Beschädigung".

Der Versicherer haftet nicht für eine Beschädigung und bei einer Versicherung, die sich auf die Güter bezieht, auch nicht dafür, daß die Güter infolge der Beschädigung verlorengehen, insbesondere in ihrer ursprünglichen Beschaffenheit zerstört werden. Er haftet jedoch für Aufopferungen, die in einer Beschädigung bestehen.

ASVB. §§ 87 Abs. 2, 103; BSVB. § 23; ME. § 76 Abs. 3; E. 10 § 112; E. 14 § 113.

Bem. 1. Die Makler haben beantragt zu bestimmen:

„Daß der Versicherer für eine zur großen Havarei gehörende Beschädigung haften soll".

Die Assekuradeure haben in der Vollversammlung vom 2. Mai 1911 erklärt, daß sie den Antrag in Erwägung ziehen wollen. Vgl. Bem. 3 .

Bem. 2. Die HK. Bremen, Hamburg, Kiel, Lübeck haben beantragt:

„Abs. 1 unter Streichung des übrigen Inhalts zu beschränken auf die Bestimmung „Der Versicherer haftet nicht für eine Beschädigung"

und ihren Antrag folgendermaßen begründet. Es erscheine billig, daß der Versicherer auch bei der Klausel „frei von Beschädigung" für die Entrichtung solcher Beiträge einstehe, die dem Versicherungsnehmer für eine zur großen Haverei gehörende Beschädigung gebührten, da die Aufwendungen im Falle der großen Haverei im Interesse der Erhaltung der Sache gemacht würden. Vgl. Bem. 3.

Bem. 3. § 112 Abs. 2 E. 10 bestimmt: „Bei einer Versicherung, die sich auf die Güter bezieht, haftet der Versicherer auch nicht dafür, daß die Güter infolge der Beschädigung total verloren gehen, insbesondere in ihrer natürlichen Beschaffenheit zerstört werden."

Die HK. Frankfurt a. M. hat beantragt:

„§ 112 Abs. 2 E. 10 zu streichen".

Unter Berücksichtigung des von den HK. in der Sitzung vom 28. Januar 1914 beschlossenen Antrages statt „natürliche Beschaffenheit" „ursprüngliche Beschaffenheit" zu sagen, sind die beiden Absätze des § 112 E. 10 zusammengefaßt worden, wobei auch eine redaktionelle Umgestaltung eingetreten ist.

Bem. 4. Der Antrag der HK.:

„§ 100 ZE. Dez. 13 Abs. 1 Satz 2 (= § 113) in den Bestimmungen über die große Havarei unterzubringen"

ist fallen gelassen worden. (Prot. vom 19. Dezember 1913.)

§ 114.

„Frei von Beschädigung außer im Strandungsfall".

(1) Der Versicherer haftet für eine Beschädigung nur im Falle einer Strandung. Eine Beschädigung, die durch die Strandung entstanden sein kann, gilt im Zweifel als durch sie verursacht. Im übrigen finden die Bestimmungen des § 113 entsprechende Anwendung.

(2) Eine Strandung liegt vor, wenn das Schiff auf Grund gerät und nur durch außergewöhnliche Maßregeln abgebracht werden kann; als außergewöhnliche Maßregel gilt es insbesondere, wenn die Masten gekappt oder Güter gelöscht oder geworfen werden oder ungewöhnlich hohe Flut abgewartet wird, dagegen nicht, wenn das Schiff auf seinen Ankern windet, die Segel backgestellt werden oder die Schraube rückwärtsschlägt. Als eine Strandung ist es auch anzusehen, wenn das Schiff kentert, sinkt, scheitert, mit anderen Fahrzeugen zusammenstößt oder beschossen wird oder wenn auf dem Schiffe ein Brand oder eine Explosion stattfindet.

(3) Bei einer Versicherung, die sich auf die Güter bezieht, ist es als eine Strandung anzusehen, wenn das Schiff auf Grund stößt oder auf Grund festgerät oder mit anderen Sachen zusammenstößt oder durch Eis beschädigt wird oder wenn einer der im Absatz 2 Satz 2 bezeichneten Fälle vorliegt. Der Versicherer haftet jedoch nur, wenn der Schiffskörper infolge des Unfalls so erheblichen Schaden gelitten hat, daß die Beschädigung der Güter durch den Unfall verursacht sein kann. Ist streitig, ob ein Brandschaden durch Selbstentzündung der Güter verursacht ist, so trifft die Beweislast den Versicherungsnehmer.

ASVB. §§ 87 Abs. 2, 104; BSVB. §§ 15, 16; HGB. §§ 851, 853; ME. § 103; E. 10 § 113; E. 14 § 114.

Abs. 2.

Bem. 1. a) Die Makler und die Hamburger Reeder haben beantragt:
„Bei der Definition des Begriffes „Strandungsfall" an dem Wortlaute des bisherigen § 104 ASVB. festzuhalten, insbesondere als Beispiel außergewöhnlicher Maßregeln wie bisher das Löschen oder Werfen von Ladung anzuführen und ferner wie bisher auch den Fall als Strandungsfall ausdrücklich zu erwähnen, wenn das festgeratene Schiff nur durch ungewöhnlich hohe Flut abkommt".

b) Die Hamburger Reeder haben beantragt:
„Als außergewöhnliche Maßregeln die Fälle, wenn die Schraube rückwärts geht oder hohe Flut abgewartet wird, zu streichen".

In der Vollversammlung vom 2. Mai 1911 haben die Assekuradeure hierzu bemerkt, daß es nicht die Absicht gewesen sei, wesentlich von dem bisher bestehenden Rechte abzuweichen; es sei anzuerkennen, daß das Löschen oder Werfen von Ladung eine außergewöhnliche Maßregel sein könne; aber es solle nicht für alle Fälle als außergewöhnliche Maßregel schlechthin anerkannt werden. Die Makler und die Hamburger Reeder haben den Standpunkt vertreten, daß in dieser Beziehung an dem bestehenden Rechte festgehalten werden müsse und kein Grund vorliege, in dieser Beziehung eine Änderung zu treffen. Vor allem sei es nicht richtig, das Rückwärtsschlagen der Schraube unter allen Umständen nicht als eine außergewöhnliche Maßregel ansehen zu wollen; es könne vielmehr sehr wohl eine außergewöhnliche Maßregel sein, wenn die Schraube stundenlang rückwärts schlage und dadurch schließlich das Schiff abgebracht werde. Gegenüber dem Hinweise der Assekuradeure, daß ein Rückwärtsschlagen der Schraube dem Rückwärtsstellen der Segel entspreche, und daß das Rückwärtsstellen der Segel schon nach dem bisherigen Rechte nicht als eine außergewöhnliche Maßregel gegolten habe, ist ausgeführt worden, daß bei dem Rückwärtsschlagen der Schraube das Dampfschiff sehr viel leichter beschädigt werden könne als bei dem Rückwärtsstellen der Segel das Segelschiff. Seitens der Vertreter der Assekuradeure ist eine Milderung der Bestimmungen des Entwurfs dahin in Aussicht gestellt worden, daß die Vorschrift gefaßt wird: „Als außergewöhnliche Maßregel gilt dagegen nicht schon allein der Umstand, wenn usw." Die Makler und die Hamburger Reeder haben sich mit diesem Vorschlage einverstanden erklärt.

Die Assekuradeure sind den Anträgen insoweit nachgekommen, daß sie das Abwarten ungewöhnlich hoher Flut als außergewöhnliche Maßregel erklärt haben; dagegen ist das Rückwärtsschlagen der Schraube nach wie vor eine gewöhnliche Maßregel. Vgl. Bem. 2.

Bem. 2. Die HK. Bremen, Hamburg, Kiel, Lübeck und die Hamburger Reeder haben beantragt:

> „Hinter „„wenn die Masten gekappt werden"" einzufügen „„Ladung gelöscht oder geworfen wird oder das festgeratene Schiff nur durch ungewöhnlich hohe Flut abkommt"" und hinter „„dagegen nicht"" einzufügen „„schon allein der Umstand, daß das Schiff usw.""

und den Antrag folgendermaßen begründet. In Absatz 2 sei im Gegensatz zu dem bestehenden Rechte der Fall, daß Ladung gelöscht oder geworfen werde oder daß das festgeratene Schiff nur durch ungewöhnlich hohe Flut abkomme, nicht mehr als eines der Beispiele, in welchen eine außergewöhnliche Maßregel vorliege, aufgeführt. Ferner sei seitens der beteiligten Kreise darauf hingewiesen, daß unter Umständen auch schon das Winden des Schiffes auf seinen Ankern, Rückwärtsarbeiten der Schraube und dergleichen als außergewöhnliche Maßregel angesehen werden könne. Die Assekuradeure haben erwidert, sie beabsichtigten, den Fall, daß Güter gelöscht oder geworfen würden, zu berücksichtigen; auch wollten sie den Fall, daß das Schiff durch eine ungewöhnlich hohe Flut abkomme, wie bisher als einen Strandungsfall ansehen.

Dem Antrage ist stattgegeben worden. Vgl. Bem. 1.

Bem. 3. Die Makler haben unter Hinweis auf das geltende Recht:

„Die Anerkennung des Kollisionsfalls als Strandungsfall“

beantragt.

Die Assekuradeure haben in der Vollversammlung vom 2. Mai 1911 erklärt, daß sie gegen diesen Antrag Einwendungen nicht zu erheben hätten. Vgl. Bem. 4.

Bem. 4. Die HK. Bremen, Flensburg, Hamburg, Lübeck, Stettin haben beantragt:

„In Satz 2 ferner anzufügen „„oder mit anderen Gegenständen zusammenstößt““.

Dem Antrage ist dadurch stattgegeben worden, daß die Worte „mit anderen Fahrzeugen zusammenstößt“ eingesetzt worden sind.

Bem. 5. Die Makler haben beantragt:

„Daß als Strandungsfall jeder Unfall behandelt werde, der zu einer großen Haverei führt“

und ihren Antrag in der Vollversammlung vom 2. Mai 1911 damit begründet, daß die Strandungsklausel zu einer Klausel schwerer Unfälle überhaupt geworden sei; als ein schwerer Unfall sei z. B. der Fall des Anlaufens eines Nothafens anzusehen; es sei wünschenswert, zu erwägen, ob nicht zum mindesten die Nothafenklausel als in der Strandungsfallklausel enthalten angesehen werden solle, wodurch der deutschen Police, in der der Versicherer für den Strandungsfall hafte, ein ganz besonderer Wert vor der ausländischen verliehen werde. Die Assekuradeure haben sich gegen diesen Antrag, der übrigens auch nur noch wieder zu einer Ausdehnung der Haftung des Assekuradeurs bei der Nothafenklausel führen werde, bei der der Assekuradeur bisher nur hafte, wenn die Ladung im Nothafen gelöscht werde, erklärt.

Bem. 6. Die Bremer Reeder und die HK. Stettin haben zu den Schlußverhandlungen 1918 beantragt:

„Rückwärtsschlagen der Schraube eines an Grund geratenen Schiffes gilt nicht als außergewöhnliche Maßregel, begründet sonach nicht einen Strandungsfall“

und ihren Antrag begründet, diese Bestimmung in Verbindung mit §§ 31 Abs. 1 und 65 E. 14 werde dazu führen, daß der Kaskoversicherer in diesem Falle für Maschinenschaden nicht hafte. Eine derartige Bestimmung entspreche weder den Interessen des Versicherungsnehmers noch denen der Versicherer, da der Versuch, das Schiff durch Rückwärtsschlagen der Schraube wieder freizubekommen, sicherlich nicht gemacht werden würde, weil dadurch entstehende Schäden an der Maschine nicht ersetzt würden. Nach der Vorbesprechung mit den Reedern vom 17. und 18. September 1918 ist von der Weiterverfolgung des Antrags Abstand genommen worden.

Bem. 7. Der Antrag der HK. Bremen:

„Eine andere Begriffsbestimmung des Wortes „„Strandung““ zu treffen“,

ist unberücksichtigt geblieben.

Bem. 8. Der Antrag der Hamburger Reeder:

„Zu sagen, „„einen Zusammenstoß erleidet oder beschossen wird““

ist unberücksichtigt geblieben.

Abs. 3.

Bem. 9. Die Makler haben beantragt:

„§ 113 Abs. 3 Satz 2 E. 10 zu streichen"

und ihren Antrag in der Vollversammlung vom 2. Mai 1911 begründet. Die Bestimmung entspreche zwar dem bestehenden Rechte; sie erscheine indessen unbillig, wenn der Kausalzusammenhang zwischen der Beschädigung und dem Unfalle anderweitig festgestellt werden könne; der Assekuradeur müsse in solchen Fällen auch dann haften, wenn eine Beschädigung des Schiffsrumpfes nicht eintrete. Seitens der Vertreter der Assekuradeure ist demgegenüber bemerkt worden, daß der Begriff des Strandungsfalles schon im bisherigen Rechte eine sehr weite Ausdehnung auch auf solche Fälle, in denen tatsächlich eine Strandung gar nicht vorliege, gefunden habe; durch die Bestimmung, daß der Versicherer nur dann haften solle, wenn der Schiffsrumpf bei dem Unfall einen so erheblichen Schaden erlitten habe, daß die Beschädigung der Güter danach als durch den Unfall verursacht angenommen werden könne, biete ein berechtigtes Gegengewicht gegen diese weite Ausdehnung des Begriffes des Strandungsfalls; unter Schiffsrumpf sei nicht etwa nur die Außenseite der Schiffswände, sondern der ganze Schiffskörper zu verstehen; regelmäßig werde bei schweren Unfällen der in Frage stehenden Arten eine Beschädigung des Schiffskörpers vorliegen; zu einer Abänderung dieser Bestimmungen liege ein Anlaß nicht vor.

Dem Antrage ist nicht stattgegeben worden; vgl. jedoch Bem. 10.

Bem. 10. Die HK. Bremen, Hamburg, Lübeck haben beantragt:

„In § 113 Abs. 3 Satz 2 E. 10 die Worte „„Rumpf des Schiffes"" zu ersetzen durch „„Schiffskörper""".

Dem Antrag ist stattgegeben worden.

Bem. 11. § 113 Abs. 3 Satz 3 E. 10 lautet:

„Auch haftet der Versicherer nicht für einen Schaden, der durch Selbstentzündung der Güter verursacht wird; ist streitig, ob der Schaden hierdurch verursacht ist, so trifft die Beweislast den Versicherungsnehmer".

a) Die Makler und die Hamburger Exporteure haben beantragt:

„§ 113 Abs. 3 Satz 3 E. 10 zu streichen".

Die Makler haben ihren Antrag folgendermaßen begründet. Im einzelnen Falle könne es zweifelhaft sein, ob der Schaden auf Selbstentzündung oder auf Strandung zurückzuführen sei; der Versicherungsnehmer werde in solchem Falle nicht in der Lage sein, den Beweis zu führen, daß die Strandung die Ursache sei; bei manchen Artikeln werde die Möglichkeit bestehen, daß gerade durch die Strandung die Selbstentzündung verursacht werde; es sei nicht billig, daß der Versicherer in solchem Falle nicht haften solle. Seitens der Vertreter der Assekuradeure ist demgegenüber bemerkt worden, daß es nicht die Absicht des Entwurfes sei, den Versicherer dann nicht haften zu lassen, wenn die Strandung die Selbstentzündung verursache; eine durch Kollision entstehende Selbstentzündung z. B. werde ohne weiteres zu Lasten des Assekuradeurs gehen; die Bestimmung gelte somit nur für die übrigen Fälle, in denen es fraglich sei, ob die Selbstentzündung durch andere Ursachen herbeigeführt sei, oder ob die Strandung die Ursache sei. Die Bestimmung sei schon in den ASVB. § 101 Abs. 4 in gleicher Weise enthalten.

b) Denselben Antrag hat die HK. Frankfurt a. M. zu den Schlußverhandlungen 1918 gestellt und bemerkt, der Versicherer könne seine Prämienforderung entsprechend stellen, so daß auch der Einschluß der Selbstentzündung gefordert werden könne. Vgl. Bem. 12.

Bem. 12. Die HK. Bremen, Hamburg, Lübeck haben beantragt:

„Hinter „„Schaden, der durch Selbstentzündung der Güter verursacht wird““ einzuschieben: „„sofern die Selbstentzündung nicht durch einen dem Versicherer zur Last fallenden Unfall verursacht ist; ist streitig, ob der Schaden durch Selbstentzündung verursacht ist . . . . .““.

Die Anträge Bem. 11 und 12 haben ihre Erledigung dadurch gefunden, daß in die Liste des § 86 Abs. 1 (vgl. Bem. 6 § 86) „Selbstentzündung“ aufgenommen worden ist und in § 114 seit ZE. Dez. 12 § 112 die Worte: „Auch haftet der Versicherer nicht für einen Schaden, der durch Selbstentzündung der Güter verursacht wird“, gestrichen worden sind, wobei eine redaktionelle Änderung von „ob der Schaden hierdurch“ in „ob ein Brandschaden durch Selbstentzündung der Güter“ vorgenommen worden ist.

§ 115.

„Frei von Bruch“.

Der Versicherer haftet nicht für eine Beschädigung infolge Zerbrechens. Im übrigen finden die Bestimmungen des § 113 entsprechende Anwendung.

ASVB. §§ 87 Abs. 2, 103; ME. § 76 Abs. 3; E. 10 § 114; E. 14 § 115.

§ 116.

„Frei von Bruch außer im Strandungsfall“.

Der Versicherer haftet für eine Beschädigung infolge Zerbrechens nur im Falle einer Strandung. Im übrigen finden die Bestimmungen des § 114 entsprechende Anwendung.

ASVB. § 104; HGB. § 852; E. 10 § 115; E. 14 § 116.

§ 117.

„Frei von gewissen Prozenten“.

Die Bestimmungen des § 34 über die Haftung des Versicherers im Falle eines 3 % des Versicherungswerts nicht erreichenden Schadens finden entsprechende Anwendung.

ASVB. §§ 99, 105 Abs. 2; BSVB. §§ 12, 14; HGB. § 847; ME. § 104; E. 10 § 116; E. 14 § 117.

Bem. 1. Die HK. Bremen, Hamburg, Lübeck haben beantragt:

„Die Überschrift abzuändern wie folgt: „„Frei von gewissen Prozenten, Beschädigung oder Bruch““

und als Begründung ausgeführt, da für die Klausel „frei von gewissen Prozenten Beschädigung“ eine höhere Prämie als für die Klausel „frei von Beschädigung außer im Strandungsfalle“ bezahlt zu werden pflege, sei der Versicherungsnehmer an sich geneigt, anzunehmen, daß auch bei der Klausel „frei von gewissen Prozenten Beschädigung“ der Versicherer im Strandungsfalle für den vollen Schaden ohne Abzug hafte

Der Antrag ist unberücksichtigt geblieben. Vgl. Bem. 4 und § 118 Bem. 1.

Bem. 2. Die Hamburger Exporteure haben beantragt:

„Die Überschrift zu ändern in „„Frei von gewissen Prozenten außer im Strandungsfalle““.

Der Antrag ist unberücksichtigt geblieben.

Bem. 3. Die Makler und die Hamburger Exporteure haben beantragt:

„„Schadens““ durch „„Beschädigung““ bezw. „„Bruch““ zu ersetzen“

und hierzu in der Vollversammlung vom 2. Mai 1911 ausgeführt, daß die Klausel nur in der Form „frei von gewissen Prozenten, Beschädigung oder Bruch“ vorkomme und daß es irreführend sei, wenn in dem Entwurfe der Klausel eine andere Bezeichnung gegeben werde. Die Assekuradeure haben die Berechtigung des Antrages in Zweifel gezogen.

Der Antrag ist unberücksichtigt geblieben.

Bem. 4. Die Makler haben beantragt:

„Zum Ausdruck zu bringen, daß die Klausel „„frei von gewissen Prozenten““ stets einschließe die Klausel „„frei von diesen Prozenten Beschädigung außer im Strandungsfall““

und zur Begründung in der Vollversammlung vom 2 Mai 1911 ausgeführt, es würde sich sonst der Zustand herausstellen, daß bei der Klausel „frei von gewissen Prozenten“, für welche eine höhere Prämie bezahlt werde, der Versicherer für Beschädigung im Strandungsfalle nicht vollen Umfangs hafte, während er für solche Beschädigung bei der Klausel „frei von Beschädigung außer im Strandungsfalle“, für welche eine niedrigere Prämie bezahlt werde, für solche Schäden vollen Umfangs hafte. Tatsächlich komme die Klausel nur in Verbindung mit der Klausel „außer im Strandungsfalle“ vor. Die Assekuradeure haben erwidert, daß ihres Erachtens in der Klausel „frei von gewissen Prozenten, Beschädigung oder Bruch“ die Klausel „außer im Strandungsfalle“ nicht ohne weiteres enthalten sein könne, sondern dabei besonders ausbedungen werden müsse: frei von 3 % Beschädigung sei der Versicherer übrigens auch im Strandungsfalle. Vgl. Bem. 1.

§ 118.

„Frei von gewissen ersten Prozenten“.

Der Versicherer haftet für einen Schaden nur, soweit dieser die im Vertrage bestimmten Prozente des Versicherungswerts übersteigt.

ASVB. § 105 Abs. 3; BSVB. §§ 13, 14; ME. § 105; E. 10 § 117; E. 14 § 118.

Bem. 1. Die HK. Bremen, Hamburg, Lübeck haben beantragt:

„Die Überschrift zu ändern wie folgt: „„Frei von gewissen ersten Prozenten, Beschädigung oder Bruch““.

Der Antrag ist unberücksichtigt geblieben. Vgl. § 117 Bem. 1.

Bem. 2. Die Makler haben ihre Anträge zu § 117 wiederholt, indem sie ausführen, daß auch diese Kausel in Verbindung mit dem Ausdruck „Beschädigung" bezw. „Bruch" und in Verbindung mit der Klausel „außer im Strandungsfalle" vorkomme.

Vgl. Bem. 3, 4 zu § 117. Die Anträge sind auch hier unberücksichtigt geblieben.

Bem. 3. Die Makler haben folgende Fassung beantragt:

„Der Versicherer haftet für einen Schaden nur insoweit, als der Gesamtschaden einschließlich der Kosten, die im Vertrage bestimmten Prozente des Versicherungswertes übersteigt."

Die Assekuradeure haben in der Vollversammlung vom 2. Mai 1911 die Erklärung abgegeben, daß sie diesem Antrage zustimmten; der Entwurf beabsichtige keine andere Regelung. Vgl. Bem. 4.

Bem. 4. Die HK. Bremen, Hamburg haben beantragt:

„Im ersten Satz hinter „„der Schaden““ einzufügen „„zuzüglich der Kosten““.

Der Antrag ist unberücksichtigt geblieben. Vgl. Bem. 3.

Bem. 5. Die HK. Bremen, Hamburg, Lübeck haben beantragt:

„Zwischen dem ersten und dem zweiten Satz folgende Bestimmung einzufügen: „„Der Versicherer haftet im Strandungsfalle in gleichem Umfange, wie wenn die Versicherung „frei von Beschädigung außer im Strandungsfalle" geschlossen wäre; dem Strandungsfall steht in dieser Beziehung der Verkauf im Nothafen gleich““.

und begründet, es werde seitens der Interessenten für unbedingt notwendig erachtet, daß bei dieser Klausel im Strandungsfalle der Versicherungsnehmer vollen Umfangs ohne Abzug hafte; dem Strandungsfalle müsse in diesem Falle ferner gleichgestellt werden der Fall des Verkaufs im Nothafen. Eine solche Regelung entspreche den BSVB. §§ 13 und 14 und auch einer in Hamburg schon weit verbreiteten Praxis. Die Assekuradeure haben erwidert, wenn der Versicherer im Strandungsfalle auch für die ersten Prozente haften müßte, so würden Inhalt und Wortlaut der Klausel in offenem Widerspruche stehen. Lege der Versicherungsnehmer auf eine solche Haftung Wert, so werde er entweder die Klausel nicht zu vereinbaren haben oder sich ausdrücklich in der bezeichneten Beziehung eine Ausnahme ausbedingen müssen.

Der Antrag ist nicht weiter verfolgt worden.

Bem. 6. Die Anregung der HK. Bremen:

„die §§ 13, 14 BSVB. zu übernehmen"

ist ohne Folgen geblieben.

Bem. 7. Die HK. Frankfurt a. M. hat gelegentlich der Schlußverhandlungen 1918 bemängelt:

„daß § 118 Satz 2 E. 14 unklar sei und einer Aufklärung hinsichtlich der Bezugnahme auf § 34 Satz 3 bedürfe"

ist jedoch hierauf nicht weiter zurückgekommen.

Bem. 8. § 118, der wörtlich mit § 117 E. 10 übereinstimmt, hat gelegentlich der Schlußverhandlungen 1918 hinsichtlich Satz 1 durch die Assekuradeure folgende Fassung erhalten:

„Der Versicherer haftet für einen Schaden nur, soweit dieser die im Vertrage bestimmten Prozente des Versicherungswertes übersteigt".

Gegen diese Fassung haben die Makler in der Versammlung vom 7. Oktober 1918 Bedenken geäußert und die Überweisung an die Redaktionskommission beantragt. Die Vollversammlung vom 11. Oktober 1918 hat hiernach beschlossen. In der Redaktionskommissionssitzung vom 30. Juni 1919 ist vorgeschlagen worden, § 118 Satz 2 E. 14 zu streichen, um Mißverständnisse, die die Bezugnahme auf § 34 ergeben können, zu vermeiden. In der Redaktionskommissionssitzung vom 14. Juli 1919 hat der Vertreter der Makler darauf hingewiesen, daß durch die Streichung des Schlußsatzes der Sinn der Bestimmung verändert werde. Im Gegensatz zu § 34 sollen bei der Versicherung „frei von gewissen ersten Prozenten" die Kosten dem Schaden hinzugerechnet und die sich daraus ergebende Summe unter Abzug der ersten Prozente vergütet werden. Wenn beispielsweise der Schaden 2 % und die Kosten 2 % ausmachen, so wird unter einer Versicherung nach § 34 nichts, unter einer Versicherung nach § 118 1 % vergütet. Es hat materiell volle Einigkeit darüber bestanden, daß in dem von dem Antragsteller gegebenen Beispiel unter einer Versicherung „frei von den ersten 3 %" von dem Versicherer 1 % zu ersetzen ist. Der Vertreter der Assekuradeure hat aber ausgeführt, daß der Begriff „Schaden", sofern er keine Einschränkung erfahre, stets Kosten einschließt, sodaß im Gegensatze zu § 34 und zu dem darauf Bezug nehmenden § 117 der Versicherer Schaden und Kosten insoweit zu ersetzen habe, als ihre Summe die im Vertrage bestimmten Prozente des Versicherungswertes übersteigt.

Somit ist beschlossen worden, in § 118 Satz 1 E. 14 die Worte „insoweit als der Schaden" durch „soweit dieser" zu ersetzen und Satz 2 zu streichen.

§ 119.

„Frei von Kriegsmolest".

Der Versicherer ist von der Verpflichtung zur Leistung frei, wenn die Gefahr eines Krieges Einfluß auf die Reise zu üben beginnt, insbesondere wenn der Antritt oder die Fortsetzung der Reise durch Kriegsschiffe, Kaper, Minen oder Blockade behindert oder infolge der Kriegsgefahr aufgeschoben wird oder wenn infolge der Kriegsgefahr das Schiff vom Wege abweicht oder der Kapitän die freie Führung des Schiffes verliert.

ASVB. § 100; BSVB. § 20; HGB. § 848; E. 10 § 118; E. 14 § 119.

Bem. 1. a) Die Makler haben beantragt:

„Die Bestimmung zu streichen"

und in der Vollversammlung vom 2. Mai 1911 zur Begründung ausgeführt, die Klausel sei bei hamburgischen Polizen überhaupt nicht im Gebrauch; wohl aber werde sie im Inland angewandt und hierdurch bleibe das hiesige Geschäft nicht unberührt, häufig werde ein großes Geschäft über Hamburg unter der Bedingung „cif“ gemacht, bei welcher Hamburger Bankiers und Geschäftshäuser die Haftung trügen; die Bedeutung dieser Klausel sei aber zu wenig bekannt; es dürfe deshalb nicht genügen, die Worte „frei von Kriegsmolest“ in die Polize einzufügen, sondern es müsse ein klarerer Wortlaut in die Polize eingereiht werden, um ohne weiteres klar zu machen, eine wie schwerwiegende Beschränkung der Haftung des Versicherers die Klausel enthalte. Jede Abweichung vom Wege, welche durch Kriegsgefahr verursacht werde, befreie den Versicherer sofort von seiner Haftung, wenn die Polize diese Klausel enthalte. Seitens der Versicherer ist erwidert worden, daß die Klausel in Hamburg allerdings nicht gebräuchlich sei, daß sie aber im Inlande vielfach Verwendung finde und daß deshalb die Festlegung ihrer Bedeutung in dem Entwurfe unumgänglich sei; ob die Parteien die Klausel vereinbaren wollten oder nicht, müsse deren freien Willen überlassen bleiben.

b) Später ist derselbe Antrag von der HK. Frankfurt a. M., den Hamburger Exporteuren und dem Verein der Getreidehändler zu den Schlußverhandlungen 1918 gestellt worden. Der Antrag ist unberücksichtigt geblieben.

Bem. 2. § 118 Abs. 2 E. 10 bestimmt:

„Der Kriegsgefahr steht die Gefahr der auf die gewaltsame Änderung von Staatseinrichtungen gerichteten Bewegungen gleich“.

Die Streichung dieser Bestimmung ist von den Hamburger Reedern, den HK. Bremen, Hamburg, Lübeck beantragt worden. Dem Antrag ist stattgegeben worden (Prot. der HK. Kommission vom 17. Juli 1914). Vgl. auch Bem. 15 zu § 35.

§ 120.

„Für behaltene Ankunft“. “Für behaltene Fahrt“.

(1) Die Versicherung endigt mit dem Zeitpunkt, in dem das Schiff im Bestimmungshafen am gehörigen Orte den Anker hat fallen lassen oder befestigt ist.

(2) Bei einer Versicherung, die sich auf das Schiff bezieht, haftet der Versicherer nur, wenn das Schiff vor dem im Absatz 1 bestimmten Zeitpunkte total verloren geht oder gemäß § 72 oder § 73 abandonniert oder gemäß § 77 versteigert wird.

(3) Bei einer Versicherung, die sich auf die Güter bezieht, haftet der Versicherer nur, soweit die Güter den Bestimmungsort nicht erreichen.

(4) Der Versicherer haftet nicht für Beiträge zur großen Haverei und Aufopferungen sowie für die im § 32 und im § 95 Abs. 3 bezeichneten Aufwendungen und Kosten.

ASVB. § 102; BSVB. § 22; HGB. § 850; ME. § 69; E. 10 § 119; E. 14 § 120.

Abs. 1.
Bem. 1. Rein redaktionell ist die Änderung „am gehörigen Orte im Bestimmungshafen“ in „im Bestimmungshafen am gehörigen Orte“.

Abs. 4.
Bem. 2. Die Änderungen sind notwendig geworden durch den in § 29 vorgenommenen Zusatz.

§ 121.

„Nur für Kriegsgefahr“.

(1) Der Versicherer trägt nur die Gefahr eines Krieges. Er haftet insbesondere für einen Schaden, der durch eine durch den Krieg veranlaßte Maßnahme einer, sei es anerkannten, sei es nicht anerkannten, kriegführenden Macht, namentlich für einen Schaden, der dadurch verursacht wird, daß die versicherte Sache angehalten, aufgebracht, genommen, zurückgehalten, angefordert, beschlagnahmt oder durch die in Anlaß des Krieges gelegten Minen oder infolge anderer Maßnahmen beschädigt oder vernichtet wird; den Maßnahmen einer kriegführenden Macht stehen diejenigen einer anderen Macht gleich, wenn diese binnen sechs Monaten nach der Maßnahme in den Krieg eintritt.

(2) Im übrigen finden die Bestimmungen, die im Falle einer die Kriegsgefahr ausschließenden Versicherung gelten, mit den aus den Absätzen 3 bis 7 sich ergebenden Maßgaben entsprechende Anwendung.

(3) Der Versicherer haftet nicht für Kosten, die dadurch entstehen, daß infolge der Kriegsgefahr das Schiff die Reise nicht antritt oder nicht fortsetzt oder einen Hafen anläuft oder die Güter ausgeladen, gelagert und anderweit weiterbefördert werden, und zwar auch nicht insoweit, als sie zur großen Haverei gehören.

(4) Die Verpflichtung des Versicherers zur Leistung bleibt in den Fällen des § 35 Abs. 2 und 3 bestehen, jedoch unbeschadet der Verringerung seiner Haftung im Falle des § 35 Abs. 3 Satz 2.

(5) Bei einer Versicherung, die sich auf das Schiff bezieht, haftet der Versicherer nicht für einen Schaden, der dadurch verursacht wird, daß sich Bannware an Bord befindet. Die Haftung des Versicherers bleibt jedoch bestehen, wenn der Versicherungsnehmer weder wußte, noch wissen mußte, daß sich Bannware an Bord befand. Bleibt die Haftung bestehen, so gebührt dem Versicherer eine Zuschlagsprämie.

(6) Als total verloren gilt das Schiff gemäß § 71 Abs. 2 insbesondere, wenn es für gute Prise erklärt wird. Die Bestimmungen

des § 72 über die Verschollenheit des Schiffes finden gemäß § 73 insbesondere dann Anwendung, wenn das Schiff von einer **kriegführenden Macht oder** einer anderen ihr nach Absatz 1 Satz 2 gleichstehenden Macht angehalten, aufgebracht, genommen, zurückgehalten, angefordert oder beschlagnahmt wird; jedoch tritt an die Stelle der im § 73 Satz 2 bezeichneten Frist eine solche von sechs Monaten.

(7) Ist die Versicherung auf Güter aller Art genommen, so bezieht sie sich nicht auf Sachen, die zur Zeit des Beginns der Versicherung Bannware sind. Dies gilt insbesondere im Falle einer laufenden Versicherung. Die Haftung des Versicherers bleibt jedoch bestehen, wenn der Versicherungsnehmer weder wußte noch wissen mußte, daß die Ware Bannware ist. Bleibt die Haftung bestehen, so gebührt dem Versicherer eine Zuschlagsprämie.

ASVB. § 54; BSVB. § 25; ME. § 68; E. 10 § 120; E. 14 § 121.

I. Die Entwicklung bis zum Entwurf Juli 1914.

Bem. 1. Die HK. Bremen, Hamburg, Lübeck haben beantragt:

„Änderung der Überschrift in „„Kriegsgefahr““.

Dem Antrage ist nicht stattgegeben worden.

Abs. 3.

Bem. 2. § 120 Abs. 3 E. 10 bestimmt: „Bei einer Versicherung, die sich auf das Schiff bezieht, haftet der Versicherer nicht für einen Schaden, der dadurch verursacht wird, daß Sachen, die Konterbande sind, sich an Bord befinden. Ein Schaden, der durch diesen Umstand verursacht sein kann, gilt als durch ihn verursacht."

a) Die Makler und die HK. Bremen, Hamburg, Lübeck haben beantragt:

„Diese Bestimmung auf den Fall zu beschränken, daß die Versicherung in Kriegszeiten abgeschlossen und die Verladung mit Wissen und Willen des Reeders geschehen ist."

b) Die Hamburger Reeder haben wiederholt beantragt:

„Diese Bestimmung auf den Fall zu beschränken, in welchem der Schaden dadurch verursacht wird, daß Sachen sich an Bord befinden, die nach internationalen Vereinbarungen durch eine kriegführende Macht vor der Verladung als Konterbande erklärt worden ist."

Die Assekuradeure haben in der Vollversammlung vom 2. Mai 1911 erwidert, daß das Bestehen eines Kriegszustandes die Voraussetzung der Anwendung der Bestimmung sein solle; es entstehe die Frage, welche Wirkung es auf die Reise ausüben solle, wenn während einer Reise ein Krieg ausbreche; der Antrag erscheine berücksichtigenswert. Später haben sie erklärt, sie beabsichtigten, zu bestimmen, daß trotz der Verladung von Konterbande die Haftung des Versicherers gegen eine Zuschlagsprämie bestehen bleibe, wenn der Versicherungsnehmer weder wußte noch wissen mußte, daß Konterbande sich an Bord befinde.

Infolgedessen sind Satz 2 und 3 eingestellt worden. Dem Antrage unter b ist nicht stattgegeben worden.

Bem. 3. Die Makler, die Hamburger Reeder, die HK. Bremen, Hamburg und Lübeck haben beantragt:

„Die Bestimmung zu streichen, nach welcher ein Schaden, der durch die Eigenschaft der Ware als Konterbande verursacht sein kann, als durch ihn verursacht gilt."

Die Assekuradeure haben in der Vollversammlung vom 2. Mai 1911 die Prüfung der Frage zugesagt.

Die Bestimmung (Satz 2) ist gestrichen worden.

Abs. 4.

Bem. 4. Die HK. haben den Zusatz beantragt:

„Jedoch tritt an die Stelle der Verschollenheitsfrist eine Frist von zwei Monaten".

Die Assekuradeure haben die Ablehnung des Antrages damit begründet, daß die Herabsetzung der Frist gerade hier die schwersten Bedenken erregen würde.

Der Antrag hat sich durch die nachträgliche Berücksichtigung des Antrages zu § 73 (vgl. Bem. 2) erledigt.

Abs. 5.

Bem. 5. § 120 Abs. 5 E. 10 bestimmt: „Ist eine Versicherung auf Güter aller Art genommen, so bezieht sie sich nicht auf Sachen, die Konterbande sind."

Die Makler und die HK. Bremen, Flensburg, Hamburg, Lübeck haben beantragt:

„Zum Ausdruck zu bringen, daß die Bestimmung nur Geltung hat, wenn die Versicherung in Kriegszeiten genommen und die Verladung mit Wissen und Willen des Versicherungsnehmers geschehen ist."

Die Assekuradeure haben sich anfänglich mit diesem Antrage einverstanden erklärt (Vollversammlung vom 2. Mai 1911), später aber mit der Begründung, daß eine Verladung von Konterbande ohne Wissen und Willen des Versicherungsnehmers kaum wird vorkommen können, die Berücksichtigung abgelehnt.

Der Antrag ist unberücksichtigt geblieben.

Bem. 6. Der zweite Satz über die laufende Versicherung ist neu hinzugefügt worden.

Abs. 6.

Bem. 7. Der neu hinzugefügte Absatz 6 entspricht dem Antrag zu § 27 (vgl. Bem. 3); gegen seine Fassung sind keine Bedenken erhoben worden.

Bem. 8. Die auf Grund der teilweise berücksichtigten Anträge unter Bem. 1—7 von den Assekuradeuren vorgeschlagene Fassung des § 121 E. 14 lautet folgendermaßen:

„(1) Der Versicherer trägt auch die Gefahr eines Krieges. Er haftet jedoch nicht für Kosten, die dadurch entstehen, daß infolge der Kriegsgefahr das Schiff einen Hafen anläuft oder die Güter ausgeladen, gelagert und anderweit weiterbefördert werden und zwar auch nicht insoweit, als sie zur großen Haverei gehören.

(2) Die Bestimmungen des § 35 Abs. 2 und 3 finden keine Anwendung.

(3) Bei einer Versicherung, die sich auf das Schiff bezieht, haftet der Versicherer nicht für einen Schaden, der dadurch verursacht wird, daß Sachen, die Konterbande sind, sich an Bord befinden. Die Haftung des Versicherers bleibt jedoch bestehen, wenn der Versicherungsnehmer weder wußte noch wissen mußte, daß die Sachen sich an Bord befanden. Bleibt die Haftung bestehen, so gebührt dem Versicherer eine Zuschlagsprämie.

(4) Als total verloren gilt das Schiff gemäß § 71 Abs. 2 insbesondere, wenn es für gute Prise erklärt ist. Die Bestimmungen des § 72 über die Verschollenheit des Schiffes finden gemäß § 73 insbesondere dann Anwendung, wenn das Schiff von einer kriegführenden Macht aufgebracht ist.

(5) Ist die Versicherung auf Güter aller Art genommen, so bezieht sie sich nicht auf Sachen, die Konterbande sind. Dies gilt insbesondere im Falle der laufenden Versicherung.

(6) Liegen die Voraussetzungen, unter denen der Versicherer wegen einer Verletzung der Anzeigepflicht oder wegen einer Gefahränderung von der Verpflichtung zur Leistung frei ist, nur in Ansehung der Kriegsgefahr vor, so trägt der Versicherer die übrigen Gefahren (§ 35),' liegen sie nur in Ansehung dieser vor, so trägt er die Kriegsgefahr (§ 122), wenn nicht anzunehmen ist, daß er diese Gefahren allein unter den gleichen Bestimmungen nicht übernommen haben würde."

II. Die Entwicklung seit Entwurf Juli 1914.

Abs. 1.

Bem. 9. Die Makler haben beantragt, Satz 1 zu fassen:

„Der Versicherer trägt auch die Gefahren eines Krieges, denen das Schiff oder die Güter während der Dauer der Versicherung ausgesetzt sind".

Bem. 10. Die Hamburger Reeder haben beantragt:

„Satz 2 zu streichen und die durch den Aufenthalt entstehenden Kosten zu Lasten der Versicherer zu übernehmen"

und zur Begründung in der Vorbesprechung vom 22. und 23. August 1918 auf die große Bedeutung der Nothafenkosten aufmerksam gemacht, wie sie in diesem langjährigen Kriege besonders in die Erscheinung getreten sei; sie haben ferner die wirtschaftlichen Schwierigkeiten betont, die daraus hervorgingen, daß dem Reeder gemäß § 635 HGB. das Recht zustehe, die Kosten des Aufenthalts wie Havariegrosse-Kosten zu verteilen. Die erhebliche Mehrbelastung der Ware lasse den Gedanken erwägenswert erscheinen, ob nicht der Versicherer für diese Schäden eintreten könne, dadurch daß er dem Reeder Deckung verschaffe für diejenigen Kosten, die auf der Ladung ruhten. Die Assekuradeure haben auf dem Standpunkt gestanden, daß von ihnen nicht etwas verlangt werden könne, was den Versicherern aller übrigen Länder im allgemeinen nicht zugemutet würde. Auf den Hinweis des Vertreters der Hamburger Exporteure, daß der deutsche Kaufmann sich in dieser Beziehung besser stehe, wenn er mit englischen Schiffen verlade, ist festgestellt worden, daß diese Besserstellung aus dem anders gearteten Frachtrecht hervorginge, das hier naturgemäß nicht in den Kreis der Beratungen einbezogen werden könnte. Die Makler haben darauf hingewiesen, daß der Wunsch der Reeder zwei ganz verschiedene Ziele anstrebe, deren Erreichung, wenn überhaupt, dann jedenfalls nur außerhalb der Bedingungen möglich sei; sie haben in diesem Zusammenhange nochmals betont, daß die Bedingungen lediglich das enthalten könnten, was der Versicherer zu seinen Mindestprämiensätzen bieten könnte, wolle der Kaufmann oder Reeder eine darüber hinausgehende Deckung haben, so müsse er gegen erhöhte Prämie eine selbständige Zusatzversicherung nehmen. Auf die Anfrage des Vertreters der H.K. Frankfurt a. M., ob es möglich sei, daß die Versicherer ein solches Risiko in laufenden Polizen nicht ablehnen würden, haben die Assekuradeure die allgemeine Erklärung abgegeben, daß sie eine Reihe von Klauseln schaffen würden, deren Festsetzung späterer Vereinbarung vorbehalten bleiben müsse.

Bem. 11. Der Ostasienverein, die Hamburger Exporteure und der Hamburger Einfuhrverband haben beantragt:

„Satz 2 zu streichen"

und folgendermaßen begründet. Nach § 29 hafte der Versicherer für Havariebeiträge, soweit durch die Havariemaßregel ein ihm zur Last fallender Schaden abgewandt werden solle. Das treffe hier zu. Es solle die dem Versicherer zur Last fallende Nehmung der Güter abgewendet werden. Weiter bestimmt § 95, daß, wenn infolge eines Umstandes, für den der Versicherer haftet — auch das treffe hier zu — die Beförderung geändert oder die Reise des Schiffes aufgegeben werde, der Versicherer für die Kosten der Umladung, Lagerung und Weiterbeförderung der Güter hafte. Hiernach solle grundsätzlich der Kriegsversicherer diese Kosten tragen. Natürlich könne der Versicherte im einzelnen Falle darauf verzichten, wenn ihm dies in Rücksicht auf die Höhe der Prämie zweckmäßig scheine. Auch in England umfasse die Kriegsversicherung diese Kosten. Anstelle des zu streichenden Satzes haben sie beantragt, folgende Bestimmung einzustellen:

„Er haftet insbesondere

1) für alle Gefahren und Schäden durch Minen verursacht;
2) für Aufbringung, Anhaltung, Nehmung, Beschädigung, Vernichtung und Plünderung durch anerkannte oder nicht anerkannte kriegführende Mächte, insbesondere auch durch Kriegsschiffe, Luftschiffe, Flieger, Torpedos, Bomben, Kaper und bewaffnete Handelsschiffe;
3) für die Kosten (auch die als Havariegrosse umgelegten Kosten), welche entstehen aus dem zwangsweisen oder freiwilligen Aufenthalt wegen Kriegsgefahr, aus der Aufbringung, Anhaltung, Reklamierung, der Blockade des Aufenthaltshafens, der Zurückweisung aus einem blockierten Hafen, der Ausladung, Lagerung und Weiterbeförderung der Güter;

4) gegen eine bei Abschluß der Versicherung zu vereinbarende Zuschlagsprämie für die Folgen eines durch Kriegsgefahr verursachten Aufenthaltes, unter anderem Verderb und Minderung der Güter, soweit solche Schäden nicht durch die Klausel „nur für Seegefahr" gedeckt sind oder gedeckt werden können, und für die Auferlegung von Zöllen und Kontributionen, sowie für daraus entstehende Kosten".

Bem. 12. Die HK. Frankfurt a. M. hat beantragt:

„Eine Bestimmung aufzunehmen, daß die Kosten, soweit sie in Havariegrosse gehen, zu ersetzen sind, einerlei ob das Anlaufen ein freiwilliges oder ein unfreiwilliges ist."

Bem. 13. Der Verein der Getreidehändler hat ausgeführt:

„Satz 2 setzt sich in Widerspruch zu verschiedenen allgemeinen Grundsätzen:

a) Bei einer die Kriegsgefahr deckenden Versicherung scheine es selbstverständlich, daß der Versicherer diejenigen, nach den allgemeinen Bestimmungen unter die Versicherung fallenden Gefahren trage, die bei der Versicherung „frei von Kriegsgefahr" ausgenommen seien. Die Kosten der Ausladung, Lagerung und anderweitigen Beförderung fielen, da es sich hier um die Gefahr handele, die der Versicherer durch diese Versicherung besonders übernommen habe, nach § 95 Abs. 2 dem Versicherer zur Last.

b) Die Kosten des Anlaufens eines Zufluchtshafens und des Aufenthaltes in ihm würden nach HGB. § 635 wie große Havarie verteilt. Für die Beiträge zur großen Havarei hafte der Versicherer im allgemeinen weiter als für sonstige Schäden, z. B. auch für Schäden unter 3 %. Außerdem ergebe sich eine eigentümliche Unstimmigkeit daraus, daß nach § 35 Abs. 2 die Versicherung für das Schiff in dem Anlaufen des Hafens, nach § 35 Abs. 3 für die Güter dagegen erst mit ihrer Trennung vom Schiff endige. Danach würden, da nach § 121 die Bestimmungen des § 35 Abs. 2 und 3 keine Anwendung fänden, beim Zusammentreffen einer Versicherung „frei von Kriegsgefahr" mit einer Kriegsversicherung die Güter für die fraglichen Beiträge wohl beide Versicherer auf Ersatz in Anspruch nehmen können, das Schiff aber keinen von beiden. Eine Klarstellung sei dringend erforderlich.

c) Hier wie in § 35 Abs. 2 sei nur das Anlaufen eines Hafens, nicht das Verbleiben im Abgangshafen wegen Kriegsgefahr erörtert, so daß im letzteren Falle das Schiff Anspruch an den Kriegsversicherer auf Ersatz der Beiträge haben würde."

Bem. 14. Der Wvb. hat die Aufnahme folgenden Schlußsatzes beantragt:

„Alle Aufenthaltskosten, die zur großen Havarei oder was ihr gleichsteht, gehören, sollen eingeschlossen werden".

Die HK. Hamburg hat hierauf erwidert, die Ausdehnung der Haftung auf alle Aufenthaltskosten, die zur großen Havarei gehörten, würde eine derartige Erhöhung der Prämie bedingen, daß die Versicherung unpraktisch würde. Allenfalls müßte eine solche Versicherung zum Gegenstand besonderer Vereinbarungen gemacht werden. In den Rahmen der Bedingungen gehöre sie nicht hinein.

Abs. 2.

Bem. 15. Die Assekuradeure haben folgende Fassung in Vorschlag gebracht:

„Die Bestimmungen des § 35 Abs. 2 und 6 finden keine Anwendung, jedoch gebührt dem Versicherer die Zuschlagsprämie"

und zur Begründung in der Vorbesprechung vom 22. und 23. August 1918 bemerkt, daß hinsichtlich der Frage der Zuschlagsprämie folgende Grundsätze maßgebend sein müßten. Sei nur Kriegsgefahr versichert, so sei eine Zuschlagsprämie in allen denjenigen Fällen zu entrichten, wo infolge der Seegefahr eine Änderung des Risikos eintrete; sei nur Seegefahr versichert, so sei eine Zuschlagsprämie in allen denjenigen Fällen zu entrichten, wo infolge Kriegsgefahr eine Änderung des Risikos eintrete; liege eine kombinierte See- und Kriegsversicherung vor, so trete keine Änderung dieser Grundsätze ein, ob die beiden Policen in einer Hand vereinigt seien oder nicht. Auf dem Boden der alten Bedingungen trüge der Kriegsversicherer ursprünglich die dem Seeversicherer zu zahlende Zulage, seit Einführung der Kriegsklausel aber — und ebenso unter dem Entwurf — bleibe die Zulage als Teil derjenigen Kosten, deren Ersatz von der Kriegsversicherung ausgeschlossen sei, zu Lasten des Versicherungsnehmers. Die Härte, die für den Versicherungsnehmer in dieser Regelung liegen kann, ist von dem Vorsitzenden an einem Fall geschildert worden, wo es seinem Segler „Indra" kurz nach Kriegsausbruch gelang, sich durch die feindliche Blockadelinie hindurchzuretten nach einem neutralen Hafen. Wenn auch diese Fahrt im höchsten Grade im Interesse der Versicherer lag, war trotzdem eine Zuschlagsprämie verfallen und ist jetzt dauernd weiter zu entrichten. Hinsichtlich der Folgerungen für den Fall der kombinierten See- und Kriegsversicherung ist von den Assekuradeuren darauf hingewiesen worden, daß eine Änderung dieser Regelung dazu führen müßte, daß sie dann überhaupt nicht mehr See- und Kriegsgefahr in einer Police zeichnen würden. Angesichts der daraus sich ergebenden Nachteile für den Versicherungsnehmer müsse zwingend von einer Änderung Abstand genommen werden.

Abs. 3.

Bem. 16. Der Verein der Getreidehändler hat beantragt:

„Für die Güterversicherung eine gleiche Abschwächung der Folgen der Verladung von Bannware aufzunehmen, wie für die Schiffsversicherung"

und zur Begründung angeführt. Bei Gütern, die in Friedenszeiten verladen seien, könne der Versicherungsnehmer in den meisten Fällen nicht wissen, ob sie als Bannware würden erklärt werden. In diesem Kriege seien die bezüglichen Bestimmungen von den Feinden völlig mißachtet und nach und nach immer weitere Güter als Bannware erklärt worden.

Bem. 17. Der Wvb. hat beantragt:

„Statt „„Sachen, die Konterbande sind"", zu sagen „„Sachen, die zur Zeit der Verladung Konterbande waren""."

Abs. 4.

Bem. 18. Die Assekuradeure haben vorgeschlagen:

„Im ersten Satz zwischen „„es"" und „„für"" „„rechtskräftig"" einzustellen und den zweiten Satz zu streichen".

In der Vorbesprechung vom 22. und 23. August 1918 haben die Makler unter Zustimmung der Assekuradeure die Erklärung abgegeben, daß der Antrag nur Bedeutung habe für Versicherungen, bei denen der Versicherungsnehmer auf das Recht des Abandons verzichtet hätte; um einen Totalschaden geltend machen zu können, bedürfe es aber der rechtskräftigen Verurteilung. Es liege daher kein Grund vor, dem Antrag der Versicherer zu widersprechen.

Bem. 19. Die Bremer Reeder haben ausgeführt, das Erfordernis einer rechtskräftigen Verurteilung als Prise werde den Zahlungstermin in den meisten Fällen weit hinausschieben; auch erfolge in vielen Fällen eine rechtskräftige Verurteilung nicht, und in manchen Fällen sei von einer rechtskräftigen Verurteilung keine Kenntnis zu erlangen. Wenn nun inzwischen der Wert des Schiffes erheblich steige, so würde der Versicherer durch die Rückerlangung des Schiffes — da nach § 72 Abs. 3 sämtliche Rechte an dem Schiff auf den Versicherer übergingen, wenn der Reeder nach Nehmung seinen Verzicht ausspreche — einen erheblichen Gewinn machen. Ebenso im Falle der Zahlung der Entschädigung in Geld. Daß dieser Gewinn dem Versicherer zufließe, erscheine nicht gerechtfertigt. Es sei demnach entgegen dem Vorschlage der Versicherer festzusetzen, daß, falls ein als Totalverlust vom Versicherer bezahltes Schiff vom Feinde freigegeben werde, oder falls hierfür eine Entschädigung gezahlt werde, der Versicherungsnehmer entweder das Schiff oder die Entschädigungssumme für den Verlust des Schiffes nehmen oder beides dem Versicherer überlassen könne. Tue der Versicherungsnehmer jenes, so müsse er die gezahlte Versicherungssumme dem Versicherer zuzüglich 5 % Zinsen vom Zahlungstage der Versicherungssumme ab zurückerstatten

Bem. 20. Die Assekuradeure haben vorgeschlagen:

„Folgende Bestimmung hinter Abs. 4 einzustellen:

(5) „„Als Verfügung von hoher Hand ist nicht anzusehen, wenn die Sache, auf die sich die Versicherung bezieht, von einer kriegsführenden Macht angehalten oder aufgebracht ist““.

Nach den Erklärungen der Assekuradeure und Makler hat diese Bestimmung nur Bedeutung für den Fall des Totalverlustes (Vorbesprechung vom 22. und 23. August 1918).

Abs. 5.

Bem. 21 Es haben beantragt:

a) Die H.K. Frankfurt a. M.:

„Abs. 5 zu streichen"

da nach den Erfahrungen dieses Krieges unter Konterbande so ziemlich alle Güter fallen, für die es dann keine Versicherungsmöglichkeit gäbe. Bei der Innehaltung dieser Bestimmungen würde es im Falle des Krieges kaum eine Schiffahrt bezw. eine Versicherungsmöglichkeit dafür geben können.

b) Der Verein der Getreidehändler:

„Gemäß dem zu Abs. 3 Gesagten einen Zusatz aufzunehmen, daß auch der Güterversicherer soweit geschützt wird, als er nicht wissentlich Bannware verladen und eine bezügliche Anzeige unterlassen hat."

c) Der Ostasienverein, die Hamburger Exporteure und der Verband des Hamburger Einfuhrhandels:

„Bei der Unsicherheit, die jeweilig über den Begriff Bannware geherrscht hat, ist die Fassung des Abs. 3 und 5 zu beanstanden; vor allem ist im letzten Satz von Abs. 5 anstelle des Wortes „„insbesondere““ das Wort „„nicht““ zu setzen."

Die Antragsteller unter c haben zur Begründung ausgeführt, es solle den Versicherern obliegen, bei Abschluß einer Police, die als Bannware zu bezeichnenden Gegenstände zu nennen, vielleicht mit dem Vorbehalt bezüglich weiterer Hinzufügung im Falle neuer Bannware-Erklärungen. Deckung müsse aber gewährt bleiben für bereits verladene oder zur Versicherung angemeldete Waren, auch wenn sie nachträglich Bannware werden sollten.

In der Vorbesprechung vom 22. und 23. August 1915 ist zu den Anträgen a—c ausgeführt worden, sie fänden durch die Erklärung der Assekuradeure ihre Erledigung, daß die Bestimmung des Abs. 5 sich der Natur der Sache nach nur auf solche Artikel beziehe, die zur Zeit der Verladung bereits Konterbande seien. Für den Fall, daß z. B. eine am 15. Juli 1914 verladene Ware nachträglich im Kriege zur Bannware geworden sei, könnten die Versicherer sich auf diese Bestimmung nicht berufen. Sobald die Bannware in der Police namhaft gemacht sei, komme die Bestimmung ebenso wenig in Frage, da sie sich beschränke auf die Fälle, in denen die Versicherung auf „Güter aller Art" genommen sei.

Bem. 22. Über einen Antrag des Wvb. vgl. Bem. 17.

Bem. 23. Die Anträge und Einwendungen (Bem. 9—22) gegen § 121 E. 14 haben die Assekuradeure veranlaßt, folgende neue Fassung in Vorschlag zu bringen:

(1) „Der Versicherer trägt auch die Gefahr eines Krieges. Er haftet jedoch nicht für Kosten, die dadurch entstehen, daß infolge der Kriegsgefahr das Schiff die Reise nicht antritt, oder einen Hafen anläuft oder Güter ausgeladen, gelagert und anderweit weiterbefördert werden und zwar auch nicht insoweit als die Kosten zur großen Havarei gehören.

(2) Die Bestimmungen des § 35 Abs. 2 und 3 finden keine Anwendung. Die Bestimmung des § 35 bleibt unberührt.

(3) Bei einer Versicherung, die sich auf das Schiff bezieht, haftet der Versicherer nicht für einen Schaden, der dadurch verursacht wird, daß sich Bannware an Bord befindet. Die Haftung des Versicherers bleibt jedoch bestehen, wenn der Versicherungsnehmer weder wußte, noch wissen mußte, daß sich Bannware an Bord befand.

(4) Als total verloren gilt das Schiff gemäß § 71 Abs. 2 insbesondere, wenn es rechtskräftig für gute Prise erklärt wird.

(5) Die Bestimmungen des § 72 über die Verschollenheit des Schiffes finden gemäß § 73 insbesondere dann Anwendung, wenn das Schiff von einer kriegführenden oder einer anderen Macht angehalten, aufgebracht, genommen, zurückgehalten, angefordert oder beschlagnahmt ist;

jedoch tritt, wenn die Verfügung eine durch den Krieg veranlaßte Maßnahme ist, an die Stelle der in § 73 Satz 2 bezeichneten Frist eine solche von sechs Monaten.

(6) Ist die Versicherung auf Güter aller Art genommen, so bezieht sie sich nicht auf Bannware. Dies gilt insbesondere im Falle der laufenden Versicherung.

(7) Liegen die Voraussetzungen, unter denen der Versicherer wegen einer Verletzung der Anzeigepflicht oder wegen einer Gefahränderung von der Verpflichtung zur Leistung frei ist, nur in Ansehung der Kriegsgefahr vor, so trägt der Versicherer die übrigen Gefahren (§ 35), liegen sie nur in Ansehung dieser vor, so trägt er die Kriegsgefahr (§ 122), wenn nicht anzunehmen ist, daß er diese Gefahren allein unter den gleichen Bestimmungen übernommen haben würde."

Abs. 1.

Bem. 24. In der juristischen Vorbesprechung am 9. Oktober 1918 hat der W v b. noch einmal darauf aufmerksam gemacht, daß ihm die Worte in Abs. 1 „der Versicherer trägt auch die Gefahr eines Krieges" nicht genügend erschienen. Mit der Anregung, in den ersten Satz einen Hinweis auf § 35 hinzuzusetzen, hat er sich einverstanden erklärt.

Abs. 3.

Bem. 25. In der Sitzung vom 8. und 9. Oktober 1918 ist entsprechend dem Antrag zu § 35 (Bem. 22) folgende Fassung vorgeschlagen worden:

„Bei einer Versicherung, die sich auf das Schiff bezieht, haftet, wenn das Schiff in Anlaß des Krieges von einer kriegführenden oder einer anderen Macht besetzt wird, der Versicherer für alle während der Dauer der Benutzung entstandenen Unfälle, es sei denn, daß er beweist, daß der Unfall nicht in ursächlichem Zusammenhange mit dem durch die Benutzung geschaffenen Zustande steht".

Abs. 4.

Bem. 26. Von den Maklern ist darauf hingewiesen worden, daß es heißen müsse „als total verloren gilt die versicherte Sache", weil nirgendwo Schiff und Güter gleichgestellt seien. Die Assekuradeure haben hiervon Kenntnis genommen, sich ihre Entscheidung aber vorbehalten.

Bem. 27. Über das dem Absatz 4 neu hinzugefügte Wort „rechtskräftig" hat sich eine längere Aussprache entsponnen. Der W v b. hat angeregt, die alte Fassung wiederherzustellen, andernfalls müsse das Gericht von Amtswegen die Rechtskraft des Prisenurteils in jedem einzelnen Falle prüfen, was zu unliebsamen Verzögerungen Veranlassung geben könne; auch ginge das Bedürfnis des Verkehrs oft gar nicht dahin, erst die Entscheidung des Oberprisengerichts abzuwarten. Auf diese Bedenken hat der W v b. erneut in der juristischen Vorbesprechung vom 9. Oktober 1918 hingewiesen. Die Bremer Reeder haben sich dem Bedenken gegen das Wort „rechtskräftig" angeschlossen. Nur in einem einzigen Fall sei es bis jetzt auf die Rechtskraft eines Prisenurteils angekommen. Für die Reeder genüge die alte Fassung. Auch die Makler haben die Streichung des Wortes „rechtskräftig" gewünscht. Die Assekuradeure haben hiervon Kenntnis genommen.

Abs. 5.

Bem. 28. Die Makler haben der Fristverlängerung auf sechs Monate zugestimmt, aber den Zusatz vermißt, von welchem Tage an die Frist gerechnet werde, und haben um die Aufnahme einer dem bisherigen Recht entsprechenden Bestimmung gebeten. Die Assekuradeure haben die Richtigkeit dieser Anregung erkannt und die Aufnahme einer derartigen Bestimmung in Aussicht gestellt. Die Reeder haben hinsichtlich ihrer Bedenken gegen die Fassung von einer „kriegführenden oder einer anderen Macht" auf ihre Ausführungen zu § 35 hingewiesen. Über den Zusatz des zweiten Halbsatzes „wenn die Verfügung eine durch den Krieg veranlaßte Maßnahme ist" ist eine längere Aussprache entstanden. Es ist festgestellt worden, daß dieser Satz offenbar im Gegensatz zu einer Maßnahme einer kriegführenden Macht gemeint sei, die durch Friedensaufgaben veranlaßt sei. Als Beispiel haben die Makler angeführt: Italien, das mit Deutschland im Kriege stehe, schicke ein deutsches Schiff nach Messina, um die dort durch ein Erdbeben obdachlos Gewordenen fortzuschaffen. Die Versammlung ist sich über die Unerheblichkeit dieser Bestimmung einig gewesen.

Abs. 6.

Bem. 29. Gegen die Neufassung haben die Hamburger Reeder keine Bedenken gehabt. Die Bremer Reeder haben sich ihre Erklärung vorbehalten, haben aber geglaubt, sich den Hamburger Reedern anschließen zu können. Der Vertreter der HK. Frankfurt a. M. hat darauf hingewiesen, daß der Begriff „Bannware" ein sehr unbestimmter sei. Jeden Tag könne eine kriegführende Macht einen anderen Artikel auf diese Liste setzen. Es bestände daher die Gefahr, daß ein Versicherungsnehmer ungedeckt sei. Die Makler haben bemerkt, daß diese Bestimmung nur gelte, wenn „Güter aller Art" versichert seien. Würden einzelne Artikel versichert, treffe diese Bestimmung nicht zu. Ein Vertreter der Kaufmannschaft hat für die Wichtigkeit dieser Frage folgendes Beispiel vorgebracht. Ein überseeischer Geschäftsfreund in Buenos Aires lade seine Ware ab, die er nicht für Bannware halte. Sie sei aber kurz vorher für Bannware erklärt worden. Die Versicherung solle auf die laufende Police des Hamburger Hauses gehen. In Hamburg sei die Eigenschaft der Ware als Bannware bekannt. Die Meinung der Versammlung ist zunächst darüber auseinander gegangen, ob die Ware gedeckt sei oder nicht. Nachdem aber von den Assekuradeuren ausgeführt worden war, daß in Buenos Aires ebenso gut hätte bekannt sein müssen, daß die Ware in Hamburg für Bannware erklärt sei, ist man sich darüber einig geworden, daß in diesem Falle allerdings die Ware nicht gedeckt sei. Um diese Folgerung zu beseitigen, haben die Reeder den Antrag gestellt, auch hier die Fassung zu wiederholen:

> „Die Haftung des Seeversicherers bleibt jedoch bestehen, wenn der Versicherungsnehmer weder wußte noch wissen mußte".

Diesem Antrage hat sich der Vertreter der Handelskammer Frankfurt a. M. angeschlossen.

Bem. 30. Die H.K. Frankfurt a. M. hat folgende Abänderung beantragt: „Ist die Versicherung auf Güter aller Art genommen, so bezieht sie sich nicht auf Sachen, die zur Zeit der Abladung dadurch Bannware waren, daß die Länder, denen der Abladehafen und der Bestimmungshafen angehören, zur Zeit der Absendung in einem Kriege mit einer anderen Macht stand, die die Sachen bereits als Bannware erklärt hatten".

Bem. 31. Unter teilweiser Berücksichtigung der Anträge Bem. 24—30 ist schließlich in der Sitzung vom 9. Oktober 1918 folgende Fassung des § 121 unter demselben Vorbehalte wie bei § 35 vorgeschlagen worden:

„(1) Wie in Bem. 23.

(2) Bei einer Versicherung, die sich auf das Schiff bezieht, haftet, wenn das Schiff in Anlaß des Krieges von einer kriegführenden oder einer anderen Macht besetzt wird, der Versicherer für alle während der Besetzung eintretenden Unfälle, es sei denn, daß er beweist, daß der Unfall nicht in ursächlichem Zusammenhange mit dem durch die Besetzung geschaffenen Zustande steht.

(3) Bei einer Versicherung, die sich auf das Schiff bezieht, haftet der Versicherer nicht für einen Schaden, der dadurch verursacht wird, daß Waren, die zur Zeit der Abladung Bannwaren waren, sich an Bord befinden. Die Haftung des Versicherers bleibt jedoch bestehen, wenn der Versicherungsnehmer weder wußte noch wissen mußte, daß es sich um Bannware handelt. Bleibt die Haftung bestehen, so gebührt dem Versicherer eine Zuschlagsprämie.

(4) Als total verloren gilt das Schiff gemäß § 71 Absatz 2 insbesondere, wenn es für gute Prise erklärt ist. Die Bestimmungen des § 72 über die Verschollenheit des Schiffes finden gemäß § 73 insbesondere dann Anwendung, wenn das Schiff von einer kriegführenden oder einer anderen Macht angehalten, aufgebracht, genommen, zurückgehalten, angefordert oder beschlagnahmt ist, jedoch tritt, wenn die Verfügung eine durch den Krieg veranlaßte Maßnahme ist, an die Stelle der im § 73 Absatz 2 bezeichneten Frist eine solche von 6 Monaten.

(5) Ist die Versicherung auf Güter aller Art genommen, so bezieht sie sich nicht auf Sachen, die zur Zeit der Abladung Bannware sind. Dies gilt insbesondere im Falle der laufenden Versicherung. Die Haftung des Versichereres bleibt jedoch bestehen, wenn der Versicherungsnehmer weder wußte noch wissen mußte, daß es sich um Bannware handelt. Bleibt die Haftung bestehen, so gebührt dem Versicherer eine Zuschlagsprämie.

(6) Wie in Bem. 23."

Abs. 3 u. 5.

Bem. 32. In der Vollversammlung vom 1. Oktober 1918 begrüßten die Makler die Neufassung, daß sowohl dem Absatz 3 wie dem Absatz 5 hinzugefügt sei, „wenn der Versicherungsnehmer weder wußte, noch wissen mußte". Diese Fassung erfülle die Wünsche der Kaufmannschaft. Der Vertreter der H. K. Frankfurt a. M. erhob Bedenken gegen das Wort „Bannware", welche Macht und welcher Zeitpunkt sei für den Begriff maßgebend? Der juristische Beirat der Assekuradeure erklärte, daß nicht irgend ein Krieg zwischen irgend welchen Mächten genüge; das Bestimmungsland der Ware sei maßgebend dafür, ob sie Bannware sei oder nicht.

Abs. 4.

Bem. 33. Die Makler haben beantragt:

„Als total verloren gilt die versicherte Sache . . .".

Der Antrag ist fallen gelassen worden.

Bem. 34. Die Versammlung vom 1. Oktober 1918 hat mit Genugtuung davon Kenntnis genommen, daß das Wort „rechtskräftig" gestrichen wird.

Bem. 35. Die Assekuradeure haben folgende Fassung vorgelegt:

„(1) Der Versicherer trägt auch die Gefahr eines Krieges. Er haftet auch für einen Schaden, der durch eine durch den Krieg veranlaßte Maßnahme einer kriegführenden Macht, insbesondere für einen Schaden, der dadurch verursacht wird, daß die versicherte Sache angehalten, aufgebracht, genommen, zurückgehalten, angefordert, beschlagnahmt oder durch die in Anlaß des Krieges gelegten Minen oder infolge anderer Maßnahmen beschädigt oder vernichtet wird; den Maßnahmen einer kriegführenden Macht stehen diejenigen einer anderen Macht gleich, wenn diese binnen sechs Monaten nach der Maßnahme in den Krieg eintritt. Der Versicherer haftet jedoch nicht für Kosten, die dadurch entstehen, daß infolge der Kriegsgefahr das Schiff die Reise nicht antritt oder nicht fortsetzt oder einen Hafen anläuft oder die Güter ausgeladen, gelagert und anderweit weiterbefördert werden und zwar auch nicht insoweit, als sie zur großen Havarei gehören.

(2) Die Bestimmungen des § 35 Abs. 2 und 3 finden keine Anwendung Die Bestimmung des § 35 Abs. 4 bleibt unberührt.

(3) Bei einer Versicherung, die sich auf das Schiff bezieht, haftet der Versicherer nicht für einen Schaden, der dadurch verursacht wird, daß sich Bannware an Bord befindet. Die Haftung des Versicherers bleibt jedoch bestehen, wenn der Versicherungsnehmer weder wußte noch wissen mußte, daß sich Bannware an Bord befand. Bleibt die Haftung bestehen, so gebührt dem Versicherer eine Zuschlagsprämie.

(4) Als total verloren gilt das Schiff gemäß § 71 Abs. 2 insbesondere, wenn es für gute Prise erklärt wird. Die Bestimmungen des § 72 über die Verschollenheit des Schiffes finden gemäß § 73 insbesondere dann Anwendung, wenn das Schiff von einer kriegführenden Macht oder einer anderen ihr nach Abs. 1 gleichstehenden Macht angehalten, aufgebracht, genommen, zurückgehalten, angefordert oder beschlagnahmt wird; jedoch tritt an die Stelle der im § 73 Satz 2 bezeichneten Frist eine solche von sechs Monaten.

(5) Ist die Versicherung auf Güter aller Art genommen, so bezieht sie sich nicht auf Bannware. Dies gilt insbesondere im Falle der laufenden Versicherung.

(6) Liegen die Voraussetzungen, unter denen der Versicherer wegen einer Verletzung der Anzeigepflicht oder wegen einer Gefahränderung von der Verpflichtung zur Leistung frei ist, nur in Ansehung der Kriegsgefahr vor, so trägt der Versicherer die übrigen Gefahren (§ 35), liegen sie nur in Ansehung dieser vor, so trägt er die Kriegsgefahr (§ 122), wenn nicht anzunehmen ist, daß er diese Gefahren allein unter den gleichen Bestimmungen nicht übernommen haben würde."

Bem. 36. In der Redaktionskommissionssitzung vom 30. Juni 1919 ist beschlossen worden, die Fassung der Assekuradeure anzunehmen, da sie dem Wunsch der Vollversammlung auf positive Regelung der Klausel Rechnung trägt. In der Redaktionskommissionssitzung vom 14. Juli 1919 hat der Vertreter der Makler ausgeführt, daß nicht § 121, sondern § 122 in positivem Sinne aufgebaut werden solle. In der neuen Wortfassung des § 121 Abs. 1 hätte die Gleichstellung der „anderen" mit einer kriegführenden Macht keine innere Berechtigung, da die Maßnahmen der anderen Macht, falls sie nicht binnen 3 Monaten in den Krieg eintritt, durch die Versicherung „frei von Kriegsgefahr" gedeckt sind.

Es ist beschlossen worden, antragsgemäß nicht den § 121, sondern den § 122 „nur für Kriegsgefahr" im positivem Sinne auszubauen, ferner ist zugestanden worden, daß wie vom Vertreter der Makler hervorgehoben die Gleichstellung der „anderen" mit einer kriegführenden Macht für eine Versicherung „auch für Kriegsgefahr" keine innere Berechtigung habe. Da aber die weiteren Ausführungen dessen, was der Versicherer zu tragen hat, logisch in dem ersten der beiden Paragraphen und nicht in dem zweiten enthalten sein müssen, so ist beschlossen worden, den Inhalt der Paragraphen in der Weise zu ändern, daß der § 121 die Versicherung „nur für Kriegsgefahr", der § 122 die Versicherung „auch für Kriegsgefahr" behandele.

Abs. 2.

Bem. 37. Im Einzelnen hat der Vertreter der Makler bemängelt, daß die völlige Aufhebung der Absätze 2 und 3 des § 35 die Bestimmung für einen Aufenthalt von mehr als 2 Monaten vernichte, daher müsse es besser heißen:

„Die Bestimmungen des § 35 Abs. 3 u. 4 Satz 1 finden keine Anwendung. Die Bestimmung des § 35 Abs. 5 bleibt unberührt."

Dem Antrag ist Folge gegeben worden. Es soll bei der Neuredaktion Rücksicht darauf genommen werden, daß die Bestimmungen des § 35 Abs. 4 Satz 2 unberührt bleiben.

Abs. 3.

Bem. 38. Statt „befinden" muß es „befindet" heißen.

Abs. 4.

Bem. 39. Der Vertreter der Makler hat beantragt, zu sagen:

„insbesondere auch dann Anwendung"

da der Absatz 4 sich auf die hier aufgehobenen Absätze 1 u. 2 von § 35 gründet. Ferner hat er beantragt:

„hinter „„Frist"" einzuschalten „„in diesem Falle""".

Es ist die Aufnahme des Wortes „auch" und die daran geknüpfte Folge „in diesem Falle" nicht für nötig erachtet worden.

Abs. 5.
Bem. 40. Der Vertreter der Makler hat darauf hingewiesen, daß nach dem Beschluß der Vollversammlung hinzuzufügen ist „die Haftung bleibt bestehen, wenn der Versicherungsnehmer weder wußte noch wissen mußte, daß die Ware zur Bannware geworden ist. Dem Versicherer gebührt in diesem Falle eine Zuschlagsprämie". Er hat sich zur Begründung auf frühere Verhandlungen bezogen, nach denen die Versicherer diese Erweiterung ihrer Haftpflicht zugestanden hätten, wie dies auch von den Vertretern des Vereins Hamburger Assekuradeure bestätigt worden ist. Vgl. § 122 Bem. 7 u. 8.

Bem. 41. Auf Grund der Beanstandungen und Anträge (Bem. 36—40) haben die Assekuradeure unter der Überschrift „Nur für Kriegsgefahr" folgende Fassung vorgelegt:

„(1) Der Versicherer trägt nur die Gefahr eines Krieges.

(2) Der Versicherer haftet für einen Schaden, der durch eine durch den Krieg veranlaßte Maßnahme einer kriegführenden Macht, insbesondere für einen Schaden, der dadurch verursacht wird, daß die versicherte Sache angehalten, aufgebracht, genommen, zurückgehalten, angefordert, beschlagnahmt oder durch die in Anlaß des Krieges gelegten Minen oder infolge anderer Maßnahmen beschädigt oder vernichtet wird; den Maßnahmen einer kriegführenden Macht stehen diejenigen einer anderen Macht gleich, wenn diese binnen sechs Monaten nach der Maßnahme in den Krieg eintritt.

(3) Im übrigen finden die Bestimmungen, die im Falle einer die Kriegsgefahr ausschließenden Versicherung gelten, mit den aus den Absätzen 4 bis 8 sich ergebenden Maßgaben entsprechende Anwendung.

(4) Der Versicherer haftet nicht für Kosten, die dadurch entstehen, daß infolge der Kriegsgefahr das Schiff die Reise nicht antritt oder nicht fortsetzt oder einen Hafen anläuft oder die Güter ausgeladen, gelagert und anderweit weiterbefördert werden, und zwar auch nicht insoweit, als sie zur großen Haverei gehören.

(5) Die Verpflichtung des Versicherers zur Leistung bleibt in den Fällen des § 35 Abs. 3 und 4 bestehen, jedoch unbeschadet der Verringerung seiner Haftung im Falle des § 35 Abs. 4 Satz 2.

(6) Bei einer Versicherung, die sich auf das Schiff bezieht, haftet der Versicherer nicht für einen Schaden, der dadurch verursacht wird, daß sich Bannware an Bord befindet. Die Haftung des Versicherers bleibt jedoch bestehen, wenn der Versicherungsnehmer weder wußte, noch wissen mußte, daß sich Bannware an Bord befand. Bleibt die Haftung bestehen, so gebührt dem Versicherer eine Zuschlagsprämie.

(7) Als total verloren gilt das Schiff gemäß § 71 Abs. 2 insbesondere, wenn es für gute Prise erklärt wird. Die Bestimmungen des § 72 über die Verschollenheit des Schiffes finden gemäß § 73 insbesondere dann Anwendung, wenn das Schiff von einer kriegführenden Macht oder einer anderen ihr nach Absatz 2 gleichstehenden Macht angehalten, aufgebracht, genommen, zurückgehalten, angefordert oder beschlagnahmt

wird; jedoch tritt an die Stelle der im § 73 Satz 2 bezeichneten Frist eine solche von sechs Monaten.

(8) Ist die Versicherung auf Güter aller Art genommen, so bezieht sie sich nicht auf Sachen, die zur Zeit des Beginns der Versicherung Bannware sind. Dies gilt insbesondere im Falle einer laufenden Versicherung. Die Haftung des Versicherers bleibt jedoch bestehen, wenn der Versicherungsnehmer weder wußte noch wissen mußte, daß die Ware Bannware ist. Bleibt die Haftung bestehen, so gebührt dem Versicherer eine Zuschlagsprämie."

Bem. 42. Entsprechend dem in der Redaktionskommissionssitzung vom 16. September 1919 gefaßten Beschluß (§ 35 Bem. 44) sind Absatz 1 und 2 folgendermaßen zusammengefaßt worden:

„Der Versicherer trägt nur die Gefahr eines Krieges. Er haftet insbesondere für einen Schaden, der durch eine durch den Krieg veranlaßte Maßnahme einer, sei es anerkannten, sei es nicht anerkannten, kriegführenden Macht, namentlich für einen Schaden, der ......"

§ 122.

„Auch für Kriegsgefahr".

(1) Der Versicherer trägt auch die Gefahr eines Krieges.

(2) Liegen die Voraussetzungen, unter denen der Versicherer wegen einer Verletzung der Anzeigepflicht oder wegen einer Gefahränderung von der Verpflichtung zur Leistung frei ist, nur in Ansehung der Kriegsgefahr vor, so trägt der Versicherer die übrigen Gefahren (§ 35); liegen sie nur in Ansehung dieser vor, so trägt er die Kriegsgefahr (§ 121), wenn nicht anzunehmen ist, daß er diese Gefahren allein unter den gleichen Bestimmungen nicht übernommen haben würde.

(3) Im übrigen finden die Bestimmungen des § 121 entsprechende Anwendung, jedoch mit der Maßgabe, daß die Bestimmung des § 35 Abs. 4 über eine Zuschlagsprämie im Falle einer Änderung der Gefahr infolge der Kriegsgefahr unberührt bleibt.

E. 10 § 121; E. 14 § 122.

I. Die Entwicklung bis zum Entwurf Juli 1914.

Bem. 1. § 121 E. 10, der Vorläufer des § 122, lautet:

„Der Versicherer haftet nur für den im § 38 Abs. 1 und 4 bezeichneten Schaden. Im übrigen finden die Bestimmungen des § 120 sowie die im Falle einer Versicherung nur für Seegefahr geltenden Bestimmungen entsprechende Anwendung."

Bem. 2. Die Makler, die HK. Bremen, Hamburg und Lübeck haben beantragt:

„Die Worte „„nur für Seegefahr"" durch „„frei von Kriegsgefahr"" zu ersetzen".

Bei der Neufassung, die die Assekuradeure vorgenommen haben, ist der Antrag mitberücksichtigt worden.

II. Die Entwicklung seit Entwurf Juli 1914.

Bem 3. a) Die Makler haben folgende Fassung beantragt:
„Der Versicherer trägt die Gefahren eines Krieges, denen das Schiff oder die Güter während der Dauer der Versicherung ausgesetzt sind, in dem Umfange, wie dieselben durch die Klausel „frei von Kriegsgefahr (§ 35)" ausgeschlossen sind. Er haftet demnach für die zunächst durch Kriegsgefahr verursachten Schäden, also insbesondere dafür, daß infolge von Kriegsmaßregeln einer, sei es anerkannten, sei es nicht anerkannten kriegführenden Macht die versicherte Sache angehalten aufgebracht, genommen, angefordert, beschädigt oder vernichtet wird, ebenso wie für andere Verfügungen von hoher Hand, sofern es sich um Kriegsmaßregeln einer kriegführenden Macht handelt. Im übrigen finden die Bestimmungen des § 121 Abs. 1—5 sowie die Bestimmungen entsprechende Anwendung, die im Falle einer die Kriegsgefahr nicht ausschließenden Versicherung gelten".

b) Eine ähnliche Fassung hat der W v b. beantragt:
„Der Versicherer trägt die Gefahren eines Krieges, denen das Schiff oder die Güter ausgesetzt sind in dem Umfange, wie dieselben durch die Klausel „frei von Kriegsgefahr (§ 35)" ausgeschlossen sind. Er haftet demnach für die zunächst durch Kriegsgefahr verursachten Schäden, also insbesondere dafür, daß infolge von Kriegsmaßregeln einer, sei es anerkannten, sei es nicht anerkannten kriegführenden Macht die versicherte Sache angehalten, aufgebracht, genommen, angefordert, beschädigt oder vernichtet wird, ebenso wie für andere Verfügungen von hoher Hand, sofern es sich um Kriegsmaßregeln einer kriegführenden Macht handelt. Im übrigen finden die Bestimmungen des § 121 Abs. 1—5 entsprechende Anwendung".

c) Die H K. Frankfurt a. M. hat eine Aufklärung der Bedeutung der Worte daß die Bestimmungen entsprechende Anwendung finden sollen, „die im Falle einer die Kriegsgefahr nicht ausschließenden Versicherung gelten" gewünscht, denn im Rahmen der vorliegenden Bestimmungen gebe es gar keine Versicherung, die die Kriegsgefahr nicht ausschlösse. Die „besondere Vereinbarung" des § 121 könne doch wohl kaum gemeint sein, da man sich hierauf außerdem ja auch noch beziehe.

d) Auch der Verein der Getreidehändler hat die neu aufgenommenen Schlußworte, nach denen auch die Bestimmungen Anwendung finden, die im Falle einer die Kriegsgefahr nicht ausschließenden Versicherung gelten, nicht recht verständlich gefunden. Nach den neuen Bedingungen solle die Kriegsgefahr von der Versicherung grundsätzlich ausgenommen sein. Es gebe also keine die Kriegsgefahr nicht ausschließende Versicherung, außer denjenigen „auch für Kriegsgefahr" oder „nur für Kriegsgefahr". Demnach könnten hier nur die Bestimmungen des § 121 in bezug genommen werden.

Bem. 4. Die Assekuradeure haben sich unter teilweiser Berücksichtigung der Anträge und Wünsche (Bem. 3a—d) entschlossen, folgende Fassung vorzuschlagen;

„Der Versicherer trägt die Gefahr eines Krieges. Im übrigen finden die Bestimmungen des § 121 Abs. 1—6 sowie die Bestimmungen, die im Falle einer die Kriegsgefahr ausschließenden Versicherung gelten, entsprechende Anwendung; dem Versicherer gebührt jedoch eine Zuschlagsprämie nur dann, wenn durch ein Ereignis, für das er nicht haftet, die Kriegsgefahr geändert wird."

Bem. 5. In der Vorversammlung vom 7. Oktober 1918 haben die Makler darauf hingewiesen, daß immer noch nicht klar gesagt sei, was der Kriegsversicherer decke. Diese Frage würde besonders wichtig im Hinblick auf § 35, der den Kriegsversicherer in gewissen Fällen geradezu zum Seeversicherer stemple. Die Makler haben auf ihren Antrag Bem. 3a bestanden, es müsse sich klar aus den Bedingungen ergeben, daß eine Versicherung nach § 121 gleich einer Versicherung nach § 35 zusammen mit einer nach § 122 sei. In § 122 müßten dieselben Worte im positiven Sinne wiederholt werden, die im § 35 negativ angewendet seien Diesen Ausführungen haben die Reeder und der Vertreter des Wvb. zugestimmt. Die Assekuradeure haben in Aussicht gestellt, diesem Antrag näherzutreten.

Bem. 6. Die Assekuradeure haben folgende Fassung vorgelegt unter der Überschrift „Nur für Kriegsgefahr":

„„Der Versicherer trägt die Gefahr eines Krieges. Im Übrigen finden die Bestimmungen des § 121 Abs. 1—5, sowie die Bestimmungen, die im Falle einer die Kriegsgefahr nicht ausschließenden Versicherung gelten, entsprechende Anwendung; dem Versicherer gebührt jedoch eine Zuschlagsprämie nur dann, wenn durch ein Ereignis, für das er nicht haftet, die Kriegsgefahr ändern wird.""

Bem. 7. In der Redaktionskommissionssitzung vom 30. Juni 1919 sind gegen diese Fassung keine Einwendungen erhoben worden. Dagegen ist in der Sitzung vom 14. Juli 1919 von dem Vertreter der Makler ausgeführt worden, daß dieser Paragraph in positivem Sinne ausgebaut werden müsse, damit der Versicherte, der „nur für Kriegsgefahr" laut § 122 versichert ist, im vollen Wortlaut die maßgebenden Bestimmungen vor sich sehr. Namentlich im Hinblick auf die Fälle, in denen die Ware im Ausland (Holland, England) „frei von Kriegsmolest" versichert ist, sei es von Wichtigkeit, daß die Eingangsworte lauten:

„Der Versicherer trägt die Gefahr eines Krieges in dem Maße, wie sie durch die Klausel „frei von Kriegsgefahr" (§ 35) von der allgemeinen Versicherung ausgeschlossen ist."

Der Schlußsatz bezöge sich nur auf Abs. 2 § 121, nicht aber auf Abs. 3 und 5 und sollte daher richtiger lauten:

„Dem Versicherer gebührt jedoch die in § 35 Abs. 5 vorgesehene Zuschlagsprämie nur dann, wenn durch ein Ereignis, für das er nicht haftet, die Kriegsgefahr geändert wird."

Es hat Übereinstimmung geherrscht, daß eine Versicherung „nur für Kriegsgefahr" die Gefahr des Krieges nur in dem Maße deckt, wie sie durch § 35 ausgeschlossen ist. Durch den Ausbau des Paragraphen in positivem Sinne werden die Bedenken des Vertreters der Makler gegenstandslos. Der im Schlußsatz gegebenen Anregung ist Folge gegeben worden. Vgl. auch § 121. Bem. 36—40.

Bem. 8. Die Assekuradeure haben auf Grund der Anträge und Beanstandungen (Bem. 7 u. 8) unter der Überschrift „Auch für Kriegsgefahr" folgende Fassung vorgelegt:

„(1) Der Versicherer trägt auch die Gefahr eines Krieges.

(2) Liegen die Voraussetzungen, unter denen der Versicherer wegen einer Verletzung der Anzeigepflicht oder wegen einer Gefahränderung von der Verpflichtung zur Leistung frei ist, nur in Ansehung der Kriegsgefahr vor, so trägt der Versicherer die übrigen Gefahren (§ 35), liegen sie nur in Ansehung dieser vor, so trägt er die Kriegsgefahr (§ 121), wenn nicht anzunehmen ist, daß er diese Gefahren allein unter den gleichen Bestimmungen nicht übernommen haben würde.

(3) Im übrigen finden die Bestimmungen des § 121 Abs. 2 bis 8 entsprechende Anwendung, jedoch mit der Maßgabe, daß die Bestimmung des § 35 Abs. 5 über eine Zuschlagsprämie im Falle einer Änderung einer Gefahr durch ein Ereignis, für das der Versicherer nach § 35 Abs. 1 und 2 nicht haften würde, unberührt bleibt."

Abs. 3.

Bem. 9. In der Redaktionskommissionssitzung vom 16. September 1919 ist beschlossen worden (vgl. § 25 Bem. 9), die Worte „durch ein Ereignis, für das der Versicherer nach § 35 Abs. 1 und 2 nicht haften würde" zu ersetzen durch die Worte „infolge der Kriegsgefahr".

§ 123.

„Nur für Totalverlust".

Der Versicherer haftet nur dafür, daß die Sache, auf die sich die Versicherung bezieht, total verloren geht, verschollen ist oder durch Verfügung von hoher Hand angehalten oder durch Seeräuber genommen wird, und bei einer Versicherung, die sich auf das Schiff bezieht, auch in den Fällen der Reparaturunfähigkeit oder Reparaturunwürdigkeit des Schiffes. Er haftet nicht für Beiträge zur großen Haverei und Aufopferungen sowie für die im § 32 und im § 95 Abs. 3 bezeichneten Aufwendungen und Kosten. Bei einer Versicherung, die sich auf die Güter bezieht, haftet er auch nicht dafür, daß die Güter infolge einer Beschädigung verlorengehen, insbesondere in ihrer ursprünglichen Beschaffenheit zerstört werden.

BSVB. § 24; MC. § 92; E. 10 § 122; E. 14 § 123.

Bem. 1. a) Die Makler haben darauf hingewiesen:

„Daß zu den Beiträgen der großen Haverei in diesem Falle die Aufopferungen, die in großer Havarei gemacht würden, auch gerechnet werden müßten."

Seitens der Assekuradeure ist in der Vollversammlung vom 2. Mai 1911 demgegenüber bemerkt worden, daß, wenn das Gut geworfen werde, der Eigentümer dasselbe teilweise wieder erhalte; auch könne nicht gesagt werden, daß die Aufopferungen zur Vermeidung eines Totalverlustes gemacht seien, denn dies treffe in vielen Fällen jedenfalls nicht zu; es sei aber nicht zu verkennen, daß ein Interesse daran bestehe, daß die Aufopferungen durch den Versicherer ersetzt würden, da hierdurch der Versicherte eher dazu bereit wäre, zur Erhaltung der Sache Aufopferungen zu machen.

b) Die HK. Bremen, Hamburg, Lübeck haben beantragt:

„Im Satz 2 hinzuzufügen: „„wohl aber für die Aufwendungen außerordentlicher Unkosten für die Errettung des Schiffes""

und zur Begründung ausgeführt, es entspreche der Billigkeit, daß der Versicherer bei der Klausel „nur für Totalverlust" für die Aufwendung außerordentlicher Unkosten für die Errettung des Schiffes hafte, da solche Aufwendungen zur Abwendung des dem Versicherer drohenden Schadens gemacht würden. Eine solche Vorschrift dürfte im Interesse des Versicherers liegen. Die Assekuradeure haben geantwortet, sie könnten diesem Antrage nicht entsprechen, da eine Scheidung zwischen Aufwendungen zur Abwendung eines Totalverlustes und solchen zur Abwendung anderer Schäden regelmäßig unmöglich sei. Einer Anregung der Makler folgend, beabsichtigten sie, eine dem § 112 Abs. 2 entsprechende Bestimmung hinzuzufügen.

Der Antrag ist unberücksichtigt geblieben. In Satz 2 sind den Beiträgen zur großen Havarei die Aufopferungen gleichgestellt worden.

Bem. 2. Entsprechend einem Antrage der Makler ist seit Z. E. Dez. 12 der dritte Satz hinzugefügt worden.

Bem. 3. Die Anregung der HK. Bremen:

„§ 24 BSVB. aufzunehmen"

ist unberücksichtigt geblieben.

Bem. 4. Die Absicht der Assekuradeure, gelegentlich der Schlußverhandlungen 1918 folgenden Absatz 2 hinzuzufügen:

„Trägt der Versicherer die Gefahr des Krieges, so ist es als Verfügung von hoher Hand nicht anzusehen, wenn die Sache, auf die sich die Versicherung bezieht, von einer kriegführenden Macht aufgebracht ist"

ist nach dem Ergebnis der Beratungen zu § 121 Bem. 4 nicht in die Tat umgesetzt worden.

Bem. 5. Die HK. Frankfurt a. M. hat gelegentlich der Schlußverhandlungen 1918 hervorgehoben, daß die zu § 8 Abs. 1 (Vgl. Bem. 2) aufgestellte Forderung hier unbedingt der Billigkeit entspreche, zumal wenn durch solche Aufwendungen ein sonst den Versicherern zur Last fallender Totalschaden verhütet werde. Die HK. Hamburg hat erwidert: Die Klausel „nur für Totalverlust" stelle die billigste Form der Versicherung dar und sei deshalb naturgemäß in mancher Hinsicht für den Versicherungsnehmer ungünstig, werde aber in manchen Fällen mit Rücksicht auf die billige Prämie trotzdem gewählt. Die beantragte allgemeine Ausdehnung dieser Versicherungsart auch auf Kosten und Aufwendungen stelle ein unberechtigtes Verlangen dar. Ob dagegen im Einzelfalle der Versicherer vielleicht doch bereit sein werde, die Kosten, durch die ein ihn sonst treffender Totalverlust abgewendet werde, zu übernehmen, bleibe Gegenstand der Sondervereinbarung.

Daraufhin ist die Anregung nicht weiter verfolgt worden.

Bem. 6. Der Wvb. hat zu den Schlußverhandlungen 1918 beantragt:

„§ 123 Satz 3 S. 14 zu streichen".

Die HK. Hamburg hat erwidert, die Streichung des dritten Satzes sei nicht angängig. Da es streitig sein könnte, ob eine 100 % beschädigte oder zerbrochene Ware als total verloren gegangen im Sinne dieser Bedingungen zu gelten habe, sei Satz 3 zum Schutz des Versicherers unbedingt erforderlich. Die Überlegung, daß der Assekuradeur bei einer Beschädigung von eben unter 100 % frei bleibe, während er bei einer 100 % Beschädigung (nicht Totalverlust) haften müßte, zeige das Ungerechtfertigte des Antrages. Bemerkt werden dürfte noch, daß die Klausel „nur für Totalverlust" für die Warenversicherung von ganz außerordentlich geringer Bedeutung sei und daß ein Angriff auf § 123 zum mindesten auch einen Angriff auf § 113, der dem Assekuradeur eine bessere Prämie einbringe, zur Voraussetzung haben müßte.

Der Antrag ist nicht weiter verfolgt worden.

§ 124.

„Von Haus zu Haus".

(1) Die Versicherung beginnt mit dem Zeitpunkt, in dem die Güter am Abladungsorte zum Zwecke der Beförderung auf der versicherten Reise von der Stelle, an der sie bisher aufbewahrt wurden, entfernt werden.

(2) Die Versicherung endigt mit dem Zeitpunkt, in dem die Güter am Ablieferungsort an die Stelle gebracht werden, die der Empfänger zu ihrer Aufbewahrung bestimmt hat. Sie endigt jedoch in Ansehung eines durch Brand, Explosion, Blitzschlag oder Erdbeben entstehenden Schadens spätestens mit dem Ablaufe des zehnten Tages nach dem Tage der Löschung; das Gleiche gilt in Ansehung eines anderen Schadens, es sei denn, daß die Beförderung der Güter an die für sie bestimmte Stelle nicht verzögert wird.

(3) Im übrigen finden, soweit die Beförderung der Güter auf Binnengewässern oder zu Lande ausgeführt wird, diese Bedingungen entsprechende Anwendung.

ASVB. Zusatz zu § 73; E. 14 § 124.

Bem. 1. Die HK. Bremen, Hamburg, Lübeck haben beantragt:

„Hinter § 122 E. 10 eine neue Bestimmung folgenden Inhalts einzufügen: „„Von Haus zu Haus. Der Versicherer trägt die Gefahr der See-, Fluß- und Landbeförderung von dem Zeitpunkte ab, wo die Güter vom Lager des Versicherungsnehmers scheiden bis zum Zeitpunkte der Ablieferung der Ware an das Lager des Empfängers. Für Feuersgefahr am Endbestimmungsorte haftet der Versicherer während einer Lagerung am Lande, jedoch nur bis zum Ablaufe des zehnten Tages nach Beginn der Lagerung““.

Die Assekuradeure haben geantwortet, sie beabsichtigten, eine Bestimmung aufzunehmen, wonach, wenn die „von Haus zu Haus-Klausel“ vereinbart sei, auch während der Dauer der Binnenbeförderung die Bedingungen entsprechend Anwendung fänden, und die Versicherung jedenfalls mit dem Ablaufe des zehnten Tages nach der Ausladung endige.

Bem. 2. Der von den Assekuradeuren hiernach eingesetzte § 121 ZE. Dez. 12, hat zu verschiedenen Erörterungen Anlaß gegeben. Der Antrag der HK., die Überschrift zu ändern in „Von Haus zu Haus, von Speicher zu Speicher“ ist abgelehnt worden (HK.-Kommissionssitzung vom 10. und 28. Januar 1914).

Abs. 1.

Bem. 3. Der Wvb. hat zu den Schlußverhandlungen 1918 beantragt:

„Die Worte „„am Abladungsorte““ zu streichen“.

Die HK. Hamburg hat darauf hingewiesen, daß die durch die Streichung der Worte „am Abladungsorte“ gewünschte Erweiterung durch die Bestimmung des § 125 eintrete.

Hierauf ist der Antrag nicht weiter verfolgt worden.

Abs. 2.

Bem. 4. Die HK. Hamburg hat beantragt, den Satz 2 folgendermaßen zu fassen:

„Sie endigt mit dem Zeitpunkt, in dem die Güter am Ablieferungsort an die Stelle gebracht werden, die der Empfänger zu ihrer Aufbewahrung bestimmt hat. Sie endigt bei Verzögerung in der Empfangnahme mit Ablauf des zehnten Tages nach dem Tage der Löschung. Auch ohne solche ist die Feuers- und Explosionsgefahr nur bis zum Ablauf des zehnten Tages gedeckt“

Der Antrag ist bei der Neuabfassung des § 124 Abs. 2 E. 14 mitberücksichtigt worden. In der Sitzung vom 23. März 1914 ist beschlossen worden, zu beantragen, einen mit dem Zusatz zu § 73 ASVB. übereinstimmenden Wortlaut vorzuschlagen. In der Sitzung der HK.-Kommission vom 17. Juni 1914 ist der Beschluß gefaßt worden, es mit der von den Assekuradeuren vorgeschlagenen Fassung sein Bewenden haben zu lassen.

Abs. 1—3.

Bem. 5. Die H K. Frankfurt a. M. hat zu den Schlußverhandlungen 1918 beantragt:

„Die Bestimmungen des § 124 dürfen nicht unter die besonderen Vereinbarungen fallen und sind unter § 88 aufzunehmen."

Der Antrag ist nicht weiter verfolgt worden.

Vierter Abschnitt.

Schlußbestimmungen.

§ 125.

See- und Binnenreise.

Ist die Versicherung für eine Reise genommen, die teils zur See, teils auf Binnengewässern oder zu Lande ausgeführt wird, so finden diese Bedingungen auf die Versicherung, soweit sie die Reise auf Binnengewässern oder zu Lande betrifft, entsprechende Anwendung.

VVG. § 147; E. 10 § 123; E. 14 § 125.

Bem. 1. „Nach § 147 VVG. sollen bei der Versicherung einer zusammengesetzten Reise § 133 Abs. 2 Satz 2, § 134 Abs. 2 und § 135 dieses Gesetzes über die Dispache des Schiffers, über den Beginn und das Ende der Versicherung sowie über die Haftung des Versicherers für die Beförderung zu und von der Eisenbahn unberührt bleiben. Der Entwurf bedarf eines entsprechenden Vorbehaltes nicht. Die entsprechende Anwendung der Bestimmungen des Entwurfs über die Haftung des Versicherers im Falle der großen Haverei ergibt, daß eine vom Schiffer aufgestellte Dispache für das Verhältnis des Versicherers zum Versicherungsnehmer nicht maßgebend ist. Die Bestimmungen des Entwurfs über den Beginn und das Ende der Güterversicherung schließen sich im wesentlichen an die Vorschriften des Versicherungsvertragsgesetzes an. Die Vorschrift des § 135 VVG. zu übernehmen, besteht keine Veranlassung, da in denjenigen Fällen, in denen die Eisenbahnverwaltung für die Beförderung der Güter zur Bahn oder von der Bahn an den Empfänger sorgt, gemäß den für den Beginn und das Ende der Versicherung geltenden Bestimmungen regelmäßig auch dieser Teil der Beförderung ohnehin unter die Versicherung fällt." Begr. § 123.

Bem. 2. Die Makler haben beantragt:

„Als Strandungsfall zu behandeln jeden einer Strandung in bezug auf seine Schwere gleichzustellenden Unfall, da nach den Bedingungen der Landtransportversicherung jede Beschädigung zu Lasten des Versicherers gehe".

In der Vollversammlung vom 2. Mai 1911 haben die Assekuradeure der Meinung Ausdruck gegeben, daß der Entwurf im wesentlichen bereits dasselbe bestimme und daß die von den Maklern beantragte Form keine Verbesserung mit sich bringe.

Bem. 3. § 123 Satz 2 E. 10 bestimmt: „Bei der Beförderung zu Lande oder auf Binnengewässern gelten als Strandungsfall insbesondere auch der Zusammenbruch von Beförderungsmitteln und Gebäuden, sowie Lawinenstürze; Überschwemmungen gelten als Strandungsfall nur dann, wenn sie nicht die unmittelbare Folge von Regen- und Schneefällen sind."

Die HK. Bremen, Frankfurt a. M., Hamburg haben beantragt:

„§ 123 Satz 2 E. 10 zu streichen"

und zur Begründung ausgeführt, die Bestimmung, daß Überschwemmungen nur als Strandungsfall gelten sollten, wenn sie nicht die unmittelbare Folge von Regen- und Schneefällen seien, habe auf vielen Seiten zu Zweifeln und Beanstandungen Anlaß gegeben, indem darauf hingewiesen worden sei, daß das Übertreten der Flüsse regelmäßig die unmittelbare Folge von außerordentlichen Regen- und Schneefällen sei. Auch die Bestimmung, daß der Zusammenbruch von Beförderungsmitteln und Gebäuden, sowie Lawinenstürze als Strandungsfall gelten solle, dürfte entbehrlich sein.

Entsprechend diesem Antrage ist Satz 2 gestrichen worden.

§ 126.

Anwendbarkeit des deutschen Rechtes und der Vorschriften über die Transportversicherung.

Für das Versicherungsverhältnis ist das deutsche Recht maßgebend. Jedoch finden die Vorschriften über die Transportversicherung insoweit, als sie durch Vertrag abgeändert werden können, keine Anwendung.

E. 10 § 124; E. 14 § 126.

Bem. 1. „Die ASVB. bedurften, da sie sich nicht nur inhaltlich, sondern auch in der Fassung eng an die Vorschriften des Handelsgesetzbuchs anlehnten, keiner besonderen Bestimmung, daß diese Vorschriften neben ihnen nicht anzuwenden sind. Andererseits konnten die BSVB. eine Bestimmung solchen Inhalts nicht enthalten, weil diese Bedingungen das Seeversicherungsrecht nur in mehreren Beziehungen regeln, in anderen Beziehungen dagegen sich einer Regelung enthalten und durch die Vorschriften des Handelsgesetzbuchs ergänzt werden wollen und müssen. Der Entwurf strebt aber eine umfassende Darstellung des Seeversicherungsrechts an und hat sich dabei von der Darstellung dieses Rechtes im Handelsgesetzbuche frei gemacht. Er kann sowohl deshalb als auch, weil zweifelhaft sein mag, ob die Anwendbarkeit der einen oder der andern Vorschrift des Handelsgesetzbuchs, z. B. der Vorschrift des § 868 Abs. 4, mit seinen Bestimmungen vereinbar ist, einer Bestimmung nicht entraten, wonach die Vorschriften des Handelsgesetzbuchs keine Anwendung finden. Dies gilt selbstverständlich nur von denjenigen Vorschriften des Gesetzes, die überhaupt durch Vertrag abgeändert werden können. Eine Vorschrift wie die des § 780 des Handelsgesetzbuchs, wonach die Heuerforderungen des Schiffers und der Schiffsmannschaft nicht versichert werden können, ist anwendbar, obwohl der Entwurf ihrer nicht besonders gedenkt, und Vorschriften wie die über die Nichtigkeit einer Überversicherung gelten selbstverständlich nicht deshalb, weil der Entwurf, sondern deshalb, weil das Gesetz sie enthält. § 124 bringt dies durch seine Fassung noch besonders zum Ausdruck. Zu den „Vorschriften" über die Transportversicherung werden, auch ohne daß es besonders ausgesprochen wird, auch die gewohnheitsrechtlichen Vorschriften zu rechnen sein (vgl. EGzBGB. Art. 2). Im übrigen bestimmt § 124, daß für das Versicherungsverhältnis das deutsche Recht maßgebend sein soll, auch wenn nach den Grundsätzen des internationalen Privatrechts ausländisches Recht anzuwenden sein würde. Eine solche Bestimmung entspricht der Natur der Sache, da die Bestimmungen des Entwurfs auf dem Boden des deutschen Rechtes entstanden und deshalb auch in erster Linie im Zusammenhange mit den allgemeinen Vorschriften des deutschen Rechtes zu wirken bestimmt sind." Begr. § 124.

Bem. 2. Die Anregung der Kaufmannschaft Stettin, Satz 2 zu fassen:

„Jedoch finden die Vorschriften über die Transportversicherung insoweit keine Anwendung, als sie durch diese Bedingungen abgeändert sind"

ist ohne Folge geblieben.

Bem. 3. Der Wvb. hat beantragt:

„§ 126 Satz 2 zu streichen",

den Antrag aber nicht weiter verfolgt.

Bem. 4. In der Vollversammlung vom 12. Oktober 1918 hat der juristische Beirat des Wvb. beantragt, am Ende folgenden Zusatz anzufügen:

„als sie die den Beteiligten in diesen Bedingungen auferlegten Pflichten und Obliegenheiten erweitern und beschränken".

Diesem Antrage ist nicht stattgegeben worden.

§ 127.

Gerichtsstand.

Für die Entscheidung von Streitigkeiten, die aus dem Versicherungsverhältnis entstehen, ist ausschließlich das Gericht zuständig, bei dem der Versicherer seinen allgemeinen Gerichtsstand hat. Ist jedoch der Vertrag durch einen Vertreter des Versicherers von einer gewerblichen Niederlassung aus geschlossen, die der Versicherer oder der Vertreter an einem zum Bezirke des bezeichneten Gerichts nicht gehörenden Orte hatte, so ist auch das Gericht dieses Ortes zuständig. Kr.

VVG. § 36; E. 10 § 19; E. 14 § 127.

Bem. 1. § 19 E. 10 lautet:

„Leistungsort für die Entrichtung der Prämie und der Nebenkosten ist der Ort der gewerblichen Niederlassung des Versicherers oder seines Vertreters, von der aus der Vertrag geschlossen ist."

Die HK. Frankfurt a. M. und Magdeburg und der Allg. Vers.-Schutz-Verb. haben beantragt:

„§ 19 E. 10 zu streichen".

Dem Antrage haben die Assekuradeure stattgegeben und angekündigt, daß § 19 durch eine allgemeine den Gerichtsstand betreffende Bestimmung ersetzt werden solle. Gegen die hiernach neu eingestellten Bestimmungen des § 127 sind keine Bedenken geäußert worden.

Kolibri 360 GmbH
Ferdinand-Jühlke-Straße 7
99095 Erfurt, Deutschland
produktsicherheit@kolibri360.de